Mitteilungspflichten bei Finanzinstrumenten
nach der novellierten Transparenz-Richtlinie

Schriftenreihe zum deutschen und europäischen Gesellschafts- und Wirtschaftsrecht

Herausgegeben von Christoph Teichmann und Florian Bien

Begründet von Günter Christian Schwarz †

Band 19

PETER LANG

Frederik Wilhelm von Essen

Mitteilungspflichten bei Finanzinstrumenten nach der novellierten Transparenz-Richtlinie

PETER LANG

Bibliografische Information der Deutschen Nationalbibliothek
Die Deutsche Nationalbibliothek verzeichnet diese Publikation in der Deutschen Nationalbibliografie; detaillierte bibliografische Daten sind im Internet über http://dnb.d-nb.de abrufbar.

Zugl.: Jena, Univ., Diss., 2018

27
ISSN 1614-239X
ISBN 978-3-631-77971-2 (Print)
E-ISBN 978-3-631-78389-4 (E-PDF)
E-ISBN 978-3-631-78390-0 (EPUB)
E-ISBN 978-3-631-78391-7 (MOBI)
DOI 10.3726/b15367

Peter Lang – Berlin · Bern · Bruxelles · New York ·
Oxford · Warszawa · Wien

Diese Publikation wurde begutachtet.

www.peterlang.com

Vorwort

Die vorliegende Arbeit wurde im September 2018 von der rechtswissenschaftlichen Fakultät der Friedrich-Schiller-Universität Jena als Dissertation angenommen. Rechtsprechung, Literatur und Weblinks sind auf dem Stand desselben Monats.

Herzlicher Dank gilt den Betreuern der Arbeit Prof. Dr. *Jessica Schmidt*, LL.M. sowie Prof. Dr. *Walter Bayer*, die nicht nur das Thema der Dissertation anregten, sondern auch ihren Werdegang stets mit großem Interesse verfolgten und mir kontinuierlich sowie verlässlich behilflich waren. Auch möchte ich Prof. Dr. *Christoph Teichmann* und Prof. Dr. *Florian Bien* für die Aufnahme dieser Arbeit in die Schriftenreihe Dank aussprechen.

Nicht zu versäumen bleibt, mich bei meinen Weggefährten auf dem Pfad der Wissenschaft zu bedanken, die mir als Quelle fachlicher und persönlicher Erkenntnisse sowie – teils denkwürdiger – Erfahrungen auch abseits der Universität eine unschätzbare Bereicherung waren und sind. Allen voran gilt dies meinem ehemaligen Bürokollegen *Thomas Himmer* und insbesondere *Johanna Held*, *Robert Bau*, *Bernd Galneder*, Dr. *Sebastian Köhler*, Dr. *Michael Müller*, Dr. *Raphael Pompl*, Dr. *Joachim Rung* sowie *Felix Ruppert*.

In Dankbarkeit verbunden für die akribische Durchsicht des Manuskripts und darauf ergangenen Hinweise bin ich außerdem meinem besten Freund Dr. *Thomas Köther* sowie meinem Vater. Meinen verehrten Eltern schulde ich überdies unendlichen Dank dafür, dass sie mir immerwährend vertrauensvoll sowie bedingungslos zur Seite standen, den Weg zur juristischen Ausbildung geebnet und damit auch die Promotion ermöglicht haben.

Schließlich bekunde ich meiner Lebensgefährtin *Jennifer Grinda* in Liebe großen Dank und außerordentliche Wertschätzung dafür, dass sie im Zuge der Anfertigung dieser Arbeit oft zurückstehen musste, mich jedoch stets an erster Stelle und mit grenzenloser Zuversicht unterstützte. Ihnen widme ich diese Arbeit.

Frederik Wilhelm von Essen *Hamburg, Oktober 2018*

Inhaltsverzeichnis

Literaturverzeichnis

Autor(en)	**Werk**
Alfes, Andre	Central Counterparty - Zentraler Kontrahent - Zentrale Gegenpartei: Über den Vertragsschluss an der Frankfurter Wertpapierbörse mittels des elektronischen Handelssystems Xetra unter Einbeziehung einer Central Counterparty, Berlin 2005 Zitiert: *Alfes*, Central Counterparty, 2005, S.
Angerer, Lutz/ *Geibel, Stephan/* *Süßmann, Rainer*	Wertpapiererwerbs- und Übernahmegesetz (WpÜG) Kommentar, 3. Auflage, München 2017 Zitiert: *Bearbeiter* in Angerer/Geibel/Süßmann, WpÜG, 3. Auflage 2017, § Rn.
Assies, Paul H./ *Beule, Dirk/* *Heise, Julia/* *Strube, Hartmut*	Handbuch des Fachanwalts Bank- und Kapitalmarktrecht, 4. Auflage, Köln 2015 Zitiert: *Bearbeiter* in Assies/Beule/Heise/Strube, Kapitalmarktrecht, 4. Auflage 2015, Kapitel, Rn.
Assmann, Heinz-Dieter/ *Pötzsch, Thorsten/* *Schneider, Uwe H.*	Wertpapiererwerbs- und Übernahmegesetz (WpÜG) Kommentar, 2. Auflage, Köln 2013 Zitiert: *Bearbeiter* in Assmann/Pötzsch/Schneider, WpÜG, 2. Auflage 2013, § Rn.
Assmann, Heinz-Dieter/ *Schütze, Rolf A.*	Handbuch des Kapitalanlagerechts, 4. Auflage, München 2015 Zitiert: *Bearbeiter* in Assmann/Schütze, Handbuch Kapitalanlagerecht, 4. Auflage 2015, § Rn.
Assmann, Heinz-Dieter/ *Schneider, Uwe H.*	Wertpapierhandelsgesetz Kommentar, 5. Auflage, Köln 2009 Zitiert: *Bearbeiter* in Assmann/Schneider, WpHG, 5. Auflage 2009, § Rn.
Assmann, Heinz-Dieter/ *Schneider, Uwe H.*	Wertpapierhandelsgesetz Kommentar, 6. Auflage, Köln 2012 Zitiert: *Bearbeiter* in Assmann/Schneider, WpHG, 6. Auflage 2012, § Rn.
Assmann, Heinz-Dieter/ *Schütze, Rolf. A*	Handbuch des Kapitalanlagerechts, 4. Auflage, München 2015 Zitiert: *Bearbeiter* in Handbuch Kapitalanlagerecht, 4. Auflage 2015, § Rn.

Autor(en)	**Werk**
Bachmann, Gregor	Kapitalmarktrechtliche Probleme bei Unternehmenszusammenschlüssen, Zeitschrift für das gesamte Handels- und Wirtschaftsrecht 2008, S. 597–634.
Bachmann, Gregor	Rechtsfragen der Wertpapierleihe, Zeitschrift für das gesamte Handels- und Wirtschaftsrecht 2009, S. 596–648.
Bartsch, Meinhard	Effektives Kapitalmarktrecht Zur Rechtsfolgenseite der Richtlinien im Europäischen Kapitalmarktrecht, Ort unbekannt, 2005 Zitiert: *Bartsch*, Effektives Kapitalmarktrecht, 2005, S.
Baumbach, Adolf/ Hopt, Klaus J.	Handelsgesetzbuch mit GmbH & Co., Handelsklauseln, Bank- und Börsenrecht, Transportrecht (ohne Seerecht), 37. Auflage, München 2016 Zitiert: *Bearbeiter*, Baumbach/Hopt, HGB, 37. Auflage 2016, § Rn.
Baums, Theodor/ Sauter, Maike	Anschleichen an Übernahmeziele mit Hilfe von Aktienderivaten, Zeitschrift für das gesamte Handels- und Wirtschaftsrecht 2009, S. 454–503.
Bayer, Walter/ Habersack, Matthias	Aktienrecht im Wandel Band II: Grundsatzfragen des Aktienrechts, München 2007 Zitiert: *Bearbeiter* in Bayer/Habersack, Aktienrecht im Wandel, Kap. Rn.
Bayer, Walter/ Schmidt, Jessica	BB-Gesetzgebungs- und Rechtsprechungsreport Europäisches Unternehmensrecht 2012, Betriebs-Berater 2013, S. 3–16.
Bayer, Walter/ Schmidt, Jessica	BB-Gesetzgebungs- und Rechtsprechungsreport Europäisches Unternehmensrecht 2013/14, Betriebs-Berater 2014, S. 1219–1232.
Bayer, Walter/ Schmidt, Jessica	BB-Gesetzgebungs- und Rechtsprechungsreport Europäisches Unternehmensrecht 2014/15, Betriebs-Berater 2015, S. 1731–1742.
Bayer, Walter/ Schmidt, Jessica	BB-Gesetzgebungs- und Rechtsprechungsreport Europäisches Unternehmensrecht 2015/16, Betriebs-Berater 2016, S. 1923–1934.
BeckOK/*Bearbeiter*	BeckOK BGB, 46. Edition, Stand: 01.05.2018, München 2018 (Bamberger, Heinz Georg/Roth, Herbert [Hrsg.]) Zitiert: BeckOK BGB/*Bearbeiter*, Edition, Stand, Gesetz § Rn.

Autor(en)	**Werk**
BeckOGK/*Bearbeiter*	beck-online.GROSSKOMMENTAR BeckOGK zum BGB, Stand: 01.06.2018, München 2018 (Gsell, Beate/Krüger, Wolfgang/Lorenz, Stephan/Mayer, Jörg [Hrsg.]) Zitiert: BeckOGK/*Bearbeiter*, Stand, BGB § Rn.
Beck'sches Handbuch AG	Beck'sches Handbuch der AG, 2. Auflage, München 2009 (Müller, Welf/Rödder, Thomas [Hrsg.]) Zitiert: *Bearbeiter* in Beck'sches Handbuch AG, 2. Auflage 2009, § Rn.
Beck'sches Steuer- und Bilanzrechtslexikon	Beck'sches Steuer- und Bilanzrechtslexikon, Edition 42, München 2018 Zitiert: *Bearbeiter* in Beck'sches Steuer- und Bilanzrechtslexikon, Begriff Rn.
Behrens, Gary Alexander	Risikokapitalbeschaffung und Anlegerschutz im Aktienrecht und Kapitalmarktrecht, Hamburg 2003 Zitiert: *Behrens*, Risikokapitalbeschaffung und Anlegerschutz, 2003, S.
Berger, Christian	Verpfändung und Verwertung von Aktien, Wertpapiermitteilungen 2009, S. 577-628.
Birkmose, Hanne S./ *Neville, Mette/* *Sørensen, Karsten Engsig*	The European Financial Market in Transition, Leiden 2011 Zitiert: *Bearbeiter* in European Financial Market, 2011, S.
Blöink, Thomas/ *Kumm, Nina*	Erleichterungen und neue Pflichten – ein Überblick über die Regelpublizität nach der neuen EU-Transparenzrichtlinie, Betriebs-Berater 2013, S. 1963–1967.
Bösch, Martin	Derivate Verstehen, anwenden und bewerten, 3. Auflage, München 2014 Zitiert: *Bösch*, Derivate, 3. Auflage 2014, S.
Bohl, Werner/ *Riese, Joachim/* *Schlüter, Jörg*	Beck'sches IFRS-Handbuch Kommentierung der IFRS/IAS, 5. Auflage, München 2016 Zitiert: *Bearbeiter* in Beck'sches IFRS-Handbuch, 5. Auflage 2016, § Rn.
Bosse, Christian	Wesentliche Neuregelungen ab 2007 aufgrund des Transparenzrichtlinie-Umsetzungsgesetzes für börsennotierte Unternehmen, Der Betrieb 2007, S. 39-46.

Autor(en)	**Werk**
Bosse, Christian	Referentenentwurf zur Umsetzung der EU-Transparenzrichtlinie-Änderungsrichtlinie: Änderungen bei periodischer Finanzberichterstattung und Beteiligungstransparenz, Betriebs-Berater 2015, S. 746-750.
Brandt, Ulrich	Transparenz nach RisikobegrenzungsG – und darüber hinaus? Zeitschrift für Bank- und Kapitalmarktrecht 2008, S. 441-452.
Brandt, Ulrich	Stimmrechtsmitteilungen nach §§ 21, 25, 25a, 27a WpHG im Aktienemissionsgeschäft - Ein praktischer Leitfaden -, Wertpapiermitteilungen 2014, S. 543-553.
Brandt, Ulrich	Meldepflichten für aktienbasierte Instrumente: Anmerkungen zum Diskussionsentwurf des Bundesfinanzministeriums (AnlegerStärkungsG), Zeitschrift für Bank- und Kapitalmarktrecht 2010, S. 270-275.
Brellochs, Michael	Die Neuregelung der kapitalmarktrechtlichen Beteiligungspublizität – Anmerkungen aus Sicht der M&A- und Kapitalmarktpraxis, Die Aktiengesellschaft 2016, S. 157–170.
Brinckmann, Hendrik	Die geplante Reform der Transparenz-RL: Veränderungen bei der Regelpublizität und der Beteiligungstransparenz, Betriebs-Berater 2012, S. 1370–1373.
Buck-Heeb, Petra	Kapitalmarktrecht, 9. Auflage, Heidelberg 2017 Zitiert: *Buck-Heeb*, Kapitalmarktrecht, 9. Auflage 2017, Rn.
Büschgen, Hans E.	Das kleine Börsenlexikon, 23. Auflage, München 2012 Zitiert: *Büschgen*, Börsenlexikon, 23. Auflage 2012, S.
Burgard, Ulrich	Die Offenlegung von Beteiligungen, Abhängigkeits- und Konzernlagen bei der Aktiengesellschaft, Berlin 1990 Zitiert: *Burgard*, Die Offenlegung von Beteiligungen, Abhängigkeits- und Konzernlagen bei der AG, 1990, S.
Burgard, Ulrich/ Heimann, Carsten	Beteiligungspublizität nach der Transparenzrichtlinie 2013 in Festschrift für Manfred A. Dauses zum 70. Geburtstag, S. 47–75, München 2014 Zitiert: *Burgard/Heimann* FS Dauses, 2014, S.
Burgard, Ulrich/ Heimann, Carsten	Beteiligungspublizität nach dem Regierungsentwurf eines Gesetzes zur Umsetzung der Transparenzrichtlinie-Änderungsrichtlinie, Wertpapiermitteilungen 2015, S. 1445-1496.

Autor(en)	**Werk**
Burghof, Hans-Peter/ Henke, Sabine/ Rudolph, Bernd	Kreditderivate als Instrumente eines aktiven Kreditrisikomanagements, Zeitschrift für Bankrecht und Bankwirtschaft 1998, S. 277-286.
Buth, Andrea K./ Hermanns, Michael	Restrukturierung, Sanierung, Insolvenz, 4. Auflage, München 2014 Zitiert: *Bearbeiter* in Buth/Hermanns, Restrukturierung, Sanierung, Insolvenz, 4. Auflage 2014, § Rn.
Cahn, Andreas/ Ostler, Nicolas	Eigene Aktien und Wertpapierleihe, Die Aktiengesellschaft 2008, S. 221-242.
Canaris, Claus-Wilhelm Hueck, Alfred	Recht der Wertpapiere, 12. Auflage, München 1986 Zitiert: *Bearbeiter* in Canaris/Hueck, Recht der Wertpapiere, 12. Auflage 1986, S.
Canzler, Sabine/ Hammermaier, Steffen	Die Verfolgung und Ahndung wertpapierrechtlicher Delinquenz durch die Wertpapieraufsicht der BaFin: Das kapitalmarktrechtliche Bußgeldverfahren, Die Aktiengesellschaft 2014, S. 57-73.
Cascante, Christian/ Bingel, Adrian	Verbesserte Beteiligungstransparenz (nicht nur) vor Übernahmen? Die Vorschriften des Anlegerschutz- und Funktionsverbesserungsgesetzes, Neue Zeitschrift für Gesellschaftsrecht 2011, S. 1086–1097.
Cascante, Christian/ Topf, Cornelia	„Auf leisen Sohlen"? – Stakebuilding bei der börsennotierten AG, Die Aktiengesellschaft 2009, S. 53–72.
Cascante, Christian/ Tyrolt, Jochen	10 Jahre WpÜG – Reformbedarf im Übernahmerecht? Die Aktiengesellschaft 2011, S. 97–114.
Chance, Don M./ Brooks, Robert	An Introduction to Derivatives and Risk Management, Eighth Edition, Canada 2010 Zitiert: *Chance/Brooks*, Derivatives, 10. Auflage 2016, S.
Christ, Dominique	Barausgleichsderivate und das Anschleichen an Zielgesellschaften, Baden-Baden 2011 Zitiert: *Christ*, Barausgleichsderivate, 2011, S.
Cordewener, Axel	Der europarechtliche Rahmen für Unternehmenspublizität in *Schön, Wolfang* - Rechnungslegung und Wettbewerbsschutz im Europäischen Recht, 2008, S. 105-271, München 2008 Zitiert: *Cordewener* in Schön, Rechnungslegung und Wettbewerbsschutz im Europäischen Recht, 2008, S.
Dahm, Joachim/ Rolfjosef Hamacher	Termingeschäfte und Abgeltungsteuer, Deutsches Steuerrecht 2008, 1910-1917.

Autor(en)	Werk
Dambre, Romain/ Dell'Erba, Marco	A Transalpine Look at Equity Derivatives: Convergence and Divergence in Disclosure and Takeover Regulations in the EU, Revue trimestrielle de droit financier (RTDF) 2012, S. 64–74.
Dauses, Manfred A.	Handbuch des EU-Wirtschaftsrechts, Band 1, 40. Ersatzlieferung, München 2016 Zitiert: Dauses/*Bearbeiter*, EU Wirtschaftsrecht, Juni 2016, Kapitel, Ziffer, Rn.
DAV-Handelsrechtsausschuss	Stellungnahme zum Vorschlag der EU-Kommission für eine Richtlinie zur Änderung der Richtlinie 2004/109/EG („Transparenzrichtlinie") sowie der Richtlinie 2007/14/EG, Neue Zeitschrift für Gesellschaftsrecht 2012, S. 770-773.
DAV-Handelsrechtsausschuss	DAV-Handelsrechtsausschuss: Stellungnahme zum Regierungsentwurf eines Gesetzes zur Umsetzung der Transparenzrichtlinie-Änderungsrichtlinie, Neue Zeitschrift für Gesellschaftsrecht 2016, S. 1069-1072.
Deilmann, Barbara	Aktienrechtlicher versus übernahmerechtlicher Squeeze-out, Neue Zeitschrift für Gesellschaftsrecht 2007 S. 721-724.
Dietrich, David	Änderungen bei der wertpapierhandelsrechtlichen Beteiligungstransparenz im Zusammenhang mit Investmentvermögen, Zeitschrift für Wirtschaftsrecht 2016, S. 1612-1619.
Dietrich, David	Stimmrechtsmitteilungspflichten bei Gesellschaftervereinbarungen mit Erwerbsrechten bzw. -pflichten in Bezug auf mit Stimmrechten verbundenen Aktien eines börsennotierten Emittenten, Wertpapiermitteilungen 2016, S. 1577–1586.
Dreibus, Alexandra/ Schäfer, Lars	Mitteilungspflichten über Stimmrechte gem. §§ 21, 22 WpHG bei inländischen Investmentfonds, Neue Zeitschrift für Gesellschaftsrecht 2009, 1289-1293.
Eggers, Frank/ de Raet, Tobias	Das Recht börsennotierter Gesellschaften zur Identifikation ihrer Aktionäre gemäß der EU-Aktionärsrechterichtlinie Neue Rechte für Gesellschaften, neue Pflichten für Kreditinstitute, Die Aktiengesellschaft 2017, S. 464–472.
Ellenberger, Jürgen/ Schäfer, Holger/ Clouth, Berndt/ Lang, Volker	Praktikerhandbuch Wertpapier- und Derivategeschäft, 4. Auflage, Heidelberg 2011, Zitiert: *Bearbeiter* in Ellenberger/Schäfer/Clouth/Lang, Wertpapier- und Derivatgeschäft, 4. Auflage 2011, S.

Autor(en)	**Werk**
Emmenegger, Susan	Creeping Takeovers in Deutschland und in der Schweiz in Festschrift für Klaus J. Hopt zum 70. Geburtstag am 24. August 2010, S. 1763-1790, Berlin/New York 2010 Zitiert: *Emmenegger* FS Hopt, 2010, S.
Emmerich, Volker/ Habersack, Mathias	Aktien- und GmbH-Konzernrecht Kommentar, 8. Auflage, München 2016 Zitiert: *Bearbeiter* in Emmerich/Habersack, Aktien- und GmbH-Konzernrecht, 8. Auflage 2016, § Gesetz Rn.
Engelhardt, Christian/ Klein, Sascha	Bitcoins – Geschäfte mit Geld, das keines ist Technische Grundlagen und zivilrechtliche Betrachtung, MultiMedia und Recht 2014, 355-360.
Epe, Daniel	Die neue kapitalmarktrechtliche Beteiligungstransparenz Eine Analyse der §§ 25, 25a WpHG und der Art. 13 ff. der Transparenz-Änderungsrichtlinie Zitiert: *Epe*, Kapitalmarktrechtliche Beteiligungstransparenz, 2017, S.
EWG Kommission	Der Aufbau eines europäischen Kapitalmarkts: Bericht einer von der EWG-Kommission eingesetzten Sachverständigengruppe, Brüssel 1966 Zitiert: *EWG Kommission*, Aufbau des Europäischen Kapitalmarkts, S.
Fleischer, Holger	Grundfragen der ökonomischen Theorie im Gesellschafts- und Kapitalmarktrecht, Zeitschrift für Unternehmens- und Gesellschaftsrecht 2001, S. 1-32.
Fleischer, Holger/ Schmolke, Klaus Ulrich	Kapitalmarktrechtliche Beteiligungstransparenz nach §§ 21 ff. WpHG und „Hidden Ownership“, Zeitschrift für Wirtschaftsrecht 2008, S. 1501-1512.
Fleischer, Holger/ Schmolke, Klaus Ulrich	Das Anschleichen an eine börsennotierte Aktiengesellschaft – Überlegungen zur Beteiligungstransparenz de lege lata und de lege ferenda –, Neue Zeitschrift für Gesellschaftsrecht 2009, S. 401–409.
Fleischer, Holger/ Schmolke, Klaus Ulrich	Zum beabsichtigten Ausbau der kapitalmarktrechtlichen Beteiligungstransparenz bei modernen Finanzinstrumenten (§§ 25, 25a DiskE-WpHG), Neue Zeitschrift für Gesellschaftsrecht 2010, S. 846–854.

Autor(en)	**Werk**
Fleischer, Holger/ Schmolke, Klaus Ulrich	Die Reform der Transparenzrichtlinie: Mindest- oder Vollharmonisierung der kapitalmarktrechtlichen Beteiligungspublizität? Neue Zeitschrift für Gesellschaftsrecht 2010, S. 1241–1248.
Fox, Alexander/ Trost, Ralf	*Contracts for differences* - alternative Derivate mit Zukunft?, Finanz Betrieb 2006, S. 37-44.
Franke, Günter/ Hax, Heribert	Finanzwirtschaft des Unternehmens und Kapitalmarkt, 6. Auflage, Berlin Heidelberg 2009 Zitiert: *Franke/Hax*, Finanzwirtschaft des Unternehmens und Kapitalmarkt Berlin, 6. Auflage 2009, S.
Frankfurter Kommmentar/*Bearbeiter*	Frankfurter Kommentar zu EUV, GRC und AEUV Band IV, Tübingen 2017 (Pechstein, Matthias/Nowak, Carsten/Häde, Ulrich [Hrsg.]) Zitiert: Frankfurter Kommmentar/*Bearbeiter*, 2017, Art. AEUV Rn.
Friedeborn, Jan	Vormitgliedschaftliche Beteiligungstransparenz Offenlegungspflichten im Vorfeld des Aktienerwerbs, Berlin 2014 Zitiert: *Friedeborn*, Vormitgliedschaftliche Beteiligungstransparenz, 2014, S.
Früh, Andreas	Asset Backed Securities/Securitization am Finanzplatz Deutschland, BB - Betriebs-Berater 1995, S. 105-108.
Fuchs, Andreas	Wertpapierhandelsgesetz (WpHG) Kommentar, München 2009 Zitiert: *Bearbeiter* in Fuchs, WpHG, 2009, § Rn.
Fuchs, Andreas	Wertpapierhandelsgesetz (WpHG) Kommentar, 2. Auflage, München 2016 Zitiert: *Bearbeiter* in Fuchs, WpHG, 2. Auflage 2016, § Rn.
Fuller, Geoffrey	The Law and Practice of International Capital Markets, Third Edition, London 2012 Zitiert: *Fuller*, The Law and Practice of International Capital Markets, 3. Auflage 2012, Rn.
Gätsch, Andreas/ Theusinger, Ingo	Naked Warrants als zulässige Finanzierungsinstrumente für Aktiengesellschaften, Wertpapiermitteilungen 2005, S. 1256-1265.
Gerner-Beuerle, Carsten	United in diversity: maximum versus minimum harmonization in EU securities regulation, Capital Markets Law Journal (CMLJ) 2012, Volume 7, Issue 3, S. 317-342.

Autor(en)	**Werk**
Gessner, Timm	Das BGH-Judikat zum Squeeze-Out mittels Wertpapierdarlehen, Verbraucher und Recht 2010, S. 43-50.
Grabitz, Eberhard/ Hilf, Meinhard/ Nettesheim, Martin	Das Recht der Europäischen Union: EUV/AEUV Band III EUV/AEUV, 64. Auflage 2018 Zitiert: *Bearbeiter* in Grabitz/Hilf/Nettesheim, Recht der EU, 64. Auflage 2018, Art. AEUV Rn.
Grützner, Thomas/ Jakob, Alexander	Compliance von A-Z, 2. Auflage, München 2015 Zitiert: *Grützner/Jakob in Compliance von A-Z, Begriff.*
Grunewald, Barbara/ Schlitt, Michael	Einführung in das Kapitalmarktrecht, 3. Auflage, München 2014 Zitiert: *Grunewald/Schlitt*, Kapitalmarktrecht, 3. Auflage 2014, S.
Grunow, Hans Werner G./ Figgener, Stefanus	Handbuch Moderne Unternehmensfinanzierung, Berlin, Heidelberg 2006 Zitiert: *Grunow/Figgener*, Handbuch Unternehmensfinanzierung, S.
Gsell, Beate/ Herresthal, Carsten	Vollharmonisierung im Privatrecht Die Konzeption der Richtlinie am Scheideweg? Tübingen 2009 Zitiert: *Bearbeiter* in Gsell/Herresthal, Vollharmonisierung im Privatrecht, 2009, S.
Gstädtner, Thomas	Regulierung der Märkte für OTC-Derivate – ein Überblick über die Regelungen in MiFID II, EMIR und CRD IV, Recht der Finanzinstrumente 2012, 145-156.
Gursky, Karl-Heinz	Wertpapierrecht, 3. Auflage, Heidelberg 2007 Zitiert: *Gursky*, Wertpapierrecht, 3. Auflage 2007, S.
Haase, Florian	Grundzüge von Wertpapierpensionsgeschäften, Wertpapierdarlehen und Wertpapier-leihen im Einkommensteuerrecht, Die Information für Steuerberater und Wirtschaftsprüfer 2006, S. 457-460.
Habersack, Michael Schlitt/ Mülbert, Peter O./ Habersack, Mathias	Unternehmensfinanzierung am Kapitalmarkt, 3. Auflage, München 2013 Zitiert: *Bearbeiter* in Habersack/Mülbert/Schlitt, Unternehmensfinanzierung am Kapitalmarkt, § Rn.
Hadding, Walther	Verfügungen über Mitgliedschaftsrechte in Festschrift für Ernst Steindorff zum 70. Geburtstag am 13. März 1990, S. 31–44, Berlin/New York 1990 Zitiert: *Hadding* FS Steindorff, 1990, S.

Autor(en)	**Werk**
Hagen, Alexander/ Remmel, Matthias	Besteuerung von Knock-out-Zertifikaten - Ungewollte und ungeahnte Folgen des Beschlusses des Hessischen FG?, Betriebs-Berater 2011, S. 2718-2723.
Hager, Günter	Rechtsmethoden in Europa, Tübingen 2009 Zitiert: *Hager*, Rechtsmethoden in Europa, 2009, S.
Haisch, Martin L./ Danz, Thilo	Grundsätze der Besteuerung von Zertifikaten im Privatvermögen, Deutsches Steuerrecht 2005, S. 2108-2114.
Haisch, Martin L./ Helios, Marcus	Rechtshandbuch Finanzinstrumente, München 2011 Zitiert: *Bearbeiter* in Haisch/Helios, Rechtshandbuch Finanzinstrumente, 2011, S.
Hartung, Werner	Wertpapierleihe und Bankbilanz. Ist § 340b HGB richtlinienkonform? Betriebs-Berater 1993, S. 1175–1177.
Heinrich, Tobias A./ Krämer, Lutz	Emittentenleitfaden „reloaded" 2013 – Bestandsaufnahme der Neufassung der BaFin vom 8. November 2013 mit Ausblick auf künftige Änderungen der Aufsichtspraxis durch die Transparenzrichtlinie 2013 –, Corporate Finance Law 2013, S. 225–233.
Heinze, Stephan	Europäisches Kapitalmarktrecht - Recht des Primärmarktes, München 1999 Zitiert: *Heinze*, Europäisches Kapitalmarktrecht, 1999, S.
Hellner, Thorwald/ Steuer, Stephan	Bankrecht und Bankpraxis, Band 5, 135. Aktualisierung, August 2018 (Höche, Thorsten/Piekenbrock, Andreas/Siegmann, Matthias [Hrsg.]), Zitiert: *Bearbeiter* in Hellner/Steuer, Bankrecht und Bankpraxis, Kapitel/Rn.
Henn, Günter/ Frodermann, Jürgen/ Jannott, Dirk	Handbuch des Aktienrechts, 8. Auflage, Karlsruhe 2009 Zitiert: *Bearbeiter* in Henn/Frodermann/Janott, Aktienrecht, 8. Auflage 2009, S.
Hennrichs, Joachim/ Wilbrink, Florian	Verlustbeteiligung von Genussscheinen und Schadensersatz, Neue Zeitschrift für Gesellschaftsrecht 2014, 1168-1170.
Henssler, Martin/ Strohn, Lutz	Gesellschaftsrecht, 3. Auflage, München 2016 Zitiert: *Bearbeiter* in Henssler/Strohn, Gesellschaftsrecht, 3. Auflage 2016, Gesetz § Rn.

Autor(en)	**Werk**
Heussinger, Werner H./ Klein, Marc/ Raum, Wolfgang	Optionsscheine, Optionen und Futures, Einstieg in den erfolgreichen Umgang mit Derivaten, Berlin 2000 Zitiert: *Heussinger/Klein/Raum*, Optionsscheine, Optionen und Futures, 2000, S.
Hitzer, Martin/ Düchting, Holger	Flankierung des Übernahmerechts durch weitere Reformen der Beteiligungstransparenz im WpHG?, Zeitschrift für Wirtschaftsrecht 2011, S. 1084-1091.
Hitzer, Martin/ Hauser, Patrick	Mitteilungspflichten für Vorkaufs- und ähnliche Rechte in Gesellschaftervereinbarungen, Die Aktiengesellschaft 2015, 891-899.
Hitzer, Martin/ Hauser, Patrick	Mitteilungspflichten für Vorkaufs- und ähnliche Rechte in Gesellschaftervereinbarungen, Zeitschrift für Bank- und Kapitalmarktrecht 2015, 52-59.
Hitzer, Martin/ Hauser, Patrick	Stimmrechtszurechnung: acting in concert und Kettenzurechnung im Lichte der vollharmonisierenden Wirkung der Transparenzrichtlinie, Neue Zeitschrift für Gesellschaftsrecht 2016, S. 1365–1370.
Hoffmann-Becking, Michael	Gesellschaftsrecht 2008: Ein Blick aufs Jahr – und ein paar Wünsche an den Gesetzgeber! Beilage zu Der Betrieb 2008, Status: Recht 01/2008, S. 19 –20.
Holfter, Marc	Öffentliche Übernahme durch Anschleichen unter besonderer Berücksichtigung der Meldepflichten nach dem WpHG Eine juristische Analyse, Heidelberg 2012 Zitiert: *Holfter*, Öffentliche Übernahme durch Anschleichen, 2012, S.
Hopt, Klaus J.	Vom Aktien- und Börsenrecht zum Kapitalmarktrecht? Teil 1: Der international erreichte Stand des Kapitalmarktrechts, Zeitschrift für das gesamte Handels- und Wirtschaftsrecht 1976, S. 201–235.
Hopt, Klaus J.	Vom Aktien- und Börsenrecht zum Kapitalmarktrecht? Teil 2: Die deutsche Entwicklung im internationalen Vergleich, Zeitschrift für das gesamte Handels- und Wirtschaftsrecht 1976, S. 389–441.
Hu Henry T. C./ Black, Bernard S.	The New Vote Buying: Empty Voting and Hidden (Morphable) Ownership, Southern California Law Review 2006, Volume 79, Number 4, S. 811-908.

Autor(en)	**Werk**
Hu Henry T. C./ Black, Bernard S.	Empty Voting and Hidden (Morphable) Ownership: Taxonomy, Implications, and Reforms, Business Lawyer 2006, Volume 61, S. 1011–1070.
Hu Henry T. C./ Black, Bernard S.	Equity and Debt Decoupling and Empty Voting II: Importance and Extensions, University of Pennsylvania Law Review 2008, Volume 156, S. 625–739.
Hull, John C.	Optionen, Futures und andere Derivate, 8. Auflage, München 2012 Zitiert: *Hull*, Derivate, 8. Auflage 2012, S.
Hutter, Stephan/ Kaulamo, Katja	Das Transparenzrichtlinie-Umsetzungsgesetz: Änderungen der anlassabhängigen Publizität, Neue Juristische Wochenschrift 2007, S. 471-477.
Jocham, Felix	Verdeckter Beteiligungsaufbau im Spannungsfeld von Handlungsfreiheit und Transparenz, Würzburg 2014 Zitiert: *Jocham*, Verdeckter Beteiligungsaufbau, 2014, S.
Johannsen-Roth, Tim/ Illert, Staffan	Paketerwerbe und öffentliche Übernahmeangebote im Lichte des neuen übernahmerechtlichen Squeeze out nach § 39a WpÜG, Zeitschrift für Wirtschaftsrecht 2006, S. 2157-2163.
Juurikkala, Oskari	Credit Default Swaps and the EU Shortselling Regulation: A Critical Analysis, European Capital Markets Law 2012, S. 307-341.
Just, Clemens/ Voß, Thorsten/ Ritz, Corinna/ Becker, Ralf	Wertpapierhandelsgesetz (WpHG) Kommentar, München 2015 Zitiert: *Bearbeiter* in Just/Voß/Ritz/Becker, WpHG, 2015, § Rn.
Kämmerer, Jörg Axel	Bahn frei der Bankenunion? Die neuen Aufsichtsbefugnisse der EZB im Lichte der EU-Kompetenzordnung, Neue Zeitschrift für Verwaltungsrecht 2013, 830-836.
Kämmerer, Jörg Axel/ Veil, Rüdiger	Übernahme- und Kapitalmarktrecht in der Reformdiskussion Grundsatz- und Praxisfragen des Übernahme- und Kapitalmarktrechts, Tübingen 2013 Zitiert: *Bearbeiter* in Kämmerer/Veil, Übernahme und Kapitalmarktrecht in der Reformdiskussion, S.
Kalss, Susanne/ Oppitz, Martin/ Zollner, Johannes	Kapitalmarktrecht System, München 2015 Zitiert: *Kalss/Oppitz/Zollner*, Kapitalmarktrecht System, 2. Auflage 2015, § Rn.

Autor(en)	**Werk**
Kaser, Max/ Knütel, Rolf	Römisches Privatrecht, 20. Auflage, München 2014 Zitiert: *Kaser/Knütel*, Römisches Privatrecht, 20. Auflage 2014, § Rn.
Kettunen, Maiju/ Ringe, Wolf-Georg	Disclosure Regulation of Cash-Settled Equity Derivatives – An Intentions-Based Approach, Legal Research Paper Series, Paper No. 36/2011 (University of Oxford).
Koch, Jens	Grenzen des informationsbasierten Anlegerschutzes, Zeitschrift für Bank- und Kapitalmarktrecht 2012, S. 485-493.
Kohn, Meir G.	Financial Institutions And Markets, 2. Auflage, Oxford 2004 Zitiert: *Kohn*, Financial Institutions And Markets, 2. Auflage 2004, S.
Kolb, Robert W./ Overdahl, James A.	Futures, Options, and Swaps, Fifth Edition, Malden 2007 Zitiert: *Kolb/Overdahl*, Futures, Options, Swaps, 5. Auflage 2007, S.
Koller, Ingo	Die Klagbarkeit von Prämienforderungen aus Aktienoptionen, Wertpapiermitteilungen 1985, S. 593-596.
Kort, Michael	Hauptaktionär nach § 327a I S. 1 AktG mittels Wertpapierdarlehen, Die Aktiengesellschaft 2006, S. 557-563.
Kraak, Jörg-Peter	Beteiligungspublizität bei Erwerbs- und Übernahmeangeboten Die Aktiengesellschaft 2017, 677-690.
Krämer, Lutz	Finanzswaps und Swapderivate in der Bankpraxis, Berlin/New York 1999 Zitiert: *Krämer*, Finanzswaps und Swapderivate, 1999, S.
Krause, Hartmut	Die erweiterte Beteiligungstransparenz bei börsennotierten Aktiengesellschaften, Die Aktiengesellschaft 2011, S. 469–484.
Krause, Hartmut	Eigene Aktien bei Stimmrechtsmitteilung und Pflichtangebot, Die Aktiengesellschaft 2015, S. 553–559.
Krimphove, Dieter	Gesetzgebung im europäischen Bank- und Kapitalmarktrecht – eine ökonomisch-historische Betrachtung, Europarecht 2007, S. 597–621.
Kropff, Bruno	Aktiengesetz vom 6.9.1965 (BGBl. I S. 1089), Düsseldorf 1965 Zitiert: *Kropff*, AktG, S.

Autor(en)	**Werk**
Kübler, Friedrich *Assmann, Heinz-Dieter*	Gesellschaftsrecht Die privatrechtlichen Ordnungsstrukturen und Regelungsprobleme von Verbänden und Unternehmen, 6. Auflage, Heidelberg 2006 Zitiert: *Kübler/Assmann*, Gesellschaftsrecht, 6. Auflage 2006, §, S.
Kümpel, Siegfried/ *Wittig, Arne*	Bank- und Kapitalmarktrecht, 4. Auflage, Köln 2011 Zitiert: *Bearbeiter* in Kümpel/Wittig, Bank- und Kapitalmarktrecht, 4. Auflage 2011, Rn.
Kußmaul, Heinz	Finanzierung über Zero-Bonds und Stripped Bonds, Betriebs-Berater 1998, S. 1868-1871.
Langenbucher, Katja	Aktien- und Kapitalmarktrecht, 4. Auflage, München 2018 Zitiert: *Langenbucher*, Aktienrecht, 4. Auflage 2018, § Rn.
Langenbucher, Katja/ *Bliesener Dirk H./* *Spindler, Gerald*	Bankrechts-Kommentar, 2. Auflage, München 2016 Zitiert: *Bearbeiter* in Langenbucher/Bliesener/Spindler, Bankrechts-Kommentar, 2. Auflage 2016, Kap. Rn.
Larenz, Karl/ *Canaris, Claus-Wilhelm*	Methodenlehre der Rechtswissenschaft, 3. Auflage, Berlin; Heidelberg; New York 1995 Zitiert: *Larenz/Canaris*, Methodenlehre, 3. Auflage 1995, S.
Lehmann, Matthias	Finanzinstrumente, Tübingen 2009 Zitiert: *Lehmann*, Finanzinstrumente, 2009, S.
Lenenbach, Markus	Kapitalmarktrecht und kapitalmarktrelevantes Gesellschaftsrecht, 2. Auflage, Köln 2010 Zitiert: *Lenenbach*, Kapitalmarktrecht, 2. Auflage 2010, Rn.
Lutter, Marcus/ *Bayer, Walter/* *Schmidt, Jessica*	Europäisches Unternehmens- und Kapitalmarktrecht, 5. Auflage, Berlin 2012 Zitiert: *Lutter/Bayer/J. Schmidt*, EuropUR, 5. Auflage 2012, § Rn.
Lutter, Marcus/ *Bayer, Walter/* *Schmidt, Jessica*	Europäisches Unternehmens- und Kapitalmarktrecht, 6. Auflage, Berlin 2017 Zitiert: *Lutter/Bayer/J. Schmidt*, EuropUR, 6. Auflage 2017, Rn.
Mankowski, Peter	Optionsanleihen ausländischer Gesellschaften als Gegenstand von Börsenaußengeschäften - Qualifikation und Internationales Privatrecht, Die Aktiengesellschaft 1998, S. 11-26.
Merkner, Andreas/ *Sustmann, Marco*	Vorbei mit dem unbemerkten Anschleichen an börsennotierte Unternehmen? Neue Zeitschrift für Gesellschaftsrecht 2010, S. 681–688.

Autor(en)	**Werk**
Merkner, Andreas/ Sustmann, Marco	Wertpapierleihe und Empty Voting – Weitergehender Transparenzbedarf im WpHG? Neue Zeitschrift für Gesellschaftsrecht 2010, S. 1170–1175.
Merkt, Hanno	„Creeping in“ aus internationaler Sicht, Neue Zeitschrift für Gesellschaftsrecht 2011, S. 561-568.
Meyer, Andreas/ Kiesewetter, Matthias	Rechtliche Rahmenbedingungen des Beteiligungsaufbaus im Vorfeld von Unternehmensübernahmen, Wertpapiermitteilungen 2009, S. 340–349.
Meyer, Benedikt	Die Umsetzung der Transparenzrichtlinie 2004/109/EG im englischen und deutschen Recht, Hamburg 2011 Zitiert: *Meyer*, Umsetzung der TrRL 2004, 2011, S.
Mishkin, Frederic S./ Eakins, Stanley G.	Financial Markets and Institutions, 7. Auflage, Harlow 2012 Zitiert: *Mishkin/Eakins*, Financial Markets, 7. Auflage 2012, S.
Mishra, Bishnupriya/ Debasish, Sathya Swaroop	Financial Derivatives, New Delhi 2007 Zitiert: *Mishra/Debasish*, Financial Derivatives, 2007, S.
Möllers, Thomas M. J.	Europäische Methoden- und Gesetzgebungslehre im KapitalmarktrechtVollharmonisierung, Generalklauseln und soft law im Rahmen des Lamfalussy-Verfahrens als Mittel zur Etablierung von Standards, Zeitschrift für Europäisches Privatrecht 2008, S. 480–505.
Möllers, Thomas M. J.	Die juristische Aufarbeitung der Übernahmeschlacht VW-Porsche – ein Überblick, Neue Zeitschrift für Gesellschaftsrecht 2014, S. 361–369.
Möllers, Thomas M. J./ Kernchen, Eva	Information Overload am Kapitalmarkt - Plädoyer zur Einführung eines Kurzfinanzberichts auf empirischer, psychologischer und rechtsvergleichender Basis -, Zeitschrift für Unternehmens- und Gesellschaftsrecht 2011, S. 1-26.
Möritz, Daniel	Eigenkapitalderivate, wirtschaftliches Eigentum und verdeckte Stimmmacht, Zeitschrift für Vergleichende Rechtswissenschaft 109 (2010), S. 94–131.
Moloney, Niamh	EU Securities and Financial Markets Regulation (3rd Edition), 3. Auflage, Oxford 2014 Zitiert: *Moloney*, EU securities and financial markets regulation, 3. Auflage 2014, Abschnitt Rn.

Autor(en)	**Werk**
MüKoAktG/*Bearbeiter*	Münchener Kommentar zum Aktiengesetz, Band 1, 4. Auflage, München 2016 (Goette, Wulf/Habersack, Matthias/Kalss, Susanne [Hrsg.]) Zitiert: MüKoAktG/*Bearbeiter*, 4. Auflage 2016, Gesetz § Rn.
MüKoAktG/*Bearbeiter*	Münchener Kommentar zum Aktiengesetz, Band 4, 4. Auflage, München 2016 (Goette, Wulf/Habersack, Matthias/Kalss, Susanne [Hrsg.]) Zitiert: MüKoAktG/*Bearbeiter*, 4. Auflage 2016, Gesetz § Rn.
MüKoAktG/*Bearbeiter*	Münchener Kommentar zum Aktiengesetz, Band 3, 4. Auflage, München 2018 (Goette, Wulf/Habersack, Matthias/Kalss, Susanne [Hrsg.]) Zitiert: MüKoAktG/*Bearbeiter*, 4. Auflage 2018, Gesetz § Rn.
MüKoBGB/*Bearbeiter*	Münchener Kommentar zum Bürgerlichen Gesetzbuch, Band 1, 7. Auflage, München 2015 (Säcker, Franz Jürgen/Rixecker, Roland/Oetker, Hartmut/ Limperg, Bettina [Hrsg.]) Zitiert: MüKoBGB/*Bearbeiter,* 7. Auflage 2015, BGB § Rn.
MüKoBGB/*Bearbeiter*	Münchener Kommentar zum Bürgerlichen Gesetzbuch, Band 11, 6. Auflage, München 2015 (Säcker, Franz Jürgen/Rixecker, Roland/Oetker, Hartmut/ Limperg, Bettina [Hrsg.]) Zitiert: MüKoBGB/*Bearbeiter,* 6. Auflage 2015, Abschnitt Rn.
MüKoBilanzrecht/ *Bearbeiter*	Münchener Kommentar zum Bilanzrecht, Band 2, 1. Auflage, München 2013 (Hennrichs, Joachim/Kleindiek, Detlef/Watrin, Christoph [Hrsg.]) Zitiert: MüKoBilanzrecht/*Bearbeiter*, 2013, § Rn.
MüKoHGB/*Bearbeiter*	Münchener Kommentar zum Handelsgesetzbuch, Band 6, 3. Auflage, München 2014 (Schmidt, Karsten [Hrsg.], Hadding, Walther [Red.]) Zitiert: MüKoHGB/*Bearbeiter*, 3. Auflage 2014, Abschnitt Rn.
MüKoInsO/*Bearbeiter*	Münchener Kommentar zur Insolvenzordnung, Band 2, 3. Auflage, München 2013 (Kirchhof, Hans-Peter/Eidenmüller, Horst/Stürner, Rolf [Hrsg.]) Zitiert: MüKoInsO/*Bearbeiter*, 3. Auflage 2013, § Rn.
Müller, Welf/ Rödder, Thomas	Beck'sches Handbuch der AG, 2. Auflage, München 2009 Zitiert: *Bearbeiter* in Müller/Rödder, Handbuch AG, 2. Auflage 2009, § Rn.

Autor(en)	**Werk**
Mülbert, Peter/ Böhmer, Jörg	Ereignisbezogene Finanzprodukte - Zivil-, Kapitalmarkt-, Wertpapier-, Straf- und Öffentliches Recht - -Teil I -, Wertpapiermitteilungen, Zeitschrift für Wirtschafts- und Bankrecht 2006, S. 937-951.
Mülbert, Peter/ Böhmer, Jörg	Ereignisbezogene Finanzprodukte - Zivil-, Kapitalmarkt-, Wertpapier-, Straf- und Öffentliches Recht - -Teil II -, Wertpapiermitteilungen, Zeitschrift für Wirtschafts- und Bankrecht 2006, S. 985-998.
Müller, Michael	Finanzinstrumente in der Rom I-VO, Sipplingen 2011 Zitiert: *Müller*, Finanzinstrumente Rom I-VO, 2011, S.
Münch. Hdb. GesR/*Bearbeiter*	Münchener Handbuch des Gesellschaftsrechts, (Hoffmann-Becking, Michael [Hrsg.]) Band 4, Aktiengesellschaft 4. Auflage, München 2015 Zitiert: Münch. Hdb. GesR/*Bearbeiter*, 4. Auflage 2015, § Rn.
Muhr, Eike	Das Prinzip der Vollharmonisierung im Kapitalmarktrecht am Beispiel des Reformvorhabens zur Änderung der Transparenzrichtlinie, Frankfurt 2014 Zitiert: *Muhr*, Transparenz-RL, 2014, S.
Natowska, Urszula/ Walla, Fabian	Das Sanktionsregime für Verstöße gegen die Beteiligungstransparenz nach der Transparenzrichtlinie 2013, Die Aktiengesellschaft 2014, S. 891-905.
Nießen, Tobias	Die Harmonisierung der kapitalmarktrechtlichen Transparenzregeln durch das TUG, Neue Zeitschrift für Gesellschaftsrecht 2007, S. 41-46.
Noack, Ulrich/ Zetsche, Dirk	Verdeckter Positionsaufbau in börsennotierten Aktiengesellschaften - Anlegerschutz, Publizität, Enforcement - in Unternehmensrecht zu Beginn des 21. Jahrhunderts Festschrift für Eberhard Schwark zum 70. Geburtstag, S. 569-586, München 2009 Zitiert: *Noack/Zetsche* FS Schwark, 2009, S.
Nodoushani, Manuel	Rechtsfragen bei der Aktienverpfändung, Wertpapiermitteilungen 2007, S. 289-296.

Autor(en)	**Werk**
Oetker/*Bearbeiter*	Handelsgesetzbuch Kommentar, 5. Auflage, München 2017 (*Hartmut, Oetker* [Hrsg.]) Zitiert: *Bearbeiter* in Oetker, HGB, 5. Auflage 2017, § Rn.
Parmentier, Miriam	Die Revision der EU-Transparenzrichtlinie für börsennotierte Unternehmen, Die Aktiengesellschaft 2014, S. 15–25.
Parmentier, Miriam	Die Entwicklung des europäischen Kapitalmarktrechts 2012–2013, Europäische Zeitschrift für Wirtschaftsrecht 2014, S. 50–57.
Parmentier, Miriam	Die Entwicklung des europäischen Kapitalmarktrechts 2014–2015, Europäische Zeitschrift für Wirtschaftsrecht 2016, S. 45–51.
Perridon, Louis/ Steiner, Manfred/ Rathgeber, Andreas W.	Finanzwirtschaft der Unternehmung, 16. Auflage, München 2012 Zitiert: *Perridon/Steiner/Rathgeber*, Finanzwirtschaft, 16. Auflage 2012, S.
Pollock, Philip R./ Stadum, Edward M./ Holtermann, Gordon C.	Die Sekuritisierung und ihre Zukunft in Deutschland, Recht der internationalen Wirtschaft 1991, S. 275-281
Prechtl, Felix	Kapitalmarktrechtliche Beteiligungspublizität, Wien 2010 Zitiert: *Prechtl*, Kapitalmarktrechtliche Beteiligungspublizität, 2010, S.
Puderbach, Frank/ Zenke, Ines	Der Handel mit Warenderivaten in Europa und Deutschland, Zeitschrift für Bank- und Kapitalmarktrecht 2003, S. 360–366.
Rau, Stephan	Wandelanleihen auf Aktien im Wirkungskreis von Bulle und Bär, Deutsches Steuerrecht 2014, S. 2201-2208.
Rechtschaffen, Alan N./ Philips, Susan M.	Capital Markets, Derivatives and the Law, Oxford 2009 Zitiert: *Rechtschaffen/Philips*, Capital Markets, Derivates and the law, 2009, S.
Rehfeldt, Bernhard/ Zöllner, Wolfgang	Wertpapierrecht, 9. Auflage, München 1970 Zitiert: *Rehfeldt/Zöllner*, Wertpapierrecht, 9. Auflage 1970, S.
Reiner, Günter	Derivative Finanzinstrumente im Recht, Baden Baden 2002 Zitiert: *Reiner*, Derivative Finanzinstrumente, 2002, S.

Autor(en)	**Werk**
Renn, Christian/ Weber, Christoph Andreas/ Gotschev, Georg G.	Beteiligungstransparenz und dynamisches Hedging Zur Frage einer Delta-Adjustierung der Meldepflichten, Die Aktiengesellschaft 2012, S. 440-451.
Renz, Hartmut/ Rippel, Christine	Änderungen der Transparenzvorschriften gem. §§ 21 ff. WpHG (Mitteilungspflichten von Stimmrechten) durch das Gesetz zur Stärkung des Anlegerschutzes und der Verbesserung der Funktionsfähigkeit des Kapitalmarktes, Zeitschrift für Bank- und Kapitalmarktrecht 2011, S. 235-238.
Riehm, Thomas	Grenzen der Vollharmonisierung — dargestellt am Beispiel des Verbrauchervertragsrechts in Jahrbuch Junger Zivilrechtswissenschaftler 2010, S. 159-207, Zitiert: *Riehm*, Grenzen der Vollharmonisierung, Jb. J. ZWiss. 2010, 159, 168.
Roberts, Julian	Rechtliche Behandlung von Derivaten Ein Casebook, Berlin 2012 Zitiert: *Roberts*, Rechtliche Behandlung von Derivaten, 2012, S.
Rodewald, Jörg/ Unger, Ulrike	Zusätzliche Transparenz für die europäischen Kapitalmärkte die Umsetzung der EU-Transparenzrichtlinie in Deutschland, Betriebs-Berater 2006, S. 1917-1919.
Röhl, Friedrich/ Röhl Hans Christian	Allgemeine Rechtslehre, 3. Auflage, Köln; München 2008 Zitiert: *Röhl*, Rechtslehre, 3. Auflage 2008, S.
Roth, Hans-Peter	Das Gesetz zur Umsetzung der Transparenzrichtlinie-Änderungsrichtlinie, Gesellschafts- und Wirtschaftsrecht 2015, S. 485-489.
Roth, Hans-Peter	Aktuelle Entwicklungen des Kapitalmarktrechts - Ein Überblick, Gesellschafts- und Wirtschaftsrecht 2016, S. 67-71.
Rudolph, Bernd/ Schäfer, Klaus	Derivative Finanzmarktinstrumente, 2. Auflage, Heidelberg 2010 Zitiert: *Rudolph/Schäfer*, Derivative Finanzmarktinstrumente, 2. Auflage 2010, S.
Rück, Heino/ Heusel, Matthias	Zu den Grenzen der Beteiligungstransparenz bei Aktienerwerbsmöglichkeiten in Gesellschaftervereinbarungen, Neue Zeitschrift für Gesellschaftsrecht 2016, S. 897-902.
Ruppel, Nadine	Finanzdienstleistungsaufsicht in der Europäischen Union Institutionell auf dem richtigen Weg?, Gießen 2013 Zitiert: *Ruppel*, Finanzdienstleistungsaufsicht in der Europäischen Union, 2013, S.

Autor(en)	**Werk**
Salewksi, Sabrina	Zertifikate – reguläre Finanzinstrumente oder unerlaubtes Glücksspiel?, Zeitschrift für Bank- und Kapitalmarktrecht 2012, S. 100-106.
Scharpf, Paul/ Luz, Günther	Risikomanagement, Bilanzierung und Aufsicht von Finanzderivaten, 2. Auflage, Stuttgart 2000 Zitiert: Scharpf/Luz, Risikomanagement von Finanzderivaten, 2. Auflage 2000, S.
Schiessl, Maximilian	Beteiligungsaufbau mittels Cash-settled Total Return Equity Swaps - neue Modelle und Einführung von Meldepflichten, Der Konzern 2009, S. 291-299.
Schilha, Ralph	Umsetzung der EU-Transparenzrichtlinie 2013: Neuregelungen zur Beteiligungspublizität und periodischen Finanzberichterstattung, Der Betrieb 2015, S. 1821-1829.
Schimansky, Herbert/ Bunte, Hermann-Josef/ Lwowski, Hans-Jürgen	Bankrechts-Handbuch, 4. Auflage, München 2011 Zitiert: *Bearbeiter* in Schimansky/Bunte/Lwowski, Bankrechts-Handbuch, 4. Auflage 2011, § Rn.
Schimansky, Herbert/ Bunte, Hermann-Josef/ Lwowski, Hans-Jürgen	Bankrechts-Handbuch, 5. Auflage, München 2017 Zitiert: *Bearbeiter* in Schimansky/Bunte/Lwowski, Bankrechts-Handbuch, 5. Auflage 2017, § Rn.
Schindler, Claudia/ Hindelang, Martin	Praxishandbuch Repos und Wertpapierdarlehen, Wiesbaden 2016 Zitiert: *Schindler/Hindelang*, Praxishandbuch Repos und Wertpapierdarlehen, 2016, S.
Schlitt, Michael/ Löschner Ramin	Abgetrennte Optionsrechte und Naked Warrants, Zeitschrift für Bank- und Kapitalmarktrecht 2002, S. 150-157.
Schmidt, Karsten	Gesellschaftsrecht Unternehmensrecht II, 4. Auflage, Köln 2002 Zitiert: *K. Schmidt*, Gesellschaftsrecht, 4. Auflage 2002, S.
Schmidt, Karsten/ Lutter, Marcus	Aktiengesetz Kommentar, Band I, 3. Auflage, Köln 2015 Zitiert: *Bearbeiter* in Schmidt/Lutter, AktG, 3. Auflage 2015, § Rn.
Schmidt, Reinhard/ Teeberger, Eva	Grundzüge der Investitions- und Finanzierungstheorie, 4. Auflage, Wiesbaden 1997 Zitiert: *Schmidt/Terberger*, Grundzüge der Investitions- und Finanzierungstheorie, 4. Auflage 1997, S.

Autor(en)	**Werk**
Schmolke, Klaus Ulrich	Der Lamfalussy-Prozess im Europäischen Kapitalmarktrecht - eine Zwischenbilanz, Neue Zeitschrift für Gesellschaftsrecht 2005, S. 912-919.
Schnabel, Kerstin/ Korff, Matthias	Mitteilungs- und Veröffentlichungspflichten gemäß §§ 21 ff. WpHG und ihre Änderung durch das Transparenzrichtlinie-Umsetzungsgesetz - Ausgewählte Praxisfragen, Zeitschrift für Bankrecht und Bankwirtschaft 2007, S. 179–187.
Schneider, Uwe H.	Die neue Konzeption der Regeln zur Offenlegung der Stimmrechte bei börsennotierten Aktiengesellschaften in Festschrift für Johannes Köndgen, S. 549-561, Köln 2016 Zitiert: *Schneider* FS Köndgen, 2016, S.
Schneider, Uwe H.	§ 25a WpHG - die dritte Säule im Offenlegungsrecht, Die Aktiengesellschaft 2011, S. 645-919.
Schneider, Uwe H./ Brouwer, Tobias	Kapitalmarktrechtliche Meldepflichten bei Finanzinstrumenten, Die Aktiengesellschaft 2008, S. 557–565.
Schön, Wolfgang	Zwingendes Recht oder informierte Entscheidung - zu einer (neuen) Grundlage unserer Zivilrechtsordnung in Festschrift für Claus-Wilhelm Canaris zum 70. Geburtstag, S. 1191-1212, München 2007 Zitiert: *Schön* FS Canaris, 2007, S.
Schünemann, Wolfgang B.	Generalklausel und Regelbeispiele, JuristenZeitung 2005, S. 271–279.
Schwark, Eberhard/ Zimmer, Daniel/ Kumpan, Christoph	Kapitalmarktrechts-Kommentar, 4. Auflage, München 2010 Zitiert: *Bearbeiter* in Schwark/Zimmer, Kapitalmarktrechts-Kommentar, 4. Auflage 2010, § Rn.
Segna, Ulrich	Die sog. gespaltene Rechtsanwendung im Kapitalmarktrecht Erörtert am Beispiel der §§ 21 ff. WpHG, Zeitschrift für Unternehmens- und Gesellschaftsrecht 2015, S. 84–123.
Seibt, Christoph H./	Verbandssouveränität und Abspaltungsverbot im Aktien- und Kapitalmarktrecht - Revisited: Hidden Ownership, Empty Voting und andere Kleinigkeiten, Zeitschrift für Unternehmens- und Gesellschaftsrecht 2010, S. 795-835.

Autor(en)	**Werk**
Seibt, Christoph H./	Der (Stimm-)Rechtsverlust als Sanktion für die Nichterfüllung kapitalmarktrechtlicher Mitteilungspflichten im Lichte des Vorschlags der Europäischen Kommission zur Reform der Transparenzrichtlinie, Zeitschrift für Wirtschaftsrecht 2012, S. 797-803.
Seibt, Christoph H./ Wollenschläger, Bernward	Revision des Europäischen Transparenzregimes: Regelungsinhalte der TRL 2013 und Umsetzungsbedarf, Zeitschrift für Wirtschaftsrecht 2014, S. 545–554.
Seibt, Christoph H./ Wollenschläger, Bernward	Europäisierung des Transparenzregimes: Der Vorschlag der Europäischen Kommission zur Revision der Transparenzrichtlinie, Die Aktiengesellschaft 2011, S. 305–315.
Sester, Peter	Fallen Anteile an Geschlossenen Fonds unter den Wertpapierbegriff der MiFID bzw. des FRUG?, Zeitschrift für Bankrecht und Bankwirtschaft 2008, S. 369-383.
Siebert, Horst/ Lorz, Oliver	Einführung in die Volkswirtschaftslehre, 15. Auflage, Stuttgart 2007 Zitiert: *Siebert/Lorz*, Einführung VWL, 15. Auflage 2007, S.
Siekmann, Helmut	Die Europäisierung der Finanzmarktaufsicht, Institute for Monetary and Financial Stability Johann Wolfgang Goethe-Universität Frankfurt am Main Working Paper Series No. 47, 2011.
Söhner, Matthias	Die Umsetzung der Transparenzrichtlinie III, Zeitschrift für Wirtschaftsrecht 2015, S. 2451-2459.
Spindler/Stilz/*Bearbeiter*	Kommentar zum Aktiengesetz, Band I, 3. Auflage, München 2015 (*Spindler, Gerald/Stilz, Eberhard* [Hrsg.]) Zitiert: Spindler/Stilz/*Bearbeiter*, AktG, 3. Auflage 2015, § Rn.
Spremann, Klaus/ Gantenbein, Pascal	Finanzmärkte Grundlagen, Finanzinstrumente, Zusammenhänge, 2. Auflage, Konstanz; München 2013 Zitiert: *Spremann/Gantenbein*, Finanzmärkte, 2. Auflage 2013, S.
Staudinger/*Bearbeiter*	Staudinger BGB Kommentar zum Bürgerlichen Gesetzbuch mit Einführungsgesetz und Nebengesetzen, (J. von Staudingers [Begr.]) Buch 1. Allgemeiner Teil, §§ 139-163 Neubearbeitung 2015 Staudinger/*Bearbeiter* (2015) BGB § Rn.

Autor(en)	**Werk**
Staudinger/*Bearbeiter*	Staudinger BGB Kommentar zum Bürgerlichen Gesetzbuch mit Einführungsgesetz und Nebengesetzen, (J. von Staudingers [Begr.]) Buch 3. Sachenrecht, §§ 1204-1296 Neubearbeitung 2009 Staudinger/*Bearbeiter* (2009) BGB § Rn.
Steiner, Manfred/ Bruns, Christoph/ Stöckl, Stefan	Wertpapiermanagement Professionelle Wertpapieranalyse und Portfoliostrukturierung, 10. Auflage, Stuttgart 2012 Zitiert: *Steiner/Bruns/Stöckel*, Wertpapiermanagement, 10. Auflage 2012, S.
Stobbe, Wolfgang	Erfolgreiches Traden mit CFDs, München 2010 Zitiert: *Stobbe*, CFDs, 2010, S.
Tautges, Marco	Stimmrechtsmitteilungen (§§ 21 ff. WpHG) im Aktienemissionsgeschäft nach dem Gesetz zur Umsetzung der Transparenzrichtlinie-Änderungsrichtlinie, Wertpapiermitteilungen 2017, S. 512–517.
Teichmann, Christoph/ Epe, Daniel	Neuer Regelungsansatz in der kapitalmarktrechtlichen Beteiligungstransparenz: Generalklausel statt Fallgruppen-Lösung, Wertpapiermitteilungen 2010, S. 1477-1524.
Teichmann, Christoph/ Epe, Daniel	Die neuen Meldepflichten für künftig erwerbbare Stimmrechte (§§ 25, 25a WpHG), Zeitschrift für Wirtschafts- und Bankrecht 2012, S. 1213-1252.
Theusinger, Ingo/ Möritz, Daniel	Empty Voting als moderner Stimmenkauf?, Neue Zeitschrift für Gesellschaftsrecht 2010, S. 607-611.
Ulmer, Eugen	Das Recht der Wertpapiere, Stuttgart 1938 Zitiert: *Ulmer*, Recht der Wertpapiere, S.
Varian, Hal	Grundzüge der Mikroökonomik, 9. Auflage, Berlin 2016 Zitiert: *Varian*, Grundzüge Mikroökonomik, 9. Auflage 2016, S.
Veil, Rüdiger	Europäisches Kapitalmarktrecht, 1. Auflage, Tübingen 2011 Zitiert: *Bearbeiter* in Veil, Europäisches Kapitalmarktrecht, 1. Auflage 2011, § Rn.
Veil, Rüdiger	Auf dem Weg zu einem Europäischen Kapitalmarktrecht: die Vorschläge der Kommission zur Neuregelung der Transparenzregime, Wertpapier-Mitteilungen 2012, S. 53–61.

Autor(en)	**Werk**
Veil, Rüdiger	Stimmrechtsverlust nach dem Kommissionsvorschlag zur Neuregelung der kapitalmarktrechtlichen Beteiligungstransparenz, Betriebs-Berater 2012, S. 1374-1377.
Veil, Rüdiger	Zeitenwende in der Kapitalmarktgesetzgebung – Europäisierung von Recht und Aufsicht in Festschrift für Peter Hommelhoff zum 70. Geburtstag, S. 1263–1273, Köln 2012 Zitiert: *Veil* FS Hommelhoff, 2012, S.
Veil, Rüdiger	Beteiligungstransparenz im Kapitalmarktrecht, Zeitschrift für das Gesamte Handels- und Wirtschaftsrecht 2013, S. 427-446.
Veil, Rüdiger	Europäisches Kapitalmarktrecht, 2. Auflage, Tübingen 2014 Zitiert: *Bearbeiter* in Veil, Europäisches Kapitalmarktrecht, 2. Auflage 2014, § Rn.
Veil, Rüdiger	European Capital Markets Law, 2. Auflage, London 2017 Zitiert: *Bearbeiter* in Veil, European Capital Markets Law, 2. Auflage 2017, § Rn.
Veil, Rüdiger/ Wundenberg, Malte	Englisches Kapitalmarktrecht, Köln 2010 Zitiert: *Veil/Wundenberg*, Englisches Kapitalmarktrecht, 2010, S.
von Buttlar, Julia	Die Stärkung der Aufsichts- und Sanktionsbefugnisse im EU-Kapitalmarktrecht: ein neues „field of dreams" für Regulierer?, Betriebs-Berater 2014, S. 451-458.
von Riegen, Arend	Rechtsverbindliche Zusagen zur Annahme von Übernahmeangeboten (sog. „irrevocable undertakings"), Zeitschrift für das gesamte Handels- und Wirtschaftsrecht 2003, S. 702-731.
von Werder, Andreas/ Petersen, Sven	Mitteilungspflichten nach § 25a WpHG bei Erwerbsrechten und Erwerbsmöglichkeiten aus Gesellschaftsverträgen oder Gesellschaftervereinbarungen?, Corporate Finance Law 2012, S. 178-182.
Voß, Thorsten	Geschlossene Fonds unter dem Rechtsregime der Finanzmarkt-Richtlinie (MiFID)?, Zeitschrift für Bank- und Kapitalmarktrecht 2007, S. 45–54.

Autor(en)	**Werk**
Wackerbart, Ulrich	Neue Regeln zum Verhindern des „Anschleichens“ an potenzielle Zielgesellschaften im Diskussionsentwurf eines „Gesetzes zur Stärkung des Anlegerschutzes und Verbesserung der Funktionsfähigkeit des Kapitalmarkts“, Zeitschrift für Wirtschaftsrecht 2010, S. 1527–1536.
Walla, Fabian	Die Reformen der Europäischen Kommission zum Marktmissbrauchs und Transparenzregime – Regelungskonzeption, Aufsicht und Sanktionen, Betriebs-Berater 2012, S. 1358–1361.
Walla, Fabian	Die ESMA als Akteur bei der Regulierung der Kapitalmärkte Europas – Grundlagen, erste Erfahrungen und Ausblick, BKR - Zeitschrift für Bank- und Kapitalmarktrecht, S. 265-270.
Weber, Martin	Die Entwicklung des Kapitalmarktrechts im ersten Halbjahr 2013, Neue Juristische Wochenschrift 2013, S. 2324–2329.
Weber, Martin	Die Entwicklung des Kapitalmarktrechts im zweiten Halbjahr 2013, Neue Juristische Wochenschrift 2013, S. 272–276.
Weber, Cristoph/ Meckbach, Anne	Finanzielle Differenzgeschäfte – Ein legaler Weg zum „Anschleichen” an die Zielgesellschaft bei Übernahmen? Betriebs-Berater 2008, S. 2022-2230.
Weidemann, Moritz	„Hidden Ownership“ und §§ 21 ff. WpHG – status quo? Neue Zeitschrift für Gesellschaftsrecht, 2016, S. 605-610.
Weitnauer, Wolfgang	Handbuch Venture Capital Von der Innovation zum Börsengang, 5. Auflage, München 2016 Zitiert: Weitnauer, Venture Capital, Teil, Rn.
Wiedemann, Arnd	Financial Engineering Bewertung von Finanzinstrumenten, 6. Auflage, München 2013 Zitiert: *Wiedemann*, Financial Engineering, 6. Auflage 2013, S.
Wiedermann, Herbert	Die Übertragung und Vererbung von Mitgliedschaftsrechten bei Handelsgesellschaften, München 1965 Zitiert: Wiedemann, Mitgliedschaftsrechte bei Handelsgesellschaften, 1965, S.

Autor(en)	**Werk**
Winnefeld, Robert	Bilanz-Handbuch Handels- und Steuerbilanz Rechtsformspezifisches Bilanzrecht Bilanzielle Sonderfragen Sonderbilanzen IAS/US-GAAP, 5. Auflage, München 2015 Zitiert: *Bearbeiter* in Winnefeld, Bilanz-Handbuch Kapitel Rn.
Winner, Martin	Derivate und Beteiligungstransparenz Zur novellierten Transparenzrichtlinie, Der Gesellschafter 2014, S. 141-148.
Witt, Carl-Heinz	Regelmäßige „Wasserstandsmeldungen" - unverzichtbarer Bestandteil eines künftigen Übernahmegesetzes, Neue Zeitschrift für Gesellschaftsrecht 2000, S. 809-819.
Wöster, Christoph	Die Bewertung von Convertible und Exchangeable Bonds bei stochastischer Zinsentwicklung, Berlin 2004 Zitiert: *Wöster*, Bewertung von Bonds, S.
Zachert, Matthias	Zugangsmöglichkeiten zum US-amerikanischen Kapitalmarkt durch American Depositary Receipts, Zeitschrift für Wirtschaftsrecht 1993, S. 1426–1430.
Zahn, Andreas/ *Lemke, Rudolf*	Die Credit Linked Note – Anleihe mit integriertem Kreditderivat, Wertpapiermitteilungen 2002, S. 1536-1544.
Zerey, Jean-Claude	Finanzderivate Rechtshandbuch, 2. Auflage, München 2010 Zitiert: *Bearbeiter* in Zerey, Finanzderivate, 2. Auflage 2010, § Rn.
Zerey, Jean-Claude	Finanzderivate Rechtshandbuch, 4. Auflage, München 2016 Zitiert: *Bearbeiter* in Zerey, Finanzderivate, 4. Auflage 2016, § Rn.
Zetzsche, Dirk	Against Mandatory Disclosure of Economic-only Positions Referenced to Shares of European Issuers – Twenty Arguments against the CESR Proposal, European Business Organization Law Review 11 (2010), S. 231-252.
Zetzsche, Dirk	Insider-Information beim verdeckten Beteiligungsaufbau (, „Anschleichen") mittels Total Return Swaps? Zur Einordnung von EuGH, Urt. v.11.3.2015 - Rs. C-628/13, AG 2015, 388 - , „Lafonta/AFM" Die Aktiengesellschaft 2015, S. 381-388.

Fundstellenverzeichnis

Abkürzung	**Bedeutung**
1. FFG	Gesetz zur Verbesserung der Rahmenbedingungen der Finanzmärkte (Erstes Finanzmarktförderungsgesetz) vom 22.2.1990, BGBl. 1190, S. 266
2. FFG	Gesetz über den Wertpapierhandel und zur Änderung börsenrechtlicher und wertpapierrechtlicher Vorschriften (Zweites Finanzmarktförderungsgesetz) vom 26.7.1994, BGBl. I 1994, S. 1749
2. FiMaNoG	Zweites Gesetz zur Novellierung von Finanzmarktvorschriften auf Grund europäischer Rechtsakte vom 23.6.2017, BGBl. I 2017, S. 1693
3. FFG	Gesetz zur weiteren Fortentwicklung des Finanzplatzes Deutschland (Drittes Finanzmarktförderungsgesetz) vom 24.3.1998, BGBl. I 1998, S. 529
4. FFG	Gesetz zur weiteren Fortentwicklung des Finanzplatzes Deutschland (Viertes Finanzmarktförderungsgesetz) vom 21.6.2002, BGBl. I 2002, S. 2009
AIFM-UmsG	Gesetz zur Umsetzung der Richtlinie 2011/61/EU über die Verwalter alternativer Investmentfonds (AIFM-Umsetzungsgesetz - AIFM-UmsG) vom 4.7.2013, BGBl. I 2013, S. 1981
AktG	Aktiengesetz vom 6.9.1965, BGBl. I 1965, S. 1089; zuletzt geändert durch Art. 24 Abs. 16 des Gesetzes vom 23.6.2017, BGBl. I 2017, S. 1693
Anlegerentschädigungsgesetz	Gesetz zur Umsetzung der EG-Einlagensicherungsrichtlinie und der EG-Anlegerentschädigungsrichtlinie vom 16.7.1998, BGBl. I 1998, S. 1842; zuletzt geändert durch Art. 2 des Gesetzes vom 28. Mai 2015, BGBl. I 2015, S. 786
ÄnderungsRL 2013	Richtlinie 2013/50/EU des Europäischen Parlaments und des Rates vom 22.10.2013 zur Änderung der Richtlinie 2004/109/EG des Europäischen Parlaments und des Rates zur Harmonisierung der Transparenzanforderungen in Bezug auf Informationen über Emittenten, deren Wertpapiere zum Handel auf einem geregelten Markt zugelassen sind, der Richtlinie 2003/71/EG des Europäischen Parlaments und des Rates betreffend den Prospekt, der beim öffentlichen Angebot von Wertpapieren oder bei deren Zulassung zum Handel zu veröffentlichen ist, sowie der Richtlinie 2007/14/EG der Kommission mit Durchführungsbestimmungen zu bestimmten Vorschriften der Richtlinie 2004/109/EG, ABlEU vom 6.11.2013, L 294/14

Abkürzung	**Bedeutung**
ÄnderungsRL-E 2013	Vorschlag der Kommission für eine Richtlinie des europäischen Parlaments und des Rates zur Änderung der Richtlinie 2004/109/EG zur Harmonisierung der Transparenzanforderungen in Bezug auf Informationen über Emittenten, deren Wertpapiere zum Handel auf einem geregelten Markt zugelassen sind, sowie der Richtlinie 2007/14/EG, KOM(2011) 683 endgültig
AnsFuG	Gesetz zur Stärkung des Anlegerschutzes und Verbesserung der Funktionsfähigkeit des Kapitalmarkts vom 5.4.2011, BGBl. I 2011, S. 538; zuletzt geändert durch Art. 21 des Gesetzes vom 6.12.2011, BGBl. I, S. 2481
AktG	Aktiengesetz vom 6.9.1965, BGBl. I 1965, S. 1089
BaFin FAQ	Frequently Asked Questions zum Transparenzrichtlinie-Änderungsrichtlinie-Umsetzungsgesetz der BaFin in der Fassung vom 9. Mai 2018 abrufbar unter < https://www.bafin.de/SharedDocs/Downloads/DE/FAQ/dl_faq_transparenzpflichten_WpHG_Abschnitte_6_7.pdf>
BankbilanzRL	Richtlinie 86/635/EWG des Rates vom 8. Dezember 1986 über den Jahresabschluß und den konsolidierten Abschluß von Banken und anderen Finanzinstituten, ABlEG vom 31.12.1986, L 372/1
BenchmarkVO	Verordnung (EU) 2016/1011 des Europäischen Parlaments und des Rates vom 8. Juni 2016 über Indizes, die bei Finanzinstrumenten und Finanzkontrakten als Referenzwert oder zur Messung der Wertentwicklung eines Investmentfonds verwendet werden, und zur Änderung der Richtlinien 2008/48/EG und 2014/17/EU sowie der Verordnung (EU) Nr. 596/2014 vom 8. Juni 2016, ABlEU vom 29.6.2016, L 171/1
BeteiligungstransparenzRL	Richtlinie 88/627/EWG des Rates vom 12.12.1988 über die bei Erwerb und Veräußerung einer bedeutenden Beteiligung an einer börsennotierten Gesellschaft zu veröffentlichenden Informationen, ABlEG vom 17.12.1988, L 348/62
BörsenzulassungsprospektRL	Richtlinie 80/390/EWG des Rates vom 17.3.1980 zur Koordinierung der Bedingungen für die Erstellung, die Kontrolle und die Verbreitung des Prospekts, der für die Zulassung von Wertpapieren zur amtlichen Notierung an einer Wertpapierbörse zu veröffentlichen ist, ABlEG vom 17.4.1980, L 100/1
BörsZulV	Verordnung über die Zulassung von Wertpapieren zum regulierten Markt einer Wertpapierbörse (Börsenzulassungs-Verordnung - BörsZulV) vom 9.9.1998, BGBl. I, S. 2832

Abkürzung	Bedeutung
CARD	Richtlinie 2001/34/EG des Europäischen Parlaments und des Rates vom 28.5.2001 über die Zulassung von Wertpapieren zur amtlichen Börsennotierung und über die hinsichtlich dieser Wertpapiere zu veröffentlichenden Informationen, ABlEG vom 6.7.2001, L 184/1
CRD IV	Richtlinie 2013/36/EU des Europäischen Parlaments und des Rates vom 26. Juni 2013 über den Zugang zur Tätigkeit von Kreditinstituten und die Beaufsichtigung von Kreditinstituten und Wertpapierfirmen, zur Änderung der Richtlinie 2002/87/EG und zur Aufhebung der Richtlinien 2006/48/EG und 2006/49/EG, ABlEU vom 6.11.2013, L 176/338
CRR	Verordnung (EU) Nr. 575/2013 des Europäischen Parlaments und des Rates vom 26. Juni 2013 über Aufsichtsanforderungen an Kreditinstitute und Wertpapierfirmen und zur Änderung der Verordnung (EU) Nr. 646/2012, ABlEU, L 176/1
CSDR	Verordnung (EU) Nr. 909/2014 des Europäischen Parlaments und des Rates vom 23. Juli 2014 zur Verbesserung der Wertpapierlieferungen und -abrechnungen in der Europäischen Union und über Zentralverwahrer sowie zur Änderung der Richtlinien 98/26/EG und 2014/65/EU und der Verordnung (EU) Nr. 236/2012, ABlEU vom 28.8.2014, L257/1
Delegierte VO 2015/761/EU	Delegierte Verordnung (EU) 2015/761 der Kommission vom 17. Dezember 2014 zur Ergänzung der Richtlinie 2004/109/EG des Europäischen Parlaments und des Rates im Hinblick auf bestimmte technische Regulierungsstandards für bedeutende Beteiligungen, ABlEU vom 13.5.2015, L 120/2
Delegierte VO 2016/1437/EU	Delegierte Verordnung (EU) 2016/1437 der Kommission vom 19. Mai 2016 zur Ergänzung der Richtlinie 2004/109/EG des Europäischen Parlaments und des Rates im Hinblick auf technische Regulierungsstandards für den Zugang zu vorgeschriebenen Informationen auf Unionsebene, ABlEU vom 31.8.2016, L 234/1
Delegierte VO 2017/565/EU	Delegierte Verordnung (EU) 2017/565 der Kommission vom 25. April 2016 zur Ergänzung der Richtlinie 2014/65/EU des Europäischen Parlaments und des Rates in Bezug auf die organisatorischen Anforderungen an Wertpapierfirmen und die Bedingungen für die Ausübung ihrer Tätigkeit sowie in Bezug auf die Definition bestimmter Begriffe für die Zwecke der genannten Richtlinie, ABlEU vom 31.3.2017, L 87/1

Abkürzung	**Bedeutung**
DurchführungsRL 2007	Richtlinie 2007/14/EG der Kommission vom 8. März 2007 mit Durchführungsbestimmungen zu bestimmten Vorschriften der Richtlinie 2004/109/EG zur Harmonisierung der Transparenzanforderungen in Bezug auf Informationen über Emittenten, deren Wertpapiere zum Handel an einem geregelten Markt zugelassen sind, ABlEU vom 9.3.2007, L 69/27
DurchführungsVO MiFID I	Verordnung (EG) Nr. 1287/2006 der Kommission zur Durchführung der Richtlinie 2004/39/EG des Europäischen Parlaments und des Rates betreffend die Aufzeichnungspflichten für Wertpapierfirmen, die Meldung von Geschäften, die Markttransparenz, die Zulassung von Finanzinstrumenten zum Handel und bestimmte Begriffe im Sinne dieser Richtlinie, ABlEG vom 2.9.2006, L 241/1
EMIR	Verordnung (EU) Nr. 648/2012 des Europäischen Parlaments und des Rates vom 4. Juli 2012 über OTC-Derivate, zentrale Gegenparteien und Transaktionsregister, ABlEU vom 27.7.2012, L 201/1
Emittentenleitfaden BaFin, 4. Auflage 2013	Emittentenleitfaden der BaFin in der 4. Auflage 2013, abrufbar unter <https://www.bafin.de/SharedDocs/Downloads/DE/Leitfaden/WA/dl_emittentenleitfaden_2013.pdf >
Emittentenleitfaden BaFin, Entwurf 7/2018	Konsultation der überarbeiteten Teile des Emittentenleitfadens zu Informationen über bedeutende Stimmrechtsanteile und zu Notwendigen Informationen für die Wahrnehmung von Rechten aus Wertpapieren vom 12. Juli 2018, abrufbar unter <https://www.bafin.de/SharedDocs/Downloads/DE/Konsultation/2018/dl_kon_1218_ueberarbeitung_emittentenleitfaden.pdf>
ESMA/2014/300	Consultation Paper On Draft Regulatory Technical Standards on major shareholdings and indicative list of financial instruments subject to notification requirements under the revised Transparency Directive, abrufbar unter <https://www.esma.europa.eu/sites/default/files/library/2015/11/esma-2014-300_consultation_paper_on_draft_rts_on_major_shareholdings.pdf>

Abkürzung	**Bedeutung**
ESMA/2014/1187	Final Report On draft Regulatory Technical Standards on major shareholdings and an indicative list of financial instruments subject to notification requirements under the revised Transparency Directive, abrufbar unter <https://www.esma.europa.eu/sites/default/files/library/2015/11/2014-1187_final_report_on_draft_rts_under_the_transparency_directive_0.pdf>
ESMA-VO	Verordnung (EU) Nr. 1095/2010 des Europäischen Parlaments und des Rates vom 24. November 2010 zur Errichtung einer Europäischen Aufsichtsbehörde (Europäische Wertpapier- und Marktaufsichtsbehörde), zur Änderung des Beschlusses Nr. 716/2009/EG und zur Aufhebung des Beschlusses 2009/77/EG der Kommission, ABlEU vom 15.12.2010, L 331/84
EU-LeerverkaufsVO	Verordnung (EU) Nr. 236/2012 des Europäischen Parlaments und des Rates vom 14. März 2012 über Leerverkäufe und bestimmte Aspekte von Credit Default Swaps, ABlEU vom 24.3.2012, L 86/1
EWSA Stellungnahme	Stellungnahme des Europäischen Wirtschafts- und Sozialausschusses zu dem „Vorschlag für eine Richtlinie des Europäischen Parlaments und des Rates zur Änderung der Richtlinie 2004/109/EG zur Harmonisierung der Transparenzanforderungen in Bezug auf Informationen über Emittenten, deren Wertpapiere zum Handel auf einem geregelten Markt zugelassen sind, sowie der Richtlinie 2007/14/EG der Kommission", ABlEU vom 22.5.2012, C 143/78
EZB Stellungnahme	Stellungnahme der Europäischen Zentralbank vom 10. Februar 2012 zu einem Vorschlag für eine Richtlinie des Europäischen Parlaments und des Rates zur Änderung der Richtlinie 2004/109/EG zur Harmonisierung der Transparenzanforderungen in Bezug auf Informationen über Emittenten, deren Wertpapiere zum Handel auf einem geregelten Markt zugelassen sind, sowie der Richtlinie 2007/14/EG der Kommission (CON/2012/10), ABlEU vom 30.3.2012, C93/2
FinanzsicherheitenRL	Richtlinie 2002/47/EG des Europäischen Parlaments und des Rates vom 6. Juni 2002 über Finanzsicherheiten, ABlEG vom 27.6.2002, L 168/43

Abkürzung	**Bedeutung**
FinDAG	Gesetz über die Bundesanstalt für Finanzdienstleistungsaufsicht vom 22.4.2002, BGBl. I 2002, S. 1310
FRUG	Gesetz zur Umsetzung der Richtlinie über Märkte für Finanzinstrumente und der Durchführungsrichtlinie der Kommission (Finanzmarktrichtlinie-Umsetzungsgesetz) vom 16.7.2007, BGBl. I 2007, S. 1330
FSAP	*Financial services action plan* bzw. Aktionsplan für Finanzdienstleistungen, KOM(1999) 232, abrufbar unter <http://ec.europa.eu/internal_market/finances/docs/actionplan/index/action_de.pdf>
GesRRL	Richtlinie (EU) 2017/1132 des Europäischen Parlaments und des Rates vom 14. Juni 2017 über bestimmte Aspekte des Gesellschaftsrechts, ABlEU vom 30.6.2017, L 169/46
HGB	Handelsgesetzbuch vom 10. Mai 1897, RGBl. S. 219; zuletzt geändert durch Art. 17a, 24 Abs. 6 2. FiMaNoG vom 23.6.2017, BGBl. I 2017, S. 1693
InsiderRL	Richtlinie 89/592/EWG des Rates vom 13. November 1989 zur Koordinierung der Vorschriften betreffend Insider-Geschäfte vom 13. November 1989, ABlEG vom 18.11.1989, L 334/30
ISD	Richtlinie 93/22/EWG des Rates vom 10. Mai 1993 über Wertpapierdienstleistungen, ABlEG vom 24.05.1993, L 141/27 (Investment Services Directive – ISD, auch „Wertpapierdienstleistungs-Richtlinie“)
KAGB	Kapitalanlagegesetzbuch vom 4. Juli 2013, BGBl. I S. 1981; zuletzt geändert durch Art. 19 G zur Umsetzung der Vierten EU-GeldwäscheRL, zur Ausführung der EU-GeldtransferVO und zur Neuorganisation der Zentralstelle für Finanztransaktionsuntersuchungen vom 23.6.2017, BGBl. I S. 1822

Abkürzung	Bedeutung
KapRL	Ursprünglich: Zweite Richtlinie 77/91/EWG des Rates vom 13. Dezember 1976 zur Koordinierung der Schutzbestimmungen, die in den Mitgliedstaaten den Gesellschaften im Sinne des Artikels 58 Absatz 2 des Vertrages im Interesse der Gesellschafter sowie Dritter für die Gründung der Aktiengesellschaft sowie für die Erhaltung und Änderung ihres Kapitals vorgeschrieben sind, um diese Bestimmungen gleichwertig zu gestalten, ABlEG vom 31.1.1977, L 26/1. Seit 4.12.2012: Richtlinie 2012/30/EU des Europäischen Parlaments und des Rates vom 25.10.2012 zur Koordinierung der Schutzbestimmungen, die in den Mitgliedstaaten den Gesellschaften im Sinne des Artikels 54 Absatz 2 des Vertrages über die Arbeitsweise der Europäischen Union im Interesse der Gesellschafter sowie Dritter für die Gründung der Aktiengesellschaft sowie für die Erhaltung und Änderung ihres Kapitals vorgeschrieben sind, um diese Bestimmungen gleichwertig zu gestalten (Neufassung), ABlEU vom 14.11.2012, L 315/74
KWG	Gesetz über das Kreditwesen in der Fassung der Bekanntmachung vom 9. September 1998, BGBl. I S. 2776; zuletzt geändert durch Art. 1 FinanzaufsichtsrechtergänzungsG vom 6.6.2017, BGBl. I S. 1495
MAD I	Richtlinie 2003/6/EG des Europäischen Parlaments und des Rates vom 28. Januar 2003 über Insider-Geschäfte und Marktmanipulation (Marktmissbrauch), ABlEU vom 12.4.2003, L 96/16
MAD II	Richtlinie 2014/57/EU des Europäischen Parlaments und des Rates vom 16. April 2014 über strafrechtliche Sanktionen bei Marktmanipulation, ABlEU vom 12.6.2014, L 173/129
MAR	Verordnung (EU) Nr. 596/2014 des Europäischen Parlaments und des Rates vom 16. April 2014 über Marktmissbrauch (Marktmissbrauchsverordnung) und zur Aufhebung der Richtlinie 2003/6/EG des Europäischen Parlaments und des Rates und der Richtlinien 2003/124/EG, 2003/125/EG und 2004/72/EG der Kommission, ABlEU vom 12.6.2014, L 173/1

Abkürzung	Bedeutung
MiFID I	Richtlinie 2004/39/EG des Europäischen Parlaments und des Rates vom 21. April 2004 über Märkte für Finanzinstrumente, zur Änderung der Richtlinien 85/611/EWG und 93/6/EWG des Rates und der Richtlinie 2000/12/EG des Europäischen Parlaments und des Rates und zur Aufhebung der Richtlinie 93/22/EWG des Rates, ABlEU vom 30.4.2004, L 145/1
MiFID II	Richtlinie 2014/65/EU des Europäischen Parlaments und des Rates vom 15. Mai 2014 über Märkte für Finanzinstrumente sowie zur Änderung der Richtlinien 2002/92/EG und 2011/61/EU Text von Bedeutung für den EWR, ABlEU vom 12.6.2014, L 173/349
MiFIR	Verordnung (EU) Nr. 600/2014 des Europäischen Parlaments und des Rates vom 15. Mai 2014 über Märkte für Finanzinstrumente und zur Änderung der Verordnung (EU) Nr. 648/2012, ABlEU vom 12.6.2014, L 173/84
OGAW I	Richtlinie 85/611/EWG des Rates vom 20. Dezember 1985 zur Koordinierung der Rechts- und Verwaltungsvorschriften betreffend bestimmte Organismen für gemeinsame Anlagen in Wertpapieren, ABlEG vom 31.12.1985, L 375/3
OGAW II	Hier nur der Vollständigkeit halber aufgeführt: Die Richtlinie kam nicht zustande.
OGAW III	Richtlinie 2001/107/EG des Europäischen Parlaments und des Rates vom 21. Januar 2002 zur Änderung der Richtlinie 85/611/EWG des Rates zur Koordinierung der Rechts- und Verwaltungsvorschriften betreffend bestimmte Organismen für gemeinsame Anlagen in Wertpapieren (OGAW) zwecks Festlegung von Bestimmungen für Verwaltungsgesellschaften und vereinfache Prospekte, ABlEU vom 13.2.2002, L 41/20 sowie Richtlinie 2001/108/EG des Europäischen Parlaments und des Rates vom 21. Januar 2002 zur Änderung der Richtlinie 85/611/EWG des Rates zur Koordinierung der Rechts- und Verwaltungsvorschriften betreffend bestimmte Organismen für gemeinsame Anlagen in Wertpapieren (OGAW) hinsichtlich der Anlagen der OGAW, ABlEU vom 13.2.2002, L 41/35 (Zusatzinformation: Die Richtlinien 2001/107/EG und 2001/108/EG werden als Änderungsrichtlinien zu OGAW I gemeinsam als OGAW III bezeichnet)

Abkürzung	Bedeutung
OGAW IV	Richtlinie 2009/65/EG des Europäischen Parlaments und des Rates vom 13. Juli 2009 zur Koordinierung der Rechts- und Verwaltungsvorschriften betreffend bestimmte Organismen für gemeinsame Anlagen in Wertpapieren, ABlEU vom 17.11.2009, L 302/32
OGAW V	Richtlinie 2014/91/EU des Europäischen Parlaments und des Rates vom 23. Juli 2014 zur Änderung der Richtlinie 2009/65/EG zur Koordinierung der Rechts- und Verwaltungsvorschriften betreffend bestimmte Organismen für gemeinsame Anlagen in Wertpapieren (OGAW) im Hinblick auf die Aufgaben der Verwahrstelle, die Vergütungspolitik und Sanktionen, ABlEU vom 28.8.2014, L 257/186
Omnibus I-RL	Richtlinie 2010/78/EU des Europäischen Parlaments und des Rates vom 24. November 2010 zur Änderung der Richtlinien 98/26/EG, 2002/87/EG, 2003/6/EG, 2003/41/EG, 2003/71/EG, 2004/39/EG, 2004/109/EG, 2005/60/EG, 2006/48/EG, 2006/49/EG und 2009/65/EG im Hinblick auf die Befugnisse der Europäischen Aufsichtsbehörde (Europäische Bankenaufsichtsbehörde), der Europäischen Aufsichtsbehörde (Europäische Aufsichtsbehörde für das Versicherungswesen und die betriebliche Altersversorgung) und der Europäischen Aufsichtsbehörde (Europäische Wertpapier- und Marktaufsichtsbehörde), ABlEU vom 15.12.2010, L 331/120
PRIIPVO	Verordnung (EU) Nr. 1286/2014 des Europäischen Parlaments und des Rates vom 26. November 2014 über Basisinformationsblätter für verpackte Anlageprodukte für Kleinanleger und Versicherungsanlageprodukte (PRIIP), ABlEU vom 9.12.2014, L 352/1
ProspRL	Richtlinie 2003/71/EG des Europäischen Parlaments und des Rates vom 4. November 2003 betreffend den Prospekt, der beim öffentlichen Angebot von Wertpapieren oder bei deren Zulassung zum Handel zu veröffentlichen ist, und zur Änderung der Richtlinie 2001/34/EG, ABlEG vom 31.12.2003, L 345/64
RatingVO	Verordnung (EU) Nr. 462/2013 des Europäischen Parlaments und des Rates vom 21. Mai 2013 zur Änderung der Verordnung (EG) Nr. 1060/2009 über Ratingagenturen, ABlEU vom 31.5.2013, L 146/1

Abkürzung	Bedeutung
Richtlinie 93/6/EWG	Richtlinie 93/6/EWG des Rates vom 15. März 1993 über die angemessene Eigenkapitalausstattung von Wertpapierfirmen und Kreditinstituten, ABlEG vom 11.06.1993, L 141/1
RisikobegrenzungsG	Gesetz zur Begrenzung der mit Finanzinvestitionen verbundenen Risiken vom 12.8.2008, BGBl. I 2008, S. 1666
SEVO	Verordnung (EG) Nr. 2157/2001 des Rates vom 8. Oktober 2001 über das Statut der Europäischen Gesellschaft (SE), ABlEG vom 10.11.2001, L 294/1
TUG 2007	Gesetz zur Umsetzung der Richtlinie 2004/109/ EG des Europäischen Parlaments und des Rates vom 15. Dezember 2004 zur Harmonisierung der Transparenzanforderungen in Bezug auf Informationen über Emittenten, deren Wertpapiere zum Handel auf einem geregelten Markt zugelassen sind, und zur Änderung der Richtlinie 2001/34/EG (Transparenzrichtlinie-Umsetzungsgesetz – TUG) vom 5.1.2007, BGBl. I 2007, S. 10
TUG 2015	Gesetz zur Umsetzung der Transparenzrichtlinie-Änderungsrichtlinie vom 20.11.2015, BGBl. I, S. 2029
TrRL 2004	Richtlinie 2004/109/EG des Europäischen Parlaments und des Rates vom 15.12.2004 zur Harmonisierung der Transparenzanforderungen in Bezug auf Informationen über Emittenten, deren Wertpapiere zum Handel auf einem geregelten Markt zugelassen sind, und zur Änderung der Richtlinie 2001/34/EG, ABlEU vom 31.12.2004, L 390/38
TrRL 2013	Aktuelle Fassung der Richtlinie 2004/109/EG des Europäischen Parlaments und des Rates vom 15.12.2004 zur Harmonisierung der Transparenzanforderungen in Bezug auf Informationen über Emittenten, deren Wertpapiere zum Handel auf einem geregelten Markt zugelassen sind, und zur Änderung der Richtlinie 2001/34/EG, ABlEU vom 31.12.2004, L 390/38 (geändert durch die ÄnderungsRL 2013, s. o.)
ÜbernahmeRL	Richtlinie 2004/25/EG des Europäischen Parlaments und des Rates vom 21.4.2004 betreffend Übernahmeangebote, ABlEU vom 30.4.2004, L 142/12
Vermögensanlagengesetz	Gesetz über Vermögensanlagen vom 6. Dezember 2011, BGBl. I S. 2481; zuletzt geändert durch Art. 24 Abs. 14 2. FiMaNoG vom 23.6.2017, BGBl. I 2017, S. 1693

Abkürzung	Bedeutung
WpAIV	Verordnung zur Konkretisierung von Anzeige-, Mitteilungs- und Veröffentlichungspflichten sowie der Pflicht zur Führung von Insiderverzeichnissen nach dem Wertpapierhandelsgesetz vom 13. Dezember 2004, BGBl. I 2004, S. 3376; zuletzt geändert durch Art. 1 Zweite ÄndVO vom 2. 7. 2016, BGBl. I 2016, S. 1569
WpHG	Gesetz über den Wertpapierhandel In der Fassung der Bekanntmachung vom 9. September 1998, BGBl. I 1998, S. 2708; zuletzt geändert durch Art. 1, Art. 2, Art. 3 und Art. 3a 2. FiMaNoG vom 23.6.2017, BGBl. I 2017, S. 1693
WpPG	Gesetz über die Erstellung, Billigung und Veröffentlichung des Prospekts, der beim öffentlichen Angebot von Wertpapieren oder bei der Zulassung von Wertpapieren zum Handel an einem organisierten Markt zu veröffentlichen ist vom 22. Juni 2005, BGBl. I 2005, S. 1698; zuletzt geändert durch Art. 24 Abs. 13 2. FiMaNoG vom 23.6.2017, BGBl. I 2017, S. 1693
WpÜG	Gesetz zur Regelung von öffentlichen Angeboten zum Erwerb von Wertpapieren und von Unternehmensübernahmen vom 20.12.2001, BGBl. I 2001, S. 3822

Abkürzungsverzeichnis

Abkürzung	**Bedeutung**
Abs.	Absatz
BaFin	Bundesanstalt für Finanzdienstleistungsaufsicht
Bzw./bzw.	Beziehungsweise/beziehungsweise
CESR	Committee of European Securities Regulators
Dok.	Dokument (insbesondere: Ratsdokument)
EBA	European Banking Authority
EIOPA	European Insurance and Occupational Pensions Authority
ESA	European Supervisory Authorities (bestehend aus EBA, EIOPA und ESMA)
ESMA	European Securities and Markets Authority (Europäische Wertpapier- und Marktaufsichtsbehörde)
EWSA	Europäischer Wirtschafts- und Sozialausschuss
EZB	Europäische Zentralbank
FCA	Financial Conduct Authority
Fn.	Fußnote
FSA	Financial Services Authority
ITS	Implementing Technical Standards (technische Durchführungsstandards)
Lit./lit.	Littera/littera (Buchstabe)
m. w. N.	mit weiteren Nachweisen
OTC	over the counter (außerbörslich)
PRA	Prudential Regulation Authority
Rn.	Randnummer
RTS	Regulatory Technical Standards (technische Regulierungsstandards)
SMSG	Securities and Markets Stakeholder Group (gemäß Art. 37 ESMA-VO)
sublit.	sublittera (Unter-Buchstabe)
UAbs.	Unterabsatz

Teil I Einleitung und Begriffsverständnis

Kapitel 1 Gegenstand und Grund der Untersuchung

Der Kapitalmarkt soll es ermöglichen, anlagefähiges Kapital so zu investieren, dass bei verhältnismäßig hoher Sicherheit die höchste Rendite erzielt werden kann.[1] Investoren bringen ihr Kapital jedoch nur dann in den Marktkreislauf ein, wenn der Markt integer, fair und stabil ist oder ihnen zumindest so erscheint, womit für Anlageentscheidungen eine möglichst vollumfängliche Information vorausgesetzt ist.[2] Allerdings ist der Kapitalmarkt dem Wesen nach mit einer Informationsasymmetrie zwischen Emittenten und (institutionellen sowie privaten) Anlegern belastet.[3] Erstere sind oftmals besser und früher mit marktrelevanten Informationen wie beispielsweise den Beteiligungsverhältnissen einer Aktiengesellschaft versorgt und imstande, diese fruchtbar zu machen.[4] Letztere hingegen verlieren infolge entsprechenden Verhaltens dieser Marktteilnehmer ihr Vertrauen in die Integrität des Kapitalmarktes und entziehen ihm Liquidität, so dass seine Funktionsfähigkeit nicht mehr gewährleistet ist.[5]

Marktrelevante Informationen haben besonderes Gewicht, da am Kapitalmarkt gehandelte Produkte keinen immanenten Wert aufweisen, insbesondere keine körperlichen Eigenschaften, die am Markt von wertbildender Bedeutung

---

1 *Behrens*, Risikokapitalbeschaffung und Anlegerschutz, 2003, S. 9; *Buck-Heeb*, Kapitalmarktrecht, 9. Auflage 2017, Rn. 10.

2 *Buck-Heeb*, Kapitalmarktrecht, 9. Auflage 2017, Rn. 11 f.; *Langenbucher*, Aktienrecht, 4. Auflage 2018, § 1 Rn. 16 ff.; ähnlich *Lutter/Bayer/J. Schmidt*, EuropUR, 6. Auflage 2017, 14.78.

3 *Brinckmann* in Veil, Europäisches Kapitalmarktrecht, 2. Auflage 2014, § 16 Rn. 11; *Brinckmann* in Veil, European Capital Markets Law, 2. Auflage 2017, § 16 Rn. 12; *Langenbucher*, Aktienrecht, 4. Auflage 2018, § 1 Rn. 16, 19; *Lutter/Bayer/J. Schmidt*, EuropUR, 6. Auflage 2017, 14.79. Als Überblick zum Informationsungleichgewicht aus ökonomischer Perspektive *Franke/Hax*, Finanzwirtschaft des Unternehmens und Kapitalmarkt Berlin, 6. Auflage 2009, S. 458 ff.; *Schmidt/Terberger*, Grundzüge der Investitions- und Finanzierungstheorie, 4. Auflage 1997, S. 391 f. Aus juristischer Perspektive *Fleischer* ZGR 2001, 1, 3 ff.

4 *Lutter/Bayer/J. Schmidt*, EuropUR, 6. Auflage 2017, 14.79.

5 *Brinckmann* in Veil, Europäisches Kapitalmarktrecht, 2. Auflage 2014, § 16 Rn. 11; *Brinckmann* in Veil, European Capital Markets Law, 2. Auflage 2017, § 16 Rn. 12; *Lutter/Bayer/J. Schmidt*, EuropUR, 6. Auflage 2017, 14.79.

wären.[6] Ihnen wohnt jedoch ein immaterieller Wert inne, der sich durch Angebot und Nachfrage bestimmt. Insbesondere letztere ist auf dem Kapitalmarkt stets signifikant vom jeweiligen Informationslevel abhängig. Da indes nicht fortwährend alle Beteiligten und Interessenten in gleichem Maße informiert sind und sich ökonomisch sinnvolles Handeln daher mitunter schwierig gestaltet, stellt sich die Frage, wie insofern ein gerechter Ausgleich geschaffen werden kann.[7] Ansatzpunkt des Kapitalmarktrechts ist in dieser Hinsicht nicht etwa die Regulierung der Finanzmarktprodukte, sondern der Finanzmarktintermediäre durch Vorschriften hinsichtlich des Marktzugangs und -verhaltens, insbesondere durch Publizitätspflichten.[8] Letztere dienen der Transparenz, die eine zentrale Rolle im europäischen Kapitalmarktverhaltensrecht einnimmt.[9] Diese Transparenz basiert auf dem sogenannten Informationsmodell[10], dessen Vorbild die dem Kapitalmarktrecht der USA entstammende *disclosure philosophy*[11] ist und die mittels eben jener Publizitätspflichten erreicht wird.[12] Dem Modell zugrunde gelegt ist, dass Informationsasymmetrien für die Ineffizienz von Märkten verantwortlich sind.[13] Solche bestehen, wie dargelegt, regelmäßig im Verhältnis eines

---

6 *Kalss/Oppitz/Zollner*, Kapitalmarktrecht System, 2. Auflage 2015, § 1 Rn. 27; *Meyer*, Umsetzung der TrRL 2004, 2011, S. 92 f.

7 *Kalss/Oppitz/Zollner*, Kapitalmarktrecht System, 2. Auflage 2015, § 1 Rn. 27; *Meyer*, Umsetzung der TrRL 2004, 2011, S. 92 f.

8 *Kalss/Oppitz/Zollner*, Kapitalmarktrecht System, 2. Auflage 2015, § 1 Rn. 27; *Meyer*, Umsetzung der TrRL 2004, 2011, S. 92 f.

9 *Brinckmann* in Veil, Europäisches Kapitalmarktrecht, 2. Auflage 2014, § 16 Rn. 1; *Brinckmann* in Veil, European Capital Markets Law, 2. Auflage 2017, § 16 Rn. 1; *Hopt* ZHR 1976, 201, 204 ff.; *Hopt* ZHR 1977, 389, 415; *Lutter/Bayer/J. Schmidt*, EuropUR, 6. Auflage 2017, 14.75.

10 Zum Informationsmodell *Cordewener* in Schön, Rechnungslegung und Wettbewerbsschutz im Europäischen Recht, 2008, S. 105, 122 (m. w. N.) und 199 ff.; *Schön* FS Canaris, 2007, S. 1191, 1193 ff., 1198 ff.

11 *Brinckmann* in Veil, Europäisches Kapitalmarktrecht, 2. Auflage 2014, § 16 Rn. 1 f.; *Brinckmann* in Veil, European Capital Markets Law, 2. Auflage 2017, § 16 Rn. 1 f.; *Lutter/Bayer/J. Schmidt*, EuropUR, 6. Auflage 2017, 14.78.

12 *Lutter/Bayer/J. Schmidt*, EuropUR, 6. Auflage 2017, 14.78.

13 *Brinckmann* in Veil, Europäisches Kapitalmarktrecht, 2. Auflage 2014, § 16 Rn. 5; *Brinckmann* in Veil, European Capital Markets Law, 2. Auflage 2017, § 16 Rn. 5; *Lutter/Bayer/J. Schmidt*, EuropUR, 6. Auflage 2017, 14.79; *Schön* FS Canaris, 2007, S. 1191, 1205 ff.

Emittenten zu den übrigen Marktakteuren, insbesondere den Anlegern.[14] Publizitätspflichten wirken dieser Asymmetrie entgegen und tragen so dazu bei, den Kapitalmarkt im funktionsfähigen (Informations-)Gleichgewicht zu halten.

Insbesondere hinsichtlich der Beteiligungsstrukturen an Unternehmen ist eine möglichst hohe Transparenz geeignet, Unsicherheiten bei Anlegern auszuräumen und ihr Vertrauen in die Integrität des Markts zu stärken.[15] Hinter der Beteiligungstransparenz steht das Ziel, die Aktionärsstruktur, Beherrschungsverhältnisse und die Veränderungen maßgeblicher Beteiligungen bei Emittenten, deren Aktien an einem geregelten Markt gehandelt werden, offenzulegen.[16] Anknüpfungspunkt für eine diesbezügliche Mitteilungspflicht ist der Stimmrechtsanteil eines Anteilseigners, mithin die Gesamtzahl stimmrechtstragender Aktien, die eine natürliche oder juristische Person (Aktionär) hält, da dieser Anteil Auskunft über dessen Möglichkeit gibt, über die Hauptversammlung Einfluss auf die Gesellschaft auszuüben.[17] Der Stimmrechtsanteil gilt damit als ein Indikator für die Beherrschungsverhältnisse bei Aktienemittenten.[18]

Mit Veröffentlichungspflichten wird die Effizienz des Kapitalmarkts gesteigert: Werden wesentliche Veränderungen der Beteiligungsverhältnisse und die Identität der Anteilsinhaber veröffentlicht, fließen diese Informationen in die Preisbildung der Aktien eines Unternehmens ein, sodass sich informationseffiziente Aktienkurse bilden können.[19] Ohne diesbezügliche Transparenz ist die sogenannte allokative Effizienz nicht gegeben; Kapital fließt nicht in die ökonomisch sinnvollste Richtung, sondern dorthin, wo die meisten oder besten Informationen vorliegen.[20] Diese asymmetrische Informationsverteilung kann

---

14 Zum Begriff des Emittenten *Veil* in Veil, European Capital Markets Law, 2. Auflage 2017, § 9 Rn. 5 ff.; zum Begriff der Investoren bzw. Anleger dort Rn. 7 ff. sowie übrigen Marktteilnehmern dort Rn. 14 ff.

15 *Brinckmann* in Veil, Europäisches Kapitalmarktrecht, 2. Auflage 2014, § 16 Rn. 10; *Brinckmann* in Veil, European Capital Markets Law, 2. Auflage 2017, § 16 Rn. 11; *Hitzer/Düchting* ZIP 2011, 1084, 1087; *Oulds* in Kümpel/Wittig, Bank- und Kapitalmarktrecht, 4. Auflage 2011, Rn. 14.171.

16 *Brinckmann* BB 2012, 1370, 1371 f.

17 *Brinckmann* BB 2012, 1370, 1372.

18 *Brinckmann* BB 2012, 1370, 1372.

19 *Hitzer/Düchting* ZIP 2011, 1084, 1087; *Langenbucher*, Aktienrecht, 4. Auflage 2018, § 1 Rn. 27 f. Wenn dies nicht geschieht, wird ein „falscher" Wert der Aktie vorgegeben, dazu noch ab S. 192.

20 *Brinckmann* in Veil, Europäisches Kapitalmarktrecht, 2. Auflage 2014, § 16 Rn. 5; *Brinckmann* in Veil, European Capital Markets Law, 2. Auflage 2017, § 16 Rn. 5; *Lenenbach*,

zu Marktversagen führen, dem durch Publizitätsvorschriften vorgebeugt werden kann.[21] Durch sie werden potenzielle Investoren in die Lage versetzt, ihre Entscheidung zur Investition oder Deinvestition auf Grundlage umfassender Informationen zu treffen.[22] Solche Informationen lassen ebenso eine Kontrolle des Gleichlaufs des eigenen Interesses mit der Strategie der Inhaber wesentlicher Anteile zu und ermöglichen ein darauf abgestimmtes Verhalten.[23] Sind die Anteilseigner außerdem dank entsprechender Informationen in der Lage, sich miteinander auszutauschen, lassen sich gemeinsame Absichten identifizieren und gruppenspezifische Kollektivhandlungsprobleme in Unternehmen mit hohem Streubesitz vermeiden (*collective action problem*).[24]

Beteiligungstransparenz ist gleichermaßen für die betroffenen Unternehmen selbst von Vorteil, nicht nur, weil die Kenntnis der individuellen Aktionärsstruktur für den Investorendialog, dies meint die Kommunikation zwischen der Gesellschaft und Aktionären (*investor relations*), von grundlegender Bedeutung ist.[25] Auch in Übernahmesituationen ist die Offenlegung von Beteiligungsverhältnissen von höchster Relevanz, wobei insbesondere Finanzinstrumenten eine maßgebliche Bedeutung zuteilwird. Unter anderem haben mit Finanzinstrumenten verknüpfte Regelungslücken in den Publizitätsvorschriften der TrRL 2004 zu deren Novellierung durch die ÄnderungsRL 2013 geführt: Hinsichtlich von Beteiligungen an Unternehmen galt lange Zeit als allgemeiner Grundgedanke des Aktien- und Kapitalmarktrechts, dass der Träger aktionärstypischer wirtschaftlicher Risiken grundsätzlich auch Inhaber eines mit der Aktie verbundenen Stimmrechts ist.[26] Doch sorgten Finanzinstrumente seit geraumer Zeit - infolge des Erfindungsreichtums der Marktakteure hinsichtlich wirtschaftlich

---

Kapitalmarktrecht, 2. Auflage 2010, Rn. 1.72 ff.; *Lutter/Bayer/J. Schmidt*, EuropUR, 6. Auflage 2017, 14.79.

21 *Brinckmann* in Veil, Europäisches Kapitalmarktrecht, 2. Auflage 2014, § 16 Rn. 15; *Brinckmann* in Veil, European Capital Markets Law, 2. Auflage 2017, § 16 Rn. 16. Konterkariert wird dieser einleuchtende Ansatz allerdings vor allem durch die Gefahr durch zu viele Informationen, die Marktakteure überfordern können (*information overload*), vgl. dazu und zu weiteren Bedenken *Koch* BKR 2012, 485, 485 ff.; *Lutter/Bayer/J. Schmidt*, EuropUR, 6. Auflage 2017, 14.80; *Möllers/Kernchen* ZGR 2011, 1, 1 ff.

22 *Brinckmann* in Veil, European Capital Markets Law, 2. Auflage 2017, § 16 Rn. 4; *Hitzer/Düchting* ZIP 2011, 1084, 1087 f.

23 *Hitzer/Düchting* ZIP 2011, 1084, 1087 f.

24 *Baums/Sauter* ZHR 2009, 454, 475 f.; *Hitzer/Düchting* ZIP 2011, 1084, 1087 f.

25 *Hitzer/Düchting* ZIP 2011, 1084, 1088; MüKoAktG/*Bayer*, 4. Auflage 2016, AktG § 67 Rn. 162.

26 *Weidemann* NZG 2016, 605.

(und damit oft auch rechtlich) neuer Konstruktionen - für Zweifel an dieser Maxime.[27] Im US-amerikanischen Raum ist dieses Problem bereits vor etwa einer Dekade in der Literatur als *hidden ownership* bzw. *empty voting* im Zusammenhang mit *new vote buying* beschrieben worden.[28]

Hidden ownership beschreibt dabei zusammen mit dem Komplementärbegriff des *empty voting* das Auseinanderfallen von dem mitgliedschaftlichen Stimmrecht und der Teilhabe an der Wertentwicklung des betreffenden Unternehmens - *empty voting* kennzeichnet eine Stimmberechtigung ohne korrespondierende Risikoexposition hinsichtlich des Unternehmenswerts[29]: Der Stimmberechtigte trägt das ökonomische Risiko zum Zeitpunkt der Stimmrechtsausübung also nicht oder nur teilweise selbst.[30] Bei *hidden ownership* verhält es sich spiegelbildlich - der „im Verborgenen agierende" Anteilseigner partizipiert an Gewinnen und Verlusten des Unternehmens, verfügt allerdings nicht über ein entsprechendes Mitgliedschaftsrecht.[31] Das *new vote buying* beschreibt die Vorgehensweise, mittels derer *empty voting* erzeugt wird.[32]

In der Annahme, dass der Träger aktionärstypischer wirtschaftlicher Risiken auch Inhaber eines mit der Aktie verbundenen Stimmrechts ist, bedurfte es keiner Publizitätspflichten, die abweichende Situationen erfassten. Da sich *hidden ownership* jedoch wirtschaftlich an Beliebtheit erfreute, wurde der Markt zusehends mit dem Problem konfrontiert, dass der Beteiligungsaufbau an einem Unternehmen unter Umgehung bestehender Publizitätspflichten möglich war.[33] Unter Einsatz bestimmter Finanzinstrumente konnte dieser heimliche Beteiligungsaufbau auf verschiedene Weisen erfolgen.

Die praktische Relevanz des Themas zeigte sich bereits in diversen Übernahmesituationen, welche teilweise große mediale Aufmerksamkeit erregten[34]:

---

27 *Kohn*, Financial Institutions And Markets, 2. Auflage 2004, S. 329 ff.; *Weidemann* NZG 2016, 605.

28 *Hu/Black* Southern California Law Review 2006, 811, 815 f.; vgl. zur (weiteren) Entwicklung in den USA *Hu/Black* Business Lawyer 2006, 1011, 1011 ff.; *Hu/Black* University of Pennsylvania Law Review 2008, 625, 625 ff.

29 *Fleischer/Schmolke* NZG 2010, 846, 847.

30 *Fleischer/Schmolke* NZG 2010, 846, 847; *Merkner/Sustmann* NZG 2010, 1170, 1170; *Theusinger/Möritz* NZG 2010, 607, 607.

31 *Fleischer/Schmolke* NZG 2010, 846, 847; *Merkner/Sustmann* NZG 2010, 1170, 1170; *Weidemann* NZG 2016, 605, 605.

32 *Hu/Black*, South California Law Review 2006, 811, 815 f.; *Theusinger/Möritz* NZG 2010, 607, 607; *Weidemann* NZG 2016, 605, 605.

33 Zu den Mitteilungspflichten ausführlich ab S. 171.

34 Zu den folgenden Fällen ausführlicher ab S. 192.

Gegenstand der Berichterstattung war es beispielsweise, als die Investmentgesellschaft IFIL, ein Tochterunternehmen der italienischen Beteiligungsgesellschaft Exor, im Jahr 2005 Anteile am Automobilhersteller Fiat erwarb.[35] Thematisiert wurde das Problem der heimlichen Übernahmen außerdem in der Schweiz, als im Jahr 2007 die britische Beteiligungsgesellschaft Laxey den größten schweizerischen Baukonzern, die Implenia AG übernehmen wollte[36] und ebenfalls, als die Renova Group im selben Jahr Optionen am Technologiekonzern Sulzer durch die Everest Beteiligungs-GmbH, das gemeinsam mit der österreichischen Holding Victory unterhaltene Investmentvehikel erwarb.[37] Ferner hatte in den USA der britische Hedgefonds The Children's Investment Fund (TCI) mit 3G Capital Partners im Jahr 2008 heimlich die Bahngesellschaft CSX übernehmen wollen.[38] Prominentes Beispiel aus Deutschland ist der Übernahmeversuch des Reifenherstellers Schaeffler, der im Jahr 2008 den Konkurrenten Continental aufkaufen wollte.[39] Ebenfalls große Aufmerksamkeit erregte der Übernahmeversuch des Autofabrikanten Porsche, der sich ab dem Jahr 2007 an der Übernahme der Volkwagen AG probierte.[40] In einem weiteren Fall wollte sich der deutsche Wintersportartikelhersteller SKion im Jahr 2009 auf ähnliche Weise SGL Carbon einverleiben.[41]

All diesen Fällen war gemein, dass im Rahmen der (versuchten) Übernahmen Finanzinstrumente verwendet wurden, welche dem Markt jedoch weitestgehend unbekannt blieben. Der Grund dafür war die dürftige Beteiligungstransparenz infolge des Mangels entsprechend normierter Mitteilungspflichten auf (unionsrechtlicher und) nationalrechtlicher Ebene. Dies war grundsätzlich nicht im Interesse anderer Marktakteure, insbesondere waren die übrigen Gesellschafter

35 Siehe beispielsweise <http://www.manager-magazin.de/unternehmen/artikel/a-198102.html>.

36 Siehe beispielsweise <http://www.handelszeitung.ch/unternehmen/implenia2007-gewinn-trotz-abwehrkampf-gegen-laxey-vervierfacht>.

37 Siehe beispielsweise <http://www.presseportal.ch/de/pm/100010598/100530400>.

38 Siehe beispielsweise <http://www.businesswire.com/news/home/20080520005535/en/TCI-3G-Capital-Send-Letter-CSX-Shareholders>.

39 Siehe beispielsweise <http://www.handelsblatt.com/unternehmen/industrie/schaeffler-uebernimmt-conti-die-chronologie-des-uebernahmekampfes/3008428.html> oder <http://www.faz.net/aktuell/wirtschaft/unternehmen/durch-uebernahme-von-continental-autozulieferer-schaeffler-strebt-in-eine-neue-liga-1670033.html>.

40 Siehe beispielsweise <https://www.welt.de/wirtschaft/article3711670/Das-war-der-geheime-Uebernahme-Plan-von-Porsche.html> oder <http://www.manager-magazin.de/magazin/artikel/das-familienimperium-volkswagen-porsche-a-926878-3.html>.

41 Siehe beispielsweise <http://www.manager-magazin.de/unternehmen/artikel/a-613483.html>.

sowie die Zielgesellschaft selbst nicht selten von derartigen Übernahmeversuchen überrascht. Offenlegungspflichten für den Beteiligungsaufbau durch Finanzinstrumente können in solchen Fällen als „Frühwarnsystem“ dienen und Gesellschafter sowie Zielgesellschaft unter Umständen rechtzeitig in die Lage versetzen, Maßnahmen gegen Übernahmen zu ergreifen, die nicht in ihrem Interesse liegen.[42]

Auch im nationalen Diskurs wird die Problematik des *hidden ownership*, der heimlichen Übernahmen (auch *creeping takeovers*[43]) bzw. des „Anschleichens“ (auch *stakebuilding*[44]) diskutiert.[45] Anlass dafür ist, dass die beschriebene Entkopplung von Mitgliedschaft und Stimmrecht - je nach Perspektive - unerwünschte Folgen nach sich zieht, die zum Teil bereits angesprochen wurden: Den meisten Marktteilnehmern bleibt der (faktische) Beteiligungsaufbau und die damit möglicherweise verbundene Übernahmeabsicht der Inhaber nicht mitteilungspflichtiger Finanzinstrumente verborgen, ebenso wie dadurch mögliche Interessenkonflikte und auch das am Markt verfügbare Aktienvolumen (*free float*).[46] Der Aktienkurs inkorporiert die entsprechenden Informationen in solchen Fällen nicht, da sie schlicht nicht bekannt sind. Eine Kursanpassung der betroffenen Aktien bleibt daher aus, sodass ein unrichtiges (regelmäßig zu niedriges) Preisniveau - ohne Berücksichtigung einer möglichen Übernahmeabsicht - aufrechterhalten wird.[47] Schließlich lässt sich auf diese Weise auch ein verpflichtendes Übernahmeangebot zu einem gerechten Preis vermeiden, wodurch insbesondere Minderheitsaktionäre zu Schaden kommen können.[48] Die Vorteile,

42 *Fleischer/Schmolke* NZG 2009, 401, 405 ff.; *Hitzer/Düchting* ZIP 2011, 1084; 1088; *Parmentier* AG 15, 17; *Renz/Rippel* BKR 2011, 235, 236; *Teichmann/Epe* WM 2010, 1477, 1478.

43 So *Emmenegger* FS Hopt, 2010, S. 1764. *Brandt* BKR 2010, 270, 270 sowie *Merkt* NZG 2011, 561, 561 bezeichnen dies als *„creeping-in“*.

44 So auch *Fleischer/Schmolke*, NZG 2009, 401; *Noack/Zetzsche* FS Schwark, 2009, S. 569; *Weidemann* NZG 2016 605, 606. Zum *„stakebuilding“ Krause* in Kämmerer/Veil, Übernahme und Kapitalmarktrecht in der Reformdiskussion, S. 163.

45 Vgl. aus der kaum zu überblickenden Literatur nur *Brandt* BKR 2008, 441, 442; *Cascante/Bingel* NZG 2011, 1086, 1086; *Heinrich/Krämer* CFL 2013, 225, 225; *Hutter/Kaulamo* NJW 2007, 471, 474; MüKoAktG/*Bayer*, 4. Auflage 2016, WpHG § 25a WpHG Rn. 2; *Noack/Zetzsche* FS Schwark, 2009, S. 569 ff.; *Rodewald/Unger* BB 2006, 1917, 1918; *Schneider/Brouwer* AG 2008, 557, 557; *Teichmann/Epe* WM 2010, 1477, 1477 ff.; *Teichmann/Epe* WM 2012, 1213, 1217; *Weidemann* NZG 2016 605, 606. Zum „Anschleichen“ noch ausführlich ab S. 192.

46 *Hitzer/Düchting* ZIP 2011, 1084, 1084; *Renz/Rippel* BKR 2011, 235, 235 f.

47 *Hitzer/Düchting* ZIP 2011, 1084, 1084; *Renz/Rippel* BKR 2011, 235, 236.

48 Dazu noch ab S. 192.

die ein Bieter mit dem „Anschleichen“ verfolgt[49], kann er nur unter der Voraussetzung für sich in Anspruch nehmen, dass der Aufbau solcher Positionen weder einer originären Mitteilungspflicht unterliegt, noch zu einer Zurechnung der Referenzaktien führt – Kapital lässt sich nur aus der Geheimhaltung solcher Geschäfte schlagen.[50]

Damit liegt ein Spannungsverhältnis zwischen dem Geheimhaltungsbedürfnis von Investoren und dem Informationsinteresse des Finanzmarkts vor, sodass sich Umgehungspraktiken in Bezug auf Mitteilungspflichten geteilter Beliebtheit erfreuen: Zielunternehmen heimlicher Übernahmeversuche möchten sich möglichst frühzeitig über (bevorstehende) Veränderungen an ihrer Beteiligungsstruktur informiert sehen.[51] Spiegelbildlich verhält es sich aus der Perspektive eines ökonomisch handelnden Investors, der seine wie auch immer (über Finanzinstrumente) „gesicherten“ Anteile an einem Unternehmen geheim halten will, um den Kurs solcher Anteile, die er womöglich noch zu erwerben plant, nicht zu seinen Ungunsten zu beeinflussen.[52] Diese gegensätzlichen Interessen sind der Antrieb auf der Suche nach neuen Umgehungsmöglichkeiten von Mitteilungspflichten.

Wenngleich der Unionsgesetzgeber bereits im Jahr 1988 Regelungen zur Beteiligungspublizität verabschiedete (BeteiligungstransparenzRL)[53], waren bestimmte Mitteilungspflichten für Finanzinstrumente erst in der TrRL 2004 vorgesehen.[54] Diese waren allerdings nicht ausreichend, um die erwähnten Praktiken zu verhindern, sodass sich der Unionsgesetzgeber im Rahmen der geplanten Überprüfung der TrRL 2004 gemäß ihres Art. 33 insbesondere mit dieser Problematik befasste.[55] Im Jahre 2013 wurden die zwischenzeitlich diskutierten Reformvorschläge konsensual in Form der ÄnderungsRL 2013 verabschiedet,

49 Dazu ausführlich *Baums/Sauter*, ZHR 2009, 454, 457 ff.

50 *Weidemann* NZG 2016 605, 606. Daher spricht man auch von einem „verdeckten Beteiligungsaufbau“ (vgl. *Krause* in Kämmerer/Veil, Übernahme und Kapitalmarktrecht in der Reformdiskussion, S. 163, 166) bzw. „*stealth takeover*“ (vgl. *Hu/Black* University of Pennsylvania Law Review 2008, 625, 655).

51 Zu Funktionen kapitalmarktrechtlicher Beteiligungstransparenz *Fleischer/Schmolke* NZG 2009, 401, 405 ff. und *Hitzer/Düchting* ZIP 2011, 1084; 1087 ff.; *Renz/Rippel* BKR 2011, 235, 235 f.

52 Zu Funktionen kapitalmarktrechtlicher Beteiligungstransparenz *Fleischer/Schmolke* NZG 2009, 401, 405 ff. und *Hitzer/Düchting* ZIP 2011, 1084; 1087 ff. *Renz/Rippel* BKR 2011, 235, 235 f.

53 Zur Genese der unionsrechtlichen Beteiligungspublizität ab S. 173.

54 Zu diesen Regelungen ausführlicher ab S. 173.

55 Ausführlich zur Entwicklung seit Erlass der TrRL 2004 ab S. 198.

welche in Bezug auf Mitteilungspflichten bei Finanzinstrumenten diverse Neuerungen mit sich brachte und die nationalen Gesetzgeber in die Pflicht nahm, korrespondierende Umsetzungsgesetze zu entwerfen.[56] Diese Novellierung bzw. die damit einhergegangenen Regelungen in Bezug auf Mitteilungspflichten bei Finanzinstrumenten werden im Folgenden näher beleuchtet. Damit stehen Normen im Vordergrund, die einem Rechtsakt der europäischen Union entstammen – nationalrechtlichen Vorschriften wird hingegen nur eingeschränkte Aufmerksamkeit zuteil, die detaillierter lediglich aus Perspektive des deutschen Rechts Beachtung finden.

56 Zu Mitteilungspflichten bei Finanzinstrumenten im Rahmen der TrRL 2013 ab S. 207; zur Umsetzung der ÄnderungsRL 2013 in Deutschland in Hinblick auf Mitteilungspflichten bei Finanzinstrumenten ab S. 375.

Kapitel 2 Gang und Methodik der Untersuchung

I. Gang der Untersuchung

Die vorliegende Arbeit befasst sich mit den bereits erwähnten Finanzinstrumenten und den damit verbundenen Offenlegungspflichten, welche im Lichte der unionsrechtlichen[57] Regelungen zur Beteiligungspublizität beleuchtet werden. Dabei soll primär der Frage nachgegangen werden, welche Finanzinstrumente nunmehr mitteilungspflichtig sind. Maßgeblich kommt es dabei darauf an, ob ein Finanzinstrument der insoweit zentralen Norm des Art. 13 TrRL 2013 zu subsumieren ist. Die mit den novellierten Vorschriften einhergehenden Auswirkungen sollen in diesem Zusammenhang anhand der wesentlichen Regelungen zur Beteiligungspublizität des hiesigen nationalen Rechts dargestellt werden.

Um sich einer Antwort auf die im Zentrum stehende Frage anzunähern, muss man sich vergegenwärtigen, dass Mitteilungspflichten bei Finanzinstrumenten auf unionsrechtlicher Ebene in der TrRL 2013 und damit in einem kapitalmarktrechtlichen Rechtsakt normiert sind. Die Abgrenzung des Kapitalmarkts definiert damit zugleich die Regelungsreichweite der TrRL 2013 und damit auch jene der Mitteilungspflichten bei Finanzinstrumenten, sodass in Teil I der Untersuchung zunächst der Begriff des Kapitalmarkts konturiert und eingeordnet werden soll, worauf im späteren Verlauf der Untersuchung zurückzukommen ist. *In concreto* sind Mitteilungspflichten bei Finanzinstrumenten heute in Art. 13 TrRL 2013 geregelt. Schon ein kurzer Blick auf die – textlich umfangreiche – Vorschrift genügt, um festzustellen, dass bei der Rechtsanwendung bzw. -umsetzung insbesondere die Frage aufkommt, auf welche Finanzinstrumente überhaupt abgezielt wird: Art. 13 Abs. 1 UAbs. 1 normiert in seinen lit. a und b lediglich abstrakt, welche Finanzinstrumente mitteilungspflichtig sind. Zwar enthält Art. 13 Abs. 1b UAbs. 1 lit. a bis g immerhin eine offen formulierte, nicht abschließende Aufzählung von Finanzinstrumenten, die als solche im Sinne des Art. 13 Abs. 1 infrage kommen. Von Konturenschärfe und Rechtssicherheit kann jedoch insoweit keine Rede sein, sodass eine voranstehende

57 Im Folgenden wird „unionsrechtlich", „Unionsrecht" sowie „Union" synonym zu „gemeinschaftsrechtlich", „Gemeinschaftsrecht" und „Gemeinschaft" verwendet, obgleich damit die mit dem Vertrag von Lissabon eingeführten Unterschiede nicht negiert werden soll.

Charakterisierung des Begriffs des Finanzinstruments ebenfalls notwendig erscheint. Bevor der Begriff dabei vor allem aus einer wirtschaftlichen Perspektive beleuchtet wird, soll das (übrige) Unionsrecht und auch das deutsche Recht auf Begriffsdefinitionen hin untersucht werden, da sich Erwägungen des Unionsgesetzgebers oder des deutschen Gesetzgebers womöglich für das Verständnis des Begriffs im Sinne der TrRL 2013 heranziehen lassen. Schließlich soll die Betrachtung allgemeiner Merkmale sowie eine typologische Auflistung und Einordnung dazu dienen, im Rahmen der späteren Auseinandersetzung mit der abstrakten Regelung des Art. 13 Abs. 1 UAbs. 1 lit. a und b TrRL 2013 feststellen zu können, welche Instrumente in den Anwendungsbereich der Norm fallen bzw., ob sich aus der Zugehörigkeit eines Finanzinstruments zu einer bestimmten der aufgezeigten Kategorien auf eine Mitteilungspflicht oder zumindest eine entsprechende Indizwirkung schließen lässt. Diese Vorgehensweise eröffnet die Möglichkeit, dass nicht nur in Bezug auf existente, sondern auch auf künftig neu kreierte Kapitalmarktprodukte zügig beurteilt werden kann, ob eine Mitteilungspflicht gemäß Art. 13 TrRL 2013 besteht. Außerdem wird damit das für diese Arbeit zugrunde gelegte Verständnis der einzelnen Finanzinstrumente offengelegt (Teil I, Kapitel III).

Um die neuen Regelungsziele der die Vorschriften der TrRL 2004 novellierenden ÄnderungsRL 2013 verstehen und einordnen zu können, wird anschließend in Teil II der Untersuchung zunächst auf Mitteilungspflichten bei Finanzinstrumenten in der TrRL 2004 eingegangen, deren Regelungssystem im Überblick dargestellt wird. Die danach unzureichende Beteiligungstransparenz zog (auch) auf Unionsebene rege Diskussionen und Reformbemühungen nach sich, die letztlich in der Verabschiedung der ÄnderungsRL 2013 mündeten (Teil II, Kapitel I).

Den Hauptteil der vorliegenden Arbeit stellt allerdings die Beleuchtung der Mitteilungspflichten bei Finanzinstrumenten in der TrRL 2013 dar. Dabei werden nicht nur die Regelungen des Art. 13 Abs. 1 UAbs. 1 lit. a und b der Richtlinie untersucht. Näherer Betrachtung erfahren insbesondere die gemäß Art. 13 Abs. 1b UAbs. 1 lit. a bis g enumerierten Beispiele für Finanzinstrumente sowie die auf Grundlage des Art. 13 Abs. 1b UAbs. 2 veröffentlichte „ESMA-Liste“[58]. Die Darstellung des Unionsrechts endet mit der Berechnung und Aggregation von Stimmrechten, Ausnahmen von Mitteilungspflichten bei Finanzinstrumenten sowie Mitteilungsfristen und Sanktionen bei Verstößen (Teil II, Kapitel II).

58 Als „ESMA-Liste“ ist hier das Dokument ESMA 2015/1598 bezeichnet, dazu ausführlich ab S. 230.

Schließlich wird das nationale Recht in Deutschland und die damit einhergegangenen Neuerungen infolge des inzwischen erlassenen Umsetzungsgesetzes im Überblick dargestellt (Teil II, Kapitel III).

Teil III der Arbeit beinhaltet neben der Zusammenfassung (Teil III, Kapitel I) ein Fazit der erfolgten Untersuchung und zeigt auf, inwieweit Überarbeitungsbedarf besteht, um die von der TrRL 2013 gesetzten Ziele zu erreichen (Teil III, Kapitel II).

II. Methodik und Besonderheiten der Untersuchung

Gegenstand dieser Arbeit sind vornehmlich Normen des positiven Rechts. Nicht ausschließlich, aber doch überwiegend handelt es sich nicht um nationales Recht, da die Beteiligungstransparenz mit der TrRL 2004 bzw. deren Überarbeitung durch die ÄnderungsRL 2013 vorrangig Unionsrecht beleuchtet wird. Im Zentrum der Betrachtung stehen daher Normen der TrRL 2013 und damit deren Inhaltsermittlung durch Textexegese.[59] Dabei werden die dem Juristen bekannten Auslegungsmethoden der Historie, des Wortlauts (bzw. der Grammatik), der Systematik und des Telos mit einigen Besonderheiten angewandt.

Erwähnt sei überdies, dass es sich bei der TrRL 2013 um eine Richtlinie im Sinne des Art. 288 UAbs. 3 AUEV handelt. Richtlinien nach Art. 288 UAbs. 3 AUEV richten sich an die Mitgliedstaaten und verpflichten (allein) diese, - meist innerhalb einer bestimmten Frist - den Inhalt der Richtlinie in das nationale Recht umzusetzen. Jeder Mitgliedstaat hat, soweit erforderlich, neues nationales Recht zu setzen, welches den Vorgaben der Richtlinie entspricht, oder sein bestehendes Recht entsprechend anzupassen. Solange eine Richtlinie nicht ordnungsgemäß in nationales Recht umgesetzt ist, entfaltet sie grundsätzlich keine Wirkung für die Unionsbürger.[60] Somit sei etwaiger Verwirrung vorgebeugt, wenn von Rechten und Pflichten für Betroffene nach der TrRL 2013 die Rede ist, welche sich unmittelbar erst aus den Umsetzungsakten des nationalen Rechts ergeben. Wenn und soweit daher im Rahmen der Auseinandersetzung mit der Richtlinie oder sonstigem Unionsrecht mitunter Auffassungen angeführt werden, die sich auf das jeweils entsprechende nationale Recht eines Mitgliedstaats beziehen, geschieht dies nicht unter Verkennung der Normhierarchie, sondern lediglich zur Ideengewinnung.

---

59 So nach *Müller*, Finanzinstrumente Rom I-VO, 2011, S. 35.

60 Detailliert auch zu den Ausnahmen im europäischen Kapitalmarktrecht *Lutter/Bayer/J. Schmidt*, EuropUR, 6. Auflage 2017, 3.8 ff.

1. Historische Auslegungsmethode

Im Rahmen der historischen Auslegung gilt es zu beachten, dass bei der Rechtssetzung auf europäischer Ebene durch die Beteiligung vieler Institutionen im Prozess der Rechtsentstehung teilweise höchst unterschiedliche, jedenfalls aber zahlreiche Meinungen zusammenkommen.[61] Dies bedarf der Berücksichtigung bei der Identifizierung eines einheitlichen Willens des Unionsgesetzgebers. Bei Erlass der TrRL 2004 waren beispielsweise unter anderem die Kommission, das Europäische Parlament, der Rat der Europäischen Union, der Europäische Wirtschafts- und Sozialausschuss und die Europäische Zentralbank beteiligt, sodass diverse Ansichten einem Kompromiss zugeführt werden mussten: Die Interessen und Zielsetzungen der mit dem Gesetzeswerk befassten Institutionen bzw. Interessengruppen laufen nicht notwendig parallel, wodurch Konflikte entstehen, die nichtsdestoweniger in einem letztlich einheitlich gesetzgeberischen Willen münden (sollen). Diese Überlegung trifft auch entsprechend zu, wenn es um die Konsensbildung innerhalb der einzelnen beteiligten Parteien geht.[62] Ansichten einzelner Organe sind daher mit Bedacht heranzuziehen.

2. Grammatische Auslegungsmethode

Bei der grammatischen Auslegung gilt es zu bedenken, dass, anders als bei nationalen Rechtsakten, mehrere Versionen existieren, wobei diese gleichermaßen Verbindlichkeit beanspruchen[63]: Die Rechtsakte werden in allen 24 Amtssprachen der Union verfasst.[64] Die wenigsten Normadressaten werden allerdings aller Amtssprachen mächtig und somit regelmäßig nicht in der Lage sein, diese bei der Auslegung zu berücksichtigen. Ebenso wird auch hier in der Regel auf die Muttersprache rekurriert, daneben die englische Version des jeweiligen

---

61 *Müller*, Finanzinstrumente Rom I-VO, 2011, S. 39.

62 *Müller*, Finanzinstrumente Rom I-VO, 2011, S. 39.

63 Siehe nur EuGH vom 6.10.1982, SRL C.I.L.F.I.T. u. a. ./. MINISTERO DELLA SANITÀ u. a., Rs. 283/81, ECLI: EU: C:1982:335; EuGH vom 2. 4. 1998, The Queen ./. EMU Tabac SARL u. a., Rs. C-296/95, ECLI: EU: C:1998:152; EuGH vom 27.1.2005, Junk ./. Kühnel, Rs. C-188/03, ECLI: EU: C:2005:59: „Nach ständiger Rechtsprechung verbietet die Notwendigkeit einheitlicher Anwendung und damit Auslegung einer Vorschrift des Gemeinschaftsrechts, sie in einer ihrer Fassungen isoliert zu betrachten, sondern gebietet vielmehr, sie nach dem wirklichen Willen ihres Urhebers und dem von diesem verfolgten Zweck namentlich im Licht ihrer Fassung in allen Sprachen auszulegen".

64 Art. 55 Abs. 1 EUV, Art. 342 AEUV, Art. 1 Verordnung Nr. 1 des Rates vom 15.4.1958 zur Regelung der Sprachenfrage für die europäische Wirtschaftsgemeinschaft, ABlEG vom 6.10.1958, L 17/385.

Rechtsakts berücksichtigt und nur im Zweifelsfall die französische, spanische und/oder die italienische Fassung herangezogen.

Mit dieser Auslegungsmethode geht die Gefahr einher, dass die nationalrechtliche Prägung des Autors ein möglichst neutrales Verständnis entsprechend einfärbt.[65] Diverse (Rechts-)Begriffe werden im hiesigen nationalen Recht nicht auf die gleiche Weise interpretiert, wie es in anderen Mitgliedstaaten der Fall ist, sodass man (unbeabsichtigt) geneigt sein könnte, ein aus dem nationalen Recht bekanntes Konzept mit Begrifflichkeiten aus dem Primärrecht zu verknüpfen.[66] Das geforderte einheitliche Verständnis von Rechtsakten auf Primärebene[67] kann dann mitunter nicht gewährleistet werden, sodass auch deshalb insoweit auf andere Auslegungsmethoden ausgewichen werden muss.[68] Darüber hinaus ist in dieser Hinsicht zu beachten, dass es im Unionsrecht genauso wie im nationalen Recht ein relatives, das meint vom Kontext abhängiges Verständnis desselben Rechtsbegriffs geben kann.[69] Gemeint ist hier allerdings für das Verständnis eines Wortes der Satzzusammenhang, für das Verständnis eines Satzes der Textzusammenhang.[70]

3. Systematische Auslegungsmethode

Hintergrund der systematischen Auslegung ist eine Fortführung der soeben dargestellten grammatischen Auslegung: Wörter, Worte, Sätze und Normen müssen in ihrem Bedeutungszusammenhang gesehen werden.[71] Normen fügen sich sehr häufig in Regelungskomplexe ein, wobei aus deren Stellung im jeweiligen System Rückschlüsse auf ihre Bedeutung gezogen werden können.[72] Ein vom Kontext

---

65 *Müller*, Finanzinstrumente Rom I-VO, 2011, S. 35 f.

66 Gerade das soll aber vermieden werden, indem der allgemeine bzw. gewöhnliche Sprachgebrauch nachrangig gegenüber dem einem etwaigen spezifischen Gesetzessprachgebrauch ist, siehe *Riesenhuber* in Riesenhuber, Europäische Methodenlehre, 3. Auflage 2015, § 10 Rn. 17. Dazu auch *Müller*, Finanzinstrumente Rom I-VO, 2011, S. 35 f.

67 Siehe nur EuGH vom 30.5.2013, Brusse u.a. ./. Jahani BV, Rs. C-488/11, ECLI: EU: C:2013:341; m. w. N. auch *Riesenhuber* in Riesenhuber, Europäische Methodenlehre, 3. Auflage 2015, § 10 Rn. 14.

68 Ebenso ist bei einer Divergenz zwischen den (Interpretationen der) Sprachfassungen zu verfahren, siehe *Riesenhuber* in Riesenhuber, Europäische Methodenlehre, 3. Auflage 2015, § 10 Rn. 15.

69 *Riesenhuber* in Riesenhuber, Europäische Methodenlehre, 3. Auflage 2015, § 10 Rn. 20.

70 *Riesenhuber* in Riesenhuber, Europäische Methodenlehre, 3. Auflage 2015, § 10 Rn. 21.

71 *Riesenhuber* in Riesenhuber, Europäische Methodenlehre, 3. Auflage 2015, § 10 Rn. 21.

72 *Riesenhuber* in Riesenhuber, Europäische Methodenlehre, 3. Auflage 2015, § 10 Rn. 22.

abhängiges Verständnis desselben Rechtsbegriffs ist im Kapitalmarktrecht eher die Regel als die Ausnahme, was sich hier am Beispiel des Finanzinstruments noch zeigen wird. Zu beachten ist, dass im Verfahren bis zur Verabschiedung der ÄnderungsRL 2013 veröffentlichte Regelungsvorschläge und -entwürfe lediglich als ergänzende Bestätigung eines Auslegungsergebnisses herangezogen werden dürfen, weil einem Kommissionsvorschlag oder -entwurf nicht die Legitimation wie der verabschiedeten Richtlinie zukommt.[73]

4. Teleologische Auslegungsmethode

Im Rahmen der Auslegung nach Sinn und Zweck, also dem Telos (altgriechisch τέλος, zu Deutsch: „Ziel" oder auch „Zweck"), muss das Ziel sein, die eigene Rechtsansicht oder -überzeugung bei der Untersuchung auszublenden, um ein insoweit wertungsneutrales Ergebnis zu erhalten. Da Rechtsregeln Sachverhalte in der Zukunft gestalten, ist der Regelungszweck einer Vorschrift von zentraler Bedeutung, wobei vor allem der historische Regelungszweck zu ermitteln ist, dessen Ermittlung im Unionsrecht durch die Erwägungsgründe erleichtert wird.[74]

Beachtlich ist bei der Beleuchtung von Unionsrecht, dass sich auf dessen verschiedenen Stufen unterschiedliche Regelungszwecke finden lassen: Sind solche auf Primärebene in der Regel noch sehr allgemein, werden sie auf der Sekundärebene oftmals – durch den gesamten Sekundärrechtsakt oder auch nur eine bestimmte Norm – eingeschränkt oder konkretisiert. Im Kapitalmarktrecht, insbesondere in Hinblick auf Mitteilungspflichten bei Finanzinstrumenten nach Art. 13 TrRL 2013 sind darüber hinaus, wie sich noch zeigen wird, weitere „Rechtsebenen" zwischen Sekundärrecht und nationalem Recht zu finden, die einige Besonderheiten aufweisen. Es gilt daher insbesondere Vorgaben des Sekundärrechts bei der Untersuchung von normhierarchisch untergeordnetem Recht bei der Auslegung zu beachten.

5. Besonderheiten

Geht es um die Auslegung von europäischem Sekundärrecht, wendet der Europäische Gerichtshof die grammatische, systematische und historische Auslegungsmethode an.[75] Letztere bietet sich insofern an, als sich das Telos eines

---

73 *Riesenhuber* in Riesenhuber, Europäische Methodenlehre, 3. Auflage 2015, § 10 Rn. 28.

74 *Riesenhuber* in Riesenhuber, Europäische Methodenlehre, 3. Auflage 2015, § 10 Rn. 11, 35, 41.

75 *Hager*, Rechtsmethoden in Europa, 2009, S. 250.

Rechtsakts bzw. einer Norm aus den Gesetzesmaterialien, welche bei Erlass von Sekundärrechtsakten veröffentlicht werden, oftmals ergibt.[76] Neben eben diesen Gesetzesmaterialien in Form von Erwägungsgründen[77] können im Rahmen der historischen Auslegung Richtlinienvorschläge, Vorschläge der Kommission oder Stellungnahmen des Parlaments sowie der Ausschüsse im beschriebenen Maße[78] fruchtbar gemacht werden.

76 *Hager*, Rechtsmethoden in Europa, 2009, S. 252.
77 Rechtsgrundlage dafür ist Art. 296 Abs. 2 AEUV, ex. Art. 253 EGV.
78 Dazu schon im Rahmen der systematischen Auslegungsmethode ab S. 73.

Kapitel 3 Grundlegendes (ökonomisches) Begriffsverständnis

I. Kapitalmarkt

Innerhalb der letzten zwei Dekaden hat das Regelungsinteresse der Legislativen auf nationaler, europäischer und internationaler Ebene auf dem Finanzsektor stark an Bedeutung gewonnen. Ursache dessen waren unter anderem die Folgen des Zusammenbruchs der Aktienmärkte ab dem Jahr 2000, die das Anlegervertrauen in die Kapitalmärkte erheblich schwächten.[79] Auch im Rahmen der Finanzkrise ab dem Jahr 2007 offenbarten sich Regelungslücken, die vor allem den Eindruck eines zu geringen Standards des Anlegerschutzes hinterließen und so eine Reihe von Rechtsaktnovellen nach sich zogen.[80] Insbesondere im Unionsrecht finden sich zunehmend entsprechend überarbeitete und auch neue Rechtsakte.

Das Ziel, Anleger durch Verbesserung der Information und Erhöhung der Transparenz des Kapitalmarktes besser zu schützen, verfolgt unter anderem die TrRL 2013.[81] Diese soll durch Integration und Vereinheitlichung der bislang national geprägten Kapitalmärkte einen einheitlichen Europäischen Kapitalmarkt schaffen.[82] Die Abgrenzung dieses Kapitalmarkts bestimmt die Regelungsreichweite der TrRL 2013 und damit auch jene der Mitteilungspflichten bei Finanzinstrumenten, sodass dieser Begriff folgend beleuchtet werden soll. Auffallend ist zunächst, dass ein einheitliches Verständnis des Kapitalmarkts nicht zu bestehen scheint.[83] Dabei handelt es sich nicht um ein allein dem europäischen Recht bekanntes Problem: In der (deutschen) Fachliteratur wird zwar (mit dem engen sowie weiten Kapitalmarktbegriff) vielfach behauptet, es bestünden zwei grundlegende Auffassungen – jedoch ist der jeweils zugeschriebene Inhalt

---

79 *Seiler/Geier* in Schimansky/Bunte/Lwowski, Bankrechts-Handbuch, 5. Auflage 2017, vor § 104 Rn. 1.

80 *Seiler/Geier* in Schimansky/Bunte/Lwowski, Bankrechts-Handbuch, 5. Auflage 2017, vor § 104 Rn. 1.

81 Dazu noch ab S. 174 zur TrRL 2004, ab S. 198 ausführlich zur TrRL 2013.

82 *Seiler/Geier* in Schimansky/Bunte/Lwowski, Bankrechts-Handbuch, 5. Auflage 2017, vor § 104 Rn. 1.

83 Dies wird bei der Beleuchtung des Begriffs „Finanzinstrument" (ab S. 81) im Vergleich zur „kapitalmarktmäßigen Handelbarkeit" im Rahmen der Wertpapiere im Sinne des Art. 13 Abs. 1 UAbs. 1 lit. a TrRL 2013 deutlich (ab S. 276).

beeindruckend abwechslungsreich.[84] Deshalb soll darauf im Detail nicht weiter eingegangen, sondern die relevante Deutung für die folgende Untersuchung veranschaulicht werden, die sich zu großen Teilen mit der verbreitet als „Kapitalmarkt im weiteren Sinn" bezeichneten Lesart deckt. Zerlegt man den Begriff in seine Einzelteile, so erhält man mit „Kapital" und „Markt" zwei Komponenten.[85]

Ein Markt ist grundsätzlich ein Ort, an dem Angebot und Nachfrage aufeinandertreffen. Will man nun einen Markt von einem anderen abgrenzen, überschneidet sich zuweilen die produktbezogene (Frage danach, „was" gehandelt wird) mit der handelsbezogenen (Frage danach, „wie, wann und wo" gehandelt wird) Differenzierung.[86] Dies gilt auch für den Kapitalmarkt.

Mit dem Begriff „Kapital" wird allgemein Vermögen bezeichnet, das potenziell ertragreich ist und in der Form von Geld- und Wertpapieren oder in realen Gütern gehalten werden kann.[87] In Abgrenzung zu aus realen Gütern gebildetem Sach- oder Realkapital bezeichnet man das aus geld- und geldwerten Titeln bestehende Vermögen als Geld- oder Finanzkapital.[88] Da Bezugspunkt des Kapitalmarktes eben jenes Finanzkapital darstellt, sind Kapitalmärkte stets Finanzmärkte und keine Gütermärkte.[89] Der Kapitalmarkt stellt somit einen Teil des Finanzmarkts dar, sodass der Finanzmarkt als Oberbegriff zu verstehen ist und der Kapitalmarkt nur einen Bereich davon abdeckt.[90]

Der Begriff des Kapitalmarkts fällt damit einerseits auch unter den des Finanzmarkts, andererseits ist er gegenüber anderen Teilen des Finanzmarktes abzugrenzen. Dies wird in der (deutschen) Fachliteratur insbesondere gegenüber dem Geldmarkt sowie Devisenmarkt vorgenommen, oftmals wird auch eine

---

84 Vgl. *Buck-Heeb*, Kapitalmarktrecht, 9. Auflage 2017, Rn. 66 ff.; *Grunewald/Schlitt*, Kapitalmarktrecht, 3. Auflage 2014, S. 1 f.; *Müller*, Finanzinstrumente Rom I-VO, 2011, S. 58 ff.; *Seiler/Geier* in Schimansky/Bunte/Lwowski, Bankrechts-Handbuch, 5. Auflage 2017, vor § 104 Rn. 2 ff.; *Veil* in Veil, Europäisches Kapitalmarktrecht, 2. Auflage 2014, § 7 Rn. 1 ff.; *Veil* in Veil, European Capital Markets Law, 2. Auflage 2017, § 7 Rn. 1 ff.

85 So beispielsweise auch *Lenenbach*, Kapitalmarktrecht, 2. Auflage 2010, Rn. 1.9.

86 Während *Buck-Heeb* eine trennscharfe Abgrenzung offenbar als möglich erachtet, erkennt sie gleichzeitig eine teilweise Überlappung der so definierten Märkte an, vgl. *Buck-Heeb*, Kapitalmarktrecht, 9. Auflage 2017, Rn. 65, 79.

87 *Oulds* in Kümpel/Wittig, Bank- und Kapitalmarktrecht, 4. Auflage 2011, Rn. 14.26.

88 *Grunewald/Schlitt*, Kapitalmarktrecht, 3. Auflage 2014, S. 1 f.; *Oulds* in Kümpel/Wittig, Bank- und Kapitalmarktrecht, 4. Auflage 2011, Rn. 14.26.

89 *Oulds* in Kümpel/Wittig, Bank- und Kapitalmarktrecht, 4. Auflage 2011, Rn. 14.26.

90 *Grunewald/Schlitt*, Kapitalmarktrecht, 3. Auflage 2014, S. 1 f.; *Oulds* in Kümpel/Wittig, Bank- und Kapitalmarktrecht, 4. Auflage 2011, Rn. 14.27.

Trennlinie zum Termin- bzw. Derivatemarkt gezogen: Der auf wenige finanzstarke Teilnehmer wie Kreditinstitute und die Bundesbank begrenzte Geldmarkt umfasst danach kurzfristige Kredite und Guthaben, die unter Banken ausgereicht werden und nimmt dort damit eine wichtige Rolle bei der Liquiditätsbeschaffung ein.[91] Regelmäßig wird der Geldmarkt vom Kapitalmarkt über die Anlagedauer der Produkte abgegrenzt, wobei sich weder für die eine noch für die andere Kategorie starre Laufzeiten herausgebildet haben.[92] Auf einem Devisenmarkt werden auf fremde Währungen lautende Schecks und Wechsel sowie Fremdwährungsguthaben bei einer ausländischen Bank gehandelt.[93]

Die Abgrenzung zum eng mit dem Kapitalmarkt verbundenen[94] Termin- bzw. Derivatemarkt fällt insofern schwer[95], als sich ein Unterschied primär hinsichtlich der zeitlichen Komponente der gehandelten Produkte erkennen lässt, wobei letzteres eher das Verhältnis zum sogenannten Kassamarkt, nicht jenes zum Kapitalmarkt betrifft: Termingeschäfte[96] sind in der Zukunft zu erfüllen, während Kassageschäfte[97] „sofort", das meint regelmäßig innerhalb von zwei bis drei

91 *Buck-Heeb*, Kapitalmarktrecht, 9. Auflage 2017, Rn. 78 f.; *Veil* in Veil, Europäisches Kapitalmarktrecht, 2. Auflage 2014, § 7 Rn. 4; *Veil* in Veil, European Capital Markets Law, 2. Auflage 2017, § 7 Rn. 2. Zum Geldmarkt noch ab S. 164.

92 *Buck-Heeb*, Kapitalmarktrecht, 9. Auflage 2017, Rn. 79; *Oulds* in Kümpel/Wittig, Bank- und Kapitalmarktrecht, 4. Auflage 2011, Rn. 14.53 ff. Zum Geldmarkt noch ab S. 164.

93 *Buck-Heeb*, Kapitalmarktrecht, 9. Auflage 2017, Rn. 80; *Veil* in Veil, Europäisches Kapitalmarktrecht, 2. Auflage 2014, § 7 Rn. 4; *Veil* in Veil, European Capital Markets Law, 2. Auflage 2017, § 7 Rn. 2.

94 *Oulds* in Kümpel/Wittig, Bank- und Kapitalmarktrecht, 4. Auflage 2011, Rn. 14.41; *Veil* in Veil, Europäisches Kapitalmarktrecht, 2. Auflage 2014, § 7 Rn. 4; *Veil* in Veil, European Capital Markets Law, 2. Auflage 2017, § 7 Rn. 2.

95 *Grunewald/Schlitt* stellen den Begriff des Kapitalmarkts – mathematisch gesprochen – auf beide Seiten der Gleichung, während sie den Termin- bzw. Derivatemarkt als Markt neben dem Kapitalmarkt beschreiben, in ihrer Erläuterung des Termin- bzw. Derivatemarkts jedoch auf „Kapitalmarktprodukte" rekurrieren, vgl. *Grunewald/Schlitt*, Kapitalmarktrecht, 3. Auflage 2014, S. 1 f.

96 Die auf dem Termin- und Derivatmarkt zeitlich verzögert zu erfüllenden Geschäfte stellen regelmäßig Derivate dar, *Grunewald/Schlitt*, Kapitalmarktrecht, 3. Auflage 2014, S. 9; zu Termin- und Derivategeschäften ausführlich ab S. 134.

97 Auf dem Kassamarkt werden insbesondere Eigen- und Fremdkapitalinstrumente gehandelt, *Veil* in Veil, Europäisches Kapitalmarktrecht, 2. Auflage 2014, § 7 Rn. 1; *Veil* in Veil, European Capital Markets Law, 2. Auflage 2017, § 7 Rn. 1. Zu Eigenkapitalinstrumenten ab S. 119 bzw. Fremdkapitalinstrumenten ab S. 123.

Börsenhandelstagen, erfüllt werden müssen.[98] Termin- und Derivatmärkte sind ebenso wie Kassamärkte vielmehr als Segmente des Kapitalmarktes anzusehen[99], so wie gemeinhin auch der Primär- und Sekundärmarkt als solche eingestuft werden.[100] Mithin handelt es sich nicht um dem Kapitalmarkt entgegenstehende oder davon abgespaltene Märkte.

Die Segmentierung des Kapitalmarktes ergibt sich schon daraus, dass die dort gehandelten Produkte nicht ohne Weiteres existieren, sondern zunächst geschaffen werden müssen, bevor sie Handelsgegenstand werden können: Der Primärmarkt (auch Emissionsmarkt) ist dabei jener, auf dem ein Produkt, beispielsweise ein Wertpapier wie eine Aktie, erstmalig platziert, das heißt emittiert wird, wobei sich im Falle der Aktie die Aktiengesellschaft als Emittent und der Anleger als Erwerber gegenüberstehen.[101] Nach dieser Emissionsphase können die neu geschaffenen Produkte am Kapitalmarkt (sogenannter Sekundär- oder Zirkulationsmarkt) weiter gehandelt werden, wobei jene Sekundärmärkte aus

---

98 Zum Kassa- und Terminmarkt auch noch ausführlich ab S. 134; *Buck-Heeb*, Kapitalmarktrecht, 9. Auflage 2017, Rn. 82; *Grunewald/Schlitt*, Kapitalmarktrecht, 3. Auflage 2014, S. 134; *Oulds* in Kümpel/Wittig, Bank- und Kapitalmarktrecht, 4. Auflage 2011, 14.41 ff.; *Spremann/Gantenbein*, Finanzmärkte, 2. Auflage 2013, S. 206; *Veil* in Veil, Europäisches Kapitalmarktrecht, 2. Auflage 2014, § 7 Rn. 1; *Veil* in Veil, European Capital Markets Law, 2. Auflage 2017, § 7 Rn. 1. Siehe zum europäischen Recht auch Art. 38 Abs. 2 UAbs. 1 lit. a Verordnung (EG) Nr. 1287/2006 der Kommission vom 10.8.2006 zur Durchführung der Richtlinie 2004/39/EG, AblEG vom 2.9.2006, L 241/1.

99 *Oulds* in Kümpel/Wittig, Bank- und Kapitalmarktrecht, 4. Auflage 2011, Rn. 14.41 ff.; *Seiler/Geier* in Schimansky/Bunte/Lwowski, Bankrechts-Handbuch, 5. Auflage 2017, vor § 104 Rn. 12–14.

100 *Grunewald/Schlitt*, Kapitalmarktrecht, 3. Auflage 2014, S. 5 ff.; *Kohn*, Financial Institutions And Markets, 2. Auflage 2004, S. 315 und S. 319; *Lutter/Bayer/J. Schmidt*, EuropUR, 6. Auflage 2017, 14.8; *Oulds* in Kümpel/Wittig, Bank- und Kapitalmarktrecht, 4. Auflage 2011, Rn. 14.62 ff.; *Veil* in Veil, Europäisches Kapitalmarktrecht, 2. Auflage 2014, § 7 Rn. 9; *Veil* in Veil, European Capital Markets Law, 2. Auflage 2017, § 7 Rn. 11.

101 *Grunewald/Schlitt*, Kapitalmarktrecht, 3. Auflage 2014, S. 5 ff.; *Kohn*, Financial Institutions And Markets, 2. Auflage 2004, S. 315; *Lenenbach*, Kapitalmarktrecht, 2. Auflage 2010, Rn. 1.20 ff.; *Lutter/Bayer/J. Schmidt*, EuropUR, 6. Auflage 2017, 14.8; *Oulds* in Kümpel/Wittig, Bank- und Kapitalmarktrecht, 4. Auflage 2011, Rn. 14.63 ff.; *Veil* in Veil, Europäisches Kapitalmarktrecht, 2. Auflage 2014, § 7 Rn. 9 ff.; *Veil* in Veil, European Capital Markets Law, 2. Auflage 2017, § 7 Rn. 11 ff.

den börsenmäßig organisierten Märkten mit ihren Untersegmenten und den außerbörslichen Märkten bestehen.[102]

Das (europäische) Recht ist angesichts der dargestellten Unschärfen vor besondere Herausforderungen gestellt, insbesondere, da es dem europäischen Recht an einer Definition des Begriffs „Kapitalmarktrecht" mangelt.[103]

Eine generelle Abgrenzung des Geld- und Devisenmarktes vom Kapitalmarkt, gleichbedeutend mit einer Ausgrenzung dieser Märkte im Rahmen der anstehenden Untersuchung scheint in Hinblick auf diese Arbeit unzweckmäßig - denn die Frage, welche Finanzinstrumente jeweils einer Mitteilungspflicht unterliegen, richtet sich nach der jeweiligen Rechtsnorm, die regelmäßig keiner „gemeinen Markteinordnung" des in Rede stehenden Finanzinstruments folgt.[104] Aus diesem Grund soll hier ein sehr weites Verständnis des Kapitalmarktes gelten, welches zumindest grundsätzlich alle Produkte des Finanzmarkts einschließt. Was die Produkte im Einzelnen betrifft, sei - beschränkt auf die thematisch relevanten Ausprägungen - auf die folgenden Ausführungen zum Begriff des Finanzinstruments[105] bzw. die Untersuchung im Rahmen der im Zentrum stehenden Rechtsnormen[106] verwiesen.

II. Finanzinstrument

1. Überblick

Gegenstand der Untersuchung sind Mitteilungspflichten bei Finanzinstrumenten in der TrRL 2013. Ausbleiben kann daher nicht, den zentralen Begriff des Untersuchungsgegenstandes, nämlich das Finanzinstrument, zu beleuchten.

Dies mag in der folgenden Detailtiefe zunächst nicht notwendig erscheinen und den Leser womöglich verwundern, ist doch das Thema der Arbeit nicht schlicht „Das Finanzinstrument". Beweggrund dafür ist, wie bereits anklang,

---

102 *Grunewald/Schlitt,* Kapitalmarktrecht, 3. Auflage 2014, S. 5 ff.; *Lutter/Bayer/J. Schmidt,* EuropUR, 6. Auflage 2017, 14.8; *Oulds* in Kümpel/Wittig, Bank- und Kapitalmarktrecht, 4. Auflage 2011, Rn. 14.63 ff.; *Veil* in Veil, Europäisches Kapitalmarktrecht, 2. Auflage 2014, § 7 Rn. 9 ff.; *Veil* in Veil, European Capital Markets Law, 2. Auflage 2017, § 7 Rn. 14. Zur Abgrenzung zwischen geregelten Märkten und dem außerbörslichen (*OTC*) Handel ab S. 268.

103 Dauses/*Follak*, EU Wirtschaftsrecht, Juni 2016, f. III. Rn. 1.

104 Dauses/*Follak*, EU Wirtschaftsrecht, Juni 2016, f. III. Rn. 1.

105 Zum Finanzinstrument ab S. 81.

106 Zu den gegenständlich vor allem relevanten Produkten im Rahmen des Art. 13 TrRL 2013 ab S. 260.

die nicht gerade als konturenreich zu bezeichnende Regelung. So ist die Frage danach, was genau ein Finanzinstrument im Sinne der TrRL 2013 darstellt, durch den Unionsgesetzgeber – übrigens ebenso wie durch den nationalen Gesetzgeber im Rahmen des WpHG[107] – im Sekundärrecht mit einer Beschreibung abstrakter Merkmale, die eine Einordnung fraglicher Produkte des Finanzmarktes in die Kategorie „Finanzinstrument" nicht in jedem Fall zweifelsfrei ermöglicht, beantwortet. Art. 13 TrRL 2013 statuiert eine Mitteilungspflicht gemäß Art. 9 jener Richtlinie – dazu später noch *en détail*[108] – für natürliche oder juristische Personen, die direkt oder indirekt bestimmte Finanzinstrumente halten. Diese Norm gibt zwar selbst nicht durch eine Definition, immerhin aber mittels einer spezifischen Aufzählung[109] Anhaltspunkte dafür, was als „Finanzinstrument" im Sinne der Norm verstanden wird und damit den durch sie angeordneten Rechtsfolgen unterfällt.

Hinzu kommt – dies sei bereits an dieser Stelle erwähnt –, dass eben jene Enumeration nicht abschließend ist: Art. 13 Abs. 1b UAbs. 1 lit. g TrRL 2013 erweitert den Anwendungsbereich der Norm auf „alle anderen Kontrakte oder Vereinbarungen mit vergleichbarer wirtschaftlicher Wirkung [wie die unter lit. a bis f des Unterabsatzes genannten Finanzinstrumente], die physisch oder bar abgewickelt werden können". Demnach fallen offenbar auch nicht in dem zuvor erwähnten Katalog benannte Finanzinstrumente der Regelung des Art. 13 TrRL 2013. Die Antwort auf die Frage danach, was mit dem Begriff genau gemeint ist, scheint ebenso schwierig wie – damit einhergehend – eine rechtssichere Beurteilung hiermit zusammenhängender Einzelfallfragen.

Um dieser Causa Herr zu werden, ist eine eingehende, kritische Auseinandersetzung mit dem Begriff des Finanzinstruments *conditio sine qua non*. Zweck derselben ist die möglichst eindeutige Beantwortung der Frage danach, welche Finanzinstrumente der Mitteilungspflicht nach dieser Norm unterworfen sind. Was die TrRL 2013 als Finanzinstrument verstanden wissen will, ist dafür von elementarer Bedeutung.

Um dieses Verständnis zu eruieren, wird zunächst mittels unionsautonomer Auslegung des Begriffs versucht werden, diesen für die anschließende Untersuchung handhabbar zu machen. Im Anschluss wird das Begriffsverständnis im deutschen (Kapitalmarkt-)Recht beleuchtet, um Gemeinsamkeiten mit dem bzw. Unterschiede zum Unionsrecht auszumachen. Um die Gefahr auszuschließen,

---

107 Zu den entsprechenden Vorschriften siehe ab S. 375.

108 Zur Mitteilungspflicht nach Art. 13 TrRL 2013 ab S. 207.

109 Siehe Art. 13 Abs. 1b UAbs. 1 lit. a bis f TrRL 2013.

durch diese Vorgehensweise Erscheinungsformen von Finanzinstrumenten zu übergehen und mit Rücksicht darauf, dass es dem Unionsrecht ebenso wie dem nationalen Recht - trotz der partiell detailreichen Normsetzung - nur schwerlich möglich ist, dem schnelllebigen und schöpfungsreichen Finanzmarkt hinsichtlich all seiner Produkte Rechnung zu tragen, wird nachfolgend eine sprachliche Analyse vorgenommen. Diese Notwendigkeit besteht insbesondere vor dem Hintergrund der Europäisierung und Globalisierung der Wirtschafts- und Finanzmärkte, die zur Folge hat, dass sich inzwischen verschiedene und vor allem zahlreiche Finanzinstrumente entwickelt haben.[110]

Eine rechtliche Behandlung oder Einordnung der Finanzinstrumente ist somit vor besondere Herausforderungen gestellt: Einerseits sollen alle existierenden Erscheinungsformen rechtlich handhabbar gemacht werden, andererseits darf sich eine entsprechende Regelung nicht gegenüber neuen, noch nicht existenten Finanzinstrumenten verschließen. Finanzwirtschaftlich dient das Finanzinstrument als Oberbegriff für alle existenten Instrumente[111] - juristisch, insbesondere im positiven Recht, mag dies zwar ebenfalls intendiert, jedoch, wie sich zeigen wird, offenkundig nicht trennscharf gelungen sein. Eine Ursache dafür mag in der unterschiedlichen Herangehensweise der Disziplinen zu verorten sein: Rechtliche Elemente muss die Wirtschaftswissenschaft bei einer (rein wirtschaftlichen) Einordnung kaum beachten; wirtschaftliche bzw. tatsächliche Elemente hingegen kann die Rechtswissenschaft bei der Einordnung nicht gänzlich außer Acht lassen, sind sie doch bereits vielfach Anknüpfungspunkt für positives Recht.[112] Ob es sich deshalb für die Rechtswissenschaft insofern um höhere Anforderungen handelt, sei dahingestellt. Jedenfalls handelt es sich um Ansprüche, welche andere Schwierigkeiten bergen und sich im Ergebnis - dem geltenden Normtext - offenbaren.

Nachdem der Begriff unionsautonom und im Lichte des deutschen Rechts gedeutet sowie sprachlich analysiert wurde, soll mittels einer Gesamtbetrachtung bekannter Phänotypen versucht werden, „klassische" Merkmale von Finanzinstrumenten zu deskribieren und folgend eine typologische Darstellung zu entwerfen. Diese kann fruchtbar gemacht werden, wenn an späterer Stelle deutlich wird, dass den unionsrechtlichen Mitteilungstatbeständen gewisse „Kategorien" von Finanzinstrumenten unterfallen, da deren typische Eigenheiten bzw. die

---

110 *Haisch* in Haisch/Helios, Rechtshandbuch Finanzinstrumente, 2011, § 1 Rn. 1.

111 *Haisch* in Haisch/Helios, Rechtshandbuch Finanzinstrumente, 2011, § 1 Rn. 1.

112 Dies ist ein nicht nur dem Kapitalmarktrecht bekanntes Phänomen.

Auswirkungen jener Eigenheiten der umfassten Finanzinstrumente vom Regelungszweck der Norm erfasst sind.

a) Unionsrecht

Der Begriff des Finanzinstruments hat lange Wurzeln im Unionsrecht geschlagen. Bereits im Jahr 1986 tauchten *„financial instruments"* in Art. 32 Nr. 3 der BankbilanzRL die Regelungen zum Jahresabschluss und den konsolidierten Abschluss von Banken und anderen Finanzinstituten beinhaltet, auf – in der deutschsprachigen Fassung wurden diese jedoch nicht mit „Finanzinstrumenten", sondern „Finanzierungsinstrumenten" übersetzt.[113]

Weiterhin hat der Unionsgesetzgeber in der inzwischen aufgehobenen Richtlinie 93/6/EWG, welche die angemessene Eigenkapitalausstattung von Wertpapierfirmen und Kreditinstituten regulierte, deutlich gemacht, dass es erforderlich sei, „den Begriff Wertpapierhandel einzuführen, der Wertpapierpositionen und Positionen in anderen Finanzinstrumenten umfaßt, die zum Zweck des Wiederverkaufs gehalten werden und bei denen in erster Linie Marktrisiken und Risiken im Zusammenhang mit bestimmten Finanzdienstleistungen für Kunden bestehen".[114] Offenkundig war eine Wertpapierposition damit möglicher Bestandteil eines Finanzinstruments. Finanzinstrumente waren davon abgesehen auch positiv normiert, denn Art. 2 Nr. 5 der Richtlinie 93/6/EWG regelte, dass damit „Instrumente im Sinne des Abschnitts B des Anhangs der Richtlinie 93/22/EWG" (Investment Services Directive – ISD[115]) bezeichnet werden, die Anforderungen an die Erbringer von Wertpapierdienstleistungen regelte, wobei dort Wertpapiere, Anteile an Organismen für gemeinsame Anlagen, Geldmarktinstrumente, Finanzterminkontrakte (*Futures*) einschließlich gleichwertiger Finanzinstrumente mit Barzahlung, Zinsterminkontrakte (*FRA*), Zins- und Devisenswaps sowie Swaps auf Aktien- oder Aktienindexbasis

---

113 Unzutreffend behauptet *Lehmann*, in der deutschen Fassung seien „financial instruments" mit „Finanzgeschäften" beschrieben. Tatsächlich findet sich in der Richtlinie zwar der Begriff des „Finanzgeschäfts", allerdings entspricht dieser in der englischen Fassung den *„financial operations"*, siehe Art. 32 Nr. 3 Bankbilanzrichtlinie, *Lehmann*, Finanzinstrumente, 2009, S. 292. „Finanzinstrumente" tauchen deshalb auch nicht in den §§ 340 ff. HGB auf, welche in Deutschland die Bankbilanzrichtlinie umsetzten, so auch *Lehmann*, Finanzinstrumente, 2009, S. 292.

114 Siehe Erwägungsgrund 13 der Richtlinie 93/6/EWG.

115 Die Richtlinie wurde im Kontext des Weißbuchs zur „Vollendung des Binnenmarkts" (KOM(85) 310) (aus dem Jahr 1985) erlassen, siehe *Lutter/Bayer/J. Schmidt*, EuropUR, 6. Auflage 2017, 14.18 f.

(„*equity swaps*"), Kauf- oder Verkaufsoptionen auf alle unter diesen Abschnitt B fallende Finanzinstrumente einschließlich gleichwertiger Finanzinstrumente mit Barzahlung (wozu insbesondere Devisen- und Zinsoptionen zählen)[116] als „Instrumente" definiert wurden.[117]

Zwar waren durch die ausdrückliche Unterordnung des „Wertpapiers" in Bezug auf das „Finanzinstrument" bereits viele Finanzprodukte erfasst, denn nach Erwägungsgrund 11 der ISD zählten zu den Wertpapieren „die üblicherweise auf dem Kapitalmarktgehandelten Wertpapiergattungen, z. B. Staatstitel, Aktien, handelbare Wertpapiere, die zum Erwerb von Aktien durch Zeichnung oder Austausch berechtigen, Aktienzertifikate, als Teil einer Serie ausgegebene Schuldverschreibungen, Index-Optionsscheine und Wertpapiere, die zum Erwerb solcher Schuldverschreibungen durch Zeichnung berechtigen". Doch von einer Mindest- oder gar Vollharmonisierung war die Richtlinie noch weit entfernt, denn gleichzeitig stellte Erwägungsgrund 13 derselben Richtlinie klar, dass „die sehr weit gefaßte Definition der Wertpapiere (...) in dieser Richtlinie (...) nur für diese Richtlinie [gilt] und (...) daher in keiner Weise die unterschiedlichen Definitionen von Finanzinstrumenten, die in den einzelstaatlichen Rechtsvorschriften zu anderen Zwecken und insbesondere zu Steuerzwecken festgelegt sind [berührt] (...)".

Gleichwohl bemühte sich der Unionsgesetzgeber jedoch immerhin schon um gewisse Einheitlichkeit, indem Erwägungsgrund 36 ISD den Mitgliedstaaten nahelegte, für die Gleichbehandlung aller Finanzinstrumente, die auf einem geregelten Markt eines Mitgliedstaats notiert werden, in seinem Hoheitsgebiet Sorge zu tragen.[118]

Einen starken Zuwachs an Bedeutung erlangte der Begriff allerdings erst mit Beginn des neuen Jahrtausends. Auf europäischer Ebene sind es aufgrund

---

116 Die vorgenannten Begrifflichkeiten sollen an dieser Stelle nur wiedergegeben und erst an späterer Stelle erörtert werden, siehe ab S. 117.

117 Der mit der Richtlinie 93/6/EWG eingeführte Begriff des Wertpapierhandels wird in dessen Art. 2 Nr. 6 definiert, Bestandteil davon ist jedenfalls auch „dessen Eigenhandel mit Finanzinstrumenten" - allerdings ist der Begriff damit nicht abschließend beschrieben, da die Norm zum Beispiel in Art. 2 Nr. 6 lit. c näher bestimmte Forderungen ebenfalls als Teil des Wertpapierhandels bezeichnet (a. A. *Lehmann*, Finanzinstrumente, 2009, S. 292).

118 Dies führte zur Verwendung des Begriffs auch im deutschen Recht durch das Harmonisierungsgesetz (Gesetz zur Umsetzung von EG-Richtlinien zur Harmonisierung bank- und wertpapieraufsichtsrechtlicher Vorschriften vom 22.10.1997, BGBl. I/2518), durch welches das „Finanzinstrument" im KWG Einzug hielt.

der inzwischen großen Zahl an Mitgliedstaaten und damit gleichzeitig unterschiedlichen Bedürfnisse und Ansichten, auch innerhalb der jeweils am Gesetzgebungsverfahren beteiligten Institutionen (vor allem Parlament und Rat), langwierige Wege bis hin zu neuen Rechtsakten.[119] Die Rechtssetzung im europäischen Kapitalmarktrecht findet außerdem hauptsächlich reaktiv statt, sodass in bestimmten Fällen zeitnah erforderliche Regulierung länger auf sich warten lässt und daher der Wunsch nach Modifikation der Rechtssetzungsverfahren im Kapitalmarktrecht aufkam.[120] Infolge dessen befand der Rat der Wirtschafts- und Finanzminister der EU (auch als „ECOFIN-Rat“ bekannt) am 17. Juli 2000, dass die Schaffung eines von der Kommission geförderten Ausschusses unabhängiger Persönlichkeiten unabdingbar ist, um auf die mit der Integration der Finanzmärkte verbundenen Herausforderungen effektiv zu reagieren.[121] Eben jener neue „Ausschuss der Weisen“ hatte unter Vorsitz von Alexandre Lamfalussy zum Ziel, ein Regulierungssystem zu entwerfen, das effizienter sowie flexibler arbeitet und umfassender ist, als das bisherige.[122] Dazu war es notwendig, als Bezugsobjekt einen einheitlichen Begriff für möglichst viele bereits existente Produkte des Finanzmarkts einzuführen, der sich jedoch gleichzeitig nicht gegenüber schöpferischer Tätigkeit sperrt und damit offen für neue Produkte ist.[123] Im Schlussbericht des Ausschusses war daher vielfach von *„financial instruments“* die Rede, auf die viele folgende Rechtsakte rekurrierten.[124]

Zu diesen zählte unter anderem die FinanzsicherheitenRL, gegenständlich befasst mit einer zu schaffenden unionsweiten Regelung für die Bereitstellung sowie wechselseitigen Anerkennung von Wertpapieren und Barguthaben als

---

119 *Lutter/Bayer/J. Schmidt*, EuropUR, 6. Auflage 2017, 14.43.

120 *Lutter/Bayer/J. Schmidt*, EuropUR, 6. Auflage 2017, 14.43.

121 Final report of The Committee of Wise Men on the Regulation of European Securities Markets, 15.2.2001, S. 99, abrufbar unter <http://ec.europa.eu/internal_market/securities/docs/lamfalussy/wisemen/final-report-wise-men_en.pdf>.

122 Zum Lamfalussy (II) Verfahren *Lutter/Bayer/J. Schmidt*, EuropUR, 6. Auflage 2017, 14.42 ff. Final report of The Committee of Wise Men on the Regulation of European Securities Markets, 15.2.2001, S. 87 (Fn. 121); *Veil* in Veil, Europäisches Kapitalmarktrecht, 2. Auflage 2014, § 1 Rn. 16; *Veil* in Veil, European Capital Markets Law, 2. Auflage 2017, § 1 Rn. 16.

123 So auch *Lehmann*, Finanzinstrumente, 2009, S. 293.

124 Final report of The Committee of Wise Men on the Regulation of European Securities Markets, 15.2.2001, S. 58 ff. (Fn. 121); *Veil* in Veil, Europäisches Kapitalmarktrecht, 2. Auflage 2014, § 1 Rn. 17 f.; *Veil* in Veil, European Capital Markets Law, 2. Auflage 2017, § 1 Rn. 17 f.

Sicherheit in Form eines beschränkten dinglichen Sicherungsrechts oder im Wege der Vollrechtsübertragung, einschließlich Wertpapierpensionsgeschäften („Repos“)[125], welche als Finanzsicherheiten beispielsweise Barsicherheiten oder Finanzinstrumente nennt.[126] Letztere wiederum werden in der Richtlinie selbst als Aktien und andere, diesen gleichzustellende Wertpapiere, Schuldverschreibungen und sonstige verbriefte und unverbriefte Schuldtitel, die auf dem Kapitalmarkt gehandelt werden können, und alle anderen üblicherweise gehandelten Titel, die zum Erwerb solcher Aktien, Schuldverschreibungen oder anderer Wertpapiere durch Zeichnung, Kauf oder Austausch berechtigen oder zu einer Barzahlung führen, mit Ausnahme von Zahlungsmitteln, einschließlich Anteilen an Organismen für gemeinsame Anlagen, Geldmarktinstrumenten sowie jegliche Rechte oder Ansprüche im Zusammenhang mit irgendeinem der vorgenannnten Aktiva, definiert.[127]

Ebenso enthielt Art. 1 Nr. 3 MAD I eine eigene Definition des Finanzinstruments, welche noch umfassender ausfiel: Finanzinstrumente waren danach Wertpapiere im Sinne der [ISD] (…), Anteile an Organismen für gemeinsame Anlagen in Wertpapieren, Geldmarktinstrumente, Finanzterminkontrakte (*futures*) einschließlich gleichwertiger bar abgerechneter Finanzinstrumente, Zinsausgleichsvereinbarungen (*forward rate agreement*), Zins- und Devisenswaps sowie Swaps auf Aktien oder Aktienindexbasis (*equity swaps*), Kauf- und Verkaufsoptionen auf alle unter diese Kategorien fallenden Finanzinstrumente einschließlich gleichwertiger bar abgerechneter Instrumente; dazu gehören insbesondere Devisen- und Zinsoptionen, Warenderivate, alle sonstigen Finanzinstrumente, die zum Handel auf einem geregelten Markt in einem Mitgliedstaat zugelassen sind oder für die ein Antrag auf Zulassung zum Handel auf einem solchen Markt gestellt wurde.[128]

Die enumerative Liste der FinanzsicherheitenRL wurde in der MAD I also um Finanzterminkontrakte, Zinsausgleichsvereinbarungen, *equity swaps*, Optionen und Warenderivate (hier sind also nicht mehr länger nur reine Finanzgeschäfte, sondern nunmehr auch Realgeschäfte, soweit es um das Recht auf den Bezug

125 Erwägungsgrund 3 FinanzsicherheitenRL.

126 Siehe Art. 1 Abs. 4 lit. a FinanzsicherheitenRL.

127 Siehe Art. 2 Abs. 1 lit. e FinanzsicherheitenRL. Bemerkenswert ist, das diese Definition den Übersetzungsfehler der ISD korrigiert und erstmals (allerdings tatsächlich wohl nur in der deutschen Fassung) zwischen verbrieften und unverbrieften Schuldtiteln differenziert, dazu *Lehmann*, Finanzinstrumente, 2009, S. 295 f.

128 Art. 1 S. 1 Nr. 3 MAD I.

von Waren, also gerade nicht um die Waren selbst geht) sowie alle sonstigen Finanzinstrumente, die zum Handel auf einem geregelten Markt in einem Mitgliedstaat zugelassen sind oder für die ein Antrag auf Zulassung zum Handel auf einem solchen Markt gestellt wurde, erweitert. Letzteres stellte die Weichen für einen anpassungsfähigen Finanzinstrumentebegriff. So waren beispielsweise fortan innovative Finanzinstrumente bereits dann begrifflich erfasst, wenn ein Antrag auf Zulassung zum Handel auf einem geregelten Markt in einem Mitgliedstaat gestellt wurde. Dies untermauerte auch Art. 1 S. 2 MAD I, der die Kommission ermächtigte, Durchführungsbestimmungen zum Finanzinstrumentebegriff zu erlassen, um „den Entwicklungen auf den Finanzmärkten Rechnung zu tragen und eine einheitliche Anwendung dieser Richtlinie in der Gemeinschaft zu gewährleisten".[129] Das „Finanzinstrument" war innerhalb der Richtlinie häufig Regelungsgegenstand, so zum Beispiel in der Definition zur „Insiderinformation"[130] oder „Marktmanipulation"[131], zwei zentrale Begriffe der MAD I.[132]

Die ProspRL, welche sich vor dem Hintergrund des Anlegerschutzes maßgeblich mit den Vorgaben hinsichtlich des Prospekts befasst, der beim öffentlichen Angebot von Wertpapieren oder bei deren Zulassung zum Handel zu veröffentlichen ist, drückt noch die Vorstellung einer uneinheitlichen Verwendung des Begriffs aus, indem sie herausstellt, dass für die Zwecke des Anlegerschutzes zwar „alle (...) Dividendenwerte und Nichtdividendenwerte, d. h. nicht nur Wertpapiere, die zur amtlichen Notierung an der Börse zugelassen sind, erfasst werden [müssen]", „die breitgefasste Definition der Wertpapiere in dieser Richtlinie, die auch Optionsscheine und Covered Warrants sowie Zertifikate erfasst", jedoch „nur für diese Richtlinie [gilt] und daher in keiner Weise die verschiedenen Definitionen von Finanzinstrumenten, die in den nationalen Rechtsvorschriften für andere Zwecke (z. B. Steuerzwecke) verwendet werden [berührt]."[133]

---

129 Art. 1 S. 2 MAD I.

130 Art. 1 Abs. 1 Nr. 1 MAD I.

131 Art. 1 Abs. 1 Nr. 2 MAD I.

132 Konsequenterweise rekurriert die zugehörige Durchführungsrichtlinie 2004/72/EG (Richtlinie 2004/72/EG der Kommission vom 29. April 2004 zur Durchführung der Richtlinie 2003/6/EG des Europäischen Parlaments und des Rates, ABlEU vom 30.4.2004, L 172/70) insoweit auf die MAD I.

133 Erwägungsgrund 12 Prosp-RL.

Prominente Platzierung fand der Begriff dann im Titel der nach dem „Lamfalussy-Verfahren"[134] erlassenen MiFID I.[135] Weil in den Jahren vor ihrem Erlass immer mehr Anleger auf den Finanzmärkten aktiv waren, denen ein immer komplexeres und umfangreicheres Spektrum an Dienstleistungen und Finanzinstrumenten geboten wurde, sollte der Rechtsrahmen der Union das volle Angebot der anlegerorientierten Tätigkeiten abdecken.[136] Somit wurde für erforderlich erachtet, eine Harmonisierung in dem Umfang vorzunehmen, der notwendig ist, um Anlegern ein hohes Schutzniveau zu bieten und Wertpapierfirmen das Erbringen von Dienstleistungen in der gesamten Gemeinschaft im Rahmen des Binnenmarkts auf der Grundlage der Herkunftslandaufsicht zu gestatten.[137] Gegenüber dem Vorgänger, der ISD, sollte sich der Anwendungsbereich der Richtlinie erweitern, insbesondere vor dem Hintergrund der Erforderlichkeit einer umfassenden Regelung der Ausführung von Geschäften mit Finanzinstrumenten, damit bei der Ausführung der entsprechenden Anlegeraufträge eine hohe Qualität gewährleistet war und die Integrität und Gesamteffizienz des Finanzsystems gewahrt wurden.[138] So wurde der Begriff des Finanzinstruments um bestimmte Waren- und sonstige Derivate erweitert, die so konzipiert sind und derart gehandelt werden, dass sie unter aufsichtsrechtlichen Aspekten traditionellen Finanzinstrumenten vergleichbar sind.[139]

Die Richtlinie enthält selbst eine umfassende, enumerative Definition des Finanzinstruments in ihrem Anhang I Abschnitt C. Finanzinstrumente sind danach

1. Übertragbare Wertpapiere,
2. Geldmarktinstrumente,
3. Anteile an Organismen für gemeinsame Anlagen,
4. Optionen, Terminkontrakte, Swaps, Zinsausgleichsvereinbarungen und alle anderen Derivatkontrakte in Bezug auf Wertpapiere, Währungen, Zinssätze

---

134 Welches als Komitologieverfahren im Abschlussbericht des Lamfalussy-Ausschusses empfohlen wurde, siehe Final report of The Committee of Wise Men on the Regulation of European Securities Markets, 15.2.2001, abrufbar unter <http://ec.europa.eu/internal_market/securities/docs/lamfalussy/wisemen/final-report-wise-men_en.pdf>, und schließlich durch die Kommission gebilligt wurde, siehe Entschließung des Europäischen Rates vom 23.3.2001 über eine wirksamere Regulierung der Wertpapiermärkte in der Europäischen Union, ABlEG vom 11.5.2001, C 138/1. Ausführlicher zum Verfahren ab S. 174.

135 Umsetzungsgesetz in Deutschland war das Gesetz zur Umsetzung der Richtlinie über Märkte für Finanzinstrumente und der Durchführungsrichtlinie der Kommission vom 16.7.2007, BGBl. I 2007, S. 1330.

136 Erwägungsgrund 1 ISD.

137 Erwägungsgrund 1 ISD.

138 Erwägungsgrund 5 ISD.

139 Erwägungsgrund 4 ISD.

oder -erträge, oder andere Derivat-Instrumente, finanzielle Indizes oder Messgrößen, die effektiv geliefert oder bar abgerechnet werden können,
5. Optionen, Terminkontrakte, Swaps, Termingeschäfte und alle anderen Derivatkontrakte in Bezug auf Waren, die bar abgerechnet werden müssen oder auf Wunsch einer der Parteien (anders als wegen eines zurechenbaren oder anderen Beendigungsgrunds) bar abgerechnet werden können,
6. Optionen, Terminkontrakte, Swaps und alle anderen Derivatkontrakte in Bezug auf Waren, die effektiv geliefert werden können, vorausgesetzt, sie werden an einem geregelten Markt und/oder über ein *MTF* gehandelt,
7. Optionen, Terminkontrakte, Swaps, Termingeschäfte und alle anderen Derivatkontrakte in Bezug auf Waren, die effektiv geliefert werden können, die sonst nicht in Abschnitt C Nummer 6 genannt sind und nicht kommerziellen Zwecken dienen, die die Merkmale anderer derivativer Finanzinstrumente aufweisen, wobei unter anderem berücksichtigt wird, ob Clearing und Abrechnung über anerkannte Clearingstellen erfolgen oder ob eine Margin Einschussforderung besteht,
8. derivative Finanzinstrumente für den Transfer von Kreditrisiken,
9. Finanzielle Differenzgeschäfte,
10. Optionen, Terminkontrakte, Swaps, Termingeschäfte und alle anderen Derivatkontrakte in Bezug auf Klimavariablen, Frachtsätze, Emissionsberechtigungen, Inflationsraten und andere offizielle Wirtschaftsstatistiken, die bar abgerechnet werden müssen oder auf Wunsch einer der Parteien (anders als wegen eines zurechenbaren oder anderen Beendigungsgrunds) bar abgerechnet werden können, sowie alle anderen Derivatkontrakte in Bezug auf Vermögenswerte, Rechte, Obligationen, Indizes und Messwerte, die sonst nicht im vorliegenden Abschnitt C genannt sind und die die Merkmale anderer derivativer Finanzinstrumente aufweisen, wobei unter anderem berücksichtigt wird, ob sie auf einem geregelten Markt oder einem *MTF* gehandelt werden, ob Clearing und Abrechnung über anerkannte Clearingstellen erfolgen oder ob eine Margin-Einschussforderung besteht.

Die Bedeutungserweiterung des Begriffs ergibt sich schon aus den übertragbaren Wertpapieren, die zwar bereits in anderen Begriffsdefinitionen auftauchten, doch selbst bisher nicht derart umfassend waren: Zu den übertragbaren Wertpapieren gehörten nunmehr neben Aktien ebenfalls andere, Aktien oder Anteilen an Gesellschaften, Personengesellschaften oder anderen Rechtspersönlichkeiten gleichzustellende Wertpapiere.[140] Selbst wenn diese allerdings bereits

140 Definition in Art. 4 Abs. 1 Nr. 18 MiFID I.

mit „diesen gleichzustellenden Wertpapieren“ der FinanzsicherheitenRL (siehe oben) erfasst waren, so wurden sie jedenfalls bisher nicht explizit aufgeführt.

Die Tendenz zu einem immer weiteren Begriffsverständnis belegt auch die Substitution der MiFID I durch die MiFID II, welche wiederum ihrerseits in ihrem Anhang I Abschnitt C eine ähnliche, aber noch umfangreichere Definition des Finanzinstruments und gegenüber der MiFID I darüber hinaus auch am Markt gebräuchliche englische Bezeichnungen der Geschäfte enthält.[141] Finanzinstrumente sind danach

(1) Übertragbare Wertpapiere;
(2) Geldmarktinstrumente;
(3) Anteile an Organismen für gemeinsame Anlagen;
(4) Optionen, Terminkontrakte (Futures), Swaps, außerbörsliche Zinstermingeschäfte (Forward Rate Agreements) und alle anderen Derivatkontrakte in Bezug auf Wertpapiere, Währungen, Zinssätze oder -erträge, Emissionszertifikate oder andere Derivat-Instrumente, finanzielle Indizes oder Messgrößen, die effektiv geliefert oder bar abgerechnet werden können;
(5) Optionen, Terminkontrakte (Futures), Swaps, Termingeschäfte (Forwards) und alle anderen Derivatkontrakte in Bezug auf Waren, die bar abgerechnet werden müssen oder auf Wunsch einer der Parteien bar abgerechnet werden können, ohne dass ein Ausfall oder ein anderes Beendigungsereignis vorliegt;
(6) Optionen, Terminkontrakte (Futures), Swaps und alle anderen Derivatkontrakte in Bezug auf Waren, die effektiv geliefert werden können, vorausgesetzt, sie werden an einem geregelten Markt, über ein *MTF* oder über ein *OTF* gehandelt; ausgenommen davon sind über ein *OTF* gehandelte Energiegroßhandelsprodukte, die effektiv geliefert werden müssen;
(7) Optionen, Terminkontrakte (Futures), Swaps, Termingeschäfte (Forwards) und alle anderen Derivatkontrakte in Bezug auf Waren, die effektiv geliefert werden können, die sonst nicht in Nummer 6 dieses Abschnitts genannt sind und nicht kommerziellen Zwecken dienen, die die Merkmale anderer derivativer Finanzinstrumente aufweisen;
(8) Derivative Finanzinstrumente für den Transfer von Kreditrisiken;
(9) Finanzielle Differenzgeschäfte;
(10) Optionen, Terminkontrakte (Futures), Swaps, außerbörsliche Zinstermingeschäfte (Forward Rate Agreements) und alle anderen Derivatkontrakte

141 Nach Art. 94 UAbs. 1 MiFID II i. V. m. Art. 1 Nr. 7 Richtlinie (EU) 2016/1034 (Richtlinie (EU) 2016/1034 des Europäischen Parlaments und des Rates vom 23. Juni 2016 zur Änderung der Richtlinie 2014/65/EU über Märkte für Finanzinstrumente) wurde die MiFID I mit Wirkung zum 3. Januar 2018 aufgehoben.

in Bezug auf Klimavariablen, Frachtsätze, Inflationsraten oder andere offizielle Wirtschaftsstatistiken, die bar abgerechnet werden müssen oder auf Wunsch einer der Parteien bar abgerechnet werden können, ohne dass ein Ausfall oder ein anderes Beendigungsereignis vorliegt, sowie alle anderen Derivatkontrakte in Bezug auf Vermögenswerte, Rechte, Obligationen, Indizes und Messwerte, die sonst nicht im vorliegenden Abschnitt C genannt sind und die die Merkmale anderer derivativer Finanzinstrumente aufweisen, wobei unter anderem berücksichtigt wird, ob sie auf einem geregelten Markt, einem *OTF* oder einem *MTF* gehandelt werden sowie

(11) Emissionszertifikate, die aus Anteilen bestehen, deren Übereinstimmung mit den Anforderungen der Richtlinie 2003/87/EG (Emissionshandelssystem) anerkannt ist.

Im Vergleich zur MiFID I fällt dabei auf, dass nunmehr auch Emissionszertifikate gemäß der Nummern (4) und (11) MiFID II erfasst sind. Auf den neuen Finanzinstrumentebegriff der MiFID II rekurriert auch die zugehörige Verordnung MiFIR: Deren Art. 2 Abs. 1 Nr. 9 verweist für die entsprechende Definition auf Art. 4 Absatz 1 Nr. 15 MiFID II, welcher wiederum in seinen Anhang I Abschnitt C (siehe oben) Bezug nimmt. Gleichermaßen verfährt die MAD II nach ihrem Art. 2 Nr. 1 sowie die zugehörige MAR gemäß ihres Art. 3 Abs. 1 Nr. 1.

Die enumerative Finanzinstrumente-Definition der MiFID I diente jedoch auch anderweitig: Die durch die ÄnderungsRL 2013 modifizierte TrRL 2004 beinhaltete bereits eine Mitteilungspflicht für Finanzinstrumente in ihrem Art. 13 Abs. 1. Der Begriff des Finanzinstruments wurde dort mittels eines Verweises durch Art. 11 Abs. 1 DurchführungsRL 2007 a. F. ausgefüllt – demnach wurden für die Zwecke von Art. 13 Absatz 1 der TrRL 2004 übertragbare Wertpapiere, Optionen, Terminkontrakte, Swaps, Zinsausgleichvereinbarungen und alle anderen Derivatkontrakte, die in Anhang I Abschnitt C der Richtlinie 2004/39/EG genannt werden, unter bestimmten Umständen als Finanzinstrumente betrachtet. Diese Verknüpfung wurde zwischenzeitlich aufgehoben[142] und mit Art. 13 TrRL 2013 ein neuer, eigener transparenzrechtlicher Finanzinstrumentebegriff geschaffen.[143] Dieser fußt auf der Idee, einen möglichst breiten

---

142 Art. 11 Abs. 1 DurchführungsRL 2007 a. F. wurde durch Art. 3 Nr. 2 ÄnderungsRL 2013 aufgehoben. Zum Regelungssystem des Begriffs im Rahmen der TrRL 2004 noch ab S. 173.

143 Dies zeigt beispielhaft die wenig zufriedenstellende der auf Einzelrechtsakten basierenden europäischen Finanzmarktregulierung, weil sie das „Säulen-Denken“ nährt, indem sie sich mit dem Ziel der umfassenden Beteiligungstransparenz vom

Anwendungsbereich abzudecken, um eine von der Richtlinie intendierte umfassende Beteiligungstransparenz zu erreichen.[144]

So ist festzustellen, dass der Begriff des Finanzinstruments im Unionsrecht stetig umfassender und relevanter geworden ist - eine Trendwende dessen zeichnet sich nicht ab, im Gegenteil: Mit der MiFID II und MiFIR hat der Begriff in junger Vergangenheit (nach der Finanzkrise ab 2007) enormen Zuwachs an Bedeutung gewonnen.[145] Die dargestellten Definitionen weisen allerdings Nachteile auf. Einerseits herrscht bei den teilweise nach wie vor nebeneinander existierenden Definitionen keine Deckungsgleichheit, sodass ein einheitliches unionsrechtliches Verständnis jedenfalls bisher nicht gegeben ist. Andererseits – und dies gestaltet die Situation noch unbefriedigender – sind sie enumerativ, zählen also lediglich verschiedene Finanzprodukte oder deren Gattungen auf, die (unter Umständen) Finanzinstrumente darstellen, ohne jedoch dabei den Begriff abstrakt zu definieren oder dem Rechtsanwender Interpretationskriterien an die Hand zu geben. Das positive Unionsrecht ist insofern unzulänglich.

b) Deutsches Recht

Gleichwohl das Verständnis eines Rechtsbegriffs im nationalen Recht für das Unionsrecht angesichts der Normhierarchie belanglos ist, ließen sich ersterem womöglich entsprechend anwendbare Gedanken entnehmen. Sich dem Begriff des Finanzinstruments im deutschen Recht zu nähern, erscheint als Sisyphosaufgabe. Dies ist vor allem darin begründet, dass eine spezifische Einordnung in ein bestimmtes Rechtsgebiet schwerfällt.[146] Insbesondere in der deutschen Rechtsordnung sind Finanzinstrumente dem Wertpapierrecht unterworfen, dessen Regelungen auf dem Modell der körperlichen, von Hand zu Hand laufenden Urkunde fußen und damit nicht (mehr) gänzlich zu den Marktumständen des heutigen Kapitalmarkts passen[147], da ein Finanzinstrument inzwischen – wie

---

Finanzinstrumentebegriff der MiFID I löst und eine eigene Interpretation erforderlich macht, siehe *Parmentier* EuZW 2014, 50, 55.

144 Erwägungsgrund 9 ÄnderungsRL 2013; *Parmentier* AG 2014, 15, 20. Ausführlich dazu ab S. 207.

145 So auch *Lehmann*, Finanzinstrumente, 2009, S. 298 f.

146 Sehr ausführlich zur rechtlichen Beurteilung im Lichte des Wertpapierrechts *Lehmann*, Finanzinstrumente, 2009, S. 5 ff. sowie auch dort zur sachenrechtlichen Betrachtung S. 169 ff., außerdem wird dort ein Lösungsvorschlag für ein neues (Teil-)Rechtsgebiet nach italienischem bzw. französischem Vorbild gemacht, S. 283 ff.

147 Infolge dessen ist für Finanzinstrumente nach *Lehmann* ein neues, vom Wertpapierrecht getrenntes, eigenständiges Vermögensrecht zu schaffen, welches neben Regelung

sich noch zeigen wird – häufig, anders als das Wertpapier, gerade unabhängig von seiner Verkörperung existiert und gehandelt wird.

In der deutschen Gesetzessprache taucht der Begriff des Finanzinstruments mehrfach auf – schnell stellt sich jedoch hinsichtlich eines konsistenten Verständnisses Ernüchterung ein, da dieser mit unterschiedlicher Bedeutung Verwendung findet und nicht etwa auf eine bestimmte Definition rekurriert wird. Erwähnt wird das „Finanzinstrument" zum Beispiel im HGB[148], WpHG[149], WpÜG[150], WpPG[151], KWG[152], KAGB[153]oder im Anlegerentschädigungsgesetz[154].[155]

Immerhin findet sich in § 2 Abs. 4 WpHG eine Begriffsbestimmung, die ihre Grundlage im Anlegerschutzverbesserungsgesetz von 2004 hat, basierend auf den Vorgaben des Art. 1 Nr. 3 MAD I. Finanzinstrumente sind danach

1. Wertpapiere im Sinne des Absatzes 1[156],
2. Anteile an Investmentvermögen im Sinne des § 1 Absatz 1 des Kapitalanlagegesetzbuchs, welche im Jahr 2013 durch das AIFM-UmsG in diese Definition aufgenommen wurden,

---

über Rechte an Sachen auch Rechte an unkörperlichen Vermögensgegenständen beinhaltet, *Lehmann*, Finanzinstrumente, 2009, S. 283.

148 § 285 S. 1 Nr. 18 f., S. 2, 4; § 289 Abs. 2 Nr. 2 lit. b, § 314 Abs. 1 Nr. 10 f.; § 340c Abs. 1 S. 1 HGB.

149 U. a. § 1 Abs. 1, 2; § 2 Abs. 2b, Abs. 3 Nr. 1, Nr. 2 lit. a, c, d, Nr. 3-9, Abs. 3a Nr. 1, 5, Abs. 5, Abs. 6 Nr. 2 lit. a, b, Nr. 3, Abs. 11 Nr. 2 WpHG.

150 § 40 Abs. 1 S. 2 WpÜG.

151 § 2 Nr. 16; § 27 Nr. 2 WpPG.

152 U. a. § 1 Abs. 1 Nr. 4, 10, Abs. 1a Nr. 1, 1a-c, Nr. 2-3, Nr. 4 lit. a, c, d, Nr. 10-12 S. 2, Abs. 3 Nr. 5, 6, Abs. 11 S. 1 sowie Nr. 8. 2. lit. c, Abs. 17 lit. a-c, Abs. 26 KWG.

153 U. a. § 5 Abs. 6 S. 7; § 9 Abs. 3 Nr. 2, § 20 Abs. 2 Nr. 1, Abs. 3 Nr. 5 (Nr. 1 und 2 verweisen auf den Begriff des § 1 Abs. 11 S. 1 KWG, siehe Fn. 152).

154 Durch das Gesetz zur Umsetzung der Richtlinie 2014/49/EU des Europäischen Parlaments und des Rates vom 16. April 2014 über Einlagensicherungssysteme („DGSD-Umsetzungsgesetz") wurde das ehemals „Einlagensicherungs- und Anlegerentschädigungsgesetz" (EAEG) in „Anlegerentschädigungsgesetz" (AnlEntG) umbenannt; der Begriff des Finanzinstruments tauch hier in § 3 Abs. 2 Nr. 6; § 4 Abs. 2, 4, 5 AnlEntG auf.

155 Interessanterweise wird der Begriff (inzwischen) auch im allgemeinen Zivilrecht benutzt, siehe § 358 Abs. 5 BGB und § 359 Abs. 2 BGB – ansonsten war und ist, teilweise synonym, die Rede von „Wertpapieren", siehe zum Beispiel § 232 Abs. 1; § 233-236; § 312g Nr. 8; § 372; § 675b; § 700 Abs. 2, 3; § 783; § 1667 Abs. 2 S. 2; § 1807 Abs. 1 Nr. 4; § 1812 Abs. 1, § 1813 Abs. 1 Nr. 1; § 1818 f.; § 1960 Abs. 2; § 2116 BGB; siehe dazu ausführlich auch *Lehmann*, Finanzinstrumente, 2009, S. 285 f., wobei der Begriff des Finanzinstruments dem BGB zum Zeitpunkt jener Untersuchung unbekannt war.

156 Dort heißt es: „Wertpapiere im Sinne dieses Gesetzes sind, auch wenn keine Urkunden über sie ausgestellt sind, alle Gattungen von übertragbaren Wertpapieren mit

3. Geldmarktinstrumente im Sinne des Absatzes 2,
4. derivative Geschäfte im Sinne des Absatzes 3,
5. Emissionszertifikate,
6. Rechte auf Zeichnung von Wertpapieren und
7. Vermögensanlagen im Sinne des § 1 Absatz 2 des Vermögensanlagengesetzes mit Ausnahme von Anteilen an einer Genossenschaft im Sinne des § 1 des Genossenschaftsgesetzes sowie Namensschuldverschreibungen, die mit einer vereinbarten festen Laufzeit, einem unveränderlich vereinbarten festen positiven Zinssatz ausgestattet sind, bei denen das investierte Kapital ohne Anrechnung von Zinsen ungemindert zum Zeitpunkt der Fälligkeit zum vollen Nennwert zurückgezahlt wird, und die von einem CRR-Kreditinstitut im Sinne des § 1 Absatz 3d Satz 1 des Kreditwesengesetzes, dem eine Erlaubnis nach § 32 Absatz 1 des Kreditwesengesetzes erteilt worden ist, ausgegeben werden, wenn das darauf eingezahlte Kapital im Falle des Insolvenzverfahrens über das Vermögen des Instituts oder der Liquidation des Instituts nicht erst nach Befriedigung aller nicht nachrangigen Gläubiger zurückgezahlt wird..

Danach gehören zu den Finanzinstrumenten unter anderem „Wertpapiere“ nach § 2 Abs. 1 WpHG; dies meint alle Gattungen von übertragbaren Wertpapieren mit Ausnahme von Zahlungsinstrumenten, die ihrer Art nach auf den

---

Ausnahme von Zahlungsinstrumenten, die ihrer Art nach auf den Finanzmärkten handelbar sind, insbesondere 1.Aktien, 2.andere Anteile an in- oder ausländischen juristischen Personen, Personengesellschaften und sonstigen Unternehmen, soweit sie Aktien vergleichbar sind, sowie Hinterlegungsscheine, die Aktien vertreten, 3.Schuldtitel, a)insbesondere Genussscheine und Inhaberschuldverschreibungen und Orderschuldverschreibungen sowie Hinterlegungsscheine, die Schuldtitel vertreten, b)sonstige Wertpapiere, die zum Erwerb oder zur Veräußerung von Wertpapieren nach den Nummern 1 und 2 berechtigen oder zu einer Barzahlung führen, die in Abhängigkeit von Wertpapieren, von Währungen, Zinssätzen oder anderen Erträgen, von Waren, Indices oder Messgrößen bestimmt wird; nähere Bestimmungen enthält die Delegierte Verordnung (EU) 2017/565 der Kommission vom 25. April 2016 zur Ergänzung der Richtlinie 2014/65/EU des Europäischen Parlaments und des Rates in Bezug auf die organisatorischen Anforderungen an Wertpapierfirmen und die Bedingungen für die Ausübung ihrer Tätigkeit sowie in Bezug auf die Definition bestimmter Begriffe für die Zwecke der genannten Richtlinie (ABl. L 87 vom 31.3.2017, S. 1), in der jeweils geltenden Fassung.“

Finanzmärkten handelbar sind, insbesondere also Aktien und Schuldtitel, dem Wortlaut nach aber keine Zahlungsinstrumente, also Bargeld, geborene Orderpapiere wie der Wechsel (§ 11 Wechselgesetz) oder Scheck (Art. 14 Scheckgesetz) sowie andere liquide Mittel, die üblicherweise als Zahlungsinstrumente verwendet werden.[157] Eine Verbriefung ist der Norm nach nicht zwingend vorausgesetzt.

Ebenfalls sind Geldmarktinstrumente, derivative Geschäfte, Emissionszertifikate und Rechte auf Zeichnung von Wertpapieren der Definition nach Finanzinstrumente. Sogar Forderungen sind (*e contrario*) nach § 2 Abs. 2 WpHG Finanzinstrumente im Sinne der Norm, jedenfalls soweit sie tatsächlich[158] auf dem Geldmarkt gehandelt werden.[159] § 2 Abs. 3 WpHG listet darüber hinaus enumerativ diverse von der Definition inbegriffene derivative Geschäfte auf. Die Begriffsbestimmung des Finanzinstruments nach § 2 Abs. 4 WpHG öffnet den Anwendungsbereich der Norm somit sehr weit.

Doch auch abseits des WpHG wird man im deutschen Recht fündig: Das KWG enthält in § 1 Abs. 11 ebenso eine Definition des Finanzinstruments.[160] Finanzinstrumente gemäß § 1 Abs. 1 bis 3 und 17 sowie § 2 Abs. 1 und 6 KWG sind danach

1. Aktien und andere Anteile an in- oder ausländischen juristischen Personen, Personengesellschaften und sonstigen Unternehmen, soweit sie Aktien vergleichbar sind, sowie Hinterlegungsscheine, die Aktien oder Aktien vergleichbare Anteile vertreten,
2. Vermögensanlagen im Sinne des § 1 Absatz 2 des Vermögensanlagengesetzes mit Ausnahme von Anteilen an einer Genossenschaft im Sinne des § 1 des Genossenschaftsgesetzes,
3. Schuldtitel, insbesondere Genussscheine, Inhaberschuldverschreibungen, Orderschuldverschreibungen und diesen Schuldtiteln vergleichbare Rechte, die ihrer Art nach auf den Kapitalmärkten handelbar sind, mit Ausnahme von Zahlungsinstrumenten, sowie Hinterlegungsscheine, die diese Schuldtitel vertreten,

157 Begr. RegE. FRUG, BT-Drucks. 16/4028, S. 54.

158 *Ritz* in Just/Voß/Ritz/Becker, WpHG, 2015, § 2 Rn. 49.

159 Siehe Fn. 157. Zu Geldmarktinstrumenten siehe auch ab S. 164.

160 Bis zum 19.12.2014 hielt das KWG sogar im § 1a Abs. 3 sogar eine zweite Definition des Begriffs bereit, welcher durch das Gesetz zur Verringerung der Abhängigkeit von Ratings geändert wurde.

4. sonstige Rechte, die zum Erwerb oder zur Veräußerung von Rechten nach den Nummern 1 und 3 berechtigen oder zu einer Barzahlung führen, die in Abhängigkeit von solchen Rechten, von Währungen, Zinssätzen oder anderen Erträgen, von Waren, Indices oder Messgrößen bestimmt wird,
5. Anteile an Investmentvermögen im Sinne des § 1 Absatz 1 des Kapitalanlagegesetzbuchs,
6. Geldmarktinstrumente,
7. Devisen oder Rechnungseinheiten,
8. Derivate sowie
9. Berechtigungen, Emissionsreduktionseinheiten und zertifizierte Emissionsreduktionen im Sinne des § 3 Nummer 3, 6 und 16 des Treibhausgas-Emissionshandelsgesetzes, soweit sie im EU-Emissionshandelsregister gehalten werden dürfen (Emissionszertifikate).

Weitestgehend deckt sich die enumerative Begriffsbestimmung mit jener des § 2 Abs. 4 WpHG: Sie nennt neben auch im WpHG vom Begriff der Finanzinstrumente umfassten Wertpapieren, Geldmarktinstrumenten und Derivaten noch Devisen, Rechnungseinheiten sowie Berechtigungen, Emissionsreduktionseinheiten und zertifizierte Emissionsreduktionen. Augenscheinlich ist der Finanzinstrumentebegriff des KWG demnach noch weiter gefasst als der des WpHG. Die dargestellten gesetzlichen Definitionen weisen allerdings die gleichen Nachteile auf, welche mit dem Unionsrecht einhergehen.[161] Zum einen besteht mangelnde Deckungsgleichheit, zum anderen gibt es den Envers einer enumerativen Definition - in Ermangelung einer abstrakten Begriffsklärung ist das nationale Recht ebenfalls insuffizient.[162]

c) Begriffsanalyse

Dieser Umstand legt eine sprachliche Interpretation des Begriffs *per se*, losgelöst von gesetzlicher Definition oder Einordnung nahe. Der Begriff „Finanzinstrument" lässt sich in zwei Teile zerlegen: Dabei zerfällt er in das Begriffspaar „Finanzen" auf der einen und „Instrument" auf der anderen Seite. „Finanzen" meint das Finanz- bzw. Geldwesen[163] und dient damit der Abgrenzung zu Waren

161 Siehe ab S. 84.

162 Sinngemäß so auch *Lehmann*, Finanzinstrumente, 2009, S. 288 f.

163 Ein Pluralwort, abgeleitet vom lateinischen Verb *finire*, nicht „finare", wie fälschlicherweise die online-Ausgabe des Dudens zum Wort „Finanzen" erläutert, abrufbar unter <http://www.duden.de/rechtschreibung/Finanzen>.

als Sachkapital.[164] Der Begriff des „Instruments“[165] stammt aus jener Zeit, in der mit *„instrumentum“* eine Beweisurkunde gemeint war[166], welche im Wertpapierrecht auch nach wie vor von Bedeutung ist, allerdings eher aus formalen und nicht aus praktischen Gründen.[167] Seine (wirtschaftliche) Relevanz gewinnt das „Finanzinstrument“ aus einem *„negotium“*[168]: Dieses meint im Grunde ein zwischen zwei Parteien bestehendes Rechtsverhältnis.[169] Rechtlich betrachtet handelt es sich bei dem Finanzinstrument zunächst[170] um ein zweiseitiges Rechtsverhältnis zwischen Emittent und Erwerber (eines Wertpapiers), welches - vertraglich begründet - *negotium* ist.[171] An eben diesem Rechtsverhältnis entsteht ein (wirtschaftliches) Interesse Dritter, welches dadurch Vermögenswert erlangt, der wiederum durch seine Handelbarkeit[172] *instrumentum* wird.[173] Dieses wirtschaftliches Interesse ist dem *negotium* ab diesem Zeitpunkt zu eigen, ja immanent – es besteht fort, auch wenn der Erwerber seinerseits beschließt, es abzustoßen.[174]

Die Begrifflichkeiten stehen sich folglich nicht kontradiktorisch gegenüber, vielmehr ist das *negotium* notwendige Voraussetzung und gleichzeitig Teil des *instrumentum*.[175] Finanzinstrumente sind dem Begriff nach demzufolge Vertragsverhältnisse, die auf Finanzmärkten gehandelt werden und aufgrund dessen Vermögenswert gegenüber am Rechtsverhältnis unbeteiligten Parteien erlangen[176], die sie (die Finanzinstrumente) erwerben können und

---

164 So auch *Müller*, Finanzinstrumente Rom I-VO, 2011, S. 40 und *Lehmann*, Finanzinstrumente, 2009, S. 289, der auf die Wirtschaftswissenschaften und deren Abgrenzung von Finanzmärkten gegenüber Realmärkten rekurriert.

165 Abstammend vom lateinischen „instrumentum“, zu Deutsch „Hilfsmittel“ oder „Werkzeug“.

166 *Kaser/Knütel*, Römisches Privatrecht, 20. Auflage 2014, § 7 Rn. 25.

167 Zum Bedeutungsverlust der Urkunde bei Wertpapieren *Lehmann*, Finanzinstrumente, 2009, S. 16 ff.

168 Das lateinische Wort *„negotium“* meint zu Deutsch „Geschäft“. Im römischen Recht wurde *„negotium“* allerdings nicht nur im juristischen Kontext verwendet, dazu *Kaser/Knütel*, Römisches Privatrecht, 20. Auflage 2014, § 6 Rn. 2.

169 So auch *Lehmann*, Finanzinstrumente, 2009, S. 290.

170 Dies gilt zumindest für die ursprüngliche Begebung eines Instruments.

171 *Lehmann*, Finanzinstrumente, 2009, S. 290.

172 Zum Begriff der (kapitalmarktmäßigen) Handelbarkeit noch ab S. 101.

173 *Lehmann*, Finanzinstrumente, 2009, S. 290.

174 Dies geschieht auf dem Sekundärmarkt, dazu schon ab S. 77.

175 Im Ergebnis jeweils auch *Lehmann*, Finanzinstrumente, 2009, S. 290 sowie *Müller*, Finanzinstrumente Rom I-VO, 2011, S. 41.

176 Ähnlich *Lehmann*, Finanzinstrumente, 2009, S. 290.

sollen.[177] Gegenstand des beschriebenen Werts ist ein Immaterialgut, welches gerade wegen dieses Werts gehandelt wird. Die Popularität solcher „Güter“ wird nicht zuletzt dadurch gesteigert, dass diese regelmäßig eine hohe Verkehrsfähigkeit aufweisen.[178]

2. Allgemeine Merkmale

Vor dem Hintergrund der enumerativen Definitionen des positiven Rechts sowie der Wortexegese sollen nun die Interpretationskriterien respektive Merkmale des Begriffs unter Zuhilfenahme wirtschaftswissenschaftlicher Erkenntnisse aufgezeigt werden. Führt man sich die (rechtlichen) Anforderungen an den Begriff vor Augen, ist die unbefriedigende Situation angesichts des positiven Rechts und der Wortanalyse schnell zusammengefasst: Gesucht ist eine abstrakte Definition, welche der Kreativität des Finanzmarkts[179] gerecht wird, damit möglichst alle (auch künftig) neuen Finanzprodukte erfasst werden, auf welche die Regelung abzielt - sie soll demnach aufgeschlossen (abstrakt) formuliert sein, gleichermaßen aber Kriterien bereitstellen, anhand derer sich ein Produkt bestenfalls zweifelsfrei als Finanzinstrument im Sinne der Norm qualifizieren lässt. Eben diese Zielsetzung führt zu nicht nur einer einzelnen Begriffsbestimmung, der es an festgeschriebenen Voraussetzungen mangelt - eine abschließende Definition ist unter diesen Gesichtspunkten gar nicht möglich, nicht zuletzt ist sie aus beschriebenen Gründen gar nicht gewollt.

Was bleibt, ist die wesentlichen finanzwirtschaftlichen bzw. tatsächlichen und inzwischen gefestigten rechtlichen Züge dieses Begriffs zu illustrieren, wobei nicht jeder „Typus“[180] sämtliche Charakteristika und demzufolge auch nicht jedes

177 *Lehmann*, Finanzinstrumente, 2009, S. 299: Finanzinstrumente werden auf Finanzmärkten gehandelt, das Vertragsverhältnis beschränkt sich nicht demnach auf die ursprünglich beteiligten Parteien - soweit gewöhnlich, denn Abtretung oder Übernahme ist auch bei anderen Verträgen üblich. Allerdings ist der Austausch eines Vertragspartners bei Produkten auf dem Kapitalmarkt *ex tunc* intendiert, es ist geradezu deren Bestimmung, gehandelt zu werden.

178 Zur sogenannten (kapitalmarktmäßigen) Handelbarkeit noch ab S. 101.

179 Um die Jahrtausendwende schrieb *Reiner* von „beinahe täglich weiteren Produktkreationen“, *Reiner*, Derivative Finanzinstrumente, 2002, S. 4, 11.

180 Hier soll der Begriff bewusst untechnisch gebraucht werden; zur Lehre des Typus *Larenz/Canaris*, Methodenlehre, 3. Auflage 1995, S. 293 ff.; diese Lehre wird bei Finanzinstrumenten teilweise herangezogen, siehe *Lehmann*, Finanzinstrumente, 2009, S. 304 f.; teilweise allerdings auch als „nicht sinnvoll“ abgelehnt, siehe *Reiner*, Derivative Finanzinstrumente, 2002, S. 11.

Merkmal in gleicher „Intensität" aufweist.[181] Mithilfe dieses Ansatzpunktes kann sich dem Begriff des Finanzinstruments genähert werden, um im Anschluss die erarbeiteten Merkmale im Rahmen einer typologischen Einordnung fruchtbar zu machen.

Die Notwendigkeit einer entsprechenden Beleuchtung ergibt sich aus mehreren – jeweils noch detailliert untersuchten - Umständen: Infolge der interpretationsbedürftigen Vorschrift insbesondere des Art. 13 TrRL 2013 ist eine Charakterisierung des Finanzinstruments erforderlich. Ohne eine solche wäre es nur begrenzt möglich, den Regelungsgehalt vorhandener „Auffangregelungen" in ausreichender Form zu beschreiben, denn selbst wenn die abstrakten, rechtlichen Voraussetzungen festgestellt sein sollten, so ist eine Auseinandersetzung mit den wirtschaftlichen Eigenheiten von Finanzinstrumenten ratsam, wenn - angesichts unbestimmter Rechtsbegriffe und des schnelllebigen und erfindungsreichen Finanzmarkts - die Reichweite der Norm abgesteckt werden soll.[182]

Dieses Erfordernis wird auch dadurch gestützt, dass nicht nur die in Art. 13 Abs. 1b UAbs. 1 lit. a bis g TrRL 2013[183] enumerierten Finanzinstrumente als solche im Sinne des Art. 13 Abs. 1 UAbs. 1 lit. a und b TrRL 2013 infrage kommen, sondern die ESMA eine Liste weiterer potenzieller Finanzinstrumente im Sinne der Vorschrift veröffentlicht hat, die stellenweise ebenfalls offen formuliert ist und so Interpretationsspielraum bietet.[184] Weder erstere noch letztere Aufzählung ist abschließend[185], sodass es abstrakter Kriterien zur Begriffsbestimmung bedarf. Damit sind vielerlei Gründe für eine vorangestellte Untersuchung des Begriffs vorhanden, die eine Ausfüllung desselben im Rahmen der TrRL 2013 erleichtern, weil sich anhand dieser (wirtschaftlich) relevante Bestimmungskriterien dafür ausmachen lassen können.

Herausgestellt werden muss vorab, dass die TrRL 2013, wie auch ihre Vorgänger[186], Regelungen auf dem Gebiet des Kapitalmarktrechts vorsieht. Dies gilt es bei der Begriffsinterpretation stets zu bedenken. Demzufolge sei auch

---

181 Ähnlich *Haisch* in Haisch/Helios, Rechtshandbuch Finanzinstrumente, 2011, § 1 Rn. 1; *Lehmann*, Finanzinstrumente, 2009, S. 304.

182 Zur Definition des Finanzinstruments im Rahmen der TrRL 2013 ab S. 207, bezogen auf Art. 13 Abs. 1 UAbs. 1 lit. a und b ab S. 260.

183 Zur nicht abschließenden Regelung des Art. 13 Abs. 1b UAbs. 1 lit. a bis g TrRL 2013 ab S. 228.

184 Zu der seitens der ESMA veröffentlichten Liste ab S. 230.

185 Zur nicht abschließenden Regelung des Art. 13 Abs. 1b UAbs. 1 lit. a bis g TrRL 2013 ab S. 228; zur seitens der ESMA veröffentlichten Liste ab S. 230.

186 Zur Entstehungsgeschichte ab S. 174.

vorausgeschickt, dass die folgend erwähnten Charakteristika nicht zusammenhangslos beschrieben werden, sondern stets berücksichtigt wird, dass es mit dem im Zentrum stehenden Art. 13 TrRL 2013 um kapitalmarktrechtliche Transparenz geht, mithin um Mitteilungspflichten zur Offenlegung entsprechender Beteiligungen.

Vorweggenommen sei zwecks besserer Übersicht eine Kurzbeschreibung des Verhältnisses sogleich beschriebener Eigenschaften zueinander, welches – wie sich noch zeigen wird – in dieser Form zweifelsohne nicht unumstößlich ist[187]: Im Rahmen dieser Begriffsanalyse soll die Handelbarkeit Grundvoraussetzung des Finanzinstruments darstellen. Fungibilität (auch „Vertretbarkeit") und Zirkulationsfähigkeit (auch „Umlauffähigkeit" bzw. „Übertragbarkeit") wiederum sollen als Bedingungen der Handelbarkeit gelten. Aus der Fungibilität (Vertretbarkeit) wiederum folgt vielfach, wenngleich nicht notwendig, die Standardisierung und Austauschbarkeit, während als Zirkulationsfähigkeit die ungehinderte Übertragbarkeit bezeichnet wird. Die in diesem Zusammenhang des Öfteren erwähnte Liquidität beschreibt schließlich den Grad der Leichtigkeit einer Übertragung. Weshalb diese Attribute als in der beschriebenen Konstellation zueinanderstehend erachtet werden, sollen nachfolgende Erwägungen belegen.

a) Kapitalmarktmäßige Handelbarkeit

Die Handelbarkeit ist eine grundlegend vorausgesetzte Eigenschaft von Finanzprodukten, die bereits im positiven Recht sowohl auf unionsrechtlicher als auch auf nationalrechtlicher Ebene Niederschlag gefunden hat: Die ISD beschrieb, dass ihrem Verständnis nach Wertpapiere die üblicherweise auf dem Kapitalmarkt gehandelten Wertpapiergattungen, z. B. „handelbare Wertpapiere" umfassen.[188] Die MiFID I regelte in ihrem Art. 40 Abs. 1 UAbs. 2, dass „alle zum Handel an einem geregelten Markt zugelassenen Finanzinstrumente fair, ordnungsgemäß und effizient gehandelt werden können", während die entsprechende Regelung in der MiFID II im Art. 51 Abs. 1 UAbs. 2 wortgleich ist. Die MiFIR geht noch weiter und regelt im Titel V, Derivate im Art. 28 (Pflicht zum Handel über geregelte Märkte, *MTF* oder *OTF*) Abs. 4 UAbs. 3 lit. b, dass „die Handelsplätze (...) über eindeutige und transparente Regeln für die Zulassung von Finanzinstrumenten zum Handel [verfügen], so dass solche Finanzinstrumente fair, ordnungsgemäß und effizient gehandelt werden können und frei handelbar sind".

---

187 Dazu noch ab S. 115.

188 Erwägungsgrund 10 der ISD.

Im nationalen Recht findet sich der Begriff unter anderem in § 5 Abs. 1 BörsZulV, wonach Wertpapiere „frei handelbar" sein müssen. § 2 Abs. 1 WpHG nennt diese Eigenschaft in der Definition von Wertpapieren, die „ihrer Art nach auf den Finanzmärkten handelbar" sein müssen. Im KWG ist in der Definition zu bestimmten Finanzinstrumenten in §1 Abs. 11 S. 1 Nr. 3, Voraussetzung, dass diese „ihrer Art nach auf den Kapitalmärkten handelbar" sind. Eine abstrakte Definition der Handelbarkeit sucht man allerdings vergeblich.

Produkte am Finanzmarkt müssen einfach übertragen werden können – daran sind vor allem Anleger interessiert. Diese wollen (sich) die Möglichkeit erhalten, eine Investition zu „ändern" bzw. rückgängig zu machen.[189] Die Chance zur jederzeitigen Desinvestition wertet ein Kapitalmarktprodukt enorm auf: Dem Anleger wird Sicherheit geboten, denn hinsichtlich seiner Investitionsentscheidung ist er flexibel, wie es bei der Kapitalanlage im Übrigen nur selten der Fall ist – eine Vermögensposition kann jederzeit aufgegeben und zügig entweder in einer andere umgewandelt oder - je nach Ausgestaltung bzw. Bedarf - wieder in Bargeld eingetauscht werden.[190] Außerdem ist diese Möglichkeit der eigenen Vermögensmehrung des Anlegers dienlich; so kann eine Investition schon laufend profitabel sein, zum Beispiel durch Zinsen bei einem gewährten Darlehen. Auch besteht bei vielen Produkten des Kapitalmarkts ständig Angebot und Nachfrage, was zu einer Preisbildung führt: Steigt der Preis des Produkts nach der Investition des Anlegers, so lässt sich diese Wertsteigerung durch den Verkauf desselben kapitalisieren.[191]

Doch schon hinsichtlich der bereits bis hier erwähnten Kriterien herrscht eine gewisse Verwirrung.[192] Nach Gesagtem ist „Handelbarkeit" Voraussetzung eines Finanzinstruments - jedoch wird sie auch als Rechtsfolge dessen angesehen, konstatiert man, dass die Handelbarkeit von Finanzinstrumenten durch das Recht gesichert werden soll. Dieser vermeintliche *circulus vitiosus* ist eine methodische Regelmäßigkeit, eine rekursive Erscheinung, bekannt als „hermeneutischer Zirkel": „Man muss immer schon etwas wissen, um verstehen zu können".[193] Das (zu schaffende) Recht lehnt sich an ein bereits vorhandenes Begriffsverständnis an (Vorverständnis), hat auf dieses allerdings auch selbst Auswirkungen.[194]

---

189 *Lehmann*, Finanzinstrumente, 2009, S. 305.

190 *Lehmann*, Finanzinstrumente, 2009, S. 305.

191 *Lehmann*, Finanzinstrumente, 2009, S. 306.

192 Wie beispielsweise Handelbarkeit, Standardisierung, Übertragbarkeit und Zirkulationsfähigkeit zueinanderstehen bzw. sich bedingen, ist nicht unumstritten.

193 *Röhl*, Rechtslehre, 3. Auflage 2008, S. 116 f.

194 *Lehmann*, Finanzinstrumente, 2009, S. 307.

Die „Handelbarkeit" allein ist jedoch unzureichend, um das Wesen eines Finanzinstruments ausreichend zu beschreiben und nur eine mehrerer Gemeinsamkeiten von Finanzinstrumenten. So braucht es darüber hinaus weitere Charakteristika, welche das Merkmal der Handelbarkeit selbst und damit das Finanzinstrument konkretisieren. Dazu zählen weitläufig die schon erwähnte Fungibilität (auch „Vertretbarkeit"), Zirkulationsfähigkeit (auch „Umlauffähigkeit" bzw. „Übertragbarkeit"), Standardisierung, Austauschbarkeit, ungehinderte Übertragbarkeit und Liquidität.

aa) Fungibilität (Vertretbarkeit)

(1) Definition und rechtliche Anknüpfung

Synonym zum Begriff der Fungibilität wird „Vertretbarkeit" verwendet, welche Voraussetzung für die Austauschbarkeit im Sinne eines beliebigen Ersetzens durch gleichartige Produkte ist.[195]

Zur Veranschaulichung des Begriffs soll das deutsche Recht herhalten: Die Vertretbarkeit ist dort bereits aus dem allgemeinen Teil des BGB bekannt – § 91 BGB definiert vertretbare Sachen (im Sinne des Gesetzes) als „bewegliche Sachen, die im Verkehr nach Zahl, Maß oder Gewicht bestimmt zu werden pflegen". Die Vorschrift eignet sich zwar hier insoweit nicht zur Begründung oder Erläuterung, als sie sich nur auf „Sachen" im Sinne des § 90 BGB, also körperliche Gegenstände bezieht. Doch ist ihr Hintergrund vergleichbar: Im (Handels-) Verkehr werden die meisten Produkte nach Zahl, Maß oder Gewicht bestimmt. Dies gilt zumindest für körperliche Gegenstände wie Kartoffeln, Milch oder Getreide gleichermaßen. Aber auch unkörperliche Gegenstände werden tatsächlich danach bewertet, so beispielsweise *Bitcoins*[196] oder Gesellschaftsanteile, insbesondere Wertpapiere wie Aktien.[197] Den (potenziellen) Käufern körperlicher

---

195 Der lateinischen Sprache bekannt ist das Adjektiv *fungibilis*; es bedeutet - wie das Adjektiv „fungibel" im Deutschen - schlichtweg „ersetzbar" oder „vertretbar". Dass „Fungibilität" mit „Vertretbarkeit" zu übersetzen ist, scheint daher naheliegend, vgl. *Bosch* in Hellner/Steuer, Bankrecht und Bankpraxis, 10/4; *Lehmann*, Finanzinstrumente, 2009, S. 316.

196 Zur Erläuterung und rechtlichen Einordnung von Bitcoins *Engelhardt/Klein* MMR 2014, 355, 355 ff.

197 Das Wertpapierdarlehen (irreführend auch als „Wertpapierleihe" bezeichnet" nach § 607 BGB zeigt dies deutlich. Im Übrigen bietet das deutsche Recht zum Beispiel mit § 363 Abs. 1 HGB oder § 1 DepotG weitere entsprechende Anknüpfungspunkte – auch hier werden in der Praxis Wertpapiere als „vertretbare Sachen" behandelt.

oder unkörperlicher Gegenstände kommt es nicht auf vereinzelt auftretende Merkmale bzw. Besonderheiten an, vielmehr geht es ihnen um die generellen Eigenschaften des Produkts, weshalb es für sie unerheblich ist, welche Einzelstücke genau übertragen werden. Wertpapiere beispielsweise werden wegen der inhaltlich deckungsgleichen Ausgestaltung des verkörperten Rechts nach ihrer Zahl oder ihrem Nennbetrag bestimmt.[198] Im Falle der körperlichen Gegenstände wird gemäß § 91 BGB im deutschen Recht durch den Verkehr bestimmt, welche wesentlichen Eigenschaften für die Vertretbarkeit von Relevanz sind. Demnach ist nicht von Belang, dass jeder einzelne Gegenstand dem anderen bis ins letzte Detail gleicht, beispielsweise also die gleiche Größe, Form oder das gleiche Gewicht hat. Als vertretbar im Sinne der Norm werden in solchem Fall auch körperliche Gegenstände mit Abweichungen vom Durchschnitt als Maßstab (die objektive Verkehrsanschauung[199]) hingenommen.[200]

Dies lässt sich sinngemäß auf die Vertretbarkeit von unkörperlichen Gegenständen übertragen, sodass es auch hier auf die durch die objektive Verkehrsanschauung als relevant erachteten Merkmale des (unkörperlichen) Gegenstands ankommt. Im Falle der Finanzinstrumente wird man danach einen Mindestlevel an Gleichartigkeit hinsichtlich der Vertragsbedingungen fordern können – individuelle Verträge eignen sich insoweit mangels Vertretbarkeit grundsätzlich nicht.[201]

(2) Standardisierung

Verlangt man, dass bei Finanzinstrumenten ein Mindestlevel an Gleichartigkeit hinsichtlich der Vertragsbedingungen zumindest innerhalb einer Kategorie (von Finanzinstrumenten[202]) vorliegt, entfaltet die massenhafte Ausstellung als mögliche Folge eines gewissen Maßes an Standardisierung Indizwirkung für das Vorliegen der Fungibilität: Beim Handel von Finanzinstrumenten geht es regelmäßig nicht um einzelne, individuell ausgehandelte Geschäfte, sondern um solche, die gleichartig sind, in großer Zahl vorkommen und deshalb beliebte Handelsobjekte darstellen.[203] Den Nährboden für einen florierenden Handel bereitet eine

198 *Seiler/Geier* in Schimansky/Bunte/Lwowski, Bankrechts-Handbuch, 5. Auflage 2017, § 104 Rn. 12, deutlicher *Seiler/Kniehase* in Schimansky/Bunte/Lwowski, Bankrechts-Handbuch, 4. Auflage 2011, § 104 Rn. 39.

199 MüKoBGB/*Stresemann,* 7. Auflage 2015, BGB § 91 Rn. 1.

200 BGH, Urteil vom 24.11.1976 - VIII ZR 137/75 = BGH NJW 1977, 379; MüKoBGB/*Stresemann,* 7. Auflage 2015, BGB § 91 Rn. 1.

201 Im Ergebnis ebenso *Lehmann*, Finanzinstrumente, 2009, S. 316.

202 Zur Typologie ab S. 117.

203 *Roth* in Kölner Kommentar WpHG, 2. Auflage 2014, § 2 Rn. 30.

bestimmte Mindestanzahl gleichartiger Produkte. Angelehnt an die Spieltheorie in den Wirtschaftswissenschaften[204] ist dazu eine kritische Masse, also Mindestanzahl an verfügbaren Produkten im Rahmen der Emission vonnöten, sodass viele Produkte desselben Typs angeboten (und nachgefragt) werden.[205] Eine klare Abgrenzung, beispielsweise anhand konkreter Zahlen, ist allerdings kaum auszumachen. Abstrakt lässt sich jedoch als Bedingung aufstellen, dass die Produkte auf einem Sekundärmarkt[206] selbstständig (im Sinne von „einzeln") weiterveräußert werden können müssen und es dabei nicht auf eine möglichst breite Verteilung der Produkte ankommt, weil Anknüpfungspunkt des Kriteriums das Produkt und gerade nicht die Zielgruppe ist. Ein umgekehrtes Verständnis widerspräche der breiten, wenn nicht einhelligen Annahme[207], dass zum Beispiel die Aktie ein klassisches Finanzinstrument darstellt: Wenn es tatsächlich auf die breite Streuung des Produkts ankäme, so stellten diese, sobald sie gänzlich in die Hand eines einzigen Investors fallen, plötzlich (ab diesem Moment) keine Finanzinstrumente mehr dar.[208]

Nach Gesagtem könnte man geneigt sein, außerbörslich[209] gehandelte Produkte wegen ihrer zumindest potenziell individuellen Ausgestaltung nicht den Finanzinstrumenten zu subsumieren, da es ihnen gerade an einer gewissen Gleichartigkeit bzw. Standardisierung mangeln kann. Vorweggenommen sei hier allerdings, dass im Rahmen der TrRL 2013 nicht vorausgesetzt ist, dass jene selbst an geregelten Märkten gehandelt werden und außerbörslich[210] gehandelte

---

204 Zur Spieltheorie *Siebert/Lorz*, Einführung VWL, 15. Auflage 2007, S. 144 ff.; *Varian*, Grundzüge Mikroökonomik, 9. Auflage 2016, S. 597 ff.

205 *Lehmann*, Finanzinstrumente, 2009, S. 314; *Spremann/Gantenbein*, Finanzmärkte, 2. Auflage 2013, S. 17. Diese kritische Masse wird vielfach als massenhafte Ausstellung (bei Wertpapieren) bzw. massenhaftes Vorkommen betitelt, vgl. allgemein *Lehmann*, Finanzinstrumente, 2009, S. 314; in Bezug auf die MiFID I *Müller*, Finanzinstrumente Rom I-VO, 2011, S. 60; im nationalen Recht *Ritz* in Just/Voß/Ritz/Becker, WpHG, 2015, § 2 Rn. 18a.

206 Vorausgesetzt ist jedenfalls, dass überhaupt ein Sekundärmarkt entstehen kann, *Lehmann*, Finanzinstrumente, 2009, S. 314.

207 Siehe dazu auch ab S. 84.

208 *Lehmann*, Finanzinstrumente, 2009, S. 314.

209 Zur Abgrenzung zwischen geregelten Märkten und dem außerbörslichen (*OTC*) Handel ab S. 268.

210 Zur Abgrenzung zwischen geregelten Märkten und dem außerbörslichen (*OTC*) Handel ab S. 268.

Finanzinstrumente somit zumindest nicht aufgrund ihres Handelsplatzes ausgeschlossen sind.[211]

„Außerbörslich" gehandelte Finanzinstrumente kommen deshalb ebenso als mögliche Finanzinstrumente im Sinne des Art. 13 Abs. 1 UAbs. 1 lit. a oder b infrage, sodass die Standardisierung im Rahmen dieser Arbeit nicht als notwendige Eigenschaft von Finanzinstrumenten, sondern lediglich als mögliche, wohl regelmäßige Eigenschaft von Finanzinstrumenten betrachtet wird, auch wenn dies vor allem aus wirtschaftlicher Perspektive regelmäßig anders beurteilt werden mag.

(aa) Austauschbarkeit

Nur, wenn ein Produkt ausreichend standardisiert und demzufolge vertretbar ist, ist es austauschbar. Nicht *ipso iure*, aber *de facto* ist ein standardisiertes Produkt beliebig durch andere gleichartige Produkte ersetzbar, ohne den Wert dabei zu beeinflussen. Gerade dies macht einen Teilaspekt der Handelbarkeit aus – die Austauschbarkeit als Folge der Standardisierung erleichtert es, ein Produkt auf dem Finanzmarkt zu handeln. Damit ist sie wohlgemerkt lediglich faktischer Reflex, keine Voraussetzung der Standardisierung oder der Fungibilität.

Für die Austauschbarkeit von Finanzinstrumenten gilt, dass diese nicht Voraussetzung der Fungibilität, sondern Folge einer etwaigen Standardisierung ist. Individuell ausgestaltete Produkte werden mitunter nicht in ausreichender Anzahl emittiert, sodass es ihnen an der Eigenschaft der Austauschbarkeit mangeln könnte, was ihre Qualifizierung als Finanzinstrument aus soeben genannten Gründen hier nicht berühren soll. Beispielhaft für ein austauschbares Produkt ist die Aktie, deren Wert sich nicht anhand des einzelnen Stücks bemisst (weder in körperlicher noch unkörperlicher Hinsicht), sondern sich vielmehr aus Angebot und Nachfrage (Aktienkurs) ergibt.

(bb) Sonderfall: Standardisierung unvertretbarer Produkte

Sind Vertragsbedingungen individuell, mit der Folge, dass derartige Produkte keine Fungibilität (Vertretbarkeit) im beschriebenen „wirtschaftlichen" Sinne

211 Zu geregelten Märkten noch ab S. 268. Außerhalb solcher Märkte gehandelte Instrumente aufgrund der aus wirtschaftlicher Perspektive vorausgesetzten Eigenschaft der Gleichartigkeit bzw. Standardisierung des-halb aus der Definition von Finanzinstrumenten auszugrenzen, wäre im Übrigen schon mit dem Telos und Wortlaut der TrRL 2013 unvereinbar: Zur Zielsetzung der TrRL 2013 ab S. 124. Auch bei solchen Produkten ist eine Standardisierung jedoch nachträglich möglich, dazu ab S. 40. Art. 13 Abs. 1b UAbs. 1 führt beispielsweise mit „Optionen" und „Swaps" Derivate auf, welche typischerweise (auch) außerbörslich gehandelt werden, dazu *en détail* ab S. 171.

aufweisen, so lässt dies - aus rein wirtschaftlicher Perspektive - keine Einordnung unter den Begriff des Finanzinstruments mehr zu. Doch auch bei solchen Produkten besteht eine Möglichkeit, die Fungibilität (Vertretbarkeit) zu erzeugen. Insbesondere ist diese Vorgehensweise für illiquides Vermögen von Bedeutung.

Dies geschieht durch „*securitization*", was im Deutschen - begrifflich insofern schlichtweg unzutreffend - mit „Verbriefung" übersetzt wird, während es anderweitig etwas holprig, aber sachlich richtig mit „Sekuritisierung" übersetzt wird[212], womit in beiden Fällen dasselbe gemeint ist: Die Qualifizierung eines Produkts für den Kapitalmarkt (*true sale transaction*).[213] Klassische Finanzmarktprodukte weisen die Eigenschaft der Standardisierung originär auf[214], allerdings hat sich schon vor Dekaden am Markt insbesondere ein Interesse für grundsätzlich illiquides Vermögen gezeigt, welches durch eben jenen Vorgang bedient werden kann - für den Kapitalmarkt ursprünglich nicht geeignete Produkte werden dort dadurch verwend- und verwertbar.[215]

Dazu zählten schon damals Darlehensforderungen aus Hypothekendarlehen und KFZ-Darlehen oder auch Mietforderungen,[216] heute sind es beispielsweise verschiedenste Varianten von Leasing-, Kredit- und anderen Ratenzahlungsverträgen.[217] Die Praxis dieser Umwandlung gestaltet sich folgendermaßen: Ein Forderungsinhaber verkauft seine Forderung(en) an eine sogenannte Zweckgesellschaft (*special purpose vehicle*) und erhält von dieser im Gegenzug Kapital.[218] Die Zweckgesellschaft emittiert nun ihrerseits Wertpapiere, die von Investoren am Markt erworben werden und deckt die ihrerseits zu erfüllenden Zins- und

---

212 *Pollock/Stadum/Holtermann* RIW 1991, 275; *Spremann/Gantenbein*, Finanzmärkte, 2. Auflage 2013, S. 33.

213 *Lehmann*, Finanzinstrumente, 2009, S. 53; *Spremann/Gantenbein*, Finanzmärkte, 2. Auflage 2013, S. 33. Weniger differenziert, offenbar damit aber etwas anders, nämlich die „Wertpapierfinanzierung" meinend *Buck-Heeb*, Kapitalmarktrecht, 9. Auflage 2017, Rn. 2.

214 Siehe dazu ab S. 117.

215 *Früh* BB 1995, 105; *Pollock/Stadum/Holtermann* RIW 1991, 275: Schon 1990 hatte der US-amerikanische Markt für vermögensgestützte Sekuritisierungen („asset-backed security") einen Umfang von über 90 Milliarden US-Dollar. Der Umfang der „asset backed commercial papers", also der an institutionelle Anleger ausgereichten ABS-Transaktionen, steigerte sich von € 50 Mrd. im Jahr 2005 auf € 80 Mrd. im Jahr 2006, siehe *Zeising* BKR 2007, 311.

216 *Pollock/Stadum/Holtermann* RIW 1991, 275.

217 *Zeising* BKR 2007, 311, 312.

218 *Winnefeld* in Bilanz-Handbuch, 5. Auflage 2015, Kapitel D Rn. 341;

Tilgungspflichten gegenüber diesen Investoren aus dem Kapital, welches sie zur Begleichung jener Forderungen erhält.[219]

Denkbar ist weiter, dass diese Wertpapiere abermals „verbrieft" werden, das heißt beispielsweise mehrere Zweckgesellschaften Mitglieder einer übergeordneten Zweckgesellschaft werden, welche dann ihrerseits Beteiligungen ausgibt. Diese zuletzt beschriebene Möglichkeit ist insbesondere für kleinere Unternehmen mit Kapitalbedarf von Bedeutung, für die allein eine Emission am Kapitalmarkt jeweils wenig sinnvoll erscheint[220]; solche können sich unter dem Dach einer Zweckgesellschaft vereinen und dann als „Gesamtgläubiger" anteilig von emittierten Wertpapieren profitieren.[221] Eine Urkunde bzw. eine entsprechende Buchposition wird in solchen Fällen häufig existieren, doch ist mit der „*securitization*" regelmäßig nicht die Verbriefung einer Position in einem Wertpapier, sondern die Herstellung einer gewissen Handelbarkeit eines Vermögenswertes gemeint.[222]

In der Praxis weit verbreitet ist die erwähnte Möglichkeit, Rechte (meint Zahlungsansprüche wie beispielsweise Kredit- oder Leasingforderungen) mehrerer Gläubiger in einer Zweckgesellschaft zu bündeln und diese zu verbriefen, sodass durch Aktiva besicherte Wertpapiere emittiert werden können (*asset backed securities*).[223] Neu ist diese Art der Kapitalbeschaffung nicht: Pfandbriefe funktionieren nach dem gleichen Prinzip, denn auch sie sind durch *assets* in Form von Immobilien besichert.

Die Mehrung von Angeboten durch die beschriebene *securitization*, welche auch kleine Investitionen mit prädiktivem Risiko[224] erlaubt, führt zu einer größeren Zielgruppe. Risiken werden diversifiziert[225], gleichzeitig steht auch mehr

---

219 *Früh* BB 1995, 105, 105; *Pollock/Stadum/Holtermann* RIW 1991, 275. Das setzt übrigens ein funktionierendes Finanzsystem voraus, in welchem insbesondere die Schuldner der Forderungen auch ausreichend leistungsfähig und -willig sind. Sind sie das nicht, die Forderungen dazu womöglich nur unzureichend gesichert und insgesamt dennoch zahlreich entstanden, ist einer soliden Finanzkrise der Weg geebnet (Stichwort: „Schrottimmobilien").

220 *Lehmann*, Finanzinstrumente, 2009, S. 54.

221 *Lehmann*, Finanzinstrumente, 2009, S. 54.

222 *Lehmann*, Finanzinstrumente, 2009, S. 54; *Spremann/Gantenbein*, Finanzmärkte, 2. Auflage 2013, S. 33.

223 Ausführlich *Früh* BB 1995, 105, 105 ff.; *Krumm* in EStG, KStG, GewStG, § 5 EStG Rn. 1085.

224 Durch Rating-Agenturen werden „*investment grades*" vergeben, die das Risiko einer Anlagemöglichkeit, das heißt hier die Ausfallsicherheit der Forderungen, angibt.

225 *Spremann/Gantenbein*, Finanzmärkte, 2. Auflage 2013, S. 36.

Kapital für die Marktgegenseite zur Verfügung.[226] So lässt sich die notwendige Vertretbarkeit bei unvertretbaren Produkten herstellen - die dadurch am Markt verfügbaren Finanzinstrumente sind vertretbar im beschriebenen Sinne, obwohl sie die individuellen Forderungen inkorporieren. Das Ausfallrisiko der einzelnen Forderungen wird durch diese Vorgehensweise derart gestreut, dass jeder Anteil einerseits gleiche Vertragsbedingungen aufweist und andererseits stets die Gesellschaft in der Schuldnerstellung ist, wodurch die wirtschaftliche Attraktivität der Gesellschaftsanteile gesteigert und die Vertretbarkeit hergestellt wird. Auf ähnliche Art und Weise wird die Gleichartigkeit teilweise unterschiedlicher Forderungen mitunter auch durch das Einschalten einer zentralen Gegenpartei (*central counterparty* oder abgekürzt „*CCP*"[227]) erreicht.[228]

bb) Zirkulationsfähigkeit, Marktbezug und Liquidität

Bestandteil der für den Finanzmarkt relevanten Handelbarkeit eines Finanzinstruments ist dessen Zirkulationsfähigkeit (auch als Umlauffähigkeit oder Übertragbarkeit bezeichnet), mit der ihr Potenzial, es auf einen anderen Inhaber übertragen zu können, gemeint ist.

Die Übertragbarkeit an sich bringt keinen eigenen Regelungsgehalt mit sich. Es geht vielmehr in dem umfassenderen Merkmal der Handelbarkeit auf.[229] Berechtigungen, die auf den Finanzmärkten handelbar sind, sind stets übertragbar - umgekehrt gilt dies nicht zwingend. Einfache Umlauffähigkeit (bzw. Übertragbarkeit oder Zirkulationsfähigkeit) soll hier allerdings nicht genügen, erforderlich ist eine „gesteigerte Umlauffähigkeit".[230] Damit ist eine besonders

---

226 *Lehmann*, Finanzinstrumente, 2009, S. 306 f.

227 Im deutschen Recht taucht diese in § 1 Abs. 31 KWG auf, welcher auf Art. 2 Nr. 1 VO (EU) Nr. 648/2012 des Europäischen Parlaments und des Rates vom 4.7.2012, ABlEU vom 27.7.2012, L 201/1 verweist, in welchem die *CCP* definiert ist als „eine juristische Person, die zwischen die Gegenparteien der auf einem oder mehreren Märkten gehandelten Kontrakte tritt und somit als Käufer für jeden Verkäufer bzw. als Verkäufer für jeden Käufer fungiert". Ausführlicher dazu noch ab S. 109.

228 Dies ist jedoch nur ein Vorteil, den eine *CCP* bietet. Gewichtigere Gründe haben sich in Zusammenhang mit der Liquidität von Produkten gezeigt, weshalb Details dazu im Rahmen dessen dargestellt werden.

229 In Bezug auf übertragbare Wertpapiere so *Kumpan* in Schwark/Zimmer, Kapitalmarktrechts-Kommentar, 4. Auflage 2010, § 2 WpHG Rn. 11; *Roth* in Kölner Kommentar WpHG, 2. Auflage 2014, § 2 Rn. 27.

230 *Brandt* in Kümpel/Wittig, Bank- und Kapitalmarktrecht, 4. Auflage 2011, Rn. 15.29; *Kumpan*, HGB, 37. Auflage 2016, § 2 WpHG Rn. 2.; (ausführlicher) *Kumpan* in Schwark/Zimmer, Kapitalmarktrechts-Kommentar, 4. Auflage 2010, § 2 WpHG

leichte Art dessen gemeint: Es geht gerade um eine möglichst schrankenlose, unkomplizierte Art der Übertragung, die nicht beeinträchtigt wird und der keine Hemmnisse entgegenstehen.[231] Der Handel von Finanzmarktprodukten erfolgt auf einem anonymisierten Markt, auf dem der Erwerber eines solchen Produkts sichergestellt wissen will, das auf ihn übertragene Recht unangreifbar zu erhalten und, dass dieses gleichzeitig nicht mit Einreden oder Einwendungen eines Dritten behaftet ist, die für ihn beim Erwerb nicht erkennbar waren. Dem Schuldner kommt es darauf an, mit der Erfüllung des Anspruchs aus dem jeweiligen Vertrag, auf Grund dessen das Produkt übertragen werden soll, von seiner Verpflichtung vollumfänglich frei zu werden. Die Umlauffähigkeit wäre demnach bereits beeinträchtigt, wenn Gläubiger oder Schuldner diese Umstände erst aufwendig eruieren müssten.

Insbesondere darf deshalb keiner der beteiligten Parteien besonderer Schutz eingeräumt werden, wie es beispielswiese im deutschen Recht der Forderungsabtretung der Fall ist. Dort schützen die §§ 404, 406 f. BGB im erheblichen Maße den Schuldner im Verhältnis zum Gläubiger.[232] Bei Finanzinstrumenten ist der Schuldnerschutz *ex lege* weitestgehend unbedeutend: Nicht nur, dass ein dem Forderungserwerb der §§ 398 ff. BGB gutgläubige Erwerb, beispielsweise von indossierten Namenspapieren und Inhaberpapieren, möglich ist, auch stehen dem Schuldner bei letzteren die Einwendungen gemäß §§ 398 ff. BGB nicht zu.

Schon anhand dieses Kriteriums lässt sich feststellen, dass bestimmte Produkte auf dem Finanzmarkt mangels entsprechender Umlauffähigkeit keine Finanzinstrumente darstellen, sodass diese nicht in den Anwendungsbereich des Art. 13 TrRL 2013 fallen können. Nur exemplarisch seien an dieser Stelle die eben angeführten Inhaberpapiere erwähnt, welche regelmäßig eine hohe Umlauffähigkeit aufweisen. Für eine der Schuldverschreibung nahe Darlehensforderung lässt sich diese indes nicht feststellen, wenn für sie derartige Regelungen wie in den §§ 398 ff. BGB Anwendung finden.[233]

Wie bereits im Zuge der Wortanalyse beschrieben[234], ist es gerade das Interesse Dritter am wirtschaftlichen Vermögenswert eines im Grunde zweiseitigen

---

Rn. 6 ff.; *Lehmann*, Finanzinstrumente, 2009, S. 310; *Roth* in Kölner Kommentar WpHG, 2. Auflage 2014, § 2 Rn. 33 f.

231 BeckOGK/*Vogel*, Stand 15.06.2018, BGB § 793 Rn. 38; *Brandt* in Kümpel/Wittig, Bank- und Kapitalmarktrecht, 4. Auflage 2011, Rn. 15.29 ff.

232 *Lehmann*, Finanzinstrumente, 2009, S. 310.

233 Dazu und zu weiteren Beispielen *Lehmann*, Finanzinstrumente, 2009, S. 310 ff.

234 Zur Wortanalyse von „Finanzinstrument" S. 97.

Rechtsverhältnisses, welches dieses Geschäft zum Finanzinstrument macht.[235] Dieses Interesse besteht aber auch nur dann überhaupt bzw. fort, wenn sich der erhoffte Nutzen – vor allem die schnelle Möglichkeit zur Investition und auch Desinvestition – realisieren lässt. Der Umlauffähigkeit wird daher nicht nur aus rechtlicher Perspektive Beachtung geschenkt. Die Leichtigkeit, mithilfe derer Vermögenspositionen am Kapitalmarkt verkauft und gekauft werden können, wird in der Wirtschaftswissenschaft als „Liquidität" bezeichnet.[236] Diese zeichnet sich einerseits durch eine kurze Verarbeitungszeit bis zur Ausführung einer Transaktion, andererseits durch einen unwesentlichen Effekt auf den Preis des Kapitalmarktprodukts aus.[237] Ist diese Leichtigkeit, also Liquidität, gegeben, so steigert dies den Wert des Produkts unmittelbar: Im Vergleich zu einer Kapitalanlage, von der sich der Anleger nicht vor dem geplanten Laufzeitende oder nur mit höherem Verlust trennen kann, ist er – im Gegenzug für die beschriebenen Vorteile – bei gleicher Rendite zu einer höheren Gegenleistung bzw. bei gleichem Preis dazu bereit, eine niedrigere Rendite in Kauf zu nehmen.[238]

Dieser Umstand nutzt gleichzeitig dem Emittenten, der deshalb bei gleichbleibendem Risiko eine niedrigere Rendite anbieten kann: Ist das ausgegebene Produkt nicht mit Leichtigkeit am Kapitalmarkt zu erwerben oder zu veräußern, so müsste der Emittent eine höhere Rendite versprechen, um überhaupt noch investitionsbereite Anleger zu finden, die dafür auf beschriebene Flexibilität verzichten.[239] Bei hoher Liquidität des Produkts hingegen ist die Beteiligungsbereitschaft der Anleger schon bei geringerer Rendite ausreichend hoch. Emittenten haben demnach selbst ebenso ein großes Interesse an hoher Liquidität ihrer Produkte.

Dieser Umstand führt zu einer gesteigerten Bereitschaft der (potenziellen) Emittenten, illiquides Vermögen insoweit „umzuwandeln", sodass es am Kapitalmarkt offeriert werden kann. Dies geschieht durch oben beschriebene

---

235 Zur Erinnerung: Das Finanzinstrument ist ein zweiseitiges Rechtsverhältnis zwischen Emittent und Erwerber (eines Wertpapiers), welches – vertraglich vereinbart – ein Rechtsverhältnis („*negotium*") begründet, woran ein (wirtschaftliches) Interesse Dritter entsteht, das Vermögenswert erlangt, welcher wiederum durch seine Handelbarkeit „instrumentum" wird.

236 *Spremann/Gantenbein*, Finanzmärkte, 2. Auflage 2013, S. 30.

237 *Spremann/Gantenbein*, Finanzmärkte, 2. Auflage 2013, S. 30.

238 *Lehmann*, Finanzinstrumente, 2009, S. 306; *Spremann/Gantenbein*, Finanzmärkte, 2. Auflage 2013, S. 30.

239 *Lehmann*, Finanzinstrumente, 2009, S. 306.

„*securitization*", bzw. „Sekuritisierung", also der Qualifizierung eines Produkts für den Kapitalmarkt (*true sale transaction*).[240]

Der Zirkulationsfähigkeit abträglich sein kann auch der Umstand, dass mit bestimmten Produkten ein derart großes wirtschaftliches Risiko einhergeht, dass den Vertragsparteien an einer gegenseitigen Prüfung der jeweiligen Solvenz gelegen ist. Es genügt mitunter bereits, dass nur eine Partei eine entsprechende Sondierung zur Bedingung der Übertragung machen kann. Dies würde einer leichten Übertragbarkeit entgegenstehen, der (zeitliche) Aufwand wäre zu groß.

In diesem Fall besteht die Möglichkeit, doch noch eine ausreichende Zirkulationsfähigkeit des Produkts zu erreichen. Dies wird durch eine Vermeidung solcher Solvenzprüfungen erreicht, ohne, dass damit ein gesteigertes Risiko für die Vertragsparteien einhergeht: Dazu treten sogenannte „Clearingstellen" oder „Clearinghäuser" nicht etwa als Bürge oder lediglich zwischen schuldrechtlichem Abschluss einer Transaktion und deren Erfüllung in Erscheinung, sondern jeweils als Vertragspartner, sogenannte zentrale Gegenpartei auf (*central counterparty* oder abgekürzt „*CCP*").[241]

In diesen Fällen ist die Clearingstelle demnach nicht nur in ihrer ursprünglichen Funktion, dem *clearing*, tätig, sondern wird in den Vertrag miteinbezogen und ist gegenüber den am Geschäft interessierten Parteien jeweils Gläubiger und Schuldner zugleich.[242]

Das *clearing* selbst ist ein eigenständiger Schritt, der zeitlich zwischen dem schuldrechtlichen Abschluss einer Transaktion am Finanzmarkt und deren dinglicher Erfüllung (auch „Abwicklung" oder „*settlement*") erfolgt[243]: Die Clearingstelle überprüft die Transaktionsdaten zunächst auf Fehler, bevor die Positionen

---

240 *Lehmann*, Finanzinstrumente, 2009, S. 53; *Spremann/Gantenbein*, Finanzmärkte, 2. Auflage 2013, S. 33.

241 *Franke* in Assmann/Schütze, Handbuch Kapitalanlagerecht, 4. Auflage 2015, § 2 Rn. 141 ff.; *Rudolph/Schäfer*, Derivative Finanzmarktinstrumente, 2. Auflage 2010, S. 67.

242 *Grunewald/Schlitt*, Kapitalmarktrecht, 3. Auflage 2014, S. 153; *Neusüß* in Just/Voß/Ritz/Becker, WpHG, 2015, § 9 Rn. 14; beispielhaft für die Eurex *Franke* in Assmann/Schütze, Handbuch Kapitalanlagerecht, 4. Auflage 2015, § 2 Rn. 140. Beide Parteien haben bei der Clearingstelle Sicherheiten für das Geschäft zu hinterlegen (sogenannte *margins*), vgl. *Franke* in Assmann/Schütze, Handbuch Kapitalanlagerecht, 4. Auflage 2015, § 2 Rn. 142; *Grunewald/Schlitt*, Kapitalmarktrecht, 3. Auflage 2014, S. 152.

243 *Beck* in Schwark/Zimmer, Kapitalmarktrechts-Kommentar, 4. Auflage 2010, § 21 BörsG Rn. 3.

auf den Konten der beteiligten Parteien verbucht werden (auch „*netting*“[244]).[245] In der Regel wird dabei saldiert, sodass lediglich ein „Spitzenausgleich“ von nach Saldierung bestehenden Ansprüchen erfolgt (auch „*contractual netting*“).[246]

Die Vorzüge dieses Systems sind nicht von der Hand zu weisen: Durch die automatisierte Saldierung sinkt die Anzahl der tatsächlich erforderlichen Abwicklungen, sodass diese Art der Geschäftsdurchführung für die Transaktionsparteien durch geringere Transaktionskosten[247] finanziell attraktiver erscheint; außerdem sind Streitigkeiten hinsichtlich der Erfüllung von Verbindlichkeiten von geringerer Bedeutung.[248] Weiterhin kann die Zahl der letztlich mittels Lieferung des physischen Handelsgegenstandes zu erfüllenden Transaktionen durch Saldierung und Aufrechnung (*settlement netting*) verringert werden.

Die Abwicklung soll anhand eines Beispiels verdeutlicht werden: Eine Gesellschaft verkauft ihre neu emittierten Aktien zunächst an die Clearingstelle, welche gegenüber dieser insoweit als Käufer auftritt. Die Clearingstelle wiederum hat sich verpflichtet, im Anschluss diese Aktien an ein anderes, zuvor bestimmtes Mitglied zu verkaufen, die Clearingstelle tritt hier als Verkäufer auf. Die Clearingstelle selbst ist Rechtssubjekt und besteht ihrerseits aus erlesenen Mitgliedern, zumeist Wertpapiersammelbanken und renommierten Finanzinstituten, wobei ein gewisser Level an Bonität Voraussetzung für eine Mitgliedschaft ist.[249]

Ein weiterer, bereits erwähnter Vorteil: Durch den Eintritt der Clearingstelle als zentrale Gegenpartei können am Markt Verträge mit identischen Bedingungen angeboten werden[250], sodass eine womöglich zunächst nicht vorhandene Vertretbarkeit jedenfalls insoweit hergestellt werden kann. Die Vorteile einer

---

244 Zum Begriff *Jahn/Reiner* in Schimansky/Bunte/Lwowski, Bankrechts-Handbuch, 5. Auflage 2017, § 114 Rn. 173.

245 *Beck* in Schwark/Zimmer, Kapitalmarktrechts-Kommentar, 4. Auflage 2010, § 21 BörsG Rn. 3; *Grunewald/Schlitt*, Kapitalmarktrecht, 3. Auflage 2014, S. 153.

246 *Beck* in Schwark/Zimmer, Kapitalmarktrechts-Kommentar, 4. Auflage 2010, § 21 BörsG Rn. 3.

247 Mit Transaktionskosten sind Kosten gemeint, die Vertragsparteien meist im Vorfeld und während der Laufzeit eines Vertrags entstehen, wenn und soweit sie sich insbesondere gegen Risiken der ungleichen Informationsverteilung absichern, *Langenbucher*, Aktienrecht, 4. Auflage 2018, § 1 Rn. 18.

248 *Beck* in Schwark/Zimmer, Kapitalmarktrechts-Kommentar, 4. Auflage 2010, § 21 BörsG Rn. 3.

249 Ausführlich dazu *Alfes*, Central Counterparty, 2005, S. 170.

250 *Seiffert* in Kümpel/Wittig, Bank- und Kapitalmarktrecht, 4. Auflage 2011, Rn. 4.369.

Clearingstelle sind somit für die Standardisierung und Zirkulationsfähigkeit und damit für die Handelbarkeit von Finanzinstrumenten nicht mehr wegzudenken.

b) Weitere Voraussetzungen

Zusätzliche abstrakte Merkmale von Finanzinstrumenten auszumachen, erscheint schwierig. Zwar treten innerhalb der unterschiedlichen Arten von Finanzinstrumenten noch andere Gemeinsamkeiten auf, doch scheint mit der Handelbarkeit und damit verbundenen Fungibilität und Zirkulationsfähigkeit der „kleinste gemeinsame Nenner“ aller Finanzinstrumente gefunden. Da sich auch das Kapitalmarktrecht nicht dem Fortschritt erwehren konnte und außerdem außerbörslich gehandelte Produkte nach Gesagtem ebenfalls als Finanzinstrumente in Betracht kommen, ist jedenfalls weder von einem Verbriefungs- noch von einem Börsenzulassungserfordernis auszugehen:

aa) Kein Verbriefungserfordernis

Werden Kapitalmärkte als „Orte“ bzw. Einrichtungen verstanden, an denen eine Vielzahl von Teilnehmern Vermögensanlage betreibt, so sind die mit dem Wertpapierbegriff traditionell verbundenen Übertragungstechniken für präzise feststehende und einmal zu erfüllende Anspruchspositionen kaum von Interesse.[251] Vielmehr geht es darum, den Rechtsrahmen für die Vermögensanlagen an organisierten oder nicht organisierten Märkten zu gewährleisten und einen Interessenausgleich zwischen Emittenten und Anlegern zu schaffen, mithin um den Funktions- und Individualschutz am Kapitalmarkt.[252] Darüber hinaus sind insbesondere Instrumente, welche heute auf dem Kapitalmarkt über die beschriebenen *clearing-* und *settlement-*Systemen gehandelt werden, in ihrer Übertragung, Verwaltung und Zuordnung entmaterialisiert und kaum mehr individualisiert.[253] In jenen sind die Rechte nirgends mehr verkörpert, wie es – zumindest ursprünglich – der Realität entsprach. Der Besitz einer Urkunde oder auch dessen Übergabe ist seit einiger Zeit oft mangels einer solchen gar nicht

251 *Oulds* in Kümpel/Wittig, Bank- und Kapitalmarktrecht, 4. Auflage 2011, Rn. 14.143 ff. sowie 14.170 ff.; *Roth* in Kölner Kommentar WpHG, 2. Auflage 2014, § 2 Rn. 37.

252 Vgl. *Fuchs* in Fuchs, WpHG, 2. Auflage 2016, § 2 Rn. 11; *Kumpan* in Schwark/Zimmer, Kapitalmarktrechts-Kommentar, 4. Auflage 2010, § 2 WpHG Rn. 6; *Roth* in Kölner Kommentar WpHG, 2. Auflage 2014, § 2 Rn. 37; *Sester* ZBB 2008, 369, 376.

253 *Lehmann*, Finanzinstrumente, 2009, S. 319.

mehr möglich, vielmehr basiert die rechtliche Zuordnung wie auch Übertragung auf Buchungen innerhalb der genannten Systeme.[254]

Die „allgemeinen Grundsätze des Wertpapierrechts" haben sich folglich dem Geist der Zeit angepasst - der Wertpapierhandel findet elektronisch statt. Dass man an der „Urkunde" als Mittel zur Steigerung der Umlaufmöglichkeiten heute angesichts von *clearing-* und *settlement*-Systemen festhält, während eine Urkunde tatsächlich regelmäßig nur noch - aus rein formellen Gründen - als Globalurkunde existiert, ist ein neuer (rechtlicher) Diskussionsschauplatz des modernen Kapitalmarkts. Für die Finanzinstrumente im Sinne des Art. 13 TrRL 2013 ist angesichts dieses Umstands die Voraussetzung einer Verbriefung nicht mehr zeitgemäß und wird dem Unionsrecht in diesem Zusammenhang auch nicht mehr zu verlangen sein, was an späterer Stelle erläutert werden soll.[255]

bb) Kein Börsenzulassungserfordernis

Bedenkt man, dass der Großteil des Handels über Börsen abläuft, ließe sich die Zulassung an einer Börse in der Union als relevantes Merkmal erachten. Selbst wenn dies denkbar ist, bedarf es hier keiner vertieften Erörterung, da diese schon nach europäischem Recht als Merkmal eines Finanzinstruments, insbesondere eines solchen im Sinne der TrRL 2013, keine Voraussetzung ist. An eine solche Zulassung knüpft jedenfalls Art. 13 Abs. 1 UAbs. 1 lit. a oder b TrRL 2013 nicht an. Eine derartige Regelung wäre im Übrigen widersinnig, wenn, wie hier, gleichzeitig ausdrücklich auch außerbörsliche[256] (Termin-)Geschäfte von der Regelung erfasst sein sollen, die offenkundig nicht an einer Börse abgewickelt werden. Größtenteils, weil ihnen aus verschiedensten Gründen eine Börsenzulassung fehlt - dazu zählen beispielsweise die in Art. 13 Abs. 1b UAbs. 1 lit. e TrRL 2013 genannten Zinsausgleichsvereinbarungen[257]. Ein Börsenzulassungserfordernis besteht mithin bei Finanzinstrumenten im Sinne dieser Betrachtung nicht.

c) Zwischenergebnis

Bei der Identifizierung allgemeiner Merkmale des „Finanzinstruments" stellt sich heraus, dass sich Finanzinstrumente durch bestimmte Charakteristika

254 *Lehmann*, Finanzinstrumente, 2009, S. 319.

255 Zur nicht erforderlichen Verbriefung im Rahmen von Art. 13 noch ab S. 273.

256 Zur Abgrenzung zwischen geregelten Märkten und dem außerbörslichen (*OTC*) Handel ab S. 268.

257 Zu diesen im Detail noch auf S. 150 f

auszeichnen, wenngleich erstens nicht jedes Finanzinstrument alle Eigenschaften aufweist und sich zweitens auch deren „Intensität" nicht immer gleicht. Dennoch existieren solche Eigenschaften, ohne die eine Qualifizierung als Finanzinstrument nicht möglich ist: Dies betrifft die Handelbarkeit, Fungibilität und Zirkulationsfähigkeit. Die Handelbarkeit definiert sich nach hier vertretener Auffassung durch das Merkmal der Fungibilität (Vertretbarkeit) und Zirkulationsfähigkeit (Umlauffähigkeit bzw. Übertragbarkeit). Aus der Fungibilität (Vertretbarkeit) wiederum folgt in vielen Fällen die Standardisierung und Austauschbarkeit, während die ungehinderte Übertragbarkeit in Verbindung mit der gesteigerten Umlauffähigkeit als Zirkulationsfähigkeit bezeichnet wird. Die in diesem Zusammenhang des Öfteren erwähnte Liquidität beschreibt dabei den Grad der Leichtigkeit einer Übertragung.

Es sei jedoch erwähnt, dass teilweise - zwar wie hier - synonym zur Vertretbarkeit der Begriff der Fungibilität Verwendung findet, wobei diesem, wenn auch nicht stets[258], uneinheitlich weiterer oder gar anderer Sinngehalt zugesprochen wird. Teilweise wird damit - neben der Vertretbarkeit - auch die Austauschbarkeit bezeichnet[259], andere beschreiben damit die Übertragbarkeit[260] oder verwenden den Begriff synonym zur Handelbarkeit[261]. Dem lateinischen Pendant *fungibilis* kann ein solcher Inhalt, wie beschrieben, schwerlich entnommen werden. Anderweitig wird Vertretbarkeit bzw. Fungibilität auch als „gattungsmäßige Ausgestaltung" bzw. Standardisierung bezeichnet, wobei die Vertretbarkeit dann angenommen wird, wenn beispielsweise das Wertpapier anhand gemeinsamer, standardisierter Ausstattungsmerkmale bestimmbar und infolgedessen austauschbar ist und für den Handel die Angabe von Art und Zahl der Stücke genügt.[262] Individuelle Anlageinstrumente, die bestimmten Kundenvorstellungen entsprechen, blieben danach außen vor.[263] Ebenso gibt es Auffassungen,

---

258 *Strohm* in Assmann/Schütze, Handbuch Kapitalanlagerecht, 4. Auflage 2015, § 21 Rn. 37, der damit die „kurzfristige Wiederverwertung durch Weiterveräußerung" beschreibt.

259 *Brandt* in Kümpel/Wittig, Bank- und Kapitalmarktrecht, 4. Auflage 2011, Rn. 15.24, der „fungibel" mit „austauschbar" übersetzt; *Ritz* in Just/Voß/Ritz/Becker, WpHG, 2015, § 2 Rn. 20.

260 *Veil* in Veil, Europäisches Kapitalmarktrecht, 2. Auflage 2014, § 8 Rn. 6; *Veil* in Veil, European Capital Markets Law, 2. Auflage 2017, § 8 Rn. 5.

261 *Voß* BKR 2007, 45, 48.

262 *Kumpan* in Schwark/Zimmer, Kapitalmarktrechts-Kommentar, 4. Auflage 2010, § 2 WpHG Rn. 7; *Voß* BKR 2007, 45, 50 f.

263 Begr. RegE. FRUG, BT-Drucks. 16/4028, S. 57; *Kumpan* in Schwark/Zimmer, Kapitalmarktrechts-Kommentar, 4. Auflage 2010, § 2 WpHG Rn. 7.

welche die Merkmale der Übertragbarkeit, Standardisierung und Handelbarkeit als einander bedingend erachten und ihnen damit teilweise gleichzeitig notwendig abgewandelten Sinngehalt zusprechen.[264] Letztlich gestaltet es sich zumindest als schwierig, eine Ansicht in ihrer Gänze von der Hand zu weisen, dennoch soll für die noch folgende Untersuchung ein dezidiertes Verständnis der Begrifflichkeiten unter Einbezug ihrer Beziehungen untereinander zugrunde gelegt werden, um Unklarheiten im Rahmen der Auseinandersetzung mit verschiedenen Finanzinstrumenten - soweit möglich - zu vermeiden. Bei den zur Diskussion stehenden Interpretationsmöglichkeiten wurde daher auf ein solches Verständnis Wert gelegt, welches wenig Anhaltspunkte dafür bietet, den Regelungszielen der revidierten Richtlinie im Wege zu stehen.[265]

3. Typologie

Eine Klassifizierung der Finanzinstrumente, welche die nun erörterten Merkmale allesamt oder jedenfalls teilweise aufweisen, schafft einerseits Übersicht, welche im vielfältigen Markt der Finanzinstrumente lohnend ist, und dient andererseits der Aufdeckung struktureller bzw. kategorischer Eigenheiten gewisser Gruppen von Instrumenten, welche für die Einordnung unter den Begriff des Finanzinstruments im Rahmen der TrRL 2013 bzw. des WpHG noch von Bedeutung sein werden.

Normen des Wertpapierrechts weisen vielfach Kategorisierungen ihrer Regelungsgegenstände auf.[266] Sich daran haltende Einteilungen orientieren sich mitunter an schon lange bestehenden Kategorien des Rechts - in Deutschland beispielsweise an denen des Schuld- und Sachenrechts - wodurch dem ökonomischen Aspekt insbesondere bei neuen Kreationen des Finanzmarkts womöglich nicht ausreichend Rechnung getragen wird.[267] Deshalb soll die folgende Einordnung sich hier zunächst weniger an juristischen, sondern überwiegend an wirtschaftlichen Eigenheiten orientieren, um zu vermeiden, vom Recht möglicherweise kaum oder nicht beachtete Charakteristika der dem Finanzmarkt

264 Zumindest in Bezug auf Wertpapiere u. a. *Labudda* in Just/Voß/Ritz/Becker, WpHG, 2015, § 2 Rn. 9 sowie *Roth* in Kölner Kommentar WpHG, 2. Auflage 2014, § 2 Rn. 70.

265 Zu den Zielen der TrRL 2013 ab S. 208.

266 Siehe dazu beispielsweise *Hueck* in Canaris/Hueck, Recht der Wertpapiere, 12. Auflage 1986, S. 19-25.

267 Zur Problematik der forcierten Einordnung von Wertpapieren in „klassische“ Rechtsgebiete sehr ausführlich *Lehmann*, Finanzinstrumente, 2009, S. 5 ff., 147 ff. und insbesondere 198 ff.

tatsächlich bekannten (sogenannten) Finanzinstrumente in der Folge außen vor zu lassen.

Eine Klassifizierung von Finanzinstrumenten ist im Übrigen sowohl für Emittenten als auch für Anleger von Belang, auch wenn der (wirtschaftliche) Nutzen einer solchen für die Beteiligten vor dem Hintergrund von Mitteilungspflichten bei Finanzinstrumenten nicht im Mittelpunkt steht. Dies lässt sich an einem Beispiel verdeutlichen[268]: Für den Emittenten dient die Emission von Aktien – ebenso wie die von Schuldverschreibungen – der Kapitalbeschaffung. Dem Anleger hingegen ist klar, dass er in beiden Fällen sein Kapital dem Unternehmen bereitstellt. Mithilfe der Klassifizierung lässt sich teilweise auf den ersten Blick erkennen, welche Chancen und Risiken, das heißt welche Rechte und Pflichten die jeweilige Anlageform bietet bzw. birgt. Für ein emittierendes Unternehmen beispielsweise ist von Interesse, inwiefern sich durch die Kapitalerhöhung und damit verbundene Neuausgabe von Aktien die Beteiligungs- bzw. Mehrheitsverhältnisse ändern, wenn sie alternativ durch die Ausgabe von Anleihen neues Kapital beschaffen kann.[269] Dem Anleger hingegen kommt es womöglich darauf an, ob sein Rückzahlungsanspruch wie bei der Investition in Aktien gegenüber anderen Forderungen nachrangig ist, oder er vielmehr eine Gleichstellung mit anderen Gläubigern durch eine Anleihe vorzieht, verbunden mit einem festen Zins für die Kapitalüberlassung.[270] Für beide Marktseiten ist darüber hinaus von Belang, zu welchen Mitteilungen sie durch den Erwerb oder die Veräußerung bestimmter Instrumente verpflichtet sind: Die Kategorisierung eröffnet an späterer Stelle die Möglichkeit, Aussagen darüber treffen zu können, ob Finanzinstrumente bestimmter Kategorien Mitteilungspflichten nach der TrRL 2013 unterfallen bzw. diesen nur unter gewissen Umständen oder definitiv nicht unterfallen.

Die nachfolgende Einteilung beansprucht indes keine absolute Geltung – vielmehr ist bei einigen Erscheinungsformen auch eine andere als die vorgeschlagene Einordnung unschwer zu begründen, weil diverse Instrumente Eigenschaften mehrerer Kategorien mehr oder weniger inkorporieren.

---

268 Entnommen bei *Lehmann*, Finanzinstrumente, 2009, S. 321 ff.

269 *Lehmann*, Finanzinstrumente, 2009, S. 322 f.

270 *Lehmann*, Finanzinstrumente, 2009, S. 322 f.

a) *Eigenkapitalinstrumente*

aa) *Aktien*

Der Urtyp der Eigenfinanzierung, der in dieser Arbeit (mittelbar) im Zentrum der Betrachtung steht, weil mit dieser mitunter die für Mitteilungspflichten nach der TrRL 2013 bzw. dem WpHG bedeutsamen Stimmrechte verknüpft sind, ist die Aktie - als kapitalmarktrechtliches Wertpapier und Finanzinstrument zugleich.[271]

Die Aktie zeichnet sich durch einen vermögensrechtlichen sowie einen gesellschaftsrechtlichen bzw. verwaltungsrechtlichen Aspekt aus.[272] Die Unterscheidung orientiert sich am Inhalt der Rechte: Zu den Vermögensrechten zählen beispielsweise das Gewinnbezugsrecht, das Recht auf Liquidationserlös oder jenes auf den Bezug junger Aktien.[273] In die Kategorie der Verwaltungsrechte fallen insbesondere das Recht auf Teilnahme an der Hauptversammlung, das Auskunftsrecht, das Recht zur Anfechtung von Hauptversammlungsbeschlüssen und das im Rahmen dieser Arbeit besonders bedeutsame Stimmrecht.[274] Unter letzterem wird das Recht verstanden, durch Stimmabgabe am Zustandekommen von Hauptversammlungsbeschlüssen mitzuwirken.[275]

Wird behauptet, eine Aktie „verkörpere“[276] oder „verbriefe“[277] die Mitgliedschaft an einer Gesellschaft, ist dies angesichts der heutigen Praxis insofern anders als ursprünglich, als in der Regel keine individuelle körperliche Urkunde mehr ausgestellt wird, sondern die Verbriefung der gesamten Emission in einer einzigen Globalurkunde zusammengefasst wird.[278] Anerkannt ist, dass die

---

271 *Lehmann*, Finanzinstrumente, 2009, S. 324.

272 MüKoAktG/*Heider*, 4. Auflage 2016, AktG § 11 Rn. 11; Spindler/Stilz/*Vatter*, AktG, 3. Auflage 2015, § 11 Rn. 8 ff.; *Ziemons* in Schmidt/Lutter, AktG, 3. Auflage 2015, § 11 Rn. 14 f.

273 MüKoAktG/*Heider*, 4. Auflage 2016, AktG § 11 Rn. 12; Spindler/Stilz/*Vatter*, AktG, 3. Auflage 2015, § 11 Rn. 8 ff.

274 MüKoAktG/*Heider*, 4. Auflage 2016, AktG § 11 Rn. 13; Spindler/Stilz/*Vatter*, AktG, 3. Auflage 2015, § 11 Rn. 11 ff.

275 *Lange* in Henssler/Strohn, Gesellschaftsrecht, 3. Auflage 2016, AktG § 12 Rn. 3. In Bezug auf § 12 AktG Hüffer/Koch/*Koch*, AktG, 12. Auflage 2016, § 12 Rn. 2; MüKo-AktG/*Heider*, 4. Auflage 2016, AktG § 12 Rn. 6 ff.; Spindler/Stilz/*Vatter*, Aktiengesetz, 3. Auflage 2015, § 12 Rn. 3.

276 So beispielsweise der deutsche Gesetzgeber in Begr. RegE. 2. FFG, BT-Drucks. 12/6679, S. 39 oder auch *Assmann* in Assmann/Schneider, WpHG, 6. Auflage 2012, § 2 Rn. 16 f.

277 So beispielsweise *Kumpan* in Schwark/Zimmer, Kapitalmarktrechts-Kommentar, 4. Auflage 2010, § 2 WpHG Rn. 14.

278 *Lehmann*, Finanzinstrumente, 2009, S. 300. Vgl. dazu auch schon oben ab S. 114.

Mitgliedschaft an einer Gesellschaft per se Verfügungsgegenstand sein kann[279] – diese Übertragbarkeit der Mitgliedschaft ist mit der Aktie im Rechtsverkehr gemeint, nicht hingegen ihre (vermeintlich gegebene) individuelle physische Existenz.[280]

Die Inhaberschaft einer Aktie bringt – je nach Aktientyp – diverse Rechte und Pflichten mit sich; dazu zählen Teilhabe- bzw. Herrschafts- oder Verwaltungsrechte und Vermögens- und Schutzrechte einerseits sowie Beitrags- und Treuepflichten andererseits.[281] Wirtschaftlich bedeutsam ist für den Anleger vor allem der vermögensrechtliche Teil, nämlich dass ihm kein Zinsanspruch (Kupon) in Bezug auf seine Einlage zusteht, sondern eine – oft gewinnabhängige – Dividende ausgezahlt wird.[282]

(1) Stammaktien

Der marktüblichste Aktientyp ist die sogenannte Stammaktie (*ordinary share*).[283] Neben dem aus wirtschaftlicher Sicht interessanten Dividendenanspruch, welcher sich nach dem Anteil am Grundkapital richtet und nicht bevorzugt bedient wird, ist das mit der Aktie eingeräumte Stimmrecht wohl bedeutendster Bestandteil der mitgliedschaftlichen Herrschafts- bzw. Verwaltungsrechte – und insofern höchst relevant für die gegenständliche Untersuchung. Da allerdings auch Aktien ohne Stimmrechte und solche ohne Bezugsrechte auf mit Stimmrechten verbundene Aktien existieren, sind Aktien nicht in allen Varianten im Zusammenhang mit Mitteilungspflichten von Belang.[284]

---

279 *Hadding* vertritt, dass nicht die Mitgliedschaft als „Gesamtheit von Rechten und Pflichten", sondern die Mitgliedschaftsrechte einzeln übertragbar sind, wobei er damit gleichermaßen von einer Verfügbarkeit über diese Rechte ausgeht. Für diese Sichtweise hatte er mit § 38 BGB, der damals wie heute zwischen der „Mitgliedschaft" und „Mitgliedschaftsrechten" differenzierte, ein gewichtiges Argument, siehe *Hadding* FS Steindorff, 1990, S. 31, 35–39; *K. Schmidt*, Gesellschaftsrecht, 4. Auflage 2002, S. 563 f.

280 So ebenfalls *Lehmann*, Finanzinstrumente, 2009, S. 300, wobei dieser vertritt, die Aktie sei die Mitgliedschaft, soweit deren „Übertragung", das heißt nicht die „Übertragbarkeit", gemeint ist. Richtigerweise kann es aber nicht auf den (Übertragungs-) Vorgang per se, sondern nur auf die Eigenschaft bzw. Möglichkeit ankommen.

281 *Lehmann*, Finanzinstrumente, 2009, S. 325.

282 In Deutschland wird über den Bilanzgewinn gemäß § 174 Abs. 1, 2 Nr. 2 per Hauptversammlungsbeschluss abgestimmt.

283 *Haisch* in Haisch/Helios, Rechtshandbuch Finanzinstrumente, 2011, § 1 Rn. 122.

284 Dazu *en détail* ab S. 265.

(2) Vorzugsaktien

Zu eben solchen Aktien ohne bzw. mit ausgeschlossenen Stimmrechten gehören sogenannte Vorzugsaktien, die jedenfalls im deutschen Rechtssystem existieren.[285] Den deutschen Aktiengesellschaften wurde damit schon durch das AktG von 1937[286] eine weitere Finanzierungsform durch Eigenkapital ermöglicht, ohne den Anlegern Stimmrechte und damit Einwirkungsmöglichkeiten auf die Geschäftsführung einräumen zu müssen.[287]

Der wirtschaftliche Reiz für Anleger besteht bei Vorzugsaktien darin, dass Ihnen ein Gewinnvorzug und möglicherweise weitere Vorzugsrechte eingeräumt wird bzw. werden.[288] Für Aktionäre, die sich eher als Anleger denn als Gesellschafter sehen und daher an der Einwirkung auf die Geschäftsführung durch Stimmrechte weniger interessiert sind als am Ertrag der Einlage durch Dividenden bzw. den etwaigen Wiederverkauf (Aktienkurs), stellt die Vorzugsaktie ohne Stimmrecht eine interessante Anlagemöglichkeit dar.[289] Gesellschaften hingegen ist es mitunter dienlich, dass durch die Emission von Vorzugsaktien der unternehmerischen Einfluss der Stammaktionäre nicht beeinträchtigt wird, da dies die Stimmrechtsverhältnisse nicht beeinflusst.[290]

---

285 Siehe dazu §§ 12 Abs. 1 S. 2, 139 Abs. 1 AktG. Das Gesetz unterscheidet grundsätzlich zwischen gewöhnlichen Stammaktien sowie Vorzugsaktien ohne Stimmrecht – zwar existieren auch Vorzugsaktien mit Stimmrecht, diese stellen aber rechtlich eine Unterform der Stammaktien dar und fallen nicht unter die §§ 139 ff. AktG, siehe dazu Spindler/Stilz/*Bormann*, AktG, 3. Auflage 2015, § 139 Rn. 1. Bemerkenswert ist im Übrigen, dass europarechtliche Vorgaben zur Ausgestaltung stimmrechtsloser Vorzugsaktien nicht existieren: Welche Rechte mit einer Aktie verbundenen sind, ist dem nationalen Recht überlassen, wie sich schon früh der (inzwischen in der neu kodifizierten Kapitalrichtlinie (bzw. Zweiten Gesellschaftsrichtlinie) 2012/30/EU) Kapitalrichtlinie (bzw. Zweiten Gesellschaftsrichtlinie) 77/91/EWG als auch heute der SEVO entnehmen lässt, siehe Spindler/Stilz/*Bormann*, AktG, 3. Auflage 2015, § 139 Rn. 5.

286 Die heutigen §§ 139–141 AktG gehen auf die damaligen §§ 115–117 AktG 1937 zurück.

287 MüKoAktG/*Arnold*, 4. Auflage 2018, § 139 Rn. 1.

288 *Göckeler* in Beck'sches Handbuch AG, 2. Auflage 2009, § 21 Rn. 226; *Noack* in Bayer/Habersack, Aktienrecht im Wandel, Kap. 11 Rn. 16.

289 *Göckeler* in Beck'sches Handbuch AG, 2. Auflage 2009, § 21 Rn. 226; *Noack* in Bayer/Habersack, Aktienrecht im Wandel, Kap. 11 Rn. 16.

290 *Göckeler* in Beck'sches Handbuch AG, 2. Auflage 2009, § 21 Rn. 226; *Noack* in Bayer/Habersack, Aktienrecht im Wandel, Kap. 11 Rn. 19 f.

bb) Zwischenscheine

Der Zwischenschein ist ein „Anteilschein" und verbrieft das Mitgliedschaftsrecht des Aktionärs in derselben Weise wie die Aktie, wobei er sich von dieser durch seinen vorläufigen Charakter unterscheidet: Sobald der Anleger seine Einlage in voller Höhe geleistet hat (und etwaige übrige Voraussetzungen erfüllt sind), wird die Mitgliedschaft in der Aktie endgültig verbrieft und gegen den Zwischenschein ausgetauscht.[291] Zwischenscheine werden bereits existenten Aktionären vor Ausgabe der Aktien in verbriefter Form erteilt[292], so eine entsprechende Klausel in der Satzung existiert oder das pflichtgemäße Ermessen des Vorstands die Ausgabe solcher Scheine gebietet.[293]

cc) Globalaktien

Bei Globalaktien, einer Form von Sammelurkunden (auch Globalurkunden)[294], handelt es sich nicht um eine weitere Unterform von Aktien neben Namens- und Inhaberaktien: Sie fasst Mitgliedschaftsrechte gleicher Art und gleicher Gattung[295] in einer einzigen Urkunde zusammen und berührt dabei in keiner Weise die Existenz jeder darin enthaltenen Einzelaktie.[296]

Globalaktien werden teilweise zu Finanzinstrumenten gezählt.[297] Die Einordnung wird partiell als unrichtig angesehen, da es Globalaktien womöglich an der notwendigen Zirkulationsfähigkeit mangelt, da sie für den Umlauf nicht vorgesehen und geeignet seien.[298] Dass sie in aller Regel tatsächlich nicht für den Umlauf bestimmt sind[299], ließe ihre faktische Zirkulationsfähigkeit unberührt.

---

291 MüKoAktG/*Heider*, 4. Auflage 2016, AktG § 8 Rn. 99 f.; Spindler/Stilz/*Vatter*, Aktiengesetz, 3. Auflage 2015, § 8 Rn. 63, sowie § 10 Rn. 85.

292 MüKoAktG/*Heider*, 4. Auflage 2016, AktG § 8 Rn. 99 ff.; Spindler/Stilz/*Vatter*, Aktiengesetz, 3. Auflage 2015, § 8 Rn. 63, sowie § 10 Rn. 85.

293 Hüffer/Koch/*Koch*, AktG, 12. Auflage 2016, § 8 Rn. 28; MüKoAktG/*Heider*, 4. Auflage 2016, AktG § 8 Rn. 100; Spindler/Stilz/*Vatter*, AktG, 3. Auflage 2015, § 10 Rn. 87.

294 *Klanten* in Schimansky/Bunte/Lwowski, Bankrechts-Handbuch, 5. Auflage 2017, § 72 Rn. 55.

295 Siehe § 11 S. 2 AktG.

296 *Klanten* in Schimansky/Bunte/Lwowski, Bankrechts-Handbuch, 5. Auflage 2017, § 72 Rn. 55; MüKoAktG/*Heider*, 4. Auflage 2016, AktG § 10 Rn. 41.

297 *Lehmann*, Finanzinstrumente, 2009, S. 326.

298 *Lehmann*, Finanzinstrumente, 2009, S. 326; ähnlich auch Spindler/Stilz/*Vatter*, AktG, 3. Auflage 2015, § 10 Rn. 34.

299 *Klanten* in Schimansky/Bunte/Lwowski, Bankrechts-Handbuch, 5. Auflage 2017, § 72 Rn. 58; *Lehmann*, Finanzinstrumente, 2009, S. 326; Spindler/Stilz/*Vatter*, AktG, 3. Auflage 2015, § 10 Rn. 43.

Eine Verfügung über den eigenen Anteil an der Globalaktie setzt jedoch einen vorherigen Umtausch in Einzelaktienurkunden voraus[300], sodass eine Globalaktie nicht als „Ganzes", etwa als Aktienbündel gehandelt werden kann; mithin mangelt es ihr an der kapitalmarktmäßigen Handelbarkeit. Die Globalaktie kann deshalb - im Gegensatz zu den einzelnen in ihr verbrieften Rechten - nicht als Finanzinstrument angesehen werden.

b) Fremdkapitalinstrumente

Mit Fremdkapitalinstrumenten werden bestimmte Erscheinungsformen von (der Beschaffung von) Fremdkapital bezeichnet. Bei einem Fremdkapitalinstrument geht es grundsätzlich um ein Vertragsverhältnis, im Rahmen dessen die Überlassung von Kapital eines Financiers an eine natürliche oder juristische Person für einen regelmäßig vorab bestimmten Zeitraum vereinbart wird.[301] Die Gegenleistung des Bedachten besteht in einer meist wiederkehrenden Zahlung einer Kompensation des Financiers (Zins), wobei deren Frequenz und Höhe von mehreren Faktoren, wie beispielsweise der jeweiligen Marktsituation, dem (Ausfall-)Risiko oder der Höhe der Kapitalüberlassung abhängig und damit individuell ist.[302] Auf dem Finanzmarkt entwickeln sich auch bei Fremdkapitalinstrumenten stetig neue Produkte, die sich jedoch meist in bereits vorhandene Kategorien einordnen lassen. Die am häufigsten vertretenen Erscheinungsformen sollen im Folgenden dargestellt werden.

aa) Schuldverschreibungen (Anleihen)

Grundlage einer Schuldverschreibung (auch als Anleihe, festverzinsliches Wertpapier, Rentenpapier, Obligation bzw. *loan, bond* oder *debenture bond* bezeichnet) ist die Aufnahme eines meist langfristigen Darlehens.[303] Als Schuldverschreibung selbst wird dabei häufig - so vorhanden[304] - die Schuldurkunde bzw. das Wertpapier selbst bezeichnet, in welchem sich der Emittent

300 Vgl. nur MüKoAktG/*Heider*, 4. Auflage 2016, AktG § 10 Rn. 43 m. w. N.

301 *Grunow/Figgener*, Handbuch Unternehmensfinanzierung, 2006, S. 137.

302 *Grunow/Figgener*, Handbuch Unternehmensfinanzierung, 2006, S. 137 f.

303 *Büschgen*, Börsenlexikon, 23. Auflage 2012, S. 907 f.; *Veil* in Veil, Europäisches Kapitalmarktrecht, 2. Auflage 2014, § 8 Rn. 12; *Veil* in Veil, European Capital Markets Law, 2. Auflage 2017, § 8 Rn. 11.

304 Möglich sind demnach auch unverbriefte Schuldverschreibungen, vgl. *Assmann* in Assmann/Schneider, WpHG, 6. Auflage 2012, § 2 Rn. 11, 20.

(der Schuldverschreibung) seinem Vertragspartner gegenüber zu bestimmten Gegenleistungen für das erhaltene Darlehen verpflichtet.

Allen Schuldverschreibungen ist gemein, dass es ihnen per se am Beteiligungscharakter mangelt: Sie enthalten demnach nicht etwa wie Aktien Mitgliedschaftsrechte in Form von Stimmrechten oder Teilnahmerechten an Haupt- oder Mitgliederversammlung einer Gesellschaft, sondern lediglich Forderungsrechte hinsichtlich des verbrieften Leistungsversprechens. Meist ist damit die Darlehenstilgung sowie der zu zahlenden Zins gemeint[305], daher rührt auch die Bezeichnung der Schuldverschreibung als zinstragendes Wertpapier.[306]

Neben Regierungen, Ländern und Provinzen (öffentliche Anleihen) sowie Banken (Bankenschuldverschreibungen oder -anleihen) können insbesondere emmissionsfähige Unternehmen als Emittenten auftreten, deren Produkte in diesem Fall als Industrieanleihen (auch -obligationen oder -schuldverschreibungen), Unternehmensanleihen bzw. *corporate bonds* bezeichnet werden.[307] Schuldverschreibungen sind regelmäßig veräußerbar und werden sowohl an der Börse als auch außerbörslich gehandelt.[308] Sie existieren in verschiedenen Ausprägungen: Weit verbreitet sind in der Praxis neben Inhaberschuldverschreibungen auch Namensschuldverschreibungen (ebenso als Namens- oder Rektapapiere bezeichnet) und Orderschuldverschreibungen.

Werden Anleihen bei ihrer Begebung als Inhaberschuldverschreibungen emittiert, das meint auf den Inhaber ausgestellt[309], wird der berechtigte Empfänger des verbrieften Leistungsversprechens in der jeweiligen Urkunde nicht namentlich genannt. Von der Urkunde geht allerdings eine Legitimationswirkung, das heißt eine widerlegliche Vermutung der materiellen Berechtigung aus, sodass der Inhaber jener Urkunde das darin verbriefte Recht ausüben kann.[310] Grund

---

305 *Haisch* in Haisch/Helios, Rechtshandbuch Finanzinstrumente, 2011, § 1 Rn. 103 ff.; *Veil* in Veil, Europäisches Kapitalmarktrecht, 2. Auflage 2014, § 8 Rn. 13; *Veil* in Veil, European Capital Markets Law, 2. Auflage 2017, § 8 Rn. 12.

306 *Büschgen*, Börsenlexikon, 23. Auflage 2012, S. 907 f.

307 *Büschgen*, Börsenlexikon, 23. Auflage 2012, S. 907 f.

308 *Büschgen*, Börsenlexikon, 23. Auflage 2012, S. 907 f.; *Veil* in Veil, Europäisches Kapitalmarktrecht, 2. Auflage 2014, § 8 Rn. 12; *Veil* in Veil, European Capital Markets Law, 2. Auflage 2017, § 8 Rn. 11. Zur Abgrenzung zwischen geregelten Märkten und dem außerbörslichen (*OTC*) Handel ab S. 268.

309 *Bliesener/Schneider* in Langenbucher/Bliesener/Spindler, Bankrechts-Kommentar, 2. Auflage 2016, Kap. 17 Rn. 15; *Hartwig-Jacob* in Friedl/Hartwig–Jacob, Schuldverschreibungsgesetz § 1 Rn. 49.

310 *Hartwig-Jacob* in Friedl/Hartwig–Jacob, Schuldverschreibungsgesetz § 1 Rn. 48.

dafür ist der wirtschaftliche Zweck von Inhaberschuldverschreibungen, die zum Umlauf bestimmt sind.[311] Welche Art von Leistungsversprechen dabei zugrunde liegt, ist nicht von Bedeutung.[312] So können viele Finanzinstrumente als Inhaberschuldverschreibung ausgestaltet sein, beispielsweise Zertifikate[313], Nullkupon-Anleihen[314], Wandelanleihen[315], Optionsanleihen[316], *credit linked notes*[317], *asset backed securities*[318], *commercial papers*[319] oder auch Genussscheine[320].

Bei Namensschuldverschreibungen ist der Berechtigte namentlich auf dem Papier ausgewiesen, an den der Aussteller die Leistung direkt bewirken muss.[321] Die Ausübung dieser Rechte setzt die Innehabung des Papiers voraus, eine Legitimationswirkung wird allein dadurch, anders als bei Inhaberpapieren, indes nicht begründet.[322]

Orderschuldverschreibungen könnte man als Mischform dieser zwei Arten von Schuldverschreibungen deuten: Die Urkunde enthält bei einer Orderschuldverschreibung zwar den Namen des (ursprünglich) Berechtigten, jedoch ist auch derjenige zur Rechtsausübung legitimiert, der durch eine Order seines Rechtsvorgängers als Rechtsinhaber ausgewiesen wird.[323] Die Übertragung eines solchen Anspruchs geschieht durch ein Indossament – hierbei handelt es sich um einen schriftlichen Vermerk der Übertragung der Rechte auf der Rückseite der Urkunde.[324]

---

311 BeckOGK/*Vogel*, Stand 15.06.2018, BGB § 793 Rn. 83.

312 *Hartwig-Jacob* in Friedl/Hartwig-Jacob, Schuldverschreibungsgesetz § 1 Rn. 49.

313 Zu Zertifikaten ab S. 126.

314 Zu Nullkupon-Anleihen ab S. S. 128.

315 Zu Wandelanleihen ab S. 130.

316 Zu Optionsanleihen ab S. 132.

317 Zu *credit linked notes* ab S. 159.

318 Zu *asset backed securities* ab S. 101.

319 Zu *commercial papers* ab S. 164.

320 Zu Genussscheinen bzw. Genussrechten S. 133.

321 BeckOK BGB/*Gehrlein*, 46. Edition, Stand 1.5.2018, § 793 Rn. 2; *Hartwig-Jacob* in Friedl/Hartwig-Jacob, Schuldverschreibungsgesetz § 1 Rn. 54.

322 BeckOK BGB/*Gehrlein*, 46. Edition, Stand 1.5.2018, § 793 Rn. 2; *Hartwig-Jacob* in Friedl/Hartwig-Jacob, Schuldverschreibungsgesetz § 1 Rn. 54.

323 BeckOGK/*Vogel*, Stand 15.06.2018, BGB § 793 Rn. 22 f.; *Hartwig-Jacob* in Friedl/Hartwig-Jacob, Schuldverschreibungsgesetz § 1 Rn. 50.

324 BeckOGK/*Vogel*, Stand 15.06.2018, BGB § 793 Rn. 22 f.; *Hartwig-Jacob* in Friedl/Hartwig-Jacob, Schuldverschreibungsgesetz § 1 Rn. 50.

Der Veräußerer bzw. Indossant erklärt dadurch, alle Rechte aus dem Wertpapier auf den Erwerber bzw. Indossatar zu übertragen.[325] Untergliedert werden die Papiere in sogenannte geborene und gekorene Orderpapiere: Erstere werden stets als Orderpapiere behandelt, auch wenn sie keine Orderklausel - das heißt eine Klausel, welche die Übertragung des Papiers auf einen anderen als den im Papier genannten Berechtigten ermöglicht oder ausschließt - enthalten.[326] Anderes gilt für letztere, die nur dann als Orderpapiere behandelt werden, wenn sie eine entsprechende Orderklausel enthalten.[327] Dies ermöglicht unter anderem, jede Inhaberschuldverschreibung durch eine entsprechende Klausel in eine (gekorene) Orderschuldverschreibung zu wandeln. Spezielle Anleiheformen wie die Aktien-, Wandel- und Umtauschanleihe sollen ob ihrer besonderen Ausgestaltung im Rahmen der hybriden Finanzinstrumente beleuchtet werden.[328]

bb) Zertifikate

Der Kategorie der Zertifikate werden in Schuldtiteln verbriefte Kapitalüberlassungen zugeordnet, durch die der Anleger mittelbar oder unmittelbar an der Wertentwicklung mindestens eines Basiswerts partizipiert - im Gegensatz zu gewöhnlichen Anleihen gewähren Zertifikate daher keine feste Verzinsung, sondern die Teilhabe an der Entwicklung eines bestimmten Werts, sodass es sich um eine Art „derivative Schuldverschreibung" handelt.[329]

Als Basiswert kommen insoweit verschiedenste Anlagen (auch als Anlageninstrument, Anlageklasse, *asset class* oder schlicht *asset*[330] bezeichnet) sowie Kombinationen solcher Anlagen in Betracht, neben Aktien zum Beispiel Anleihen, Rohstoffe, Währungen, Körbe (*baskets*) derartiger Basiswerte, Indizes oder Gruppen von Indizes.[331] Weil die Basiswerte von Zertifikaten folglich sehr

---

325 BeckOGK/*Vogel*, Stand 15.06.2018, BGB § 793 Rn. 22 f.; *Hartwig-Jacob* in Friedl/Hartwig-Jacob, Schuldverschreibungsgesetz § 1 Rn. 50.

326 BeckOK BGB/*Gehrlein*, 46. Edition, Stand 1.5.2018, § 793 Rn. 4; Oetker/*Maultzsch*, HGB, 5. Auflage 2017, § 364 Rn. 3.

327 BeckOK BGB/*Gehrlein*, 46. Edition, Stand 1.5.2018, § 793 Rn. 4; Oetker/*Maultzsch*, HGB, 5. Auflage 2017, § 364 Rn. 3.

328 Zu Aktien-, Wandel- und Umtauschanleihen ab S. 130.

329 *Danz/Kieninger/Patzner* in Zerey, Finanzderivate, 4. Auflage 2016, § 41 Rn. 21; *Haisch* in Haisch/Helios, Rechtshandbuch Finanzinstrumente, 2011, § 1 Rn. 71.

330 *Spremann/Gantenbein*, Finanzmärkte, 2. Auflage 2013, S. 102.

331 *Danz/Kieninger/Patzner* in Zerey, Finanzderivate, 4. Auflage 2016, § 41 Rn. 21; *Haisch* in Haisch/Helios, Rechtshandbuch Finanzinstrumente, 2011, § 1 Rn. 71; *Haisch* DStR, 2108, 2109.

unterschiedlich sein können, sind es die Vertragsbedingungen mitunter gleichermaßen. Unterscheiden lassen sich beispielsweise Zertifikate mit oder ohne Garantien: Solche ersterer Kategorie zeichnen sich dadurch aus, dass die Rückzahlung des Nennbetrags vertraglich zugesichert wurde - im Gegensatz zu jenen zweiter Kategorie, welchen ein Totalausfallrisiko immanent ist.[332] Außerdem ist denkbar, dass die Gegenleistung für die Kapitalüberlassung laufend vergütet wird oder eine Vergütung erst am Laufzeitende stattfindet.[333] Die Laufzeit kann im Übrigen begrenzt oder unbegrenzt (*open-end*-Zertifikat) sein.[334] Zertifikate sind besichert oder unbesichert, der Anleger ist im ersten Fall vor dem etwaigen Totalausfall geschützt, während er im zweiten Fall auf eine solche Absicherung verzichtet.[335] Zu trennen ist diese Form der Absicherung von der möglichen Eigenabsicherung durch die Vornahme von Gegengeschäften und auch von zuvor beschriebenen Garantien.[336] Im Rahmen dieser Arbeit sind insbesondere Aktienzertifikate (auch „Aktien vertretende Zertifikate") von Interesse, die Anlegern statt einer unmittelbaren Beteiligung an einer Gesellschaft die wirtschaftliche Teilhabe an jener ermöglichen.[337] Der Inhaber erlangt dabei wirtschaftlich die Stellung des Inhabers von Aktien, die rechtlich im Eigentum eines Dritten stehen.[338] Als Subtyp dessen gilt der sogenannte Hinterlegungsschein (auch Hinterlegungszertifikat bzw. *depositary receipt*). Darunter ist das verbriefte Recht an einer Aktie oder einem Teil bzw. Vielfachen dieser zu verstehen. Hinterlegungsscheine erleichtern insbesondere den Handel mit Aktien

---

332 *Danz/Kieninger/Patzner* in Zerey, Finanzderivate, 4. Auflage 2016, § 41 Rn. 21; *Haisch* in Haisch/Helios, Rechtshandbuch Finanzinstrumente, 2011, § 1 Rn. 73.

333 *Danz/Kieninger/Patzner* in Zerey, Finanzderivate, 4. Auflage 2016, § 41 Rn. 21, 23; *Haisch* in Haisch/Helios, Rechtshandbuch Finanzinstrumente, 2011, § 1 Rn. 74.

334 *Danz/Kieninger/Patzner* in Zerey, Finanzderivate, 4. Auflage 2016, § 41 Rn. 21; *Haisch* in Haisch/Helios, Rechtshandbuch Finanzinstrumente, 2011, § 1 Rn. 75.

335 *Haisch* in Haisch/Helios, Rechtshandbuch Finanzinstrumente, 2011, § 1 Rn. 76; *Haisch* DStR, 2108, 2109.

336 *Haisch* DStR, 2108, 2109.

337 *Fuchs* in Fuchs, WpHG, 2. Auflage 2016, § 2 Rn. 25; *Ritz* in Just/Voß/Ritz/Becker, WpHG, 2015, § 2 Rn. 34; *Roth* in Kölner Kommentar WpHG, 2. Auflage 2014, § 2 Rn. 53 ff. Derartige Geschäfte werden durchweg als rechtlich zulässig erachtet, vgl. *Danz/Kieninger/Patzner* in Zerey, Finanzderivate, 4. Auflage 2016, § 41 Rn. 26. Zu verschiedenen Arten von Zertifikaten *Salewski* BKR 2012, 100, 101 ff.

338 *Fuchs* in Fuchs, WpHG, 2. Auflage 2016, § 2 Rn. 22; *Oulds* in Kümpel/Wittig, Bank- und Kapitalmarktrecht, 4. Auflage 2011, Rn. 14.33; *Roth* in Kölner Kommentar WpHG, 2. Auflage 2014, § 2 Rn. 54; *Salewski* BKR 2012, 100, 101. Zu (*american*) *depositary receipts Hagen/Remmel* BB 2011, 2718, 2719.

ausländischer Emittenten, indem durch sie eine wirtschaftliche Teilhabe an der betreffenden Aktie im Ausland ermöglicht wird, ohne dass dort eine entsprechende Zulassung zum Handel vorliegen muss.[339]

cc) Nullkupon-Anleihen als Inhaberschuldverschreibungen

Neben Schuldverschreibungen und Zertifikaten sind Nullkupon-Anleihen (*zero bonds*) ebenfalls Fremdkapitalinstrumente.[340] Auch bei diesen überlässt der Investor dem emittierenden Unternehmen Kapital. Im Gegenzug erhält er dafür während der Laufzeit keine Zinsen – die Rendite des Anlegers besteht darin, dass der Ausgabewert des Papiers unter dessen Nennwert liegt. Dem Anleger wird am Ende der Laufzeit eine Summe in Höhe des Nennwerts ausbezahlt, die Differenz zwischen Ausgabe- und Nennwert stellt somit den Gewinn oder Verlust des Investors dar.[341] Verläuft die Unternehmensentwicklung ausreichend positiv, macht nicht nur der Anleger, sondern auch das Unternehmen Gewinn: Dies gilt unter Umständen beispielsweise dann, wenn der Unternehmensgewinn derart hoch ausfällt, dass er die Gesamtdifferenz zwischen Ausgabe- und Nennwert aller ausgegebenen Nullkupon-Anleihen übertrifft.

In die Kategorie der Fremdkapitalinstrumente fallen noch eine Reihe weiterer Erscheinungsformen[342], die jedoch für diese Arbeit mangels einer nicht möglichen Übertragung von mit Stimmrechten verbundenen Aktien irrelevant sind.[343]

---

339 *Büschgen*, Börsenlexikon, 23. Auflage 2012, S. 34; *Fuchs* in Fuchs, WpHG, 2. Auflage 2016, § 2 Rn. 25; *Ritz* in Just/Voß/Ritz/Becker, WpHG, 2015, § 2 Rn. 34; *Roth* in Kölner Kommentar WpHG, 2. Auflage 2014, § 2 Rn. 53 ff. Dabei werden wiederum verschiedene Phänotypen unterschieden, wie beispielsweise *crest depositary interests* (*CDIs*, dazu *Kumpan* in Schwark/Zimmer, Kapitalmarktrechts-Kommentar, 4. Auflage 2010, § 2 WpHG Rn. 21; *Fuchs* in Fuchs, WpHG, 2009, § 2 Rn. 25) oder auch *american depositary receipts* (*ADRs*, dazu *Assmann* in Assmann/Schneider, WpHG, 6. Auflage 2012, § 2 Rn. 19; *Versteegen* in Kölner Kommentar WpHG, 1. Auflage 2007, § 2 Rn. 21; detailliert *Werlen* in Habersack/Mülbert/Schlitt, Unternehmensfinanzierung am Kapitalmarkt, § 37 Rn. 167 ff. sowie *Zachert*, ZIP 1993, 1426, 1426 ff.

340 *Haisch* in Haisch/Helios, Rechtshandbuch Finanzinstrumente, 2011, § 1 Rn. 76.

341 *R. Müller* in Kümpel/Wittig, Bank- und Kapitalmarktrecht, 4. Auflage 2011, Rn. 15.359.

342 Dazu *Wiese/Dammer*, DStR, 867.

343 Dazu zählen beispielsweise Schuldbuchforderungen oder Pfandbriefe, die hier aus genanntem Grund nicht weiter erörtert werden, siehe *Lehmann*, Finanzinstrumente, 2009, S. 327.

c) *Hybride Instrumente*

Hybride Finanzinstrumente weisen Merkmale von Eigen- sowie Fremdkapitalinstrumenten zugleich auf, folglich sind sie nicht eindeutig der einen oder anderen Kategorie zuzuordnen.[344] Der Übersicht wegen sind diese Finanzinstrumente hier in sogenannte echte und unechte strukturierte Produkte untergliedert. Unter strukturierten bzw. zusammengesetzten Produkten (*combined oder compound instruments*) werden Finanzprodukte verstanden, die aus mindestens einem Basiswert und einer derivativen Komponente bestehen.[345] Echte strukturierte Produkte haben die Eigenheit, dass sie rechtlich nicht in ihre Einzelbestandteile zerlegt werden können, während unechte strukturierte Produkte sich dadurch auszeichnen, dass sie allein vom Inhaber – ohne Mitwirkung des Emittenten – in mindestens zwei einzeln handelbare Finanzinstrumente zerlegt werden können.[346]

aa) *Echte strukturierte Produkte*

Als echte strukturierte Produkte kommen zahlreiche Paarungen von handelbaren Finanzinstrumenten in Betracht, folgend sind lediglich die wirtschaftlich bedeutendsten Formen der Aktien-, Wandel- und Umtauschanleihe dargestellt. Unter einer Anleihe bzw. einer Schuldverschreibung versteht man, wie beschrieben, ein in einem Wertpapier[347] verkörpertes Darlehen, das vom Emittenten (also Begeber) der Anleihe aufgenommen wird, wobei dessen Anleger als Fremdkapitalgläubiger für die zeitlich beschränkte Überlassung von Kapital regelmäßig eine feste Verzinsung erhalten.[348]

---

344 *Clemens* in Beck'sches IFRS-Handbuch, 5. Auflage 2016, § 12 Rn. 11; *Haisch* in Haisch/Helios, Rechtshandbuch Finanzinstrumente, 2011, § 1 Rn. 109.

345 *Danz/Kieninger/Patzner* in Zerey, Finanzderivate, 4. Auflage 2016, § 41 Rn. 28; *Haisch* in Haisch/Helios, Rechtshandbuch Finanzinstrumente, 2011, § 1 Rn. 79.

346 *Danz/Kieninger/Patzner* in Zerey, Finanzderivate, 4. Auflage 2016, § 41 Rn. 28; *Haisch* in Haisch/Helios, Rechtshandbuch Finanzinstrumente, 2011, § 1 Rn. 81 f. Diese Möglichkeit der Kategorisierung besteht nicht nur bei hybriden Finanzinstrumenten, sondern ist mitunter auch bei anderen Finanzinstrumenten denkbar, obwohl sie in dieser Arbeit lediglich an dieser Stelle vorgenommen wird. Grund dafür ist, dass sie sich bei hybriden Finanzinstrumenten nahezu aufdrängt, da diese sich gerade durch ihre Eigenschaft als zusammengesetzte Produkte dazu eignen.

347 Das Wertpapier „verbrieft" lediglich ein entsprechendes Forderungsrecht.

348 Ausführlich *Heise* in Assies/Beule/Heise/Strube, Kapitalmarktrecht, 4. Auflage 2015, Kapitel 7, Rn 70 ff. Im Übrigen *Büschgen*, Börsenlexikon, 23. Auflage 2012, S. 907; *Knecht/Haghani* in Buth/Hermanns, Restrukturierung, Sanierung, Insolvenz, 4. Auflage 2014, § 18 Rn. 63 ff.; *Perridon/Steiner/Rathgeber*, Finanzwirtschaft, 16.

(1) Aktienanleihen

Eine Aktienanleihe, auch *reverse convertible, reverse convertible/exchangeable bond* oder *equity linked bond* genannt, dient dem Investor zunächst zur Geldanlage. Im Gegenzug für die Kapitalüberlassung erhält der Anleger einen Anspruch auf Zinszahlung (Kupon) sowie Tilgung der Schuldverschreibung bei Laufzeitende gegen den Emittenten.[349] Im Gegensatz zur Wandel- oder Umtauschanleihe ist dem Emittenten hinsichtlich der Tilgungsmodalitäten ein Wahlrecht eingeräumt: Zu einem vorab vereinbarten Zeitpunkt kann er entscheiden, ob er die Anleihe entweder durch Rückzahlung in Höhe des Nominalbetrages oder durch Übertragung von Aktien einer bestimmten (gegebenenfalls dritten) Gesellschaft auf den Gläubiger tilgen möchte.[350] Der Anleger erwirbt insofern eine Art „Optionsanleihe" bzw. tätigt eine Art Optionsgeschäft, das dem Verkauf einer *put option*[351] ähnelt.[352] Die „Optionsprämie" stellt dabei die in der Regel sehr hohe Verzinsung der Aktienanleihe dar, was sie für Anleger sehr attraktiv erscheinen lässt.[353] Die dem Emittenten eingeräumte Option wird dieser - spiegelbildlich zur Situation des Anlegers bei der Wandel- bzw. Umtauschanleihe - nur in einer erfolgsversprechenden wirtschaftlichen Situation ausüben.

(2) Wandelanleihe (Wandelschuldverschreibung)

Bei der Wandelanleihe, auch als Wandelschuldverschreibung bzw. *convertible bond* bezeichnet, handelt es sich um ein von einer Aktiengesellschaft ausgegebenes Wertpapier.[354] Neben der Zahlung eines festen Zinses wird dem Anleger bei einer Wandelanleihe im Gegenzug für die Kapitalüberlassung das Recht eingeräumt, die Anleihe innerhalb eine festgelegten Frist zu vereinbarten Konditionen

Auflage 2012, S. 427 f.; *Veil* in Veil, Europäisches Kapitalmarktrecht, 2. Auflage 2014, § 8 Rn. 12 ff.; *Veil* in Veil, European Capital Markets Law, 2. Auflage 2017, § 8 Rn. 11 ff.

349 *Haisch* in Haisch/Helios, Rechtshandbuch Finanzinstrumente, 2011, § 1 Rn. 95; *Danz/Kieninger/Patzner* in Zerey, Finanzderivate, 4. Auflage 2016, § 41 Rn. 100.

350 *Danz/Kieninger/Patzner* in Zerey, Finanzderivate, 4. Auflage 2016, § 41 Rn. 29; *Haisch* in Haisch/Helios, Rechtshandbuch Finanzinstrumente, 2011, § 1 Rn. 95; *Rau* DStR 2006, 627.

351 Zu Optionen ab S. A.II.3.d)aa)(2)

352 *Danz/Kieninger/Patzner* in Zerey, Finanzderivate, 4. Auflage 2016, § 41 Rn. 100.

353 *Danz/Kieninger/Patzner* in Zerey, Finanzderivate, 4. Auflage 2016, § 41 Rn. 29; *Haisch* in Haisch/Helios, Rechtshandbuch Finanzinstrumente, 2011, § 1 Rn. 95.

354 *Danz/Kieninger/Patzner* in Zerey, Finanzderivate, 4. Auflage 2016, § 41 Rn. 37; *Haisch* in Haisch/Helios, Rechtshandbuch Finanzinstrumente, 2011, § 1 Rn. 91; *Wöster*, Bewertung von Bonds, S. 1.

- beispielsweise mit oder ohne Zuzahlung - in Aktien des Vertragspartners einzutauschen.[355] Macht der Anleger von diesem Recht keinen Gebrauch, wird die Anleihe zum Ende der Laufzeit zur Rückzahlung fällig - damit hat die Wandelanleihe (wirtschaftliche) Züge eines Optionsgeschäfts, wobei auch bei einer solchen die eingeräumte Möglichkeit regelmäßig nur bei wirtschaftlichem Nutzen ausgeübt wird.[356] Diese Ersetzungsbefugnis (*facultas alternativa*[357]) sorgt dafür, dass sich die kategorische Zugehörigkeit der Anlage je nach Wahl des Gläubigers (des Anlegers bzw. Inhabers) ändert[358]: Beharrt er auf dem Rückzahlungsanspruch seiner Einlage, so handelt es sich um Fremdkapital. Wählt er hingegen den Eintausch in Aktien, wird die Investition den Eigenkapitalinstrumenten zugeordnet. Diese Wandlungsfähigkeit macht die Wandelanleihe zum hybriden Finanzinstrument.

(3) Umtauschanleihen

Die Umtauschanleihe, auch *exchangeable bond* genannt, ähnelt der Wandelanleihe, unterscheidet sich von ihr jedoch in einem wesentlichen Punkt: Dem Anleger wird für seine Investition neben der Zahlung eines festen Zinses nicht das Recht eingeräumt, zum Ende der vereinbarten Laufzeit statt der Rückzahlung die Lieferung einer vorab bestimmten Anzahl von bereits existierenden und börsenzugelassenen Aktien des Emittenten, sondern solche einer anderen, bestimmten Gesellschaft zu beziehen.[359] Grund dafür ist, dass Emittent der Umtauschanleihe nicht gleichzeitig auch Emittent der dem Geschäft zugrunde liegenden Aktien ist, sondern regelmäßig ein anderer Aktionär. Auch bei der Umtauschanleihe ist es dem Inhaber überlassen, das Recht auf Umtausch in Aktien auszuüben, wobei der Verzicht auf Rückzahlung und der Umtausch in

---

355 *Danz/Kieninger/Patzner* in Zerey, Finanzderivate, 4. Auflage 2016, § 41 Rn. 37; *Haisch* in Haisch/Helios, Rechtshandbuch Finanzinstrumente, 2011, § 1 Rn. 91; MüKoAktG/*Habersack*, 4. Auflage 2016, AktG § 221 Rn. 29. Dass teilweise (wie von *Haisch*) vorausgesetzt wird, es müsse sich um junge Aktien handeln (das meint Aktien, die im Rahmen einer Kapitalerhöhung von einer Aktiengesellschaft ausgegeben werden), ist für die etwaige Stimmrechtsverschiebung, um die es hinsichtlich der Mitteilungspflichten geht, nicht von Bedeutung.

356 Zu Optionen siehe ab S. 139.

357 Münch. Hdb. GesR/*Scholz*, 4. Auflage 2015, § 58 Rn. 48.

358 So ebenfalls *Lehmann*, Finanzinstrumente, 2009, S. 329.

359 *Danz/Kieninger/Patzner* in Zerey, Finanzderivate, 4. Auflage 2016, § 41 Rn. 34, 106; *Haisch* in Haisch/Helios, Rechtshandbuch Finanzinstrumente, 2011, § 1 Rn. 93; Spindler/Stilz/*Seiler*, AktG, 3. Auflage 2015, § 221 Rn. 185.

Aktien wirtschaftlich nur dann naheliegt, wenn der Aktienkurs der Zielgesellschaft lukrativer als der Umtauschpreis ist.[360]

bb) Unechte strukturierte Produkte

In der Kategorie der unechten strukturierten Produkte sind verschiedenste Kombinationen denkbar. Im Licht der gegenständlichen Thematik sind insbesondere zerlegbare Anleihen (*stripped bonds*), Optionsanleihen (*bonds with warrants*) sowie Genussrechte von Belang.

(1) Zerlegbare Anleihen

Zerlegbare Anleihen (*stripped bonds*) zeichnen sich dadurch aus, dass der Anleger die Anleihe in Kapitalforderungen einerseits und Zinsforderungen (Kupons) andererseits aufteilt und handelt.[361] Auf der einen Seite existiert dabei die Anleihe *per se* als handelbares Produkt, das meint den (abgezinsten) Rückzahlungsanspruch, auf der anderen Seite ein reiner Zinsanspruch.[362]

(2) Optionsanleihen

Optionsanleihen gleichen grundsätzlich den Wandel- bzw. Umtauschanleihen, wobei es nicht darauf ankommt, ob sich das dem Inhaber eingeräumte Wahlrecht auf Aktien des Emittenten oder solche eines Dritten bezieht. Der Unterschied zu jenen Anleihen ist, dass Optionsrechte und Anleihe getrennt gehandelt werden können, der Inhaber demnach beispielsweise das Optionsrecht allein veräußern kann, seine Position als Inhaber der Anleihe davon allerdings unberührt bleibt.[363]

---

360 *Danz/Kieninger/Patzner* in Zerey, Finanzderivate, 4. Auflage 2016, § 41 Rn. 106; Spindler/Stilz/*Seiler*, AktG, 3. Auflage 2015, § 221 Rn. 185.

361 *Haisch* in Haisch/Helios, Rechtshandbuch Finanzinstrumente, 2011, § 1 Rn. 86; *Kußmaul* BB 1998, 1868, 1868 f.

362 *Haisch* in Haisch/Helios, Rechtshandbuch Finanzinstrumente, 2011, § 1 Rn. 86; *Kußmaul* BB 1998, 1868, 1868 f.

363 Können Anleihe und Optionsrecht nicht gesondert gehandelt werden und kann der Anleger seine Anleihe zur Begleichung des Optionspreises in Zahlung geben, spricht man von einer synthetischen Wandelanleihe, die der klassischen Wandelanleihe sehr nahe kommt; damit liegt ein verbundenes Finanzinstrument und insofern ein echtes strukturiertes Produkt vor; dazu *Haisch* in Haisch/Helios, Rechtshandbuch Finanzinstrumente, 2011, § 1 Rn. 88.

(3) Genussrechte

Eine weitere Erscheinungsform unechter strukturierter Produkte sind Genussrechte (auch als Genussscheine bezeichnet[364]). Solche werden dem Anleger für die Überlassung von Kapital eingeräumt und gewähren Anspruch auf bestimmte Leistungen des Emittenten.[365] Je nach Vereinbarung können dem Anleger verschiedene Rechte zustehen, beispielsweise eine Beteiligung am Gewinn, die Nutzung gesellschaftlicher Einrichtungen oder auch solche zum Bezug junger Aktien des Emittenten.[366] Eine Stellung als Gesellschafter wird den Inhabern von Genussrechten nicht eingeräumt, auch wenn Genussrechte mitunter den Rechten von Gesellschaftern wirtschaftlich ähneln.[367] Ein Genussrecht ist insbesondere nicht mit Verwaltungsrechten wie Stimmrechten ausgestattet und berechtigt auch nicht zur Teilnahme an Haupt- oder Gesellschafterversammlung.[368]

Denkbar wäre, Genussrechte in die Kategorie der Eigen- bzw. Fremdkapitalinstrumente einzuordnen. Diese ist allerdings stets von der konkreten Ausgestaltung des Vertrags abhängig und kann nicht pauschal erfolgen, da Genussrechte sowohl gesellschaftsrechtliche als auch Anleihen-typische Schwerpunkte aufweisen können.[369] Sie existieren in vielerlei Formen, beispielsweise als Optionsgenussscheine, Wandelgenussscheine oder Optionsgenussscheine mit Beifügung

---

364 Wenn von Genussscheinen die Rede ist, so meint dies verbriefte Genussrechte. Im deutschen AktG sind beispielsweise in § 221 Abs. 3, 4 „Genussrechte“ erwähnt. Da diese nicht notwendig verbrieft werden müssen, wird allgemein von Genussrechten gesprochen – ein inhaltlicher Unterschied besteht demnach nicht, vgl. MüKoAktG/*Habersack*, 4. Auflage 2016, AktG § 221 Rn. 63. Anderer Ansicht ist *Lehmann*, der den Begriff des Genussscheins grundsätzlich ablehnt, siehe *Lehmann*, Finanzinstrumente, 2009, S. 330.

365 *Haisch* in Haisch/Helios, Rechtshandbuch Finanzinstrumente, 2011, § 1 Rn. 111; *Hennrichs/Wilbrink* NZG 2014, 1168; *R. Müller* in Kümpel/Wittig, Bank- und Kapitalmarktrecht, 4. Auflage 2011, Rn. 15.661 f.

366 *Haisch* in Haisch/Helios, Rechtshandbuch Finanzinstrumente, 2011, § 1 Rn. 111; *Hennrichs/Wilbrink* NZG 2014, 1168.

367 *Haisch* in Haisch/Helios, Rechtshandbuch Finanzinstrumente, 2011, § 1 Rn. 111, 113; *Lehmann*, Finanzinstrumente, 2009, S. 330; *R. Müller* in Kümpel/Wittig, Bank- und Kapitalmarktrecht, 4. Auflage 2011, Rn. 15.661 f.

368 *Steiner/Bruns/Stöckel*, Wertpapiermanagement, 10. Auflage 2012, S. 433.

369 *Hennrichs/Wilbrink* NZG 2014, 1168; *Lehmann*, Finanzinstrumente, 2009, S. 330; *R. Müller* in Kümpel/Wittig, Bank- und Kapitalmarktrecht, 4. Auflage 2011, Rn. 15.662; *Steiner/Bruns/Stöckel*, Wertpapiermanagement, 10. Auflage 2012, S. 433.

von Optionsscheinen.[370] An dieser Stelle soll es daher genügen, Genussrechte als hybrides Finanzinstrument einzuordnen.

d) *Derivative Instrumente*

Derivate sind per se nicht im gegenständlichen europäischen Rechtsakt aufgeführt: In Art. 13 Abs. 1 UAbs. 1 lit. a und b sowie Abs. 1b UAbs. 1 TrRL 2013 findet sich der Begriff ebenso wenig wie in der nach Art. 13 Abs. 1b UAbs. 2 durch die ESMA veröffentlichten Liste der Finanzinstrumente. Dieser Umstand mag eine allgemeinere Erörterung der Derivate zunächst obsolet erscheinen lassen. Jedoch werden in Art. 13 Abs. 1b UAbs. 1 lit. b bis e TrRL 2013 mit Optionen, Terminkontrakten, Swaps und Zinsausgleichsvereinbarungen gleich mehrere klassische Derivate aufgeführt.[371]

Es handelt sich bei solchen um in der Regel zweiseitig verpflichtende Verträge, wobei die Verpflichtung jedenfalls auf einer Seite der Vertragsparteien stochastisch bedingt, also zufallsabhängig (aleatorisch) ist.[372] Der Grund dafür liegt im Wesen des Geschäfts: Ein Derivat (vom lateinisch Verb *derivare* = ableiten) zeichnet sich durch seine unmittelbare oder mittelbare Abhängigkeit von einem anderen Wert ab, welcher als Basiswert oder auch Referenzwert bzw. *underlying* bezeichnet wird[373].[374]

Eben dieser Wert unterliegt Schwankungen, die nicht treffsicher prognostizierbar sind, sondern lediglich - wenn überhaupt - mit gewisser Wahrscheinlichkeit prophezeit werden können.[375]

---

370 *Kumpan* in Schwark/Zimmer, Kapitalmarktrechts-Kommentar, 4. Auflage 2010, § 2 WpHG Rn. 23.

371 Zur Norm im Einzelnen ab S. 228.

372 *Reiner*, Derivative Finanzinstrumente, 2002, S. 13, 18 f.

373 *Büschgen*, Börsenlexikon, 23. Auflage 2012, S. 1036; *Chance/Brooks*, Derivatives, 10. Auflage 2016, S. 4; *Grunewald/Schlitt*, Kapitalmarktrecht, 3. Auflage 2014, S. 135; die MiFID I unterschied nach dem *underlying* zwischen Wertpapierderivaten und Warenderivaten, siehe Anhang I Abschnitt C Nr. 4 bzw. Nr. 5 und 6 MiFID I und Anhang I Abschnitt C Nr. 4 bzw. Nr. 5, 6 und 7 MiFID II.

374 *Grunewald/Schlitt*, Kapitalmarktrecht, 3. Auflage 2014, S. 133; *Haisch* in Haisch/Helios, Rechtshandbuch Finanzinstrumente, 2011, § 1 Rn. 3; *Heise* in Assies/Beule/Heise/Strube, Kapitalmarktrecht, 4. Auflage 2015, Kapitel 7, Rn. 82; *Oulds* in Kümpel/Wittig, Bank- und Kapitalmarktrecht, 4. Auflage 2011, Rn. 19.10 ff.; *Rechtschaffen/Philips*, Capital Markets, Derivates and the law, 2009, S. 19.

375 *Oulds* in Kümpel/Wittig, Bank- und Kapitalmarktrecht, 4. Auflage 2011, Rn. 14.46. Die Eigenschaft einer nicht vorhersehbaren Volatilität des Basiswerts ist allerdings nicht nur Derivaten zu eigen; auch ist beispielsweise der Kursverlauf einer Aktie nicht sicher vorherzusagen.

Grundsätzlich geht es bei derivativen Finanzinstrumenten um das Recht bzw. die Pflicht zum Kauf oder Verkauf des auf den Basiswert bezogenen Handelsguts zu bestimmten Bedingungen, welche zuvor festgelegt wurden.[376] Der Basiswert eines Derivats ist grundsätzlich frei wählbar, dem Parteiwillen obliegend. So dienen Aktien, Devisen, Waren (*commodities*), Rohstoffe, Währungen, Rechnungsgrößen wie Zinssätze oder Indizes ebenso als Basiswert wie auch Kreditrisiken oder gar das Wetter.[377] Zu beachten ist hierbei allerdings, dass nicht jedes Derivat überall gehandelt werden kann: Einige Derivate werden an Börsen gehandelt, wodurch sie an die Vorgaben der jeweiligen Börse gebunden sind, insbesondere Menge, Preis und Laufzeiten sind also grundsätzlich reglementiert. Dem gegenüber stehen außerbörsliche, sogenannte *OTC*-Geschäfte (kurz für *over the counter*-Geschäfte)[378], die nicht an Börsen stattfinden und sich deshalb gewisser Beliebtheit erfreuen, weil es für solche regelmäßig keine derart starren Vorgaben gibt, die Einzelheiten also individuell vereinbart werden können.[379]

Bedeutsam ist an dieser Stelle außerdem die Unterscheidung zwischen sog. Kassa- oder Spotmärkten einerseits und Terminmärkten andererseits. Geschäfte über Finanzinstrumente sind auf Kassamärkten unverzüglich nach Geschäftsabschluss[380] zu erfüllen. Dies gilt gleichermaßen für Geschäfte über Waren, die auf Spotmärkten geschlossen werden.[381]

Derivate hingegen werden nicht auf Kassamärkten gehandelt, da sie zu den sogenannten Termingeschäften zählen. Der Unterschied von Termingeschäften zu Kassageschäften besteht darin, dass bei Termingeschäften, um in deutscher Terminologie zu sprechen, Verpflichtungs- und Erfüllungsgeschäft zeitlich

---

376 *Grunewald/Schlitt,* Kapitalmarktrecht, 3. Auflage 2014, S. 133.

377 *Grunewald/Schlitt,* Kapitalmarktrecht, 3. Auflage 2014, S. 135; *Lehmann*, Finanzinstrumente, 2009, S. 338. Zur weiteren Kategorisierung ab S. 137.

378 Zur Abgrenzung von geregelten Märkten und *OTC* Handel siehe noch ab S. 268.

379 *Büschgen*, Börsenlexikon, 23. Auflage 2012, S. 1001; *Clouth* in Ellenberger/Schäfer/Clouth/Lang, Wertpapier- und Derivatgeschäft, 4. Auflage 2011, S. 427 ff.; *Hull*, Derivate, 8. Auflage 2012, S. 26; *Kolb/Overdahl,* Futures, Options, Swaps, 5. Auflage 2007, S. 619. Zur Abgrenzung von geregelten Märkten und *OTC* Handel siehe noch ab S. 268.

380 In Deutschland innerhalb von zwei Börsentagen, siehe *Grunewald/Schlitt,* Kapitalmarktrecht, 3. Auflage 2014, S. 134; *Oulds* in Kümpel/Wittig, Bank- und Kapitalmarktrecht, 4. Auflage 2011, 14.41 ff.; *Spremann/Gantenbein*, Finanzmärkte, 2. Auflage 2013, S. 206; siehe zum europäischen Recht auch Art. 38 Abs. 2 Verordnung (EG) Nr. 1287/2006 der Kommission vom 10.8.2006 zur Durchführung der Richtlinie 2004/39/EG, AblEG vom 2.9.2006, L 241/1.

381 MüKoBGB/*Lehmann*, 6. Auflage 2015, Internationales Finanzmarktrecht Rn. 45 f.

auseinanderfallen, da diese Geschäfte erst zu einem bestimmten Zeitpunkt in der Zukunft, mithin zeitlich verzögert erfüllt werden müssen.[382] An dieser Stelle sei angemerkt, dass das Unterscheidungskriterium[383] des Auseinanderfallens dieser zwei Zeitpunkte allein nicht ausreichend trennscharf ist – bei Kassageschäften wird nicht zwangsläufig zeitgleich bzw. sofort erfüllt, auch hier liegen tatsächlich oft ein bis zwei Tage zwischen Verpflichtung und Erfüllung.[384] Allerdings geht es allein um den Zeitpunkt der Entstehung der rechtlichen Erfüllungspflicht, wiederum in deutscher Terminologie gesprochen, um den Fälligkeitszeitpunkt. Darüber hinaus können auch Geschäfte mit hinausgeschobener Erfüllung abgeschlossen werden. Zwar sind auch diese wie die Termingeschäfte Zeitgeschäfte.[385] Diese bezwecken wie die Kassageschäfte jedoch tatsächlich echte Umsatzgeschäfte, was bei Derivatgeschäften - wie beschrieben - gerade nicht der Fall ist.

Der Grund für die Unterteilung liegt im Zweck der Termingeschäfte, zu denen auch Derivatgeschäfte zählen: Bei solchen wollen sich die Geschäftspartner entweder vor Verlusten aus Schwankungen der Marktkurse schützen (*hedging*[386]) oder Differenzgewinne aus Kursschwankungen erzielen (Spekulation[387]).[388] Diese Ziele erfordern gegenüber den Kassageschäften eine längere Laufzeit.[389] Die eingangs erwähnte stochastische Bedingtheit des Geschäfts stellt für beide Vertragsparteien ein Risiko dar, da sich die Entwicklung des relevanten Basiswerts nicht sicher vorhersagen lässt und die erworbene Rechtsposition bis zum

382 *Haisch* in Haisch/Helios, Rechtshandbuch Finanzinstrumente, 2011, § 1 Rn. 3; *Beule* in Assies/Beule/Heise/Strube, Kapitalmarktrecht, 4. Auflage 2015, Kapitel 7, Rn. 267 ff.; *Veil* in Veil, Europäisches Kapitalmarktrecht, 2. Auflage 2014, § 8 Rn. 15; *Veil* in Veil, European Capital Markets Law, 2. Auflage 2017, § 8 Rn. 14; zwar nur auf deutsches Recht bezogen, aber inhaltlich übereinstimmend *Braun/Lang/Loy* in Ellenberger/Schäfer/Clouth/Lang, Wertpapier- und Derivatgeschäft, 4. Auflage 2011, S. 171 ff.

383 Beispielhaft nur *Veil* in Veil, Europäisches Kapitalmarktrecht, 2. Auflage 2014, § 8 Rn. 15; *Veil* in Veil, European Capital Markets Law, 2. Auflage 2017, § 8 Rn. 14.

384 *Buck-Heeb*, Kapitalmarktrecht, 9. Auflage 2017, Rn. 82; *Grunewald/Schlitt,* Kapitalmarktrecht, 3. Auflage 2014, S. 9.

385 *Seiler/Geier* in Schimansky/Bunte/Lwowski, Bankrechts-Handbuch, 5. Auflage 2017, vor § 104 Rn. 13 f.

386 Zum *hedging* noch ab S. 143.

387 Zum *hedging* noch ab S. 143.

388 *Seiler/Geier* in Schimansky/Bunte/Lwowski, Bankrechts-Handbuch, 5. Auflage 2017, vor § 104 Rn. 14.

389 *Seiler/Geier* in Schimansky/Bunte/Lwowski, Bankrechts-Handbuch, 5. Auflage 2017, vor § 104 Rn. 14.

Fälligkeitszeitpunkt sogar gänzlich ihren Marktwert verloren haben kann, was auf Kassamärkten nur bei Insolvenz des Emittenten geschehen kann.[390]

Bedeutsam für die Vertragsparteien sind in Hinblick auf den Geschäftszweck von Derivatgeschäften damit der aktuelle Marktwert des Basiswerts und seine erwartete Entwicklung, wobei die Vertragspartner mit unterschiedlichem Verlauf rechnen und gerade deshalb das Geschäft eingehen. Unabhängig vom Einsatzzweck handelt es sich bei Derivaten um Wetten auf die künftige Kursentwicklung des Basiswerts – das gilt für alle nachfolgend dargestellten Erscheinungsformen solcher Geschäfte. Derivative Finanzinstrumente lassen sich anhand ihres Basiswerts weiter untergliedern, was folgend anhand der Kategorien von Finanztermingeschäften, Kreditderivaten und sonstigen Derivaten geschehen soll.

aa) Finanztermingeschäfte

(1) Terminologie

Als Finanztermingeschäfte werden alle sogenannten Festgeschäfte oder Optionsgeschäfte bezeichnet, die als Kauf, Tausch oder anderweitig ausgestaltet und zeitlich verzögert zu erfüllen sind und deren jeweiliger Wert sich unmittelbar oder mittelbar vom Preis oder Maß eines Basiswertes ableitet.[391] Als Basiswert kommen unter anderem Wertpapiere, Geldmarktinstrumente, Devisen, Edelmetalle, Rohstoffe und Waren oder auch Rechnungsgrößen wie Wechselkurse und Zinssätze und Indizes infrage.[392] Der Fälligkeitszeitpunkt solcher Geschäfte liegt stets in der Zukunft, was diese Termingeschäfte von Kassageschäften abgrenzt, welche regelmäßig sofort, das meint grundsätzlich innerhalb von zwei Handelstagen, erfüllt werden müssen.[393]

---

390 *Seiler/Geier* in Schimansky/Bunte/Lwowski, Bankrechts-Handbuch, 5. Auflage 2017, vor § 104 Rn. 14.

391 *Grunewald/Schlitt,* Kapitalmarktrecht, 3. Auflage 2014, S. 135; *Haisch* in Haisch/Helios, Rechtshandbuch Finanzinstrumente, 2011, § 1 Rn. 5; so auch im deutschen Recht, siehe die aufsichtsrechtliche Definition in § 2 Abs. 2 Nr. 1 WpHG, § 1 Abs. 11 S. 4 Nr. 1 KWG.

392 *Haisch* in Haisch/Helios, Rechtshandbuch Finanzinstrumente, 2011, § 1 Rn. 5.

393 *Fuchs* in Fuchs, WpHG, 2. Auflage 2016, § 2 Rn. 39.
Auch bei Kassageschäften liegt der Erfüllungszeitpunkt streng genommen in der Zukunft, die Erfüllung kann der Verpflichtung auch mit größter Anstrengung nicht vorausgehen - die Definition bzw. Abgrenzung ist daher ungenau. Dennoch wird sie gemeinhin angewendet, sodass alle Geschäfte, deren Erfüllungszeitpunkt nach der

Finanztermingeschäfte untergliedern sich in bedingte und unbedingte Geschäfte: Bei bedingten Finanztermingeschäften hängen die Erfüllungspflichten von der Ausübung im Geschäft vereinbarter Gestaltungsrechte durch eine Vertragspartei und/oder vom Eintritt sonstiger Bedingungen ab, während bei unbedingten Geschäften ohne Weiteres Erfüllungspflichten entstehen, wenn unter Umständen auch erst verzögert (je nach Vereinbarung).[394]

Wirtschaftlich bedeutsam und damit einer Erwähnung wert ist hinsichtlich dieser Unterscheidung, dass jeweils verschiedene Risiken in Kauf genommen werden: Bedingte Finanztermingeschäfte weisen ein asymmetrisches Risiko auf, da dem Inhaber des Finanzinstruments eine theoretisch unbegrenzte Profitchance eingeräumt ist, während sein Ausfallrisiko auf die Höhe des Betrags begrenzt ist, welchen er dem Vertragspartner zuvor für die Einräumung seiner Position durch die getroffene Vereinbarung versprochen hat (Prämie).[395] Spiegelbildlich ist die Profitchance des Stillhalters auf eben diese Prämie begrenzt, während umgekehrt sein Verlustrisiko theoretisch unbegrenzt ist.[396] Unbedingten Finanztermingeschäften hingegen wohnt ein symmetrisches Risiko inne: So profitabel das Finanzinstrument für die eine Seite ist, so verlustreich ist es für die andere - die Risiken stehen sich hier reziprok gegenüber.[397]

Synonym zum unbedingten Finanztermingeschäft wird der Begriff des Festgeschäfts verwendet. Bei diesem gehen die Parteien eine unbedingte Verpflichtung ein, die vertragsgegenständliche Leistung zu einem festgelegten Preis und vorab bestimmten zukünftigen Zeitpunkt durch Kauf oder Verkauf zu erbringen oder aber - je nach Vereinbarung - einen Wertausgleich in bar vorzunehmen; die Erfüllung der eingegangenen Verpflichtung erfolgt demnach physisch (effektiv) durch Lieferung des Basiswerts (*physical settlement*) oder bar durch entsprechenden Differenzausgleich (*cash settlement*). Beim Festgeschäft ist die Vereinbarung hinsichtlich der Art der Erfüllung regelmäßig fix, womit es nach Abschluss des Geschäfts keine Frage mehr ist, auf welche Weise die Erfüllung stattfinden wird.[398]

Vereinbarung weiter als zwei Tage in der Zukunft liegt, zu den Termingeschäften gezählt werden.

394 *Haisch* in Haisch/Helios, Rechtshandbuch Finanzinstrumente, 2011, § 1 Rn. 6.

395 *Haisch* in Haisch/Helios, Rechtshandbuch Finanzinstrumente, 2011, § 1 Rn. 6.; *Reiner*, Derivative Finanzinstrumente, 2002, S. 13.

396 *Haisch* in Haisch/Helios, Rechtshandbuch Finanzinstrumente, 2011, § 1 Rn. 6; *Reiner*, Derivative Finanzinstrumente, 2002, S. 32.

397 *Haisch* in Haisch/Helios, Rechtshandbuch Finanzinstrumente, 2011, § 1 Rn. 6.; *Reiner*, Derivative Finanzinstrumente, 2002, S. 13.

398 *Versteegen* in Kölner Kommentar WpHG, 1. Auflage 2007, § 2 Rn. 46.

Synonym zum bedingten Finanztermingeschäft hingegen wird der Begriff des Optionsgeschäfts verwendet. Dieses ist auf den Erwerb eines bedingten Anspruches gegen Zahlung einer Prämie gerichtet, wobei es allein dem Erwerber obliegt, den Bedingungseintritt durch Optionsausübung auszulösen und damit den Anspruch auf Erfüllung zum Entstehen zu bringen.[399] Die andere Vertragspartei, der sogenannte Stillhalter, kann seiner Pflicht in diesem Fall ebenfalls durch Lieferung des Basiswerts (*physical settlement*) oder bar durch entsprechenden Ausgleich (*cash settlement*) nachkommen, wobei dies hier – ebenso wie bei Festgeschäften – von der Parteivereinbarung abhängig ist.

Dem Inhaber des Finanzinstruments wird somit ein Wahlrecht in Hinblick auf den Bezug des Basiswerts eingeräumt, welches er grundsätzlich frei ausüben kann.[400] Bei einer Option wird demnach ein Vertrag geschlossen, in dem alle Bestandteile vorab bereits festgelegt sind, die Entstehung des Erfüllungsanspruchs jedoch noch von dem Eintritt der Bedingung[401] – nämlich einer entsprechenden Willensäußerung des Berechtigten – abhängt.

Sowohl Fest- als auch Optionsgeschäfte werden auch als „Prämiengeschäfte“ bezeichnet, wenn eine Partei sich gegen Zahlung einer Prämie von ihrer Verpflichtung lösen kann, ohne dass dies im Wege der Glattstellung erfolgt.[402] Finanztermingeschäfte lassen sich abgesehen von der Unterscheidung zwischen Fest- und Optionsgeschäft noch weiter untergliedern, wie im Folgenden ersichtlich wird.[403]

(2) Optionen

Optionen werden von Art. 13 Abs. 1b UAbs. 1 lit. b TrRL 2013 selbst als potenzielles Finanzinstrument im Sinne des Art. 13 Abs. 1 UAbs. 1 TrRL 2013 genannt. Optionen sind, wie alle derivativen Finanzinstrumente, zweiseitig verpflichtende Verträge. Die Leistungspflicht ist auf einer Seite stochastisch sowie auf anderer

---

399 MüKoHGB/*Bearbeiter*, 3. Auflage 2014, Effektengeschäft Rn. 52; *Puderbach/Zenke* BKR 2003, 360, 363.

400 *Grunewald/Schlitt*, Kapitalmarktrecht, 3. Auflage 2014, S. 134; *Veil* in Veil, Europäisches Kapitalmarktrecht, 2. Auflage 2014, § 8 Rn. 17 f.; *Veil* in Veil, European Capital Markets Law, 2. Auflage 2017, § 8 Rn. 15.

401 Hier nicht im Rechtssinne zu verstehen, dazu noch später ab S. 261.

402 *Versteegen* in Kölner Kommentar WpHG, 1. Auflage 2007, § 2 Rn. 46.

403 Erwähnt sei daneben bereits an dieser Stelle, dass *swap*-Geschäfte oftmals neben Festgeschäften (und Optionsgeschäften) eingeordnet werden, diese korrekterweise allerdings eine Unterform von Festgeschäften darstellen, zu *swaps* ab S. 148.

Seite potestativ bedingt.[404] Beim Grundtyp des Optionsgeschäfts wird einer der beteiligten Parteien, dem Inhaber, gegenüber dem Vertragspartner, dem Stillhalter, das Recht gewährt, den Kauf (*call* oder *call option*) oder die Abnahme (*put* oder *put option*) eines bestimmten Basiswerts in der Zukunft von seinem Vertragspartner zu einem zuvor vereinbarten Preis (sog. *strike price*[405]) zu fordern. Der Optionskäufer hat es danach in der Hand, das Geschäft mit vereinbarten Konditionen durch Ausübung seiner Option zu veranlassen oder verfallen zu lassen, ihm ist damit ein Gestaltungsrecht eingeräumt.[406] Allerdings handelt es sich dabei nicht bloß um ein solches, wie es beispielsweise aus dem deutschen allgemeinen Zivilrecht bei der Anfechtung oder der Aufrechnung bekannt ist, vielmehr trägt das durch die Option eingeräumte Recht einen eigenen Vermögenswert.[407] Dieser begründet sich in dem Umstand, dass eine Monetarisierung bei Optionsgeschäften schon bei Geschäftsabschluss eintritt, weil die eingeräumte Terminposition dem Stillhalter regelmäßig umgehend vergütet wird, denn anders als bei einem Festgeschäft „vergütet" der Optionskäufer den Erwerb der Gewinnchance nicht dadurch, dass er ein (reziprokes) Verlustrisiko in Kauf nimmt, sondern durch Zahlung der Optionsprämie an den Stillhalter des Finanzinstruments (Optionsverkäufer).[408]

Verläuft die Kursentwicklung des Basiswerts zugunsten des Optionsinhabers, wird dieser seine Option ausüben und Gewinn erwirtschaften – im Falle des Barausgleichs realisiert sich dieser umgehend, sodass die Option als Kapitalanlage dienen kann, weil sie mangels weiterer Verpflichtung des Optionskäufers

---

404 *Reiner*, Derivative Finanzinstrumente, 2002, S. 32. In Deutschland werden Optionen übrigens seit 1970 wieder börslich gehandelt, dazu schon *Koller* WM 1985, 593, 593.

405 Dieser unterscheidet sich oftmals vom tatsächlich aktuellen Marktpreis, weshalb die Parteien – die grundsätzlich jeweils mit unterschiedlicher Wertentwicklung des Basiswerts rechnen – das Geschäft eingehen, dazu gleich.

406 Bei der sog. europäischen Option kann nur am Verfallstag (auch: Fälligkeit), eine sog. amerikanische Option i. d. R. bis zum Verfallstag ausgeübt werden, siehe *Hull*, Derivate, 8. Auflage 2012, S. 31. Sachlich unrichtig ist es daher entgegen der Ansicht von *Lehmann* zu behaupten, der Optionsinhaber erhalte einen Anspruch unter der Bedingung, dass sich der Basiswert positiv entwickelt – es kommt nach Einräumung des Optionsrechts einzig darauf an, ob der Inhaber seine Option ausübt – tut er dies, besteht ein Anspruch. Dass eine entsprechende Ausübung bei negativer Entwicklung des Basiswerts unwirtschaftlich wäre, ändert nichts an der rechtlichen Beurteilung des potestativen Elements, so wohl auch *Schüwer* in Zerey, Finanzderivate, 4. Auflage 2016, § 1 Rn. 8, so aber *Lehmann*, Finanzinstrumente, 2009, S. 338 f.

407 *Lehmann*, Finanzinstrumente, 2009, S. 341.

408 MüKoHGB/*Ekkenga*, 3. Auflage 2014, Band 6, Effektengeschäft Rn. 52.

gegenüber dem Stillhalter wie ein Wertpapier durch Übertragung veräußert wird.[409]

(aa) Varianten

Mit der Zeit haben sich verschiedene Ausprägungen von Optionen entwickelt.[410] Unterschieden wird dabei nach Art des Optionsrechts, der Ausübung, des Abschlusses, der Verkörperung und der Prämienzahlung.[411]

(i) Art des Optionsrechts

Betrachtet man zunächst die Art des Optionsrechts, kommt es darauf an, auf was sich der Anspruch des Inhabers bei Ausübung seiner Option bezieht. Abhängig ist dies von der Parteivereinbarung: Wie schon erwähnt[412], wird grundsätzlich zwischen *call option* und *put option* differenziert. Handelt es sich um eine *call option*, hat der Inhaber bei entsprechender Optionsausübung das Recht, den Basiswert vom Stillhalter zu kaufen. Ist hingegen eine *put option* vereinbart, ist der Stillhalter bei entsprechender Ausübung durch den Inhaber verpflichtet, dem Optionsinhaber den Basiswert abzukaufen.

Unabhängig davon, ob es sich um eine *call option* oder *put option* handelt, besteht einerseits die Möglichkeit, sich auf eine physische Geschäftsabwicklung (*physical settlement*) zu einigen, sodass sich der Anspruch des Optionsinhabers bei Ausübung der Option auf Lieferung des dem Geschäfts zugrunde liegenden Basiswerts (beispielsweise Aktien) bezieht.[413] Andererseits können die Parteien

---

409 *Koller* WM 1985, 593, 593; MüKoHGB/*Ekkenga*, 3. Auflage 2014, Band 6, Effektengeschäft Rn. 52.

410 Ein guter Überblick findet sich in *Mishra/Debasish*, Financial Derivatives, 2007, S. 115 ff.

411 *Haisch* in Haisch/Helios, Rechtshandbuch Finanzinstrumente, 2011, § 1 Rn. 9 ff.; für das Thema der Arbeit weniger relevant und hier daher nicht genauer dargestellt ist die Art der die Prämienzahlung, dazu siehe *Haisch* in Haisch/Helios, Rechtshandbuch Finanzinstrumente, 2011, § 1 Rn. 12.

412 Siehe S. 139.

413 *Kolb/Overdahl*, Futures, Options, Swaps, 5. Auflage 2007, S. 2, *Grunewald/Schlitt*, Kapitalmarktrecht, 3. Auflage 2014, S. 152. *Roberts* hingegen ist unabhängig von dieser rechtlichen Beurteilung der Ansicht, Optionen mit *physical settlement* könnten keine Derivate darstellen, weil letzteren die Entkoppelung vom materiellen Handel immanent ist und bei derartigen Optionen gerade nicht vorliegt. Dies scheint fragwürdig: Auch hier wird der Basiswert zunächst nicht erworben, es geht bei dem Geschäft um eine (auch von ihm beschriebene) Wette auf den künftigen Kursverlauf des Basiswerts. Die Art und Weise, auf welche der „Verlierer" dabei am Ende den „Gewinner" entlohnt, kann den Umstand, dass sich der Geschäftsgegenstand von einem Basiswert ableitet und die Entkoppelung vom materiellen Handel damit jedenfalls zunächst

übereinkommen, einen Differenz – bzw. Barausgleich (*cash settlement*) zu vereinbaren – dann wird dem Optionsinhaber bei Optionsausübung der Differenzbetrag zwischen aktuellem Börsenkurs und Referenzkurs (Kurs zum Zeitpunkt der Vereinbarung) geschuldet.[414]

(ii) Art der Ausübung

Weiter lassen sich Optionen jedoch auch nach ihrer Art der Ausübung differenzieren: „Allerweltsoptionen" (*plain vanilla options*[415]), das heißt einfach konstruierte, weit verbreitete Optionen, werden bezüglich ihres Ausübungstages in europäische und amerikanische Optionen untergliedert. Die europäische Option kann nur am Ende ihrer Laufzeit ausgeübt werden[416], die amerikanische Option dagegen an jedem Handelstag ihrer Laufzeit[417].[418]

---

gegeben ist, nicht unberücksichtigt lassen, a. A. offenbar *Roberts*, Rechtliche Behandlung von Derivaten, 2012, S. 6, 28 f.

414 *Grunewald/Schlitt*, Kapitalmarktrecht, 3. Auflage 2014, S. 152. Typischerweise werden Optionen in standardisierte Optionen, das heißt strukturierte Produkte, welche auf die gängigsten Basiswerte an einer Terminbörse mit fixen Laufzeiten gehandelt werden, und nicht standardisierte *OTC*-Optionen (siehe ab S. 128), das meint frei verhandelbare Optionen, bei welchen Basiswert, Laufzeit sowie alle anderen Optionsbedingungen nicht standardisiert sind, unterteilt, siehe *Wiedemann*, Financial Engineering, 6. Auflage 2013, S. 153.

415 *Mishra/Debasish*, Financial Derivatives, 2007, S. 115.

416 *Haisch* in Haisch/Helios, Rechtshandbuch Finanzinstrumente, 2011, § 1 Rn. 11; *Hull*, Derivate, 8. Auflage 2012, S. 31; *Jahn/Reiner* in Schimansky/Bunte/Lwowski, Bankrechts-Handbuch, 5. Auflage 2017, § 114 Rn. 24.

417 *Haisch* in Haisch/Helios, Rechtshandbuch Finanzinstrumente, 2011, § 1 Rn. 11; *Hull*, Derivate, 8. Auflage 2012, S. 31; *Jahn/Reiner* in Schimansky/Bunte/Lwowski, Bankrechts-Handbuch, 5. Auflage 2017, § 114 Rn. 24.

418 Daneben gibt es noch diverse exotische Optionen, die sich bezüglich ihrer Ausübung unterscheiden. Beispielsweise die „Bermuda Option", die ihren Namen dem britischen Überseegebiet im Atlantik verdankt, welches zwischen Europa und Amerika liegt (bildlich gesprochen demnach eine Mischung der europäischen und amerikanischen Option) - diese ist inhaltlich dadurch gekennzeichnet, dass sie über mehrere fixierte Ausübungstage verfügt. Außerdem existieren zum Beispiel noch die *barrier option*, Asiatische Option bzw. *lookback option*, Russische Option, *chooser option*, *range option* und *cliquet*, siehe *Jahn/Reiner* in Schimansky/Bunte/Lwowski, Bankrechts-Handbuch, 5. Auflage 2017, § 114 Rn. 24 ff., dazu außerdem *Clouth* in Ellenberger/Schäfer/Clouth/Lang, Wertpapier- und Derivatgeschäft, 4. Auflage 2011, S. 442 ff. sowie *Rudolph/Schäfer*, Derivative Finanzmarktinstrumente, 2. Auflage 2010, S. 351 ff.

(iii) Art des Abschlusses

In Hinblick auf die Art des Abschlusses bestehen grundsätzlich zwei Möglichkeiten; wie bereits erwähnt[419], lassen sich Optionen an der Börse oder außerbörslich handeln.[420] Als Handelsplätze kommen dafür nicht die Wertpapierbörsen, sondern Terminbörsen in Betracht.[421]

(iv) Art der Verkörperung

Kennzeichnen lassen sich Optionen weiter nach der Art ihrer Verkörperung - diese können unkörperlich, also „unverbrieft" sein, oder als Optionsscheine in Inhaberschuldverschreibungen (im deutschen Recht nach den §§ 793 ff. BGB) „verbrieft"[422] sein (*warrants*).[423] Derartige Optionsscheine existieren im Übrigen als sogenannte „ungedeckte Optionsscheine" (*naked warrants*) sowie „gedeckte Optionsscheine" (*covered warrants*) - der Vertragspartner kann also, muss aber bei Geschäftsabschluss nicht über den Optionsgegenstand verfügen.[424]

(v) Art der Prämienzahlung

Schließlich wird bei Optionen danach unterschieden, wann die Prämie durch den Inhaber an den Stillhalter zu zahlen ist. Denkbar ist, dass diese am Tag der Einräumung der jeweiligen Rechtsposition fällig wird (*up front premium*) oder aber erst im Falle der Veräußerung, des Verfalls oder der Ausübung (*on close* bzw. *future style premium*).[425]

(bb) Wirtschaftlicher Hintergrund von Finanztermingeschäften am Beispiel der Option

Neben dem Zweck der Absicherung (*hedging*), werden derartige Geschäfte aus Gründen der Arbitrage (*arbitrage*) und Spekulation (die Risiken etwas verharmlosend: *trading*) getätigt.

---

419 Siehe ab S. 128.

420 Zur Abgrenzung zwischen geregelten Märkten und dem außerbörslichen (*OTC*) Handel ab S. 268.

421 *Seiffert* in Kümpel/Wittig, Bank- und Kapitalmarktrecht, 4. Auflage 2011, Rn. 4.351; siehe zur Unterscheidung zwischen sog. Kassa- oder Spotmärkten einerseits und Terminmärkten andererseits ab S. 128.

422 Dass eine Verbriefung nicht stets gleichbedeutend mit einer Verkörperung in einer Urkunde gemeint sein muss, wird noch beschrieben, siehe ab S. 273.

423 *Haisch* in Haisch/Helios, Rechtshandbuch Finanzinstrumente, 2011, § 1 Rn. 14; *Rudolf* in Kümpel/Wittig, Bank- und Kapitalmarktrecht, 4. Auflage 2011, Rn. 19.97.

424 Ausführlich dazu *Gätsch/Theusinger* WM 2005, 1256 ff. sowie *Schlitt/Löschner* BKR 2002, 150 ff.

425 *Haisch* in Haisch/Helios, Rechtshandbuch Finanzinstrumente, 2011, § 1 Rn. 12.

Mit der durch ein Optionsgeschäft erworbenen Rechtsposition lässt sich das Marktpreisrisiko eines weiteren Geschäfts, welches denselben Basiswert zum Gegenstand hat, teilweise oder sogar gänzlich kompensieren.[426] Ermöglicht wird dies dadurch, dass der Investor bei dem Zweit- bzw. Absicherungsgeschäft die Position der Gegenseite aus dem Erstgeschäft einnimmt: Erwirbt beispielsweise ein Investor Aktien, die im Anschluss stark an Wert verlieren, so kann er seinen eingetretenen Verlust mit einer *put option*, die er zeitgleich zum Kauf der Aktien erworben hat, umgehend neutralisieren, indem er sie nach dem Wertverlust der Aktien ausübt und somit vom Stillhalter „entschädigt" wird. Der tatsächliche Verlust des Investors beläuft sich dann im bestmöglichen Fall lediglich auf die gezahlte Optionsprämie.[427]

Arbitrage (französisch *arbitrage*, lateinisch *arbitratus*, übersetzt „freie Wahl" oder „freies Ermessen") ist die risikolose Ausnutzung von Kurs-, Zins- oder Preisunterschieden innerhalb eines bestimmten Zeitraums an verschiedenen Märkten bzw. Orten, um Gewinne zu erzielen.[428] Wäre der Kapitalmarkt vollkommen, bestünden also keine entsprechenden Unterschiede, gäbe es keinerlei Möglichkeiten, die Arbitrage auszunutzen.[429] Marktunvollkommenheiten werden vom Arbitrageur zur Erzielung eigener Vorteile ausgenutzt, wobei dies gerade für die Herstellung und Beibehaltung eines Preisgleichgewichts zwischen den Märkten erforderlich ist[430]: Rationale, ökonomisch handelnde Investoren

---

426 *Grunewald/Schlitt*, Kapitalmarktrecht, 3. Auflage 2014, S. 135; *Kohn*, Financial Institutions And Markets, 2. Auflage 2004, S. 476 ff.; *Haisch* in Haisch/Helios, Rechtshandbuch Finanzinstrumente, 2011, § 1 Rn. 26; *Müller*, Hedging, 2008, S. 20 ff. und 39 f.; *Oulds* in Kümpel/Wittig, Bank- und Kapitalmarktrecht, 4. Auflage 2011, Rn. 14.45. Da der wirtschaftliche Wert einer Option von der nicht verlässlich vorhersehbaren Marktpreisentwicklung innerhalb des vereinbarten Zeitraumes abhängt, ist diese Art von Finanzgeschäft sehr risikoträchtig, siehe *Oulds* in Kümpel/Wittig, Bank- und Kapitalmarktrecht, 4. Auflage 2011, Rn. 14.46. Zur Notwendigkeit von Riskomanagement bei Derivaten vgl. *Scharpf/Luz*, Risikomanagement von Finanzderivaten, 2. Auflage 2000, S. 64 ff.

427 Sehr ausführlich zum *hedging Burghof/Henke/Rudolph* ZBB 1998, 277, 277 ff. (in Bezug auf Kreditderivate); *Mishkin/Eakins*, Financial Markets, 7. Auflage 2012, S. 630 ff.; *Reiner*, Derivative Finanzinstrumente, 2002, S. 58 ff. sowie *Rudolph/Schäfer*, Derivative Finanzmarktinstrumente, 2. Auflage 2010, S. 33.

428 *Haisch* in Haisch/Helios, Rechtshandbuch Finanzinstrumente, 2011, § 1 Rn. 27.

429 *Rudolph/Schäfer*, Derivative Finanzmarktinstrumente, 2. Auflage 2010, S. 34.

430 *Rudolph/Schäfer*, Derivative Finanzmarktinstrumente, 2. Auflage 2010, S. 31 f., 35; *Lehmann*, Finanzinstrumente, 2009, S. 339.-

kaufen günstig und verkaufen teuer, wodurch sich der Preis auf verschiedenen Märkten mit der Zeit nivelliert.

Termingeschäfte, insbesondere in Form der Optionen, werden allerdings auch zur Spekulation genutzt, indem auf Differenzgewinne aus Kursschwankungen der Märkte innerhalb eines bestimmten Zeitraums abgezielt wird.[431] Nach Beurteilung der erwarteten Entwicklung eines Basiswerts wird eine derivative Position eingegangen, der keine Gegen- bzw. Grundposition des betreffenden Basiswerts gegenübersteht.[432] Erhöhte gesamtökonomische Relevanz und gesteigertes Investoreninteresse weckt die Spekulation mit derivativen Positionen, da eine solche, im Vergleich zu einer entsprechenden Kapitalanlage im Basiswert, mit geringem finanziellen Aufwand eingegangen werden kann und sich die Entwicklung des Basiswerts bezogen auf die Investition in die derivative Position durch die Hebelwirkung (*leverage effect* oder einfach *leverage*) überproportional in derselben abbildet – allerdings unabhängig von der Richtung des Kursverlaufs, sodass hohe Gewinne erzielt werden aber auch beachtliche Verluste eintreten können.[433]

(3) Futures

Bei dem (Finanz-)Terminkontrakt[434] (*future* oder *future contract*) handelt es sich um eine Vereinbarung über den künftigen Kauf oder Verkauf einer Ware oder eines Finanztitels, wobei der Preis bereits bei Vertragsschluss vereinbart wird.[435] Gehandelt werden jedoch nicht nur Waren (*commodity futures*) bzw. Geld oder Kapitalmarkttitel (*financial futures*), sondern auch fiktive „Güter" wie beispielsweise Indizes.

---

431 *Seiffert* in Kümpel/Wittig, Bank- und Kapitalmarktrecht, 4. Auflage 2011, Rn. 4.355; *Walla* in Veil, Europäisches Kapitalmarktrecht, 2. Auflage 2014, § 15 Rn. 5. Allgemein zu Spekulationsgeschäften und deren Risiken bei Derivaten: *Clouth* in Ellenberger/Schäfer/Clouth/Lang, Wertpapier- und Derivatgeschäft, 4. Auflage 2011, S. 455 ff.

432 *Grunewald/Schlitt*, Kapitalmarktrecht, 3. Auflage 2014, S. 136.

433 *Grunewald/Schlitt*, Kapitalmarktrecht, 3. Auflage 2014, S. 136; *Lehmann*, Finanzinstrumente, 2009, S. 339; *Roberts* beschreibt dies als Spiel oder Wette, vergleichbar mit Pferderennen, siehe *Roberts*, Rechtliche Behandlung von Derivaten, 2012, S. 6 f.

434 Nicht zu verwechseln ist der Begriff des Terminkontrakts mit dem allgemeinen Begriff des (Finanz-)Termingeschäfts, siehe dazu ab S. 137.

435 *Chance/Brooks*, Derivatives, 10. Auflage 2016, S. 5, 274 ff.; *Grunewald/Schlitt*, Kapitalmarktrecht, 3. Auflage 2014, S. 139; *Haisch* in Haisch/Helios, Rechtshandbuch Finanzinstrumente, 2011, § 1 Rn. 43.

Die stets börslich[436] gehandelten *futures*[437] (das außerbörsliche Pendant stellen *forwards*[438] dar) gehören nicht zu den Options-, sondern zu den Festgeschäften[439]: Die Parteien vereinbaren fix, den Handelsgegenstand zu einem bestimmten Zeitpunkt in der Zukunft für einen bereits zuvor festgelegten Preis zu kaufen bzw. zu verkaufen.[440] Auch hier wetten die Vertragsparteien demnach gegensätzlich auf den Kursverlauf des Referenzwertes.[441]

Ein solcher Finanzterminkontrakt ist in Qualität und Quantität[442] standardisiert und auch insoweit für beide Parteien verbindlich.[443] Eine sog.

---

436 Die Abgrenzung daran, ob ein Produkt „börslich" gehandelt wird oder nicht, ist streng genommen nicht mehr zeitgemäß - viel mehr wird heute zwischen Geschäften innerhalb multilateraler Systeme und außerhalb solcher Systeme („*OTC*") unterschieden, dazu noch ab S. 268.

437 *Grunewald/Schlitt*, Kapitalmarktrecht, 3. Auflage 2014, S. 139; *Kolb/Overdahl*, Futures, Options, Swaps, 5. Auflage 2007, S. 14. Sog. „*forwards*" bilden das außerbörsliche Gegenstück zu „*futures*", siehe zum Beispiel *Hull*, Derivate, 8. Auflage 2012, S. 28 ff.

438 Siehe ab S. 147.

439 Gängige Formen von Festgeschäften sind neben Futures auch *forward rate agreements* (dazu ab S. 150), siehe *Haisch* in Haisch/Helios, Rechtshandbuch Finanzinstrumente, 2011, § 1 Rn. 41. Zu der Unterscheidung zwischen Options- und Festgeschäften siehe bereits ab S. 137. Zur Abgrenzung zwischen geregelten Märkten und dem außerbörslichen (*OTC*) Handel ab S. 268.

440 Als Positionen stehen sich dabei „*Long*" für den Kauf und „*Short*" für den Verkauf gegenüber: Der Käufer eines Terminkontrakts verpflichtet sich, zu einem bereits festgelegten Zeitpunkt in der Zukunft (sog. Verfallstag) den Basiswert zu einem bereits festgelegten Preis zu kaufen (*long-future* genannt). Der Verkäufer eines Terminkontrakts hingegen geht die Verpflichtung ein, den Basiswert zu vereinbarten Bedingungen zu einem bereits festgelegten Zeitpunkt in der Zukunft zu verkaufen (*short-future* genannt) – das gilt für *futures* mit physischer Abwicklung, wobei ebenso die Möglichkeit besteht, stattdessen Barausgleich zu vereinbaren, siehe *Chance/Brooks*, Derivatives, 10. Auflage 2016, S. 45.

441 Abhängig vom Basiswert wird zwischen Financial-Futures (Wertpapiere als Basiswert) und Commodity-Futures (Rohstoffe oder Waren als Basiswert) differenziert, siehe *Grunewald/Schlitt*, Kapitalmarktrecht, 3. Auflage 2014, S. 139; *Haisch* in Haisch/Helios, Rechtshandbuch Finanzinstrumente, 2011, § 1 Rn. 43 m. w. N.

442 Menge, Preis und Laufzeiten sind also grundsätzlich unveränderbar reglementiert, *Grunewald/Schlitt*, Kapitalmarktrecht, 3. Auflage 2014, S. 139; *Schüwer* in Zerey, Finanzderivate, 4. Auflage 2016, § 1 Rn. 6 („standardisierte Merkmale").

443 *Grunewald/Schlitt*, Kapitalmarktrecht, 3. Auflage 2014, S. 139; *Haisch* in Haisch/Helios, Rechtshandbuch Finanzinstrumente, 2011, § 1 Rn. 43; *Heussinger/Klein/Raum*, Optionsscheine, Optionen und Futures, 2000, S. 111 f.

Clearingstelle[444] ist hierbei für beide Parteien rechtlich der Vertragspartner, wodurch das Kredit(-ausfall-)risiko jeweils bei nahezu null Prozent liegt, was diese Art von Geschäft wirtschaftlich attraktiv und damit populär macht.[445] Ebenso wie bei Optionen (und fast allen übrigen Derivaten) besteht prinzipiell die Möglichkeit des *cash settlement* und *physical settlement*[446], wenngleich selten tatsächlich eine Übertragung des *underlying* und damit ein *physical settlement* stattfindet.[447]

(4) Forwards

Forwards werden zwar von Art. 13 Abs. 1b UAbs. 1 TrRL 2013 nicht ausdrücklich als potenzielles Finanzinstrument im Sinne des Art. 13 Abs. 1 UAbs. 1 TrRL 2013 genannt, sind jedoch ob ihres Inhalts unter Umständen von Mitteilungspflichten nach der TrRL 2013 erfasst. Bei *forwards* handelt es sich um nicht börsengehandelte (*OTC*[448]), unbedingte Termingeschäfte. Im Übrigen gleichen sie inhaltlich den Futures, eben mit dem Unterschied, dass sie nicht börslich gehandelt werden und deshalb nicht an Vorgaben einer Börse gebunden sind, womit die Vertragsdetails individuell sein können.[449]

Danach handelt es sich bei einem *forward* um einen individuellen Vertrag zwischen zwei Parteien, zu einem bestimmten Zeitpunkt in der Zukunft (Fälligkeit) zu einem bestimmten Preis (*forward*-Preis oder Terminpreis) einen frei wählbaren Basiswert vom Vertragspartner zu kaufen bzw. dem Vertragspartner zu verkaufen.[450] Bei Fälligkeit, das heißt am Abrechnungstag, hat der *forward* einen Wert, der sich nach der Differenz zwischen dem vereinbarten *forward*-Preis und dem aktuellen Preis des Basiswerts bemisst: Kauft der

---

444 Siehe dazu schon bei den Merkmalen von Finanzinstrumenten unter der Vertretbarkeit, ab S. 103.

445 *Büschgen*, Börsenlexikon, 23. Auflage 2012, S. 226; *Chance/Brooks*, Derivatives, 10. Auflage 2016, S. 51 ff.; *Grunewald/Schlitt*, Kapitalmarktrecht, 3. Auflage 2014, S. 139, 153; *Schüwer* in Zerey, Finanzderivate, 4. Auflage 2016, § 1 Rn. 6.

446 Siehe S. ab S. 141.

447 *Lehmann*, Finanzinstrumente, 2009, S. 101.

448 Zur Abgrenzung zwischen geregelten Märkten und dem außerbörslichen (*OTC*) Handel ab S. 268.

449 *Grunewald/Schlitt*, Kapitalmarktrecht, 3. Auflage 2014, S. 139; *Haisch* in Haisch/Helios, Rechtshandbuch Finanzinstrumente, 2011, § 1 Rn. 41; *Hull*, Derivate, 8. Auflage 2012, S. 28; *Lehmann*, Finanzinstrumente, 2009, S. 340; *Schüwer* in Zerey, Finanzderivate, 4. Auflage 2016, § 1 Rn. 5.

450 *Schüwer* in Zerey, Finanzderivate, 4. Auflage 2016, § 1 Rn. 5.

Investor einen forward („*long* Position"), profitiert er von steigenden Preisen, während ein Verkäufer („*short* Position") bei sinkenden Preisen ertragreich gewirtschaftet hat.[451]

Oftmals werden *forwards* im Deutschen als „Termingeschäfte" übersetzt[452], was in dieser Arbeit angesichts der Verwechslungsgefahr von „Termingeschäften" mit dem allgemeinen Begriff der „Finanztermingeschäfte" vermieden wird, da diese Begriffe in der Literatur vielfach synonym verwendet werden.

(5) Swaps

Der *swap* (engl. für „Austausch") ist unionrechtlich mehrfach erwähnt, insbesondere in Art. 13 Abs. 1b UAbs. 1 lit. d.[453] Der Begriff „*swap*" rührt von dem englischen „*to swap*" (zu Deutsch etwa „austauschen", „tauschen" oder „wechseln"). Bei einem *swap* handelt es sich um eine vertragliche Vereinbarung, die einen wechselseitigen Austausch von Geldzahlungen oder auf Rechnungseinheiten lautenden Beträgen über einen bestimmten Zeitraum zu bestimmten Zeitpunkten beinhaltet.[454] Da im Englischen damit keine besondere rechtliche Bedeutung oder Wertung verbunden ist, lassen sich vielerlei Sachverhalte als *swap* bezeichnen.[455] Es handelt sich dabei um ein wirtschaftlich sehr bedeutsames „außerbörsliches" Finanztermingeschäft[456]: Gegenstand ist eine Vereinbarung, in der sich die Vertragsparteien dazu verpflichten, einmalig oder periodisch Zahlungsströme (*cashflows*) auf Basis jeweils zugrunde liegender Nominalbeträge bzw.

---

451 *Schüwer* in Zerey, Finanzderivate, 4. Auflage 2016, § 1 Rn. 5.

452 Vgl. nur Anhang I Abschnitt C Nr. 5 und 7 MiFID II in englischer und deutscher Fassung.

453 Unter anderem auch in der inzwischen aufgehobenen MiFID I (vgl. Fn. 141), Anhang I Abschnitt C Nr. 3-6 und 10 MiFID I bzw. Anhang I Abschnitt C Nr. 4-7 und 10 MiFID II; außerdem im inzwischen aufgehobenen Art. 11 Abs. 1, UAbs. 1 DurchführungsRL 2007 a. F.; zur rechtlichen Behandlung im Rahmen der TrRL 2013 ab S. 281.

454 *Jahn/Reiner* in Schimansky/Bunte/Lwowski, Bankrechts-Handbuch, 5. Auflage 2017, § 114 Rn. 6; *Kumpan* in Schwark/Zimmer, Kapitalmarktrechts-Kommentar, 4. Auflage 2010, § 2 WpHG Rn. 38; *Lehmann*, Finanzinstrumente, 2009, S. 133 ff.

455 *Jahn/Reiner* in Schimansky/Bunte/Lwowski, Bankrechts-Handbuch, 5. Auflage 2017, § 114 Rn. 6.

456 *Jahn/Reiner* in Schimansky/Bunte/Lwowski, Bankrechts-Handbuch, 5. Auflage 2017, § 114 Rn. 6; *Lehmann*, Finanzinstrumente, 2009, S. 134; *Rudolf* in Kümpel/Wittig, Bank- und Kapitalmarktrecht, 4. Auflage 2011, Rn. 19.123 ff.; zur Abgrenzung zwischen geregelten Märkten und dem außerbörslichen (*OTC*) Handel ab S. 268.

Referenzwerte, bei Rohwaren-*swaps* einer zugrunde liegenden Bezugsmenge eines Rohstoffs, auszutauschen.[457]

Untergliedern lassen sich dabei fünf Kategorien[458], die für Mitteilungspflichten nur zum Teil von Bedeutung sind; dazu zählen vor allem Wertpapier-*swaps* (*equity-linked swaps*). Darüber hinaus existieren Zinssatz-*swaps* (auch Zins-Swaps bzw. *interest rate swaps, rate exchange transactions*), Währungs-*swaps* (einschließlich Zinssatz- und Währungs-*swaps*, auch *currency swaps*, *cross-currency swaps*, *cross-currency interest rate swaps*), Warenpreis-*swaps*/Rohwaren-*swaps* (*commodity swaps*) sowie sonstige *swaps*. In der anglo-amerikanischen Fachsprache gibt es für die verschiedenen Untergruppen dieser *swap*-Geschäfte teilweise eigene, aus sich heraus nicht immer konturenscharfe Bezeichnungen, welche die bereits vorhandene Begriffsverwirrung verstärken.[459]

Als *OTC*-Geschäft sind die Einzelheiten des Geschäfts zwischen den Parteien frei verhandelbar.[460] Auf dem Sekundärmarkt wird der entsprechende Basiswert nur selten auf die Weise übertragen, wie es etwa bei Aktien oder Anleihen der Fall ist. Der Grund dafür liegt in zu hohen Kosten für die Information über die Bonität der Gegenpartei sowie sonstige Transaktionskosten, sodass ein „Positionswechsel" anders, nämlich mittels eines *reverse swap* mit einer dritten Partei zu spiegelbildlichen Bedingungen das (erste) *swap*-Geschäft zwar nicht rechtlich, aber wirtschaftlich „aufhebt".[461]

Swaps dienen in der Regel als Risikoabsicherung, werden aber auch spekulativ zur Renditeoptimierung eingesetzt.[462] *Swaps* werden oftmals weder in die

---

457 *Büschgen*, Börsenlexikon, 23. Auflage 2012, S. 975; *Grunewald/Schlitt,* Kapitalmarktrecht, 3. Auflage 2014, S. 141; *Rudolf* in Kümpel/Wittig, Bank- und Kapitalmarktrecht, 4. Auflage 2011, Rn. 19.232; diverse Unterformen sind beschrieben bei *Haisch* in Haisch/Helios, Rechtshandbuch Finanzinstrumente, 2011, § 1 Rn. 47.

458 Vgl. zu dieser Unterteilung *Jahn/Reiner* in Schimansky/Bunte/Lwowski, Bankrechts-Handbuch, 5. Auflage 2017, § 114 Rn. 7 ff. Dazu auch *Haisch* in Haisch/Helios, Rechtshandbuch Finanzinstrumente, 2011, § 1 Rn. 48 ff., der vier Kategorien aufwirft, da er die Warenpreis-swaps/Rohwaren-*swaps* den „sonstigen *swaps*" unterordnet. Vgl. außerdem ausführlich zu *swaps Krämer*, Finanzswaps und Swapderivate, 1999, S. 10 ff.

459 Dazu auch gleich noch im Rahmen der Differenzgeschäfte ab S. 151; i. Ü. Vgl. *Jahn/Reiner* in Schimansky/Bunte/Lwowski, Bankrechts-Handbuch, 5. Auflage 2017, § 114 Rn. 6: Die Praxis entwickelt ständig neue Begriffsvarianten und prägt dafür eigene Namen (zum Beispiel „*switch swaps*"), für die es häufig keine allgemein verwendeten deutschsprachigen Begriffe gibt.

460 *Grunewald/Schlitt,* Kapitalmarktrecht, 3. Auflage 2014, S. 142.

461 *Lehmann*, Finanzinstrumente, 2009, S. 134.

462 *Rudolf* in Kümpel/Wittig, Bank- und Kapitalmarktrecht, 4. Auflage 2011, Rn. 19.127; siehe bereits zu Spekulationsgeschäften ab S. 143.

Kategorie der Festgeschäfte, noch die der Optionsgeschäfte eingeordnet, sondern stehen daneben. Dies lässt sich insbesondere mit oben dargestellter Definition des Festgeschäfts nur schwer verteidigen, die ein im Kern vorherrschendes, wenn nicht gar einhelliges Verständnis wiedergibt: Wenn ein Festgeschäft sich dadurch auszeichnet, dass die Lieferung und Abnahme eines Basiswerts zu einem zukünftigen Zeitpunkt fest vereinbart ist und es nach Abschluss des Geschäfts keine Frage mehr ist, ob, wann und wie die Erfüllung beiderseits tatsächlich stattfinden wird, lässt sich auch ein *swap* unter dieser Definition erfassen. Richtigerweise stellen *swaps* deshalb mehrere nacheinander abzuwickelnde Festgeschäfte dar.[463]

Es stellt sich weiterhin die Frage nach einer Abgrenzung zu den außerbörslich[464] gehandelten *forwards*. Wie beschrieben ist ein *swap* ein Vertrag zwischen zwei Parteien, die sich zum gegenseitigen Austausch zukünftiger Zahlungen verpflichten. Die Vereinbarung determiniert einerseits die Zeitpunkte, an welchen die Zahlungen getätigt werden müssen, und andererseits ebenso, in welcher Weise deren Betrag zu bestimmen ist. Während bei *forwards* der Transfer von Zahlungen zu einem einzigen Zeitpunkt in der Zukunft stattfindet, führen *swaps* zu Zahlungstransfers an mehreren künftigen Zeitpunkten. Werden *swaps* daher nicht an einem geregelten Markt gehandelt, so lassen sie sich daher auch als eine Folge nacheinander abzuwickelnden *forwards* interpretieren. Die genaue Einordnung ist jedoch für die Thematik dieser Arbeit insofern nicht von Belang, als *swaps* in Art. 13 Abs. 1b UAbs. 1 lit. d TrRL 2013 ausdrücklich erwähnt sind und damit hinsichtlich eine Mitteilungspflicht lediglich die Voraussetzungen des Art. 13 Abs. 1 UAbs. 1 lit. a oder b relevant sind.[465]

(6) Zinsausgleichsvereinbarungen

Zinsausgleichsvereinbarungen werden von Art. 13 Abs. 1b UAbs. 1 lit. e TrRL 2013 als potenzielles Finanzinstrument im Sinne des Art. 13 Abs. 1 UAbs. 1 TrRL 2013 genannt, allerdings weder in der Richtlinie selbst noch durch einen Verweis in einem anderen europäischen Rechtsakt definiert. Zinsausgleichsvereinbarungen (*forward rate agreements*, kurz *FRAs*) zählen zu den außerbörslichen

---

463 *Kumpan* in Schwark/Zimmer, Kapitalmarktrechts-Kommentar, 4. Auflage 2010, § 2 WpHG Rn. 37.

464 Zur Abgrenzung zwischen geregelten Märkten und dem außerbörslichen (*OTC*) Handel ab S. 268.

465 Zur rechtlichen Einordnung von *swaps* in diesem Zusammenhang ab S. 303 und S. 333.

unbedingten Termingeschäften (Festgeschäfte).[466] Sie dienen dazu, sich gegen Zinsänderungsrisiken abzusichern: Vereinbart wird, dass für die fiktive Aufnahme oder Anlage eines bestimmten Nominalkapitals während eines festgelegten, künftigen Zeitraumes ein bestimmter Zinssatz („*FRA*-Zins") gilt, sodass man sich vor der vermuteten oder erwarteten tatsächlichen Änderung des Referenzzinssatzes, je nachdem, welcher Verlauf erwartet wird, schützen kann; dabei wird regelmäßig ein fester Zinssatz gegen einen variablen Zinssatz getauscht.[467] Anders formuliert: Um Zinsschwankungen zu meiden und damit genau kalkulierbare Kosten einplanen zu können, einigt man sich mit der Gegenseite auf einen bestimmten, durchgängig gleichen (festen) Zinssatz, der auf den vereinbarten Nominalbetrag zu zahlen ist.

In Abgrenzung zu börslich gehandelten (Zins-)*futures* können diese Geschäfte ganz individuell ausgehandelt werden; sie sind weder in Laufzeit noch Basiswert standardisiert und auch Zinssatz sowie die Kapitalsumme sind nicht festgelegt, sondern frei verhandelbar.[468] Die wirtschaftliche Motivation hinter Zinsausgleichsvereinbarungen ist wie bei Optionen vorrangig die Absicherung, auch wird damit Arbitrage und Spekulation betrieben.[469]

bb) Differenzgeschäfte

Nicht in die Kategorie der Finanztermingeschäfte aufgenommen sind hier die Differenzgeschäfte (im Englischen *contract for difference, kurz* CFD - zumeist

---

466 *Böhm/Bergfo* in Assies/Beule/Heise/Strube, Kapitalmarktrecht, 4. Auflage 2015, Kapitel 7, Rn. 542 ff.; *Hull*, Derivate, 8. Auflage 2012, S. 124; *Rudolf* in Kümpel/Wittig, Bank- und Kapitalmarktrecht, 4. Auflage 2011, Rn. 19.160. Zur Abgrenzung zwischen geregelten Märkten und dem außerbörslichen (*OTC*) Handel ab S. 268.

467 *Bösch*, Derivate, 3. Auflage 2014, S. 199 ff.; *Haisch* in Haisch/Helios, Rechtshandbuch Finanzinstrumente, 2011, § 1 Rn. 45; *Hull*, Derivate, 8. Auflage 2012, S. 124; *Perridon/Steiner/Rathgeber*, Finanzwirtschaft, 16. Auflage 2012, S. 327; *Wiedemann*, Financial Engineering, 6. Auflage 2013, S. 108 f.; *Haisch* in Haisch/Helios, Rechtshandbuch Finanzinstrumente, 2011, § 1 Rn. 45.

468 *Rudolf* in Kümpel/Wittig, Bank- und Kapitalmarktrecht, 4. Auflage 2011, Rn. 19.160; zivilrechtlich werden FTAs als Verträge sui generis behandelt, m. w. N.; *Haisch* in Haisch/Helios, Rechtshandbuch Finanzinstrumente, 2011, § 1 Rn. 45; allerdings wird ein Standardvertrag für Forward Rate Agreements, der von der British Bankers Association entwickelt wurde (sog. *FRABBA-Terms*), allgemein akzeptiert. Zur Abgrenzung zwischen geregelten Märkten und dem außerbörslichen (*OTC*) Handel ab S. 268.

469 Siehe dazu ab S. 143; *Haisch* in Haisch/Helios, Rechtshandbuch Finanzinstrumente, 2011, § 1 Rn. 39.

äquivalent ebenso[470] *cash(-settled) (total return) equity swaps* oder schlicht *total return swaps),* welche von Art. 13 Abs. 1b UAbs. 1 lit. f TrRL 2013 als potenzielle Finanzinstrumente im Sinne des Art. 13 Abs. 1 UAbs. 1 TrRL 2013 genannt werden.[471] Differenzgeschäfte heben sich von anderen Derivaten dadurch ab, dass sie sich weder auf einen bestimmten Basiswert beziehen, noch auf einen bestimmten Handelsplatz beschränkt und auch in ihrer Laufzeit unbegrenzt (und unbegrenzbar[472]) sind.[473]

Mit dem Differenzgeschäft ist eine unter der entsprechenden Bezeichnung (CFD) scheinbar vor allem im anglo-amerikanischen Raum verbreitete Variation des *swap,* genauer die eines *cash(-settled) total return (equity) swap* gemeint.[474] Hierbei handelt es sich um einen *swap* mit Barausgleich, verknüpft mit Elementen eines *forwards* und zwar insofern, als die Differenz zwischen dem Eröffnungspreis und dem Abrechnungspreis der Referenzwerte bei Beendigung des Kontrakts in bar beglichen wird.[475] Um Preisschwankungen der betreffenden Basiswerte entgegenzuwirken und damit das Ausfallrisiko zu minimieren, stellen die Parteien einander Sicherheiten (*margins*).[476] Hauptsächlich vereinbaren die Parteien den Austausch von Wertentwicklung und Erträgen eines Basiswerts (Wertpapiere, Indizes, Wechselkurse, Währungen, Rohstoffe oder Waren)

---

470 Zur Ungenauigkeit dieser englischen Bezeichnungen *Brandt* BKR 2008, 441, 445.

471 Die gesonderte Erwähnung anstelle einer solchen im Rahmen der *swaps* folgt insoweit dem Muster des Art. 13 Abs. 1b UAbs. 1, der selbst in lit. d bzw. f zwischen *swaps* und Differenzgeschäften trennt.

472 Vgl. *Dahm/Hamacher,* DStR 2008, 1910, 1914.

473 *Ritz* in Just/Voß/Ritz/Becker, WpHG, 2015, § 2 Rn. 71; *Roth* in Kölner Kommentar WpHG, 2. Auflage 2014, § 2 Rn. 107.

474 *Brandt* BKR 2008, 441, 445; *Fleischer/Schmolke* ZIP 2008, 1501, 1503; *Haisch* in Haisch/Helios, Rechtshandbuch Finanzinstrumente, 2011, § 1 Rn. 61 ff.; *Meyer/Kiesewetter* WM 2009, 340, 345. Wenn CFDs indes tatsächlich nur eine bestimmte Form von *swap*-Geschäften darstellen, drängt sich die Frage auf, weshalb der Unionsgesetzgeber offenbar anderer Auffassung ist: Die Existenzberechtigung des Art. 13 Abs. 1b UAbs. 1 lit. f schiene bei derartigem Verständnis fragwürdig, da mit Art. 13 Abs. 1b UAbs. 1 lit. d *swaps* erfasst sind und eine gesonderte Kategorie bestimmter *swap*-Geschäfte, betitelt als „Differenzgeschäfte", damit wohl obsolet wäre. Hier sollen jedoch vor allem die tatsächlichen bzw. wirtschaftlichen Unterschiede beleuchtet werden, bevor etwaige Differenzierungsmerkmale im Unionsrecht später dargestellt werden, dazu ab S. 309.

475 *Storck* in Zerey, Finanzderivate, 4. Auflage 2016, § 12 Rn. 14.

476 *Storck* in Zerey, Finanzderivate, 4. Auflage 2016, § 12 Rn. 14.

gegen Zinszahlungen während der Laufzeit.[477] CFDs ermöglichen es demnach, in Wertveränderungen eines Basiswerts zu investieren, ohne diesen erwerben zu müssen.[478] Dabei kann auf Kursgewinne oder -verluste des zu Grunde liegenden Basiswertes gesetzt werden. Im Unterschied zu einem physischen Kauf des Basiswertes gegen Leistung des aktuellen Marktwertes muss der Erwerber lediglich die Sicherheitsleistung (*margin*) zur Deckung der Risiken aus dem Kontrakt hinterlegen, welche einem bestimmten Prozentsatz des gehandelten Basiswertes entspricht, wobei ein etwaiger Hebel (*leverage*) berücksichtigt wird.[479]

Allein der Bezeichnung nach lässt sich unter dem Differenzgeschäft ein Derivatgeschäft verstehen, bei dem die Vertragsparteien meist kein Interesse am Basiswert *per se* zeigen, sondern lediglich an der Kurs- bzw. Preisdifferenz dessen zwischen dem Tag des Geschäftsabschlusses und dem Wert zum (theoretischen) Erfüllungszeitpunkt.[480] Gleiches gilt zwar auch für *swap*-Geschäfte, doch zum einen werden bei solchen oftmals, wenn auch nicht ausschließlich (je nach Referenzwertverlauf) regelmäßig Zahlungen geleistet, zum anderen wird grundsätzlich Barausgleich vereinbart. Damit ließen sich *swap*-Geschäfte wegen ihrer spezielleren Anforderungen als Unterart von Differenzgeschäften bezeichnen.[481] Verwirrend mutet jedoch an, dass dies im anglo-amerikanischen Raum gerade umgekehrt gilt: *Contracts for differences* werden dort als spezielle Form der *swaps* angesehen.[482] Weitestgehend wird dort unter einem *contract for difference*, und damit materiell(-rechtlich) noch einschränkender, lediglich ein *cash(-settled) total return (equity) swap* verstanden.[483]

---

477 *Kumpan* in Schwark/Zimmer, Kapitalmarktrechts-Kommentar, 4. Auflage 2010, § 2 WpHG Rn. 48; *Rudolf* in Kümpel/Wittig, Bank- und Kapitalmarktrecht, 4. Auflage 2011, Rn. 19.155 ff. CFDs unterscheiden sich insoweit von *futures* dadurch, dass regelmäßig keine Laufzeitbeschränkung vereinbart wird – dementsprechend sind die Risiken bei diesen Finanzinstrumenten unter Umständen noch höher. Um diese zu begrenzen, werden bei Abschluss des Kontraktes regelmäßig Ober- oder Untergrenzen festgelegt, bei denen das Geschäft automatisch beendet wird, vgl. auch *Dahm/Hamacher*, DStR 2008, 1910, 1914 sowie ab S. 145.

478 *Haisch/Helios*, Rechtshandbuch Finanzinstrumente, 2011, § 1 Rn. 55; *Stobbe*, CFDs, 2010, S. 34.

479 *Dahm/Hamacher*, DStR 2008, 1910, 1914.

480 *Ebner/Paulmayer* in Zerey, Finanzderivate, 4. Auflage 2016, § 37 Rn. 94; *Rudolf* in Kümpel/Wittig, Bank- und Kapitalmarktrecht, 4. Auflage 2011, Rn. 19.13.

481 So wohl auch *Brandt* BKR 2008, 441, 445.

482 *Fox/Trost* Finanz Betrieb 2006, 37, 38 f.; *Lehmann*, Finanzinstrumente, 2009, S. 134; *Weber/Meckbach* BB 2008, 2022, 2023.

483 Vgl. *Fleischer/Schmolke* ZIP 2008, 1501, 1503; *Schnabel/ Korff* ZBB 2007, 179, 183.

Gegenüber gewöhnlichen *swaps* mag bei CFDs die Besonderheit bestehen, dass zum einen *margins* hinterlegt werden, deren Höhe laufend an die jeweilige Verpflichtung angepasst wird; zum anderen sind CFDs regelmäßig zeitlich unbegrenzt und werden durch Kündigung oder Aufhebungs- bzw. Gegenvertrag beendet, wenn keine Ober- oder Untergrenzen vereinbart wurden, welche das Geschäft automatisch beenden.[484] Eine Erklärung dafür, weshalb auch in der englischen Fassung der TrRL 2013 zwischen *swaps* und *contracts for differences* kategorisch unterschieden wird, bietet dies jedoch nicht. Der Grund dafür liegt womöglich in der wirtschaftlichen Praxis: Bei einem *cash(-settled) total return (equity) swap* vereinbaren die Parteien, in der Zukunft Zahlungsströme in Abhängigkeit der Entwicklung einer Aktie auszutauschen. Steigt der Wert der Aktie, zahlt beispielsweise eine Bank die Differenz zwischen Aktienkurs und Referenzkurs an den Anleger – sinkt er hingegen, ist der Anleger in der Pflicht, die Differenz zum Referenzkurs an die Bank zu zahlen.[485] Differenzgeschäfte nicht in die Kategorie der Finanztermingeschäfte aufzunehmen, würde eine Abgrenzung zu *swap*-Geschäften erlauben: Als Grund für diesen Ausschluss der Differenzgeschäfte könnte man anführen, dass ihre Laufzeit regelmäßig nicht festgelegt ist und es ihnen aufgrund dessen an einem Fälligkeitszeitpunkt mangelt.[486] Finanztermingeschäfte hingegen zeichnen sich durchweg dadurch aus, dass ein Erfüllungszeitpunkt oder -raum in der Zukunft vereinbart ist und es sich um Fest- oder Optionsgeschäfte handelt; bei ersteren ist die eine Vertragspartei verpflichtet, der anderen Partei zu einem bestimmten Zeitpunkt einen bestimmten Basiswert zu liefern bzw. einen Differenzausgleich zu leisten, während die andere Partei - bei *physical settlement* - zu dessen Abnahme und Erbringung der bei Vertragsschluss vereinbarten Gegenleistung verpflichtet ist. Bei einem

---

484 *Lehmann*, Finanzinstrumente, 2009, S. 135; *Ritz* in Just/Voß/Ritz/Becker, WpHG, 2015, § 2 Rn. 71; *Roth* in Kölner Kommentar WpHG, 2. Auflage 2014, § 2 Rn. 107. Allerdings werden Differenzgeschäfte auch außerbörslich gehandelt, sodass sie jedenfalls theoretisch auch zeitlich begrenzt werden könnten, siehe Fn. 477.

485 *Cascante/Topf* AG 2009, 53, 60.

486 *Kumpan* in Schwark/Zimmer, Kapitalmarktrechts-Kommentar, 4. Auflage 2010, § 2 WpHG Rn. 48; *Lehmann*, Finanzinstrumente, 2009, S. 134 f.; *Ritz* in Just/Voß/Ritz/Becker, WpHG, 2015, § 2 Rn. 71; *Roth* in Kölner Kommentar WpHG, 2. Auflage 2014, § 2 Rn. 107. Selbst der deutsche Gesetzgeber erkennt (inzwischen) an, dass „finanzielle Differenzgeschäfte“ unter Umständen unter den Begriff der „Termingeschäfte“ fallen, siehe § 2 Abs. 2 Nr. 3. Allerdings werden Differenzgeschäfte auch außerbörslich gehandelt, sodass sie jedenfalls theoretisch auch zeitlich begrenzt werden könnten, siehe Fn. 477. Zur Abgrenzung zwischen geregelten Märkten und dem außerbörslichen (*OTC*) Handel ab S. 268.

Optionsgeschäft erhält eine Partei das Recht, gegen Zahlung einer Optionsprämie von der anderen Partei die Erfüllung der vereinbarten Leistung zu einem bestimmten Zeitpunkt oder während eines bestimmten Zeitraums und gegen eine vorab determinierte Gegenleistung zu verlangen. Finanztermingeschäfte eint daher unabhängig von ihrer weiteren Qualifizierung, dass der Erfüllungszeitpunkt hinsichtlich der Leistung des Vertragspartners des Investors zumindest in einem abgegrenzten Zeitraum in der Zukunft liegt.

Bei Differenzgeschäften gilt dies zumindest dann nicht, wenn die Bestimmung des Beendigungszeitpunktes des entsprechenden Geschäfts nicht vereinbart oder in das freie Belieben einer Partei gestellt ist.[487] Die Abgrenzung zu *swaps* ließe sich daher anhand dieses Merkmals vornehmen: Wenn ein Derivatgeschäft, bei dem die Vertragsparteien kein Interesse am Basiswert *per se* zeigen, sondern lediglich an der Kurs- bzw. Preisdifferenz dessen zwischen dem Tag des Geschäftsabschlusses und dem Wert zum (theoretischen) Erfüllungszeitpunkt, und dieses Geschäft hinsichtlich seiner zeitlichen Komponente einen vorab bestimmten Zeitpunkt oder Zeitraum zur Erfüllung vorsieht, handelt es sich um ein *swap*-Geschäft. Ist dies nicht der Fall, ist von einem Differenzgeschäft auszugehen.

Allerdings ließe eine solche Sichtweise außer Acht, dass sowohl *swaps* als auch Differenzgeschäfte außerbörslich gehandelt werden können und damit individuelle Vertragsinhalte möglich sind, die dazu führen können, dass diese Unterscheidungsansätze leerlaufen: Denkbar ist, dass ein *swap* mit Barausgleich und ohne Laufzeitbegrenzung vereinbart wird. Die entsprechende Vereinbarung wäre nach Gesagtem (auch) als Differenzgeschäft zu qualifizieren, während gleichzeitig nichts gegen eine Einordnung als *swap* spricht.[488]

Für die CFDs im anglo-amerikanischen Sinn, dies meint *cash-settled (total return) equity swaps*, lässt sich somit schwerlich argumentieren, dass es sich nicht um Differenzgeschäfte, sondern um *swap*-Geschäfte handle. Wenn, wie in Art. 13 TrRL 2013 geschehen, „*contracts for difference*" mit „Differenzgeschäften" übersetzt wird, ist es - ohne Weiteres - unter Umständen unmöglich, gewisse Vereinbarungen (lediglich) der Kategorie „Differenzgeschäfte" (Art. 13 Abs. 1b UAbs. 1 lit. f TrRL 2013) bzw. „Swaps" (Art. 13 Abs. 1b UAbs. 1

487 *Lehmann*, Finanzinstrumente, 2009, S. 134 f.; *Roth* in Kölner Kommentar WpHG, 2. Auflage 2014, § 2 Rn. 107.

488 Zu Einordnungsschwierigkeiten von Differenzgeschäften vgl. auch *Ebner/Paulmayer* in Zerey, Finanzderivate, 4. Auflage 2016, § 37 Rn. 94 ff.; MüKoHGB/*Ekkenga*, 3. Auflage 2014, Band 6, Effektengeschäft Rn. 60.

lit. d TrRL 2013) zuzuordnen. Bei der Erörterung ihrer rechtlichen Behandlung im Rahmen der TrRL 2013 wird auf diese (sprachlichen) Differenzen zurückzukommen sein.

cc) Kreditderivate

Als regelmäßig außerbörsliches Finanztermingeschäft dienen Kreditderivate hauptsächlich der Absicherung von Kreditrisiken durch ihre (anteilige) Übertragung auf einen Dritten.[489] In der Grundform des Kredits überlässt ein Gläubiger dem Schuldner Kapital im Rahmen einer Vereinbarung, die dem Gläubiger einen Anspruch auf Rückzahlung der überlassenen Summe nebst vereinbarten Zinsen einräumt. Der Zins ist einerseits als Gebühr für die Gewährung des Kredits, andererseits als Entschädigung für die Geldentwertung über die vereinbarte Laufzeit zu sehen.[490] Das Risiko des Kapitalgebers besteht nun darin, sein eingesetztes Kapital bei Fälligkeit der Rückzahlung gar nicht oder nur teilweise zu erhalten, Gleiches gilt hinsichtlich der meist periodisch zu entrichtenden Zinsen.[491] Dieses Risiko kann mittels eines Kreditderivats auf eine Dritte Partei verlagert werden, welche im Falle des Kreditereignisses, beispielsweise des Zahlungsausfalls, ausgleicht: Schutznehmer oder Sicherungsnehmer (*credit protection buyer* oder *protection buyer*) wird bei Kreditderivaten die Partei genannt, welche sich gegen ein Kreditrisiko schützen will und sich für diesen Schutz zu einer einmaligen oder laufenden Gegenleistung an den Vertragspartner verpflichtet.[492] Dieser Vertragspartner wird als Schutzgeber bzw. Sicherungsgeber

---

489 *Grunewald/Schlitt*, Kapitalmarktrecht, 3. Auflage 2014, S. 143; *Jahn/Reiner* in Schimansky/Bunte/Lwowski, Bankrechts-Handbuch, 5. Auflage 2017, § 114 Rn. 27; *Rudolf* in Kümpel/Wittig, Bank- und Kapitalmarktrecht, 4. Auflage 2011, Rn. 19.221 ff.; *Schüwer* in Zerey, Finanzderivate, 4. Auflage 2016, § 1 Rn. 33.

490 Beispielsweise durch Inflation, siehe *Schüwer* in Zerey, Finanzderivate, 4. Auflage 2016, § 1 Rn. 33.

491 *Schüwer* in Zerey, Finanzderivate, 4. Auflage 2016, § 1 Rn. 33.

492 *Haisch* in Haisch/Helios, Rechtshandbuch Finanzinstrumente, 2011, § 1 Rn. 59; *Jahn/Reiner* in Schimansky/Bunte/Lwowski, Bankrechts-Handbuch, 5. Auflage 2017, § 114 Rn. 27. Die Bezeichnung „Risikoverkäufer" (*credit risk seller*) verkehrt die rechtliche Beziehung zwischen den Parteien, Das Gleiche gilt für die Bezeichnung der anderen Partei, die den Schutz gewährt, welche nicht als Risikokäufer (*credit risk buyer*) bezeichnet werden sollte, siehe *Jahn/Reiner* in Schimansky/Bunte/Lwowski, Bankrechts-Handbuch, 5. Auflage 2017, § 114 Rn. 27.

(*credit protection provider* oder *protection seller*) bezeichnet.[493] Referenz-Aktivum (Basiswert) kann - wie beschrieben - ein Kredit, aber auch eine Anleihe oder Aktie sein.[494] Praktisch bedeutsame Formen von Kreditderivaten stellen *credit default options, credit default swaps, total return swaps* und *credit linked notes* dar:

(1) Kreditausfall-swap und -option

Beim sogenannten Kreditausfall-*swap* (*credit default swap*) bzw. bei der Kreditausfall-Option (*credit default option*) wird ein Kreditrisiko vom Sicherungsnehmer gegen Zahlung von Prämien auf den Sicherungsgeber übertragen. Der Sicherungsnehmer erbringt demnach in der Regel periodische Zahlungen oder eine einmalige Zahlung sowie unter Umständen weitere Leistungen, während der Sicherungsgeber seinen Leistungspflichten erst bei Eintritt eines Kreditereignisses (*credit event* bzw. *credit event payment*) in Bezug auf den oder die Referenzschuldner des Sicherungsnehmers nachkommen muss.[495]

Je nach Ausgestaltung wird dem Sicherungsnehmer entweder eine Option hinsichtlich der Inanspruchnahme des Sicherungsgebers eingeräumt, sodass ihm bei Eintritt eines Kreditereignisses eine Wahl obliegt, die Leistungspflicht des Sicherungsgebers durch entsprechende Optionsausübung zu begründen oder davon abzusehen (Kreditausfall-Option). Alternativ können die Parteien ein solches Risiko direkt auf den Sicherungsgeber transferieren, sodass es keiner Optionsausübung zur Leistungspflicht des Sicherungsgebers mehr bedarf, da jene mit dem Kreditereignis ohne Weiteres eintritt[496] (Kreditausfall-*swap*) - die einzelnen den „Sicherungsfall" auslösenden Kreditereignisse sind dabei in aller Regel individuell vereinbart.[497] Kommt beim Kreditausfall-*swap* (*credit default*

---

493 *Haisch* in Haisch/Helios, Rechtshandbuch Finanzinstrumente, 2011, § 1 Rn. 59; *Jahn/Reiner* in Schimansky/Bunte/Lwowski, Bankrechts-Handbuch, 5. Auflage 2017, § 114 Rn. 27; *Schüwer* in Zerey, Finanzderivate, 4. Auflage 2016, § 1 Rn. 37.

494 Für den Fall des sogleich dargestellten Gesamtrisiko-*swaps* mit Aktien als Referenz-Aktivum *Haisch* in Haisch/Helios, Rechtshandbuch Finanzinstrumente, 2011, § 1 Rn. 62.

495 *Haisch* in Haisch/Helios, Rechtshandbuch Finanzinstrumente, 2011, § 1 Rn. 59; *Jahn/Reiner* in Schimansky/Bunte/Lwowski, Bankrechts-Handbuch, 5. Auflage 2017, § 114 Rn. 29.

496 *Schüwer* in Zerey, Finanzderivate, 4. Auflage 2016, § 1 Rn. 37.

497 Zu den am häufigsten vereinbarten Kreditereignissen *Jahn/Reiner* in Schimansky/Bunte/Lwowski, Bankrechts-Handbuch, 5. Auflage 2017, § 114 Rn. 29 sowie *Rudolf* in Kümpel/Wittig, Bank- und Kapitalmarktrecht, 4. Auflage 2011, Rn. 19.232.

swap) bzw. der Kreditausfall-Option (*credit default option*) der Kreditnehmer des Sicherungsnehmers in Zahlungs- oder Leistungsverzug oder wird er insolvent, so muss der Sicherungsgeber, gegebenenfalls nach Ausübung der etwaigen Option, einen Differenzausgleich in Geld[498] oder an Erfüllungs statt durch Übernahme der Referenz-Aktiva[499] (zum Nominalwert) leisten.[500]

(2) Total return swaps

Eine besondere Variante des Kreditausfall-*swaps* ist der Gesamtrisiko-*swap* (*total return swap*). Während der Sicherungsgeber beim Kreditausfall-*swap* lediglich das Bonitätsrisiko des Referenzschuldners (beispielsweise des Kreditnehmers) bzw. gleichzeitig damit das Kreditrisiko des Sicherungsnehmers übernimmt, tritt beim Gesamtrisiko-*swap* das Marktrisiko hinzu - gemeint sind damit insbesondere Wertschwankungen des Referenz-Aktivums (Basiswerts).[501] Der Sicherungsgeber (Risikokäufer) erhält bei einem *total return swap* demnach vom Sicherungsnehmer neben vereinbarten Zinsen für die Risikoübernahme alle Erträge des Referenz-Aktivums, dies meint alle Zahlungen des Dritten auf das Referenz-Aktivum sowie Ausgleich für Wertsteigerungen desselben, wobei er gleichermaßen für Verluste aufzukommen hat.[502] Die Zahlungsflüsse lassen sich anhand eines Beispiels verdeutlichen:

Eine Bank (B) hat Anleihen erworben und erhält für ihre Kapitalüberlassung im Gegenzug Zinsen. Die Bank B möchte sich jedoch einerseits dagegen absichern, dass der Marktwert der Anleihe sinkt und sich andererseits davor

---

498 Wobei hier fixe und variable Ausgestaltungen möglich sind, vgl. *Rudolf* in Kümpel/Wittig, Bank- und Kapitalmarktrecht, 4. Auflage 2011, Rn. 19.236.

499 Gemeint sind - um in bisheriger Terminologie zu bleiben - die Basiswerte; in wirtschaftswissenschaftlichen Veröffentlichungen wird der Begriff des Referenz-Aktivums bei diesen Geschäften vorzugsweise genutzt.

500 *Burghof/Henke/Rudolph* ZBB 1998, 277, 279 m. w. N.; *Haisch* in Haisch/Helios, Rechtshandbuch Finanzinstrumente, 2011, § 1 Rn. 59; *Jahn/Reiner* in Schimansky/Bunte/Lwowski, Bankrechts-Handbuch, 5. Auflage 2017, § 114 Rn. 30; *Schüwer* in Zerey, Finanzderivate, 4. Auflage 2016, § 1 Rn. 37.

501 *Beck* in Langenbucher/Bliesener/Spindler, Bankrechts-Kommentar, 2. Auflage 2016, Kap. 23 Rn. 7; *Haisch* in Haisch/Helios, Rechtshandbuch Finanzinstrumente, 2011, § 1 Rn. 61; *Rudolf* in Kümpel/Wittig, Bank- und Kapitalmarktrecht, 4. Auflage 2011, Rn. 19.246; *Schüwer* in Zerey, Finanzderivate, 4. Auflage 2016, § 1 Rn. 40.

502 *Beck* in Langenbucher/Bliesener/Spindler, Bankrechts-Kommentar, 2. Auflage 2016, Kap. 23 Rn. 6; *Haisch* in Haisch/Helios, Rechtshandbuch Finanzinstrumente, 2011, § 1 Rn. 61 f.; *Rudolf* in Kümpel/Wittig, Bank- und Kapitalmarktrecht, 4. Auflage 2011, Rn. 19.247; *Schüwer* in Zerey, Finanzderivate, 4. Auflage 2016, § 1 Rn. 40.

schützen, dass der Verkäufer und Emittent der Anleihe (E) seiner Rückzahlungs- und Zinszahlungspflicht nicht mehr nachkommen kann. Dafür geht sie einen Gesamtrisiko-*swap* mit einer anderen Bank (C) ein, sodass B Sicherungsnehmer und C Sicherungsgeber ist. C zahlt zum einen vereinbarte Zinsen an die B über die Laufzeit des *total return swap*, zum anderen kommt sie für Verluste aus dem Referenz-Aktivum, das heißt der Anleihe auf. C erhält im Gegenzug Ausgleich für Wertsteigerungen des Referenz-Aktivums sowie die Zinsen, welche von E an B für die Anleihe geleistet werden. Ein Gesamtrisiko-*swap* ermöglicht demnach die Übertragung der Risiken ohne gleichzeitige Übertragung des Referenz-Aktivums.[503]

(3) Credit linked notes

Bei der *credit linked note* handelt es sich um eine Anleihe mit integriertem Kreditderivat, genauer einem Kreditausfall-*swap*.[504] Diese (vom Sicherungsnehmer emittierte) Anleihe wird dem Anleihegläubiger (als Sicherungsgeber) am Laufzeitende zum Nennwert nur dann zurückgezahlt, wenn ein vorher spezifiziertes Kreditereignis bei einem Referenzaktivum nicht eingetreten ist.[505] Der Sicherungsgeber erhält im Gegenzug neben einem Risikoaufschlag[506] laufend Zinsen, und, so ein entsprechend vereinbartes Kreditereignis ausbleibt, zum vereinbarten Fälligkeitstermin sein eingesetztes Kapital zurück.[507] Ebenso verhält es sich, wenn ein entsprechend vereinbartes Kreditereignis eintritt, jedoch mit dem Unterschied, dass der Emittent am Ende der Laufzeit der *credit linked note* dem Anleger (Käufer der *credit linked note*) nur noch insoweit verpflichtet ist,

---

503 *Rudolf* in Kümpel/Wittig, Bank- und Kapitalmarktrecht, 4. Auflage 2011, Rn. 19.248. Zu dem Fall, dass doch eine Übertragung des Referenz-Aktivums stattfindet, sogleich.

504 *Haisch* in Haisch/Helios, Rechtshandbuch Finanzinstrumente, 2011, § 1 Rn. 64; *Rudolf* in Kümpel/Wittig, Bank- und Kapitalmarktrecht, 4. Auflage 2011, Rn. 19.253 ff.; *Schüwer* in Zerey, Finanzderivate, 4. Auflage 2016, § 1 Rn. 39.

505 *Beck* in Langenbucher/Bliesener/Spindler, Bankrechts-Kommentar, 2. Auflage 2016, Kap. 23 Rn. 4 f.; *Zahn/Lemke* WM 2002, 1535, 1536 f.

506 Ein solcher Aufschlag ist insbesondere deshalb nicht zu verachten, weil der Gläubiger der *credit linked note* gleich zwei Ausfallrisiken zu tragen hat: Sowohl das Bonitätsrisiko des Referenzschuldners, das heißt des Kreditnehmers des Emittenten, als auch das Bonitätsrisiko des Emittenten selbst muss der Investor einkalkulieren, vgl. *Rudolf* in Kümpel/Wittig, Bank- und Kapitalmarktrecht, 4. Auflage 2011, Rn. 19.256.

507 *Haisch* in Haisch/Helios, Rechtshandbuch Finanzinstrumente, 2011, § 1 Rn. 64; *Rudolf* in Kümpel/Wittig, Bank- und Kapitalmarktrecht, 4. Auflage 2011, Rn. 19.256; *Schüwer* in Zerey, Finanzderivate, 4. Auflage 2016, § 1 Rn. 39.

als das Kreditereignis die Rückzahlungspflicht nicht zum Erlöschen bringt.[508] Der Grund dafür ist, dass meist ein *netting*[509] der jeweiligen Zahlungsansprüche stattfindet, die Beträge daher automatisch saldiert werden, sodass sich lediglich für eine der Parteien eine Zahlungspflicht ergibt.[510] Der Sicherungsgeber trägt bei der *credit linked note* damit - insoweit parallel zum *total return swap* - sowohl das Kredit- als auch das Marktrisiko.

Darstellen lässt sich dies wiederum an einem Beispiel: Unternehmen A ist Emittent gewöhnlicher Anleihen, in die unter anderem Unternehmen B investiert. B transferiert nun das Risiko aus der Anleihe (Referenz-Aktivum) an Unternehmen C durch eine *credit linked note*: C zahlt den Kaufpreis der *credit linked note* an B, welcher regelmäßig dem (Nenn-)Wert des Referenz-Aktivums, hier der Anleihe von A, entspricht. B leistet für diesen Risikotransfer eine (erhöhte) Kuponzahlung an C. Letzterer erhält von B am Laufzeitende eine Zahlung in Höhe des dann geltenden Marktwerts des Referenz-Aktivums, im Falle eines Kreditereignisses mit entsprechenden Abzügen. Kann nämlich A Anleihezinsen nicht begleichen oder die Anleihe bei Laufzeitende nicht tilgen (Kreditereignisse), wird dieses Risiko regelmäßig von C als Sicherungsgeber getragen.

e) Wertpapierdarlehens- und Wertpapierpensionsgeschäfte

aa) Wertpapierdarlehensgeschäft

Bei einem Wertpapierdarlehensgeschäft (*securities lending transaction*) werden dem Darlehensnehmer für eine bestimmte Zeit Wertpapiere übereignet, wofür er dem Darlehensgeber ein Nutzungsentgelt zahlt.[511] Bei dem in deutscher Terminologie häufig - rechtlich ungenau[512] - auch als „Wertpapierleihe" bezeichneten

---

508 *Beck* in Langenbucher/Bliesener/Spindler, Bankrechts-Kommentar, 2. Auflage 2016, Kap. 23 Rn. 4; *Haisch* in Haisch/Helios, Rechtshandbuch Finanzinstrumente, 2011, § 1 Rn. 64; *Rudolf* in Kümpel/Wittig, Bank- und Kapitalmarktrecht, 4. Auflage 2011, Rn. 19.256; *Schüwer* in Zerey, Finanzderivate, 4. Auflage 2016, § 1 Rn. 39.

509 *Schüwer* in Zerey, Finanzderivate, 4. Auflage 2016, § 1 Rn. 39.

510 Im Ergebnis ebenso *Beck* in Langenbucher/Bliesener/Spindler, Bankrechts-Kommentar, 2. Auflage 2016, Kap. 23 Rn. 4; *Haisch* in Haisch/Helios, Rechtshandbuch Finanzinstrumente, 2011, § 1 Rn. 64; *Schüwer* in Zerey, Finanzderivate, 4. Auflage 2016, § 1 Rn. 39.

511 *Danz/Kieninger/Patzner* in Zerey, Finanzderivate, 4. Auflage 2016, § 41 Rn. 135-139; *Haisch* in Haisch/Helios, Rechtshandbuch Finanzinstrumente, 2011, § 1 Rn. 131; *Teuber* in Schimansky/Bunte/Lwowski, Bankrechts-Handbuch, 5. Auflage 2017, § 105 Rn. 1; *Mühlhäuser/Stoll* DStR, 1597.

512 Dies gilt jedenfalls regelmäßig im deutschen Recht, da die „Leihe" im hiesigen Rechtssystem stets unentgeltlich erfolgt, vgl. § 598 BGB - allerdings nur unter der

Wertpapierdarlehen übereignet der „Verleiher" auf Grund eines entsprechend ausgestalteten Kaufvertrages, Tausches oder Darlehens die Aktien auf Zeit und gegen ein Entgelt an den „Entleiher".[513]

Darüber hinaus hat der Darlehensnehmer in der Regel alle Erträge aus den übereigneten Wertpapieren während der Laufzeit durch entsprechende Kompensation an den Darlehensgeber auszugleichen (*manufactured dividend*).[514] Während der Laufzeit eines Wertpapierdarlehens tritt der Darlehensnehmer rechtlich an die Stelle des Darlehensgebers, sodass er unterdessen über die Wertpapiere frei verfügen, sie demnach zum Beispiel veräußern oder verpfänden lassen kann - es handelt sich demnach nicht um „Aktieneigentum zweiter Klasse".[515]

Sobald das Darlehen fällig ist, hat der Darlehensnehmer nicht notwendig dieselben Wertpapiere, sondern solche gleicher Art, Güte und Menge an den Darlehensgeber zu übereignen.[516] Darüber hinaus besteht für den Darlehensnehmer regelmäßig die Pflicht, während der Laufzeit eine Sicherheit in bar oder in Form von Wertpapieren zu hinterlegen.[517]

Voraussetzung, dass es sich nicht tatsächlich um eine Leihe handelt, bei welcher Wertpapiere tatsächlich unentgeltlich überlassen werden, siehe *Haase* INF 2006, 457, 459 sowie *Teuber* in Schimansky/Bunte/Lwowski, Bankrechts-Handbuch, 5. Auflage 2017, § 105 Rn. 1.

513 Vgl. dazu im deutschen Recht BeckOGK/*Lohsse*, Stand 15.06.2018, BGB § 607 Rn. 18-22; *Cahn/Ostler* AG 2008, 221, 222 f.; MüKoAktG/*Bayer*, 4. Auflage 2016, WpHG § 22 Rn. 24. Ausführlich zur Wertpapierleihe *Bachmann* ZHR 2009, 596, 596 ff. sowie *Schindler/Hindelang*, Praxishandbuch Repos und Wertpapierdarlehen, 2016.

514 *Danz/Kieninger/Patzner* in Zerey, Finanzderivate, 4. Auflage 2016, § 41 Rn. 135, 137; *Haisch* in Haisch/Helios, Rechtshandbuch Finanzinstrumente, 2011, § 1 Rn. 131; *Mühlhäuser/Stoll* DStR, 1597, 1598.

515 *Teuber* in Schimansky/Bunte/Lwowski, Bankrechts-Handbuch, 5. Auflage 2017, § 105 Rn. 1, 7; so auch *Kort* AG 2006, 557, 563; kritisch dazu (im Rahmen von „*squeeze-outs*") *Gessner* VuR 2010, 43, 45.

516 *Danz/Kieninger/Patzner* in Zerey, Finanzderivate, 4. Auflage 2016, § 41 Rn. 135; *Haisch* in Haisch/Helios, Rechtshandbuch Finanzinstrumente, 2011, § 1 Rn. 131; *Teuber* in Schimansky/Bunte/Lwowski, Bankrechts-Handbuch, 5. Auflage 2017, § 105 Rn. 2; *Mühlhäuser/Stoll* DStR, 1597.

517 *Haisch* in Haisch/Helios, Rechtshandbuch Finanzinstrumente, 2011, § 1 Rn. 131; *Teuber* in Schimansky/Bunte/Lwowski, Bankrechts-Handbuch, 5. Auflage 2017, § 105 Rn. 11.

bb) Wertpapierpensionsgeschäfte

Pensionsgeschäfte ähneln Wertpapierdarlehensgeschäften. Bei solchen werden jedoch Vermögensgegenstände nicht gegen Zahlung eines Nutzungsentgeltes, sondern regelmäßig gegen Zahlung eines Kaufpreises übereignet.[518] Je nachdem, ob der Pensionsnehmer jene Vermögensgegenstände rückübertragen muss, bezeichnet man die Pensionsgeschäfte als echte oder unechte Pensionsgeschäfte: Echte Pensionsgeschäfte haben gemein, dass dem Pensionsnehmer eine Verpflichtung zur Rückübereignung der Vermögensgegenstände zu einem vorab vereinbarten Preis obliegt.[519] Eine wirtschaftlich sehr bedeutsame Ausprägung eines echten Pensionsgeschäfts sind Rückkaufvereinbarungen. „Repo-Geschäft" ist der im Deutschen geschaffene Begriff für Rückkaufvereinbarungen (*repurchase agreements*). Bei einer solchen wird die zeitlich befristete Übertragung von Wertpapieren auf eine andere Partei gegen Zahlung eines Betrages vereinbart.[520] Stellen Wertpapiere den Basiswert dar (Wertpapierpensionsgeschäft), wird ein (Kassa-)Verkauf der Wertpapiere vereinbart, während gleichzeitig eine Einigung über einen entsprechenden Termin-Rückkauf in Bezug auf Wertpapiere gleicher Art, Güte und Menge getroffen wird.[521] Bis zum Rückkauf kann der „temporäre Inhaber" der Wertpapiere über selbige in gleicher Weise

---

518 *Cahn/Ostler* AG 2008, 221, 223; *Haisch* in Haisch/Helios, Rechtshandbuch Finanzinstrumente, 2011, § 1 Rn. 135; *Mühlhäuser/Stoll* DStR, 1597. Denkbar sind allerdings auch andere vertragliche Ausgestaltungen, vgl. *Teuber* in Schimansky/Bunte/Lwowski, Bankrechts-Handbuch, 5. Auflage 2017, § 105 Rn. 19.

519 *Haisch* in Haisch/Helios, Rechtshandbuch Finanzinstrumente, 2011, § 1 Rn. 137; MüKoBilanzrecht/*Löw*, 2013, § 340b HGB Rn. 11.

520 *Beck* in Langenbucher/Bliesener/Spindler, Bankrechts-Kommentar, 2. Auflage 2016, Kap. 24 Rn. 11; *Danz/Kieninger/Patzner* in Zerey, Finanzderivate, 4. Auflage 2016, § 41 Rn. 134; *Teuber* in Schimansky/Bunte/Lwowski, Bankrechts-Handbuch, 5. Auflage 2017, § 105 Rn. 16; *Oulds* in Kümpel/Wittig, Bank- und Kapitalmarktrecht, 4. Auflage 2011, 14.105. Repo-Geschäfte werden auch unter der Bezeichnung „Wertpapierpensionsgeschäfte" vertrieben, vgl. *Oulds* in Kümpel/Wittig, Bank- und Kapitalmarktrecht, 4. Auflage 2011, 14.105; *Teuber* in Schimansky/Bunte/Lwowski, Bankrechts-Handbuch, 5. Auflage 2017, § 105 Rn. 12 ff.

521 *Danz/Kieninger/Patzner* in Zerey, Finanzderivate, 4. Auflage 2016, § 41 Rn. 134; *Oulds* in Kümpel/Wittig, Bank- und Kapitalmarktrecht, 4. Auflage 2011, 14.106; *Seiler/Geier* in Schimansky/Bunte/Lwowski, Bankrechts-Handbuch, 5. Auflage 2017, vor § 104 Rn. 40.

verfügen, wie es dem Darlehensnehmer bei den als Wertpapierleihe bezeichneten Geschäften gestattet ist.[522]

Ganz ähnlich wie *repurchase agreements* sind sogenannte „*sell-and-buy-back*-Geschäfte" ebenfalls echte Pensionsgeschäfte.[523] Wirtschaftlich unterscheiden sie sich grundsätzlich nicht voneinander[524], allerdings sind *sell-and-buy-back*-Geschäfte regelmäßig nicht schriftlich bzw. fix vereinbart, was sie rechtlich flexibler macht, wirtschaftlich hingegen in ihrer Liquidität abschwächt.[525] Dazu trägt auch bei, dass aus rechtlicher Perspektive zeitgleich zwei voneinander unabhängige Verträge für den Verkauf (Kassa-Verkauf) und Kauf (*forward*-Kauf) abgeschlossen werden.[526]

Unechte Pensionsgeschäfte hingegen zeichnen sich dadurch aus, dass der Pensionsnehmer keine Verpflichtung hat, die Vermögensgegenstände zurück zu übereignen, ihm jedoch die Möglichkeit dazu, das meint ein entsprechendes Optionsrecht eingeräumt wird.[527] Als Vermögensgegenstände kommen solche aller Art in Betracht; beispielsweise Wertpapiere (Wertpapierpensionsgeschäft), Devisen (Devisenpensionsgeschäft) oder Wechsel (Wechselpensionsgeschäft).[528] Derartige Geschäfte können für einen bestimmten Zeitraum oder auf unbestimmte Zeit mit einem jederzeitigen Kündigungsrecht („offenes Pensionsgeschäft") abgeschlossen werden.[529] Die Abgrenzung

---

522 *Oulds* in Kümpel/Wittig, Bank- und Kapitalmarktrecht, 4. Auflage 2011, 14.106; *Seiler/Geier* in Schimansky/Bunte/Lwowski, Bankrechts-Handbuch, 5. Auflage 2017, vor § 104 Rn. 40.

523 *Teuber* in Schimansky/Bunte/Lwowski, Bankrechts-Handbuch, 5. Auflage 2017, § 105 Rn. 25.

524 Zu Details in Bezug auf die Abrechnung MüKoInsO/*Jahn/Fried*, 3. Auflage 2013, § 104 Rn. 98; *Teuber* in Schimansky/Bunte/Lwowski, Bankrechts-Handbuch, 4. Auflage 2011, § 105 Rn. 25.

525 Dazu die International Capital Market Association (ICMA) in ihren „Frequently Asked Questions on repo", veröffentlicht am im Februar 2013, S. 9 (Nr. 8), abrufbar unter <https://www.treasurers.org/ACTmedia/Repo_faqs.pdf>.

526 Dazu auch die International Capital Market Association (ICMA) in ihren „Frequently Asked Questions on repo", veröffentlicht im Februar 2013, S. 9 (Nr. 8), abrufbar unter <https://www.treasurers.org/ACTmedia/Repo_faqs.pdf>.

527 *Haisch* in Haisch/Helios, Rechtshandbuch Finanzinstrumente, 2011, § 1 Rn. 138; MüKoBilanzrecht/*Löw*, 2013, § 340b HGB Rn. 12.

528 *Haisch* in Haisch/Helios, Rechtshandbuch Finanzinstrumente, 2011, § 1 Rn. 140; So noch *Kienle* in Schimansky/Bunte/Lwowski, Bankrechts-Handbuch, 4. Auflage 2011, § 105 Rn. 12.

529 *Teuber* in Schimansky/Bunte/Lwowski, Bankrechts-Handbuch, 5. Auflage 2017, § 105 Rn. 14.

zu Wertpapierdarlehensgeschäften fällt mitunter schwer und kann nur anhand einzelner Kriterien erfolgen.[530]

f) Geldmarktinstrumente

Der Geldmarkt ist ein Segment des Finanzmarkts, auf dem Angebot und Nachfrage nach regelmäßig kurzfristigen, das meint schnell verfügbaren bzw. umsetzbaren Geldmarktinstrumenten aufeinander treffen.[531] Gegenstand des Marktes ist Kapital, welches dort aufgenommen, angelegt und gehandelt wird.[532] Die Terminologie ist dem Handelsgegenstand angepasst: Auf dem Geldmarkt werden Geldmarktinstrumente, auf dem Kapitalmarkt Finanzinstrumente (Wertpapiere) gehandelt.[533]

Die Abgrenzung zum Kapitalmarkt ist indes kaum klar nachzuzeichnen; im weiteren Sinne wird der Geldmarkt als Markt für kurzfristige Kredite beschrieben, im engeren Sinne kann er als solcher angesehen werden, auf dem zum Liquiditätsausgleich zwischen Kreditinstituten bzw. zwischen Kreditinstituten und Zentralbank(en) kurzfristige Finanzmittel gehandelt werden.[534] Üblicherweise ist der Geldmarkt nur einem sehr begrenzten Kreis von Teilnehmern wie Banken, Zentralbanken und Unternehmen bester Bonität eröffnet, auch weil die Geschäfte über hohe Beträge erfolgen.[535] Die Laufzeiten der dort gehandelten Instrumente (auch als Geldmarktpapiere bezeichnet) sind kurz, sie betragen in der Regel bis zu einem Jahr.[536] Da der Handel nicht institutionalisiert ist und

---

530 Nach deutschen Recht stellen Wertpapierdarlehen keine Wertpapier-Pensionsgeschäfte dar: Die darlehensweise überlassenen Wertpapiere werden zwar auf den Darlehensnehmer übertragen, aber nicht gegen Zahlung eines Betrages, da das an den Darlehensgeber gezahlte Entgelt keinen „Betrag“ i. S. d. § 340b Abs. 1 HGB darstellt. Jenes Entgelt wird bei Fälligkeit eines Wertpapierdarlehens nicht vom Darlehensgeber an den Darlehensnehmer zurückgezahlt, weil es gerade für die zeitweilige Überlassung der Wertpapiere an den Darlehensgeber gezahlt wurde, vgl. *Kienle* in Schimansky/Bunte/Lwowski, Bankrechts-Handbuch, 4. Auflage 2011, § 105 Rn. 13; ähnlich *Teuber* in Schimansky/Bunte/Lwowski, Bankrechts-Handbuch, 5. Auflage 2017, § 105 Rn. 5.

531 *Büschgen*, Börsenlexikon, 23. Auflage 2012, S. 446. Zum Geldmarkt auch schon ab S. 77.

532 *Büschgen*, Börsenlexikon, 23. Auflage 2012, S. 446.

533 *Roth* in Kölner Kommentar WpHG, 2. Auflage 2014, § 2 Rn. 70.

534 *Assmann* in Assmann/Schneider, WpHG, 6. Auflage 2012, § 2 Rn. 37, dort Fn. 66; *Grunewald/Schlitt,* Kapitalmarktrecht, 3. Auflage 2014, S. 2; *Lenenbach*, Kapitalmarktrecht, 2. Auflage 2010, Rn. 1.45 ff.

535 *Lenenbach*, Kapitalmarktrecht, 2. Auflage 2010, Rn. 1.47.

536 *Büschgen*, Börsenlexikon, 23. Auflage 2012, S. 446; *Grunewald/Schlitt,* Kapitalmarktrecht, 3. Auflage 2014, S. 2; *Lenenbach*, Kapitalmarktrecht, 2. Auflage 2010, Rn. 1.45.

damit nicht an einer klassischen Börse stattfindet, werden die Geschäfte regelmäßig auf elektronischem Weg zwischen den Geldhändlern der Beteiligten abgeschlossen und abgewickelt.[537] Die Handelbarkeit der Marktprodukte allein genügt jedoch nicht, vielmehr ist ein tatsächliches Handeln erforderlich, es muss faktisch ein Markt für die Produkte bestehen.[538]

Zu auf diesem Markt gehandelten Instrumenten bzw. Papieren zählen insbesondere Schuldscheindarlehen, Schatzanweisungen (*treasury bills*), Einlagenzertifikate (*certificates of deposits*) oder *commerical papers.*[539] Schuldscheindarlehen ähneln Schuldverschreibungen insoweit, als auch sie der Fremdfinanzierung über den Kapitalmarkt dienen: Derartige Darlehen werden von in der Regel kapitalbedürftigen Unternehmen oder der öffentlichen Hand bei Banken oder anderen Kapitalsammelstellen[540] aufgenommen.[541]

Schatzanweisungen (*treasury bills*) sind Schuldverschreibungen des Bundes, die dieser emittiert, um den Haushalt zu finanzieren.[542] Die Schuldverschreibungen des Bundes werden nicht als effektive Stücke, das meint physische Anleiheurkunden, sondern in Form von Wertrechten begeben.[543]

Einlagenzertifikate (*certificates of deposits*) sind von Banken emittierte Inhaberpapiere, deren Laufzeiten (im Gegensatz zu denen der *commercial papers*) standardisiert sind.[544] Sie können sowohl fest als auch variabel verzinst sein.[545]

---

537 *Büschgen*, Börsenlexikon, 23. Auflage 2012, S. 446.

538 *Kumpan* in Schwark/Zimmer, Kapitalmarktrechts-Kommentar, 4. Auflage 2010, § 2 WpHG Rn. 32; *Lehmann*, Finanzinstrumente, 2009, S. 337; *Oulds* in Kümpel/Wittig, Bank- und Kapitalmarktrecht, 4. Auflage 2011, 14.55; *Ritz* in Just/Voß/Ritz/Becker, WpHG, 2015, § 2 Rn. 49; so auch noch *Seiler/Kniehase* in Schimansky/Bunte/Lwowski, Bankrechts-Handbuch, 4. Auflage 2011, vor § 104 Rn. 11.

539 Vgl. dazu auch Art. 4 Abs. 1 Nr. 19 MiFID I bzw. Nach Art. 4 Abs. 1 Nr. 17 MiFID II, die in diesem Zusammenhang „Schatzanweisungen, Einlagenzertifikate und Commercial Papers" anführen.

540 Kapitalsammelstellen sind am Kapitalmarkt tätige Institutionen, die Mittel von Anlegern einnehmen und bündeln (Anlage suchendes Kapital), um diese - beispielsweise in Form von Wertpapieren - an Nachfrager von Kapital weiterzuleiten. Kapitalsammelstellen in Deutschland sind zum Beispiel Investmentfonds und Versicherungen, vgl. auch *Büschgen*, Börsenlexikon, 23. Auflage 2012, S. 601.

541 *R. Müller* in Kümpel/Wittig, Bank- und Kapitalmarktrecht, 4. Auflage 2011, 15.265.

542 *Büschgen*, Börsenlexikon, 23. Auflage 2012, S. 903.

543 Als Wertrechte bezeichnet man grundsätzlich Kapitalwerte, die nicht in einer Wertpapierurkunde verbrieft sind, den verbrieften und börsenfähigen Finanztiteln aber gleichgestellt sind, siehe *Büschgen*, Börsenlexikon, 23. Auflage 2012, S. 1160.

544 *Büschgen*, Börsenlexikon, 23. Auflage 2012, S. 222.

545 *Büschgen*, Börsenlexikon, 23. Auflage 2012, S. 222.

Im Gegensatz zu Termineinlagen weisen sie einen hohen Liquiditätsgrad auf, weil sie auf einem Sekundärmarkt jederzeit (insbesondere vor Fälligkeit) formlos übertragen werden können.[546]

Mittels *commercial papers* beschaffen sich vor allem Unternehmen Kapital auf dem Finanzmarkt: Es handelt sich dabei um verbriefte, regelmäßig nicht besicherte Forderungen, also Schuldverschreibungen, mit meist unter einem Jahr Laufzeit[547], welche zumeist von größeren Wirtschaftsunternehmen in Eigenregie oder unter Vermittlung von Kreditinstituten begeben werden und gewöhnlich bei institutionellen Anlegern wie Versicherungen oder Investmentfonds platziert werden.[548]

Da es sich allerdings bei all diesen Finanzierungsmöglichkeiten um solche handelt, welche Kreditgewährungen zum Gegenstand haben und in deren Rahmen mit Stimmrechten verbundene Aktien keine Bewandtnis haben, sollen Geldmarktinstrumente hier nicht weiter erörtert werden. Dass diese auch deshalb vom Begriff der für die Beteiligungspublizität bei Finanzinstrumenten relevanten übertragbaren Wertpapiere durch den Unionsgesetzgeber ausdrücklich vom Anwendungsbereich der entsprechenden Regelungen ausgenommen sind, wird noch ausführlicher thematisiert.[549]

III. Zwischenergebnis

Da die TrRL 2013 insbesondere das Ziel verfolgt, Anleger durch Verbesserung der Information und Erhöhung der Transparenz des Kapitalmarkts besser zu schützen, kommt dem Begriff des Kapitalmarkts maßgebliche Bedeutung zu: Dessen Definition bestimmt die Reichweite der Richtlinie und damit auch die der Mitteilungspflichten bei Finanzinstrumenten. Mindestens gleichermaßen relevant für die zentrale Frage dieser Arbeit ist folglich die Begriffsdefinition des Finanzinstruments.

Hier soll ein sehr weites Verständnis des Kapitalmarkts zugrunde gelegt werden, womit grundsätzlich alle Produkte des Finanzmarkts einbezogen werden.

---

546 *Büschgen*, Börsenlexikon, 23. Auflage 2012, S. 222.

547 Was zumindest in Deutschland der Fall ist, bedingt durch § 2 Nr. 1 WpPG. Außerdem werden auf dem Geldmarkt üblicherweise kurzfristige Geldanlagen gehandelt, siehe *Ritz* in Just/Voß/Ritz/Becker, WpHG, 2015, § 2 Rn. 49 m. w. N.

548 *Oulds* in Kümpel/Wittig, Bank- und Kapitalmarktrecht, 4. Auflage 2011, 14.52.

549 Zur Ausnahme von Geldmarktinstrumenten im Rahmen von Art. 13 TrRL 2013 ab S. 292.

Auf etwaige Einschränkungen vor dem Hintergrund von Mitteilungspflichten bei Finanzinstrumenten wird zu gegebener Zeit eingegangen.

Beim Begriff des Finanzinstruments hat sich gezeigt, dass sowohl die (enumerativen) Definitionen des positiven Rechts als auch die Begriffsanalyse nicht ausreichen, um der offenen Formulierung insbesondere von Art. 13 Abs. 1b UAbs. 1 lit. g sowie der teilweise gleichfalls offen formulierte ESMA-Liste mit weiteren potenziellen Finanzinstrumenten im Sinne des Art. 13 Abs. 1 UAbs. 1 lit. a oder b ausreichend Inhalt zu verleihen. Jedoch lässt sich aus der Untersuchung allgemeiner Merkmale von Finanzinstrumenten aus wirtschaftlicher Perspektive eine entsprechend weite Definition herleiten.

Diese Ergebnisse basieren auf folgenden Erwägungen: Der im Unionsrecht oft verwendete, aber nicht definierte Begriff des „Kapitalmarkts" lässt sich in zwei Teile aufspalten, „Kapital" auf der einen und „Markt" auf der anderen Seite. Als Markt wird grundsätzlich ein Ort verstanden, an dem Angebot und Nachfrage aufeinandertreffen. Mit Kapital ist Vermögen beschrieben, das potenziell ertragreich ist und in der Form von Geld- und Wertpapieren oder auch in realen Gütern gehalten werden kann. Um das aus geld- und geldwerten Titeln bestehende Vermögen gegenüber aus realen Gütern gebildetem Sach- oder Realkapital abzugrenzen, bezeichnet man dieses als Geld- oder Finanzkapital. Bezugspunkt des Kapitalmarktes ist eben dieses Finanzkapital, sodass es sich bei Kapitalmärkten stets um Finanzmärkte und nicht um Gütermärkte handelt.

Dabei ist der Finanzmarkt als Oberbegriff zu verstehen, während der Kapitalmarkt lediglich einen Teilbereich dessen darstellt. Eine Abgrenzung zu anderen Teilbereichen, wie zum Devisen-, Termin- bzw. Derivate- und Geldmarkt gelingt nicht derart unproblematisch wie die zum Gütermarkt. Eine solche ist hier jedoch nicht notwendig, da eine Abgrenzung des Geld- und Devisenmarktes vom Kapitalmarkt diese Märkte für die anschließende Untersuchung ausschließen würde. Vor dem Hintergrund der gestellten Forschungsfrage erscheint diese Ausklammerung jedoch unzweckmäßig: Die Frage, welche Finanzinstrumente mitteilungspflichtig sind, bestimmt sich allein nach den jeweiligen Rechtsnormen der relevanten Rechtsakte und nicht nach (vermeintlich) „allgemeinen" Begriffsauffassungen. Aus diesem Grund soll hier ein sehr weites Verständnis des Kapitalmarkts zugrunde gelegt werden, womit grundsätzlich alle Produkte des Finanzmarkts einbezogen werden. Auf etwaige Einschränkungen vor dem Hintergrund von Mitteilungspflichten bei Finanzinstrumenten wird zu gegebener Zeit eingegangen.

Auch dem Begriff des Finanzinstruments wurde sich auf verschiedene Weisen genähert: Einerseits vor dem Hintergrund des Unionsrechts sowie des nationalen Rechts, andererseits mittels einer Wortexegese. Anschließend wurden die

Charakteristika des Finanzinstruments beleuchtet sowie eine typologische Einordnung vorgenommen.

So zeigt sich zunächst, dass dem Unionsrecht der Begriff „Finanzinstrument" nicht unbekannt ist. Schon im Jahr 1986 war in der BankbilanzRL die Rede von „*financial instruments*". Die Richtlinie 93/6/EWG, ISD, FinanzsicherheitenRL, MAD I, ProspRL, MiFID I, TrRL 2004, MiFID II und MiFIR rekurrieren ebenfalls auf den Begriff des Finanzinstruments, definieren ihn aber einerseits teilweise unterschiedlich, andererseits vor allem typologisch und nicht abstrakt.

Auch das nationale Recht in Deutschland kennt den Begriff des Finanzinstruments: Im HGB, WpHG, WpÜG, WpPG, KWG, KAGB oder auch dem Anlegerentschädigungsgesetz wird an das Finanzinstrument angeknüpft, ohne jedoch - insofern kohärent zum Unionsrecht - auf ein dezidiertes Verständnis Bezug zu nehmen. Vielmehr kursieren auch hier verschiedene Definitionen. Da es auch hier an einer abstrakten Begriffsklärung fehlt, ist das nationale Recht insoweit ebenso unbefriedigend wie das Unionsrecht.

Versucht man sich an einer Wortexegese und spaltet dabei den Begriff auf, erhält man „Finanzen" einerseits und „Instrument" andererseits.[550] „Finanzen" meint das Finanz- bzw. Geldwesen und dient damit der Differenzierung von Waren als Sachkapital. Der Begriff des „Instruments" stammt aus einer Zeit, in der mit „*instrumentum*" eine Beweisurkunde gemeint war, welche im Wertpapierrecht auch nach wie vor von Bedeutung ist, allerdings eher aus formalen und nicht aus praktischen Gründen.[551] Die heutige Bedeutung des „*instrumentum*" ergibt sich vor allem daraus, dass zwischen Emittent und Erwerber (eines Wertpapiers) ein Rechtsverhältnis entsteht, welches als „*negotium*" bezeichnet wird.[552] An diesem Rechtsverhältnis entsteht ein (wirtschaftliches) Interesse Dritter, welches Vermögenswert erlangt, der wiederum durch seine Handelbarkeit „*instrumentum*" wird. Das „*negotium*" ist notwendige Voraussetzung und gleichzeitig Teil des „*instrumentum*". Finanzinstrumente sind demzufolge Vertragsverhältnisse, die auf Finanzmärkten gehandelt werden und aufgrund dessen Vermögenswert gegenüber Dritten erlangen.

Die Untersuchung allgemeiner Merkmale von Finanzinstrumenten aus wirtschaftlicher Perspektive ebnet im Weiteren den Weg, der Definition des Begriffs „Finanzinstrument" in der TrRL 2013 gerecht zu werden. Im Rahmen dieser Begriffsanalyse ist die Handelbarkeit Grundvoraussetzung des

550 Zur Begriffsanalyse ab S. 97.

551 Zur Begriffsanalyse ab S. 97.

552 Zu *negotium* und *instrumentum* ausführlich ab S. 97.

Finanzinstruments. Fungibilität (auch „Vertretbarkeit“) und Zirkulationsfähigkeit (auch „Umlauffähigkeit“ bzw. „Übertragbarkeit“) wiederum sollen als Bedingungen der Handelbarkeit gelten.[553] Aus der Fungibilität (Vertretbarkeit) wiederum folgt vielfach, wenngleich nicht notwendig, die Standardisierung[554] und Austauschbarkeit[555], während als Zirkulationsfähigkeit[556] die ungehinderte Übertragbarkeit bezeichnet wird. Die in diesem Zusammenhang des Öfteren erwähnte Liquidität beschreibt schließlich den Grad der Leichtigkeit einer Übertragung.[557]

Die genannten Charakteristika werden von den verschiedenen Finanzinstrumenten nicht jeweils allesamt und auch nicht durchweg in derselben Qualität vereint, was angesichts der großen Produktpalette auch nicht verlangt werden kann. Um angesichts dieser Vielfalt Übersicht zu schaffen und die kategorischen Annahmen und Ausnahmen in Bezug auf Mitteilungspflichten zu ergründen, sind die Instrumente klassifiziert worden.[558] Zu den eruierten Kategorien zählen neben Eigenkapitalinstrumenten[559] auch Fremdkapitalinstrumente[560] und hybride Instrumente[561], wobei sich letztere in echte und unechte strukturierte Produkte untergliedern lassen. Derivate machen mit Finanztermingeschäften wie Optionen[562], *futures*[563], *forwards*[564], *swaps*[565] und Zinsausgleichsvereinbarungen[566] einerseits sowie Differenzgeschäften[567] und Kreditderivaten[568] andererseits den überwiegenden Anteil der Finanzinstrumente aus. Darüber hinaus bilden Wertpapierdarlehens- sowie Pensionsgeschäfte[569] und Geldmarktinstrumente[570]

553 Zur Fungibilität ab S. 103.
554 Zur Standardisierung ab S. 104.
555 Zur Austauschbarkeit ab S. 106.
556 Zur Zirkulationsfähigkeit ab S. 109.
557 Zur Liquidität ab S. 109.
558 Zur Typologie der Finanzinstrumente ab S. 117.
559 Zu Eigenkapitalinstrumenten ab S. 119.
560 Zu Fremdkapitalinstrumenten ab S. 123.
561 Zu hybriden Instrumenten ab S. 128.
562 Zu Optionen ab S. 139.
563 Zu *futures* ab S. 145.
564 Zu *forwards* ab S. 147.
565 Zu *swaps* ab S. 147.
566 Zu Zinsausgleichsvereinbarungen ab S. 150.
567 Zu Differenzgeschäften ab S. 151.
568 Zu Kreditderivaten ab S. 156.
569 Zu Wertpapierdarlehens- sowie Pensionsgeschäften ab S. 160.
570 Zu Geldmarktinstrumenten ab S. 164.

zwei weitere Kategorien. Das Spektrum an Finanzinstrumenten ist damit sehr breit, gleichzeitig aber keinesfalls vollständig dargestellt. Auf die genannten Kategorien von Finanzinstrumenten bzw. ihre einzelnen Erscheinungsformen wird in Teil II zu rekurrieren sein, um den Anwendungsbereich des Art. 13 TrRL 2013 zu erfassen bzw. feststellen zu können, ob sich aus der Zugehörigkeit eines Finanzinstruments in eine bestimmte der aufgezeigten Kategorien auf eine Mitteilungspflicht oder zumindest eine entsprechende Indizwirkung schließen lässt.

Teil II De lege abrogata et lata

Kapitel 1 De lege abrogata – Mitteilungspflichten bei Finanzinstrumenten vor der ÄnderungsRL 2013

I. Einführung

Um die Intention des Unionsgesetzgebers nachvollziehen und die darauffolgende Untersuchung der neuen Rechtslage unter den oben genannten Gesichtspunkten anstellen zu können, schließt sich in diesem Kapitel 1 ein kurzer Überblick der Beteiligungstransparenz in Bezug auf Finanzinstrumente im Rahmen der Vorgängerregelungen an, um deren Überarbeitungsbedarf und die Zielrichtung der Novellierung zu verdeutlichen. Im anknüpfenden Kapitel 2 werden die Transparenzvorschriften der novellierten Richtlinie gründlich beleuchtet, bevor in Kapitel 3 – angesichts der zentral unionsrechtlichen Thematik – die Auswirkungen der geänderten unionsrechtlichen Vorgaben auf die Mitteilungspflichten für Finanzinstrumente nach dem deutschen Recht in gebotener Kürze Beachtung finden. Diese Vorgehensweise soll unter anderem die Möglichkeit eines Resümees eröffnen, ob und gegebenenfalls inwieweit diagnostizierte Lücken im bisherig geltenden System der Mitteilungspflichten bei Finanzinstrumenten nunmehr beseitigt sind (Teil III, Kapitel II).

Gegenstand der Regeln zur Beteiligungstransparenz waren und sind mit Stimmrechten verbundene Aktien.[571] Diese Rechte können jedoch nicht nur Gegenstand eines schlichten Kaufvertrags sein – vielmehr eröffnet der Kapitalmarkt durch seine vielfältige Produktpalette auch die Möglichkeit, Stimmrechte über komplexere Verträge zu erwerben oder sich auch nur die faktische Einflussnahme auf deren Ausübung zu sichern, sodass gerade nicht stets der formale Aktieninhaber die tatsächliche Gewalt über eben jene Rechte ausübt. Dies wird durch Finanzinstrumente ermöglicht, deren Offenlegungspflichten Untersuchungsgegenstand dieses Kapitels sind. Dabei soll insbesondere der Frage nachgegangen werden, welche Mitteilungspflichten bei Finanzinstrumenten nach der neuen TrRL 2013 existieren. Neu ist die Idee einer solchen Publizität indes nicht: Schon seit der TrRL 2004 sind Mitteilungspflichten bei Finanzinstrumenten expliziter Regelungsgegenstand im Unionsrecht.[572] Aus dem

---

571 Was darunter zu verstehen ist, wird ab S. 261 noch *en détail* beleuchtet.

572 Siehe Art. 13 f. TrRL 2004, ausführlicher ab S. 185.

Regelungskompendium mehrerer europäischer Rechtsakte (TrRL 2004, DurchführungsRL 2007 a. F. und MiFID I) ergab sich für den Rechtsanwender die Möglichkeit einer Eingrenzung der infrage kommenden Finanzinstrumente. Dies galt jedoch nur bis zum Inkrafttreten der ÄnderungsRL 2013 am 26. November 2013: Seither sind die betroffenen Regelungen dieser drei Richtlinien voneinander entkoppelt. Mit der ÄnderungsRL 2013 wurde ein neuer, eigener Begriff des Finanzinstruments eingeführt. Die entsprechende Regelung des Art. 13 TrRL 2013 ist gänzlich neu gefasst worden und wirft vielerlei Fragen auf - beispielsweise, was ein Finanzinstrument im Sinne der Norm ausmacht, was unter einer „vergleichbaren wirtschaftlichen Wirkung" zu verstehen ist oder was es mit der Aufzählung unterschiedlicher Beispiele für Finanzinstrumente auf sich hat.

II. Finanzinstrumente in der TrRL 2004

Die TrRL 2004 war eine jüngere der vielen Säulen des „Tempels der Publizität" im Kapitalmarktrecht.[573] Anlegerschutz durch öffentliche Information war bereits Inhalt der Börsenzulassungs-RL[574] aus dem Jahr 1979. Diese verpflichtete Gesellschaften dazu, das Publikum über Änderungen in Kenntnis zu setzen, die sich gegenüber früher veröffentlichten Informationen bezüglich der Struktur, dies meint Besitz und Kapitalanteil der Hauptbeteiligungen an ihrem Kapital ergeben.[575] Auch die BörsenzulassungsprospektRL aus dem Jahr 1980 hatte zum Ziel, durch auf unionsrechtlicher Ebene koordinierte Vorschriften darauf hinzuwirken, eine Gleichwertigkeit der vorgeschriebenen Schutzbestimmungen zu erreichen, die in den einzelnen Mitgliedstaaten eine angemessene und möglichst objektive Information der gegenwärtigen und potenziellen Inhaber von Wertpapieren gewährleistet.[576] Später fokussierten sowohl die Halbjahresberichts-RL[577] aus dem Jahr 1982 als auch die BeteiligungstransparenzRL die Kapitalmarktpublizität.

---

573 Einen Überblick zur Historie bieten *Lutter/Bayer/J. Schmidt*, EuropUR, 6. Auflage 2017, 36.1-5.

574 Richtlinie 79/279/EWG des Rates vom 5.3.1979 zur Koordinierung der Bedingungen für die Zulassung von Wertpapieren zur amtlichen Notierung an einer Wertpapierbörse, ABlEG vom 16.3.1979, L 66/21.

575 Siehe Schema C Nr. 5 lit. c Börsenzulassungs-RL.

576 Erwägungsgrund 4 BörsenzulassungsprospektRL.

577 Richtlinie 82/121/EWG des Rates vom 15.2.1982 über regelmäßige Informationen, die von Gesellschaften zu veröffentlichen sind, deren Aktien zur amtlichen Notierung an einer Wertpapierbörse zugelassen sind, ABlEG vom 20.2.1982, L 48/26.

In die Erwägungsgründe der BeteiligungstransparenzRL flossen auch die schon im Jahr 1966 von einer durch die Kommission eingesetzten Sachverständigengruppe[578] erlangten Erkenntnisse ein, welche bereits damals das Ziel eines integrierten europäischen Wertpapiermarkts formulierte (folgend „Segré-Bericht“).[579] Der Segré-Bericht war seither immer wieder Grundlage für unionsrechtliche Gesetzgebung auf dem Gebiet des Kapitalmarkts.[580] Dem folgend, widmeten sich fast die gesamten (damals noch sehr überschaubaren) Erwägungsgründe der BeteiligungstransparenzRL dem Anlegerschutz.[581] Um diesen zu stärken, sollte die Unterrichtung der Anleger im Wertpapierbereich verbessert werden, wovon man sich mehr Vertrauen der Anleger in die Wertpapiermärkte versprach und wodurch die Märkte vor Störungen im Sinne von Informationsasymmetrien bewahrt werden sollten.[582] Dieser Effekt sollte sich insbesondere in Hinblick auf bedeutende Beteiligungen und Änderungen dieser Beteiligungen an Gesellschaften in der Union äußern, deren Aktien zur amtlichen Notierung an einer in der Union ansässigen oder tätigen Wertpapierbörse zugelassen waren.[583]

Ermöglicht werden sollte dies durch zwingende Vorgaben: Die BeteiligungstransparenzRL verpflichtete die Mitgliedstaaten, nationalrechtlich verankerte Mitteilungs- und Veröffentlichungspflichten über Beteiligungsveränderungen an einer börsennotierten Gesellschaft einzuführen.[584] Die Vorgaben spannten allerdings ein eher grobmaschiges Netz an Mitteilungspflichten. Nach Art. 4 BeteiligungstransparenzRL sollte eine Person die betroffene Gesellschaft sowie die Aufsichtsbehörde in Kenntnis setzen, sobald ihr Anteil an Stimmrechten an der betroffenen Gesellschaft durch Erwerb oder Veräußerung die Schwellen von 10 Prozent, 20 Prozent, 1/3, 50 Prozent oder 2/3 erreicht, unter- oder überschreitet.[585] Fast alle damaligen Mitgliedstaaten (12 von 15) begnügten sich

---

578 EWG Kommission, Der Aufbau des Europäischen Kapitalmarkts; der Bericht wird häufig nach dem Vorsitzenden *Claudio Segré* als „Segré-Bericht“ betitelt.

579 Siehe Erwägungsgründe BeteiligungstransparenzRL.

580 *Bartsch*, Effektives Kapitalmarktrecht, 2005, S. 17 f.; *Zimmermann* in Fuchs, WpHG, 2. Auflage 2016, § vor §§ 21 bis 30 Rn. 5.

581 Siehe Erwägungsgründe 1 bis 7 BeteiligungstransparenzRL.

582 Siehe Erwägungsgründe 1 bis 4 BeteiligungstransparenzRL.

583 Siehe Erwägungsgründe 1 bis 7 BeteiligungstransparenzRL.

584 Art. 1 und 4 BeteiligungstransparenzRL; *Haisch* in Haisch/Helios, Rechtshandbuch Finanzinstrumente, 2011, § 16 Rn. 1.

585 Nun wurde also nicht wie bisher an Kapitalanteile angeknüpft, sondern auf Stimmrechtsverhältnisse abgestellt (siehe Art. 1 Abs. 1 und Art. 4 Abs. 1 BeteiligungstransparenzRL). Außerdem wurden auch „fremde“ Stimmrechte einbezogen, über die

allerdings bei ihrer Umsetzung der Richtlinie in nationales Recht nicht mit diesen Vorgaben, sondern schufen zusätzliche Mitteilungsschwellen.[586] Dies war gemäß Art. 3 BeteiligungstransparenzRL gestattet, der die Schaffung strengerer und/oder zusätzlicher Verpflichtungen als die in der Richtlinie vorgesehenen durch die Mitgliedstaaten erlaubte.

Die Beteiligungspublizität stand auch weiter im Vordergrund, nachdem die genannten Richtlinien zwischenzeitlich in der CARD (Consolidated Admissions and Reporting Directive – CARD) im Jahr 2001 vereint wurden.[587] Hinsichtlich der Mitteilungspflichten war insbesondere von Bedeutung, dass Art. 4 BeteiligungstransparenzRL, durch welchen die Beteiligungspublizität überhaupt erst auf europäischer Ebene eingeführt wurde, durch die CARD vollständig aufgehoben wurde.[588] Allerdings brachte dies - auch für die nationalen Rechtsordnungen - keine inhaltlichen Änderungen mit sich, da der Regelungsgehalt des Art. 4 BeteiligungstransparenzRL unverändert in den Art. 85-97 CARD aufging.[589]

Später teilte man die in der CARD vereinten Sachgebiete schließlich wieder auf: Infolge des Aktionsplans für Finanzdienstleistungen (FSAP[590]) aus dem Jahr 1999, in welchem Information und Transparenz für die Entstehung eines einheitlichen europäischen Finanzmarkts als notwendig erachtet wurden, fasste man den Entschluss, die CARD inhaltlich wieder auf Börsenzulassungsrecht

---

Einfluss genommen werden konnte, siehe Art. 7 BeteiligungstransparenzRL. Es war den Mitgliedstaaten allerdings frei überlassen, statt der Schwellen von 20 Prozent und 1/3 eine einzige Schwelle von 25 Prozent anzuwenden, sowie von der Schwelle von 2/3 abzusehen, wenn eine solche bei 75 Prozent eingeführt wird, siehe Art. 4 Abs. 1 S. 2 1. und 2. Spiegelstrich.

586 KOM(2003) 138, S. 20 sowie dort Fn. 26; zum nationalen Recht in Deutschland auch noch ab S. 375.

587 Siehe Erwägungsgrund 2, 9, 10, 20, 21, 30, 31, 32, 33 der CARD.

588 Siehe Art. 111 CARD, sowie dort Angang II, Teil A und Anhang III.

589 Da die Richtlinien mehrfach erheblich geändert wurden, war es aus Gründen der Klarheit und Wirtschaftlichkeit geboten, sie zu kodifizieren und zu einem einzigen Text zusammenzufassen, siehe Erwägungsgrund 1 CARD.

590 Der Aktionsplan für Finanzdienstleistungen (Financial Services Action Plan) fußt auf dem Aktionsrahmen zur Verbesserung des Binnenmarkts für Finanzdienstleistungen aus dem Jahr 1998 (siehe Mitteilung der Kommission – Finanzdienstleistungen: Abstecken eines Aktionsrahmens, KOM(1998) 625). Dessen Ziele für die Fortentwicklung des Finanzdienstleistungsrechts wurden durch den FSAP ausgestaltet, indem darin 42 nach Priorität geordnete Maßnahmen vorgegeben wurden, siehe *Lutter/Bayer/J. Schmidt*, EuropUR, 6. Auflage 2017, 14.20.

zu reduzieren und die übrigen Sachgebiete in eigenen Rechtsakten zu kodifizieren.[591]

Mitunter wurde die häufige und stetige Reformierung zwischenzeitlich als „Überregulierung durch zu viele, zu komplizierte Normen“[592] kritisiert. Dem Tatendrang der Europäischen Kommission tat dies jedoch keinen Abbruch, sodass sie infolge des FSAP die Reform der BeteiligungstransparenzRL einleitete. Zur Überarbeitung der BeteiligungstransparenzRL hatte die Kommission zu Beginn des Millenniums ein offenes Internet-Konsultationsverfahren zu den Informationspflichten von Emittenten, deren Wertpapiere auf geregelten Märkten gehandelt werden, eingeleitet.[593] Nachdem daraufhin eine zweite und endgültige Runde offener Konsultationen zur Aktualisierung der bestehenden Vorschriften auf dem Gebiet der Informationen, die von Unternehmen, deren Wertpapiere auf geregelten Märkten wie den Börsen gehandelt werden, regelmäßig offenzulegen sind, lanciert wurde[594], konnte die TrRL 2004 den Rat und das Europäische Parlament am 15.12.2004 passieren und wurde kurz darauf verabschiedet.[595]

---

591 Ausführlicher in *Lutter/Bayer/J. Schmidt*, EuropUR, 6. Auflage 2017, 36.1 sowie *Meyer*, Umsetzung der TrRL 2004, 2011, S. 37 ff.

592 *Assmann/Schütze*, Handbuch Kapitalanlagerecht, 4. Auflage 2015, Vorwort; *Schmolke*, NZG 2005, 912, 916.

593 Pressemeldung abrufbar unter <http://europa.eu/rapid/press-release_IP-01-999_de.htm>.

594 Pressemeldung abrufbar unter <http://europa.eu/rapid/press-release_IP-02-684_de.htm>.

595 Außerdem wurde der Geltungsbereich mit Beschluss des Gemeinsamen EWR-Ausschusses Nr. 120/2005 vom 30.9.2005 zur Änderung des Anhangs IX (Finanzdienstleistungen) des EWR-Abkommens, ABlEU vom 22.12.2005, L 339/26 auf die EWR-Staaten erweitert. Die nach dem Lamfalussy-Verfahren erlassene Richtlinie wurde mittels diverser Durchführungsrechtsakte konkretisiert; insbesondere zählt dazu die Delegierte VO 2015/761/EU mit TRS für bedeutende Beteiligungen, vgl. *Lutter/Bayer/J. Schmidt*, EuropUR, 6. Auflage 2017, 36.5. Das Lamfalussy-Verfahren ist (bis heute) ein Verfahren zur beschleunigten Umsetzung von Rechtssetzungsabsichten auf europäischer Ebene (inzwischen in überarbeiteter Form als sogenanntes Lamfalussy II-Verfahren). Dieses Verfahren geht auf einen Vorschlag des „Ausschusses der Weisen“ unter Vorsitz von Baron Alexandre Lamfalussy zurück, das im Jahr 2001 in fristgerechter Umsetzung des FSAP gebilligt wurde. Ende des Jahres 2002 wurde es schließlich nach Einigung des ECOFIN-Rats auf den gesamten EU-Finanzsektor ausgeweitet, um dem schnelllebigen Finanzmarkt ausreichend zügig Rechnung tragen zu können und komplexe, langwierige reguläre EU-Gesetzgebungsprozesse nur noch begrenzt anzuwenden. Nach dem Lamfalussy-Verfahren erfolgte die Gesetzgebung

Gemäß Art. 31 Abs. 1 TrRL 2004 sollte die Richtlinie bis zum 20. Januar 2007 in den Mitgliedstaaten umgesetzt sein, während die nach Art. 32 Nr. 5 TrRL 2004 bis dahin geltenden Beteiligungstransparenzvorschriften der Art. 65 bis 97 CARD aufgehoben wurden. Ziel der Richtlinie war, die Markteffizienz zu erhöhen und den Anlegerschutz zu stärken, indem potenzielle Investoren damit über die tatsächlichen Stimmrechtsverhältnisse vor dem Kauf oder Verkauf einer Beteiligung informiert wurden. Davon versprach sich der Unionsgesetzgeber eine höhere Markttransparenz.[596] Doch nicht nur für Anleger, sondern auch für Unternehmen sind solche Informationen von Belang, da auch für sie von Interesse ist, welcher (Groß-)Aktionär Anteile und damit unter Umständen entsprechende Stimmgewalt erwirbt, insbesondere, wenn ein Aktionär andere Ziele als die jeweilige Unternehmensführung verfolgt.[597]

Durch die TrRL 2004 wurden die bisher eher groben Netzmaschen bezüglich der Mitteilungspflichten enger gezogen, indem weitere Mitteilungsschwellen eingeführt wurden: Zum Mindeststandard gehörten künftig – zusätzlich zu bereits in der BeteiligungstransparenzRL festgelegten Schwellen – diejenigen von 5 Prozent, 15 Prozent, 20 Prozent und 30 Prozent; zuvor war die Schwelle von 20 Prozent zwar auch vorgesehen, konnte aber durch eine solche von 25 Prozent ersetzt werden.[598] Die 30-Prozent-Schwelle konnte nach der TrRL 2004 durch eine Schwelle von einem Drittel substituiert werden.[599] Außerdem wurde den

---

in vier Ebenen: Auf erster Ebene fand der Erlass eines Basisrechtsrechtsakts statt, auf zweiter Ebene sollten Einzelheiten in Form von Durchführungsrichtlinien und Durchführungsverordnungen von der Kommission in enger Zusammenarbeit mit den Marktteilnehmern und dem Europäischen Wertpapierausschuss (ESC) sowie dem Ausschuss der Europäischen Wertpapierregulierungsbehörden (CESR) festgelegt werden, Ziel der dritten Ebene war die verstärkte Zusammenarbeit der Regulierungsbehörden, die Standards im jeweiligen Aufsichtsfeld sowie Leitlinien für die einheitliche Umsetzung von durch die nationalen Aufsichtsbehörden erarbeiteten, während auf vierter Ebene die Überwachung der Einhaltung der unionsrechtlichen Vorschriften seitens der Mitgliedstaaten durch die Kommission stattfand, wobei die Überprüfung der Umsetzung der Richtlinien durch eine umfassende Berichtspflicht der Mitgliedstaaten über den Umsetzungsstand der einzelnen Basisrechtsakte ermöglicht wurde. Zum Lamfalussy (II) Verfahren ausführlich *Lutter/Bayer/J. Schmidt*, EuropUR, 6. Auflage 2017, 14.46 ff.

596 Erwägungsgrund 18 TrRL 2004; *Veil* in Veil, Europäisches Kapitalmarktrecht, 2011, § 16 Rn. 2.

597 KOM(2003) 138, S. 22; *Veil* in Veil, Europäisches Kapitalmarktrecht, 2011, § 16 Rn. 3.

598 Siehe Art. 4 Abs. 1 S. 1, S. 2 1. Spiegelstrich BeteiligungstransparenzRL.

599 Siehe Art. 9 Abs. 3 lit. a TrRL 2004.

Mitgliedstaaten gemäß Art. 13 TrRL 2004 vorgeschrieben, Regelungen bezüglich einer Mitteilungspflicht zu schaffen, die für Finanzinstrumente galt, welche ihrem Inhaber das Recht verleihen, mit Stimmrechten verbundene Aktien zu erwerben.[600]

Wie in der BeteiligungstransparenzRL war es den Mitgliedstaaten nach der TrRL 2004 gemäß ihrem Art. 3 Abs. 1 UAbs. 1 freigestellt, strengere Vorschriften zu erlassen. Auch für Aktionäre bzw. natürliche oder juristische Personen im Sinne des Art. 10 TrRL 2004, der eine Mitteilungspflicht gemäß Art. 9 der Richtlinie für den Erwerb oder die Veräußerung bedeutender Anteile an Stimmrechten normierte, definierte Art. 3 Abs. 1 UAbs. 2 TrRL 2004 lediglich das untere Maß und sah insoweit nur eine Mindestharmonisierung vor.

Gleichermaßen galt dies für Art. 13 TrRL 2004, der eine Mitteilungspflicht gemäß Art. 9 TrRL 2004 für Finanzinstrumente vorsah. Mitteilungspflichten bei Finanzinstrumenten in der Union haben darin ihren expliziten rechtlichen Ursprung, ausdrücklich waren sie zuvor auf unionsrechtlicher Ebene nicht erfasst.[601] Finanzinstrumenten kommt, insbesondere bei grundlegenden Entscheidungen über die künftige Ausrichtung einer Gesellschaft, eine immense Bedeutung zu: Hinsichtlich der Verwirklichung bestimmter Vorhaben bedarf

600 Siehe Art. 13 TrRL 2004; *Veil* in Veil, Europäisches Kapitalmarktrecht, 2011, § 16 Rn. 2.

601 Allerdings sah bereits Art. 7 BeteiligungstransparenzRL vor, dass bestimmte Stimmrechte ebenso der Mitteilungspflicht nach Art. 4 Abs. 1 und Art. 5 der BeteiligungstransparenzRL unterfallen und entsprechend gehaltenen Stimmrechten gleichzustellen sind. Dies betraf nach Art. 7, 4. Spiegelstrich BeteiligungstransparenzRL solche Stimmrechte, „die von einem Dritten aufgrund einer schriftlichen Vereinbarung gehalten werden, die mit dem Meldepflichtigen oder mit einem von ihm kontrollierten Unternehmen getroffen worden ist und eine vorläufige Übertragung dieser Stimmrechte gegen Entgelt vorsieht“. Eine Umsetzung ins deutsche Recht fand durch das 2. FFG hinsichtlich eben solcher Stimmrechte nicht statt, da Stimmrecht und Aktionärsstellung grundsätzlich zusammenfallen. Begründet wurde dies damals folgendermaßen: „Der Grundsatz der Unentziehbarkeit des Stimmrechts und der Grundsatz, daß Nicht-Aktionären kein Stimmrecht eingeräumt werden kann, fügen sich zu dem weiteren Grundsatz zusammen, daß das Stimmrecht als solches auch nicht übertragbar ist. Kein Aktionär kann unter Beibehaltung seiner Mitgliedschaftsstellung das ihm zustehende Stimmrecht einem anderen zu eigenem Recht verschaffen. Der Aktionär kann lediglich durch Legitimationsübertragung einen anderen zur Ausübung des Stimmrechts im eigenen Namen ermächtigen“, siehe Begr. RegE. 2. FFG, BT-Drucks. 12/6679, S. 54.

es eines Gesellschafterbeschlusses, dessen Zustandekommen die Ausübung der gewöhnlich mit Aktien untrennbar verbundenen Stimmrechte durch die Aktionäre voraussetzt.

Wer deren Ausübung (in jeweils hinreichendem Maße[602]) kontrollieren kann, ist imstande, einen Beschluss gemäß seinen Vorstellungen zu beeinflussen. Einerseits besteht dazu die Möglichkeit, entsprechende (mit Stimmrechten verbundene) Aktien[603] der betreffenden Gesellschaft direkt durch Kauf zu erwerben, andererseits lässt sich der Bezug von mit Stimmrechten verbundenen Aktien mittels bestimmter Vertragsgestaltungen (wie beispielsweise Optionen[604] oder *swaps*[605]) derart vertraglich fixieren, dass diese Stimmrechte zu einem beabsichtigen Zeitpunkt unter eigener Kontrolle stehen. Weiterhin lässt sich die Möglichkeit der Einflussnahme verschaffen, indem derartige Aktien - und damit auch die Stimmrechte - nicht tatsächlich erworben werden, sondern die Beherrschung dieser Rechte lediglich auf wirtschaftliche Art und Weise erfolgt.

Diese Möglichkeiten werden insbesondere durch Finanzinstrumente bereitet, deren praktische Bedeutung bis heute mit den Jahren stetig zunahm, wie sich den anstehenden Ausführungen noch entnehmen lässt. Um die Reformbedürftigkeit der TrRL 2004 aufgrund der später dargestellten Unzulänglichkeiten in Bezug auf Finanzinstrumente[606] zu erläutern, ist die Regelungssystematik der TrRL 2004 und insbesondere die in dessen Rahmen (nicht) erfassten Finanzinstrumente zu beleuchten.

---

602 Dabei kommt es jeweils darauf an, welche Quoten für bestimmte Beschlüsse (nach dem Gesetz oder Gesellschaftsvertrag) vorausgesetzt sind.

603 Details zu diversen Arten von Aktien sowie zu den Details der Übertragungen finden sich in der entsprechenden Literatur zum Gesellschaftsrecht: Für das deutsche Recht u. a. *Janott/Hagemann* in Henn/Frodermann/Janott, Aktienrecht, 8. Auflage 2009, S. 40 ff., 64 ff.; *Langenbucher*, Aktienrecht, 4. Auflage 2018, § 3 Rn. 1 ff. m. w. N.; für das österreichische, italienische, spanische und englische Recht siehe *Veil* in Veil, Europäisches Kapitalmarktrecht, 2. Auflage 2014, § 8 Rn. 11, dort Fn. 26 m. w. N.; *Veil* in Veil, European Capital Markets Law, 2. Auflage 2017, § 8 Rn. 10, dort Fn. 19 m. w. N.

604 Zu Optionen bereits ab S. S. 139.

605 Zu *swaps* bereits ab S. S. 147.

606 Siehe ab S. 192.

1. Publizitätsregime

a) Ziele in Hinblick auf Finanzinstrumente

Das Publizitätsregime der TrRL 2004 war von einigen zentralen Erwägungen getragen[607]: Der Unionsgesetzgeber war schon damals der Ansicht, dass effiziente, transparente und integrierte Wertpapiermärkte zu einem echten Binnenmarkt in der Union beitragen, bessere Kapitalallokation ermöglichen und eine Kostensenkung zur Folge haben, um das (wirtschaftliche) Wachstum zu fördern und Arbeitsplätze zu schaffen.[608] Um das Vertrauen der Anleger zu gewinnen, ihre Interessen zu schützen und die Markteffizienz zu erhöhen, waren rechtzeitige, zuverlässige und umfassende Informationen über Wertpapieremittenten notwendig, die eine gründliche Beurteilung der wirtschaftlichen Situation eines Investitionsziels ermöglichten.[609]

Eine entsprechende Transparenz boten unter anderem nur regelmäßige Informationen der Wertpapieremittenten bzw. auch der Aktionäre und natürlichen oder juristischen Personen, die mit Stimmrechten verbundene Aktien oder Finanzinstrumente hielten, die ihrem Inhaber das Recht verliehen, bestehende mit Stimmrechten ausgestattete Aktien zu erwerben.[610] Die Emittenten sollten von ihnen über den Erwerb von oder andere Veränderungen in bedeutenden Beteiligungen informiert werden, damit diese wiederum die Öffentlichkeit laufend informieren konnten.[611] Unter bestimmten Umständen sollten auch Informationen über Finanzinstrumente im Sinne des Art. 13 TrRL 2004, die als Sicherheit hinterlegt waren, erteilt werden.[612]

Diese Ideen waren im Jahr 2004 nicht neu: Schon der FSAP aus dem Jahr 1999 sah in seinem Maßnahmenkatalog zu modernen Aufsichtsregeln und zur Überwachung von Finanzgeschäften unter anderem die unionsrechtliche Beurteilung durch die Kommission (mittels einer Kommissionsmitteilung) von Auslegungsfragen in Zusammenhang mit der Offenlegung von Finanzinstrumenten vor.[613]

607 Welche die Auslegung einzelner Artikel, Regelungskomplexe sowie in der Richtlinie verwendete Rechtsbegriffe beeinflussen. So kommt man nicht umher, jene Erwägungen zu berücksichtigen, wenn es um das Begriffsverständnis des Finanzinstruments im Rahmen der Richtlinie geht.

608 Erwägungsgrund 1 S. 1, 3 TrRL 2004.

609 Erwägungsgrund 1 S. 2 TrRL 2004.

610 Erwägungsgrund 2 S. 1, 2 TrRL 2004.

611 Erwägungsgrund 2 TrRL 2004.

612 Erwägungsgrund 18 S. 3 TrRL 2004.

613 S. 28 FSAP.

Der Plan zielte darauf ab, Marktransparenz und -disziplin zu schaffen, wodurch (potenzielle) Investoren besser informiert sein sollten.[614]

Der Rat der Europäischen Union und das Europäische Parlament sahen es weiter als notwendig an, dass die Öffentlichkeit über Änderungen bedeutender Beteiligungen[615] an Emittenten, deren Aktien an einem in der Union geregelten Markt gehandelt werden, informiert wurde.[616] Dies sollte Anlegern ermöglichen, Aktienkäufe oder -verkäufe im Wissen um die jeweils aktuelle Stimmrechtssituation vorzunehmen. Diese Situation ist allerdings auch nur dann zutreffend einzuschätzen, wenn zweifelsfrei feststellbar ist, wer auf welche Weise mittels welcher Finanzinstrumente Einfluss auf die Ausübung der Stimmrechte des betroffenen Anlageziels hat, sodass die Frage der von der TrRL 2004 umfassten Finanzinstrumente von nicht zu unterschätzender Bedeutung war.[617]

b) Anwendung und Systematik

aa) Publizitätskomplexe

Bei Lektüre der TrRL 2004 war festzustellen, dass sich die Mitteilungspflichten in drei Kategorien untergliederten. Der erste Regelungskomplex der TrRL 2004 beinhaltete die periodische Publizität, wobei Finanzinstrumente keine besondere Erwähnung fanden, sodass die dort normierten regelmäßig mitzuteilenden Informationen – Jahresfinanzberichte (Art. 4 TrRL 2004), Halbjahresfinanzberichte (Art. 5 TrRL 2004) und Zwischenmitteilungen bzw. Quartalsberichte (Art. 6 TrRL 2004) – hier nicht weiter relevant sind.[618]

Anders stellte sich die Situation insoweit im zweiten Regelungskomplex dar. Dieser enthielt Regelungen zu Informationen über bedeutende Beteiligungen,

---

614 S. 28 FSAP. Der Europäische Rat hat die Dringlichkeit der Umsetzung des FSAP in Hinblick auf einen integrierten Wertpapiermarkt im Jahr 2000 sowie 2002 bekräftigt, siehe Europäischer Rat, 23. und 24. März 200, Lissabon, Schlussfolgerungen des Vorsitzes, abrufbar unter <http://www.europarl.europa.eu/summits/lis1_de.htm> sowie Europäischer Rat, 15. und 16. März 2002, Barcelona, Schlussfolgerungen des Vorsitzes, abrufbar unter <http://www.europarl.europa.eu/bulletins/pdf/01s2002_de.pdf>, S. 16, 44.

615 Mit „bedeutenden Beteiligungen" waren die in der Richtlinie festgelegten Mitteilungsschwellen gemeint, daher halten „bedeutende" Beteiligungen nicht notwendig als „große" Beteiligungen.

616 Erwägungsgrund 18 TrRL 2004.

617 Ausgenommen davon waren bestimmte Marktteilnehmer, dazu siehe Erwägungsgrund 20 und 21 TrRL 2004.

618 Zu Art. 4 und 5 TrRL 2004 *Lutter/Bayer/J. Schmidt*, EuropUR, 5. Auflage 2012, § 36 Rn. 8.

insbesondere Mitteilungspflichten bei Erwerb oder Veräußerung bedeutender Beteiligungen (Art. 9 TrRL 2004) bzw. bedeutender Anteile an Stimmrechten (Art. 10 TrRL 2004) sowie - unter bestimmten Umständen - dieselbe Pflicht für natürliche oder juristische Personen beim Halten von Finanzinstrumenten (Art. 13 TrRL 2004), welche sogleich näher betrachtet wird.

Der Vollständigkeit halber erwähnt sei der dritte Regelungskomplex der TrRL 2004, welcher sich mit sonstigen Informationspflichten des Emittenten befasste, die inhaltlich „Wohlverhaltenspflichten" (Art. 16 TrRL 2004) bzw. Informations- und Verhaltenspflichten von Emittenten gegenüber Aktionären und Inhabern von Schuldtiteln (Art. 17 und 18 TrRL 2004) darstellten.[619]

bb) Herkunftsstaatsprinzip und Mindestharmonisierung

Um entsprechende Information in allen Mitgliedstaaten zu gewährleisten, regulierte die TrRL 2004 gemäß ihrem Art. 1 Abs. 1 TrRL 2004 die Harmonisierung der Transparenzanforderungen in Bezug auf die Anforderungen für die Veröffentlichung regelmäßiger und laufender Informationen über sämtliche Emittenten[620], deren Wertpapiere[621] bereits zum Handel an einem in einem Mitgliedstaat gelegenen oder dort betriebenen geregelten Markt[622] zugelassen waren.[623]

Dabei verfolgte die TrRL 2004 zwei Maximen, um eine unionsweite Untergrenze hinsichtlich der zu veröffentlichenden Informationen zu gewährleisten, nämlich einerseits die Mindestharmonisierung und andererseits das Herkunftsstaatsprinzip[624]: Nach Art. 3 Abs. 1, UAbs. 1 und 2 TrRL 2004 war dem

619 Zu sonstigen Informationspflichten im Rahmen der TrRL 2004 *Lutter/Bayer/J. Schmidt*, EuropUR, 5. Auflage 2012, § 36 Rn. 18 ff.

620 Legaldefiniert in Art. 2 Abs. 1 lit. d TrRL 2004.

621 Die Legaldefinition in Art. 2 Abs. 1 lit. a TrRL 2004 verwies auf übertragbare Wertpapiere gemäß Art. 4 Abs. 1 Nr. 18 MiFID I, ausgenommen davon waren Geldmarktinstrumente gemäß Art. 4 Abs. 1 Nr. 19 MiFID I mit einer Laufzeit von weniger als 12 Monaten, für die nationale Vorschriften gelten können.

622 Die Legaldefinition in Art. 2 Abs. 1 lit. c TrRL 2004 verwies auf Art. 4 Abs. 1 Nr. 14 MiFID I.

623 Art. 1 Abs. 2 sah dabei eine Ausnahme für Organismen für gemeinsame Anlagen in Wertpapieren vor (siehe Erwägungsgrund 5 S. 2 TrRL 2004; KOM(2003) 138, S. 23), während Art. 1 Abs. 3 und 4 den Mitgliedstaaten freistellen, bestimmte Ausnahmen für Gebietskörperschaften sowie die nationalen Zentralbanken zu schaffen (siehe Erwägungsgrund 4 TrRL 2004, *Lutter/Bayer/J. Schmidt*, EuropUR, 5. Auflage 2012, Rn. 36.6).

624 *Lutter/Bayer/J. Schmidt*, EuropUR, 5. Auflage 2012, § 36 Rn. 7.

Herkunftsmitgliedstaat[625] die Möglichkeit eröffnet, strengere Anforderungen für Emittenten, Aktionäre und natürliche oder juristische Personen im Sinne des Art. 10 oder 13 vorzusehen.[626] Gleichzeitig war es Aufnahmemitgliedstaaten[627] nach Art. 3 Abs. 2 untersagt, für die Handelszulassung (lit. a) oder in Hinblick auf die Mitteilungspflichten (lit. b) strengere Regeln aufzustellen, als sie damals in der TrRL 2004 selbst bzw. in der zu jener Zeit noch geltenden[628] MAD I vorgesehen waren.[629]

Zum einen war damit ein bestimmter Grad der Publizität bereits auf Unionsebene sichergestellt und zum anderen gewährleistet, dass die nationalen Regelungen des jeweiligen Herkunftsmitgliedstaats die eines Aufnahmemitgliedstaates in gewisser Hinsicht überwogen. Das Herkunftsstaatsprinzip, welches den Anwendungsbereich der nationalen Gesetze zur Umsetzung der Vorschriften der TrRL 2004 untereinander abgrenzte und gleichermaßen die Verteilung der

---

625 Nach der Begriffsbestimmung des Art. 1 Abs. 1 lit. i TrRL 2004 ist Herkunftsmitgliedstaat:

„i) im Falle eines Emittenten von Schuldtiteln mit einer Stückelung von weniger als 1000 EUR oder eines Emittenten von Aktien, [folgend der Wortlaut des Art. 1 Abs. 1 lit. i, i) UAbs. 1]

— für Emittenten mit Sitz in der Gemeinschaft der Mitgliedstaat, in dem sich der Sitz befindet;

— für Emittenten mit Sitz in einem Drittland der Mitgliedstaat, bei dessen zuständiger Behörde die jährlichen Informationen nach Art. 10 der Richtlinie 2003/71/EG zu hinterlegen sind. [Folgend der Wortlaut des Art. 1 Abs. 1 lit. i, i) UAbs. 2] Die Begriffsbestimmung „Herkunftsmitgliedstaat" gilt für Schuldtitel, die auf eine andere Währung als Euro lauten, wenn der Stückelungswert am Ausgabetag weniger als 1000 EUR entspricht, sofern er nicht annähernd 1000 EUR entspricht; ii) für jeden nicht unter i) fallenden Emittenten der Mitgliedstaat, den der Emittent unter seinem Sitzstaat und den Mitgliedstaaten, die seine Wertpapiere zum Handel an einem geregelten Markt in ihrem Hoheitsgebiet zugelassen haben, auswählt. Ein Emittent darf nicht mehr als einen Mitgliedstaat als Herkunftsmitgliedstaat auswählen. Die Wahl ist mindestens drei Jahre gültig, außer wenn die Wertpapiere des Emittenten an keinem geregelten Markt in der Europäischen Union mehr zum Handel zugelassen sind."

626 Hinsichtlich der in Art. 13 TrRL 2004 gegenständlichen Finanzinstrumente wurde von dieser Möglichkeit der strengeren Regulierung Gebrauch gemacht, dazu ab S. 173.

627 Nach der Begriffsbestimmung des Art. 1 Abs. 1 lit. j TrRL 2004 war dies ein Mitgliedstaat, in dem Wertpapiere zum Handel an einem geregelten Markt zugelassen sind, sofern es sich dabei nicht um den Herkunftsmitgliedstaat handelte.

628 Diese Richtlinie wurde mit Wirkung zum 3.7.2014 aufgehoben, vgl. Art. 37 MAR.

629 *Lutter/Bayer/J. Schmidt*, EuropUR, 5. Auflage 2012, § 36 Rn. 7.

internationalen Zuständigkeit zwischen den jeweiligen nationalen Aufsichtsbehörden regelte (Umsetzung im deutschen Recht durch das TUG 2007[630]), wurde vom europäischen Gesetzgeber bereits in anderen europäischen Kapitalmarktgesetzen, wie etwa in der ProspRL (Umsetzung im deutschen Recht im WpPG) und in der ÜbernahmeRL (Umsetzung im deutschen Recht im WpÜG[631]) verankert.[632]

cc) Mitteilungsschwellen

In Bezug auf die Publizität bei Finanzinstrumenten war Art. 13 TrRL 2004 von zentraler Relevanz. Dessen Abs. 1 normierte, dass die Mitteilungspflicht gemäß Art. 9 TrRL 2004 auch für natürliche oder juristische Personen galt, die direkt oder indirekt Finanzinstrumente hielten, die ihrem Inhaber das Recht verliehen, von sich aus im Rahmen einer förmlichen Vereinbarung mit Stimmrechten verbundene und bereits ausgegebene Aktien eines Emittenten, dessen Aktien zum Handel an einem geregelten Markt zugelassen waren, zu erwerben.

Art. 9 TrRL 2004 gab dem Herkunftsmitgliedstaat vor, sicherzustellen, dass ein Aktionär einem Emittenten mitteilte, welchen Anteil an den Stimmrechten des Emittenten er hielt, wenn er durch Erwerb oder Veräußerung von Aktien des Emittenten, die zum Handel an einem geregelten Markt zugelassen waren und an die Stimmrechte geknüpft waren, die Schwelle von 5, 10, 15, 20, 25, 30, 50 oder 75 Prozent erreichte, über- oder unterschritt.[633] Nach Art. 9 Abs. 3 TrRL 2004 waren allerdings die Schwellen von 30 und 75 Prozent dann nicht erforderlich, wenn der Mitgliedstaat die Schwelle von einem Drittel bzw. zwei Dritteln vorsah.[634] Die aufgeführten Mitteilungsschwellen galten ausweislich des Wortlauts des Art. 13 Abs. 1 TrRL 2004 auch für Finanzinstrumente im Sinne jener Norm.

Maßgeblicher Anknüpfungspunkt für eine Mitteilungspflicht nach Art. 9 TrRL 2004 war der Stimmrechtsanteil am Unternehmen eines Emittenten, der zum Handel an einem geregelten Markt zugelassen war.[635] Die Regelung

630 Dazu noch ab S. 375.

631 Zur Umsetzung der Übernahmerichtlinie ins deutsche Recht *Diekmann* NJW 2007, 17 ff.

632 *Hutter/Kaulamo* NJW 2007, 471, 472.

633 Siehe Art. 9 Abs. 1 UAbs. 1 TrRL 2004.

634 Da Aktionäre auch mit Beteiligungen unterhalb der Schwelle von 10 Prozent bedeutenden Einfluss auf den Emittenten nehmen können, senkte der Unionsgesetzgeber die Eingangsschwelle in der TrRL 2004 auf 5 Prozent ab, wobei selbst diese einigen Mitgliedstaaten nicht als ausreichend erschien, vgl. Mitteilungsschwellen in anderen Mitgliedstaaten in Fn. 787.

635 *Muhr*, Transparenz-RL, 2014, S. 155. Schon nach dem Wortlaut des Art. 9 Abs. 1 UAbs. 1 geht es dabei nur um die mit Stimmrechten versehenen Aktien des Emittenten.

des Art. 9 TrRL 2004 stellte damit die zentrale Norm sämtlicher in der TrRL 2004 normierten Mitteilungspflichten dar. Sie regelte grundsätzlich, wer unter welchen Bedingungen mitteilungspflichtig war und bestimmte damit sowohl den Kreis der Mitteilungspflichtigen, als auch, welche Ereignisse oder Vorgänge eine solche Pflicht begründeten sowie die Mindestvorgaben hinsichtlich der Mitteilungsschwellen, welche bei Umsetzung der Richtlinie in nationales Recht Niederschlag finden mussten.[636]

2. Finanzinstrumente gemäß Art. 13 TrRL 2004

a) Definition des Finanzinstruments nach Art. 13 TrRL 2004

Unklar blieb nach Lektüre des Art. 13 TrRL 2004, was genau unter Finanzinstrumenten zu verstehen war. Abs. 1 der Norm stellte lediglich klar, dass eine natürliche oder juristische Person ein solches Finanzinstrument direkt oder indirekt halten muss. Auch im Übrigen suchte man innerhalb der Richtlinie vergebens nach Hinweisen auf Wesensmerkmale des Finanzinstruments oder gar nach einer Definition. Ein Blick auf Art. 13 Abs. 2 TrRL 2004 war insoweit wegweisend. Danach hatte die Kommission nach dem in Art. 27 Abs. 2 TrRL 2004 genannten Verfahren Durchführungsmaßnahmen zu erlassen, um den technischen Entwicklungen auf den Finanzmärkten Rechnung zu tragen und die einheitliche Anwendung des Art. 13 Abs. 1 TrRL 2004 sicherzustellen. Art. 27 Abs. 2 TrRL 2004 bezog sich auf die Art. 5, 7 und 8 des (inzwischen aufgehobenen) Beschlusses des Rates vom 28. Juni 1999 zur Festlegung der Modalitäten für die Ausübung der der Kommission übertragenen Durchführungsbefugnisse.[637] Dieser Beschluss befasste sich einerseits mit der Ausübung von Durchführungsbefugnissen, die der Kommission entsprechend den einschlägigen Bestimmungen des Basisrechtsakts übertragen wurden, andererseits wurden dort die Hauptbestandteile der so übertragenen Befugnisse festgelegt.

Gemäß Art. 13 Abs. 2 lit. a bis e TrRL 2004 war der Kommission insbesondere aufgegeben, Festlegungen hinsichtlich bestimmter Aspekte zu treffen. Dies betraf Regelungen hinsichtlich der Arten von Finanzinstrumenten im Sinne des Absatzes 1 und ihrer Kumulierung (lit. a). Davon abgesehen war ebenso die

636 *Veil* in Veil, Europäisches Kapitalmarktrecht, 1. Auflage 2011, § 16 Rn. 12.

637 Beschluss des Rates vom 28. Juni 1999 zur Festlegung der Modalitäten für die Ausübung der der Kommission übertragenen Durchführungsbefugnisse (1999/468/EG), ABlEG vom 17.7.1999, L 184/23.

Art der förmlichen Vereinbarung im Sinne des Absatzes 1 (lit. b), der Inhalt der Mitteilung und das für diesen Zweck gemeinschaftsweit zu verwendende Standardformular (lit. c), der Mitteilungszeitraum (lit. d) sowie der Adressat bzw. die Adressaten der Mitteilung (lit. e) durch entsprechende Durchführungsbestimmungen zu determinieren. Am 8. März 2007 wurde die DurchführungsRL 2007 a. F. (als Durchführungsrechtsakt auf Stufe 2 des Lamfalussy-Verfahrens[638]) zur TrRL 2004 schließlich erlassen[639], welche die Regelungen der TrRL 2004 unter anderem in den genannten Belangen spezifizierte. In der DurchführungsRL 2007 a. F. fanden sich daher unter anderem Ausführungen zu Finanzinstrumenten gemäß Art. 13 TrRL 2004.

b) Definition des Finanzinstruments nach Art. 11 DurchführungsRL 2007 a. F.

In der TrRL 2004 wurden allgemeine Grundsätze für die Harmonisierung der Transparenzanforderungen in Bezug auf das Halten von Stimmrechten oder Finanzinstrumenten festgelegt. Damit sollte gewährleistet werden, dass das Vertrauen der Anleger durch die rechtzeitige Offenlegung umfassender und zutreffender Informationen über Wertpapieremittenten geschaffen und gewahrt wird. Aus dem gleichen Grund sollte mit der Anforderung, der zufolge sich die Emittenten über Veränderungen bei bedeutenden Beteiligungen an ihren Unternehmen auf dem Laufenden zu halten haben, sichergestellt werden, dass sie in der Lage sind, das Anlegerpublikum kontinuierlich zu informieren.[640]

Dieses Ziel galt gleichermaßen für Finanzinstrumente. Zentrale Norm war in diesem Zusammenhang Art. 11 DurchführungsRL 2007 a. F.[641], wonach für die Zwecke von Art. 13 Abs. 1 der TrRL 2004 übertragbare Wertpapiere, Optionen, Terminkontrakte, Swaps, Zinsausgleichvereinbarungen und alle anderen Derivatkontrakte, die in Anhang I Abschnitt C der MiFID I[642] als Finanzinstrumente

---

638 Zum Lamfalussy-Verfahren bereits Fn. 595. Ausführlich zum Lamfalussy-Verfahren zum Beispiel *Lutter/Bayer/J. Schmidt*, EuropUR, 6. Auflage 2017, 14.42 ff.; *Meyer*, Umsetzung der TrRL 2004, 2011, S. 43 ff.

639 Erwägungsgrund 2 DurchführungsRL 2007 a. F. Die TrRL 2004 wurde durch weitere Durchführungsrechtsakte konkretisiert, die im Rahmen der Arbeit allerdings nicht von Bedeutung sind, siehe dazu *Lutter/Bayer/J. Schmidt*, EuropUR, 5. Auflage 2012, § 36 Rn. 5.

640 Erwägungsgrund 1 DurchführungsRL 2007 a. F.

641 Auch die DurchführungsRL 2007 wurde durch die ÄnderungsRL 2013 modifiziert, vgl. nur Art. 3 Nr. 2 ÄnderungsRL 2013.

642 Vgl. Fn. 141.

betrachtet wurden, sofern sie (im Rahmen einer förmlichen Vereinbarung) zum Erwerb von Aktien mit Stimmrechten lediglich auf Eigeninitiative des befugten. Dabei mussten die Aktien bereits von einem Emittenten ausgegeben sein, dessen Aktien zum Handel an einem geregelten Markt zugelassen wurden.

Diese Norm zeigte demnach Interpretationsspielraum sowie Grenzen des Begriffsverständnisses des „Finanzinstruments" im Sinne des Art. 13 TrRL 2004 auf. Finanzinstrumente, die Erwähnung in Anhang I Abschnitt C der MiFID I gefunden hatten, kamen nicht als solche im Sinne des Art. 13 TrRL 2004 in Betracht, wenn sie nicht in Art. 11 Abs. 1 DurchführungsRL 2007 a. F. aufgeführt waren.[643] Darin erschöpften sich die Ausführungen des europäischen Gesetzgebers zum Begriff des Finanzinstruments indes nicht: Finanzinstrumente sollten in den Kontext der Mitteilung von bedeutenden Beteiligungen in dem Maße miteinbezogen werden, als diese ihren Inhabern das unbedingte Recht auf den Erwerb der zugrunde liegenden Aktien oder einen Ermessensspielraum in Bezug auf den Erwerb der zugrunde liegenden Aktien oder Barmittel bei Fälligkeit einräumten.[644] Allerdings waren solche Finanzinstrumente von einer Mitteilungspflicht ausgeschlossen, die ihre Inhaber dazu berechtigten, je nach dem Kurs der zugrunde liegenden Aktie, der zu einem gewissen Zeitpunkt ein gewisses Niveau erreichte, Aktien zu erhalten.[645] Ebenso wenig umfasst waren Finanzinstrumente, welche dem Emittenten des Instruments oder einem Dritten gestatteten, dem Inhaber des Instruments Aktien oder Barmittel bei Fälligkeit zukommen zu lassen.[646]

Neben diesen negativ formulierten Kriterien nannte Art. 11 DurchführungsRL 2007 a. F. Kategorien von Finanzinstrumenten, die als solche im Sinne des Art. 13 TrRL 2004 infrage kamen. Außerdem mussten die Finanzinstrumente - lediglich auf Eigeninitiative des Inhabers - zum Erwerb von Aktien befugen, die mit Stimmrechten verbunden waren. Einerseits konnten Finanzinstrumente im Sinne des Art. 13 TrRL 2004 deshalb nur solche sein, die überhaupt im Anhang I Abschnitt C der MiFID I Erwähnung fanden und andererseits wurde jene Enumeration in Hinblick auf Art. 13 TrRL 2004 dadurch eingeschränkt, dass Art. 11 Abs. 1 DurchführungsRL 2007 a. F. weitere Vorgaben machte und

643 Erwägungsgrund 14 DurchführungsRL 2007 a. F.

644 Erwägungsgrund 13 S. 1 DurchführungsRL 2007 a. F. Zum Recht auf Erwerb von Aktien und dem Ermessen darauf ausführlich noch ab S. 261.

645 Erwägungsgrund 13 S. 2 DurchführungsRL 2007 a. F.

646 Erwägungsgrund 13 S. 3 DurchführungsRL 2007 a. F.

demzufolge nicht alle Finanzinstrumente, welche im Anhang I Abschnitt C der MiFID I aufgelistet waren, als solche im Sinne des Art. 13 TrRL 2004 galten.

Art. 11 Abs. 1 UAbs. 1 DurchführungsRL 2007 a. F. stellte somit zunächst ausdrücklich klar, dass Finanzinstrumente im Sinne des Art. 13 TrRL 2004 übertragbare Wertpapiere, Optionen, Terminkontrakte, Swaps und Zinsausgleichvereinbarungen darstellen konnten. Nach dem Verweis in den Anhang der MiFID I waren Finanzinstrumente im Sinne des Art. 13 TrRL 2004 demnach - unter den in Art. 11 Abs. 1 UAbs. 1 DurchführungsRL 2007 a. F. genannten Umständen - darüber hinaus alle anderen Derivatkontrakte, die in Anhang I Abschnitt C der MiFID I genannt werden. Infrage kamen somit:

1. übertragbare Wertpapiere (Nr. 1),
2. Geldmarktinstrumente (Nr. 2),
3. Anteile an Organismen für gemeinsame Anlagen (Nr. 3),
4. Optionen, Terminkontrakte, Swaps, Zinsausgleichsvereinbarungen und alle anderen Derivatkontrakte in Bezug auf Wertpapiere, Währungen, Zinssätze oder -erträge, oder andere Derivat-Instrumente, finanzielle Indizes oder Messgrößen, die effektiv geliefert oder bar abgerechnet werden konnten (Nr. 4),
5. Optionen, Terminkontrakte, Swaps, Termingeschäfte und alle anderen Derivatkontrakte in Bezug auf Waren, die bar abgerechnet werden mussten oder auf Wunsch einer der Parteien (anders als wegen eines zurechenbaren oder anderen Beendigungsgrunds) bar abgerechnet werden konnten (Nr. 5),
6. Optionen, Terminkontrakte, Swaps und alle anderen Derivatkontrakte in Bezug auf Waren, die effektiv geliefert werden konnten, vorausgesetzt, sie wurden an einem geregelten Markt und/oder über ein *MTF* gehandelt (Nr. 6),
7. Optionen, Terminkontrakte, Swaps, Termingeschäfte und alle anderen Derivatkontrakte in Bezug auf Waren, die effektiv geliefert werden konnten, die sonst nicht in Abschnitt C Nummer 6 genannt waren und nicht kommerziellen Zwecken dienten, die die Merkmale anderer derivativer Finanzinstrumente aufwiesen, wobei unter anderem berücksichtigt wurde, ob Clearing und Abrechnung über anerkannte Clearingstellen erfolgen oder ob eine Margin Einschussforderung bestand (Nr. 7),
8. derivative Finanzinstrumente für den Transfer von Kreditrisiken (Nr. 8),
9. finanzielle Differenzgeschäfte (Nr. 9),
10. Optionen, Terminkontrakte, Swaps, Termingeschäfte und alle anderen Derivatkontrakte in Bezug auf Klimavariablen, Frachtsätze, Emissionsberechtigungen, Inflationsraten und andere offizielle Wirtschaftsstatistiken, die bar

abgerechnet werden mussten oder auf Wunsch einer der Parteien (anders als wegen eines zurechenbaren oder anderen Beendigungsgrunds) bar abgerechnet werden konnten, sowie alle anderen Derivatkontrakte in Bezug auf Vermögenswerte, Rechte, Obligationen, Indizes und Messwerte, die sonst nicht im vorliegenden Abschnitt C genannt waren und die die Merkmale anderer derivativer Finanzinstrumente aufwiesen, wobei unter anderem berücksichtigt wurde, ob sie auf einem geregelten Markt oder einem *MTF* gehandelt wurden, ob Clearing und Abrechnung über anerkannte Clearingstellen erfolgten oder ob eine Margin-Einschussforderung bestand (Nr. 10).

Zumindest teilweise obsolet war die explizite Enumeration von Finanzinstrumenten in Art. 11 Abs. 1 UAbs. 1 DurchführungsRL 2007 a. F. in Bezug auf Derivate, da sie mit Optionen[647], Terminkontrakten[648], Swaps[649] und Zinsausgleichvereinbarungen[650] Derivatkontrakte nannte, welche ohnehin im Anhang I Abschnitt C der MiFID I aufgeführt waren, auf welchen Art. 11 Abs. 1 UAbs. 1 DurchführungsRL 2007 a. F. hinsichtlich der Definition des Finanzinstruments im Rahmen von Art. 13 TrRL 2004 ebenfalls verwies.

Art. 11 Abs. 1 UAbs. 1 DurchführungsRL 2007 a. F. beinhaltete außerdem „übertragbare Wertpapiere", die in Anhang I Abschnitt C Nr. 1 MiFID I ebenfalls als Finanzinstrument aufgeführt waren. Da nicht sämtliche in Anhang I Abschnitt C Nr. 1 MiFID I aufgeführte Finanzinstrumente Derivate darstellten, ist die gesonderte Erwähnung übertragbarer Wertpapiere in Art. 11 Abs. 1 UAbs. 1 DurchführungsRL 2007 a. F. nicht gänzlich überflüssig, dennoch hätte es der Normenkohärenz gedient, insgesamt lediglich auf Anhang I Abschnitt C MiFID I zu verweisen und sich im Übrigen einer eigenen Enumeration zu enthalten.

Demzufolge hätte sich Art. 11 Abs. 1 UAbs. 1 DurchführungsRL 2007 a. F. - ohne damit den Regelungsgehalt zu reduzieren - auf folgenden Wortlaut beschränken können: „Für die Zwecke von Art. 13 Absatz 1 der Richtlinie 2004/109/EG werden übertragbare Wertpapiere im Sinne der Anhang I Abschnitt C Nr. 1 der Richtlinie 2004/39/EG sowie alle dort aufgeführten Derivatkontrakte als Finanzinstrumente betrachtet, sofern sie zum Erwerb lediglich auf Eigeninitiative des Inhabers und im Rahmen einer förmlichen Vereinbarung von Aktien befugen, die mit Stimmrechten verbunden sind. Dabei müssen die

---

647 Zur Funktionsweise von Optionen ab S. 139.

648 Nicht zu verwechseln ist der Begriff des Terminkontrakts (dazu ab S. 145) mit dem allgemeinen Begriff des (Finanz-)Termingeschäfts, siehe dazu ab S. 137.

649 Zur Funktionsweise von *swaps* S. 147 ff.

650 Zur Funktionsweise von Zinsausgleichvereinbarungen ab S. 150.

Aktien bereits von einem Emittenten ausgegeben sein, dessen Aktien zum Handel an einem geregelten Markt zugelassen wurden."

Abgesehen davon waren weitere Kriterien zu beachten: Ein Finanzinstrument galt nach Art. 11 Abs. 1 DurchführungsRL 2007 a. F. nur als ein solches im Sinne des Art. 13 TrRL 2004, wenn es (lediglich) auf Eigeninitiative des Inhabers zum Erwerb von mit Stimmrechten verbundenen Aktien befugte (UAbs. 1), außerdem bei Fälligkeit ein unbedingtes Recht, zumindest jedenfalls eine Ermessensbefugnis in Bezug auf das Recht des Inhabers auf Erwerb derartiger Aktien einräumte (UAbs. 2) und dies im Rahmen einer förmlichen Vereinbarung (UAbs. 3) fixiert wurde.

Um die Frage zu beantworten, welche Finanzinstrumente von Art. 11 Abs. 1 UAbs. 1 DurchführungsRL 2007 a. F. erfasst waren, mussten die Voraussetzungen jedes infrage kommenden Finanzinstruments untersucht werden. Da der Erwerb von mit Stimmrechten verbundenen Aktien mittels Finanzinstrumenten einer Mitteilungspflicht unterliegen sollte, musste es sich im Rahmen der gegenständlich behandelten Aktien um solche handeln, die mit einem Stimmrecht verbunden waren - ausgeschlossen waren damit alle Aktien, denen es an einem solchen mangelte, was sich bereits aus Art. 13 Abs. 1 TrRL 2004 sowie Art. 11 Abs. 1 UAbs. 1 S. 2 DurchführungsRL 2007 a. F. ergab.[651] Wenn Aktien mit einem solchen verknüpft waren, musste es sich, davon abgesehen, um bereits ausgegebene Aktien eines Emittenten handeln, dessen Aktien zum Handel an einem geregelten Markt zugelassen waren (vgl. Wortlaut der Art. 13 Abs. 1 TrRL 2004 und Art. 11 Abs. 1 UAbs. 1 DurchführungsRL 2007 a. F.). Nicht infrage kamen daher Finanzinstrumente, die keinerlei Bezug zu entsprechenden Aktien aufwiesen, jedenfalls keine Übertragung solcher zum Gegenstand hatten bzw. künftig haben sollten.

Daneben war durch Art. 11 Abs. 1 UAbs. 1 DurchführungsRL 2007 a. F. unmissverständlich vorausgesetzt, dass die dort bzw. in Anhang I Abschnitt C MiFID I genannten Finanzinstrumente nur dann als solche im Sinne des Art. 13 betrachtet werden konnten, sofern sie lediglich auf Eigeninitiative des Inhabers zum Erwerb von Aktien befugten. *E contrario* ließ sich dem entnehmen, dass ein infrage kommendes Instrument nach Art. 11 Abs. 1 UAbs. 1 DurchführungsRL 2007 a. F. kein Finanzinstrument im Sinne des Art. 13 TrRL 2004 darstellen konnte, sobald der Aktienerwerb des Inhabers von einer weiteren Bedingung

651 In Deutschland ist den §§ 10, 12 AktG zu entnehmen, dass es einerseits verschiedene Arten von Aktien gibt und grundsätzlich jeder Aktie ein Stimmrecht als Mitgliedschaftsrecht immanent ist – davon jedoch Ausnahmen möglich sind.

abhängig war, er also nicht allein frei darüber entscheiden konnte, sein ihm eingeräumtes Wahlrecht auszuüben.

Art. 11 Abs. 1 UAbs. 2 DurchführungsRL 2007 a. F. normierte, dass der Inhaber des Instruments bei Fälligkeit desselben entweder über das unbedingte Recht auf Erwerb der zugrunde liegenden Aktien oder aber über eine Ermessensbefugnis in Bezug auf sein Recht auf Erwerb oder Nichterwerb[652] dieser Aktien verfügen musste. Wenn das Finanzinstrument dem Inhaber weder ein unbedingtes Recht auf Erwerb solcher Aktien noch eine entsprechende Ermessensbefugnis in Bezug auf den Erwerb einräumte, konnte es sich nicht um ein Finanzinstrument gemäß Art. 11 Abs. 1 DurchführungsRL 2007 a. F. und damit auch nicht um ein solches im Sinne des Art. 13 Abs. 1 TrRL 2004 handeln.

Weiter war von Bedeutung, ob die Befugnis zum Erwerb solcher Aktien im Rahmen einer förmlichen Vereinbarung bestand. Art. 11 Abs. 1 UAbs. 3 DurchführungsRL 2007 a. F. definierte, dass unter einer förmlichen Vereinbarung eine Vereinbarung zu verstehen war, die gemäß dem anwendbaren Recht verbindlich war. In Bezug auf die Verbindlichkeit der Vereinbarung machte das Unionsrecht allerdings keine weiteren Vorgaben, sodass es der nationalen Gesetzgebung in den Mitgliedstaaten überlassen war, festzulegen, wann einer Vereinbarung diese Verbindlichkeit zukam. Sonstige Voraussetzungen stellte Art. 11 DurchführungsRL 2007 a. F. nicht auf. Neben dieser Norm existierte im Übrigen keine weitere Vorschrift, welche den Begriff des Finanzinstruments im Sinne des Art. 13 TrRL 2004 spezifizierte. Während die Regelungssystematik somit überschaubar und die Definition des Finanzinstruments im Sinne des Art. 13 TrRL 2004 detailliert sowie weitreichend anmutete, offenbarte sich in der Praxis ein anderes Bild.

III. Unzureichende Beteiligungstransparenz bei Finanzinstrumenten

So detailreich die Definition eines Finanzinstruments im Sinne des Art. 13 TrRL 2004 damit schien – zureichende Beteiligungstransparenz bei Finanzinstrumenten vermochte die Regelung nicht zu garantieren. Vergegenwärtigt man sich das Ziel des europäischen Gesetzgebers, das Vertrauen der Anleger zu gewinnen, ihre Interessen zu schützen und die Markteffizienz durch rechtzeitige, zuverlässige und umfassende Informationen über Wertpapieremittenten zu erhöhen, um eine gründliche Beurteilung der wirtschaftlichen Situation eines Investitionsziels vornehmen zu können, so musste nach den (Mindest-)Vorgaben der TrRL 2004

---

652 In Art. 11 Abs. 1 UAbs. 2 DurchführungsRL 2007 a. F. war vom „Nichtserwerb“ die Rede, wobei es sich um ein Redaktionsversehen handeln dürfte.

resümiert werden, dass dieses Ziel jedenfalls in Bezug auf die Beteiligungstransparenz bei Finanzinstrumenten verfehlt wurde. Dies galt jedenfalls, soweit den Regelungen der Richtlinie bei der Umsetzung in nationales Recht entsprochen wurde und gerade keine strengeren Mitteilungspflichten bei Finanzinstrumenten auf nationaler Ebene normiert wurden.[653]

Zwar erkannte der Unionsgesetzgeber bereits damals, dass eine zureichende Beteiligungstransparenz nur dann geschaffen werden kann, wenn insbesondere Aktionäre und natürliche oder juristische Personen, die Stimmrechte oder Finanzinstrumente halten, die ihrem Inhaber das Recht verliehen, bestehende mit Stimmrechten ausgestattete Aktien zu erwerben, entsprechende Informationen mitteilen.[654] Die Emittenten sollten von ihnen über den Erwerb von oder andere Veränderungen in bedeutenden Beteiligungen informiert werden, damit diese wiederum die Öffentlichkeit informieren konnten.[655] Unter bestimmten Umständen sollten auch Informationen über Finanzinstrumente im Sinne des Art. 13 TrRL 2004, die als Sicherheit hinterlegt sind, erteilt werden.[656] Vorgesehen war nach der TrRL 2004 daher eine Mitteilungspflicht für Finanzinstrumente, die ihrem Inhaber im Rahmen einer förmlichen Vereinbarung das Recht einräumten, von sich aus mit Stimmrechten verbundene und bereits ausgegebene Aktien zu erwerben (vgl. Art. 13 Abs. 1 TrRL 2004).

Die Richtlinie verlangte jedoch nicht die Mitteilung bestimmter Arten von Finanzinstrumenten, die erst noch zu einem Recht auf Erwerb von Stimmrechten führen und so dazu genutzt werden konnten, Beteiligungen an börsennotierten Gesellschaften aufzubauen bzw. vorzubereiten[657]: Finanzinstrumente, die ihrem Inhaber direkt oder indirekt zwar den Erwerb ermöglichten, ihm aber keinen Anspruch darauf einräumten, unterlagen nach der TrRL 2004 gerade keiner Mitteilungspflicht.[658] Dies galt insbesondere für Finanzinstrumente, die lediglich einen Barausgleich vorsahen.[659] Gestützt wurde dies vom europäischen

---

653 Zur (inzwischen veralteten) Rechtslage in Deutschland bei derartigen Übernahmen ausführlich *Holfter*, Öffentliche Übernahme durch Anschleichen, 2012, S. 1, 1 ff.

654 Erwägungsgrund 2 S. 1, 2 TrRL 2004.

655 Erwägungsgrund 2 TrRL 2004.

656 Erwägungsgrund 18 S. 3 TrRL 2004

657 CESR/09-1215b S. 5 (Nr. 13); auch schon ÄnderungsRL-E 2013, S. 8; Erwägungsgrund 9 S. 1 ÄnderungsRL 2013. Zum Beteiligungsaufbau mittels derartiger Finanzinstrumente *en détail* noch ab S. 234 sowie ab S. 226.

658 *Burgard/Heimann* FS Dauses, 2014, S. 47, 58 f.

659 *Merkner/Sustmann* NZG 2010, 681, 682. Weshalb solche Finanzinstrumente in Bezug auf Stimmrechte von Bedeutung waren und sind, wird noch ausführlich dargestellt, siehe ab S. 234 und ab S. 322.

Gesetzgeber auch im Rahmen der Erwägungsgründe zur DurchführungsRL 2007 a. F.: Für die Zwecke TrRL 2004 sollten Finanzinstrumente in den Kontext der Mitteilung von bedeutenden Beteiligungen in dem Maße miteinbezogen werden, als diese Instrumente ihren Inhabern das unbedingte Recht auf den Erwerb der zugrunde liegenden Aktien oder einen Ermessensspielraum in Bezug auf den Erwerb der zugrunde liegenden Aktien oder Barmittel bei Fälligkeit einräumen.[660] Nicht erfasst wurden Finanzinstrumente, die ihre Inhaber dazu berechtigen, je nach dem Kurs der zugrunde liegenden Aktie, der zu einem gewissen Zeitpunkt ein gewisses Niveau erreicht, Aktien zu erhalten.[661] Auch waren Instrumente nicht erfasst, welche dem Emittenten des Instruments oder einem Dritten gestatten, dem Inhaber des Instruments Aktien oder Barmittel bei Fälligkeit zukommen zu lassen.[662]

Zentrale Bedeutung wurde insoweit Art. 11 Abs. 1 UAbs. 2 DurchführungsRL 2007 a. F. zuteil, der voraussetzte, dass der Inhaber des Instruments bei Fälligkeit desselben entweder über das unbedingte Recht auf Erwerb der zugrunde liegenden Aktien oder aber über eine Ermessensbefugnis in Bezug auf sein Recht auf Erwerb oder Nichterwerb[663] dieser Aktien verfügen musste. Ein solches Recht wurde dem Inhaber durch bestimmte Finanzinstrumente gerade nicht vermittelt. In Ermangelung einer entsprechenden Offenlegungspflicht war auf diese Weise der Weg für den Aufbau verdeckter Positionen bereitet. Umgehungspraktiken konnten deshalb - aus unionsrechtlicher Sicht - legitim genutzt werden, um unbemerkt bedeutende Aktienpakete zusammenzutragen und so die Übernahme eines Unternehmens erleichtern.[664] Ein unbemerktes „Anschleichen" - insbesondere im Rahmen von Übernahmetransaktionen - war damit vorprogrammiert (*hidden ownership*[665]).

---

660 Erwägungsgrund 13 S. 1 DurchführungsRL 2007 a. F.

661 Erwägungsgrund 13 S. 2 DurchführungsRL 2007 a. F.

662 Erwägungsgrund 13 S. 3 DurchführungsRL 2007 a. F.; dazu auch *Meyer/Kiesewetter* WM 2009, 340, 345 f.

663 In Art. 11 Abs. 1 UAbs. 2 DurchführungsRL 2007 a. F. ist vom „Nichtserwerb" die Rede, wobei es sich um ein Redaktionsversehen handeln dürfte.

664 *Burgard/Heimann* FS Dauses, 2014, S. 47, 59; vgl. entsprechend zur nationalen Umsetzung über die Mindestvorgabe hinaus MüKoAktG/*Bayer*, 4. Auflage 2016, WpHG § 25a Rn. 2; zur nationalen Rechtslage auch noch ab S. 375.

665 *Hitzer/Düchting* ZIP 2011, 1084, 1084; *Hu/Black*, South California Law Review 2006, 811, 815 f. Zu *hidden ownership* siehe auch schon ab S. 59.

Genutzt wurden dazu unter anderem diverse nicht mitteilungspflichtige Finanzinstrumente (Derivate) mit Barausgleich, insbesondere *cash-settled total return equity swaps*, bestimmte Optionen sowie Rückkaufvereinbarungen (*repurchase agreements*).[666] Marktteilnehmern blieb der Beteiligungsaufbau und die damit möglicherweise verbundene Übernahmeabsicht der Inhaber solcher Finanzinstrumente verborgen, ebenso wie dadurch mögliche Interessenkonflikte und auch das am Markt verfügbare Aktienvolumen (*free float*).[667] In derartigen Fällen inkorporierte auch der Kurs des Basiswerts diese Informationen nicht, da sie schlicht nicht bekannt waren. Eine Kursanpassung der betroffenen Aktien blieb daher aus, sodass ohne Berücksichtigung einer möglichen Übernahmeabsicht ein unrichtiges (regelmäßig zu niedriges) Preisniveau aufrechterhalten wurde.[668] Schließlich konnte so auch ein verpflichtendes Übernahmeangebot zu einem gerechten Preis vermieden werden, was insbesondere Minderheitsaktionären Schaden zufügte.[669]

Diese Probleme blieben auch vom Unionsgesetzgeber nicht unbemerkt. Bereits der „Vorgänger" der ESMA, das CESR (Committee of European Securities Regulators), erwog im Rahmen eines Konsultationspapiers[670] Anfang des Jahres 2010, dessen Gegenstand Vorschläge zur Verbesserung der Beteiligungstransparenz waren, dass die Mitteilungspflichten insbesondere hinsichtlich der Offenlegung von Unternehmensbeteiligungen erweitert werden sollten, da die TrRL 2004 insoweit lückenhaft sei.[671] Zur Begründung führte das CESR mehrere Fälle aus der Praxis an[672], in welchen sich dieser Umstand eindrucksvoll offenbarte:

Das heimliche Anschleichen an eine börsennotierte Gesellschaft durch Aktienderivate mit Barausgleich erfolgte beispielsweise in Italien, als die

666 *Baums/Sauter* ZHR 2009, 454, 470; *Fleischer/Schmolke* NZG 2010, 846, 847; *Hitzer/Düchting* ZIP 2011, 1084, 1084; *Meyer/Kiesewetter* WM 2009, 340, 345; MüKoAktG/*Bayer*, 4. Auflage 2016, WpHG § 22 Rn. 34; zu *swaps* schon ab S. 147, zu Optionen schon ab S. 139, zu Rückkaufvereinbarungen schon ab S. 160.

667 CESR/09-1215b S. 6 (Nr. 21 S. 2); *Hitzer/Düchting* ZIP 2011, 1084, 1084.

668 CESR/09-1215b S. 6 (Nr. 21 S. 1); *Hitzer/Düchting* ZIP 2011, 1084, 1084; *Renz/Rippel* BKR 2011, 235, 236.

669 CESR/09-1215b S. 6 (Nr. 21 S. 3).

670 CESR/09-1215b. Zu diesem Entwurf gab es allerdings auch kritische Stimmen, vgl. *Zetzsche* EBOR 2010, 231, 231 ff.

671 CESR/09-1215b S. 3 (Nr. 1-3).

672 CESR/09-1215b S. 7 (Nr. 22-27).

Investmentgesellschaft IFIL, ein Tochterunternehmen der italienischen Beteiligungsgesellschaft Exor, im Jahr 2005 über *cash-settled equity swaps* Anteile am Automobilhersteller Fiat erwarb.[673] Ähnliches geschah in der Schweiz, als im Jahr 2007 die britische Beteiligungsgesellschaft Laxey den größten schweizerischen Baukonzern, - die Implenia AG - übernehmen wollte[674] und dazu *cash-settled equity swaps* nutzte.[675] Ein weiteres Beispiel aus der Schweiz bot sich mit der Renova Group, welche im selben Jahr Optionen am Technologiekonzern Sulzer durch die Everest Beteiligungs-GmbH erwarb, dem gemeinsamen Investmentvehikel mit der österreichischen Holding Victory.[676] In den USA hat der britische Hedgefonds The Children's Investment Fund (TCI) mit 3G Capital Partners im Jahr 2008 heimlich die Bahngesellschaft CSX übernehmen wollen und sich dazu etwa 14 Prozent Beteiligung an CSX über nicht mitteilungspflichtige *swaps* gesichert.[677]

Prominentes Beispiel aus Deutschland ist der Übernahmeversuch des Reifenherstellers Schaeffler, der im Jahr 2008 den Konkurrenten Continental aufkaufen wollte. Schaeffler hatte sich damals *call options* für den Erwerb von 4,95 Prozent der Continental-Aktien gesichert und blieb damit unter der Schwelle von 5 Prozent des Art. 9 Abs. 1 UAbs. 1 TrRL 2004, welche auch für Art. 13 Abs. 1 TrRL 2004 galt.[678] Der deutsche Gesetzgeber hatte diese Eingangsschwelle übernommen, sodass keine Mitteilungspflicht ausgelöst wurde.[679] Darüber hinaus hatte Schaeffler mit verschiedenen Banken *cash-settled equity swaps* über 28 Prozent der Continental-Aktien abgeschlossen, die jederzeit kündbar waren, ohne einen Anspruch auf Realerfüllung einzuräumen[680], sodass diese mangels des durch Art. 11 Abs. 1 UAbs. 2 DurchführungsRL 2007 a. F. entsprechend

---

673 CESR/09-1215b S. 7 (Nr. 25); *Fleischer/Schmolke* NZG 2010, 846, 847; *Fleischer/Schmolke* NZG 2009, 401, 404.

674 CESR/09-1215b S. 7 (Nr. 27); zum Fall ausführlich *Friedeborn*, Vormitgliedschaftliche Beteiligungstransparenz, 2014, S. 60 ff.

675 *Emmenegger* FS Hopt, 2010, S. 1768 f.; *Fleischer/Schmolke* NZG 2010, 846, 847.

676 *Fleischer/Schmolke* NZG 2010, 846, 847.

677 CESR/09-1215b S. 7 (Nr. 26); *Fleischer/Schmolke* NZG 2010, 846, 847.

678 CESR/09-1215b S. 7 (Nr. 23); der Fall Continental/Schaeffler erregte große Aufmerksamkeit, vgl. nur *Fleischer/Schmolke* NZG 2010, 846, 847; (sehr ausführlich) *Friedeborn*, Vormitgliedschaftliche Beteiligungstransparenz, 2014, S. 55 ff.; *Hitzer/Düchting* ZIP 2011, 1084, 1084; *Meyer/Kiesewetter* WM 2009, 340, 340; *Renz/Rippel* BKR 2011, 235, 236; *Veil* ZHR 2013, 427, 429; *Wackerbart* ZIP 2010, 1527, 1527 f.

679 *Fleischer/Schmolke* NZG 2009, 401, 404. Zum nationalen Recht nach der TrRL 2004 noch ab S. 377.

680 *Emmenegger* FS Hopt, 2010, S. 1768; *Fleischer/Schmolke* NZG 2010, 846, 847.

vorausgesetzten Anspruchs keiner Mitteilungspflicht unterlagen, da sich auch das nationale Recht insoweit an den europäischen Vorgaben orientierte.[681]

Ebenfalls große Schlagzeilen zog der Übernahmeversuch des Autofabrikanten Porsche nach sich, der sich ab dem Jahr 2007 an der Übernahme der Volkwagen AG probierte. Die Porsche AG war im Oktober 2008 neben einer direkten Beteiligung von 42,6 Prozent der stimmberechtigen VW-Aktien im Besitz von *call*-Optionen mit Barausgleich, die einer Beteiligung von weiteren 31,5 Prozent entsprachen.[682] Mangels zwingender Mitteilungspflicht auf unionsrechtlicher und nationalrechtlicher Ebene war der Markt davon zunächst nicht informiert, bis die Porsche AG durch eine entsprechende öffentliche Bekanntmachung für hohe Nachfrage der VW-Aktien sorgte und dabei durch den Verkauf der gesicherten Aktien große Gewinne einfuhr.[683]

In einem weiteren Fall versuchte sich der Wintersportartikelhersteller SKion auf ähnliche Weise an SGL Carbon. Die SKion GmbH hatte sich über derivative Finanzinstrumente annähernd 17 Prozent an SGL Carbon gesichert, die bis dato keiner Mitteilungspflicht unterlagen.[684]

Allein diese Fälle offenbarten die Regelungslücken in der unionsrechtlichen Beteiligungstransparenz, die es ermöglichten, unter legaler Umgehung der Mitteilungspflichten erhebliche Beteiligungen aufzubauen und dadurch die Übernahme eines Unternehmens zu erleichtern. Stets wurden die oben genannten Finanzinstrumente als Vehikel eingesetzt, um dem Investor auf kursschonende Weise einen Teil der Aktien der Zielgesellschaft zu sichern[685] - unbemerktes Anschleichen mittels bestimmter Finanzinstrumente war daher keine bloß theoretische Möglichkeit, sondern tatsächliche Marktpraxis.[686]

Aus diesem Grund machten diverse Mitgliedstaaten von der Möglichkeit Gebrauch, strengere Vorschriften als von der TrRL 2004 vorgesehen, zu erlassen („*gold-plating*").[687] Dass Anleger seit dem Jahr 2004 deshalb zwischen 15 und 28

---

681 Zum nationalen Recht nach der TrRL 2004 noch ab S. 377.

682 CESR/09-1215b S. 7 (Nr. 24); *Fleischer/Schmolke* NZG 2010, 846, 847; *Hitzer/Düchting* ZIP 2011, 1084, 1084 f.; *Möllers* NZG 2014, 361, 361 ff. (ausführlich); *Renz/Rippel* BKR 2011, 235, 236; *Veil* ZHR 2013, 427, 429; *Wackerbart* ZIP 2010, 1527, 1527.

683 *Fleischer/Schmolke* NZG 2010, 846, 847.

684 *Fleischer/Schmolke* NZG 2010, 846, 847.

685 *Renz/Rippel* BKR 2011, 235, 236; *Wackerbart* ZIP 2010, 1527, 1527.

686 *Fleischer/Schmolke* NZG 2010, 846, 848.

687 Eine gute Übersicht findet sich in CESR/09-1215b S. 8 f. (Nr. 28 bis 33 sowie zu nicht europäischen Staaten dort Nr. 34 bis 37). Zur fortschrittlichen Entwicklung der Beteiligungspublizität in Deutschland vor der ÄnderungsRL 2013 ab S. 377. Abgesehen von weiteren Vorschriften zur Beteiligungspublizität hatte der deutsche Gesetzgeber

verschiedene Regelungssysteme beachten und diese in Hinblick auf nationale Reformen fortlaufend beobachten mussten, war nicht im Sinne des Unionsgesetzgebers, sodass eine Reform auch deshalb angebracht schien.[688]

Resümieren lässt sich, dass die Beteiligungstransparenz nach der TrRL 2004 in Bezug auf Finanzinstrumente ungenügend war, da die selbst gesteckten Ziele der Richtlinie in Bezug auf die Publizität relevanter Beteiligungen nicht erreicht wurden. In Hinblick auf Finanzinstrumente hatten sich mehrere Umgehungspraktiken etabliert, welche für den überwiegenden Teil der Marktteilnehmer unerwünschte Folgen zeitigten. So verwunderte es nicht, dass sich der Unionsgesetzgeber in den Folgejahren ausgiebig mit der Überarbeitung befasste.

IV. Genese der Beteiligungstransparenz seit der TrRL 2004

Heute existiert neben der MAD II, MAR und ProspRL mit der TrRL 2013 ein Regelkompendium, welches – nach wie vor – die periodische Publizität, Beteiligungstransparenz und „Wohlverhaltenspflichten" zum Gegenstand hat.[689] Die Überarbeitung der TrRL 2004 war abgesehen von Anstößen aus der Praxis ohnehin beabsichtigt, da Art. 33 der TrRL 2004 eine Revision der Richtlinie bis zum 30. September 2009 vorsah.[690]

Die Anwendung der TrRL 2004 wurde deshalb durch die Europäische Kommission fünf Jahre nach Inkrafttreten pflichtgemäß überprüft.[691] Zu den Bereichen, die der Überprüfung zufolge einer Verbesserung bedurften, gehörte unter anderem die bestehende Transparenzregelung in Bezug auf die Offenlegung von Unternehmensbeteiligungen.[692] Ein entsprechender Bericht der Kommission im Mai 2010[693] sowie eine diesem zugrunde liegende Studie über die Anwendung

auch im Rahmen von § 22 Abs. 2 WpHG a. F. („*acting in concert*") und dem damaligen § 27a WpHG a. F. (Mitteilung der Finanzierung des Erwerbs und der mit ihm verfolgten Ziele, sog. Investorenerklärung) strengere Vorschriften erlassen. Zu weiteren Mitteilungsschwellen in anderen Mitgliedstaaten auch Fn. 787. Zum *gold plating* im Zusammenhang mit der Harmonisierung von Effekten auf EU Ebene *Gerner-Beuerle* CMLJ 2012, S. 317, 317 ff.

688 *Fleischer/Schmolke* NZG 2009, 401, 408 f.

689 *Lutter/Bayer/J. Schmidt*, EuropUR, 6. Auflage 2017, 36.1 ff. m. W. n.

690 Erwägungsgrund 1 ÄnderungsRL 2013.

691 Begr. RegE. TUG 2015, BT-Drucks. 18/5010, S. 1.

692 Begr. RegE. TUG 2015, BT-Drucks. 18/5010, S. 1.

693 Bericht der Kommission an den Rat, das Europäische Parlament, den Europäischen Wirtschafts- und Sozialausschuss und den Ausschuss der Regionen. Anwendung der Richtlinie 2004/109/EG zur Harmonisierung der Transparenzanforderungen

der TrRL 2004[694] von Dezember 2009 deckten diverse Schwachstellen der Richtlinie auf[695] und mündeten abermals in einer öffentlichen Konsultation über die Modernisierung derselben.[696] Die Kommission hatte ein ausführliches Arbeitspapier veröffentlicht, aus dem sich ihre Überlegungen zu den vorgeschlagenen Regelungen und den zugleich verworfenen Regelungsoptionen ergaben.[697]

Abgesehen von der erwähnten Studie wurden von der Kommission auch Berichte des Ausschusses der europäischen Wertpapierregulierungsbehörden (CESR) vorgelegt[698]: Wie schon erwähnt, erwog der CESR im Rahmen eines Konsultationspapiers[699] Anfang des Jahres 2010, dass die Mitteilungspflichten insbesondere hinsichtlich der Offenlegung von Unternehmensbeteiligungen erweitert werden sollten, da die TrRL 2004 insoweit Lücken aufwies.[700] Dies galt vor allem für Finanzinstrumente, die eine vergleichbare wirtschaftliche Wirkung zum Halten von Aktien bzw. wie Aktienerwerbsrechte im weitesten Sinne aufwiesen.[701] Dabei beschränkte sich der CESR allerdings auf solche Finanzinstrumente, die

---

in Bezug auf Informationen über Emittenten, deren Wertpapiere zum Handel auf einem geregelten Markt zugelassen sind, KOM(2010) 243, abrufbar unter <http://ec.europa.eu/transparency/regdoc/rep/1/2010/DE/1-2010-243-DE-F1-1.Pdf>; Begleitdokument: SEK(2010) 611, abrufbar unter <http://www.drsc.de/docs/press_releases/2011/111025_Transparency_ia-summary_deu.pdf>.

694 *Mazars (in collaboration with Marccus Partners),* Transparency Directive Assessment Report, Dez. 2009, abrufbar unter <https://ec.europa.eu/info/business-economy-euro/banking-and-finance/financial-markets/securities-markets_en>. Dazu auch *Burgard/Heimann* FS Dauses, 2014, S. 47, 49.

695 So heißt es einleitend im ÄnderungsRL-E 2013 (S. 2): „Die Überprüfung der Anwendung der Transparenzrichtlinie ergab jedoch, dass es […] Gebiete gibt, auf denen die mit der Richtlinie geschaffene Regelung verbessert werden könnte"; *Burgard/Heimann* FS Dauses, 2014, S. 47, 49 f.

696 *Veil* in Veil, Europäisches Kapitalmarktrecht, 2. Auflage 2014, § 20 Rn. 19.

697 Commission Staff Working Paper, Impact Assessment vom 25. Oktober 2011, SEC(2011) 1279 final. Kontrovers diskutiert worden war schon die im Grünbuch 2011 aufgeworfene Frage nach EU-Vorgaben hinsichtlich der Mechanismen zur Identifizierung der Aktionäre, *Bayer/J. Schmidt* BB 2013, 3, 13. Vgl. auch Grünbuch Europäischer Corporate Governance-Rahmen vom 5.4.2011, KOM(2011) 164, S. 18 f. Überblick dazu bei *Bayer/J. Schmidt* BB 2012, 3, 9.

698 Außerdem lagen der Kommission Berichte der Expertengruppe „Europäische Wertpapiermärkte" (ESME) vor, siehe dazu Stellungnahme EWSA, ABlEU vom 22.5.2012, C 143/78 f.

699 CESR/09-1215b. Zu diesem Entwurf gab es allerdings auch kritische Stimmen, vgl. *Zetzsche* EBOR 2010, 231, 231 ff.

700 CESR/09-1215b S. 3 (Nr. 1-3).

701 CESR/09-1215b S. 3 (Nr. 4).

auf mit Stimmrechten verbundene und bereits ausgegebene Aktien eines Emittenten, dessen Aktien zum Handel an einem geregelten Markt zugelassen sind, bezogen sind.[702]

Gleichzeitig bemühte sich der CESR darum, Missverständnissen vorzubeugen und stellte klar, dass der Gebrauch entsprechender Finanzinstrumente durch die vorgeschlagenen Änderungen nicht verhindert werden sollte, insbesondere da solche nicht stets genutzt werden, um heimlich, das heißt ohne Auslösung von Mitteilungspflichten irgendwie gearteten Zugriff auf die mit den Aktien verbundenen Stimmrechte zu erhalten.[703] Vielmehr war beabsichtigt, die wirtschaftlichen Auswirkungen von Finanzinstrumenten transparent zu gestalten und gleichzeitig nur relevante Informationen einer Mitteilungspflicht zu unterwerfen sowie unnötige oder irreführende Informationen zu vermeiden.[704] Ziel der Reformbemühungen war daher, die Beteiligungstransparenz zu modifizieren, um künftig unbemerktes „Anschleichen" an Aktiengesellschaften durch die Nutzung von nicht mitteilungspflichtigen Finanzinstrumenten zu verhindern.

Im Übrigen sah die die Kommission in ihrem Revisionsvorschlag von einem Übergang zur Handlungsform der Verordnung ab.[705] Eine Harmonisierung in Europa sollte jedoch dadurch gewährleistet werden, dass wesentlichen Bereichen der neuen Transparenzrichtlinie vollharmonisierender Charakter verliehen wurde. Den Mitgliedstaaten sollte es nicht gestattet sein, nationale Regelungen, die hinter den europäischen Regelungen zurückbleiben oder über sie hinausgehen, beizubehalten bzw. zu erlassen.[706] Die Wahl des Regulierungsinstruments der Richtlinie anstelle der Verordnung erschien schon vor Erlass der ÄnderungsRL 2013 wenig nachvollziehbar: Durch die vollharmonisierende Ausgestaltung großer Teile der Richtlinie sollte nun ein ähnlich hohes Harmonisierungsniveau geschaffen werden, wie es bei einer Regelung durch eine Verordnung der Fall gewesen wäre. So hätte es nahe gelegen, zumindest für die entsprechenden Regelungsbereiche der Richtlinie in Hinblick auf das Ziel der

702 CESR/09-1215b S. 3 (Nr. 5 S. 2).

703 CESR/09-1215b S. 3 (Nr. 8 S. 1, 2).

704 CESR/09-1215b S. 3 (Nr. 8 S. 2, 3).

705 Kritisch dazu *Brinckmann* BB 2012, 1370, 1370; *Veil* WM 2012, 53, 53.

706 *Walla* BB 2012, 1358, 1358. Insbesondere sollte dies schon dem Vorschlag nach für die Beteiligungspublizität gelten, vgl. *Veil* WM 2012, 53, 56 ff. Als Ausnahme soll es den Mitgliedstaaten erlaubt sein, niedrigere als die in der revidierten Richtlinie vorgesehenen Schwellenwerte im nationalen Recht zu bestimmen.

Vollharmonisierung das Instrumentarium der Verordnung zu wählen, um eine kohärentes Regelungssystem zu schaffen.[707]

Die Kommission trotzte den nach wie vor bestehenden Vorwürfen, auf dem Gebiet des Kapitalmarktrechts herrsche eine „wuchernde Gesetzgebung“[708], „Normenflut“[709] oder gar „Politik der Konzeptlosigkeit“[710] und präsentierte am 25. Oktober 2011 einen Vorschlag für eine Änderung der TrRL 2004 (ÄnderungsRL-E 2013), welcher allerdings nicht nur hierzulande durch das Deutsche Aktieninstitut[711] und den Deutschen Anwaltverein[712] in Teilen heftig kritisiert wurde. Auch der Rat forderte in seiner Stellungnahme im Rahmen des Legislativverfahrens einige Änderungen[713], insbesondere sollte die Vollharmonisierung nicht ohne jede Rücksicht fokussiert werden, sondern es Mitgliedstaaten gerade in Hinblick auf die unterschiedlichen gesellschaftsrechtlichen Rahmenbedingungen weiterhin gestattet sein, sowohl niedrigere als auch zusätzliche Mitteilungsschwellen zu regulieren.[714] Zudem sollten auch strengere Vorgaben für

707 So schon vor Erlass der ÄnderungsRL 2013 *Walla* BB 2012, 1358, 1359; für eine Verordnung schon *Zetzsche* EBOR 2010, 231, 250, dazu auch *Bachmann* ZHR 2008, 597, 633. Der Unionsgesetzgeber hat sich in jüngerer Vergangenheit im Bereich des Kapitalmarktrechts bereits des Öfteren für eine Regulierung durch Verordnung entschieden, vgl. nur Benchmark VO, CSDR, EMIR, MAR, MiFIR, MAD II, PRIIPVO oder die RatingVO.

708 *Hoffmann-Becking* DB 2008, Status: Recht 01/2008, S. 19.

709 *Kübler/Assmann*, Gesellschaftsrecht, 6. Auflage 2006, § 14 II 3. C., S. 174; *Veil* FS Hommelhoff, 2012, S. 1263, 1266.

710 *Kämmerer*, NVwZ 2013, 830, 831; *Krimphove*, EuR 2007, 597, 621; *Muhr*, Transparenz-RL, 2014, S. 109.

711 *DAI*, Stellungnahme zur geplanten Revision der EU-Transparenzrichtlinie vom 13.2.2012 und 20.4.2012, jeweils abrufbar unter <http://www.dai.de/de/das-bieten-wir/positionen/positionspapiere.html>.

712 *DAV-Handelsrechtsausschuss* NZG 2012, 770.

713 Council of the European Union, Presidency Compromise im Verfahren 2011/0307 (COD), Dok-Nr. 6567/12 vom 7.3.2012, abrufbar unter <http://register.consilium.europa.eu/doc/srv?l=EN&f=ST Prozent206567 Prozent202012 Prozent20INIT>, S. 7: „However, taking into account the existing differences in ownership concentration in the Union, and the differences in company laws in the Union leading to the total number of shares differing from the total number of voting rights for some issuers, Member States should continue to be allowed to set both lower and additional thresholds for notification of holdings of voting rights, and to require equivalent notifications in relation to thresholds based on capital holdings.“

714 Council of the European Union, Presidency Compromise im Verfahren 2011/0307 (COD), Dok-Nr. 6567/12 vom 7.3.2012, abrufbar unter <http://register.consilium.

das Mitteilungsverfahren per se, *ergo* dessen Inhalt und Ablauf sowie die Zeitfenster der Mitteilungen, weiterhin erlaubt bleiben.[715] Schließlich einigte man sich allerdings auf einen Kompromissvorschlag.[716] Dem schloss sich ebenso der Rechtsausschuss des Europäischen Parlaments an[717], der in seinem am 27.9.2012 vorgelegten Bericht ähnliche Abweichungen vom Grundsatz der Vollharmonisierung vorschlug, wobei einzelne Ausschussmitglieder noch weiter reichende Änderungsanträge stellten.[718] Die Kritik blieb vom Europäischen Parlament nicht ungehört, sodass der Entwurf des Parlaments teilweise deutlich vom Kommissionsvorschlag abwich.[719] Nach der Lesung im Europäischen Parlament[720] wurde die ÄnderungsRL 2013 schließlich am 22.10.2013 verabschiedet.[721]

---

europa.eu/doc/srv?l=EN&f=ST Prozent206567 Prozent202012 Prozent20INIT> S. 7, 15.

715 Council of the European Union, Presidency Compromise im Verfahren 2011/0307 (COD), Dok-Nr. 6567/12 vom 7.3.2012, abrufbar unter <http://register.consilium.europa.eu/doc/srv?l=EN&f=ST Prozent206567 Prozent202012 Prozent20INIT> S. 7 f., 15.

716 Council amending Directive 2004/109/EC on the harmonisation of transparency tradmg on a regulated market and Commisslon Directive 2007/14/EC - General approach, vom 25. Mai 2012.

717 Bericht des Rechtsausschusses des Europäischen Parlaments vom 27.9.2012, A7-0292/2012, abrufbar unter <http://www.europarl.europa.eu/oeil/popups/ficheprocedure.do?lang=en&reference=2011/0307(COD)>, Änderungsantrag 10, S. 14.

718 Rechtsausschuss des Europäischen Parlaments - Entwurf eines Berichtes zum Vorschlag der Kommission für eine Richtlinie zur Änderung der Transparenzrichtlinie [Verfahren 2011/ 0307(COD)] vom 9.5.2012, Änderungsanträge 37-40 (PE486.06v01-00), abrufbar unter <http://www.europarl.europa.eu/oeil/popups/ficheprocedure.do?lang=en&reference=2011/0307(COD)>; *Burgard/Heimann* FS Dauses, 2014, S. 47, 49.

719 *Burgard/Heimann* FS Dauses, 2014, S. 47, 50; *Veil* in Veil, Europäisches Kapitalmarktrecht, 2. Auflage 2014, § 20 Rn. 19.

720 Legislative Entschließung des Europäischen Parlaments vom 12. Juni 2013 zu dem Vorschlag für eine Richtlinie des Europäischen Parlaments und des Rates zur Änderung der Richtlinie 2004/109/EG zur Harmonisierung der Transparenzanforderungen in Bezug auf Informationen über Emittenten, deren Wertpapiere zum Handel auf einem geregelten Markt zugelassen sind, sowie der Richtlinie 2007/14/EG der Kommission, P7_TA(2013)0262.

721 Umsetzungsfristende war am 26.11.2015, Art. 4 Abs. 1 UAbs. 1, Art. 6 ÄnderungsRL 2013.

Grundlegende Reformation erfuhren im Rahmen der ÄnderungsRL 2013 hinsichtlich der Beteiligungstransparenz drei Themenkomplexe[722]: Erstens betraf dies infolge der Rechtszersplitterung innerhalb der Union die Vorgaben zur Harmonisierung[723], wodurch die Rechtssicherheit verbessert, die Transparenz gesteigert und der Verwaltungsaufwand für grenzüberschreitend agierende Investoren verringert werden sollte. Zweitens wurden die Regelungen für Mitteilungspflichten hinsichtlich innovativer Finanzinstrumente und den damit verbundenen mangelhaften Umgehungsschutz verschärft sowie drittens das bis dahin nicht allzu strenge Sanktionsregime überarbeitet.[724]

Das Mittel der Wahl zur Behebung der Rechtszersplitterung war also seitens der Kommission schnell gefunden: Durch die weitgehende Vollharmonisierung sollte insbesondere die Beteiligungspublizität in den Mitgliedstaaten angeglichen werden. Zwar wurde die Reichweite der Harmonisierung vom Europäischen Parlament vor Verabschiedung erheblich verkürzt.[725]

In Bezug auf Finanzinstrumente wurde auch seitens der Kommission im Rahmen der Überprüfung der Transparenzrichtlinie 2004 das Bedürfnis nach gesteigerter Transparenz erkannt, da innovative Finanzinstrumente von Anlegern genutzt wurden, um unter Umgehung der Mitteilungspflichten (heimlich) Beteiligungen durch Aktien aufzubauen, was das Täuschungspotenzial sowie die Gefahr von Marktmissbrauch erhöhte.[726] Die Vollharmonisierung sollte auch

---

722 Der zitierte Änderungsvorschlag befasste sich außerdem auch mit Ausnahmen von der Beteiligungstransparenz im Blick auf Wertpapiere, die von Kreditinstituten im Rahmen des Emissionsgeschäfts oder im Handelsbestand gehalten werden (Art. 9 Abs. 4-6 ÄnderungsRL-E 2013), die hinsichtlich der Mitteilungspflichten bei Finanzinstrumenten keine Rolle spielen. Ebenso wenig thematisch relevant sind die Regelungsvorschläge bezüglich der regelmäßigen Finanzberichterstattung (Zwischenmitteilungen sowie Quartalsberichte) für kleine und mittlere Unternehmen (Art. 3 Abs. 1 ÄnderungsRL-E 2013) sowie der Offenlegung von Zahlungen an staatliche Stellen (Art. 6-8 ÄnderungsRL-E 2013), vgl. auch *Burgard/Heimann* FS Dauses, 2014, S. 47, 49.

723 ÄnderungsRL-E 2013 8 f.; Erwägungsgrund 12 S. 2 ÄnderungsRL 2013.

724 Commission Staff Working Paper, Impact Assessment vom 25.10.2011, SEC(2011) 1279 final, S. 84 f., abrufbar unter <http://www.europarl.europa.eu/registre/docs_autres_institutions/commission_europeenne/sec/2011/1279/COM_SEC(2011)1279_EN.pdf>; *Burgard/Heimann* FS Dauses, 2014, S. 47, 49; *Veil* in Veil, Europäisches Kapitalmarktrecht, 2. Auflage 2014, § 20 Rn. 19.

725 *Burgard/Heimann* FS Dauses, 2014, S. 47, 50; *Lutter/Bayer/J. Schmidt*, EuropUR, 6. Auflage 2017, 36.8.

726 ÄnderungsRL-E 2013, S. 8, 13.

den beträchtlichen Divergenzen im Regulierungsniveau der Mitgliedstaaten und damit der Rechtsunsicherheit sowie steigenden Kosten für Anleger Einhalt gebieten.[727]

Dies hatte unter anderem eine vollständige Neufassung des Art. 13 TrRL 2004 zur Folge, der nach wie vor eine Mitteilungspflicht für bestimmte Finanzinstrumente vorsieht. Zur Verbesserung des Umgehungsschutzes sind nach Art. 13 TrRL 2013 künftig auch Finanzinstrumente erfasst, „die eine dem Halten von Aktien oder Aktienbezugsrechten vergleichbare wirtschaftliche Wirkung haben". Nach wie vor[728] besteht allerdings Rechtsunsicherheit, da Inhalt und Reichweite des Art. 13 TrRL 2013 nicht eindeutig determiniert sind[729], womit sich die anschließende Untersuchung der Regelung befasst. Betreffend die Sanktionen wegen verletzter Mitteilungspflichten ist es bei dem Prinzip der Mindestharmonisierung geblieben, wobei das neue Mindestmaß eine Verschärfung der nationalen Regelungen erforderlich macht.[730]

V. Zwischenergebnis

Die Regelungen zur Beteiligungstransparenz nach der TrRL 2004 waren in Bezug auf Finanzinstrumente unzureichend. Die in der Richtlinie selbst verankerten Ziele in Bezug auf die Publizität relevanter Beteiligungen konnten mittels der darin enthaltenen Vorschriften nicht erreicht werden. Dies galt vor allem für bestimmte Finanzinstrumente, die zur Umgehung der Publizitätsvorschriften dienten, weil die vermiedene Offenlegung für den überwiegenden Teil der Marktteilnehmer von Nachteil war. Überraschend war deshalb nicht, dass der Unionsgesetzgeber in der Folge eine Überarbeitung der entsprechenden Vorschriften für notwendig erachtete und sich der Thematik mit der ÄnderungsRL 2013 annahm.

Schon in der BeteiligungstransparenzRL stand die Kapitalmarktpublizität im Fokus des Unionsgesetzgebers: Bessere Information der Anleger sollte diesen nicht nur mehr Vertrauen in die Wertpapiermärkte geben, auch sollten Informationsasymmetrien auf den Märkten damit vermieden werden. Jahre später wurde die Überarbeitung der BeteiligungstransparenzRL durch die Kommission angestoßen und mündete im Erlass der TrRL 2004. Diese hatte zum Ziel, die Markteffizienz zu erhöhen und den Anlegerschutz weiter zu stärken. Der

---

727 ÄnderungsRL-E 2013, S. 8, 13.

728 Zur ähnlichen Problematik nach der Rechtslage im Rahmen der TrRL 2004 ab S. 174.

729 *Burgard/Heimann* FS Dauses, 2014, S. 47, 50.

730 *Burgard/Heimann* FS Dauses, 2014, S. 47, 50. Zum Sanktionsregime noch ab S. 371.

Unionsgesetzgeber war dabei schon damals der Ansicht, dass effiziente, transparente und integrierte Wertpapiermärkte zu einem echten Binnenmarkt in der Union beitragen, bessere Kapitalallokation ermöglichen und eine Kostensenkung zur Folge haben. Die dafür vorausgesetzte Transparenz konnte danach unter anderem nur durch regelmäßige Informationen der Wertpapieremittenten bzw. auch der Aktionäre und natürlichen oder juristischen Personen bieten, die Stimmrechte oder Finanzinstrumente hielten, die ihrem Inhaber das Recht verliehen, bestehende mit Stimmrechten ausgestattete Aktien zu erwerben.

Anknüpfungspunkt für eine Mitteilungspflicht nach der TrRL 2004 war - wie bisher - grundsätzlich der Stimmrechtsanteil eines Anteilseigners, mithin die Gesamtzahl stimmrechtstragender Aktien, die eine natürliche oder juristische Person (Aktionär) hält. Die Stimmrechtsanteile spiegeln die Machtverhältnisse innerhalb der Gesellschaft wider und geben Auskunft über die Möglichkeit eines jeden Anteilseigners, Einfluss auf die Gesellschaft auszuüben.

Bereits die BeteiligungstransparenzRL enthielt Regelungen, die den Erwerb oder die Veräußerung von Aktien unter bestimmten Umständen mitteilungspflichtig machten. Im Nachhinein offenbarte sich jedoch, dass sich derartige Stimmrechte auch über komplexere Verträge erwerben lassen, die nicht unter die Regelungen der BeteiligungstransparenzRL fielen. Dies wurde durch Finanzinstrumente ermöglicht, die nunmehr (jedenfalls teilweise) gemäß Art. 13 TrRL 2004 mitteilungspflichtig waren.

Die Frage danach, welche Finanzinstrumente namentlich von der Regelung erfasst waren, beantwortete die Norm sowie die Richtlinie im Übrigen selbst indes nicht. In der DurchführungsRL 2007 a. F. vom 8. März 2007 (zur TrRL 2004) fanden sich jedoch unter anderem Ausführungen zu Finanzinstrumenten gemäß Art. 13 TrRL 2004.

Zwar schien die entsprechende Definition zu Finanzinstrumenten des Art. 11 DurchführungsRL 2007 a. F. insgesamt weitreichend, doch offenbarten sich in der Folgezeit einige Regelungslücken. Solche Finanzinstrumente, die ihrem Inhaber direkt oder indirekt zwar den Erwerb entsprechender Aktien ermöglichten, ihm aber keinen Anspruch darauf einräumten, waren nach der TrRL 2004 nicht mitteilungspflichtig. Dies galt insbesondere für Finanzinstrumente mit Barausgleich. Mangels einer Pflicht zur Offenlegung konnten mittels derartiger Finanzinstrumente unbemerkt bedeutende Beteiligungen aufgebaut werden und auf diese Weise die Übernahme eines Unternehmens für den Investor deutlich attraktiver machen. Das unbemerkte „Anschleichen“ war damit insbesondere im Rahmen von Übernahmetransaktionen vorgezeichnet.

Mit dieser Praktik gingen auch nachteilige Folgen einher: Den meisten Marktteilnehmern blieb der Beteiligungsaufbau und die damit möglicherweise verbundene Übernahmeabsicht der Inhaber solcher Finanzinstrumente verborgen, ebenso wie dadurch mögliche Interessenkonflikte und auch das am Markt verfügbare Aktienvolumen. Gleichzeitig waren entsprechende Informationen nicht im Kurs eingepreist, sodass das bisherige Preisniveau mangels Bekanntwerdens möglicher Übernahmeabsichten aufrechterhalten blieb. Auf diese Weise konnte außerdem ein eigentlich verpflichtendes Übernahmeangebot zu einem gerechten Preis vermieden werden, wodurch insbesondere Minderheitsaktionäre zu Schaden kamen. In der Praxis erlangten mehrere entsprechende Fälle mediale Aufmerksamkeit: IFIL/Fiat, Laxey/Implenia, Renova/Sulzer und TCI/CSX sind neben Beispielen aus Deutschland wie Continental/Schaeffler und Porsche/VW nur einige wirtschaftlich bedeutsamere Übernahmen bzw. Übernahmeversuche, bei welchen Mitteilungspflichten mittels nicht offenlegungspflichtiger Finanzinstrumente umgangen wurden.

Zu schlussfolgern war, dass die Regelungen zur Beteiligungstransparenz nach der TrRL 2004 in Bezug auf Finanzinstrumente unzureichend waren.

Zumindest rein formell war die Überarbeitung schon in der Richtlinie selbst angelegt: Art. 33 der TrRL 2004 sah eine Revision der Richtlinie bis zum 30. September 2009 vor.

Als neues Regulierungsinstrument sollte eine überholte, (teilweise) vollharmonisiert ausgestaltete Richtlinie dienen, welche schließlich am 22.10.2013 als ÄnderungsRL 2013 verabschiedet wurde. Grundlegend wurden dabei bezüglich der Vorschriften zur Beteiligungstransparenz drei Themenkomplexe überarbeitet. Erstens waren davon die Vorgaben zur Harmonisierung betroffen, wodurch die Rechtszersplitterung eingedämmt und die Rechtssicherheit verbessert, die Transparenz gesteigert und der Verwaltungsaufwand für grenzüberschreitend agierende Investoren verringert werden sollte. Zweitens wurden die Mitteilungspflichten für Finanzinstrumente revidiert und der damit verknüpfte mangelhafte Umgehungsschutz verbessert. Drittens wurde das Sanktionsregime deutlich verschärft.

Durch die Novellierung wurde unter anderem Art. 13 TrRL 2004 gänzlich neu gefasst, gleichwohl die Norm sich inhaltlich nach wie vor mit Mitteilungspflichten für bestimmte Finanzinstrumente befasst. Nunmehr sind jedoch auch Finanzinstrumente erfasst, „die eine dem Halten von Aktien oder Aktienbezugsrechten vergleichbare wirtschaftliche Wirkung haben". Von Rechtssicherheit kann angesichts dieser Formulierung jedoch keine Rede sein, da Inhalt und Reichweite der Norm auslegungsbedürftig sind.

Kapitel 2 De lege lata – Mitteilungspflichten bei Finanzinstrumenten nach der ÄnderungsRL 2013

I. Finanzinstrumente in der TrRL 2013

Mit der Reform der Vorschriften im Bereich der kapitalmarktrechtlichen Beteiligungspublizität wurde das bisher durch die vorangegangenen Richtlinien verfolgte Ziel nicht aufgegeben, sondern betont – Anlegerschutz durch Information hat vor allem in Hinblick auf die Publizität bei Finanzinstrumenten an Bedeutung gewonnen.

Im Fokus stehen nachfolgend die neuen Regelungen zu Mitteilungspflichten bei Finanzinstrumenten, die gänzlich überarbeitet wurden und dabei einige Novellierungen mit sich bringen. Zwar hat sich an der grundlegenden Aufteilung der Publizitätskomplexe nichts geändert, allerdings wurden die Regelungen zu Mitteilungsschwellen modifiziert. Außerdem wurde das Prinzip der Mindestharmonisierung, welches noch von der BeteiligungstransparenzRL sowie TrRL 2004 verfolgt wurde, nunmehr teilweise zugunsten der Vollharmonisierung aufgegeben. Ferner ist der Begriff des Finanzinstruments – so viel sei vorab verraten – nicht länger in der DurchführungsRL 2007 durch einen Verweis in die MiFID I[731] bzw. MiFID II definiert, da Art. 11 Abs. 1 und 2 DurchführungsRL 2007 a. F. durch Art. 3 Nr. 2 ÄnderungsRL 2013 aufgehoben wurde.[732]

Bevor jedoch in diesem Kapitel im Einzelnen auf den Begriff des Finanzinstruments der TrRL 2013 eingegangen wird, soll zunächst das Publizitätsregime dargestellt werden (I. 1.), um sich die Ziele des Unionsgesetzgebers in Bezug auf die Beteiligungspublizität bei Finanzinstrumenten zu vergegenwärtigen. Im Anschluss wird der der Begriff des Finanzinstruments im Rahmen des Art. 13 TrRL 2013 untersucht (I. 2.). Für den für den Rechtsanwender bzw. den potenziell Mitteilungspflichtigen ist jedoch nicht nur von eminenter Bedeutung, ob eine entsprechende Pflicht besteht, mithin also, was unter den Finanzinstrumentebegriff des Art. 13 fällt. Auch ist relevant, wie Stimmrechte berechnet werden, ob und inwieweit diese aggregiert werden und welche

731 Welche ihrerseits mit Wirkung zum 3. Januar 2018 aufgehoben wurde, vgl. Fn. 141.

732 Ausführlich dazu ab S. 207. Die DurchführungsRL 2007 per se ist im Übrigen nach wie vor in Kraft und beansprucht zum Großteil unverändert Geltung. Zu den Änderungen durch Art. 3 ÄnderungsRL 2013 gehörte im Übrigen noch die Aufhebung der Art. 2 und 16 DurchführungsRL 2007 a. F.

Ausnahmen bestehen. Danach finden deshalb Berechnung, Aggregation und Ausnahmen der mitteilungspflichtigen Finanzinstrumente Beachtung (I. 3.), bevor im Zusammenhang damit Mitteilungsfristen und etwaige Sanktionen thematisiert werden (I. 4.).

1. Publizitätsregime

a) *Ziele in Hinblick auf Finanzinstrumente*

Die Harmonisierung der Transparenzanforderungen in Bezug auf Informationen über Emittenten, deren Wertpapiere zum Handel an einem geregelten Markt zugelassen sind, kann auf Ebene der Mitgliedstaaten nicht ausreichend verwirklicht werden.[733] Im Gegenteil ist sie ob ihres Umfangs und ihrer Wirkungen auf Unionsebene umzusetzen, sodass sich der Unionsgesetzgeber insoweit erneut veranlasst sah, (Neu-)Regelungen zu treffen.[734] Angestoßen durch Erkenntnisse, welche die Kommission bei der Konsultation über die Modernisierung der TrRL 2004 erhalten hat[735] und gestützt auf den von ihr in Auftrag gegebenen Bericht[736] über die Anwendung der TrRL 2004 waren insbesondere in Hinblick auf Finanzinstrumente Reformierungsbestrebungen entstanden.[737]

Seit der BeteiligungstransparenzRL hat das Unionsrecht die kontinuierliche Erweiterung der Mitteilungstatbestände zum Ziel, woran sich auch die TrRL 2013 orientiert. Für den Kapitalmarkt ist dabei nicht allein die statische Beteiligungsstruktur von Relevanz – von Beginn an ging es insbesondere darum, mögliche Konzentrationsbewegungen zu antizipieren.[738] Die Aktionärsstruktur, die Beherrschungsverhältnisse und die Veränderungen maßgeblicher Beteiligungen sollten bei Emittenten, deren Aktien an einem geregelten Markt gehandelt werden, offengelegt werden.[739]

---

733 Erwägungsgrund 29 S. 1 ÄnderungsRL 2013.

734 Erwägungsgrund 29 S. 1 ÄnderungsRL 2013.

735 Die eingereichten Stellungnahmen lassen sich hier finden <http://ec.europa.eu/internal_market/consultations/2010/transparency_en.htm>.

736 *Mazars (in collaboration with Marccus Partners),* Transparency Directive Assessment Report, Dez. 2009, abrufbar unter <https://www.mazars.com/Home/News/Our-publications/Surveys-and-studies/Transparency-Directive-Assessment-Report>. Dazu auch *Burgard/Heimann* FS Dauses, 2014, S. 47, 49.

737 *Veil* WM 2012, 53, 54.

738 *Hirte* in Kölner Kommentar WpHG, 1. Auflage 2007, § 21 Rn. 8; *Parmentier* AG 2014, 15, 17.

739 *Brinckmann* BB 2012, 1370, 1371.

Die Transparenz bedeutender Beteiligungen gestattet Anlegern eine informierte Investitionsentscheidung und ermöglicht darüber hinaus eine wirksamere Kontrolle des Emittenten.[740] Anteilsinhabern bedeutender Beteiligungen obliegen deshalb Mitteilungspflichten gegenüber dem Emittenten sowie der Aufsichtsbehörde, dem Emittenten im Anschluss daran gegenüber dem Publikum.[741] Durch die neuen Vorgaben der TrRL 2013 soll auf europäischer Ebene sichergestellt werden, dass wichtige Unternehmensinformationen europaweit bekannt gegeben und in den einschlägigen Datenbanken verfügbar gehalten werden.[742] Die TrRL 2013 soll somit neben der Entwicklung eines effizienten, transparenten und integrierten Wertpapiermarkts als Teil des europäischen Binnenmarkts vor allem dem Anlegerschutz dienen.[743]

Das Ziel wirksamerer Transparenzregelungen, insbesondere in Bezug auf die Offenlegung von Unternehmensbeteiligungen[744] mittels Finanzinstrumenten, war von großer Bedeutung für die Praxis, da Innovation im Finanzbereich zur Schaffung neuer Arten von Finanzinstrumenten geführt hat, mit denen Anleger eine finanzielle Beteiligung an Unternehmen erwerben konnten, deren Offenlegung in der TrRL 2004 nicht vorgesehen war.[745] Dieser Umstand ermöglichte, wie eingangs bereits erläutert, derartige Finanzinstrumente zum heimlichen Erwerb von Aktienbeständen von Unternehmen zu nutzen, was einerseits dem Marktmissbrauch Vorschub leisten konnte und andererseits dazu führte, dass ein verzerrter, gar falscher und irreführender Eindruck der wirtschaftlichen Eigentumsverhältnisse börsennotierter Gesellschaften abgebildet wurde (*hidden ownership*).[746]

So ist in Bezug auf den Begriff des Finanzinstruments im Sinne der TrRL 2013 avisiert worden, dass dessen Definition in diesem Zusammenhang insbesondere alle Finanzinstrumente erfassen sollte, die eine dem Halten von Aktien oder Aktienbezugsrechten vergleichbare wirtschaftliche Wirkung haben.[747] Diese Erweiterung der Mitteilungspflichten für Finanzinstrumente sollte sicherstellen, dass Emittenten und Anleger vollständig über die

740 Erwägungsgrund 18 S. 1 und 2 TrRL 2013; *Lutter/Bayer/J. Schmidt*, EuropUR, 6. Auflage 2017, 36.16.
741 *Lutter/Bayer/J. Schmidt*, EuropUR, 6. Auflage 2017, 36.16.
742 *Blöink/Kumm* BB 2013, 1963, 1963.
743 *Blöink/Kumm* BB 2013, 1963, 1963; *Veil* ZHR 2013, 427, 430.
744 Erwägungsgrund 2 S. 3 ÄnderungsRL 2013.
745 Erwägungsgrund 9 S. 1 ÄnderungsRL 2013; auch schon ÄnderungsRL-E 2013, S. 8.
746 Erwägungsgrund 9 S. 2 ÄnderungsRL 2013.
747 Erwägungsgrund 9 ÄnderungsRL 2013.

Unternehmensbeteiligungsstruktur unterrichtet sind[748], womit auf Fälle des „Anschleichens" an börsennotierte Unternehmen mittels bisher nicht mitteilungspflichtiger Instrumente reagiert wurde.[749] Der Unionsgesetzgeber hatte dabei mitunter dieselben Fälle berücksichtigt, welche vorab schon den deutschen Gesetzgeber bewogen, die Beteiligungstransparenz in Hinblick auf Finanzinstrumente über die Vorgaben der TrRL 2004 hinaus zu erweitern.[750] Dieser Ansatz wurde in der Rechtswissenschaft teilweise kritisch gesehen. Zur Begründung wurde neben genereller Überfrachtung durch zu viele Informationen („*information overload*"[751]) vorgebracht, dass weitere Mitteilungs- und Publizitätspflichten zusätzliche Kosten verursachen würden.[752] Außerdem wurde angezweifelt, dass die ergänzenden Informationen preisrelevant sind und bemängelt, dass derartige Vorgaben Unternehmensübernahmen erschweren könnten, wodurch womöglich der Handel mit Unternehmensbeteiligungen beeinträchtigt werden könnte.[753] Ob und inwieweit sich diese Befürchtungen bewahrheiten, soll die folgende Darstellung der neuen Regelungen beleuchten.

b) Anwendung und Systematik

Während die BeteiligungstransparenzRL gänzlich aufgehoben wurde[754], wurde die TrRL 2004 lediglich novelliert. Allerdings sind hiervon lediglich die Richtlinienartikel selbst und nicht die Erwägungsgründe betroffen: Die ÄnderungsRL 2013 beinhaltet ihrerseits Begründungen, die lediglich auf die eigenen Normen Bezug nehmen. Mangels einer rechtsverbindlichen konsolidierten Fassung der

---

748 Erwägungsgrund 9 ÄnderungsRL 2013.

749 *Parmentier* AG 2014, 15, 20. Zu den entsprechenden Regelungslücken schon ab S. 192. Ausführlich zur Regelung des Art. 13 ab S. 220.

750 Report from the Commission/Commission Staff Working Paper, Impact Assessment, SEC(2011) 1279 final/2 vom 3.2.2012, S. 25, vgl. dort den Hinweis auf die (vorwiegend deutsche Unternehmen betreffenden) Beispielsfälle in Anhang 8. Siehe zum entsprechenden Gesetz (AnsFuG) noch ab S. 375.

751 *Fleischer/Schmolke* NZG 2010, 846, 854; *Renn/Weber/Gotchev* AG 2012, 440, 446; *Seibt* ZGR 2010, 795, 832 f.; *Wackerbarth* ZIP 2010, 1527, 1527. Allgemein zum „*information overload*" *Möllers/Kernchen* ZGR 2011, 1, 10 ff.

752 *Brandt* BKR 2010, 270, 270 ff. sowie *Zetzsche* EBOR 2010, 231, 236 ff.

753 *Brandt* BKR 2010, 270, 270 ff. sowie *Zetzsche* EBOR 2010, 231, 236 ff.

754 Die Regelungen der BeteiligungstransparenzRL sind zunächst in Art. 65 ff. CARD aufgegangen und schließlich durch Art. 32 TrRL 2004 aufgehoben worden; siehe zur Entwicklung auch ab S. 174.

neuen TrRL 2013 beanspruchen die Erwägungsgründe der TrRL 2004 weiterhin insoweit Geltung, als die in Bezug genommene Vorschrift nach wie vor existiert.

Der Anwendungsbereich hat sich im Vergleich zur TrRL 2004 nicht verändert: Die TrRL 2013 gilt gemäß Art. 1 Abs. 1 TrRL 2013[755] für alle Emittenten[756], deren Wertpapiere[757] bereits zum Handel an einem in einem Mitgliedstaat gelegenen oder dort betriebenen geregelten Markt[758] zugelassen sind.[759] Art. 1 Abs. 2 bis 4 enthalten Ausnahmen für Organismen für gemeinsame Anlagen in Wertpapieren (OGAW)[760], Gebietskörperschaften sowie Zentralbanken[761].

aa) Publizitätskomplexe

In Bezug auf die Trias der Publizitätskomplexe hat sich im Vergleich zur TrRL 2004 nichts geändert. Nach wie vor besteht daher die Aufteilung in periodische Publizität, Beteiligungspublizität und sonstige Informationspflichten.[762]

Im Rahmen des ersten Regelungskomplexes, der periodischen Publizität, sind wie bisher Jahresfinanzberichte (Art. 4) und Halbjahresfinanzberichte (Art. 5) normiert, während die Zwischenmitteilungen bzw. Quartalsberichte (Art. 6 TrRL 2004) im Zuge der Reform abgeschafft wurden und Art. 6 nunmehr eine Pflicht bestimmter Emittenten zum *„country-by-country-reporting“* statuiert.[763] Im dritten Regelungskomplex, inhaltlich befasst mit sonstigen Informationspflichten („Wohlverhaltenspflichten“) in den Art. 16 bis 18, haben sich kaum Änderungen ergeben.[764]

Anders ist dies in Bezug auf den zweiten Regelungskomplex, der nach wie vor Regelungen zu Informationen über bedeutende Beteiligungen enthält,

---

755 Alle Artikel dieses Abschnitts (Kapitel 2) sowie im Folgenden sind solche der TrRL 2013, soweit nicht anders angegeben.

756 Legaldefinition in Art. 2 Abs. 1 lit. d.

757 Die Legaldefinition in Art. 2 Abs. 1 lit. a verweist auf übertragbare nach Art. 4 Abs. 1 Nr. 44 MiFID II mit Ausnahme von Geldmarktinstrumenten gemäß Art. 4 Abs. 1 Nr. 17 MiFID II mit einer Laufzeit von weniger als 12 Monaten.

758 Dazu noch ab S. 268.

759 Vgl. *Lutter/Bayer/J. Schmidt*, EuropUR, 6. Auflage 2017, 36.6.

760 Vgl. dazu Erwägungsgrund 5 S. 2; KOM(2003) 138, S. 23.

761 Vgl. dazu Erwägungsgrund 4.

762 Siehe dazu bereits im Rahmen der TrRL 2004 ab S. 180; eine Übersicht zu den Änderungen findet sich in *Lutter/Bayer/J. Schmidt*, EuropUR, 6. Auflage 2017, 36.9 ff. Allgemein zu geänderten Regelungsbereichen durch die ÄnderungsRL 2013 *Parmentier* AG 2014, 15.

763 *Lutter/Bayer/J. Schmidt*, EuropUR, 6. Auflage 2017, 36.9 bis 36.14.

764 Dazu ausführlich *Lutter/Bayer/J. Schmidt*, EuropUR, 6. Auflage 2017, 36.27 bis 36.31.

insbesondere Mitteilungspflichten bei Erwerb oder Veräußerung bedeutender Beteiligungen (Art. 9) bzw. bedeutender Anteile an Stimmrechten (Art. 10) sowie - unter bestimmten Umständen - dieselbe Pflicht für natürliche oder juristische Personen beim Halten von Finanzinstrumenten (Art. 13). Wie einleitend schon erwähnt, wurde Art. 13 grundlegend überarbeitet und ein neuer, von anderen Unionsrechtsakten losgelöster Begriff des Finanzinstruments geschaffen, welcher sogleich ausführlich beleuchtet wird.

bb) Herkunftsstaatsprinzip und Vollharmonisierung

Seit der BeteiligungstransparenzRL basierte die europäische Beteiligungspublizität auf den Prinzipien der Mindestharmonisierung[765] und dem Herkunftsstaatsprinzip. An letzterem hält der Unionsgesetzgeber fest - der Adressatenkreis hat sich im Vergleich zur TrRL 2004 dem Grunde nach nicht geändert. Ausgangspunkt ist also weiterhin das Herkunftsstaatsprinzip, wonach für das Bestehen von Transparenzpflichten grundsätzlich nicht die Zulassung von Wertpapieren zum Handel an einer inländischen Börse, sondern der Sitz des Emittenten maßgebend ist.[766]

Von der Mindestharmonisierung wurde ein Paradigmenwechsel hin zur Vollharmonisierung eingeleitet. Mit diversen Ausnahmen ist davon, wie noch erläutert wird, auch die Beteiligungstransparenz betroffen.[767] Die Änderung wurde mit der Rechtszersplitterung, der daraus folgenden Rechtsunsicherheit, den möglichen Kosten für grenzüberschreitend agierende Emittenten und Anleger sowie der Förderungsbedürftigkeit des Anlegervertrauens und der Markteffizienz begründet: Eine harmonisierte Regelung für die Mitteilung bedeutender Stimmrechtsanteile, insbesondere in Bezug auf die Zusammenrechnung gehaltener Aktien und gehaltener Finanzinstrumente, sollte die Rechtssicherheit verbessern, die Transparenz steigern und den Verwaltungsaufwand für grenzüberschreitend tätige Anleger verringern.[768]

---

765 Siehe zur Rechtslage ab 1988 ab S. 174.

766 *Blöink/Kumm* BB 2013, 1963, 1963 f.; *Lutter/Bayer/J. Schmidt*, EuropUR, 6. Auflage 2017, 36.7. Im Rahmen des nationalen Rechts dazu *Fuchs* in Fuchs, WpHG, 2. Auflage 2016, Einl. Rn. 54 sowie *Schwark* in Schwark/Zimmer, Kapitalmarktrechts-Kommentar, 4. Auflage 2010, § 21 WpHG Rn. 2 ff.

767 *Bayer/J. Schmidt* BB 2014, 1219, 1226; *Brellochs* AG 2016, 157, 157; *Moloney*, EU securities and financial markets regulation, 3. Auflage 2014, II.5.8.1.

768 Erwägungsgrund 12 S. 1 ÄnderungsRL 2013.

Diese Entscheidung stieß weitestgehend auf Zustimmung[769], allerdings gab es ebenso beachtlichen Widerstand[770], vielfach begründet durch höhere nationale Regelungsstandards. Denn eine vollharmonisiert ausgestaltete Richtlinie bringt gewiss nicht ausschließlich Vorteile mit sich. Bewährte Eigenheiten der nationalen Rechtsordnungen können unzulässig werden und (nationalrechtliche) Schutzniveaus mitunter nicht gesteigert, sondern gar reduziert werden.[771] Ist ein Kompromiss auf europäischer Ebene erst einmal gefunden, kann dieser nur langsam an sich wandelnde Lebenssachverhalte angepasst werden, was mangels nationalrechtlicher Handlungsmöglichkeiten Schutzlücken entstehen lässt, wobei sich diese Problematik insbesondere im internationalen Wettbewerb offenbart.[772]

Der Grundsatz der Vollharmonisierung ist in der TrRL 2013 indes nicht sehr weitreichend.[773] Insbesondere betrifft er nicht die Mitteilungsschwellen[774] und nicht den Inhalt, das Verfahren und den Zeitpunkt der Mitteilung. Im Kern reduziert sich die Harmonisierung auf die Berechnung der Mitteilungsschwellen sowie die Zu- und Zusammenrechnung von Stimmrechtsanteilen[775], sodass die zentralen Regelungsziele (Beseitigung der Rechtszersplitterung, Transparenzsteigerung, Verringerung der Kosten für grenzüberschreitend tätige Akteure) insoweit verfehlt werden.[776] Schon *prima facie* lässt sich daher resümieren: Die Vollharmonisierung der Beteiligungspublizität durch die ÄnderungsRL 2013 wird ebenso positive wie negative Aspekte mit sich bringen. Lassen sich ihre theoretischen Vorteile fruchtbar machen und die denkbaren Nachteile möglichst

---

769 Nur beispielsweise *Fleischer/Schmolke* NZG 2010, 1241, 1245 ff., dies. NZG 2009, 401, 408 f.; *Möllers* ZEuP 2008, 480, 502 ff.

770 Vollkommen gegen die Vollharmonisierung DAI, Stellungnahme zur geplanten Revision der EU-Transparenzrichtlinie vom 13.2.2012, abrufbar unter <http://www.dai.de/de/das-bieten-wir/positionen/positionspapiere.html>, S. 1 ff.; gegen die Vollharmonisierung durch eine Richtlinie als Rechtssetzungsinstrument *Bachmann* ZHR 2008, 597, 633; *Veil* WM 2012, 53; *Zetzsche* EBOR 2010, 231, 250.

771 *Burgard/Heimann* FS Dauses, 2014, S. 47, 51. Zur Entscheidung zwischen dem Prinzip der Mindestharmonisierung und der Vollharmonisierung *Fleischer/Schmolke* NZG 2010, 1241, 1241 ff.

772 *Burgard/Heimann* FS Dauses, 2014, S. 47, 51.

773 Daher auch die Bezeichnung als „Partieller Vollharmonisierungsansatz", *Heinrich* in Kölner Kommentar WpHG, 2. Auflage 2014, § 25a Rn. 19.

774 So auch *Veil* WM 2012, 53, 57; zu den Mitteilungsschwellen ab S. 214.

775 Zur Berechnung und Aggregation von Stimmrechten bei Finanzinstrumenten ab S. 338.

776 *Burgard/Heimann* FS Dauses, 2014, S. 47, 57; *Fleischer/Schmolke* NZG 2009, 401, 408.

vermeiden, kann sie ein vernünftiges Mittel der Regulierung darstellen.[777] Inwieweit dies in Bezug auf die Beteiligungspublizität bei Finanzinstrumenten gelungen ist, sollen die anstehenden Erwägungen dazu zeigen.

cc) Mitteilungsschwellen

Wie auch in der TrRL 2004 knüpft Art. 13 Abs. 1 UAbs. 1 Hs. 1 TrRL 2013 an Art. 9 TrRL 2013 an und legt die dort normierten Schwellen ebenso für die Mitteilungspflichten nach Art. 13 Abs. 1 UAbs. 1 zugrunde. Geändert hat sich daher in Bezug auf die Mitteilungsschwellen insofern nichts, als Art. 9 lediglich in Abs. 6 abgewandelt und um die Abs. 6a und 6b ergänzt wurde, ohne dass sich dadurch etwas an den Mitteilungsschwellen geändert hat.[778] Art. 9 Abs. 1 TrRL 2013 gibt dem Herkunftsmitgliedstaat somit wie bisher vor, sicherzustellen, dass ein Aktionär einem Emittenten mitteilt, welchen Anteil an den Stimmrechten des Emittenten er hält, wenn er durch Erwerb oder Veräußerung von Aktien des Emittenten, die zum Handel an einem geregelten Markt zugelassen sind und an die Stimmrechte geknüpft sind, die Schwelle von 5, 10, 15, 20, 25, 30, 50 oder 75 Prozent erreicht, über- oder unterschreitet.[779]

Einschneidend erscheint Art. 3 Abs. 1a UAbs. 4 TrRL 2013, der mit Blick auf die Beteiligungspublizität eine grundsätzliche Entscheidung trifft: Dem Herkunftsmitgliedstaat ist es danach nicht gestattet, für Aktionäre oder natürliche oder juristische Personen im Sinne der Artikel 10 oder 13 strengere Anforderungen vorzusehen als jene, die in der TrRL 2013 selbst festgelegt sind. In den Erwägungsgründen der ÄnderungsRL 2013 wurde eine harmonisierte Regelung für die Mitteilung bedeutender Stimmrechtsanteile, insbesondere in Bezug auf die Zusammenrechnung gehaltener Aktien und gehaltener Finanzinstrumente für die Erreichung der beschriebenen Ziele als sinnvoll erachtet.[780] Den Mitgliedstaaten soll es deshalb nicht gestattet sein, hinsichtlich der Berechnung der Mitteilungsschwellen, der Zusammenrechnung der Stimmrechtsanteile aus Aktien und aus Finanzinstrumenten sowie der Ausnahmen von der Mitteilungspflicht Vorschriften zu erlassen, die strenger sind als jene der TrRL 2013.[781]

777 Zum Für und Wider der Vollharmonisierung in Bezug auf die Beteiligungstransparenz *Fleischer/Schmolke* NZG 2009, 401, 408.

778 Vgl. Art. 1 Nr. 7 ÄnderungsRL 2013. Im Ergebnis eben *Parmentier* AG 2014, 15, 19.

779 Siehe Art. 9 Abs. 1 UAbs. 1 TrRL 2013. Zum Leistungsvermögen der Beteiligungstransparenz in Übernahmesituationen, wofür sich Finanzinstrumente (bisher) besonders eigneten *Hitzer/Düchting* ZIP 2011, 1084, 1088 ff.

780 Erwägungsgrund 12 S. 1 ÄnderungsRL 2013.

781 Erwägungsgrund 12 S. 2 ÄnderungsRL 2013.

Allerdings wird der Grundsatz des Art. 3 Abs. 1a UAbs. 4 TrRL 2013 durch einige Ausnahmen aufgeweicht.[782] Wegen nationalrechtlicher Eigenheiten soll es weiterhin erlaubt sein, sowohl niedrigere als auch zusätzliche Schwellen für die Mitteilung gehaltener Stimmrechtsanteile festzulegen und gleichwertige Mitteilungen in Bezug auf Kapitalanteilsschwellen vorzuschreiben.[783] Daneben sollen bezüglich Inhalt, Verfahren und Zeitpunkt der Mitteilungen strengere als die in der TrRL 2004 vorgesehenen Verpflichtungen auf nationalrechtlicher Ebene statuiert werden dürfen und es soll die Möglichkeit eröffnet bleiben, zusätzliche Informationen über bedeutende Beteiligungen zu verlangen, die in der TrRL 2004 nicht vorgesehen waren.[784]

Durch diese Gründe bewegt, sind in Art. 3 Abs. 1a (UAbs. 4 lit. i bis iii) TrRL 2013 mehrere Ausnahmen von der beschriebenen Grundsatzentscheidung normiert. Demnach darf ein Mitgliedstaat in diesem Zusammenhang strengere Anforderungen erlassen, wenn er Mitteilungsschwellen festlegt, die niedriger als jene gemäß Art. 9 Abs. 1 sind[785] oder jene ergänzen, und gleichwertige Mitteilungen in Bezug auf Kapitalanteilsschwellen vorschreibt (lit. i); wenn er strengere Anforderungen als diejenigen nach Art. 12 anwendet (lit. ii); oder wenn er Rechts- oder Verwaltungsvorschriften anwendet, die im Zusammenhang mit Übernahmeangeboten, Zusammenschlüssen und anderen Transaktionen stehen, die die Eigentumsverhältnisse oder die Kontrolle von Unternehmen betreffen (lit. iii).

Die Mitteilungsschwellen im Rahmen von Art. 9 und damit gleichermaßen für Art. 13 TrRL 2013 sind demnach von der Vollharmonisierung weit entfernt: Nicht nur, dass die Eingangsschwelle abgesenkt werden darf, auch ist es den Mitgliedstaaten gestattet, zwischen den vorgegebenen Schwellen weitere zu normieren, sowie weitere Mitteilungsschwellen über der Schwelle von 75 Prozent vorzusehen.[786] Damit wird vor allem auf die Mitgliedstaaten Rücksicht

---

782 *Bayer/J. Schmidt* BB 2014, 1219, 1226; *Lutter/Bayer/J. Schmidt*, EuropUR, 6. Auflage 2017, 36.8; *Parmentier* AG 2014, 15, 19 ff.; *Segna* ZGR 2015, 84, 112; *Seibt/Wollenschläger* ZIP 2014, 545, 547 ff.; *Veil* ZHR 2013, 427, 428.

783 Erwägungsgrund 12 S. 3 ÄnderungsRL 2013.

784 Erwägungsgrund 12 S. 4 ÄnderungsRL 2013.

785 Diese Einschränkung machte bereits der Kommissionsvorschlag (vgl. entsprechend Art. 3 Abs. 1a ÄnderungsRL-E 2013).

786 *Bayer/J. Schmidt* BB 2014, 1219, 1226; *Parmentier* AG 2014, 15, 17. Wegen der Gefahr von *squeeze-outs* waren Schwellen über 75 Prozent beispielsweise in Frankreich, Italien, Österreich, Schweden und Spanien, nicht aber in Deutschland eingeführt, vgl. *Seibt/Wollenschläger* AG 2012, 305, 310; *Veil* in Veil, Europäisches Kapitalmarktrecht, 2.

genommen, die aufgrund der Mindestvorgaben der TrRL 2004 bereits strengere Vorschriften eingeführt haben. Dazu zählte nicht nur Deutschland[787], auch das britische Recht[788] sah die erste Mitteilungsschwelle bei 3 Prozent ebenso vor wie

---

Auflage 2014, § 20 Rn. 26; *Veil* in Veil, European Capital Markets Law, 2. Auflage 2017, § 20 Rn. 25.

787 Der im Jahr 1995 (auf Grundlage der BeteiligungstransparenzRL) geschaffene § 21 WpHG a. F. sah bereits eine entsprechende Mitteilungspflicht bei 5 % der Stimmrechtsanteile vor. Grund dafür war unter anderem, dass andere wichtige Industriestaaten ebenfalls Mitteilungsschwellen vorsahen, die deutlich unter der Grenze von 10 % lagen, vgl. Begr. RegE. 2. Finanzmarktförderungsgesetz, BT-Drucks. 12/6679, S. 52. In Japan, Frankreich, den Niederlanden, Österreich, Belgien und (Vorschlag der Regierung) in der Schweiz waren es ebenfalls 5 %, im Vereinigten Königreich 3 %, bei 2 % der Stimmrechte bestand bereits in Italien eine Mitteilungspflicht, vgl. Begr. RegE. 2. Finanzmarktförderungsgesetz, BT-Drucks. 12/6679, S. 52. Später wurde die Eingangsschwelle auch in Deutschland auf 3 % abgesenkt; zu den Änderungen des nationalen Rechts ab dem Jahr 2004 infolge der TrRL 2004 ab S. 377.

788 Die FSA hatte im Jahr 2009 „Disclosure Rules and Transparency Rules (DTR)" in ihrem FSA Handbook veröffentlicht. Bei dem FSA Handbook handelt es sich um den Vorgänger des FCA Handbook (abrufbar unter <https://www.handbook.fca.org.uk/handbook>). Die Zuständigkeit für die Bankenaufsicht in Großbritannien wurde im Jahr 1998 im Rahmen des *Bank of England Act 1998* von der *Bank of England* auf die (damals neu geschaffene) FSA übertragen, wobei diese wiederum durch den *Financial Services Act 2012* als Reaktion auf die Finanzkrise ab 2007 aufgelöst und durch die PRA (zuständig für die Solvenzaufsicht über systemrelevante Banken, Versicherungen und Wertpapierfirmen) und die FCA (zuständig für die Markt- und Organisationsaufsicht über PRA-regulierte Rechtsträger und für die gesamte Aufsicht über alle anderen Banken, Versicherungen und Wertpapierfirmen) ersetzt wurde, vgl. *Lutter/Bayer/J. Schmidt*, EuropUR, 6. Auflage 2016, Rn. 14.91, dort Fn. 177 m. w. N. Die entsprechenden Regelungen zur Beteiligungstransparenz finden sich im FCA Handbook DTR 5.1.2 *(Notification of the acquisition or disposal of major shareholdings,* abrufbar unter <https://www.handbook.fca.org.uk/handbook/DTR/5/1.html>).
Mit den DTR wurden Mitteilungspflichten für Inhaber von bestimmten Finanzinstrumenten auch außerhalb des Takeover Code (vgl. dazu auch *Meyer/Kiesewetter* WM 2009, 340, 346), wonach eine Mitteilungspflicht für Barausgleichsinstrumente bereits bestand, ausgeweitet, und zwar mit einer Eingangsmeldeschwelle von bereits 3%. Mitteilungspflichtig ist danach nicht nur, wer Finanzinstrumente hält, die das Recht begründen, die Referenzaktien zu erwerben, sondern auch Finanzinstrumente, die sich auf die Referenzaktien beziehen und einen vergleichbaren wirtschaftlichen Effekt (similar economic effect) haben, vgl. *Merkner/Sustmann* NZG 681, 683.

eine entsprechende Pflicht bei jeder Veränderung des Stimmrechtsanteils um 1 Prozent bis zum Erreichen von 100 Prozent.[789]

Bezweifelt wurde angesichts der Formulierung, dass Schwellen über 75 Prozent, insbesondere *squeeze-out*-Schwellen von 90 Prozent und 95 Prozent zulässig sind. [790] Bei näherer Betrachtung werden diese Bedenken allerdings weder von der deutschen noch der englischen Fassung der ÄnderungsRL 2013 getragen.[791] Im Ausnahmetatbestand des Art. 3 Abs. la UAbs. 4 lit. i ist von niedrigeren und ergänzenden Mitteilungsschwellen die Rede, während nach Erwägungsgrund 12 S. 3 ÄnderungsRL 2013 explizit die Festlegung niedrigerer und zusätzlicher Mitteilungsschwellen erlaubt ist. Der englischen Textfassung des Art. 3 Abs. la UAbs. 4 lit. i nach sind „*lower or additional notification thresholds*" gestattet, in den Erwägungsgründen ist ebenso von „*lower and additional notification thresholds*" die Rede.[792]

Zwar sind „höhere Mitteilungsschwellen" bzw. „*higher notification thresholds*" ausdrücklich nicht erwähnt, sodass sich argumentieren ließe, dass die Bezeichnung „zusätzliche Mitteilungsschwellen" bzw. „*additional notification thresholds*" genügt hätte, wenn höhere Schwellen gewollt wären, da solche auf diese Weise ebenso wie niedrigere Schwellen eingeschlossen wären.[793] Allerdings ist dem *e contrario* entgegenzuhalten, dass höhere Schwellen mit „zusätzlichen Mitteilungsschwellen" bzw. „*additional notification thresholds*" gerade nicht ausgeschlossen sind und man dem Unionsgesetzgeber deshalb gleichermaßen vorhalten könnte, dass er sich um Klarheit hätte bemühen können, indem er höhere Schwellen explizit ausschließt.[794] Somit ist (bis auf Weiteres[795]) grundsätzlich von

---

789 Ähnliche Regelungen gelten bzw. galten in Belgien, Bulgarien, Estland, Italien und Spanien, siehe *Commission Staff Working Document - Report on more stringent national measures concerning Directive* 2004/109/EC, SEC (2008) 3033 *final*, *Annex V*, S. 25 (abrufbar unter <http://www.ipex.eu/IPEXL-WEB/dossier/files/download/082dbcc530b1bf490130bc9ba72c6ae8.do>), vgl. *Burgard/Heimann* FS Dauses, 2014, S. 47, 53.

790 Zu deren Gebotenheit *Seibt/Wollenschläger* AG 2012, 305, 310, *Veil* ZHR 2013, 427, 438.

791 So allerdings *Seibt/Wollenschläger* ZIP 2014, 545, 548.

792 Erwägungsgrund 12 S. 3 ÄnderungsRL 2013 (englische Fassung).

793 *Seibt/Wollenschläger* ZIP 2014, 545, 548.

794 So wird das Argument der Gegenansicht von *Segna* ZGR 2015, 84, 112 als „fragwürdig" bezeichnet.

795 Die ESMA könnte für Klarheit sorgen, indem sie den entsprechenden Streitpunkt in ihre „*Questions and answers*" aufnimmt (ESMA/2015/1595, Stand Oktober 2015 („*Questions and answers - Transparency Directive (2004/109/EC)*").

der Zulässigkeit höherer Mitteilungsschwellen nach den unionsrechtlichen Vorgaben auszugehen.

Zusammengefasst ist nach der TrRL 2013 das Erreichen, Über- oder Unterschreiten bestimmter Schwellenwerte sowohl der Gesellschaft als auch der Aufsichtsbehörde mitzuteilen. Art. 9 Abs. 1 TrRL 2013 bleibt als Grundtatbestand für eigene Stimmrechte des Mitteilungspflichtigen bestehen, sodass dessen Schwellenwerte von 5, 10, 15, 20, 25, 30, 50 und 75 Prozent weiterhin Geltung beanspruchen. Nach wie vor ist somit nicht jede Änderung einer Beteiligung mitteilungspflichtig, sodass sowohl der Markt als auch der Emittent von den veränderten Beteiligungsverhältnissen einerseits nur bei Schwellenberührung erfahren und diese andererseits zum Zeitpunkt der Mitteilung veraltet sein können, da sich die Beteiligungen tatsächlich bereits wieder verändert haben können, ohne dass ein Schwellenwert berührt wurde.[796]

Für einen speziellen Fall ist allerdings unter dem Ziel angemessener Transparenz in Bezug auf bedeutende Beteiligungen eine Mitteilung erforderlich, selbst wenn der Gesamtanteil der bereits durch den Inhaber mitgeteilten Beteiligungen nicht berührt wird: Dies gilt, falls der Inhaber von Finanzinstrumenten Aktienbezugsrechte ausübt und die Summe der gehaltenen Stimmrechte aus den zugrunde liegenden Aktien dabei die Mitteilungsschwelle überschreitet.[797] In diesem Fall ist eine erneute Mitteilung zur Offenlegung der Änderung „in der Natur der Beteiligungen" erforderlich, wenngleich sich der Einfluss eines Inhabers auf Stimmrechte durch solch ein Vorgehen insgesamt nicht vergrößert oder verringert.[798] Bei der Ermittlung des Stimmrechtsanteils sind gemäß Art. 10 lit. a bis j außerdem acht Fälle zu berücksichtigen, in denen eine Person zum Erwerb, zur Veräußerung oder zur Ausübung von Stimmrechten berechtigt ist.[799]

Im Ergebnis führen die Ausnahmen dazu, dass es hinsichtlich der Mitteilungsschwellen *de facto* bei dem bisherigen Prinzip der Mindestharmonisierung bleibt - wünschenswert wäre gerade im Hinblick auf grenzüberschreitend tätige Akteure eine Vollharmonisierung auch in diesem Segment der TrRL 2013 vorzusehen. Dem Ziel des Anlegerschutzes durch Anlegerinformation wäre womöglich noch eher gedient, wenn eine Einigung auf europäischer Ebene sich in Hinblick auf die Beteiligungspublizität - beispielsweise - am etablierten System Frankreichs, Großbritanniens oder Deutschlands orientiert hätte und somit

796 *Parmentier* AG 2014, 15, 17.
797 Erwägungsgrund 11 ÄnderungsRL 2013.
798 Erwägungsgrund 11 ÄnderungsRL 2013.
799 Zur Berechnung und Aggregation von Stimmrechten noch ab S. 338.

zahlreichere Mitteilungspflichten durch die TrRL 2013 zwingend vorgeschrieben wären.[800] Bestünden zu deren Erfüllung leicht zu handhabende Möglichkeiten oder gar automatisierte Systeme, gäbe es dagegen wenig einzuwenden. Festzuhalten ist jedenfalls, dass die im Folgenden beschriebenen Mitteilungspflichten für Finanzinstrumente nach Art. 13 nur dann gelten, wenn die Schwellen gemäß Art. 9 Abs. 1 UAbs. 1 durch diese erreicht, über- oder unterschritten werden.

c) Zwischenergebnis

Das Publizitätsregime hat durch die ÄnderungsRL 2013 einige Modifikationen erfahren. Seit der BeteiligungstransparenzRL hatte das Unionsrecht die kontinuierliche Erweiterung der Mitteilungstatbestände zum Ziel, woran sich auch die TrRL 2013 orientiert. Die TrRL 2013 soll neben der Entwicklung eines effizienten, transparenten und integrierten Wertpapiermarkts als Teil des europäischen Binnenmarkts vor allem dem Anlegerschutz dienen.

Da die Offenlegung bestimmter Finanzinstrumente in der TrRL 2004 nicht vorgesehen war und diese somit zum heimlichen Erwerb von Aktienbeständen von Unternehmen genutzt werden konnten, entstanden verzerrte Eindrücke der wirtschaftlichen Eigentumsverhältnisse börsennotierter Gesellschaften (*hidden ownership*[801]). Deshalb sollte der Begriffsgehalt des Finanzinstruments im Sinne des Art. 13 erweitert werden, sodass alle Finanzinstrumente erfasst werden sollten, die eine dem Halten von Aktien oder Aktienbezugsrechten vergleichbare wirtschaftliche Wirkung haben. Damit sollte die vollständige Unterrichtung der Emittenten und Anleger über die Unternehmensbeteiligungsstruktur ermöglicht werden.

Der Anwendungsbereich der TrRL 2013 hat sich hingegen - im Vergleich zur TrRL 2004 - nicht geändert. Nach wie vor sind die Publizitätspflichten in die drei Komplexe der periodischen Publizität, Beteiligungspublizität sowie Wohlverhaltenspflichten aufgeteilt. Während weiter am Herkunftsstaatsprinzip festgehalten wurde, ist das Prinzip der Mindestharmonisierung zugunsten einer (teilweisen) Vollharmonisierung aufgegeben worden.

---

800 Zu den bereits lange vor der TrRL 2013 eingeführten zusätzlichen Schwellen *Seibt/Wollenschläger*, AG 2012, 305, 311; einen Überblick über die Regelungen in diversen Mitgliedstaaten findet sich bei *Fleischer/Schmolke*, NZG 2009, 401, 404 f.; *dies.* NZG 2010, 1241, 1242 f.

801 Zum Problem des *hidden ownership* bereits ab S. 59.

Dies wurde mit der Rechtszersplitterung, der daraus folgenden Rechtsunsicherheit, den möglichen Kosten für grenzüberschreitend agierende Emittenten und Anleger sowie der Förderungsbedürftigkeit des Anlegervertrauens und der Markteffizienz begründet. Ziel war, die Rechtssicherheit zu erhöhen, die Transparenz zu steigern und grenzüberschreitend tätigen Investoren die Anlage zu erleichtern.

Die Vollharmonisierung ist angesichts der angestrebten Ziele im Grunde ein probates Mittel. Allerdings ist der Grundsatz der Vollharmonisierung in der TrRL 2013 nicht sehr weitreichend.[802] Insbesondere betrifft er nicht die Mitteilungsschwellen[803] und nicht den Inhalt, das Verfahren und den Zeitpunkt der Mitteilung.

2. Finanzinstrumente gemäß Art. 13 TrRL 2013

Nachdem sich dem Publizitätsregime der TrRL 2013 gewidmet wurde, welches gerade in Bezug auf Finanzinstrumente einige Änderungen mit sich bringt, ist die zentrale Regelung des Art. 13 im Lichte dessen zu beleuchten. Zugrunde liegender Gedanke ist dabei, dass der Markt nur durch hohe Transparenz ausreichend über einen möglichen Beteiligungsaufbau informiert werden kann, die insbesondere durch Mitteilungspflichten bei Finanzinstrumenten erreicht werden kann, welche auf verschiedene Weisen auf mit Stimmrechten verbundene Aktien bezogen sind. Erst auf diese Weise kann die potenzielle Bündelung von Stimmrechten in die Risiko- und damit Marktbewertung in hinreichendem Maße einfließen.

Geändert hat sich durch die ÄnderungsRL 2013 insofern nichts, als die korrespondierenden Regelungen nach wie vor in Art. 13 zu finden sind. Die Kommission[804], der Rat[805] und das Parlament[806] haben sich auf eine Neufassung

---

802 Daher auch die Bezeichnung als „Partieller Vollharmonisierungsansatz", *Heinrich* in Kölner Kommentar WpHG, 2. Auflage 2014, § 25a Rn. 19.

803 So auch *Veil* WM 2012, 53, 57; zu den Mitteilungsschwellen ab S. 214.

804 Erwägungsgründe 9–12 ÄnderungsRL 2013; KOM(2010) 243 endgültig, S. 5; SEK(2011) 1280, S. 6 f.; ÄnderungsRL-E 2013, S. 6, 8 f., 13.

805 Council of the European Union, Presidency Compromise im Verfahren 2011/0307 (COD), Dok-Nr. 6567/12 vom 7.3.2012, S. 6 ff., 20 ff., abrufbar unter <http://register.consilium.europa.eu/doc/srv?l = EN&f = ST Prozent206567 Prozent202012 Prozent20INIT>.

806 Bericht des Rechtsausschusses des Europäischen Parlaments vom 27 .9.2012, A7-0292/2012, Änderungsantrag 10, S. 10 f., 22 ff., abrufbar unter <http://www.europarl.europa.eu/sides/getDoc.do?pubRef =-//EP//TEXT+REPORT+A7-2012-0292+0+DOC+XML+V0//DE>; Stellungnahme des Ausschusses für Wirtschaft

von Art. 13 TrRL 2013 geeinigt sowie die Richtlinie um Art. 13a ergänzt.[807] Durch den geänderten Gehalt ist in Verbindung mit der grundsätzlichen Abkehr von der Mindestharmonisierung und Hinwendung zur Vollharmonisierung eine Anpassung diverser nationalrechtlicher Normen notwendig geworden (und durch das TUG 2015 in Deutschland inzwischen erfolgt).[808]

In Art. 13 TrRL 2004 war eine Mitteilungspflicht für solche Finanzinstrumente vorgesehen, die ihrem Inhaber im Rahmen einer förmlichen Vereinbarung das Recht einräumen, von sich aus mit Stimmrechten verbundene und bereits ausgegebene Aktien zu erwerben.[809] Nicht erfasst waren bisher Finanzinstrumente, die nicht mit dem Recht auf den Erwerb von Stimmrechten verbunden sind, aber dennoch dazu genutzt werden können, verdeckte Beteiligungen an börsennotierten Gesellschaften aufzubauen.[810] Diese Rechtslage war, wie veranschaulicht, überarbeitungsbedürftig.[811] Die novellierte Vorschrift bringt im Vergleich zur Vorgängerregelung gleich mehrere Neuerungen mit sich. Unter anderem sind nunmehr weitere Arten von Finanzinstrumenten erfasst, die teilweise gemeinsame Voraussetzungen haben, sich in Details jedoch unterscheiden.

Im Zusammenspiel mit unbestimmten Rechtsbegriffen geht damit eine gewisse Rechtsunsicherheit in Bezug auf die Regelung einher, derer in diesem Kapitel begegnet wird. Soweit folgend die entsprechenden Regelungen beleuchtet werden, geschieht dies zunächst im Lichte des Unionsrechts, welches jedoch hin und wieder keine zufriedenstellenden Anhaltspunkte bietet. Der Leser sei in diesen Fällen auf die darauffolgende Darstellung der (teils wortlautgleichen) Rechtslage im nationalen Recht verwiesen, die mitunter weitaus detailreichere Antworten liefert, wenngleich diese keinerlei Verbindlichkeit in Hinblick auf die parallelen Fragen des Unionsrecht beanspruchen (können). Davon abgesehen wurden die ökonomischen Charakteristika von Finanzinstrumenten im hier

---

und Währung, S. 51 ff., abrufbar unter <http://www.europarl.europa.eu/sides/getDoc.do?pubRef=-//EP//TEXT+REPORT+A7-2012-0292+0+DOC+XML+V0//DE#title3>.

807 Dazu ausführlich ab S. 338. Im Übrigen wurde eine - leider schon im Jahr 2013 - veraltete Rechtslage auf Unionsebene zum Mittel der Wahl gekürt, insbesondere gilt dies bzgl. des *„acting in concert“*, vgl. dazu *Burgard/Heimann* FS Dauses, 2014, S. 47, 54 ff. sowie *Veil* WM 2012, 53, 58 f.

808 Zur deutschen Rechtslage insoweit noch ab S. 385.

809 Ausführlicher zur Rechtslage unter der TrRL 2004 ab S. S. 174.

810 ÄnderungsRL-E 2013, S. 8, 13. Ausführlicher zur Rechtslage unter der TrRL 2004 ab S. 174.

811 Dazu ab S. 192.

verstandenen Sinne bereits beschrieben – sofern entsprechende Begrifflichkeiten im Rahmen dieser Darstellung Erwähnung finden, sei bei Verständnisfragen - so nicht gesondert erläutert - auf die entsprechenden Erläuterungen verwiesen.[812]

Die Regelung des Art. 13 TrRL 2013 hat - im Vergleich zur Formulierung in der TrRL 2004 - bereits textlich an Umfang zugenommen. Abs. 1 der Norm erweitert die Pflicht zur Mitteilung gemäß Art. 9 TrRL 2013 auf die im selben Absatz umschriebenen Finanzinstrumente für natürliche oder juristische Personen, die direkt oder indirekt eben solche Finanzinstrumente halten. Abs. 1a befasst sich mit der Berechnung der Stimmrechte bei Finanzinstrumenten, Abs. 1b enthält eine regelbeispielartige Enumeration[813] von Finanzinstrumenten im Sinne des Abs. 1. Die Abs. 2 und 3 widmen sich den Details zu Art und Inhalt der Mitteilungen, während Abs. 4 Ausnahmen von der Mitteilungspflicht anordnet.

Betrachtet man Art. 13 Abs. 1 näher, so fällt die Gliederung in UAbs. 1 und 2 auf, wobei UAbs. 1 der Norm sich außerdem in lit. a und b unterteilt[814], welche eine (abstrakte) Definition der Finanzinstrumente beinhalten, die von der Mitteilungspflicht erfasst sind. Nach Art. 13 Abs. 1 UAbs. 1 lit. a Alt. 1 besteht - wie bisher in Art. 13 Abs. 1 TrRL 2004 - eine Mitteilungspflicht für Personen, die direkt oder indirekt Finanzinstrumente halten, die dem Inhaber (nunmehr) „bei Fälligkeit" im Rahmen einer förmlichen Vereinbarung das (nunmehr) „unbedingte" Recht auf Erwerb mit Stimmrechten verbundener und bereits ausgegebener Aktien eines Emittenten, die an einem geregelten Markt zugelassen sind, verleihen. Art. 13 Abs. 1 UAbs. 1 lit. a Alt. 2 erweitert diese Mitteilungspflicht für die gleichen Adressaten auf all jene Finanzinstrumente, welche ein Ermessen in Bezug auf das Recht auf Erwerb derartiger Aktien verleihen.[815]

Art. 13 Abs. 1 UAbs. 1 lit. b TrRL 2013 statuiert eine Mitteilungspflicht für Inhaber von Finanzinstrumenten, welche nicht von Art. 13 Abs. 1 UAbs. 1 lit. a erfasst sind, sich aber auf dort genannte Aktien - dies meint mit Stimmrechten verbundene und bereits ausgegebene Aktien eines Emittenten, die an einem geregelten Markt zugelassen sind - beziehen.[816] Als ergänzende Voraussetzung wird eine den in lit. a aufgeführten Finanzinstrumenten „vergleichbare

812 Zu den ökonomischen Aspekten von Finanzinstrumenten ab S. 99.

813 Generell zu Regelbeispielslisten auf nationaler wie auf supranationaler Ebene *Schünemann* JZ 2005, 271, 271 ff.

814 Zur Untergliederung noch ab S. 261.

815 Zum Recht auf Erwerb von Aktien und dem Ermessen darauf ausführlich noch ab S. 261.

816 Zum Begriff der Aktie bereits ab S. 119 und im Rahmen von Art. 13 noch ab S. 265.

wirtschaftliche Wirkung" gefordert. Die Qualifizierung als Finanzinstrument ist hier außerdem unabhängig von einem Anspruch auf physischen Ausgleich.

Art. 13 Abs. 1 UAbs. 1 TrRL 2013 erfasst natürliche oder juristische Personen, ganz unabhängig davon, ob ein Finanzinstrument unter Art. 13 Abs. 1 UAbs. 1 lit. a oder b einzuordnen ist. Zum Begriff des „Inhabers" eines Finanzinstruments ließ sich der Unionsgesetzgeber indes nicht weiter aus. Als Inhaber ist derjenige zu verstehen, der ein Finanzinstrument innehat und daraus – je nach Ausgestaltung – zumindest potenziell einen Anspruch entweder gerichtet auf einen physischen Ausgleich oder einen Ausgleich in bar ableiten kann.

Dabei muss der Inhaber eines Finanzinstruments dieses „direkt oder indirekt" halten. Weder der Unionsgesetzgeber noch die ESMA haben dies bisher konkretisiert. Anderen Sprachfassungen der Änderungs-RL lässt sich nicht mehr entnehmen als der deutschen; so heißt es in der englischen Fassung „*directly or indirectly*", in der französischen Fassung „*directement ou indirectement*", in der spanischen Fassung „*directa o indirectamente*" und in der italienischen Fassung „*direttamente o indirettamente*". Synonym lässt sich vom „unmittelbaren oder mittelbaren" Halten eines Instruments sprechen.[817] Gemeint ist mit direktem oder unmittelbarem Halten das Halten eines (Finanz-)Instruments durch dessen Inhaber selbst; er muss Inhaber des Rechts am Finanzinstrument bzw. des Rechts aus dem Finanzinstrument sein.[818] Weitere Voraussetzungen, wie etwa die Möglichkeit zur Ausübung der Rechte aus den Instrumenten nach eigenem Ermessen oder die Ermangelung besonderer Weisungen des unmittelbaren Inhabers, sind in der TrRL 2013 nicht angelegt und insofern nicht zu verlangen.[819]

Indirektes oder mittelbares Halten ist dabei das Halten durch Dritte, wobei der (mögliche) Erwerb von Aktien mit Stimmrechten über Instrumente maßgeblich

---

817 *Heinrich* in Kölner Kommentar WpHG, 2. Auflage 2014, § 25a Rn. 37. Im Übrigen formuliert der deutsche Gesetzgeber die Umsetzungsnormen des Art. 13 auf diese Weise seit der TrRL 2004, in der bereits ebenso das „direkte oder indirekte Halten" von Finanzinstrumenten normiert war; zu den entsprechenden Normen im deutschen Recht noch ab S. 375.

818 So zur entsprechenden Norm (§ 25a WpHG a. F.) im deutschen Recht *Heinrich* in Kölner Kommentar WpHG, 2. Auflage 2014, § 25a Rn. 67; *Schneider* AG 2011, 645, 647; *Schneider* in Assmann/Schneider, WpHG, 6. Auflage 2012, § 25a Rn. 20.

819 Anderer Ansicht war in Bezug auf das deutsche Recht (§ 25 WpHG a. F., inhaltlich mit insoweit wortgleicher unionsrechtlicher Vorgabe durch Art. 13 Abs. 1 TrRL 2004) *Nießen* NZG 2007, 39, 43; *Schneider/Brouwer* AG 2008, 557, 562; sowie auch die BaFin, vgl. dazu Emittentenleitfaden BaFin, 4. Auflage 2013, S. 136. Dies lag allerdings vor allem darin begründet, dass der Anwendungsbereich des § 25 WpHG a. F. nur einen Teil des neuen Art. 13 TrRL 2013 abbildete, vgl. ab S. 375.

ist.[820] Das „Halten“ verlangt insofern nicht, dass das Instrument auf einer Vereinbarung mit dem Mitteilungspflichtigen beruht, gefordert ist nur ein eigenständiges, rechtlich abgesichertes Interesse.[821] Mittelbares Halten kommt daher beispielsweise bei einem Halten entsprechender Anteile durch Tochterunternehmen und Treuhänder infrage.[822] Durch das indirekte oder mittelbare Halten von Instrumenten erfasst ist ebenso das sogenannte *acting in concert*[823] mehrerer Halter von Finanzinstrumenten, sodass jeder der Beteiligten die Finanzinstrumente des anderen mittelbar hält, da andernfalls eine Transparenzlücke zu befürchten steht.[824] Somit erfolgt eine Zurechnung der Stimmrechte, ohne dass auf die Norm des Art. 10 TrRL 2013 zurückgegriffen wird, die eine Mitteilungspflicht für natürliche oder juristische Personen statuiert, sofern diese in einem oder mehreren der dort bestimmten Fälle zum Erwerb, zur Veräußerung oder zur Ausübung von Stimmrechten berechtigt sind.[825]

Fraglich ist nach Lektüre des Art. 13 Abs. 1 darüber hinaus insbesondere, was unter dem Begriff „Finanzinstrument“ zu verstehen ist. Anders als bisher ist dieser nicht mehr durch einen Verweis in einem Durchführungsrechtsrechtsakt definiert, da Art. 11 Abs. 1 und 2 DurchführungsRL 2007 a. F. durch Art. 3 Nr. 2 ÄnderungsRL 2013 aufgehoben wurden, sodass die Begriffsdefinition der zuvor in Bezug genommenen MiFID I für Art. 13 TrRL 2013 nicht mehr

---

820 Zum (inzwischen überholten) deutschen Recht insofern *Fuchs* in Fuchs, WpHG, 2. Auflage 2016, § 25 Rn. 12; *Schneider* AG 2011, 645, 647 f.; *Schneider* in Assmann/Schneider, WpHG, 6. Auflage 2012, § 25a Rn. 20.

821 So zur entsprechenden Norm (§ 25a WpHG a. F.) im deutschen Recht *Schneider* AG 2011, 645, 647.

822 So zur entsprechenden Norm (§ 25a WpHG a. F.) im deutschen Recht *Fuchs* in Fuchs, WpHG, 2. Auflage 2016, § 25a Rn. 5; *Heinrich* in Kölner Kommentar WpHG, 2. Auflage 2014, § 25a Rn. 67; *Labudda* in Just/Voß/Ritz/Becker, WpHG, 2015, § 25a Rn. 14.

823 Zum *acting in concert* im Zusammenhang mit der TrRL 2013 *Bayer/J. Schmidt* BB 2014, 1219, 1225; *Hitzer/Hauser* NZG 2016, 1365, 1365 ff. (ausführlich); *Moloney*, EU securities and financial markets regulation, 3. Auflage 2014, II.5.7.2; *Weber-Rey* in Habersack/Mülbert/Schlitt, Unternehmensfinanzierung am Kapitalmarkt, § 23 Rn. 98 ff.

824 Ebenso in Bezug auf § 25a WpHG a. F. (dazu ab S. S. 375.) *Heinrich* in Kölner Kommentar WpHG, 2. Auflage 2014, § 25 Rn. 50 ff. (der von einer „begrenzten Zurechnung“ spricht); MüKoAktG/*Bayer*, 4. Auflage 2016, WpHG § 25a Rn. 6; *Nießen* NZG 2007, 39, 43; differenzierend *Schneider* AG 2011, 645, 647 f.

825 Zur Abgrenzung der korrespondierenden Vorschriften im deutschen Recht vgl. BaFin FAQ, S. 27 f. (Frage 43, 43a, 43b, 43c).

verbindlich scheint.[826] Gleichermaßen fehlt es an einem Verweis auf den weitgehend identisch formulierten Anhang I Abschnitt C MiFID II (bzw. Art. 4 Abs. 1 Nr. 15 MiFID II, der zur Definition des Finanzinstruments auf denselben Abschnitt des Anhangs verweist). Auch zu Art. 1 Nr. 3 MAD I[827] und auf Art. 2 Nr. 1 MAD II (der auf Art. 4 Abs. 1 Nr. 15 MiFID II verweist) existiert keine Verknüpfung.

Zwar ist im Grunde denkbar, dass auch trotz eines fehlenden Verweises die Definition des Finanzinstruments der im Kapitalmarktrecht so zentralen Richtlinie MiFID I bzw. MiFID II (weiterhin) Geltung beansprucht. Jedoch enthält bereits Art. 13 Abs. 1b UAbs. 1 lit. a bis g eine Aufzählung von Finanzinstrumenten im Sinne des Art. 13 Abs. 1. Danach können übertragbare Wertpapiere, Optionen, Terminkontrakte, Swaps, Zinsausgleichsvereinbarungen, Differenzgeschäfte und alle anderen Kontrakte oder Vereinbarungen mit vergleichbarer wirtschaftlicher Wirkung, die physisch oder bar abgewickelt werden können, als Finanzinstrumente im Sinne von Art. 13 Abs. 1 UAbs. 1 betrachtet werden.[828] Darüber hinaus ist der ESMA durch Art. 13 Abs. 1b UAbs. 2 die Befugnis und Aufgabe übertragen, im Rahmen einer Liste (ESMA-Liste) weitere Instrumente zu bezeichnen, die (unter gewissen Umständen) dem Art. 13 Abs. 1 UAbs. 1 unterfallen können. Dabei sind Art. 13 Abs. 1b UAbs. 1 einerseits und die ESMA-Liste andererseits derart offen ausgestaltet, dass auch darin jeweils nicht explizit erwähnte Instrumente Finanzinstrumente Mitteilungspflichten gemäß Art. 13 Abs. 1 UAbs. 1 auslösen können.[829]

Die Bezugnahme auf die MiFID I bzw. MiFID II scheint jedoch auch aus weiteren Gründen eher fernliegend. Dies legt zunächst der Wortlaut nahe: Zwar schweigt die Dokumentation des Normgebungsverfahrens zu dieser Frage[830],

---

826 Anders war dies zur Zeit der TrRL 2004, dazu ab S. 174. So auch *Parmentier* AG 2014, 15, 20.

827 Seit dem 3. Juli 2016 durch die MAR weitestgehend aufgehoben. Fernliegend erscheint damals wie heute die Idee, zur Interpretation des Begriffs „Finanzinstrument" in Art. 13 TrRL 2013 die MAD I heranzuziehen, weil die dortige Definiton zeigen würde, „was grundsätzlich unter den Finanzinstrumentebegriff fallen kann", so jedoch *Epe*, Kapitalmarktrechtliche Beteiligungstransparenz, 2017, S. 202.

828 Zu Art. 13 Abs. 1b UAbs. 1 lit. a bis g ab S. 228.

829 Dazu sogleich sowie *en détail* ab S. 271 und S. 314.

830 Insbesondere finden sich keine entsprechenden Ausführungen in den (überschaubaren) Ratsdokumenten zur ÄnderungsRL 2013 – auch in Dok. 16353/11 heißt es in Bezug auf Art. 11 DurchführungsRL 2007 a. F. (S. 26) lediglich: „*À l'article 11, les paragraphes 1 et 2 sont supprimés*".

doch der Umstand allein, dass die frühere Verweisung restlos gestrichen[831] und zeitgleich eine – funktionell gleichwertige – eigene Begriffsbestimmung in Art. 13 aufgenommen wurde[832], spricht für den Willen des Normgebers, die frühere Verweisung vollständig zu ersetzen, statt sie nur zu ergänzen. In die gleiche Richtung weist der Richtlinientext, der keinen Hinweis auf die Fortgeltung der Definition des Finanzinstruments in der MiFID I bzw. MiFID II enthält.

Für ein von letzterer losgelöstes Begriffsverständnis streiten schließlich auch systematische Erwägungen: Die Ermächtigung der Kommission zu Durchführungsmaßnahmen in der vom Europäischen Parlament und dem Rat erlassenen TrRL 2004 (Level 1-Rechtsakt[833]) in Art. 13 Abs. 2 TrRL 2004 ist mit der Neufassung des Art. 13 ersatzlos entfallen. Die Kommission sollte danach Durchführungsmaßnahmen erlassen, um den technischen Entwicklungen auf den Finanzmärkten Rechnung zu tragen und die einheitliche Anwendung von Art. 13 Abs. 1 TrRL 2004 sicherzustellen. Auf Grundlage von Art. 13 Abs. 2 TrRL 2004 hatte die Kommission 2007 unter anderem Art. 11 Abs. 1 und 2 DurchführungsRL 2007 a. F. (Level 2-Rechtsakt[834]) geschaffen. Die Enumeration des Art. 11 Abs. 1 DurchführungsRL 2007 a. F. ist im Zuge ihrer Aufhebung durch die vom Europäischen Parlament und dem Rat (Level 1) erlassenen ÄnderungsRL 2013 gemäß Art. 3 Nr. 2 ÄnderungsRL 2013 in Art. 13 Abs. 1b UAbs. 1 lit. a bis e TrRL 2013 aufgegangen, wobei sogar die Reihenfolge der Auflistung beibehalten wurde. Während also die Aufzählung des Art. 11 Abs. 1 DurchführungsRL 2007 a. F. bei der Novellierung berücksichtigt wurde, hat der Unionsgesetzgeber ganz offenbar absichtlich auf einen erneuten Verweis in Anhang I Abschnitt C MiFID I bzw. MiFID II - sowohl in der DurchführungsRL 2007 als auch in der TrRL 2013 selbst - verzichtet.

---

831 Siehe Art. 3 Nr. 2 ÄnderungsRL 2013.

832 Zu Art. 13 Abs. 1b UAbs. 1 noch sogleich.

833 Zu den Rechtssetzungsebenen siehe noch Fn. 1004. Im Europäischen Recht allgemein auch „Sekundärebene"; zu diesem Begriff für die abgeleitete Rechtssetzung, der jedenfalls seit dem Vertrag von Lissabon gebräuchlich ist Frankfurter Kommmentar/*Gundel*, 2017, Art. 288 AEUV Rn. 1 f. m. w. N. sowie Art. 290 AEUV Rn. 1; *Nettesheim* in Grabitz/Hilf/Nettesheim, Recht der EU, 64. Auflage 2018, Art. 288 AEUV Rn. 30.

834 Zu den Rechtssetzungsebenen siehe noch Fn. 1004. Im Europäischen Recht allgemein auch „Tertiärebene"; zu diesem Begriff für die abgeleitete Rechtssetzung, der jedenfalls seit dem Vertrag von Lissabon gebräuchlich ist Frankfurter Kommmentar/*Gundel*, 2017, Art. 288 AEUV Rn. 1 f. m. w. N. sowie Art. 290 AEUV Rn. 1; *Nettesheim* in Grabitz/Hilf/Nettesheim, Recht der EU, 64. Auflage 2018, Art. 288 AEUV Rn. 31.

Damit lässt sich festhalten: Auf Level 1-Ebene ist zum einen die Entscheidung revidiert worden, der Kommission überhaupt die Aufgabe und Ermächtigung einzuräumen, Durchführungsbestimmungen zu erlassen. Zum anderen wurde die ehemals auf Level 2-Ebene getroffene Entscheidung der Kommission nun auf Level 1-Ebene durch das Europäische Parlament und den Rat inhaltlich korrigiert, da für die Definition des Finanzinstruments gerade keine andere Richtlinie mehr in Bezug genommen wird.

Damit ist indes nicht gesagt, dass Anhang I Abschnitt C MiFID II keine Anhaltspunkte für infrage kommende Finanzinstrumente im Sinne des Art. 13 bieten könnte: So werden „übertragbare Wertpapiere", „Optionen", „Terminkontrakte", „Swaps", „Zinsausgleichsvereinbarungen" und „[finanzielle] Differenzgeschäfte" in der MiFID II als Finanzinstrumente aufgeführt. Gemäß Art. 13 Abs. 1b UAbs. 1 lit. a bis f kommen diese zumindest auch als solche im Sinne der TrRL 2013 infrage.[835] Für Art. 13 ergibt sich jedoch aus der bloßen Einordnung eines Instruments in eine dieser Kategorien nicht, dass es sich um ein Finanzinstrument im Sinne der Norm handelt – vielmehr ist gemäß Art. 13 Abs. 1b UAbs. 1 Hs. 2 maßgeblich, dass die Bedingungen von Art. 13 Abs. 1 UAbs. 1 lit. a oder b erfüllt sind.[836] Ob sich ein Instrument dabei in eine der Gattungen des Art. 13 Abs. 1b UAbs. 1 oder der ESMA-Liste (oder die des Anhang I Abschnitt C MiFID II) einfügt, ist für die Qualifikation als Finanzinstrument gemäß Art. 13 irrelevant.[837]

Der Verzicht auf einen Verweis in die Definition des Finanzinstruments in Anhang I Abschnitt C MiFID II ist ferner mit dem *Telos* des Art. 13 zu erklären. Der Unionsgesetzgeber beabsichtigt, das Risiko der Entstehung neuer Regelungslücken in den Vorschriften zur Beteiligungstransparenz zu mindern[838] und erachtet deshalb – anstelle eines Verweises in die weite, aber dennoch enumerativ begrenzte Definition im Anhang I Abschnitt C MiFID II – eine offene Definition in Gestalt des Art. 13 Abs. 1 UAbs. 1 lit. a und b (gegebenenfalls im Zusammenspiel mit Art. 13 Abs. 1b UAbs. 1 lit. a bis g bzw. der ESMA-Liste) als vorzugswürdig. Dies scheint vor dem Hintergrund der Zielsetzung der TrRL 2013 in Bezug auf die Transparenz bei Finanzinstrumenten[839] nur konsequent: Lediglich

835 Zu Art. 13 Abs. 1b UAbs. 1 noch ab S. 228.

836 Dazu und zu den Voraussetzungen von Art. 13 Abs. 1 UAbs. 1 lit. a oder b noch ab S. 261 sowie ab S. 314.

837 Dazu und zu den Voraussetzungen von Art. 13 Abs. 1 UAbs. 1 lit. a oder b noch ab S. 261 sowie ab S. 314.

838 Zu den Zielsetzungen der TrRL 2013 insoweit ab S. 208.

839 Zu den Zielsetzungen der TrRL 2013 insoweit ab S. 208.

auf diese Weise lässt sich die Ausgrenzung solcher Finanzinstrumente in Art. 13 vermeiden, die gerade nicht in den Anwendungsbereich der MiFID II fallen, weil sie nicht von der Definition in Anhang I Abschnitt C MiFID II erfasst sind.

Damit ist kreativen Schöpfern von Finanzinstrumenten, die eine Mitteilungspflicht gemäß Art. 13 zu umgehen versuchen, nicht nur heute, sondern auch zukünftig insoweit das Handwerk gelegt. Somit ist die Gefahr gebannt, dass in Anhang I Abschnitt C MiFID II nicht aufgeführte Finanzinstrumente, welche die Bedingungen von Art. 13 Abs. 1 UAbs. 1 lit. a oder b erfüllen, keiner Mitteilungspflicht unterliegen. Damit lässt sich festhalten, dass mit Art. 13 TrRL 2013 ein transparenzrechtlicher Finanzinstrumentebegriff geschaffen worden ist[840], der auf der Zielsetzung fußt, einen möglichst breiten Anwendungsbereich abzudecken[841], um eine von der Richtlinie intendierte umfassende Beteiligungstransparenz[842] zu erreichen.[843] Angesichts dieser Umstände sollen folgend zunächst die „Regelbeispiele" des Art. 13 Abs. 1b sowie jene der ESMA-Liste im Fokus der Betrachtung stehen.

a) Enumeration potenzieller Finanzinstrumente in Art. 13 Abs. 1b

Art. 13 Abs. 1b UAbs. 1 lit. a bis g enthält eine Aufzählung von Finanzinstrumenten, die als solche im Sinne des Art. 13 Abs. 1 infrage kommen. Diese Enumeration soll daher zunächst untersucht werden, um sich dem Begriffsgehalt des Finanzinstruments im Sinne des Art. 13 anzunähern. Nach Art. 13 Abs. 1b UAbs. 1 lit. a bis g können „übertragbare Wertpapiere", „Optionen", „Terminkontrakte", „Swaps", „Zinsausgleichsvereinbarungen", „Differenzgeschäfte" und „alle anderen Kontrakte oder Vereinbarungen mit vergleichbarer wirtschaftlicher Wirkung, die physisch oder bar abgewickelt werden können", als Finanzinstrumente im Sinne von Art. 13 Abs. 1 UAbs. 1 betrachtet werden. Diese Enumeration deckt sich inhaltlich weitestgehend mit der des aufgehobenen Art. 11 Abs. 1 UAbs. 1 DurchführungsRL 2007 a. F., ist jedoch um Differenzgeschäfte erweitert

840 *Burgard/Heimann* FS Dauses, 2014, S. 47, 60; *Parmentier* EuZW 2014, 50, 55. Dies zeigt im Übrigen beispielhaft die wenig zufriedenstellende, auf Einzelrechtsakten basierenden europäischen Finanzmarktregulierung, weil sie das „Säulen-Denken" nährt, indem sie sich mit dem Ziel der umfassenden Beteiligungstransparenz vom Finanzinstrumentebegriff der MiFID I bzw. MiFID II löst und eine eigene Interpretation erforderlich macht, vgl. *Parmentier* EuZW 2014, 50, 55.

841 So auch EWSA Stellungnahme, S. 1 (1.5) sowie S. 2 (2.6.3, 3.5).

842 Zu den Zielen der TrRL 2013 schon ab S. 208.

843 Erwägungsgrund 9 ÄnderungsRL 2013; *Parmentier* AG 2014, 15, 20.

und formuliert den „Auffangtatbestand" in lit. g anders bzw. noch weiter als zuvor Art. 11 Abs. 1 UAbs. 1 S. 1 DurchführungsRL 2007 a. F.[844]

Die aufgeführten Finanzinstrumente sind aber nicht zwangsläufig als solche im Sinne des Art. 13 Abs. 1 UAbs. 1 zu qualifizieren und lösen deshalb nicht per se eine Mitteilungspflicht für den Inhaber aus. Vielmehr werden nach Art. 13 Abs. 1b UAbs. 1 Hs. 1 nur solche Finanzinstrumente als Finanzinstrumente im Sinne des Art. 13 Abs. 1 UAbs. 1 betrachtet, welche die in Art. 13 Abs. 1 UAbs. 1 lit. a oder b genannten Bedingungen erfüllen. Dem Entwurf der Kommission nach war noch gefordert, dass die in Art. 13 Abs. 1b UAbs. 1 aufgeführten Instrumente die Bedingungen von Art. 13 Abs. 1 UAbs. 1 lit. a und b erfüllen müssten, was nach entsprechender Kritik korrigiert wurde.[845]

Dem Wortlaut nach ließe sich konstatieren, dass es sich bei einem von Art. 13 Abs. 1 UAbs. 1 lit. a oder b erfassten Finanzinstrument jedenfalls um ein solches handeln muss, welches in Art. 13 Abs. 1b UAbs. 1 namentlich erwähnt ist - andere Finanzinstrumente hingegen kämen danach nicht als solche im Sinne des Art. 13 Abs. 1 UAbs. 1 lit. a oder b in Betracht.[846]

Doch selbst wenn ein derartiges Verständnis für den Moment zugrunde gelegt würde, wäre die Befürchtung einer sehr starren Definition schnell ausgeräumt: Art. 13 Abs. 1b UAbs. 1 lit. g erfasst „alle anderen Kontrakte oder Vereinbarungen mit vergleichbarer wirtschaftlicher Wirkung, die physisch oder bar abgewickelt werden können", womit sich der Anwendungsbereich weit öffnet. Ist ein Finanzinstrument nicht unter Art. 13 Abs. 1b UAbs. 1 lit. a bis f zu erfassen, kann es dennoch ein solches im Sinne des lit. g der Norm darstellen. Allerdings muss bei dem fraglichen Finanzinstrument eine „vergleichbare wirtschaftliche Wirkung" festzustellen sein.[847]

Der Anwendungsbereich wird sogar explizit noch dadurch erweitert, dass nicht nur in Art. 13 Abs. 1b UAbs. 1 lit. a bis g genannte Finanzinstrumente als solche gemäß Art. 13 Abs. 1 UAbs. 1 lit. a oder b infrage kommen: Der ESMA wurde durch Art. 13 Abs. 1b UAbs. 2 die Pflicht auferlegt, eine Liste

---

844 Ähnlich *Parmentier* AG 2014, 15, 20.

845 Siehe zur Formulierung ÄnderungsRL-E 2013, S. 21 („und" statt „oder"); zur Kritik *DAV-Handelsrechtsausschuss* NZG 2012, 770, 772.

846 Dass dies tatsächlich nicht der Fall ist, ergibt sich aus einer Veröffentlichung der ESMA, dazu gleich ab S. 230.

847 Zum Anknüpfungspunkt der vergleichbaren wirtschaftlichen Wirkung des Art. 13 Abs. 1b UAbs. 1 lit. g, insbesondere im Verhältnis zum Anknüpfungspunkt der vergleichbaren wirtschaftlichen Wirkung in Art. 13 Abs. 1 UAbs. 1 lit. b noch ab S. 338.

solcher Finanzinstrumente zu erstellen, die Mitteilungspflichten gemäß Abs. 1 der Norm unterliegen können. Die Finanzinstrumente der inzwischen entsprechend erstellten und veröffentlichten ESMA-Liste[848] setzen, wie auch die in Art. 13 Abs. 1b UAbs. 1 lit. a bis g enumerierten Finanzinstrumente, voraus, dass jeweils die in Art. 13 Abs. 1 UAbs. 1 lit. a oder b genannten Charakteristika bei dem in Rede stehen Finanzinstrument vorliegen. Da in Art. 13 Abs. 1b UAbs. 2 von einer „nicht erschöpfende Liste" die Rede ist, kann nicht nur der ESMA-Liste selbst, sondern auch der Aufzählung in Art. 13 Abs. 1b UAbs. 1 letztlich nur exemplifizierende Wirkung beigemessen werden.[849] Aufgrund des nicht abschließenden Charakters der Enumeration ist sie nicht notwendig, um Umgehungen der Mitteilungspflichten zu verhindern. Da es stets (lediglich) darauf ankommt, ob ein Finanzinstrument die Voraussetzungen des Art. 13 Abs. 1 UAbs. 1 lit. a oder b erfüllt, lässt sich aus den Regelbeispielen keine Prüfungspflicht des jeweiligen Inhabers ableiten, nahegelegt sei in jenen Fällen jedoch eine erhöhte Aufmerksamkeit, um etwaige Sanktionen wegen Missachtung einer Mitteilungspflicht zu vermeiden.[850]

b) ESMA-Liste

In Hinblick auf die TrRL 2013 war die ESMA gemäß Art. 13 Abs. 1b UAbs. 2 angehalten, unter Berücksichtigung der technischen Entwicklungen auf den Finanzmärkten eine Liste der Finanzinstrumente zu erstellen, die Mitteilungspflichten gemäß Absatz 1 unterliegen.[851] Dieser Pflicht kam die Behörde bereits am 20. März 2013 nach, als sie ein „*Consultation Paper*" veröffentlichte[852], welches bereits eine „indikative"[853] Liste von Finanzinstrumenten in seinem Anhang V beinhaltete.[854] Am 29. September 2014 veröffentlichte die ESMA schließlich im Rahmen des Abschlussberichts zum Entwurf der entsprechenden RTS eine

848 Zur ESMA-Liste ausführlich ab S. 230.

849 *Seibt/Wollenschläger* ZIP 2014, 545, 549 f. Bei umgekehrtem Verständnis wäre die Ermächtigung der ESMA gemäß Art. 13 Abs. 1b UAbs. 2 gänzlich sinnentleert, sodass der Unionsgesetzgeber auch die Enumeration Art. 13 Abs. 1b UAbs. 1 nicht als abschließend erachtet haben kann. Im Ergebnis ebenso *Epe*, Kapitalmarktrechtliche Beteiligungstransparenz, 2017, S. 203.

850 Zu Sanktionen noch ab S. 371.

851 Außerdem ist diese Liste nach jener Norm regelmäßig zu aktualisieren.

852 ESMA/2014/300.

853 Zum Begriff der „indikativen" Liste ab S. 239.

854 ESMA/2014/300, S. 69 f.

leicht überarbeitete Liste solcher Finanzinstrumente.[855] Anlässlich des Inkrafttretens der ÄnderungsRL 2013 wurde die Liste am 22. Oktober 2015, zwei Jahre nach Verabschiedung der ÄnderungsRL 2013, ohne inhaltliche Änderungen erneut (alleinstehend) von der ESMA veröffentlicht.[856]

aa) Qualifizierung und Enumeration potenzieller Finanzinstrumente der ESMA-Liste

Die ESMA-Liste beinhaltet ausschließlich Spezifizierungen zum Begriff des Finanzinstruments in Art. 13 TrRL 2013. Nr. 1 ESMA-Liste nimmt Art. 13 Abs. 1b UAbs. 1 TrRL 2013 in Bezug und wiederholt inhaltlich schlicht die dort aufgeführte Regelung. Nr. 2 ESMA Liste Finanzinstrumente enthält eine Klarstellung der von Art. 13 Abs. 1b UAbs. 1 lit. b TrRL 2013 erfassten Optionen: „*"Options" should be read as including calls, puts or any combination thereof.*"[857] Danach ist der Kauf oder der Verkauf einer Option bzw. jede Kombination daraus als solche im Sinne der Regelung zu verstehen.

Nr. 3 ESMA-Liste hingegen enthält sich Ausführungen zu anderen von Art. 13 Abs. 1b UAbs. 1 erwähnten Finanzinstrumenten und widmet sich dem Begriffsverständnis mit Beispielen zu weiteren Erscheinungsformen. In Hinblick auf die derzeitigen technischen Entwicklungen auf den Finanzmärkten sind danach weitere Finanzinstrumente als Finanzinstrumente im Sinne des Art. 13 zu verstehen, allerdings - gleichlaufend zur Regelung in Art. 13 Abs. 1b UAbs. 1 - nur dann, wenn das in Rede stehende Finanzinstrument einerseits die Bedingungen Art. 13 Abs. 1 UAbs. 1 lit. a oder b erfüllt und sich andererseits auf mit Stimmrechten verbundene Aktien bezieht.[858] Diese von der ESMA getroffene Aufteilung der Voraussetzungen ist insofern obsolet, als Art. 13 Abs. 1 UAbs. 1 lit. a oder b bereits den Bezug auf entsprechende Aktien beinhaltet und kann deshalb nur deklaratorischen Charakter haben.

Die ESMA hielt es für tunlich, die von Art. 13 Abs. 1 UAbs. 1 lit. a und b aufgestellten Voraussetzungen zu analysieren, um ihrer Aufgabe gemäß Art. 13

---

855 ANNEX VI in ESMA/2014/1187 (S. 67); *Bayer/J. Schmidt* BB 2015, 1731, 1736 f.

856 ESMA 2015/1598.

857 Zu *call*- und *put*-Optionen auf ab S. 139.

858 Dort heißt es: „*Furthermore, taking into account current technical developments on financial markets* ESMA *considers the following to be financial instruments, provided they satisfy any of the conditions set out in points (a) or (b) of the first subparagraph of Article 13(1) of Directive 2004/109/EC and reference shares to which voting rights are attached (...)*".

Abs. 1b UAbs. 2 gerecht zu werden.[859] Dabei erachtete sie es für notwendig, zwischen den Charakteristika der von Art. 13 Abs. 1 UAbs. 1 lit. a bzw. b erfassten Finanzinstrumente zu differenzieren, mithin die Berechtigungen zum Aktienerwerb einerseits und Finanzinstrumente mit vergleichbarer wirtschaftlicher Wirkung andererseits zu untersuchen.[860]

(1) ESMA: Finanzinstrumente gemäß Art. 13 Abs. 1 UAbs. 1 lit. a TrRL 2013

Von Art. 13 Abs. 1 UAbs. 1 lit. a erfasste Finanzinstrumente müssen demnach erstens dem Inhaber das unbedingte Recht auf Erwerb mit Stimmrechten verbundener und bereits ausgegebener Aktien eines Emittenten, dessen Aktien zum Handel an einem geregelten Markt zugelassen sind, oder aber ein Ermessen in Bezug auf sein Recht auf Erwerb dieser Aktien verleihen, zweitens muss ein solches Recht bei Fälligkeit eingeräumt sein und dieses drittens auf einer förmlichen Vereinbarung basieren.[861]

In Bezug auf die erste Voraussetzung, das „unbedingte Recht auf Erwerb", ist die ESMA der Auffassung, dass die natürliche oder juristische Person einen rechtlichen Anspruch auf die entsprechenden Aktien hat, der keinerlei Bedingungen unterliegt.[862] Ein „Ermessen in Bezug auf sein Recht zum Erwerb" muss dem Inhaber einen rechtlichen Anspruch einräumen, die Aktien aus eigener Initiative zu erwerben, wobei dieses Ermessen nicht durch äußere Faktoren beeinflusst sein darf wie beispielsweise der Entscheidung des Emittenten, Marktbedingungen hinsichtlich des Preises oder administrativer Autorisierungen.[863]

Die Art. 13 Abs. 1 UAbs. 1 lit. a erfassten Finanzinstrumente beinhalten der ESMA zufolge entweder zwingend oder jedenfalls optional die Pflicht zum physischen Ausgleich, da eine Barausgleichspflicht dem Inhaber weder ein unbedingtes Recht auf Erwerb, noch ein Ermessen in Bezug auf ein Recht zum Erwerb entsprechender Aktien einräumen würde.[864] Bei derartigen Aktien muss es sich um bereits ausgegebene Aktien eines Emittenten handeln, dessen Aktien zum Handel an einem geregelten Markt zugelassen sind.[865] Die ESMA äußerte hierzu,

859 ESMA/2014/300, S. 38 (Nr. 157).
860 ESMA/2014/300, S. 38 (Nr. 158).
861 ESMA/2014/300, S. 38 (Nr. 159).
862 ESMA/2014/300, S. 38 (Nr. 160). Zum Begriff der Bedingung im Rahmen von Art. 13 Abs. 1 UAbs. 1 lit. a noch ab S. 261.
863 ESMA/2014/300, S. 38 (Nr. 161). Zum Begriff der Bedingung im Rahmen von Art. 13 Abs. 1 UAbs. 1 lit. a noch ab S. 261.
864 ESMA/2014/300, S. 38 (Nr. 162).
865 ESMA/2014/300, S. 38 (Nr. 163). Dazu auch *Heinrich/Krämer* CFL 2013, 225, 232; *Segna* ZGR 2015, 84, 109; *Seibt/Wollenschläger* ZIP 2014, 545, 549.

dass dies beispielsweise nicht für in Abhängigkeit von einer Kapitalerhöhung ausgegebene Wandelschuldverschreibungen gilt, wenn die dem jeweiligen Anteil entsprechend zuzurechnenden Aktien noch nicht emittiert wurden, sodass entsprechende Anleihen nicht von Art. 13 Abs. 1 UAbs. 1 lit. a erfasst sein können.[866]

Das an zweiter Stelle vorausgesetzte Merkmal der Fälligkeit bezieht sich nach der ESMA auf die Vertragslaufzeit des jeweiligen Finanzinstruments.[867] Wenn ein Finanzinstrument dem Inhaber beispielsweise das Recht einräumt, eine Option zum Erwerb entsprechender Aktien jederzeit auszuüben, sollte dieses als Recht auf Erwerb im Sinne des Art. 13 Abs. 1 UAbs. 1 lit. a verstanden werden.[868] Ob es sich dabei allerdings um ein unbedingtes Recht (gemäß Art. 13 Abs. 1 UAbs. 1 lit. a Alt. 1) oder bedingtes Recht (gemäß Art. 13 Abs. 1 UAbs. 1 lit. a Alt. 2) handelt, wird daraus nicht ersichtlich.[869]

Mit der dritten Voraussetzung, einer förmlichen Vereinbarung im Sinne des Art. 13 Abs. 1 UAbs. 1 lit. a, ist nach Ansicht der ESMA eine solche gemeint, die rechtsverbindlich ist.[870] Die Rechtsverbindlichkeit bestimmt sich - insoweit wie bisher nach Art. 13 Abs. 1 TrRL 2004 in Verbindung mit Art. 11 Abs. 1 UAbs. 3 DurchführungsRL 2007 a. F. - nach dem Recht (des Mitgliedstaats), welches dem jeweiligen Vertrag zugrunde liegt.[871] Damit sollen insbesondere derivative Finanzinstrumente mit reziproken Erwartungen der beteiligten Parteien darauf, dass Aktien im Sinne des Art. 13 Abs. 1 UAbs. 1 lit. a während der Laufzeit oder zum Ende des Vertrags möglicherweise übertragen werden, gerade keine förmlichen Vereinbarungen im Sinne der Vorschrift darstellen.[872] Ein solches Finanzinstrument ist der ESMA zufolge indes möglicherweise von Art. 13 Abs. 1 UAbs. 1 lit. b erfasst, so der Inhaber potenziell einen wirtschaftlichen Vorteil beim Erwerb der (oder Zugriff[873] auf die) zugrunde liegenden Aktien erlangt.[874]

---

866 ESMA/2014/300, S. 38 (Nr. 163). Dazu auch *Heinrich/Krämer* CFL 2013, 225, 232; *Segna* ZGR 2015, 84, 109; *Seibt/Wollenschläger* ZIP 2014, 545, 549.

867 ESMA/2014/300, S. 39 (Nr. 164).

868 ESMA/2014/300, S. 39 (Nr. 164 S. 2).

869 Zur Frage, ob es sich bei einer derartigen Vertragsgestaltung um eine Bedingung im rechtlichen Sinne handelt siehe ab S. 261.

870 ESMA/2014/300, S. 39 (Nr. 165).

871 ESMA/2014/300, S. 39 (Nr. 165).

872 ESMA/2014/300, S. 39 (Nr. 166 S. 1).

873 Im Originaltext heißt es: „*(…)where the holder of a financial Finanzinstrument has the potential of gaining an economic advantage in acquiring or gaining access to the underlying shares, he may be required to file a major shareholding notification under Article 13(1)(b) for holding a financial Finanzinstrument considered to be to be economically equivalent to holding a share*".

874 ESMA/2014/300, S. 39 (Nr. 166 S. 2).

Wie dabei wiederum der „Zugriff auf die zugrunde liegenden Aktien“ zu verstehen und ob „*gaining access to the underlying shares*“ daher eventuell anders zu verstehen ist, als es die Übersetzung vermittelt, wird von der ESMA nicht abschließend beantwortet und daher im Rahmen der Auseinandersetzung mit Art. 13 Abs. 1 UAbs. 1 lit. b erörtert.[875]

(2) ESMA: Finanzinstrumente gemäß Art. 13 Abs. 1 UAbs. 1 lit. b TrRL 2013

Von Art. 13 Abs. 1 UAbs. 1 lit. b erfasste Finanzinstrumente müssen nach den Erwägungen der ESMA ebenfalls diverse Anforderungen erfüllen: Erstens dürfen sie nicht bereits von Art. 13 Abs. 1 UAbs. 1 lit. a erfasst sein, zweitens müssen sie einen Bezug zu mit Stimmrechten verbundenen und bereits ausgegebenen Aktien eines Emittenten haben, dessen Aktien zum Handel an einem geregelten Markt zugelassen sind[876] und drittens eine vergleichbare wirtschaftliche Wirkung wie Ansprüche auf Erwerb entsprechender Aktien aufweisen.[877]

Die ESMA konstatiert mit der ersten aufgestellten Voraussetzung zunächst, dass Art. 13 Abs. 1 UAbs. 1 lit. b nachrangig zu prüfen ist, wenn es um die Frage geht, ob ein Finanzinstrument einer Mitteilungspflicht nach Art. 13 unterliegt.[878] Ein solches sollte demnach zunächst daraufhin überprüft werden, ob es die Voraussetzungen von Art. 13 Abs. 1 UAbs. 1 lit. a erfüllt und, so dies nicht der Fall ist, erst im Anschluss in Hinblick auf die Vorgaben des Art. 13 Abs. 1 UAbs. 1 lit. b untersucht werden.[879] Diese Reihenfolge gilt allerdings nicht für solche Finanzinstrumente, die evident nicht von Art. 13 Abs. 1 UAbs. 1 lit. a erfasst sind, wenn es sich also beispielsweise um Erwerbsrechte handelt, die durch externe Faktoren bedingt sind.[880] Da dem Inhaber nicht ohne Weiteres ein Anspruch auf Erwerb

---

875 Zu Art. 13 Abs. 1 UAbs. 1 lit. b ab S. 314.

876 Dies ergibt sich aus der Zusammenschau mit ESMA/2014/300, S. 39 (Nr. 177 S. 1). Der tatsächliche Anknüpfungspunkt der vergleichbaren wirtschaftlichen Wirkung ist ein anderer, dazu ab S. 318. Immerhin stellt die ESMA an späterer Stelle klar, dass Art. 13 Abs. 1 UAbs. 1 lit. b auf in Art. 13 Abs. 1 UAbs. 1 lit. a erwähnte Aktien Bezug nimmt, siehe ESMA/2014/300, S. 40 f. (Nr. 177 S. 2).

877 ESMA/2014/300, S. 39 (Nr. 167).

878 ESMA/2014/300, S. 39 (Nr. 168 S. 1).

879 ESMA/2014/300, S. 39 (Nr. 168 S. 2, 3).

880 ESMA/2014/300, S. 39 (Nr. 169 S. 1).

von Aktien im Sinne des Art. 13 Abs. 1 UAbs. 1 lit. a zusteht[881], werden als Beispiel dazu zum einen vertragliche Vorkaufsrechte genannt, weil ein Ermessen bei derartigen Geschäften regelmäßig nur abhängig vom Halter der entsprechenden Aktien ausgeübt werden kann[882], zum anderen gilt dies für *put options*, weil der (hier daher nicht mitteilungspflichtigen) Gegenpartei möglicherweise (erst dann) ein Anspruch auf Erwerb von mit Stimmrechten verbundenen Aktien zusteht, so der Inhaber seine Option ausübt.[883] Ebenfalls kann - wenn überhaupt - nur Art. 13 Abs. 1 UAbs. 1 lit. b einschlägig sein, wenn keine förmliche Vereinbarung getroffen wurde, welche lediglich von Art. 13 Abs. 1 UAbs. 1 lit. a vorausgesetzt wird.[884]

Wenn ein Finanzinstrument nicht der Mitteilungspflicht nach Art. 13 Abs. 1 UAbs. 1 lit. a unterliegt, so ist es nach der ESMA möglicherweise dennoch von Art. 13 Abs. 1 UAbs. 1 lit. b erfasst, wenn es eine vergleichbare wirtschaftliche Wirkung wie das Halten von Aktien bzw. wie Erwerbsansprüche auf Aktien hat.[885] Hinsichtlich der vergleichbaren wirtschaftlichen Wirkung hat die ESMA übersichtliche Erläuterungen formuliert, die sogleich dargestellt werden.[886]

In Bezug auf die zweite Voraussetzung erachtet die ESMA ein solches Finanzinstrument als „auf Aktien bezogen“, dessen Konditionen Aktien eines Emittenten beinhalten.[887] Auf welche Art und Weise diese beinhaltet sein müssen, wird indes nicht erläutert.[888] Da Finanzinstrumente im Sinne des Art. 13 Abs. 1 UAbs. 1 lit. b sich auf mit Stimmrechten verbundene und

881 ESMA/2014/300, S. 39 (Nr. 170 S. 2).

882 ESMA/2014/300, S. 39 (Nr. 169 S. 2).

883 ESMA/2014/300, S. 39 (Nr. 170 S. 1).

884 ESMA/2014/300, S. 40 (Nr. 171). Die ESMA stellt in diesem Zusammenhang einen Beispielsfall (vgl. dazu ESMA/2014/300, S. 40 (Nr. 172-174) dar, bei welchem *equity swaps* (dazu ab S. 147 bzw. ab S. 151 und noch ab S. 303 und ab S. 309) Gegenstand eines Gerichtsverfahrens waren, weil sie nicht mitgeteilt wurden. Dabei wurde mangels einer förmlichen Vereinbarung im hier verstandenen Sinne sowie mangels einer Art. 13 Abs. 1 UAbs. 1 lit. b vergleichbaren Regelung letztlich entschieden, dass kein Verstoß gegen damals existente Mitteilungspflichten vorlag.

885 ESMA/2014/300, S. 40 (Nr. 175).

886 Zu den Voraussetzungen von Art. 13 Abs. 1 UAbs. 1 lit. b und der vergleichbaren wirtschaftlichen Wirkung noch ausführlich ab S. 314.

887 ESMA/2014/300, S. 40 (Nr. 176): „(...) *if its terms mention an issuer's shares*“.

888 Zum Anknüpfungspunkt der vergleichbaren wirtschaftlichen Wirkung ab S. 318.

bereits ausgegebene Aktien eines Emittenten, dessen Aktien zum Handel an einem geregelten Markt zugelassen sind, beziehen müssen, ist die ESMA jedenfalls der Ansicht, dass auf noch auszugebende Aktien bezogene Wandelschuldverschreibungen[889], die dem Inhaber zum Fälligkeitszeitpunkt eine Option dahingehend einräumen, zwischen *physical settlement* und *cash settlement* zu wählen, weder Finanzinstrument im Sinne des Art. 13 Abs. 1 UAbs. 1 lit. a noch des Art. 13 Abs. 1 UAbs. 1 lit. b darstellen.[890] Die ESMA stellt darüber hinaus klar, dass die nicht getroffene Differenzierung zwischen ausgegebenen und nicht ausgegebenen Aktien einer nicht intendierten Regelungslücke geschuldet ist.[891]

Hinsichtlich der dritten Voraussetzung äußert die ESMA, dass eine vergleichbare wirtschaftliche Wirkung im Sinne der Norm dann gegeben ist, wenn sie der wirtschaftlichen Wirkung von Erwerbsrechten in Bezug auf Aktien entspricht, womit gemeint ist, dass der Inhaber eines Finanzinstruments von Kursaufwärtsbewegungen profitiert bzw. sich Kursabwärtsbewegungen für ihn negativ auswirken, der Wert des Finanzinstruments demnach mit dem jeweiligen Basiswert entsprechend korreliert.[892]

Dieser Vorschlag der ESMA ist teilweise deshalb auf Kritik gestoßen, weil eine derartige Formulierung indizierte, dass auch Finanzinstrumente mit Barausgleich mitteilungspflichtig sind, die keinen Zugang zu mit Stimmrechten verbundenen Aktien gewähren bzw. einen wirtschaftlichen Vorteil beim Erwerb derartiger Aktien verschaffen.[893] Dies widerspräche dem Ziel der TrRL 2013, die Transparenz hinsichtlich der Konzentration von Stimmrechten zu verbessern, da Finanzinstrumente mit Barausgleich nicht pauschal zum Erwerb von Stimmrechten genutzt würden.[894] Deshalb wurde seitens der Kritiker vorgeschlagen, eine „*safe habour*"-Klausel einzufügen und dadurch nur solche Finanzinstrumente mit Barausgleich als mitteilungspflichtig zu erachten, die einer Partei entweder bereits bei Abschluss oder während der Laufzeit des Instruments eine verbesserte Möglichkeit entweder hinsichtlich des Erwerbs des Basiswerts, das heißt entsprechender Aktien, oder in Bezug auf eine Absicherung des Geschäfts

889 Zu Wandelschuldverschreibungen bereits ab S. 130.
890 ESMA/2014/300, S. 41 (Nr. 177 S. 4).
891 ESMA/2014/300, S. 41 (Nr. 177 S. 5).
892 ESMA/2014/300, S. 41 (Nr. 178 S. 1).
893 ESMA/2014/1187, S. 31 (Nr. 140 S. 1).
894 ESMA/2014/1187, S. 31 (Nr. 140 S. 2).

durch *hedging*[895] oder in Hinblick auf die Ausübung bzw. Kontrolle der verbundenen Stimmrechte einräumen.[896]

Die ESMA stellte daraufhin klar, dass die Einbeziehung von Finanzinstrumenten mit Barausgleich bereits vom Unionsgesetzgeber vorgesehen wurde[897] und es im Übrigen schon an der Ermächtigung der ESMA mangelt, bestimmte Finanzinstrumente mit Barausgleich - nach dem Vorschlag der Kritiker - von der Mitteilungspflicht nach Art. 13 Abs. 1 UAbs. 1 auszunehmen.[898] Außerdem haben diverse Fälle gezeigt, dass Finanzinstrumente mit Barausgleich zum Anteilsaufbau genutzt werden können, wenngleich ihr ursprünglicher Verwendungszweck die Finanzierung und Absicherung betrifft.[899] Auch wenn diese Fälle die Minderheit der Mitteilungspflichten ausmachen, waren sie Hauptanlass für die entsprechenden Änderungen der TrRL 2004 durch die ÄnderungsRL 2013.[900]

Insoweit weist die ESMA die entgegengebrachte Kritik zurück und hält an ihrer Auffassung fest, dass eine vergleichbare wirtschaftliche Wirkung im Sinne des Art. 13 Abs. 1 UAbs. 1 lit. b dann gegeben sei, wenn sie der wirtschaftlichen Wirkung von Erwerbsrechten in Bezug auf Aktien entspricht, das heißt der Wert des Finanzinstruments mit dem Basiswert entsprechend korreliert. Infolge dieses Umstands habe der Inhaber potenziell einen wirtschaftlichen Vorteil beim Erwerb bzw. Zugriff auf entsprechende Aktien.[901] Unklar ließ die ESMA in ihrer Reaktion, wie dabei der „Zugriff auf die zugrunde liegenden Aktien" zu verstehen und ob „*gaining access to the underlying shares*" eventuell anders zu verstehen ist. Um in dieser Hinsicht Klarheit zu schaffen, ist im Vorfeld festzuhalten, dass die von Art. 13 Abs. 1 UAbs. 1 lit. b erfassten Finanzinstrumente eine vergleichbare wirtschaftliche Wirkung im Verhältnis zu jenen des Art. 13 Abs. 1 UAbs. 1 lit. a voraussetzen. Wenn dieser von der ESMA dadurch definiert wird, dass der Wert eines Finanzinstruments mit dem Basiswert im oben beschriebenen Sinne korreliert, dann muss mit einem potenziellen wirtschaftlichen Vorteil beim „Zugriff

895 Zum *hedging* sowie weiteren wirtschaftlichen Beweggründen zur Vornahme solcher Geschäfte entsprechend ab S. 143.

896 ESMA/2014/1187, S. 31 (Nr. 140 S. 3).

897 Vgl. dazu Art. 13 Abs. 1 UAbs. 1 lit. b, wonach es nicht darauf ankommt, ob das Finanzinstrument einen Ausgleich auf physische Abwicklung einräumt oder nicht.

898 ESMA/2014/1187, S. 32 (Nr. 145 S. 1, 2).

899 ESMA/2014/1187, S. 32 (Nr. 145 S. 3). Zu den entsprechenden Fällen ab S. 192. Zum *hedging* sowie weiteren wirtschaftlichen Beweggründen zur Vornahme solcher Geschäfte entsprechend ab S. 143.

900 ESMA/2014/1187, S. 32 (Nr. 145 S. 4). Dazu auch schon ab S. 192.

901 ESMA/2014/300, S. 41 (Nr. 178 S. 2).

auf die zugrunde liegenden Aktien" ein Finanzinstrument gemeint sein, das dem Inhaber im Vergleich zu anderen Marktteilnehmern eine verbesserte Position in Bezug auf die Erwerbsmöglichkeit der Aktien oder zumindest Einwirkungsmöglichkeit auf die mit den Aktien verbundenen Stimmrechte einräumt.

Dieses Verständnis wird durch einen Beispielsfall der ESMA gestützt: Ein derartiger wirtschaftlicher Vorteil kann in einer Konstellation auftreten, in der ein Finanzinstitut, welches ein solches Finanzinstrument anbietet, das Risiko einer Kursänderung zu seinem Nachteil durch ein entsprechendes Gegengeschäft absichert (*hedging*), das heißt die dem Geschäft zugrunde liegenden Aktien tatsächlich erwirbt, um diese im Falle einer negativen Kursentwicklung entsprechend fruchtbar machen zu können.[902] Denkbar ist auch, dass das Finanzinstitut sich seinerseits durch ein Finanzinstrument jedenfalls ein Erwerbsrecht in Bezug auf die zugrunde liegenden Aktien - beispielswiese in Form einer *call option* - sichert.[903]

Handelt es sich bei dem in Rede stehenden Finanzinstrument um eine *call option* mit Barausgleich, wird das Finanzinstitut die zugrunde liegenden Aktien bei Laufzeitende des Vertrags, das heißt des Finanzinstruments, verkaufen wollen, um keinem Verlustgeschäft ausgesetzt zu sein bzw. das ihrerseits zur Absicherung erworbene Finanzinstrument nutzen, um den negativen Saldo kompensieren zu können. In diesem Fall ist der Inhaber des Finanzinstruments aus Sicht des Finanzinstituts ein dankbarer Vertragspartner: Zum einen ist das Finanzinstitut dem Anspruch des Inhabers auf Barausgleich in Höhe der Differenz der Kurswerte ausgesetzt, zum anderen ist es bemüht, die zugrunde liegenden Aktien zum finanziellen Ausgleich jener Schuld zu veräußern. Der Finanzinstrumentinhaber hingegen hat umgekehrt womöglich ein Interesse am Erwerb dieser Aktien und könnte diese an Erfüllungs statt annehmen oder sie unabhängig von der Schuld des Finanzinstituts von diesem erwerben wollen, weil er mit weiterer Wertsteigerung rechnet.[904]

Damit hat dieser - gegenüber anderen potenziellen Käufern - einen möglichen wirtschaftlichen Vorteil jedenfalls in Bezug auf den Erwerb jener Aktien, weil er im Zweifel Vorrang bei der Vertragspartnerwahl des Finanzinstituts genießt und damit eine verbesserte „Zugriffsposition" innehat. Eine solche kann sich indes

902 ESMA/2014/300, S. 41 (Nr. 179 S. 1, 2); so auch schon CESR/09-1215b S. 5 (Nr. 14) sowie dort S. 6 (Nr. 17 bis 21). Zum *hedging* sowie weiteren wirtschaftlichen Beweggründen zur Vornahme solcher Geschäfte entsprechend ab S. 143.

903 ESMA/2014/300, S. 41 (Nr. 179 S. 2).

904 Etwas weniger detailreich ESMA/2014/300, S. 41 (Nr. 179 S. 3).

auch dann ergeben, wenn der Erwerb entsprechender Aktien nicht direkt zwischen dem Finanzinstrumentinhaber und dem Finanzinstitut vereinbart werden muss, sondern indirekt über den freien Handel abgewickelt wird.[905] Dies ergibt sich, weil das Finanzinstitut zum Verlustausgleich regelmäßig genau die Anzahl an Aktien am Markt anbietet, welche dem Finanzinstrument zugrunde lagen. Stößt der Inhaber des Finanzinstruments auf dieses Angebot, könnten die Parteien auch über den freien Markt und möglicherweise eine zwischengeschaltete Partei wie eine *CCP*[906] zu einer entsprechenden Vereinbarung gelangen.[907]

Als potenzieller Käufer erlangt der Inhaber des Finanzinstruments so einen Vorteil in Bezug auf den Zugriff auf jene Aktien gegenüber anderen Interessenten, die womöglich einerseits keine Gläubiger des Finanzinstituts sind und andererseits im Zweifel eine abweichende Anzahl an Aktien erwerben wollen, womit ihnen aus Sicht des Finanzinstituts nur zweitrangiges Interesse zukommt. Der wirtschaftliche Vorteil beim „Zugriff auf die zugrunde liegenden Aktien" für den Inhaber eines Finanzinstruments erklärt sich damit aus einer wirtschaftlich sinnvollen Handlungsalternative des jeweiligen Vertragspartners bei entsprechendem Verlauf des Basiswerts.

(3) Enumeration

Schon nach dem Wortlaut der Ermächtigungsgrundlage für die Erschaffung der ESMA-Liste handelt es sich bei letzterer nicht um eine abschließende Enumeration der für Art. 13 Abs. 1 UAbs. 1 lit. a oder b infrage kommenden Finanzinstrumente. Die (danach zu schaffende) ESMA-Liste wird von Art. 13 Abs. 1b UAbs. 2 als „nicht erschöpfend" bezeichnet. Eine abschließende Regelung der infrage kommenden Finanzinstrumente wäre in Hinblick auf die Ziele der TrRL 2013 schon deshalb unangemessen, weil der Finanzmarkt stetig neue Produkte hervorbringt und damit eine Umgehung der Mitteilungspflichten erleichtert würde.[908]

In anderen Sprachfassungen der ÄnderungsRL 2013 heißt es indes anstelle von „nicht erschöpfend" stattdessen „*indicative*" (englische Fassung), „*indicative*" (französische Fassung), „*indicativa*" (spanische Fassung) oder „*indicativo*" (italienische Fassung).

---

905 ESMA/2014/300, S. 41 (Nr. 179 S. 3).

906 Zur *CCP* siehe bereits ab S. 109.

907 So auch schon CESR/09-1215b S. 6 (Nr. 17 lit. i bis iii).

908 ESMA/2014/300, S. 44 (Nr. 201 S. 2, 3 sowie Nr. 203 S. 1).

Ähnlich wird die ESMA-Liste auch in der deutschen Literatur als „indikativ"[909] bezeichnet. Schon die in Art. 13 Abs. 1b UAbs. 1 lit. a bis g gelisteten Finanzinstrumente stellen nicht zwangsläufig solche im Sinne des Art. 13 Abs. 1 UAbs. 1 dar – dies gilt nur dann, wenn sie die Voraussetzungen von Art. 13 Abs. 1 UAbs. 1 lit. a oder b erfüllen.[910] Ebenso verhält es sich in Bezug auf die in der ESMA-Liste aufgeführten Finanzinstrumente. Eine Mitteilungspflicht ist bei den jeweils enumerierten Instrumenten jedoch naheliegend, ja indiziert; eine abschließende Beurteilung kann indes nur vor dem Hintergrund von Art. 13 Abs. 1 UAbs. 1 lit. a oder b erfolgen. Ob „nicht erschöpfend" daher korrekt übersetzt wurde, darf bezweifelt werden. Wenngleich damit eine zutreffende Eigenschaft der ESMA-Liste beschrieben wird[911], ist die indizierende bzw. indikative Wirkung der ESMA-Liste in der deutschen Fassung der ÄnderungsRL 2013 bzw. TrRL 2013 (in Art. 13 Abs. 1b UAbs. 2) nicht verbalisiert.

Die ESMA erwartet daher von Inhabern von in der ESMA-Liste erwähnten Finanzinstrumenten, dass sie selbst beurteilen, ob sie einer Mitteilungspflicht nach Art. 13 Abs. 1 UAbs. 1 unterliegen, sodass die Liste als Leitfaden betrachtet werden sollte.[912] Gleicher Auffassung dürfte die ESMA folglich insoweit bezüglich der in Art. 13 Abs. 1b UAbs. 1 lit. a bis g genannten Finanzinstrumente sein.

Schließlich ist zu bemerken, dass es sich bei der ESMA-Liste um eine konsensuale Enumeration der potenziellen Finanzinstrumente gemäß Art. 13 Abs. 1 UAbs. 1 lit. a oder b handelt, welche dem Markt mehr Klarheit und Orientierung bieten soll (womit - zusammenfassend - mehr Rechtssicherheit gemeint sein dürfte).[913] Aufgrund unterschiedlicher nationaler Rechtsordnungen und divergierender Auffassungen darüber, ob ein Finanzinstrument eine „vergleichbare wirtschaftliche Wirkung" aufweist, wird Investoren der Kontakt zu den nationalen Aufsichtsbehörden empfohlen, um ein legitimes Verhalten hinsichtlich etwaiger Mitteilungspflichten vor dem Hintergrund nationalrechtlicher Vorschriften sicherzustellen.[914]

---

909 Vgl. *Brellochs* AG 2016, 157, 165 f.; *Dietrich* WM 2016, 1577, 1579; *Hitzer/Hauser* AG 2015, 891, 894 ff.; *Parmentier* AG 2014, 15, 15 ff. (dort Fn. 76); *Tautges* WM 2017, 512, 516. Dem Duden nach bedeutet „indikativ" so viel wie „nicht verbindlich" bzw. „einen Indikator darstellend, Voraussagen erlaubend", vgl. <http://www.duden.de/rechtschreibung/indikativ>.

910 ESMA/2014/300, S. 44 (Nr. 202 S. 1).

911 ESMA/2014/300, S. 44 (Nr. 201 S. 2: „*Because of the continuous arrival of new financial instruments into the market, the list cannot be exhaustive*").

912 ESMA/2014/300, S. 44 (Nr. 202 S. 2).

913 ESMA/2014/300, S. 44 (Nr. 204 S. 1).

914 ESMA/2014/300, S. 44 (Nr. 204 S. 2, 3).

Festzuhalten ist, dass Finanzinstrumente im Sinne von Art. 13 stets die Voraussetzungen von Art. 13 Abs. 1 UAbs. 1 lit. a oder b erfüllen müssen. Eine gewisse Vermutung hinsichtlich dieser Erfordernisse besteht bei den „Regelbeispielen“ des Art. 13 Abs. 1b UAbs. 1 lit. a bis g[915] und den Instrumenten der Nr. 3 lit. a bis j ESMA-Liste.

Selbst wenn Art. 13 Abs. 1b UAbs. 1 Hs. 1 den Eindruck vermitteln mag, dass die dort in lit. a bis g enumerierten Finanzinstrumente abschließend regeln, welche Instrumente als solche gemäß Art. 13 Abs. 1 UAbs. 1 lit. a oder b infrage kommen, so wird spätestens durch die „nicht erschöpfend“ (Art. 13 Abs. 1b UAbs. 2) ausgestaltete ESMA-Liste deutlich, dass auch noch weitere, in keiner der Aufzählungen aufgeführte Instrumente als Finanzinstrumente nach Art. 13 Abs. 1 UAbs. 1 lit. a oder b infrage kommen.[916] Konsequenterweise ist den Inhabern nicht aufgeführter Instrumente nahegelegt, eigenständig zu prüfen, ob eine entsprechende Mitteilungspflicht besteht.[917]

Aus der Systematik dieser Regelungen lässt sich außerdem folgern, dass eine klassifizierende Einordnung der in der ESMA-Liste aufgezählten Instrumente in die Kategorien des Art. 13 Abs. 1b UAbs. 1 lit. a bis g gerade nicht erforderlich ist. Vielmehr stehen diese eigenständig neben der Enumeration des Art. 13 Abs. 1b UAbs. 1 und müssen ihrerseits ebenso (lediglich, aber jedenfalls) die Voraussetzungen des Art. 13 Abs. 1 UAbs. 1 lit. a oder b erfüllen, um als Finanzinstrument gemäß Art. 13 zu gelten. Abgesehen davon ist in Nr. 4 ESMA-Liste seitens der ESMA zugegeben, dass es zum einen zu Überschneidungen ihrer eigens erwähnten Finanzinstrumente (Nr. 3 lit. a bis j ESMA-Liste) kommen kann und zum anderen, dass es in solchen Fällen lediglich der Mitteilung im Rahmen einer der Kategorien bedarf.[918] Allerdings soll jede Kombination verschiedener in der ESMA-Liste erwähnter Finanzinstrumente als zusätzlich mitteilungspflichtiges Finanzinstrument behandelt werden, wenn es ein solches im Sinne des Art. 13 Abs. 1 UAbs. 1 lit. a oder b darstellt.[919]

---

915 Zu Art. 13 Abs. 1b UAbs. 1 lit. a bis g bereits ab S. 228.

916 Gerade diese Zusammenschau lässt keinen Raum für eine entgegenstehende Ansicht. Der Umkehrschluss auf die Existenz vom Richtlinientext nicht erfasster Finanzinstrumente ergibt sich daher nicht (nur) daraus, dass es an der Ermächtigung der Kommission mangelt, mittels Delegierten Rechtsakts (Art. 290 AEUV) weitere Instrumente als meldepflichtig festzulegen, so allerdings *Parmentier* AG 2014, 15, 21.

917 ESMA/2014/300, S. 44 (Nr. 203).

918 Vgl. ESMA-Liste, S. 2 (Nr. 4).

919 ESMA/2014/300, S. 44 (Nr. 205).

Ausgeschlossen ist folglich ebenso wenig, dass es mitunter zu Überschneidungen der ESMA-Liste mit der Enumeration in Art. 13 Abs. 1b UAbs. 1 kommen kann. Auch wenn eine Einordnung von Finanzinstrumenten der ESMA-Liste in die Kategorien des Art. 13 Abs. 1b UAbs. 1 lit. a bis g nicht intendiert ist, soll im Rahmen dieser Arbeit der entsprechende Versuch unternommen werden, um für eine gesteigerte Übersicht zu sorgen, jedenfalls soweit dies den betreffenden Vorschriften nach möglich ist.[920]

Davon losgelöst wurde im Rahmen der Konsultation der ESMA gegenüber der Wunsch geäußert, eine (ergänzende) „*white list*" zu erstellen, die eine Auflistung von Finanzinstrumenten enthält, welche keiner Mitteilungspflicht unterliegen, womit beispielsweise als Sicherheit gehaltene, mit Stimmrechten verbundene Aktien gemeint sind, solange sie nicht dem Inhaber zufallen, wie es oft wirtschaftliche Praxis ist.[921] Die in solch einer Liste erfassten und nicht erfassten Finanzinstrumente sollten zum einen rechtlich eingeordnet werden, zum anderen sollten die Gründe für die Aufnahme oder den Ausschluss aus jener Liste dargelegt werden.[922]

Auch die *Securities and Markets Stakeholders Group*[923] war der Ansicht, dass eine solche „*white list*" vorteilhaft wäre.[924] Gewünscht wurde außerdem, dass die ESMA ihre Erwägungen zur Einbeziehung bestimmter Finanzinstrumente in die Liste offenlegt und bei dieser Gelegenheit ebenso präzisiert, ob vergleichbare Finanzinstrumente nicht von der TrRL 2013 erfasst sind[925], woraus Marktteilnehmer wertvolle Schlüsse in Bezug auf andere Finanzinstrumente ziehen könnten.[926] Die ESMA hat in Bezug auf Wandel- und Umtauschanleihen sowie Vorkaufsrechte bereits zu entsprechenden Erklärungen angesetzt, was seitens der *Securities and Markets Stakeholders Group* auch für die übrigen Finanzinstrumente gewünscht wurde.[927] Die ESMA reagierte darauf verhalten und stellte

---

920 Dazu bezüglich Art. 13 Abs. 1 UAbs. lit. a ab S. 261, bezüglich Art. 13 Abs. 1 UAbs. lit. b ab S. 314 bzw. auch noch in Bezug auf beide Varianten ab S. 338.

921 ESMA/2014/1187, S. 34 (Nr. 160 S. 2).

922 ESMA/2014/1187, S. 34 (Nr. 160 S. 2); zur wirtschaftlichen Praxis siehe ab S. 234 sowie ab S. 321.

923 Diese wurde in Übereinstimmung mit Art. 37 der Verordnung (EU) 1093/2010 (vom 24.11.2010, ABlEU vom 15.12.2010, L 331/12) errichtet. Ausführlich zu Interessengruppen der Aufsichtsbehörden *Ruppel*, Finanzdienstleistungsaufsicht in der Europäischen Union, 2013, S. 87 ff.

924 ESMA/2014/1187, S. 61 (Nr. 32 S. 1).

925 ESMA/2014/1187, S. 61 (Nr. 32 S. 3).

926 ESMA/2014/1187, S. 61 (Nr. 32 S. 4).

927 ESMA/2014/1187, S. 61 (Nr. 32 S. 5, 6).

lediglich klar, dass sie im Rahmen ihrer aufsichtsrechtlichen Aufgaben mit den ihr zu Verfügung stehenden Regulierungsinstrumenten für möglichst viel Klarheit bei Investoren sorgen wolle.[928] Die Veröffentlichung einer „*white list*" bzw. der Erwägungen zur Einbeziehung und zum Ausschluss bestimmter Finanzinstrumente sowie der entsprechenden Gründe ist damit nicht zu erwarten.

In der ESMA-Liste findet sich eine Reihe von Finanzinstrumenten, welche als solche für Art. 13 infrage kommen. In dem am 20. März 2013 veröffentlichten *Consultation Paper*[929] hat die ESMA zu den einzelnen Finanzinstrumenten außerdem - mehr oder minder detailliert - Erwägungen veröffentlicht, welche in der anschließenden Darstellung ebenfalls erläutert werden.

So von Mitteilungspflichten nach Art. 13 Abs. 1 UAbs. 1 lit. a oder b ausgegangen wird, soll damit nicht ausgedrückt werden, dass es keiner Prüfung im Einzelfall bedarf. Ob und gegebenenfalls unter welchen Umständen die hier beleuchteten Instrumente tatsächlich Finanzinstrumente im Sinne des Art. 13 darstellen, wird im Rahmen der Analyse von Art. 13 Abs. 1 UAbs. 1 lit. a[930] bzw. lit. b[931] untersucht.

Stets zu beachten ist im Zusammenhang mit der folgenden Aufzählung ferner, dass es sich beim Basiswert der Finanzinstrumente bzw. jedenfalls bei den Aktien, auf welche eine Erwerbsaussicht besteht, um mit Stimmrechten verbundene und bereits ausgegebene Aktien eines Emittenten handeln muss, dessen Aktien zum Handel an einem geregelten Markt zugelassen sind, wie Art. 13 Abs. 1 UAbs. 1 lit. a zu entnehmen ist und worauf auch Art. 13 Abs. 1 UAbs. 1 lit. b rekurriert.[932]

(aa) Irrevocable convertible and exchangeable bonds referring to already issued shares (lit. a)

In Nr. 3 lit. a ESMA-Liste werden „*irrevocable convertible and exchangeable bonds referring to already issued shares*" angeführt. Damit sind unwiderrufliche Wandel-[933] oder Umtauschanleihen[934] gemeint, die sich auf bereits emittierte Aktien beziehen.[935] Auch die ESMA versteht darunter Wandelanleihen, im Rahmen

928 ESMA/2014/1187, S. 34 (Nr. 162).
929 ESMA/2014/300.
930 Zu den Voraussetzungen von Art. 13 Abs. 1 UAbs. 1 lit. a ab S. 261.
931 Zu den Voraussetzungen von Art. 13 Abs. 1 UAbs. 1 lit. b ab S. 314.
932 ESMA/2014/1187, S. 31 (Nr. 141 Unterpunkt 1) sowie dort S. 33 (Nr. 149).
933 Zu Wandelanleihen auf S. 130 f
934 Zu Umtauschanleihen auf S. 130 f
935 ESMA/2014/1187, S. 33 (Nr. 149).

derer der Inhaber zu einem bestimmten Zeitpunkt in der Zukunft in entsprechende Aktien des Emittenten eintauschen kann, wobei das Austauschverhältnis vorab definiert ist.[936]

Auch Umtauschanleihen sind danach erfasst, die dem Inhaber im Unterschied zu Wandelanleihen regelmäßig das Recht vermitteln, die Anleihe nicht in Aktien des Emittenten, sondern in andere Aktien (stets mit Stimmrechten verbundene und bereits ausgegebene Aktien, die zum Handel an einem geregelten Markt zugelassen sind), meist die eines Tochterunternehmens des Emittenten, umzutauschen.[937]

Kritiker hielten dieser Auffassung der ESMA entgegen, dass die Konditionen von Wandel- und Umtauschanleihen nicht immer öffentlich bekannt bzw. nicht für den Investor einsehbar sind, sodass derartige Finanzinstrumente entweder generell einer Mitteilungspflicht unterfallen oder davon ausgeschlossen sein sollten.[938] Die ESMA entgegnete diesen Bedenken, dass die Konditionen solcher Finanzinstrumente zum einen regelmäßig durch Prospekte vorab bekannt gemacht würden und es zum anderen dem Investor obliege, sich über die Vertragsbedingungen zu informieren, so diese nicht öffentlich bekannt sind.[939] Deshalb ist die ESMA nach wie vor[940] der Auffassung, dass Wandel- und Umtauschanleihen in Bezug auf entsprechende Aktien mitteilungspflichtig sind.[941]

Der ESMA zufolge unterfallen sie einer Mitteilungspflicht nach Art. 13 Abs. 1 UAbs. 1 lit. a, wenn sie die Kriterien der Norm erfüllen, mithin einen Fälligkeitszeitpunkt aufweisen und es ihnen an Bedingungen mangelt.[942] Letzteres ist, insoweit sei vorgegriffen, allerdings missverständlich: Art. 13 Abs. 1 UAbs. 1 lit. a Alt. 2 enthält gerade eine Bedingung, nämlich die Ausübung des dem Inhaber eingeräumten Ermessens.[943] Damit steht der Qualifizierung von Wandel- und Umtauschanleihen als Finanzinstrumente gemäß Art. 13 Abs. 1 UAbs. 1 lit. a

936 ESMA/2014/300, S. 42 (Nr. 182).
937 ESMA/2014/300, S. 42 (Nr. 183).
938 ESMA/2014/1187, S. 33 (Nr. 150).
939 ESMA/2014/1187, S. 33 (Nr. 151 S. 1, 2).
940 ESMA/2014/300, S. 42 (Nr. 184 S. 1).
941 ESMA/2014/1187, S. 33 (Nr. 151 S. 3).
942 ESMA/2014/300, S. 42 (Nr. 184 S. 2).
943 Zum Begriff der Bedingung im Rahmen von Art. 13 Abs. 1 UAbs. 1 lit. a noch ab S. 261.

nach hier verstandener Auffassung der Norm[944] jedenfalls nicht entgegen, dass dem Inhaber des Instruments ein Ermessen in Bezug auf ein Recht entsprechender Aktien im Sinne des Art. 13 Abs. 1 UAbs. 1 lit. a Alt. 2 gerade zugestanden ist.

(bb) Financial instruments referenced to a basket of shares or an index and which comply with the criteria laid down in Article 4(1) of Commission Delegated Regulation (lit. b)

In Nr. 3 lit. b ESMA-Liste sind „*financial instruments referenced to a basket of shares or an index and which comply with the criteria laid down in Article 4(1) of Commission Delegated Regulation*" angeführt. Die ESMA sieht damit Finanzinstrumente in Bezug auf einen Aktienkorb oder Index als potenziell mitteilungspflichtig an, welche den in Art. 4 Abs. 1 Delegierte VO 2015/761/EU[945] festgelegten Kriterien entsprechen.[946]

Dort wiederum finden sich auf Grundlage von Art. 13 Abs. 1a UAbs. 1 lit. a von der Kommission erlassene Regulierungsstandards zu den Berechnungsmethoden für Stimmrechte aus Finanzinstrumenten, die sich auf einen Aktienkorb oder einen Index beziehen. Die in Artikel 13 Abs. 1a lit. a genannten Stimmrechte aus einem Finanzinstrument, welches sich auf einen Aktienkorb oder einen Index bezieht, werden danach grundsätzlich auf der Grundlage des Gewichts der Aktie in dem Aktienkorb oder Index berechnet. Dafür müssen jedoch entweder die Stimmrechte an einem bestimmten Emittenten, die über Finanzinstrumente gehalten werden, die sich auf den Korb oder Index beziehen, mindestens 1 % der mit Aktien dieses Emittenten verbundenen Stimmrechte (Art. 4 Abs. 1 lit. a Delegierte VO 2015/761/EU) oder aber die Aktien in dem Korb oder Index mindestens 20 % des Werts der Wertpapiere in dem Korb oder Index entsprechen (Art. 4 Abs. 1 lit. b Delegierte VO 2015/761/EU).

(cc) Warrants (lit. c)

Mit den in Nr. 3 lit. c ESMA-Liste erwähnten „*warrants*"[947] sollen nach der ESMA „strukturelle", also verbriefte Optionen von Finanzinstituten erfasst sein[948], die nicht auf Sekundärmärkten, sondern Primärmärkten gehandelt werden,

---

944 Zur Mitteilungspflicht bei Wandel- und Umtauschanleihen noch ab S. 284 (bei physischer Ausgleichspflicht) und S. 330 (bei Ausgleichspflicht in bar). Zum Begriff der Bedingung im Rahmen von Art. 13 Abs. 1 UAbs. 1 lit. a noch ab S. 261.

945 Die Delegierte VO 2015/761/EU basiert ihrerseits auf den Vorschlägen der ESMA, vgl. ESMA/2014/300, S. 63 ff. bzw. ESMA/2014/1187, S. 62 ff.

946 ESMA/2014/300, S. 42 (Nr. 185).

947 Zu *warrants* schon ab S. 143.

948 Dies gilt jedenfalls, wenn man „*structurally options which have the specific characteristic of being issued*" derart versteht, ESMA/2014/300, S. 42 (Nr. 186 S. 1).

womit erstmalig begebene Optionen gemeint sind.[949] Sie unterscheiden sich von Optionen, die nicht erstmalig begeben werden und auf Sekundärmärkten gehandelt werden.[950] Dabei ist gleichgültig, ob es sich um *call options* oder *put options* handelt.[951] *Warrants* können, abhängig von der weiteren Ausgestaltung, von Art. 13 Abs. 1a UAbs. 1 lit. a oder b erfasst sein.[952]

(dd) Repurchase agreements (lit. d)

Die von lit. d ESMA-Liste aufgeführten „*repurchase agreements*" erfassen sogenannte „Repo-Geschäfte" bzw. Rückkaufvereinbarungen, mittels derer die zeitlich befristete Übertragung von Wertpapieren auf eine andere Partei gegen Zahlung eines Betrages vereinbart wird.[953] Gleichwohl insoweit zu differenzieren ist, werden derartige Geschäfte auch schlicht als „Wertpapierpensionsgeschäfte" bezeichnet.[954]

Die ESMA beschreibt *repurchase agreement* als Vertrag, der eine Vereinbarung hinsichtlich des Rückkaufs der zugrunde liegenden Aktien im Sinne des Art. 13 Abs. 1a UAbs. 1 lit. a seitens des Verkäufers des Repo-Geschäfts beinhaltet.[955] Damit hat der Verkäufer das Recht auf Erwerb derjenigen Wertpapiere, die er zuvor veräußert hat.[956] Handelt es sich dabei um entsprechende

---

949 Dazu noch ausführlich im Rahmen von Art. 13 Abs. 1a UAbs. 1 lit. a ab S. 288 bzw. S. 298.

950 ESMA/2014/300, S. 42 (Nr. 186 S. 3).

951 ESMA/2014/300, S. 42 (Nr. 186 S. 2).

952 ESMA/2014/300, S. 42 (Nr. 187).

953 Zu *repurchase agreements* schon ab S. 160.

954 Bei welchen es sich nach nationalem Recht ausdrücklich nicht um die „Wertpapierleihe" bzw. Wertpapierdarlehen handelt, dazu schon *Hartung* BB 1993, 1175. Nach *Oulds* in Kümpel/Wittig, Bank- und Kapitalmarktrecht, 4. Auflage 2011, 14.105 werden Repo-Geschäfte in Deutschland auch unter der Bezeichnung „Wertpapierpensionsgeschäfte" vertrieben. Zum hier vertretenen Verständnis von Wertpapierdarlehens-, Pensions- und Repo-Geschäften schon ab S. 160. Vgl. auch noch *Kienle* in Schimansky/Bunte/Lwowski, Bankrechts-Handbuch, 4. Auflage 2011, § 105 Rn. 13: Die darlehensweise überlassenen Wertpapiere werden nicht gegen Zahlung eines Betrages auf den Darlehensnehmer übertragen, da die an den Darlehensgeber gezahlte Leihgebühr keinen „Betrag" im Sinne des § 340 b Abs. 1 HGB darstellt. Bei Fälligkeit wird diese Gebühr darüber hinaus nicht an den Darlehensnehmer zurückgezahlt, sondern ist das Entgelt für die zeitweilige Überlassung der Wertpapiere. Mitunter wird die „Wertpapierleihe" aber auch als Oberbegriff betrachtet, der Pensionsgeschäfte beinhaltet, siehe *Teuber* in Schimansky/Bunte/Lwowski, Bankrechts-Handbuch, 5. Auflage 2017, § 105 Rn. 3.

955 ESMA/2014/300, S. 42 (Nr. 188 S. 1).

956 ESMA/2014/300, S. 42 (Nr. 188 S. 2).

mit Stimmrechten verbundene Aktien, liegt je nach den weiteren Konditionen ein Finanzinstrument im Sinne von Art. 13 Abs. 1a UAbs. 1 lit. a oder b vor.[957]

(ee) Rights to recall lent shares (lit. e)

Nr. 3 lit. e ESMA-Liste führt *„rights to recall lent shares“* als potenzielle Finanzinstrumente im Sinne des Art. 13 an. Ein solches Instrument räumt seinem Inhaber einen Anspruch auf Rückruf verliehener Aktien ein, welche er zuvor als Gegenleistung für die Überlassung von Kapital erhalten hat.[958] Dabei ist der „Kreditgeber“ Inhaber des Finanzinstruments, da ihm das Recht zusteht, mit Stimmrechten verbundene Aktien (zurück) zu erwerben.[959] Bei der in deutscher Terminologie so bezeichneten „Wertpapierleihe“ (auch „Wertpapierdarlehen“) übereignet der „Verleiher“ auf Grund eines entsprechend ausgestalteten Kaufvertrages, Tausches oder Darlehens die Aktien auf Zeit und gegen ein Entgelt an den „Entleiher“.[960] In manchen derartigen Verträgen finden sich Klauseln, die ihrem Inhaber das Recht einräumen, die betreffenden Aktien (lediglich) zur alljährlichen General- bzw. Hauptversammlung zurückzuverlangen.[961]

Im Rahmen der Konsultation sah die ESMA sich der Besorgnis seitens eines Marktakteurs ausgesetzt, dass Rückkaufvereinbarungen jeder Ausgestaltung einer Mitteilungspflicht unterfallen könnten.[962] Die ESMA stellte daraufhin klar, dass nur solche Rückkaufvereinbarungen einer entsprechenden Pflicht unterliegen, deren Basiswert mit Stimmrechten verbundene Aktien darstellen und kündigte eine entsprechende Änderung von Nr. 3 ESMA-Liste an.[963] Die Argumentation der ESMA ist bemerkenswert, da es demnach tatsächlich Voraussetzung ist, dass derartige Aktien den Basiswert des Geschäfts darstellen müssen.

---

957 ESMA/2014/300, S. 42 (Nr. 189).

958 ESMA/2014/300, S. 42 (Nr. 190 S. 1).

959 ESMA/2014/300, S. 42 (Nr. 190 S. 2).

960 Der Begriff „Wertpapierleihe“ wurde aus der international gebräuchlichen englischen Bezeichnung *„Securities Lending and Borrowing“* entnommen. Auf das (hier nicht relevante) deutsche Recht bezogen ist damit - in rechtlich nicht ganz korrekter Weise - das sogenannte „Wertpapierdarlehen“ umschrieben, welches kein Leihgeschäft nach § 598 BGB, sondern ein Sachdarlehen nach § 607 BGB darstellt. Vgl. dazu im deutschen Recht BeckOGK/*Lohsse*, Stand 15.06.2018, BGB § 607 Rn. 18-22; MüKoAktG/*Bayer*, 4. Auflage 2016, WpHG § 22 Rn. 24. Ausführlich zur Wertpapierleihe *Bachmann* ZHR 2009, 596, 596 ff. sowie *Schindler/Hindelang*, Praxishandbuch Repos und Wertpapierdarlehen, 2016. Zur ökonomischen Funktionsweise auch bereits ab S. 160.

961 ESMA/2014/300, S. 42 (Nr. 190 S. 3).

962 ESMA/2014/1187, S. 33 (Nr. 153 S. 1).

963 ESMA/2014/1187, S. 33 (Nr. 152 S. 2, 3).

Vor dem Hintergrund der Zielsetzung hoher Beteiligungspublizität bei Finanzinstrumenten sollte es indes prinzipiell nicht darauf ankommen müssen, dass entsprechende Aktien den Basiswert einer Rückkaufvereinbarung darstellen, sondern vielmehr darauf, ob dem Inhaber eines Instruments der Erwerb oder der Zugriff auf mit Stimmrechten verbundene Aktien oder die Möglichkeit zur Einwirkung auf Stimmrechte eröffnet bzw. erleichtert wird. *E contrario* sollte eine Rückkaufvereinbarung, deren Basiswert keine derartigen Aktien darstellen, die allerdings dennoch zum Erwerb derartiger Aktien führen kann bzw. den Zugriff auf mit Stimmrechten verbundene Aktien oder die Möglichkeit zur Einwirkung auf Stimmrechte eröffnet bzw. erleichtert, ebenfalls mitteilungspflichtig sein. Damit wäre im Übrigen auch den Bedenken hinsichtlich einer generellen Mitteilungspflicht für Rückkaufvereinbarungen ausreichend Rechnung getragen, da dieses Verständnis solche Rückkaufvereinbarungen gerade nicht erfasst, welche diese Kriterien nicht erfüllen. Außerdem sind demnach Rückkaufvereinbarungen, deren Basiswert keine mit Stimmrechten verbundenen Aktien darstellen, jedenfalls nicht von lit. e ESMA-Liste erfasst. Damit ist allerdings nicht festgestellt, dass keine Mitteilungspflicht besteht – vielmehr kommt es auch hier auf den Einzelfall, das heißt die Voraussetzungen von Art. 13 Abs. 1 UAbs. 1 lit. a oder b an.

Die von der ESMA angekündigte Änderung des Wortlauts von Nr. 3 lit. d ESMA-Liste fand im Übrigen bisher nicht statt - der Wortlaut im Konsultationspapier sowie im Abschlussbericht decken sich gänzlich.[964]

(ff) Contractual buying pre-emption rights (lit. f)

Nr. 3 lit. f ESMA-Liste zielt auf „*contractual buying pre-emption rights*“ ab. Hiermit sind Vorkaufsrechte gemeint, die dem Begünstigten ein vorrangiges Recht einräumen, ein bestimmtes Wertpapier zu erwerben, falls sich dessen Inhaber zum Verkauf entscheidet.[965] In aller Regel wird Personenidentität zwischen dem Verkäufer des Instruments sowie dem Inhaber der dem Geschäft zugrunde liegenden Wertpapiere herrschen.[966]

Die ESMA ist der Auffassung, dass derartige Geschäfte jedenfalls nicht von Art. 13 Abs. 1a UAbs. 1 lit. a erfasst sein können, da dem Begünstigten kein unbedingtes Recht im Sinne jener Norm eingeräumt ist.[967] Vielmehr liegt

964 Vgl. dazu Nr. 3 lit. d Annex VI ESMA/2014/300 (S. 69) bzw. Nr. 3 lit. d Annex VI ESMA/2014/1187 (S. 67) bzw. Nr. 3 lit. d ESMA 2015/1598.

965 ESMA/2014/300, S. 43 (Nr. 192 S. 1).

966 Ein Vertrag zwischen zwei Personen, der einem Dritten rechtmäßig eine Handlungspflicht auferlegt, ist jedenfalls im deutschen Rechtssystem unüblich.

967 ESMA/2014/300, S. 43 (Nr. 192 S. 2).

das Ermessen darüber, ob ein solcher Anspruch entsteht, bei der anderen Vertragspartei, da diese sich zunächst zum Verkauf entscheiden muss und sich erst dadurch für den Begünstigten die Möglichkeit zum Erwerb eröffnet.[968] Obwohl demnach auch für den Inhaber derartiger Rechte unklar ist, ob jemals ein Anspruch auf Erwerb entsteht, ist er in einer wirtschaftlich vorteilhaften Situation im Vergleich zu anderen Marktteilnehmern, sodass ein entsprechendes Finanzinstrument womöglich von Art. 13 Abs. 1a UAbs. 1 lit. b erfasst ist.[969]

(gg) Other conditional contracts or agreements than options and futures (lit. g)

Nr. 3 lit. g ESMA-Liste führt „*other conditional contracts or agreements than options and futures*" als potenzielle Finanzinstrumente gemäß Art. 13 an. Hier sind alle Verträge bzw. Vereinbarungen erfasst, welche den Erwerb bzw. den Zugriff auf mit Stimmrechten verbundene Aktien oder die Möglichkeit zur Einwirkung auf eben jene Stimmrechte eröffnen bzw. erleichtern und Bedingungen enthalten, wobei Optionen und *futures* ausgeschlossen sind.

Letztere sind bereits von Art. 13 Abs. 1b UAbs. 1 lit. b bzw. lit. c aufgeführt, sodass sie keiner erneuten Erwähnung bedürfen. Bedingte Verträge bzw. Vereinbarungen gehören zu den Grundarten von Finanzinstrumenten, wobei *futures* und Optionen nur Subtypen darstellen.[970] Bedingte Verträge oder Vereinbarungen in diesem Sinne beziehen sich der ESMA nach auf Fälle, in denen Voraussetzung für die Aus- oder Durchführung des Vertrags entweder eine Erklärung einer Vertragspartei oder das Erreichen eines bestimmten Datums ist.[971] Neben *futures* und Optionen existiert noch eine Vielzahl weiterer Verträge, deren Aus- oder Durchführung von einer oder mehreren Bedingungen abhängig ist - beispielsweise kann es dabei auf die Genehmigung einer Behörde (beispielsweise einer Kartellbehörde), das Erreichen eines bestimmten Mindestpreises für den Basiswert oder eine Kapitalerhöhung durch den Emittenten des Basiswerts ankommen.[972]

In Reaktion auf das von der ESMA veröffentlichte Konsultationspapier wurde geäußert, dass derartige Finanzinstrumente nicht mitteilungspflichtig sein sollten, da sie nicht ausreichen, um einen relevanten Beteiligungsaufbau bzw. Einfluss auf den Emittenten zu erzielen.[973] Die ESMA bestätigte dies zwar

---

968 ESMA/2014/300, S. 43 (Nr. 192 S. 3).
969 ESMA/2014/300, S. 43 (Nr. 193).
970 ESMA/2014/300, S. 43 (Nr. 194).
971 ESMA/2014/300, S. 43 (Nr. 194).
972 ESMA/2014/300, S. 43 (Nr. 195 S. 1).
973 ESMA/2014/1187, S. 33 (Nr. 154).

hinsichtlich Art. 13 Abs. 1a UAbs. 1 lit. a[974], gab aber gleichzeitig zu verstehen, dass Art. 13 Abs. 1a UAbs. 1 lit. b nicht die Kontrollmöglichkeit der Bedingung durch den Inhaber des Instruments voraussetzt, sondern die Mitteilungspflicht nach dieser Norm vielmehr die wirtschaftliche Situation des Inhabers eines solchen Finanzinstruments transparent machen soll, weil sie derjenigen gleicht, in der jemand Aktien des Emittenten hält bzw. ein Erwerbsrecht in Bezug auf derartige Aktien innehat.[975]

Dazu beschrieb sie einen Fall, in dem ein Investor mehrere *put options* mit einer Bank vereinbarte, wobei letztere auf diese Weise - mit Blick auf ihre eigene Absicherung[976] - ohne wirtschaftliches Risiko eine größere Beteiligung am Emittenten aufbauen konnte.[977] Der Investor bot der Bank später an, die Aktien allesamt gleichzeitig abzunehmen.[978] Somit erachtete die ESMA den Beteiligungsaufbau mittels eines Finanzinstruments, dessen innewohnende Bedingung von äußeren Faktoren abhängig ist, als mitteilungspflichtig: Der Inhaber ist im Vergleich zu anderen Marktteilnehmern in einer vorteilhafteren wirtschaftlichen Situation, da er im Zweifel Vorrang bei der Vertragspartnerwahl des Finanzinstituts genießt bzw. in einer verbesserten „Zugriffsposition" ist, weil ein Erwerb der Aktien nicht zwangsläufig direkt zwischen ihm und dem Finanzinstitut vereinbart werden muss, sondern auch indirekt über den freien Handel geschehen kann.[979]

Je nachdem, ob der Erwerb entsprechender Aktien von der Gegenpartei, einem Dritten oder einem Ereignis abhängt bzw. der Inhaber des Instruments darauf Einfluss hat, handelt es sich um ein Finanzinstrument im Sinne des Art. 13 Abs. 1 UAbs. 1 lit. a oder b.[980]

(hh) Hybrid financial instruments (lit. h)

Nr. 3 lit. h ESMA-Liste nennt *„hybrid financial instruments"*. Hybride Finanzinstrumente zeichnen sich durch die Kombination verschiedener Charakteristika von Eigenkapital- und Fremdkapitalinstrumenten aus, deren Phänotyp die schon erwähnte Wandelschuldverschreibung darstellt.[981] Für

---

974 ESMA/2014/1187, S. 33 (Nr. 155).

975 ESMA/2014/1187, S. 34 (Nr. 156 S. 1, 2).

976 Zum *hedging* sowie weiteren wirtschaftlichen Beweggründen zur Vornahme solcher Geschäfte entsprechend ab S. 143.

977 ESMA/2014/1187, S. 34 (Nr. 156 S. 3).

978 ESMA/2014/1187, S. 34 (Nr. 156 S. 3).

979 ESMA/2014/1187, S. 34 (Nr. 157); siehe dazu auch schon ab S. 234.

980 ESMA/2014/300, S. 43 (Nr. 195 S. 2).

981 ESMA/2014/300, S. 43 (Nr. 196 S. 1); zu hybriden Finanzinstrumenten bereits ab S. 128. In der Literatur wurden sich weitere Ausführungen der ESMA in Bezug auf

die Qualifikation als Finanzinstrument im Sinne des Art. 13 Abs. 1 UAbs. 1 lit. a oder b ist es nicht von Relevanz, ob ein Eigenkapital- oder Fremdkapitalinstrument vorliegt; vielmehr kommt es darauf an, ob das fragliche Finanzinstrument dem Inhaber (wirtschaftlich) die Möglichkeit eröffnet und nahelegt[982], entsprechende Aktien zu erwerben.[983] Während dies - stets abhängig von den übrigen Konditionen - auf Wandelschuldverschreibungen regelmäßig zutrifft, gilt dies beispielsweise nicht für eine in Abhängigkeit von einer Kapitalerhöhung ausgegebene Wandelschuldverschreibung, wenn die dem jeweiligen Anteil zuzurechnenden Aktien noch nicht emittiert wurden, sodass eine Anleihe nicht von Art. 13 Abs. 1 UAbs. 1 lit. a oder b erfasst sein kann.[984] Dies trifft sinngemäß auch auf andere Formen hybrider Finanzinstrumente zu.[985]

(ii) Combinations of financial instruments (lit. i)

Von Nr. 3 lit. i ESMA-Liste sind „*combinations of financial instruments*" erfasst. In Hinblick auf die Kombinationen von Finanzinstrumenten als Finanzinstrumente im Sinne von Art. 13 Abs. 1 UAbs. 1 lit. a oder b ist die ESMA der Auffassung, dass alle Finanzinstrumente mitteilungspflichtig sein sollen, deren Basiswert direkt oder indirekt auf Aktien Bezug nimmt.[986] Ein Basiswert bezieht sich demnach indirekt auf derartige Aktien, wenn auf ein anderes Finanzinstrument oder auf eine Reihe oder Kombination von Finanzinstrumenten Bezug genommen wird, welche sich wiederum ihrerseits auf Aktien beziehen.[987] Somit sind der ESMA zufolge auch alle „verschachtelten" und kombinierten Finanzinstrumente unter Umständen solche im Sinne des Art. 13 Abs. 1 UAbs. 1 lit. a oder b.[988]

---

hybride Finanzinstrumente gewünscht, vgl. *Veil* in Veil, European Capital Markets Law, 2. Auflage 2017, § 20 Rn. 95.

982 Noch in Bezug auf § 25a WpHG a. F. *Schneider* in Assmann/Schneider, WpHG, 6. Auflage 2012, § 25a Rn. 26; *Werder/Petersen* CFL 2012, 178, 181, der „mehr als eine beliebige Chance" fordert.

983 ESMA/2014/300, S. 43 (Nr. 196 S. 2).

984 ESMA/2014/300, S. 38 (Nr. 163) sowie S. 43 (Nr. 197).

985 ESMA/2014/300, S. 43 (Nr. 198).

986 ESMA/2014/300, S. 43 (Nr. 200 S. 1).

987 ESMA/2014/300, S. 43 (Nr. 200 S. 2).

988 In der Literatur wurden sich weitere Ausführungen der ESMA in Bezug auf kombinierte Finanzinstrumente gewünscht, vgl. *Veil* in Veil, European Capital Markets Law, 2. Auflage 2017, § 20 Rn. 95.

(jj) Shareholders' agreements having Directive 2004/109/EC Article 13(1) (a) and (b) financial instruments as an underlying (lit. j)

Die schließlich in Nr. 3 lit. j ESMA-Liste aufgeführten „*shareholders' agreements having Directive 2004/109/EC Article 13 (1) (a) and (b) financial instruments as an underlying*" beziehen Aktionärsvereinbarungen, die Finanzinstrumente im Sinne von Art. 13 Abs. 1 UAbs. 1 lit. a oder b als Basiswert haben, ihrerseits als potenzielle Finanzinstrumente im Sinne des Art. 13 mit ein. Zunächst ist anzumerken, dass diese in der von der ESMA veröffentlichten Liste an letzter Position aufgeführt werden.[989] Im Konsultationspapier der ESMA war außerdem noch die Rede von „*shareholders' agreements having any of the above mentioned financial instruments as an underlying*".[990] Zudem erläuterte die ESMA dort jene Aktionärsvereinbarungen vor den „*x. Combinations of financial instruments*"[991], wenngleich die Auflistung am Ende des Konsultationspapiers die Aktionärsvereinbarungen - wie auch die nachfolgend veröffentlichten Versionen der ESMA-Liste - an letzter Stelle anführte.

Nach dem Konsultationspapier konnten sich Aktionärsvereinbarungen auf alle dort vorab genannten Finanzinstrumente beziehen.[992] Ob daher „*Combinations of financial instruments*" vor oder nach den „*Shareholders' agreements*" aufgeführt wurden, war nicht irrelevant: Wären sie nicht vorab genannt, bestünde für Aktionärsvereinbarungen in Bezug auf kombinierte Finanzinstrumente keine Indizwirkung hinsichtlich einer Mitteilungspflicht nach Art. 13 Abs. 1 UAbs. 1 lit. a oder b. Entschärft wird dieses Problem allerdings auf mehrere Weisen:

Erstens ist der Wortlaut des Nr. 3 lit. j ESMA im Abschlussbericht angepasst worden, sodass als Basiswert der Aktionärsvereinbarungen nicht lediglich die in der ESMA-Liste aufgeführten Finanzinstrumente, sondern alle Finanzinstrumente gemäß Art. 13 Abs. 1 UAbs. 1 lit. a oder b infrage kommen. Auf die Reihenfolge der Auflistung in der ESMA-Liste kommt es demnach nicht an.

Zweitens ließe sich selbst im umgekehrten Fall argumentieren, dass die ESMA sehr wohl davon ausgeht, dass sich die Aktionärsvereinbarungen auf kombinierte Finanzinstrumente beziehen können, da letztere in allen von der ESMA publizierten Enumerationen[993] vor den Aktionärsvereinbarungen aufgeführt werden.

---

989 Annex VI ESMA/2014/300, S. 69 bzw. Annex VI ESMA/2014/1187, S. 67 bzw. ESMA 2015/1598.

990 Nr. 3 lit. j Annex VI ESMA/2014/300, S. 69.

991 ESMA/2014/300, S. 43.

992 Zweifel wurden insofern allerdings von SMSG angebracht, vgl. ESMA/2014/1187 S. 60 (Nr. 31 S. 2 ff.).

993 ESMA/2014/300, S. 69 bzw. ESMA/2014/1187, S. 67 bzw. ESMA 2015/1598.

Drittens handelt es sich bei dieser für Art. 13 Abs. 1 UAbs. 1 lit. a oder b infrage kommenden Aufzählung an Finanzinstrumenten ohnehin nur um eine beispielhafte, nicht hingegen um eine abschließende Liste. Somit besteht unter Umständen - ganz unabhängig von der ESMA-Liste - eine Mitteilungspflicht für Aktionärsvereinbarungen in Bezug auf kombinierte Finanzinstrumente nach Art. 13 Abs. 1 UAbs. 1 lit. a oder b.

Unabhängig von dieser Problematik betonte die ESMA im Rahmen ihrer Konsultation, dass Aktionärsvereinbarungen im Sinne des Art. 13 Abs. 1 UAbs. 1 lit. a oder b klar definiert sein sollten, auch weil derartige Vereinbarungen regelmäßig Klauseln enthalten, die nicht mit einer möglichen Einflussnahme auf einen Emittenten zusammenhängen.[994] Es sollten daher nur solche Aktionärsvereinbarungen erfasst sein, die ein Finanzinstrument im Sinne des Art. 13 Abs. 1 UAbs. 1 lit. a oder b als Basiswert haben.[995] Dass es angesichts der Zielsetzung hoher Transparenz bei Finanzinstrumenten allerdings darauf nicht ankommen sollte, wurde bereits im Rahmen der Rückkaufvereinbarungen erläutert. Diese Erwägungen gelten hier entsprechend.[996]

Damit scheint diesem Beispiel der ESMA überdies ein Zirkelschluss innezuwohnen: Während Ziel der ESMA-Liste ist, Erscheinungsformen von Finanzinstrumenten gemäß Art. 13 Abs. 1 UAbs. 1 lit. a und b aufzuführen, verweist Nr. 3 lit. j ESMA-Liste zur Definition von Finanzinstrumenten wieder auf Art. 13 Abs. 1 UAbs. 1 lit. a oder b. Gemeint sein könnte mit dem Verweis folglich, dass sich ein Finanzinstrument im Sinne der genannten lit. j auf irgendein anderes (nicht von lit. j selbst erfasstes) Finanzinstrument beziehen muss, um als Finanzinstrument im Sinne des Art. 13 Abs. 1 UAbs. 1 lit. a oder b infrage zu kommen. Nach dieser Auffassung könnte allerdings eine Aktionärsvereinbarung („A“) ein Finanzinstrument im Sinne von Art. 13 Abs. 1 UAbs. 1 lit. a oder b als Basiswert

---

994 ESMA/2014/1187, S. 34 (Nr. 158 S. 1, 2).

995 ESMA/2014/1187, S. 34 (Nr. 159).

996 Vor dem Hintergrund der Zielsetzung hoher Beteiligungspublizität bei Finanzinstrumenten sollte es prinzipiell nicht darauf ankommen müssen, dass entsprechende Aktien den Basiswert einer Rückkaufvereinbarung darstellen, sondern vielmehr darauf, ob dem Inhaber eines Instruments der Erwerb oder der Zugriff auf mit Stimmrechten verbundene Aktien oder die Einwirkmöglichkeiten auf eben jene Stimmrechte erleichtert wird. *E contrario* sollte eine Aktionärsvereinbarung, dessen Basiswert keine entsprechenden Aktien darstellen, die allerdings dennoch zum Erwerb derartiger Aktien führen kann bzw. den Zugriff auf mit Stimmrechten verbundene Aktien oder Einwirkmöglichkeiten auf eben jene Stimmrechte erleichtert, ebenfalls mitteilungspflichtig sein.

haben und wäre damit mitteilungspflichtig, während eine zweite Aktionärsvereinbarung („B") über die Aktionärsvereinbarung A kein Finanzinstrument gemäß Art. 13 Abs. 1 UAbs. 1 lit. a oder b als Basiswert hätte, weil ihr Basiswert eine Aktionärsvereinbarung darstellt und damit insoweit nicht mitteilungspflichtig wäre.

Dem muss abermals entgegengehalten werden, dass es sich bei der im Zentrum der Betrachtung stehenden Aufzählung an Finanzinstrumenten nur um einen beispielhaften, nicht hingegen abschließenden Katalog von für Art. 13 infrage kommenden Instrumenten handelt. Somit besteht unter Umständen ganz unabhängig von der ESMA-Liste eine Mitteilungspflicht für eine Aktionärsvereinbarung in Bezug auf eine andere Aktionärsvereinbarung nach Art. 13 Abs. 1 UAbs. 1 lit. a oder b, wenn letzterer ihrerseits ein Finanzinstrument im Sinne des Art. 13 Abs. 1 UAbs. 1 lit. a oder b zugrunde liegt. Denkbar ist allerdings auch, dass ein solches Konstrukt von lit. i der ESMA-Liste erfasst ist und es schon insofern nicht auf die dargelegte Diskrepanz ankommt.

bb) Aktualisierung und Offenlegung der ESMA-Liste

Die TrRL 2013 erkennt durch ihre Formulierung in Art. 13 Abs. 1b UAbs. 2 an, dass eine abschließende Enumeration von Finanzinstrumenten die Gefahr birgt, alsbald nach ihrer Veröffentlichung nicht mehr auf dem aktuellen Stand zu sein und somit neue Finanzinstrumente außer Acht zu lassen, die hinsichtlich der revidierten Offenlegungsziele auch mitteilungspflichtig sein sollten.[997] Deshalb ist die ESMA nach Art. 13 Abs. 1b UAbs. 2 gehalten, die Liste regelmäßig unter Berücksichtigung neuer Entwicklungen auf den Finanzmärkten zu aktualisieren.[998] Die ESMA hingegen ist der Auffassung, dass es keiner periodischen, sondern vielmehr lediglich einer anlassbezogenen Überarbeitung bedarf, die dann notwendig wird, wenn neue Marktentwicklungen dies nahelegen[999], beispielsweise durch neue technische Errungenschaften.[1000] Im Rahmen der kontinuierlichen Überwachung der Innovationen auf dem Finanzmarkt will die ESMA neue mitteilungspflichtige Finanzinstrumente im Sinne des Art. 13 Abs. 1 UAbs. 1 lit. a oder b identifizieren.[1001] Dazu will sie auch der Finanzinnovation dienende Finanzmodelle nutzen und darüber hinaus einen regelmäßigen Austausch mit

997 ESMA/2014/300, S. 44 (Nr. 206).

998 Vgl. auch ESMA/2014/300, S. 44 (Nr. 207 S. 1).

999 ESMA/2014/300, S. 44 (Nr. 207 S. 2).

1000 ESMA/2014/300, S. 44 (Nr. 207 S. 3).

1001 ESMA/2014/300, S. 44 (Nr. 207 S. 4).

relevanten Marktteilnehmern sowie den nationalen Aufsichtsbehörden führen, um deren Beobachtungen einzubeziehen.[1002] Davon abgesehen erwägt die ESMA, ein Mail-Postfach einzurichten, um Marktteilnehmern die Möglichkeit zu eröffnen, durch Anregungen am Aktualisierungsprozess der ESMA-Liste mitzuwirken.[1003]

cc) Rechtsqualität der ESMA-Liste

Welche Rechtsqualität der ESMA-Liste zukommt, ist nicht nur für eine etwaige Überprüfung derselben, sondern auch für die daraus resultierende Frage nach ihrer Bindungswirkung für die Mitgliedstaaten relevant. Zieht man die Regelungstechniken des Lamfalussy II-Verfahrens heran[1004], so könnte es sich bei der ESMA-Liste um eine Maßnahme der 2. oder 3. Stufe handeln.

1002 ESMA/2014/300, S. 44 (Nr. 208).

1003 ESMA/2014/300, S. 45 (Nr. 209).

1004 Die Harmonisierung der Regeln in Bezug auf die Mitteilung bedeutender Beteiligungen und ein angemessenes Transparenzniveau sollten ausweislich der durch die ÄnderungsRL 2013 integrierten Neuerungen auf verschiedenen Rechtssetzungsebenen sichergestellt werden. Zum besseren Verständnis sei daher ein kurzer Exkurs zur Regelungssystematik der Finanzaufsicht eingefügt. Die Rechtssetzung erfolgt im Finanzsektor auf europäischer Ebene in beschleunigter Form durch das schon erwähnte (siehe Fn. 595) „Lamfalussy II-Verfahren" (ausführlich *Lutter/Bayer/J. Schmidt*, EuropUR, 6. Auflage 2017, 14.42 ff.), welches im Vergleich zum (ersten) „Lamfalussy-Verfahren" etwas abgewandelt wurde:
Auf der 1. Stufe wird im üblichen Gesetzgebungsverfahren der Basisrechtsakt - hier die Transparenzrichtlinie - erlassen, die einen Regelungsrahmen beinhaltet, der zumindest in Teilen noch näherer Ausgestaltung bedarf. Der Basisrechtsakt reglementiert unter anderem, welche Regelungsbereiche solcher Ausgestaltung bedürfen und ermächtigt insoweit die Kommission, delegierte Rechtsakte und/oder Durchführungsrechtsakte zu erlassen, wobei hinsichtlich der Beteiligungstransparenz bei Finanzinstrumenten Art. 13 Abs. 2 und 3 Transparenz-RL 2013 zu nennen sind.
Bei dem Erlass von delegierten Rechtsakten und Durchführungsmaßnahmen durch die Kommission in Zusammenarbeit mit Ausschüssen bzw. den ESA (ESMA, EBA und EIOPA) handelt es sich um Maßnahmen auf der 2. Stufe (Level 2) des Lamfalussy II-Verfahrens. Dabei wird die Harmonisierung der Regeln in Bezug auf die Mitteilung bedeutender Beteiligungen und angemessene Transparenzniveaus durch technische Standards - genauer technische Regulierungsstandards (*regulatory technical standards* – RTS) und technische Durchführungsstandards (*implementing technical standards* – ITS) sichergestellt (Art. 8 Abs. 1 lit. a, Abs. 2 lit. a und b, Art. 10 bis 15 ESMA-VO; Erwägungsgrund 13 S. 1 ÄnderungsRL 2013; zur Erläuterung des neuen europäischen Systems der Finanzaufsicht eingehend *Walla*

Da der Kommission keine Befugnis gemäß Art. 10 Abs. 1 S. 1 ESMA-VO[1005] übertragen wurde, gemäß Artikel 290 AEUV technische Regulierungsstandards mittels delegierter Rechtsakte zu erlassen, um eine kohärente Harmonisierung im Anwendungsbereich der TrRL 2013 zu gewährleisten[1006], lassen sich Maßnahmen der 2. Stufe schnell ausschließen.[1007] Näher liegt, dass es sich bei der ESMA-Liste um eine Maßnahme der 3. Stufe handelt. Leitlinien und Empfehlungen der ESMA[1008] sind gemäß Art. 16 ESMA-VO für die zuständigen Behörden und Finanzmarktteilnehmer zwar nicht verbindlich, allerdings besteht eine Art faktischer Zwang zu ihrer Befolgung:

Seitens der Behörden bzw. Finanzmarktteilnehmer sind alle erforderlichen Anstrengungen zu unternehmen, um diesen Leitlinien und Empfehlungen

---

BKR 2012, 265 ff.). Dabei sind den ESA durch den Basisrechtsakt oft weitreichende Befugnisse eingeräumt: Im Rahmen der TrRL 2013 ist der ESMA die Aufgabe übertragen, für technische Regulierungsstandards, die keine politischen Entscheidungen erfordern, Entwürfe auszuarbeiten und der Kommission vorzulegen (zum Zweck Erwägungsgrund 13 S. 2 ÄnderungsRL 2013). Unter Einbezug ihres Fachwissens sollte die ESMA insbesondere die Fälle gerechtfertigter Ausnahmen ermitteln und dabei Möglichkeiten des Missbrauchs zur Umgehung der Mitteilungspflicht Rechnung tragen (Erwägungsgrund 13 S. 4 ÄnderungsRL 2013). Deren Entwürfe werden anschließend von der Kommission in Form einer Verordnung oder eines Beschlusses angenommen (siehe Art. 10 Abs. 4 S. 1, 15 Abs. 4 S. 1 ESMA-VO).
Auf der 3. Stufe des Lamfalussy II-Verfahrens (Level 3) sind die ESA dafür zuständig, Empfehlungen und Leitlinien für die Aufsichtspraxis auszuarbeiten, um innerhalb des europäischen Systems der Finanzaufsicht kohärente, effiziente und wirksame Aufsichtspraktiken zu schaffen sowie eine gemeinsame und einheitliche Anwendung des Unionsrechts sicherzustellen (Art. 16 Abs. ESMA-VO; *Lutter/Bayer/J. Schmidt*, EuropUR, 6. Auflage 2017, 14.51).
Schließlich sei noch die letzte, zum jetzigen Zeitpunkt für diese Arbeit thematisch weniger relevante – da noch nicht durchgeführte – 4. Stufe des Verfahrens erwähnt, welche die Kontrolle der Umsetzung des Basisrechtsakts und der Durchführungsmaßnahmen durch die Kommission und die ESA zum Gegenstand hat (Level 4).

1005 Dazu auch *Hitzer/Hauser* BKR 2015, 52, 52 ff.

1006 Vgl. Art. 1 Abs. 2 ESMA-VO.

1007 Im Kommissionsvorschlag der ÄnderungsRL 2013 (ÄnderungsRL-E 2013) war die Kommission noch ermächtigt, weitere Finanzinstrumente als meldepflichtig festzulegen (Art. 13 Abs. 2 lit. b ÄnderungsRL-E 2013). Im Ratskompromiss wurde dann stattdessen die entsprechende Befugnis der ESMA zur Kreation einer indikativen Liste vorgesehen (siehe Fn. 713).

1008 Insoweit zur neuen Rolle der ESMA vgl. auch *Epe*, Kapitalmarktrechtliche Beteiligungstransparenz, 2017, S. 193 ff.

nachzukommen.[1009] Darüber hinaus haben Behörden innerhalb von zwei Monaten nach der Herausgabe einer Leitlinie oder Empfehlung zu bestätigen, ob sie dieser nachkommen oder nachzukommen beabsichtigen („*act or explain*“-Mechanismus).[1010] Ist eine Behörde nicht entsprechend gewillt, muss eine begründete Stellungnahme gegenüber der ESMA erfolgen.[1011] Befolgt eine nationale Behörde eine Leitlinie oder Empfehlung nicht, wird diese Tatsache von der ESMA veröffentlicht, bisweilen unter Angabe der dazu seitens der nationalen Behörde genannten Gründe („*naming and shaming*“).[1012] Ebenso ist Finanzmarktteilnehmern eine Berichterstattungspflicht auferlegt, wenn dies gemäß der Leitlinie oder Empfehlung erforderlich ist.[1013]

Selbst wenn hier keine rechtliche Pflicht zur Befolgung statuiert ist, lässt sich eine gewisse faktische Pflicht der mitgliedstaatlichen Finanzaufsichtsbehörden bzw. der Finanzmarktteilnehmer nicht negieren.

Auch wenn der ESMA-Liste vor ihrer Veröffentlichung mitunter bloßer Empfehlungs-Charakter zugesprochen wurde[1014], ist davon auszugehen, dass es sich um eben solche - rechtlich unverbindlichen - Empfehlungen gemäß Art. 16 ESMA-VO handelt, welche die nationalen Aufsichtsbehörden faktisch binden werden.[1015] Ob die dadurch erzeugte *de facto*-Bindung letztlich dem Ziel der Vollharmonisierung hinsichtlich mitteilungspflichtiger Finanzinstrumente genügt, bleibt abzuwarten.[1016] Praktisch ist der zur Konkretisierung des Tatbestandes

1009 Art. 16 Abs. 3 UAbs. 1 ESMA-VO; *Lutter/Bayer/J. Schmidt*, EuropUR, 6. Auflage 2017, 31.12.

1010 Art. 16 Abs. 3 UAbs. 2 S. 1 ESMA-VO; *Lutter/Bayer/J. Schmidt*, EuropUR, 6. Auflage 2017, 31.12.

1011 Art. 16 Abs. 3 UAbs. 2 S. 2 ESMA-VO; *Lutter/Bayer/J. Schmidt*, EuropUR, 6. Auflage 2017, 31.12.

1012 Art. 16 Abs. 3 UAbs. 3 ESMA-VO; *Lutter/Bayer/J. Schmidt*, EuropUR, 6. Auflage 2017, 31.12.

1013 Ein solcher Bericht ist „auf klare und ausführliche Weise“ zu erstatten, vgl. Art. 16 Abs. 3 UAbs. 4 ESMA-VO.

1014 *Burgard/Heimann* FS Dauses, 2014, S. 47, 62; *Seibt/Wollenschläger* AG 2012, 305, 311. Kritisch *DAV-Handelsrechtsausschuss* NZG 2012, 770, 772 f.

1015 *Kraak* AG 2017, 677, 684; *Schilha* DB 2015, 1821, 1823; *Seibt/Wollenschläger* ZIP 2014, 545, 550; *dies.* AG 2012, 305, 311; *Veil* WM 2012, 53, 58. Insofern unentschlossen *Brinckmann* BB 2012, 1370, 1372.

1016 So allgemein zu rechtlich unverbindlichen Empfehlungen, Hinweisen, technischen Regeln *Siekmann*, Die Europäisierung der Finanzmarktaufsicht, Working Paper Series No. 47 (2011), S. 61, abrufbar unter <http://www.imfs-frankfurt.de/fileadmin/user_upload/pdf/WP_47_Siekmann.pdf>.

eingeschlagene Weg über eine von der ESMA zu erstellende Liste im Interesse der Schnelligkeit und Flexibilität dem Weg über eine vom Unionsgesetzgeber zu erlassende und zu aktualisierende Verordnung jedenfalls vorzuziehen.[1017]

c) *Zwischenergebnis*

Die Beteiligungspublizität bei Finanzinstrumenten ist seit der TrRL 2004 in Art. 13 normiert, woran sich durch die ÄnderungsRL 2013 nichts geändert hat.

Nach der Novellierung der Vorschrift erfasst diese allerdings – im Vergleich zum Begriff im Rahmen der TrRL 2004 – scheinbar nunmehr weitere Arten von Finanzinstrumenten. Mit dem neuen, transparenzrechtlichen Finanzinstrumentebegriff soll ein möglichst breites Spektrum an Instrumenten erfasst werden, um weitestgehende Beteiligungstransparenz zu erreichen.

Zur Definition wird nicht mehr auf die DurchführungsRL 2007 a. F. verwiesen, stattdessen wurde ein eigener Finanzinstrumentebegriff kreiert. Art. 13 Abs. 1 enthält selbst nur eine abstrakte Beschreibung erfasster Finanzinstrumente, während Art. 13 Abs. 1b UAbs. 1 lit. a bis g eine Enumeration infrage kommender Erscheinungsformen beinhaltet. Nach Art. 13 Abs. 1b UAbs. 1 lit. a bis g können „übertragbare Wertpapiere; Optionen; Terminkontrakte; Swaps; Zinsausgleichsvereinbarungen; Differenzgeschäfte und alle anderen Kontrakte oder Vereinbarungen mit vergleichbarer wirtschaftlicher Wirkung, die physisch oder bar abgewickelt werden können", als Finanzinstrumente im Sinne von Art. 13 Abs. 1 UAbs. 1 betrachtet werden. Da Art. 13 Abs. 1b UAbs. 1 lit. g „alle anderen Kontrakte oder Vereinbarungen mit vergleichbarer wirtschaftlicher Wirkung, die physisch oder bar abgewickelt werden können", erfasst, scheint der Anwendungsbereich sehr weit. Eine Mitteilungsplicht besteht jedoch für sämtliche Finanzinstrumente nur dann, wenn die in Art. 13 Abs. 1 UAbs. 1 lit. a oder b genannten Bedingungen erfüllt sind.

Überdies sieht Art. 13 Abs. 1b UAbs. 2 vor, dass die ESMA im Rahmen einer Liste weitere Instrumente benennt, die unter den Umständen des Art. 13 Abs. 1 UAbs. 1 lit. a oder b mitteilungspflichtig sind. Die von der ESMA inzwischen erstellte ESMA-Liste ergänzt die Enumeration des Art. 13 Abs. 1b UAbs. 1 lit. a bis g. Art. 13 Abs. 1b UAbs. 2 fordert die Erstellung einer „nicht erschöpfende[n] Liste", sodass nicht nur der ESMA-Liste eine lediglich beispielhafte Wirkung zukommt, sondern dies – daraus folgend – auch für Art. 13 Abs. 1b UAbs. 1 lit.

1017 *Burgard/Heimann* WM 2015, 1445, 1451.

a bis g gelten muss. Weder die Aufzählung in Art. 13 Abs. 1b UAbs. 1 lit. a bis g noch jene der ESMA-Liste ist daher abschließend.

Nach der ESMA müssen von Art. 13 Abs. 1 UAbs. 1 lit. a erfasste Finanzinstrumente erstens dem Inhaber das unbedingte Recht auf Erwerb mit Stimmrechten verbundener und bereits ausgegebener Aktien eines Emittenten, dessen Aktien zum Handel an einem geregelten Markt zugelassen sind, oder aber ein Ermessen in Bezug auf sein Recht auf Erwerb dieser Aktien verleihen, zweitens muss ein solches Recht bei Fälligkeit eingeräumt sein und dieses drittens auf einer förmlichen Vereinbarung basieren.

Von Art. 13 Abs. 1 UAbs. 1 lit. b erfasste Finanzinstrumente müssen nach den Erwägungen der ESMA ebenfalls diverse Anforderungen erfüllen: Erstens dürfen sie nicht bereits von Art. 13 Abs. 1 UAbs. 1 lit. a erfasst sein, zweitens müssen sie einen Bezug zu mit Stimmrechten verbundenen und bereits ausgegebenen Aktien eines Emittenten, dessen Aktien zum Handel an einem geregelten Markt zugelassen sind, haben und drittens eine vergleichbare wirtschaftliche Wirkung wie Ansprüche auf Erwerb derartiger Aktien aufweisen.

Eine solche vergleichbare wirtschaftliche Wirkung ist nach der ESMA gegeben, wenn sie der wirtschaftlichen Wirkung von Erwerbsrechten in Bezug auf Aktien entspricht, womit gemeint ist, dass der Inhaber eines Finanzinstruments von Kursaufwärtsbewegungen profitiert bzw. sich Kursabwärtsbewegungen für ihn negativ auswirken, der Wert des Finanzinstruments demnach mit dem jeweiligen Basiswert korreliert. Denn daraus ergibt sich für den Inhaber ein wirtschaftlicher Vorteil beim Erwerb bzw. Zugriff auf die dem Geschäft zugrunde liegenden Aktien. Dieser Vorteil entspringt einer wirtschaftlich sinnvollen Handlungsalternative des jeweiligen Vertragspartners bei entsprechendem Kursverlauf des Basiswerts: Ist bei einem Finanzinstrument Barausgleich vorgesehen, besteht für den Vertragspartner des Inhabers ein Absicherungsbedürfnis, sodass er sich mit dem Basiswert des Finanzinstruments physisch eindecken wird. Verläuft das Geschäft nämlich zum Nachteil des Vertragspartners und zugunsten des Finanzinstrumentinhabers, wird ersterer letzterem regelmäßig antragen, die zur Absicherung erworbenen Werte an Erfüllungs statt oder über die Schuld hinaus anzunehmen, um seinen Verlust auszugleichen.

Für die Mitteilungspflicht nach Art. 13 Abs. 1 UAbs. 1 kommen nach der ESMA-Liste eine ganze Reihe von Finanzinstrumenten infrage. Art. 13 Abs. 1b UAbs. 2 verpflichtet die ESMA, diese Liste in regelmäßigen Abständen zu aktualisieren und dabei die Entwicklungen auf den Finanzmärkten nicht außer Acht zu lassen. Auch wenn der ESMA-Liste vor ihrer Veröffentlichung mitunter bloßer Empfehlungs-Charakter zugesprochen wurde, ist davon auszugehen, dass es sich bei ihrem Inhalt um rechtlich unverbindliche Empfehlungen gemäß Art. 16

ESMA-VO handelt. Die nationalen Aufsichtsbehörden werden daran faktisch gebunden sein.

Zu resümieren ist, dass durch die offen gestalteten Regelungen des Art. 13 Abs. 1b UAbs. 1 lit. a bis g sowie Nr. 3 lit. a bis j ESMA-Liste eine zuvor befürchtete „Zementierung“ der Rechtslage auf dem Gebiet der Beteiligungstransparenz bei Finanzinstrumenten nicht bevorzustehen scheint.[1018] Denn spätestens durch die nicht erschöpfend ausgestaltete ESMA-Liste wird deutlich, dass auch noch weitere, in keiner der Aufzählungen aufgeführte Instrumente als Finanzinstrumente nach Art. 13 Abs. 1 UAbs. 1 lit. a oder b infrage kommen.

Finanzinstrumente im Sinne von Art. 13 müssen jedoch - unabhängig von ihrer Erwähnung in Art. 13 Abs. 1b UAbs. 1 lit. a bis g oder Nr. 3 lit. a bis j ESMA-Liste - stets die Voraussetzungen von Art. 13 Abs. 1 UAbs. 1 lit. a oder b erfüllen. Als Anhaltspunkte, die eine gewisse Vermutung hinsichtlich dieses Erfordernisses inkludieren, dienen die Regelbeispiele der Nr. 3 lit. a bis j ESMA-Liste. Ob diese Indizwirkung auch den in Art. 13 Abs. 1b UAbs. 1 lit. a bis g genannten Instrumenten zukommt, lässt sich Art. 13 nicht entnehmen. Gründe für eine Ungleichbehandlung der in Nr. 3 lit. a bis j ESMA-Liste und in Art. 13 Abs. 1b UAbs. 1 lit. a bis g aufgeführten Instrumente sind indes ebenso wenig ersichtlich. Aus der Indizwirkung *per se* resultieren allerdings keine nennenswerten Vor- oder Nachteile - Aufschluss darüber, welche Finanzinstrumente eine Mitteilungspflicht gemäß Art. 13 Abs. 1 UAbs. 1 auslösen, gibt weder die Enumeration in Art. 13 Abs. 1b UAbs. 1 lit. a bis g noch die indikative ESMA-Liste. Fraglich ist nämlich stets, ob das in Rede stehende Finanzinstrument die Voraussetzungen von Art. 13 Abs. 1 UAbs. 1 lit. a oder b erfüllt. Die Antwort darauf wird durch die Indizwirkung der in Nr. 3 lit. a bis j ESMA-Liste genannten Instrumente nicht beeinflusst, einzig dürften Inhaber entsprechender Instrumente eine erhöhte Notwendigkeit darin sehen, eine Mitteilungspflicht zu überprüfen.

d) Finanzinstrumente im Rahmen von Art. 13 Abs. 1 UAbs. 1 lit. a TrRL 2013

Die veröffentlichten Erwägungen der ESMA sind angesichts ihrer faktischen Wirkung nicht zu unterschätzen. Dennoch drängt es sich auf, die Regelungen des Art. 13 Abs. 1 UAbs. 1 lit. a (und b) auch abgesehen davon einer genaueren Betrachtung zu unterziehen, um das Spektrum der unter diese Regelung fallenden Finanzinstrumente zu erfassen. Im Folgenden sollen zunächst Merkmale

1018 Zu den entsprechenden Befürchtungen bereits ab S. 212.

und Anknüpfungspunkt des Art. 13 Abs. 1 UAbs. 1 lit. a beleuchtet werden, bevor dieser insbesondere in der Zusammenschau mit Art. 13 Abs. 1b UAbs. 1 untersucht wird.

aa) Merkmale und Anknüpfungspunkt des Art. 13 Abs. 1 UAbs. 1 lit. a

Art. 13 Abs. 1 UAbs. 1 lit. a statuiert eine Mitteilungspflicht für natürliche oder juristische Personen, die direkt oder indirekt ein bestimmtes Finanzinstrument halten. Zwar sind die konstitutiven Voraussetzungen der Mitteilungspflicht nach dieser Norm schnell ausgemacht, ihr Inhalt bringt jedoch Unklarheiten mit sich. So wird nicht deutlich, in welchen Fällen dem Inhaber des in Rede stehenden Finanzinstruments durch jenes das unbedingte Recht auf Erwerb mit Stimmrechten verbundener und bereits ausgegebener Aktien eines Emittenten, dessen Aktien zum Handel an einem geregelten Markt zugelassen sind, verliehen oder aber ein Ermessen in Bezug auf sein Recht auf Erwerb derartiger Aktien eingeräumt wird. Wann die „Fälligkeit" bei einem Finanzinstrument im Sinne der Vorschrift gegeben ist, bleibt ebenso offen. Gleichermaßen unklar ist zunächst, was man unter einer förmlichen Vereinbarung gemäß Art. 13 zu verstehen hat. Die ESMA hat im Rahmen ihrer RTS dazu einige Erwägungen veröffentlicht, die bereits dargestellt wurden.[1019]

(1) Recht auf Erwerb von Aktien

Die Vorschrift untergliedert Finanzinstrumente in solche, die dem Inhaber „das unbedingte Recht auf Erwerb" entsprechender Aktien verleihen und solche, die ihm „ein Ermessen in Bezug auf sein Recht auf Erwerb" derartiger Aktien einräumen. Mitunter ist in der deutschen Literatur insoweit zu vernehmen, dass diese Differenzierung keinen Sinn mache: Wenn es allein auf das Ermessen des Inhabers ankomme, steht dem Inhaber ein unbedingtes Recht zu.[1020] Ob der Unionsgesetzgeber der gleichen Ansicht ist, scheint unklar. Art. 13 Abs. 1 UAbs. 1 lit. a Alt. 1 geht von einem „unbedingten" Recht aus, was sich ebenfalls der englischen („*unconditional*"), der französischen („*inconditionnel*"), der spanischen („*incondicional*") sowie italienischen („*incondizionato*") Fassung der ÄnderungsRL 2013 entnehmen lässt.

Art. 13 Abs. 1 UAbs. 1 lit. a Alt. 2 hingegen erlaubt mehrere Lesarten, da nach Lektüre der Norm nicht eindeutig scheint, welches Recht oder welcher

---

1019 Zu den RTS der ESMA (ESMA-Liste) in Zusammenhang mit Art. 13 Abs. 1 UAbs. 1 lit. a ab S. 232, zur rechtlichen Einordnung dieser RTS ab S. 255.

1020 *DAV-Handelsrechtsausschuss* NZG 2012, 770, 771.

Anspruch dem Inhaber bei einem entsprechenden Instrument eingeräumt ist, wenn von einem Ermessen des Inhabers in Bezug auf sein Recht auf Erwerb entsprechender Aktien die Rede ist. Wenig zielführend ist dabei insofern die englische Fassung („*discretion*", zu Deutsch „Ermessen"), die französische Fassung („*faculté*", zu Deutsch „Fähigkeit", „Möglichkeit" oder „Recht"), die spanische Fassung („*facultad discrecional*", zu Deutsch „Ermessen") oder auch die italienische Fassung (*la facoltà*, zu Deutsch „Fähigkeit", „Möglichkeit" oder „Befugnis"). Daher sind drei Alternativen denkbar:

Erstens ließe sich die Norm dahingehend verstehen, dass dem Inhaber ein Ermessen in Bezug auf ein (unbedingtes) Recht eingeräumt ist. Es bedürfte zur „Ausübung" des Rechts also eines Realakts oder einer rechtsgeschäftsähnlichen Handlung, der sich entnehmen lässt, dass der Inhaber damit sein Ermessen ausüben möchte.

Zweitens könnte man Art. 13 Abs. 1 UAbs. 1 lit. a Alt. 2 derart deuten, dass sich aus dem Finanzinstrument selbst noch kein Recht auf Erwerb entsprechender Aktien ergibt, es also ohne entsprechende Ermessensausübung gar nicht erst zur Entstehung gelangt. Damit wäre durch das Finanzinstrument lediglich ein „unbedingtes Recht auf Ermessensausübung" eingeräumt, wobei dessen Ausübung als Gestaltungsrecht über die (Nicht-)Entstehung eines Rechts auf Erwerb entsprechender Aktien entscheiden würde.

Drittens könnte das Recht auf Erwerb entsprechender Aktien bei Finanzinstrumenten gemäß Art. 13 Abs. 1 UAbs. 1 lit. a Alt. 2 bereits mit Vertragsschluss aufschiebend bedingt begründet sein, wobei es sich bei dem verliehenen Ermessen um die dem Inhaber eingeräumte Möglichkeit handelt, mittels einer Art Willensäußerung die vereinbarten Rechtsfolgen eintreten zu lassen.

Die an erster Stelle angeführte Sichtweise überzeugt nicht, da sie die Abgrenzung zu Art. 13 Abs. 1 UAbs. 1 lit. a Alt. 1 tatsächlich obsolet wirken ließe. Auch im Rahmen von Art. 13 Abs. 1 UAbs. 1 lit. a Alt. 1 ist eine wie auch immer geartete Äußerung notwendig, die erkennen lässt, dass der Inhaber sein Recht einfordert oder (gerichtlich) durchsetzen will. Weshalb der Unionsgesetzgeber jene Situation abermals in Art. 13 Abs. 1 UAbs. 1 lit. a Alt. 2 geregelt wissen wollte, leuchtet nicht ein.

Das an zweiter Stelle dargelegte Verständnis geht ebenfalls von einem unbedingten Recht aus, welches jedoch nicht auf den Erwerb von Aktien, sondern auf das Ermessen bezogen ist. Abgesehen von der soeben ins Feld geführten Begründung gilt hier darüber hinaus, dass die Norm offenbar von einem bestehenden Recht auf Erwerb entsprechender Aktien ausgeht, wenn darin vom „sein[em] Recht auf Erwerb dieser Aktien" die Rede ist.

Damit verbleibt die an dritter Stelle beschriebene Auslegung, wonach ein Recht auf Erwerb entsprechender Aktien bei Finanzinstrumenten gemäß Art. 13 Abs. 1 UAbs. 1 lit. a Alt. 2 bereits mit Vertragsschluss aufschiebend bedingt begründet ist. Versteht man die „Bedingung" als eine kraft Parteiwillens zum Geschäftsinhalt gewordene Bestimmung, welche die Rechtswirkungen des Geschäfts von einem künftigen Ereignis abhängig macht, dessen Eintritt sowohl objektiv als auch nach den Vorstellungen der Parteien zunächst ungewiss ist[1021], so lässt sich im Falle des Art. 13 Abs. 1 UAbs. 1 lit. a Alt. 2 von einer solchen sprechen: Zum Zeitpunkt des Vertragsschlusses ist weder objektiv noch den Parteien subjektiv klar, ob das künftige Ereignis (das heißt die „positive" Ermessensausübung der berechtigten Vertragspartei) eintreten wird. Damit ist bei Art. 13 Abs. 1 UAbs. 1 lit. a Alt. 2 von einem (aufschiebend) bedingten Aktienerwerbsrecht auszugehen, welches bereits mit Vereinbarung des Geschäfts begründet ist.

Somit ist ob der unterschiedlichen Voraussetzungen von Art. 13 Abs. 1 UAbs. 1 lit. a Alt. 1 und 2 zwischen einem „unbedingten" und „bedingten" Recht zu differenzieren.[1022] Schon der Wortlaut steht einer anderen Auslegung entgegen, weil Art. 13 Abs. 1 UAbs. 1 lit. a deutlich zwischen dem unbedingten Recht auf Erwerb sowie einem Ermessen in Bezug auf ein Recht zum Erwerb unterscheidet. Damit soll indes nicht ausgedrückt werden, dass jede (nationale) Rechtsordnung dieses Kriterium als Bedingung im Rechtssinne bezeichnet - dem in Deutschland ausgebildeten Juristen ist das beschriebene Ermessen beispielsweise als sogenannte „Wollensbedingung" bekannt, die hierzulande weitestgehend nicht als Bedingung im Rechtssinne aufgefasst wird.[1023]

Doch nicht nur der Unionsgesetzgeber scheint ein weiteres Verständnis von der Bedingung zu haben, auch die ESMA ist dieser Auffassung, wenn sie

---

1021 Vgl. zum nationalen Recht insofern statt vieler MüKoBGB/*Westermann*, 7. Auflage 2015, BGB § 158 Rn. 8.

1022 Nationalrechtliche Besonderheiten sollen im Rahmen der unionsautonomen Auslegung außen vor bleiben, sind jedoch bei der jeweiligen Umsetzung zu beachten; zur Umsetzung der ÄnderungsRL 2013 in Deutschland noch ab S. 375. Dass der durch die deutsche Jurisdiktion geprägte Jurist anderer Meinung ist, scheint naheliegend vgl. zum Beispiel *Schürnbrand* in Emmerich/Habersack, Aktien- und GmbH-Konzernrecht, 8. Auflage 2016, § 25 WpHG Rn. 9.

1023 Damit ist gemeint, dass die Rechtsfolgen der §§ 158 ff. BGB nur für sogenannte „echte Bedingungen", nicht hingegen für „unechte Bedingungen" (wie die Wollensbedingung) gelten. Die Qualifizierung als Wollens- oder Potestativbedingung ist wie auch die Abgrenzung der Begrifflichkeiten nicht trennscharf, vgl. dazu nur MüKoBGB/*Westermann*, 7. Auflage 2015, BGB § 158 Rn. 18 ff.; Staudinger/*Reinhard Bork* (2015) Vorbemerkungen zu §§ 158–163, Rn. 14 ff.

Verträge oder Vereinbarungen, deren Aus- oder Durchführung (beispielsweise) eine Erklärung einer Vertragspartei erfordert, als „bedingt" bezeichnet.[1024]

Davon abgesehen gilt zu beachten, dass dem Inhaber eines hier unter d) genannten Finanzinstruments nach Art. 13 Abs. 1 UAbs. 1 lit. a stets ein Recht auf Erwerb oder ein Ermessen in Bezug auf den Erwerb entsprechender Aktien eingeräumt sein muss. Damit bleiben nicht nur alle Finanzinstrumente mit Barausgleich, sondern auch solche Finanzinstrumente mit physischer Ausgleichspflicht außer Betracht, bei welchen das Erwerbsrecht oder ein Ermessen in Bezug auf das Recht zum Erwerb von mindestens einer weiteren Bedingung abhängig ist, die außerhalb des Einflussbereichs des Inhabers liegt. Gleiches gilt für Finanzinstrumente, die zur Veräußerung entsprechender Aktien berechtigen oder insoweit ein Ermessen einräumen. Diese Finanzinstrumente sind jedoch möglicherweise von Art. 13 Abs. 1 UAbs. 1 lit. b erfasst.[1025]

(2) Fälligkeit

Der Einschub „bei Fälligkeit" in Art. 13 Abs. 1 UAbs. 1 lit. a lässt den Eindruck entstehen, dass eine Mitteilungspflicht von einem Erwerbsrecht bei „Endfälligkeit" abhinge – mit der Folge, dass Finanzinstrumente ohne Laufzeitbegrenzung oder Finanzinstrumente mit einem Erwerbsrecht während der gesamten Laufzeit womöglich nicht von der Norm erfasst würden.[1026] Allerdings ist Bezugspunkt des Wortpaars wohl nicht das Finanzinstrument, sondern vielmehr das Erwerbsrecht selbst.[1027] Die Mitteilungspflicht entsteht unabhängig davon, wann der Inhaber des Finanzinstruments sein Erwerbsrecht ausüben bzw. von der Erwerbsmöglichkeit Gebrauch machen kann.[1028] Wäre vorausgesetzt, dass das Finanzinstrument selbst „fällig" sein muss, damit eine entsprechende Mitteilungspflicht entsteht, fielen diverse bereits in der ESMA-Liste erwähnte Finanzinstrumente durch das Raster der Mitteilungspflichten, da Finanzinstrumente

---

1024 ESMA/2014/300, S. 43 (Nr. 194), dazu bereits ab S. 249.

1025 Zur Mitteilungspflicht nach Art. 13 Abs. 1 UAbs. 1 lit. b ab S. 314.

1026 *Burgard/Heimann* FS Dauses, 2014, S. 47, 61; *DAV-Handelsrechtsausschuss* NZG 2012, 770, 771; *Schürnbrand* in Emmerich/Habersack, Aktien- und GmbH-Konzernrecht, 8. Auflage 2016, § 25 WpHG Rn. 8.

1027 *Burgard/Heimann* FS Dauses, 2014, S. 47, 61; *DAV-Handelsrechtsausschuss* NZG 2012, 770, 771; *Schürnbrand* in Emmerich/Habersack, Aktien- und GmbH-Konzernrecht, 8. Auflage 2016, § 25 WpHG Rn. 8.

1028 *Burgard/Heimann* FS Dauses, 2014, S. 47, 61; *DAV-Handelsrechtsausschuss* NZG 2012, 770, 771; *Schürnbrand* in Emmerich/Habersack, Aktien- und GmbH-Konzernrecht, 8. Auflage 2016, § 25 WpHG Rn. 8.

ohne Laufzeitbegrenzung womöglich nicht erfasst wären. Damit gilt dieser Einschub einerseits nur für Art. 13 Abs. 1 UAbs. 1 lit. a und andererseits geht damit ob des Bezugs auf das Erwerbsrecht keine Einschränkung einher.[1029]

(3) Förmliche Vereinbarung

Wie auch Art. 11 Abs. 1 UAbs. 1 DurchführungsRL 2007 a. F. im Rahmen von Art. 13 TrRL 2004 voraussetzte[1030], kommt es gemäß Art. 13 Abs. 1 UAbs. 1 lit. a TrRL 2013 darauf an, dass dem Inhaber eines Finanzinstruments ein entsprechendes Recht im Rahmen einer förmlichen Vereinbarung zugestanden ist. Zuvor definierte Art. 11 Abs. 1 UAbs. 3 DurchführungsRL 2007 a. F., dass unter einer förmlichen Vereinbarung eine Vereinbarung zu verstehen ist, die gemäß dem anwendbaren Recht verbindlich ist.

Wie bereits erwähnt, wurde Art. 11 Abs. 1 DurchführungsRL 2007 a. F. durch Art. 3 Nr. 2 ÄnderungsRL 2013 aufgehoben. Dafür wurde durch Art. 1 lit. a sublit. iii ÄnderungsRL 2013 in Art. 2 Abs. 1 lit. q eine nahezu deckungsgleiche Definition der förmlichen Vereinbarung eingefügt. Demnach ist unter einer förmlichen Vereinbarung eine Vereinbarung zu verstehen, die nach geltendem Recht verbindlich ist. Ausgeschlossen sind damit regelmäßig beispielsweise bloße *gentlemen's agreements*, die gerade keine rechtliche, sondern möglicherweise eine wirtschaftliche, moralische oder gesellschaftliche Bindungswirkung aufweisen.[1031] Weiterer Informationsgehalt lässt sich weder der TrRL 2013 noch der DurchführungsRL 2007 entnehmen. Damit verbleibt es - wie bisher - Aufgabe der Mitgliedstaaten, diesbezügliche Regelungen in ihre nationalen Rechtsordnungen vorzuhalten.

(4) Aktie als Regelungssubjekt

Art. 13 Abs. 1 UAbs. 1 beschreibt in seinen lit. a und b drei Fallkonstellationen, in denen ein Finanzinstrument eine Mitteilungspflicht im Sinne der Norm auslöst. Dazu gehören zwei in Art. 13 Abs. 1 UAbs. 1 lit. a beschriebene Situationen: Alternativ muss dem Inhaber eines Finanzinstruments bei Fälligkeit desselben entweder das Recht eingeräumt sein, mit Stimmrechten verbundene Aktien zu erwerben (Art. 13 Abs. 1 UAbs. 1 lit. a Alt. 1) oder aber zumindest ein Ermessen in Bezug auf sein Recht auf Erwerb derartiger Aktien verliehen

---

1029 Im Ergebnis ebenso *Burgard/Heimann* FS Dauses, 2014, S. 47, 61; *DAV-Handelsrechtsausschuss* NZG 2012, 770, 771 f.

1030 Siehe zur Förmlichkeit im Rahmen des Art. 11 Abs. 1 UAbs. 1, 3 ab S. 187.

1031 Dauses/*Emmerich*, EU Wirtschaftsrecht, Juni 2016, H. I. § 2 Art. 101 AEUV Rn. 10.

sein. Bezugspunkt der Regelung sind daher mit Stimmrechten verbundene Aktien eines Emittenten, dessen Aktien zum Handel an einem geregelten Markt zugelassen und bereits ausgegeben sind (Art. 13 Abs. 1 UAbs. 1 lit. a Alt. 2). Wenngleich damit eine Differenzierung vorgenommen ist, bleiben abermals begriffliche Fragen. Der Klärung bedarf sowohl, was unter einer Aktie im Sinne der Norm zu verstehen ist, als auch, wie sich der geregelte Markt definiert.

(aa) Aktie

In der TrRL 2013 mangelt es an einer Definition der Aktie. Indes ist ein dezidiertes Verständnis des Begriffs für das Bestehen oder Nichtbestehen einer Mitteilungspflicht von nicht zu verkennender Bedeutung – denn die Regelung des Art. 13 knüpft (lediglich) an mit Stimmrechten verbundene Aktien an. Als „Aktionär" wird immerhin beschrieben, wer direkt oder indirekt „Aktien des Emittenten"[1032] oder Zertifikate hält, deren Basiswert dem Wortlaut nach[1033] Aktien darstellen müssen. „Emittent" ist nach Art. 2 Abs. 1 lit. d eine natürliche oder juristische Person des privaten oder öffentlichen Rechts, einschließlich eines Staates, deren Wertpapiere zum Handel an einem geregelten Markt zugelassen sind. Im Falle von Zertifikaten, die zum Handel an einem geregelten Markt zugelassen sind, gilt als Emittent der Emittent der vertretenen Wertpapiere, wobei es unerheblich ist, ob diese Wertpapiere zum Handel an einem geregelten Markt zugelassen sind oder nicht.[1034]

Die Aktie wird zwar als „Prototyp handelbarer Wertpapiere des Kapitalmarktes" bezeichnet, doch wird der Begriff in der TrRL 2013 schlicht als bekannt vorausgesetzt – eine unionsrechtliche Definition sucht man im Unionsrecht vergeblich.[1035] So obliegt es dem nationalen Recht der Mitgliedstaaten, dem Begriff Inhalt zu verleihen.[1036] Im Zuge einer autonomen Auslegung ist das eingangs

1032 Art. 2 Abs. 1 lit. e Nr. i und ii.

1033 Art. 2 Abs. 1 lit. e Nr. iii: Der Inhaber des Zertifikats gilt als Aktionär „der zugrunde liegenden, durch das Zertifikat vertretenen Aktien". Dass Zertifikate auch andere Basiswerte haben können, wurde bereits beschrieben, siehe ab S. 126.

1034 Zum Begriff des Wertpapiers ab S. 273.

1035 *Assmann* in Assmann/Schneider, WpHG, 6. Auflage 2012, § 2 Rn. 14; *Kalss/Oppitz/Zollner*, Kapitalmarktrecht System, 2. Auflage 2015, § 1 Rn. 4; *Veil* in Veil, Europäisches Kapitalmarktrecht, 2. Auflage 2014, § 8 Rn. 7; *Veil* in Veil, European Capital Markets Law, 2. Auflage 2017, § 8 Rn. 6.

1036 Auch die gesellschaftsrechtlichen Richtlinien verwenden eine Regelungstechnik mit Verweisen: Art. 2 lit. b der Aktionärsrechte-RL (RL 2007/36/EG des Europäischen Parlaments und des Rates vom 11.7.2007 über die Ausübung bestimmter Rechte von Aktionären in börsennotierten Gesellschaften, ABlEU vom 14.7.2007, L 184/17) referenziert in Bezug auf die Definition des Aktionärs auf das „anwendbare Recht",

beschriebene Verständnis zugrunde zu legen[1037]: Es handelt sich bei einer Aktie um eine unmittelbare, unternehmerische, mitgliedschaftliche Beteiligung an der emittierenden Gesellschaft.[1038] Aktien ist unionsweit grundsätzlich ihre freie Handelbarkeit gemein, die allerdings durch das Gesellschaftsrecht eines jeden Mitgliedsstaats eingeschränkt werden kann.[1039]

Unter dem mit Aktien regelmäßig verknüpften Stimmrechts ist mangels unionsrechtlicher Definition zu verstehen, was bereits in Zusammenhang mit dem Begriff der Aktie erläutert wurde: Es bezeichnet mithin einen gesellschaftsrechtlichen bzw. verwaltungsrechtlichen Teil der Aktie, der das Recht einräumt, durch Stimmabgabe am Zustandekommen von Hauptversammlungsbeschlüssen mitzuwirken und so Einfluss auf die Gesellschaft auszuüben.[1040] Die gesonderte

---

also das Recht des Staates, in dem die Gesellschaft ihren Sitz hat, siehe *Veil* in Veil, Europäisches Kapitalmarktrecht, 2. Auflage 2014, § 8 Rn. 6; *Veil* in Veil, European Capital Markets Law, 2. Auflage 2017, § 8 Rn. 5. In Bezug auf die GesR-RL (frühere Kap-RL) vgl. *Lutter/Bayer/J. Schmidt*, EuropUR, 6. Auflage 2017, 19.16. Jene Richtlinie stellt es den Mitgliedstaaten frei, ob sie Nennbetragsaktien und/oder Stückaktien (= sog. unechte nennwertlose Aktien) vorsehen, siehe *Lutter/Bayer/J. Schmidt*, EuropUR, 6. Auflage 2017, 19.45. In Deutschland versteht man unter dem Begriff Aktie die Mitgliedschaftsrechte an einer Aktiengesellschaft bzw. Kommanditgesellschaft auf Aktien, wobei der Begriff alle Aktienformen umfasst; einerseits also Stamm- und Vorzugsaktien, andererseits ebenso Namens- und Inhaberaktien (*Oulds* in Kümpel/Wittig, Bank- und Kapitalmarktrecht, 4. Auflage 2011, 14.31). Außerdem besteht nach § 140 AktG darüber hinaus die Möglichkeit, sog. Vorzugsaktien ohne Stimmrecht auszugeben; *Veil* in Veil, Europäisches Kapitalmarktrecht, 2. Auflage 2014, § 8 Rn. 7 ff.; *Veil* in Veil, European Capital Markets Law, 2. Auflage 2017, § 8 Rn. 6 ff.

1037 Zum Begriff der Aktie sie bereits auf S. 119.

1038 *Braun/Lang/Loy* in Ellenberger/Schäfer/Clouth/Lang, Wertpapier- und Derivatgeschäft, 4. Auflage 2011, S. 166 f.; *Heise* in Assies/Beule/Heise/Strube, Kapitalmarktrecht, 4. Auflage 2015, Kapitel 7, Rn. 81. Da das dazu eingesetzte Kapital nicht rückzahlbar ist, ist die Aktie ein sog. Eigenkapitalprodukt (*equity*), *Grunewald/Schlitt*, Kapitalmarktrecht, 3. Auflage 2014, S. 8.

1039 In Deutschland besteht diese Möglichkeit jedoch ausschließlich bei Namens-, nicht jedoch bei Inhaberaktien, § 68 Abs. 2 AktG. Weitere Details zu diversen Arten von Aktien sowie zu den Details der Übertragungen finden sich in der entsprechenden Literatur zum Gesellschaftsrecht: Für das deutsche Recht u. a. *Janott/Hagemann* in Henn/Frodermann/Janott, Aktienrecht, 8. Auflage 2009, S. 40 ff., 64 ff.; *Langenbucher*, Aktienrecht, 4. Auflage 2018, § 3 Rn. 1; für das österreichische, italienische, spanische und englische Recht siehe *Veil* in Veil, Europäisches Kapitalmarktrecht, 2. Auflage 2014, § 8 Rn. 11, dort Fn. 26 m. w. N.; *Veil* in Veil, European Capital Markets Law, 2. Auflage 2017, § 8 Rn. 10, dort Fn. 19 m. w. N.

1040 Zum Stimmrecht siehe bereits S. 119.

Erwähnung der Stimmrechte ist notwendig, da Aktien zwar regelmäßig, allerdings nicht immer mit einem Stimmrecht verbunden sind – als Ausnahme zu nennen sind beispielsweise (stimmrechtslose) Vorzugsaktien.[1041] Ein solches Stimmrecht ist im Rahmen von Art. 13 essentielle Voraussetzung: Im Kontext des Art. 13 Abs. 1 UAbs. 1 lit. a muss sich nicht notwendig das Finanzinstrument, jedoch das unbedingte oder bedingte Erwerbsrecht auf mit Stimmrechten verbundene Aktien beziehen. Art. 13 Abs. 1 UAbs. 1 lit. b setzt voraus, dass das Finanzinstrument *per se* auf derartige Aktien bezogen ist. Liegen diese Voraussetzungen (alternativ) nicht vor, kann es sich bei dem jeweils in Rede stehenden Finanzinstrument jedenfalls nicht um ein solches im Sinne des Art. 13 handeln.

(bb) Geregelter Markt in Abgrenzung zu MTF, OTF und OTC

Zumindest Art. 13 Abs. 1 UAbs. 1 lit. a verlangt, dass der Gegenstand des (unter Umständen eine Ermessensausübung fordernden) Bezugsrechts, das heißt die oben genannten Aktien, an einem „geregelten Markt" zugelassen sein muss. Art. 13 Abs. 1 UAbs. 1 lit. b stellt diese Voraussetzung zwar nicht explizit auf, doch auch die dort erfassten Finanzinstrumente müssen sich auf entsprechende Aktien beziehen. Hinsichtlich des geregelten Marktes ist gemäß dem Verweis des Art. 2 Abs. 1 lit. c TrRL 2013 auf Art. 4 Abs. 1 Nr. 21 MiFID II[1042] insoweit die Definition der MiFID II maßgeblich.

Zur Einordnung sei erwähnt, dass die MiFID II und die dazugehörige MiFIR zwischen drei Kategorien von Handelsplätzen[1043] des organisierten Handels mit unterschiedlich intensiver Regulierung unterscheiden[1044], die allesamt Unterformen des multilateralen Systems sind. Ein multilaterales System ist ein System oder ein Mechanismus, der die Interessen einer Vielzahl von Akteuren am Kauf und Verkauf von Finanzinstrumenten innerhalb des Systems zusammenführt.[1045] Neben geregelten Märkten zählen dazu auch multilaterale Handelssysteme (*multilateral trading facilities, MTF*) und organisierte Handelssysteme (*organized trading facilities, OTF*).[1046]

1041 Zu Vorzugsaktien bereits ab S. 121.

1042 Der Verweis führt dem Wortlaut nach zunächst zu Art. 4 Abs. 1 Nr. 14 MiFID I. Seit dem 3. Januar 2018 bezieht sich der Verweis aufgrund der Aufhebung der MiFID I auf die entsprechende Regelung in Art. 4 Abs. 1 Nr. 21 MiFID II, vgl. Fn. 141.

1043 Zum Handelsplatz Kapitalmarkt siehe ab S. 77.

1044 Zur Neustrukturierung durch MiFID II und MiFIR ausführlich *Lutter/Bayer/J. Schmidt*, EuropUR, 6. Auflage 2017, 32.7 ff.; *Parmentier* EuZW 2016, 45, 45.

1045 Vgl. Art. 4 Abs. 1 Nr. 19 MiFID II.

1046 *Lutter/Bayer/J. Schmidt*, EuropUR, 6. Auflage 2017, 14.64.

Der Handel außerhalb multilateraler Systeme, das heißt organisierter Märkte, wird als Handel *over the counter* (*OTC*) bzw. außerbörslicher Handel bezeichnet.[1047] Letzterer zeichnet sich im Gegensatz zu den geregelten Märkten insbesondere dadurch aus, dass die dort gehandelten Produkte nicht notwendig an bestimmten Standards orientiert sein müssen, sondern die Vertragsdetails jeweils individuell ausgestaltet sein können.[1048] Indes ist damit wiederum explizit nicht gesagt, dass die dort gehandelten Produkte nicht standardisiert sind, vielmehr ist regelmäßig das Gegenteil der Fall.[1049]

Nach Art. 4 Abs. 1 Nr. 21 MiFID II handelt es sich bei einem geregelten Markt im Sinne des Art. 13 Abs. 1 UAbs. 1 lit. a TrRL 2013 um ein von einem Marktbetreiber betriebenes und/oder verwaltetes bestimmtes multilaterales System. Dieses System muss die Interessen nach seinen nichtdiskretionären Regeln in einer Weise zusammenführen oder das Zusammenführen fördern, die zu einem Vertrag in Bezug auf Finanzinstrumente führt, die gemäß den Regeln und/oder den Systemen des Marktes zum Handel zugelassen wurden, sowie eine Zulassung erhalten haben und ordnungsgemäß und gemäß Titel III (Art. 44 ff.) der MiFID II funktionieren.[1050]

Die mit einem Stimmrecht verknüpfte Aktie im Sinne des Art. 13 Abs. 1 UAbs. 1 lit. a TrRL 2013 muss zum Handel auf einem geregelten Markt zugelassen sein, nicht in einem *MTF* oder *OTF*. Damit gehen diverse strengere Anforderungen, insbesondere im Vergleich zu *MTFs* einher[1051], die jedoch hier in ihren Details nicht weiter beleuchtet werden sollen. Der Definition des Art. 4 Abs. 1 Nr. 21 MiFID II lässt sich außerdem entnehmen, dass auch für die Finanzinstrumente selbst eine Zulassung zum Handel gemäß den Regeln und/oder den Systemen des Marktes vorausgesetzt ist.

1047 *Lutter/Bayer/J. Schmidt*, EuropUR, 6. Auflage 2017, 14.65.

1048 *Buck-Heeb*, Kapitalmarktrecht, 9. Auflage 2017, Rn. 84; *Grunewald/Schlitt*, Kapitalmarktrecht, 3. Auflage 2014, S. 151; *Rudolf* in Kümpel/Wittig, Bank- und Kapitalmarktrecht, 4. Auflage 2011, Rn. 19.102. Zur sehr wohl existierenden Regulierung der *OTC* Märkte *Gstädtner* RdF 2012, 145, 145 ff.

1049 *Rudolf* in Kümpel/Wittig, Bank- und Kapitalmarktrecht, 4. Auflage 2011, Rn. 19.104;

1050 Ausführlich zum Begriff des geregelten Marktes im Unionsrecht Dauses/*Follak*, EU Wirtschaftsrecht, Juni 2016, f. III. Rn. 48 bis 60.

1051 Dazu Dauses/*Follak*, EU Wirtschaftsrecht, Juni 2016, f. III. Rn. 61 ff.; *Lutter/Bayer/J. Schmidt*, EuropUR, 6. Auflage 2017, 32.35 ff. sowie Rn. 32.46 ff.

(5) Zwischenergebnis

Art. 13 Abs. 1 UAbs. 1 lit. a statuiert eine Mitteilungspflicht für natürliche oder juristische Personen, die direkt oder indirekt ein bestimmtes Finanzinstrument halten. Die Vorschrift untergliedert Finanzinstrumente in solche, die dem Inhaber das unbedingte Recht auf Erwerb von Aktien einräumen (Art. 13 Abs. 1 UAbs. 1 lit. a Alt. 1) und solche, die ihm eine Ermessensbefugnis in Bezug auf sein Recht auf Erwerb verleihen (Art. 13 Abs. 1 UAbs. 1 lit. a Alt. 2).

Kritik aus der Literatur erfuhr diese Unterscheidung deshalb, weil dem Inhaber auch dann ein unbedingtes Recht zustehe, wenn es insoweit allein auf das Ermessen des Inhabers ankomme. In Bezug auf Art. 13 Abs. 1 UAbs. 1 lit. a Alt. 2 ist jedoch davon auszugehen, dass ein Erwerbsrecht bereits mit Abschluss des Finanzinstruments entsteht und aufschiebend bedingt ist: Die Bedingung ist die Ermessensausübung durch den Inhaber. Demnach ist aufgrund der unterschiedlichen Voraussetzungen von Art. 13 Abs. 1 UAbs. 1 lit. a Alt. 1 und 2 zwischen einem „unbedingten" und „bedingten" Recht zu differenzieren. Nicht nur, dass der Wortlaut einer anderen Auslegung entgegensteht. Auch ist die ESMA dieser Auffassung, wenn sie Verträge oder Vereinbarungen, deren Aus- oder Durchführung (beispielsweise) eine Erklärung einer Vertragspartei erfordert, als „bedingt" bezeichnet.

Weil dem Inhaber eines Instruments nach Art. 13 Abs. 1 UAbs. 1 lit. a stets ein Recht auf Erwerb oder ein Ermessen in Bezug auf den Erwerb entsprechender Aktien eingeräumt sein muss, bleiben solche Finanzinstrumente mit physischer Ausgleichspflicht außer Betracht, bei welchen das Erwerbsrecht oder ein Ermessen in Bezug auf das Recht zum Erwerb von mindestens einer weiteren Bedingung abhängig ist, die außerhalb des Einflussbereichs des Inhabers liegt. Gleiches gilt für Finanzinstrumente, die zur Veräußerung von Aktien berechtigen oder insoweit ein Ermessen einräumen.

Art. 13 Abs. 1 UAbs. 1 lit. a setzt weiter voraus, dass ein Recht auf Erwerb bzw. das Ermessen in Bezug auf das Recht zum Erwerb von Aktien „bei Fälligkeit" verliehen sein muss. Die Mitteilungspflicht entsteht jedoch unabhängig davon, wann der Inhaber des Finanzinstruments sein Erwerbsrecht ausüben bzw. von der Erwerbsmöglichkeit Gebrauch machen kann. Bezugspunkt dieser Fälligkeit ist das Erwerbsrecht selbst, da bestimmte Finanzinstrumente andernfalls keiner Mitteilungspflicht unterfielen.

Außerdem verlangt Art. 13 Abs. 1 UAbs. 1 lit. a eine förmliche Vereinbarung, innerhalb derer die aus dem Finanzinstrument folgenden Ansprüche fixiert sein müssen. Dies meint eine solche Vereinbarung, die nach geltendem Recht verbindlich ist. Die nähere Ausgestaltung verbleibt damit nach wie vor bei den Mitgliedstaaten.

Als zentraler Anknüpfungspunkt einer jeden Vereinbarung im Rahmen des Art. 13 Abs. 1 UAbs. 1 lit. a hat sich die mit einem Stimmrecht verbundene (unionsrechtlich nicht weiter spezifizierte) Aktie gezeigt. Ein solches Stimmrecht ist im Rahmen von Art. 13 essentielle Voraussetzung: Im Kontext des Art. 13 Abs. 1 UAbs. 1 lit. a muss sich zwar nicht notwendig das Finanzinstrument, jedoch das unbedingte oder bedingte Erwerbsrecht auf mit Stimmrechten verbundene Aktien beziehen. Art. 13 Abs. 1 UAbs. 1 lit. b hingegen setzt voraus, dass das Finanzinstrument *per se* auf derartige Aktien bezogen sein muss.

Zumindest Art. 13 Abs. 1 UAbs. 1 lit. a verlangt ferner, dass der Gegenstand des (unter Umständen eine Ermessensausübung fordernden) Bezugsrechts, womit Aktien im Sinne jener Norm gemeint sind, an einem „geregelten Markt" zugelassen sein muss. Art. 13 Abs. 1 UAbs. 1 lit. b stellt diese Voraussetzung zwar nicht explizit auf, doch auch die dort erfassten Finanzinstrumente müssen sich auf entsprechende Aktien beziehen.

bb) Art. 13 Abs. 1 UAbs. 1 lit. a, Abs. 1b UAbs. 1 TrRL 2013

Nach wie bedarf der Klärung, welche Finanzinstrumente Art. 13 Abs. 1 UAbs. 1 lit. a zu subsumieren sind. Im Folgenden soll daher insbesondere die Zusammenschau aus Art. 13 Abs. 1 UAbs. 1 lit. a und Art. 13 Abs. 1b UAbs. 1 insoweit Licht ins Dunkel bringen. Somit werden vorrangig „übertragbare Wertpapiere", „Optionen", „Terminkontrakte", „Swaps", „Zinsausgleichsvereinbarungen", „Differenzgeschäfte" sowie „alle anderen Kontrakte oder Vereinbarungen mit vergleichbarer wirtschaftlicher Wirkung, die physisch oder bar abgewickelt werden können" vor dem Hintergrund des Art. 13 Abs. 1 UAbs. 1 lit. a beleuchtet.

Der Wortlaut von Art. 13 Abs. 1 UAbs. 1 lit. a ähnelt Art. 13 Abs. 1 TrRL 2004. In der Vorgängerregelung musste das Finanzinstrument seinem „Inhaber das Recht verleihen, von sich aus im Rahmen einer förmlichen Vereinbarung mit Stimmrechten verbundene und bereits ausgegebene Aktien eines Emittenten, dessen Aktien zum Handel an einem geregelten Markt zugelassen sind, zu erwerben". Wie beschrieben, war damals Art. 11 Abs. 1 UAbs. 1 DurchführungsRL 2007 a. F. für die Definition des Finanzinstruments maßgeblich. Dessen Gehalt wurde weitestgehend in die Enumeration potenzieller Finanzinstrumente im Sinne des Art. 13 Abs. 1 UAbs. 1 lit. a bzw. b in Art. 13 Abs. 1b UAbs. 1 lit. a bis g übernommen, sodass ein Indiz für einen gewissen Gleichlauf der alten und neuen Regelung vorliegt.

Ansatzpunkt für die Interpretation des Begriffs „Finanzinstrument" in Art. 13 Abs. 1 UAbs. 1 lit. a ist daher nicht nur auf Grund einer naheliegenden inhaltlichen Entsprechung des Anwendungsbereichs von Art. 13 Abs. 1 UAbs. 1 lit. a im Vergleich zur Vorgängerregelung des Art. 13 Abs. 1 TrRL 2004, die bisher von Art. 13 Abs. 1 TrRL 2004 einbezogenen Finanzinstrumente als Orientierungshilfe heranzuziehen. Auch ist der Umstand zu berücksichtigen, dass jene zum überwiegenden Teil Niederschlag in Art. 13 Abs. 1b UAbs. 1 lit. a bis g gefunden haben. Die TrRL 2013 nennt damit explizit (unter bestimmten Umständen) erfasste Instrumente, sodass der Unionsgesetzgeber insbesondere diese Finanzinstrumente bei Verabschiedung der ÄnderungsRL 2013 im Rahmen von Art. 13 Abs. 1 UAbs. 1 lit. a (und b) berücksichtigt wissen wollte. Gleichzeitig ist mangels weiterer Beispiele davon auszugehen, dass die Aufnahme anderer spezifischer Instrumente zu jener Zeit nicht konsensfähig war und dem gefundenen Kompromiss mit dieser Herangehensweise ausreichend Rechnung getragen werden kann.

Eine Ergänzung erfuhr die Aufzählung durch Art. 13 Abs. 1b UAbs. 1 lit. f, da Differenzgeschäfte im Rahmen von Art. 11 Abs. 1 UAbs. 1 DurchführungsRL 2007 a. F. jedenfalls nicht explizit erfasst waren. Art. 13 Abs. 1b UAbs. 1 lit. g formuliert, ähnlich wie es in Art. 11 Abs. 1 UAbs. 1 S. 1 DurchführungsRL 2007 a. F. der Fall war, eine Art Auffangklausel, die durch ihre Neufassung einen wohl noch größeren Anwendungsbereich aufweist: Damals war dieser durch die MiFID I sowie die Voraussetzungen des Art. 13 Abs. 1 TrRL 2004 bzw. Art. 11 Abs. 1 UAbs. 1 und 2 DurchführungsRL 2007 a. F. begrenzt.[1052] Heute sind nach Art. 13 Abs. 1b UAbs. 1 lit. g alle anderen (das heißt nicht in den lit. a bis f derselben Norm genannte Alternativen) Kontrakte oder Vereinbarungen mit vergleichbarer wirtschaftlicher Wirkung erfasst, die physisch oder bar abgewickelt werden können. Dies gilt vorbehaltlich der in Art. 13 Abs. 1b UAbs. 1 aufgestellten Bedingung, dass ein im selben Absatz aufgeführtes Finanzinstrument nur dann ein solches im Sinne des Art. 13 darstellt, wenn es die in Art. 13 Abs. 1 UAbs. 1 lit. a oder b beschriebenen Voraussetzungen erfüllt. Die Beschränkung auf die Auflistung der MiFID I (inzwischen durch die MiFID II abgelöst[1053]) ist daher entfallen.[1054]

Wie eingangs erwähnt, sind nach Art. 13 Abs. 1b UAbs. 1 lit. a bis f insbesondere „übertragbare Wertpapiere", „Optionen", „Terminkontrakte", „Swaps",

---

1052 Zu von Art. 11 Abs. 1 UAbs. 1 DurchführungsRL 2007 a. F. erfassten Instrumenten ab S. 187.

1053 Vgl. Fn. 141.

1054 Zur Rechtslage unter der TrRL 2004 ab S. 174.

„Zinsausgleichvereinbarungen" und - die im Vergleich zu Art. 11 Abs. 1 UAbs. 1 DurchführungsRL 2007 a. F. neu aufgenommenen - „Differenzgeschäfte" vor dem Hintergrund von Art. 13 Abs. 1 UAbs. 1 lit. a zu untersuchen. Ob diese Finanzinstrumente die Kriterien des Art. 13 Abs. 1 UAbs. 1 lit. a erfüllen, muss stets im Einzelfall beurteilt werden. Auch ist zu evaluieren, welche Finanzinstrumente darüber hinaus als solche im Sinne des Art. 13 Abs. 1 UAbs. 1 lit. a infrage kommen. Hierbei ist insbesondere die ESMA-Liste zu berücksichtigen. Zu beachten ist weiterhin, dass ein von Art. 13 Abs. 1 UAbs. 1 lit. a erfasstes Finanzinstrument zwingend oder zumindest optional die Möglichkeit zum physischen Ausgleich beinhalten muss, da ein Finanzinstrument mit Barausgleichspflicht dem Inhaber weder ein unbedingtes Recht auf Erwerb oder auch nur ein Ermessen in Bezug auf ein Recht zum Erwerb entsprechender Aktien einräumen kann.[1055]

(1) Übertragbare Wertpapiere

Die TrRL 2013 stellt gemäß ihrem Art. 1 Abs. 1 Voraussetzungen für die Veröffentlichung regelmäßiger und laufender Informationen über Emittenten auf, deren „Wertpapiere" bereits zum Handel an einem in einem Mitgliedstaat gelegenen oder dort betriebenen geregelten Markt zugelassen sind. Die Richtlinie enthält daher Regelungen über den Handel von Wertpapieren, wobei der Begriff des Wertpapiers damit den sachlichen Anwendungsbereich der Richtlinie maßgeblich determiniert.[1056] Nach wie vor ist der Begriff des Wertpapiers in Art. 2 Abs. 1 lit. a mittels eines Verweises definiert. Danach handelt es sich dabei um „übertragbare Wertpapiere im Sinne von Artikel 4 Absatz 1 Nummer 18 der (...) [MiFID I] mit Ausnahme von Geldmarktinstrumenten im Sinne von Artikel 4 Absatz 1 Nummer 19 (...) [MiFID I] mit einer Laufzeit von weniger als 12 Monaten, für die nationale Vorschriften gelten können".

Seit dem 3.1.2018 bezieht sich der Verweis auf die entsprechende Regelung in Art. 4 Abs. 1 Nr. 44 MiFID II.[1057] Die MiFID II beschreibt „Übertragbare Wertpapiere" dort als Kategorien von Wertpapieren, die auf dem Kapitalmarkt gehandelt werden können, nimmt Zahlungsinstrumente im Anschluss daran von dieser Definition aus und führt schließlich unter anderem Aktien bzw. Aktien oder

---

1055 ESMA/2014/300, S. 38 (Nr. 162); siehe dazu schon ab S. 232.

1056 *Lutter/Bayer/J. Schmidt*, EuropUR, 6. Auflage 2017, 36.6; *Veil* in Veil, Europäisches Kapitalmarktrecht, 2. Auflage 2014, § 8 Rn. 1 ff.; *Veil* in Veil, European Capital Markets Law, 2. Auflage 2017, § 8 Rn. 6 ff.

1057 Vgl. Fn. 141.

Anteilen an Gesellschaften gleichzustellende Wertpapiere, verbriefte Schuldtitel (Schuldverschreibungen) und einige sonstige Wertpapiere exemplarisch auf.

Vorausgesetzt ist als abstraktes Merkmal immerhin, dass die Wertpapiere „auf dem Kapitalmarkt gehandelt werden können“ müssen.[1058] Dem Wortlaut nach sind außerdem lediglich „übertragbare“ Wertpapiere erfasst.

Die MiFID II bietet damit eine wenig konkrete Definition und beschränkt sich im Übrigen, wie auch bereits die Vorgänger, MiFID I und ISD, auf eine typologische Einordnung.[1059] So bleibt es den Mitgliedstaaten überlassen, die Regelung der MiFID II zu spezifizieren um etwaige Rechtsunsicherheiten zu eliminieren. Fruchtbar gemacht werden kann an dieser Stelle folglich nur eine autonome Auslegung. Dieser zugeführt werden muss zum einen der Begriff des (übertragbaren) „Wertpapiers“ sowie jener der „Kategorien“ und zum anderen die Möglichkeit des Handels auf dem Kapitalmarkt, mit anderen Worten die kapitalmarktmäßige Handelbarkeit.

(aa) Wertpapier

Gegenstand eines Wertpapiers ist ein privates Recht, dem eigener Vermögenswert zukommt.[1060] In Hinblick auf den kapitalmarktrechtlichen Hintergrund der MiFID II, die sich inhaltlich mit der Marktorganisation und -aufsicht befasst, können die dem allgemeinen Zivilrecht bekannten Definitionen des Wertpapiers nicht herhalten[1061], da Regelungsgegenstand der MiFID II nicht die Begründung,

---

1058 *Veil* in Veil, Europäisches Kapitalmarktrecht, 2. Auflage 2014, § 8 Rn. 7 ff. m. w. N.; *Veil* in Veil, European Capital Markets Law, 2. Auflage 2017, § 8 Rn. 6 ff. Allgemein zum Wertpapierbegriff *Heise* in Assies/Beule/Heise/Strube, Kapitalmarktrecht, 4. Auflage 2015, Kapitel 7, Rn. 64 ff.

1059 *Fuchs* in Fuchs, WpHG, 2. Auflage 2016, § 2 Rn. 9; *Heinze*, Europäisches Kapitalmarktrecht, 1999, S. 40 f.; *Kalss/Oppitz/Zollner*, Kapitalmarktrecht System, 2. Auflage 2015, § 1 Rn. 4.

1060 *Hueck/Canaris*, Recht der Wertpapiere, 12. Auflage 1986, S. 1; *Lehmann*, Finanzinstrumente, 2009, S. 290 ff.; *Zöllner*, Wertpapierrecht, 1970, S. 15. Vgl. im Rahmen der hier fast wortlautgleichen MiFID I so *Müller*, Finanzinstrumente Rom I-VO, 2011, S. 54.

1061 *Lehmann*, Finanzinstrumente, 2009, S. 15. Neben dem zivilrechtlichen Wertpapierbegriff, zu dem ein enges sowie weites Verständnis besteht, der kapitalmarktrechtliche Wertpapierbegriff. Der TrRL 2013 wird insbesondere im Bereich der Beteiligungspublizität auf dem Finanzmarkt ein derartiges Verständnis zugrunde liegen. Jenes zeichnet sich durch ein weites Verständnis aus, das nicht nur – gemäß dem engen (auch „restriktiven“) Wertpapierbegriff im deutschen Zivilrecht – Urkunden über Vermögensrechte erfasst, bei denen die Verfügung über das verbriefte Recht durch die Verfügung über das Papier erfolgt (insoweit zum engen Wertpapierbegriff im

Geltendmachung oder Übertragung einzelner Rechte darstellt. Für den kapitalmarktrechtlichen Hintergrund und die Ziele der MiFID II bzw. TrRL 2013, dies meint insbesondere die Funktionsfähigkeit des Kapitalmarkts und den Anlegerschutz[1062], ist es im Übrigen grundsätzlich irrelevant, ob eine nach den dem allgemeinen Zivilrecht bekannten Definitionen vorausgesetzte Verbriefung des jeweiligen Rechts vorliegt.[1063]

In der deutschen Fassung der MiFID II und TrRL 2013 ist von „Wertpapieren" (im Singular zusammengesetzt aus „Wert" und „Papier") die Rede, was - angesichts des kapitalmarktrechtlichen Hintergrunds dieser Richtlinien - als „terminologische Fehlgeburt" bzw. „*contradictio in adiecto*" (übersetzt aus dem Lateinischen etwa „Widerspruch in der Hinzufügung", etwas freier „Widerspruch in sich") betitelt wurde.[1064] Grund dafür ist, dass der kapitalmarktrechtliche Begriff dem allgemeinen Wertpapierbegriff, der stets eine Urkunde verlangt[1065], widerspricht.[1066] Dass die Verbriefung nicht erforderlich ist, zeigen darüber hinaus auch andere Sprachfassungen der MiFID II, in welchen von „*transferable securities*" (englische Fassung), „*valeurs mobilières*" (französische Fassung), „*valori mobiliari*" (italienische Fassung) oder „*valores negociables*" (spanische Fassung) die Rede ist. Eine Verbriefung findet dort jeweils keinerlei Erwähnung. Der Grund für die Beibehaltung des Begriffspaars von „Wert" und „Papier" in der deutschen Fassung rührt vermutlich daher, dass sich die Entmaterialisierung

Zivilrecht *Gursky*, Wertpapierrecht, 3. Auflage 2007, S. 2; auch schon *Ulmer*, Recht der Wertpapiere, S. 21).

Auch ist er umfassender als der weite (auch „extensive") Wertpapierbegriff im deutschen Zivilrecht, wonach jede Urkunde unter diesen Begriff fällt, in der ein privates Recht in der Weise verbrieft ist, dass zur Geltendmachung des Rechts die Innehabung der Urkunde erforderlich ist (*Gursky*, Wertpapierrecht, 3. Auflage 2007, S. 2; *Hueck/Canaris*, Recht der Wertpapiere, 12. Auflage 1986, S. 1; *Rehfeldt/Zöllner*, Wertpapierrecht, 9. Auflage 1970, S. 18. Eine übersichtliche Darstellung bietet *Lehmann*, Finanzinstrumente, 2009, S. 11 ff.

1062 *Buck-Heeb*, Kapitalmarktrecht, 9. Auflage 2017, Rn. 11 ff.; *Lenenbach*, Kapitalmarktrecht, 2. Auflage 2010, Rn. 1.67 ff.; *Lutter/Bayer/J. Schmidt*, EuropUR, 6. Auflage 2017, 14.12 sowie 14.81; *Oulds* in Kümpel/Wittig, Bank- und Kapitalmarktrecht, 4. Auflage 2011, 14.141.

1063 Vgl. im Rahmen der hier fast wortlautgleichen MiFID I so *Müller*, Finanzinstrumente Rom I-VO, 2011, S. 55.

1064 *Lehmann*, Finanzinstrumente, 2009, S. 15.

1065 Zum hier nicht im Detail relevanten allgemeinen Wertpapierbegriff Fn. 1061.

1066 *Lehmann*, Finanzinstrumente, 2009, S. 15.

der Wertpapiere[1067] in den Rechtssystemen anderer Mitgliedstaaten bereits stärker als hierzulande durchgesetzt hat.[1068]

In Bezug auf die gegenständliche Richtlinie wird außerdem aus Art. 4 Abs. 1 Nr. 44 lit. a MiFID II ersichtlich, der neben Aktien auch Aktien gleichzustellende Wertpapiere aufführt, dass damit beispielsweise Wertrechte erfasst sind.[1069] Schon seit der ISD (wohlgemerkt aus dem Jahr 1993) wird auf Grundlage dieser Erwähnung im Rahmen der nationalrechtlichen Umsetzung vom Verbriefungserfordernis abgesehen, wobei der Unionsgesetzgeber bis zur MiFID II bei gegenteiligem Verständnis ausreichend Gelegenheit gehabt hätte, dies entsprechend zu korrigieren. Im Ergebnis kann der Begriff des Wertpapiers hier daher nur im kapitalmarktrechtlichen Sinn verstanden werden, sodass damit folgend ein nicht zwingend verbrieftes, privates Recht mit eigenem Vermögenswert[1070] beschrieben ist.[1071]

(bb) Kategorien und kapitalmarktmäßige Handelbarkeit

Die Definition von „übertragbaren Wertpapieren" der MiFID I war, wie oben dargestellt, nahezu identisch mit derjenigen aus der MiFID II. Zuvor war allerdings nicht von „Kategorien", sondern „Gattungen" die Rede. Schon damals war man wenig erfreut über dieses Tatbestandsmerkmal – an eine „Gattung" ließ sich rechtlich nur schwer anknüpfen.[1072] Die sprachliche Abwandlung von „Gattungen" zu „Kategorien" ist ähnlich unglücklich, eignet sie sich doch ebenso wenig als Abgrenzungskriterium. Dies untermauert auch die zufällig erscheinende

---

1067 *Fuchs* in Fuchs, WpHG, 2. Auflage 2016, § 2 Rn. 12; *Kumpan* in Schwark/Zimmer, Kapitalmarktrechts-Kommentar, 4. Auflage 2010, § 2 WpHG Rn. 6; *Roth* in Kölner Kommentar WpHG, 2. Auflage 2014, § 2 Rn. 46.

1068 Zum Funktionsverlust der Urkunde *Lehmann*, Finanzinstrumente, 2009, S. 16 ff.; zur Situation in anderen Staaten siehe dort S. 61 ff.

1069 So zumindest die allgemeine Ansicht im deutschen Recht, siehe nur *Fuchs* in Fuchs, WpHG, 2. Auflage 2016, § 2 Rn. 12; *Ritz* in Just/Voß/Ritz/Becker WpHG Kommentar, 2015, § 2 Rn. 10; *Roth* in Kölner Kommentar WpHG, 2. Auflage 2014, § 2 Rn. 33.

1070 Wie den Vermögenswert abstrakt bei dem Finanzinstrument ausmacht, wurde bereits dargelegt; siehe S. 97.

1071 Auch aus diesem Grund wird vertreten, den Begriff des Wertpapiers in diesem Sinne durch den des Finanzinstruments abzulösen und ersteren nur noch bei solchen Rechten anzuwenden, über die eine individuelle Urkunde ausgestellt wird, vgl. *Lehmann*, Finanzinstrumente, 2009, S. 283 ff.

1072 *Kumpan* in Schwark/Zimmer, Kapitalmarktrechts-Kommentar, 4. Auflage 2010, § 2 WpHG Rn. 7; *Müller*, Finanzinstrumente Rom I-VO, 2011, S. 56; *Ritz* in Just/Voß/Ritz/Becker WpHG Kommentar, 2015, § 2 Rn. 8; *Roth* in Kölner Kommentar WpHG, 2. Auflage 2014, § 2 Rn. 24.

Ersetzung des Begriffs in der deutschen Fassung, die offenbar keine beabsichtigte inhaltliche Änderung zum Ausdruck bringen sollte: Weder in der englischen („*classes*"), der französischen („*les catégories*"), der italienischen („*categorie*") noch in der spanischen („*categorías*") Fassung hat der Begriff im Vergleich der MiFID I mit der MiFID II insoweit Änderungen erfahren.[1073] „Kategorien" verlangen ein gewisses Maß an Standardisierung[1074], die - nach hier vertretener Auffassung - keine Voraussetzung, aber ein Indiz für das Vorliegen der kapitalmarktmäßigen Handelbarkeit darstellt.[1075]

Schon im Rahmen der durch Art. 13 TrRL 2004, Art. 11 Abs. 1 DurchführungsRL 2007 a. F. in Bezug genommenen MiFID I war vorausgesetzt, dass die Gattungen (in der MiFID II stattdessen „Kategorien") von Wertpapieren „auf dem Kapitalmarkt gehandelt werden können". Da es an einer entsprechenden unionsrechtlichen Definition dieser Begriffskomposition mangelte, zeichneten sich bereits damals Verständnisschwierigkeiten ab. Zwar ließ sich in Art. 35 Abs. 1 DurchführungsVO MiFID I eine Definition zur „freien Handelbarkeit" von übertragbaren Wertpapieren finden, wonach diese dann vorlag, wenn Wertpapiere zwischen den Parteien eines Geschäfts gehandelt und anschließend übertragen werden können und wenn alle Wertpapiere innerhalb der gleichen Kategorie wie das besagte Wertpapier fungibel sind. Demnach kam es auf die Handelbarkeit, Übertragbarkeit und Fungibilität an.[1076] Allerdings bezog sich diese Definition auf Art. 40 MiFID I und enthielt keinen Hinweis auf Art. 4 MiFID I. Eine entsprechende Erwähnung in Art. 35 Abs. 1 DurchführungsVO MiFID I wäre dem europäischen Gesetzgeber möglich gewesen, sodass nicht von einem gleichbedeutenden Begriffsverständnis ausgegangen werden konnte.[1077] Sollte die Handelbarkeit im Sinne des Art. 35 Abs. 1 DurchführungsVO MiFID I bezüglich eines Wertpapiers vorliegen, so ließ sich demnach nicht folgern, dass sie ebenfalls im Sinne des Art. 4 Nr. 18 MiFID I gegeben war.[1078]

1073 Dies erkannte offenbar auch der deutsche Gesetzgeber und änderte die entsprechende Formulierung in § 2 WpHG bisher nicht: Das 2. FiMaNoG hat jedenfalls keine entsprechende Änderung vorgesehen.

1074 Vgl. Begr. RegE. FRUG, BT-Drucks. 16/4028, S. 54; vgl. in Bezug auf die MiFID I *Müller*, Finanzinstrumente Rom I-VO, 2011, S. 56.

1075 Der Grund dafür ist, dass auch *OTC* gehandelte Finanzinstrumente potenziell von Art. 13 Abs. 1 UAbs. 1 lit. a oder b erfasst sein können (siehe dazu ab S. 268); zur kapitalmarktmäßigen Handelbarkeit ab S. 101.

1076 Zu diesen Begrifflichkeiten siehe bereits ab S. 101.

1077 So ebenfalls *Voß* BKR 2007, 45, 48.

1078 *Voß* BKR 2007, 45, 48.

Einer Stellungnahme des CESR (Vorgänger der ESMA) aus dem Jahr 2005 waren zwar einige Ausführungen zur Handelbarkeit zu entnehmen[1079], doch waren diese wiederum ihrerseits auslegungsbedürftig und vermochten keine vollständige Rechtssicherheit zu vermitteln.[1080] Immerhin ließ sich eine Kongruenz des Verständnisses übertragbarer Wertpapiere des Anhangs I Abschnitt C zu demjenigen des Art. 35 Abs. 1 DurchführungsVO MiFID I feststellen: Übertragbare Wertpapiere galten dann als frei handelbar, wenn sie zwischen den Parteien einer Transaktion gehandelt und anschließend uneingeschränkt übertragen werden konnten.[1081] Außerdem sollten danach alle Anteile innerhalb einer Klasse fungibel sein.[1082] Doch half auch dies insofern wenig weiter, als die (uneingeschränkte) Übertragbarkeit und Fungibilität *per se* nicht weiter spezifiziert wurden.

Eine eindeutige unionsrechtliche Antwort auf die Frage, wie die Möglichkeit der Handelbarkeit auf dem Kapitalmarkt im Sinne des Art. 4 MiFID I definiert ist, existierte folglich nicht und rief die nationalen Gesetzgeber in die Verantwortung. Damit waren diese auch gefordert, festzulegen, ob Anteile an Rechtspersönlichkeiten wie beispielsweise Personengesellschaften übertragbare Wertpapiere im Sinne der jeweiligen nationalrechtlichen Umsetzungsvorschriften der MiFID I darstellten.[1083] Bemerkenswert war zudem, dass sich der unionsrechtliche Wertpapierbegriff durch die MiFID I hinsichtlich der durch sie abgelösten ISD wandelte, denn der Wortlaut hat sich durch die inzwischen geltende MiFID II kaum verändert: In der ISD wurden neben Aktien selbst auch Aktien gleichzustellende Wertpapiere erfasst, während der Begriff gemäß dem Wortlaut der MiFID I (und inzwischen auch der MiFID II[1084]) Aktien und Aktien oder Anteile an Gesellschaften, Personengesellschaften oder anderen Rechtspersönlichkeiten gleichzustellende Wertpapiere umfasste.[1085]

1079 CESR's Technical Advice on Possible Implementing Measures of the Directive 2004/39/EC on Markets in Financial Instruments, Ref.: CESR/05290b, S. 84 ff.

1080 CESR's Technical Advice on Possible Implementing Measures of the Directive 2004/39/EC on Markets in Financial Instruments, Ref.: CESR/05290b, S. 84.

1081 CESR's Technical Advice on Possible Implementing Measures of the Directive 2004/39/EC on Markets in Financial Instruments, Ref.: CESR/05290b, S. 84.

1082 CESR's Technical Advice on Possible Implementing Measures of the Directive 2004/39/EC on Markets in Financial Instruments, Ref.: CESR/05290b, S. 84.

1083 Im Ergebnis ebenfalls *Voß* BKR 2007, 45, 49.

1084 Vgl. Fn. 141.

1085 *Voß* BKR 2007, 45, 47.

Ob damit der Anwendungsbereich der Norm geändert bzw. erweitert werden sollte oder die Formulierung nur der Klarstellung diente, war weder der Norm selbst noch den Erwägungsgründen zu entnehmen.[1086] Inhaltlich konkret war die Norm lediglich insofern, als die Rechtsform des Emittenten, auf den sich die Anteile bezogen, nicht von Bedeutung sein sollte. Mehr Aufschluss geben auch die Gesetzgebungsmaterialien nicht, jedenfalls lässt sich darin keine Absicht hinsichtlich einer inhaltlichen Erweiterung des Wertpapierbegriffs finden.[1087]

Es verwunderte jedoch bereits damals, weshalb Anteile an Rechtspersönlichkeiten wie beispielsweise Personengesellschaften vom Wortlaut selbst nicht erfasst waren, Anteilen an Personengesellschaften gleichzustellende Wertpapiere hingegen schon.[1088] Ob diese Formulierung mit Absicht gewählt wurde, ist nicht ersichtlich - denn es hätte nur der Ergänzung von „Anteilen an (Gesellschaften, Personengesellschaften oder anderen) Rechtspersönlichkeiten" vor dem ersten Komma im Normtext bedurft, um entsprechende Anteile direkt zu erfassen.[1089] Außerdem ließ sich mit dem *Telos* fragen, weshalb nur Anteilen an Personengesellschaften gleichzustellende Wertpapiere erfasst werden sollten, denn *a fortiori* hätten dann auch Anteile an Personengesellschaften selbst in den Anwendungsbereich der Norm fallen müssen.[1090] Das Unionsrecht beantwortete diese Frage nicht, sodass es fragwürdig blieb, ob beispielsweise Anteile an geschlossenen Fonds vom Wertpapierbegriff erfasst wurden.[1091]

Schon damals bemühte sich der deutsche Gesetzgeber um mehr Klarheit und versuchte zwar nicht in der nationalrechtlichen Umsetzung, wohl aber in der zugehörigen Begründung abstrakte Kriterien übertragbarer Wertpapiere zu determinieren.[1092] Die nationalrechtliche Interpretation ist für ein unionsrechtliches Verständnis zwar nicht maßgeblich, doch lassen sich dieser im Rahmen einer autonomen Auslegung einige nachvollziehbare Erwägungen entnehmen. Ebenso wie die Literatur[1093] sah sich der deutsche Gesetzgeber[1094] zu einer dogmatischen Aufschlüsselung berufen und bestimmte bei der Umsetzung der

1086 *Voß* BKR 2007, 45, 47.
1087 Vgl. KOM(2002), 625 endgültig.
1088 *Voß* BKR 2007, 45, 48.
1089 In diesem Sinne auch *Voß* BKR 2007, 45, 48.
1090 In diesem Sinne auch *Voß* BKR 2007, 45, 48.
1091 In diesem Sinne auch *Voß* BKR 2007, 45, 48.
1092 Begr. RegE. FRUG, BT-Drucks. 16/4028, S. 53 f.
1093 *Fuchs* in Fuchs, WpHG, 2. Auflage 2016, § 2 Rn. 12; *Roth* in Kölner Kommentar WpHG, 2. Auflage 2014, § 2 Rn. 46.
1094 Begr. RegE. FRUG, BT-Drucks. 16/4028, S. 53 f.

MiFID I die „Übertragbarkeit, Standardisierung und Handelbarkeit" als maßgebende, sich einander bedingende Kriterien der übertragbaren Wertpapiere – in diesem Zusammenhang wurden und werden bis heute in der Literatur weitere Eigenschaften erwähnt, namentlich die der Fungibilität, Vertretbarkeit, Zirkulationsfähigkeit, Umlauffähigkeit und/oder Liquidität.[1095]

An dieser Stelle wird die Auseinandersetzung mit dem Begriff des Finanzinstruments in Teil I[1096] herangezogen: Danach müssen Finanzinstrumente im kapitalmarktrechtlichen Zusammenhang die Eigenschaft der kapitalmarktmäßigen Handelbarkeit aufweisen.[1097] Nur, wenn ein Vermögenswert handelbar ist, kann er Finanzinstrument sein – dieses Charakteristikum eint alle Finanzinstrumente und grenzt sie von bloßen zweiseitigen Verträgen ab, bei denen Rechte und Pflichten nicht ohne Weiteres auf andere übertragen werden können.[1098] Soweit die „Wertpapiere" gemäß Art. 4 Abs. 1 Nr. 44 MiFID II in die Kategorie der Finanzinstrumente nach Art. 13 Abs. 1 UAbs. 1 lit. a TrRL 2013 fallen sollen, müssen sie jedenfalls die entsprechenden Kriterien erfüllen: Die kapitalmarktmäßige, das heißt eine auf den Kapitalmarkt bezogene Handelbarkeit[1099] setzt die Fungibilität (auch „Vertretbarkeit") und Zirkulationsfähigkeit (auch „Umlauffähigkeit" bzw. „Übertragbarkeit") voraus. Aus der Fungibilität (Vertretbarkeit) wiederum folgt vielfach, wenngleich nicht notwendig, die Standardisierung und Austauschbarkeit, während als Zirkulationsfähigkeit die ungehinderte Übertragbarkeit bezeichnet wird. Diese kapitalmarktmäßige Handelbarkeit ist im Übrigen Voraussetzung aller nachfolgend beschriebenen Instrumente für die

---

1095 Allgemein *Lehmann*, Finanzinstrumente, 2009, S. 305 ff. In Zusammenhang mit der MiFID I *Müller*, Finanzinstrumente Rom I-VO, 2011, S. 56 ff. sowie *Veil* in Veil, Europäisches Kapitalmarktrecht, 2. Auflage 2014, § 8 Rn. 6; *Veil* in Veil, European Capital Markets Law, 2. Auflage 2017, § 8 Rn. 5. Zu den Voraussetzungen im nationalen Recht *Fuchs* in Fuchs, WpHG, 2. Auflage 2016, § 2 Rn. 8 ff.; *Kalss/Oppitz/Zollner*, Kapitalmarktrecht System, 2. Auflage 2015, § 1 Rn. 4 ff.; *Kumpan* in Schwark/Zimmer, Kapitalmarktrechts-Kommentar, 4. Auflage 2010, § 2 WpHG Rn. 6 ff.; *Oulds* in Kümpel/Wittig, Bank- und Kapitalmarktrecht, 4. Auflage 2011, 15.21 ff.; *Ritz* in Just/Voß/Ritz/Becker WpHG Kommentar, 2015, § 2 Rn. 8 ff.; *Roth* in Kölner Kommentar WpHG, 2. Auflage 2014, § 2 Rn. 21 ff. Siehe zu den allgemeinen Merkmalen bereits ab S. 99.

1096 Siehe dazu bereits oben ab S. 99.

1097 Zur Begriffserläuterung bereits ab S. 81, zu den allgemeinen Merkmalen ab S. 99.

1098 Siehe dazu bereits oben ab S. 99; *Lehmann*, Finanzinstrumente, 2009, S. 305.

1099 Zur für das Ergebnis hier nicht relevanten Frage, ob das Merkmal der Übertragbarkeit konstitutives oder deklaratorisches Element der Handelbarkeit ist *Müller*, Finanzinstrumente Rom I-VO, 2011, S. 59.

Qualifizierung als Finanzinstrumente im Sinne des Art. 13 Abs. 1 UAbs. 1.[1100] Nicht gefordert ist diese jedoch bei „verschachtelten" Finanzinstrumenten für den jeweiligen Basiswert, da dies die kapitalmarktmäßige Handelbarkeit *ad absurdum* führen würde: Setzt man eine solche nicht lediglich bei dem „rechtlichen Mantel" voraus, sondern auch in Bezug auf die Basiswerte, wäre insbesondere die durch Sekuritisierung hergestellte (kapitalmarktmäßige) Handelbarkeit insofern nutzlos, da die zugrundeliegenden Werte ihrerseits gerade nicht (kapitalmarktmäßig) handelbar sind.[1101]

(cc) Typologie übertragbarer Wertpapiere

Art. 4 Abs. 1 Nr. 44 MiFID II erwähnt gleich mehrere Kategorien übertragbarer Wertpapiere, die hinsichtlich etwaiger Mitteilungspflichten gemäß Art. 13 Abs. 1 UAbs. 1 lit. a sogleich genauer betrachtet werden. Dazu zählen Aktien und andere, Aktien oder Anteilen an Gesellschaften, Personengesellschaften oder anderen Rechtspersönlichkeiten gleichzustellende Wertpapiere sowie Aktienzertifikate (lit. a), Schuldverschreibungen oder andere verbriefte Schuldtitel, einschließlich Zertifikaten (Hinterlegungsscheinen) für solche Wertpapiere (lit. b) und alle sonstigen Wertpapiere, die zum Kauf oder Verkauf solcher Wertpapiere berechtigen oder zu einer Barzahlung führen, die anhand von übertragbaren Wertpapieren, Währungen, Zinssätzen oder -erträgen, Waren oder anderen Indizes oder Messgrößen bestimmt wird (lit. c).

(i) Aktien

Was eine Aktie ist, verschweigt die TrRL 2013, in der - wie erwähnt[1102] - nur der „Aktionär" respektive der „Emittent" beschrieben ist. Insoweit enttäuscht auch ein Blick in die TrRL 2004. Ebenfalls lassen sich der DurchführungsRL 2007 a. F. dahingehend keine weiteren Informationen entnehmen.

Die von letzterer in Bezug genommene MiFID I führte „Aktien" in ihrem Art. 4 Abs. 1 Nr. 18 (ebenso wie heute Art. 4 Abs. 1 Nr. 44 MiFID II[1103]) als übertragbare Wertpapiere an erster Stelle an (lit. a), noch vor verbrieften Schuldtiteln für derartige Aktien (lit. b) und sonstigen Wertpapieren, die zum Kauf oder Verkauf solcher Wertpapiere berechtigen oder zu einer derivativ bestimmten Barzahlung führen (lit. c).

1100 Zur kapitalmarktmäßigen Handelbarkeit ab S. 101 und noch ab S. 276.

1101 Siehe dazu ab S. 106. Anderer Ansicht ist *Müller*, Finanzinstrumente Rom I-VO, 2011, S. 72, wobei die kapitalmarktmäßige Handelbarkeit dort anders definiert wird als hier.

1102 Siehe zum Begriff der Aktie im Unionsrecht ab S. 265.

1103 Vgl. Fn. 141.

Mangels einer Definition der Aktie obliegt es weiterhin den Mitgliedstaaten, dem Begriff Gehalt zu verleihen. Wie bereits erläutert, handelt es sich bei einer Aktie um eine unmittelbare, unternehmerische Beteiligung an der emittierenden Gesellschaft. Dass es auf eine Verbriefung nicht ankommen kann, wurde bereits beschrieben. Infolgedessen kann auch nicht die Aktie als Urkunde Bezugspunkt sein, vielmehr ist hier das mitgliedschaftliche Verhältnis als Vermögenswert von Belang. Um welchen Typ Aktie es sich handelt, ist dabei im Rahmen dieser Regelung irrelevant, solange mit ihr ein Stimmrecht verbunden ist.[1104] Dies schließt die - jedenfalls dem deutschen Markt und Recht - bekannten stimmrechtslosen Vorzugsaktien aus. Gleichermaßen ist die Globalaktie nicht erfasst, die ihrerseits eine Vielzahl gleicher Mitgliedschaftsrechte verkörpert.[1105]

Der schlichte Vertrag über den Kauf oder Verkauf von mit Stimmrechten verbundenen Aktien eines Emittenten, die zum Handel an einem geregelten Markt zugelassen sind, ist bereits von Art. 9 Abs. 1 UAbs. 1 erfasst – vorausgesetzt, die dort geregelten Mitteilungsschwellen werden berührt. Es liegt dann kein Finanzinstrument vor, welches ein Aktienerwerbsrecht im Sinne des Art. 13 Abs. 1 UAbs. 1 lit. a einräumt.

(ii) Aktienzertifikate

Zu den in Art. 4 Abs. 1 Nr. 44 lit. a MiFID II genannten Aktienzertifikaten existiert in der Richtlinie selbst eine Definition. Es handelt sich danach um Wertpapiere, die auf dem Kapitalmarkt handelbar sind und ein Eigentumsrecht an Wertpapieren gebietsfremder Emittenten darstellen, wobei sie aber gleichzeitig zum Handel auf einem geregelten Markt zugelassen und unabhängig von den Wertpapieren gebietsfremder Emittenten gehandelt werden können.[1106] Dies lässt mehrere Schlüsse zu: Es handelt sich bei Aktienzertifikaten im Sinne der Norm erstens stets um Wertpapiere, die eine kapitalmarktmäßige Handelbarkeit unabhängig von den zugrundeliegenden Wertpapieren aufweisen[1107] und zweitens um solche, die ein Eigentumsrecht an Wertpapieren eines gebietsfremden Emittenten darstellen. Mit gebietsfremd sind in diesem Zusammenhang nicht

---

1104 *Müller*, Finanzinstrumente Rom I-VO, 2011, S. 64 f. (in Bezug auf den Begriff der Aktie in der MiFID I); *Veil* in Veil, Europäisches Kapitalmarktrecht, 2. Auflage 2014, § 8 Rn. 9 ff.; *Veil* in Veil, European Capital Markets Law, 2. Auflage 2017, § 8 Rn. 8 ff.

1105 *Lehmann*, Finanzinstrumente, 2009, S. 326.

1106 Vgl. Art. 4 Abs. 1 Nr. 45 MiFID II.

1107 Letzteres ergibt sich bereits aus dem Sinnzusammenhang, überdies auch aus der englischen Fassung der Richtlinie, die davon spricht, dass die Wertpapiere „*independently of the securities of the non-domiciled issuer*“ gehandelt werden können müssen.

etwa lediglich Wertpapiere von Emittenten aus dem EU-Ausland, sondern solche von Emittenten aus jedem anderen Land (aus Sicht des Emittenten) gemeint: Die englische Fassung beschreibt diese nämlich als *„securities of a non-domiciled issuer"*, in der französischen Fassung ist von *„titres d'un émetteur étranger"* die Rede, die spanische Fassung bezeichnet diese als *„los valores de un emisor no residente"* und die italienische Fassung als *„titoli di un emittente non domiciliato"*. Drittens müssen jene Wertpapiere zum Handel auf einem geregelten Markt[1108] zugelassen sein. Wie schon der Zusatz in der MiFID II selbst erkennen lässt („Nr. 45 „Aktienzertifikate" (Hinterlegungsscheine")) sind mit Zertifikaten[1109] im Sinne dieser Vorschrift Hinterlegungsscheine gemeint.[1110]

Den Basiswert hier erfasster Zertifikate stellen Aktien im Sinne des Art. 13 Abs. 1 UAbs. 1 lit. a dar.[1111] Über das Zertifikat wird eine wirtschaftliche Teilhabe an der Wertentwicklung bestimmter Aktien ermöglicht, ohne diese selbst direkt zu erwerben.[1112] Der Ausgleich kann bei Laufzeitende physisch erfolgen und bei entsprechender Vereinbarung insoweit ein Informationsbedürfnis des Marktes hervorrufen. Je nach Ausgestaltung des Aktienzertifikats steht dem Inhaber dabei ein Anspruch auf Erwerb der Aktien oder aber ein Ermessen in Bezug auf das Recht zum Erwerb jener Aktien zu, sodass sich eine Mitteilungspflicht aus Art. 13 Abs. 1 UAbs. 1 lit. a Alt. 1 oder Alt. 2, Abs. 1b UAbs. 1 lit. a ergibt.

(iii) Aktien gleichzustellende Wertpapiere

Aktien oder Anteilen an Rechtspersönlichkeiten gleichzustellende Wertpapiere sind auf Unionsebene nicht definiert, sodass die nähere Ausgestaltung ebenfalls den Mitgliedstaaten überlassen ist. Der Begriff der Aktie wurde bereits erläutert.[1113] Es drängt sich weiterhin die Frage auf, ob lediglich solchen Anteilen gleichzustellende Wertpapiere oder auch die Anteile selbst von der Regelung erfasst sind. Die Formulierung legt nahe, dass die Unbeachtlichkeit der Gesellschaftsform, welche Bezugspunkt eines solchen Anteils ist, verdeutlicht werden

---

1108 Zur Abgrenzung zwischen geregelten Märkten und dem außerbörslichen (*OTC*) Handel ab S. 268.

1109 Zu Zertifikaten schon ab S. 126.

1110 Zu Hinterlegungsscheinen als Form der Aktienzertifikate ab S. 126. *Fuchs* in Fuchs, WpHG, 2016, § 2 Rn. 22; *Kumpan* in Schwark/Zimmer, Kapitalmarktrechts-Kommentar, 4. Auflage 2010, § 2 WpHG Rn. 21; *Versteegen* in Kölner Kommentar WpHG, 2. Auflage 2014, § 2 Rn. 53-55.

1111 Physischer Ausgleich ist bei Aktienzertifikaten nicht nur theoretischer Natur, vgl. *Danz/Kieninger/Patzner* in Zerey, Finanzderivate, 4. Auflage 2016, § 41 Rn. 26.

1112 Zu Aktienzertifikaten schon ab S. 126.

1113 Zum Begriff der Aktie bereits ab S. 119, außerdem im Sinne von Art. 13 ab S. 281.

sollte; eine gegenteilige Intention des Unionsgesetzgebers ist im Übrigen nicht zu erkennen. Aktien gleichzustellen sind mithin nur solche Anteile, die eine – den Aktien ähnliche – mitgliedschaftsrechtliche Struktur aufweisen. Stets zu beachten gilt, dass nur solche Wertpapiere infrage kommen, die ein Aktienerwerbsrecht im Sinne des Art. 13 Abs. 1 UAbs. 1 lit. a Alt. 1 vermitteln oder dem Inhaber jedenfalls ein entsprechendes Ermessen in Bezug auf sein Recht auf Erwerb derartiger Aktien gemäß Art. 13 Abs. 1 UAbs. 1 lit. a Alt. 2 einräumen. Dies gilt insbesondere für Beteiligungstitel an ausländischen Gesellschaften, soweit sie ein entsprechendes Recht verkörpern und nicht als Aktienzertifikat zu qualifizieren sind. GmbH-Anteilen dürfte es an der stets vorausgesetzten kapitalmarktmäßigen Handelbarkeit fehlen, was jedenfalls dann gilt, wenn ihre Übertragung hohe formale Anforderungen erfüllen muss. Gleiches gilt im Ergebnis für Anteile an geschlossenen Fonds.[1114] Wenn der gemeinsame Nenner solcher Anteile mit Aktien darin zu sehen ist, dass sie ihrem Inhaber jeweils eine Position verleihen, die wirtschaftlich der eines Aktionärs vergleichbar ist, fallen sie in bestimmten Fällen nicht unter Art. 13 Abs. 1 UAbs. 1 lit. a, sondern lit. b der Norm.[1115]

(iv) Schuldverschreibungen und Schuldtitel

Art. 4 Abs. 1 Nr. 44 lit. b MiFID II erfasst Schuldverschreibungen oder andere verbriefte Schuldtitel, einschließlich Zertifikaten (Hinterlegungsscheinen) für solche Wertpapiere.

Schuldtitel werden in der MiFID II selbst lediglich im Rahmen von Art. 4 Abs. 1 Nr. 61 MiFID II definiert. Demnach stellt ein „öffentlicher Schuldtitel" ein Schuldinstrument dar, welches von einem öffentlichen Emittenten[1116] begeben wird. Diese Umschreibung ist insofern wenig hilfreich, als das Schuldinstrument selbst nicht weiter beschrieben wird. Art. 2 Abs. 1 lit. b TrRL 2013 definiert Schuldtitel als „Schuldverschreibungen oder andere übertragbare

---

1114 *Sester* ZBB 2008, 369, 382; *Voß* BKR 2007, 45, 54.

1115 Dazu ab S. 314.

1116 Art. 4 Abs. 1 Nr. 60 Nr. i bis vi MiFID II definiert folgende Emittenten von Schuldtitel als „öffentliche" Emittenten: Die Union; einen Mitgliedstaat einschließlich eines Ministeriums, einer Behörde oder einer Zweckgesellschaft dieses Mitgliedstaats; im Falle eines bundesstaatlich organisierten Mitgliedstaats einen Gliedstaat des Bundes; eine für mehrere Mitgliedstaaten tätige Zweckgesellschaft; ein von zwei oder mehr Mitgliedstaaten gegründetes internationales Finanzinstitut, das dem Zweck dient, Finanzmittel zu mobilisieren und seinen Mitgliedern Finanzhilfen zu gewähren, die von schwerwiegenden Finanzierungsproblemen betroffen oder bedroht sind; die Europäische Investitionsbank.

Forderungen in verbriefter Form, mit Ausnahme von Wertpapieren, die Aktien gleichzustellen sind oder die bei Umwandlung oder Ausübung der durch sie verbrieften Rechte zum Erwerb von Aktien oder Aktien gleichzustellenden Wertpapieren berechtigen". Schuldverschreibungen (ebenso als Anleihen oder Bonds bezeichnet) wiederum sind in EU-Rechtsakten lediglich beispielhaft erwähnt[1117], aber nicht inhaltlich beschrieben.

Abseits fehlender Definitionen stellt sich auch die Frage danach, weshalb der Wortlaut Schuldverschreibungen unter „verbriefte" Schuldtitel einordnet. Wie bereits erörtert, ist die Verbriefung keine Voraussetzung dafür, dass ein Finanzinstrument übertragbares Wertpapier im Sinne dieser Norm ist. In der englischen Fassung ist von *„bonds or other forms of securitised debt"* die Rede - *„securitised"* wurde hier in der deutschen Sprachfassung demnach mit „verbrieft" übersetzt. Damit sollte allerdings lediglich ausgedrückt werden, dass eine kapitalmarktmäßige Handelbarkeit der Forderungen (wenn nötig durch Sekuritisierung[1118]) vorliegen muss - eine tatsächliche Verbriefung ist damit nicht gefordert, auch wenn sie umgekehrt nicht ausgeschlossen ist.[1119] Treffend und korrekt wäre deshalb die Übersetzung der *„other forms of securitised debt"* als „andere Arten handelbarer Schuldtitel".[1120] Dann jedoch ist für Schuldverschreibungen eine Verbriefung zu verlangen, da andernfalls alle Schuldtitel dem Begriff der Schuldverschreibung unterfielen.[1121] Im Übrigen ist auf die obigen Ausführungen hinsichtlich der Schuldverschreibungen zu rekurrieren.[1122]

Der Gedanke transparenzrechtlicher Relevanz liegt bei Schuldverschreibungen - aus wirtschaftlicher Perspektive betrachtet - zunächst nicht nahe, geht es dabei doch um die Beschaffung von Fremdkapital. Schuldverschreibungen verbriefen regelmäßig einen Rückzahlungsanspruch und meist Zinszahlungen in bestimmter Höhe als Entgelt für die Kapitalüberlassung. Derartige Schuldtitel werden vor dem Hintergrund des Art. 13 Abs. 1 UAbs. 1 lit. a allerdings dann eine entsprechende Mitteilungspflicht begründen, wenn der dem Anleger durch den Schuldtitel eingeräumte Gegenanspruch für seine Kapitalüberlassung das unbedingte Recht auf Erwerb mit Stimmrechten verbundener und bereits

1117 Wie zum Beispiel. bis vor Kurzem in der DurchführungsRL 2007 a. F.

1118 Zur Sekuritisierung ab S. 106.

1119 Im Ergebnis ebenso *Müller*, Finanzinstrumente Rom I-VO, 2011, S. 67.

1120 Ähnlich *Müller*, Finanzinstrumente Rom I-VO, 2011, S. 67.

1121 *Müller*, Finanzinstrumente Rom I-VO, 2011, S. 67 f.; *Roth* in Kölner Kommentar WpHG, 2. Auflage 2014, § 2 Rn. 54 insofern in Bezug auf Aktien vertretende Zertifikate.

1122 Zu Schuldverschreibungen siehe ab S. 123.

ausgegebener Aktien eines Emittenten, dessen Aktien zum Handel an einem geregelten Markt zugelassen sind, einräumt oder aber ihm dadurch ein Ermessenrecht in Bezug auf Erwerb solcher Aktien verliehen ist. Statt der Rückzahlung in bar kann der Ausgleich nämlich auch physisch stattfinden. *De facto* geschieht dies regelmäßig lediglich bei Schuldtiteln von Emittenten, die ihrerseits über entsprechende Beteiligungen verfügen oder jene sogar selbst emittieren und diese als Gegenleistung im Rahmen des Schuldtitels anbieten.

Auch wenn grundsätzlich gleichgültig ist, wer Ausgeber der betreffenden Anleihen ist, fallen solche des Staates wie beispielsweise Schatzanweisungen[1123] deshalb nicht in den Regelungsbereich. Anders könnte dies nur beurteilt werden, wenn der Emittent derartige Aktien eines Dritten (Emittenten) als Gegenleistung im Rahmen des Schuldtitels verspricht, was jedoch zumindest praktisch unüblich scheint. Davon abgesehen ist stets die kapitalmarktmäßige Handelbarkeit Voraussetzung dafür, dass ein Produkt überhaupt von dieser Regelung erfasst werden kann, womit Schuldverschreibungen über Sachleistungen ausgeschlossen sind.

Bei der häufigsten Anleiheform, der Standardanleihe (auch Festzinsanleihen, *straight bonds*, *plain-vanilla-bonds* genannt[1124]), ist die feste Verzinsung (Kupon) über die gesamte Laufzeit die Gegenleistung für die Kapitalüberlassung. Da dieses Geschäft per se sich, ebenso wenig wie typische Absicherungsgeschäfte zu Bonds, nicht auf Aktien im Sinne des Art. 13 Abs. 1 UAbs. 1 lit. a bezieht, ist eine Mitteilungspflicht nach Art. 13 insoweit nicht indiziert.

Allerdings lässt sich diese Aussage nicht auf alle Anleihen erweitern, vielmehr kommt es auf die jeweilige Form an. Ein Gegenbeispiel dürfte die Anleihe mit Optionsrechten[1125], wie beispielsweise eine Wandelschuldverschreibung sein (auch Wandel- oder Optionsanleihen bzw. *bonds with warrants* genannt). Dabei hat der Gläubiger einen Anspruch auf den Tausch der Anleihe in Aktien des Emittenten – wann und wie viele Aktien dabei eingefordert werden können, wird bereits bei der Emission festgelegt.[1126]

Die Wandelschuldverschreibung ist also eine fest oder variabel verzinste Anleihe, die mit einer *call option*[1127] verknüpft ist.[1128] Eine Mitteilungspflicht

1123 Zu Schatzanweisungen siehe ab S. 164.

1124 *Wiedemann*, Financial Engineering, 6. Auflage 2013, S. 63.

1125 Zu Optionsanleihen *Haisch* in Haisch/Helios, Rechtshandbuch Finanzinstrumente, 2011, § 1 Rn. 88 ff. Im Übrigen bereits ab S. 130.

1126 *Haisch* in Haisch/Helios, Rechtshandbuch Finanzinstrumente, 2011, § 1 Rn. 91. Zur Wandelanleihe bereits ab S. 130.

1127 Zur Option ab S. 298.

1128 *Perridon/Steiner/Rathgeber*, Finanzwirtschaft, 16. Auflage 2012, S. 436.; Für weitere Beispiele *Haisch* in Haisch/Helios, Rechtshandbuch Finanzinstrumente, 2011, § 1

ergibt sich dabei aus Art. 13 Abs. 1 UAbs. 1 lit. a Alt. 2, Abs. 1b UAbs. 1 lit. a, da dem Inhaber dieses Finanzinstruments in solchen Fällen ein Ermessen in Bezug auf sein Recht auf Erwerb von Aktien im Sinne des Art. 13 Abs. 1 UAbs. 1 lit. a zusteht, indem ihm die Möglichkeit eröffnet ist, entsprechende Aktien letztlich durch „Optionsausübung“ zu erwerben. So bei derartigen Geschäften die Mitteilungsschwellen des Art. 9 berührt werden, ist eine Mitteilung gemäß Art. 13 Abs. 1 UAbs. 1 lit. a Alt. 2, Abs. 1b UAbs. 1 lit. a erforderlich.

Ebenfalls dieser Ansicht ist insoweit die ESMA, die mit „*irrevocable convertible and exchangeable bonds referring to already issued shares*“ in Nr. 3 lit. a ESMA-Liste entsprechende Finanzinstrumente als potenzielle Finanzinstrumente im Sinne des Art. 13 Abs. 1 UAbs. 1 lit. a oder b nennt. Die - regelmäßig vereinbarte - Unwiderruflichkeit bezieht sich hier auf die Wandlungserklärung bei derartigen Anleihen, welche der Inhaber abgeben kann, um seine Schuldverschreibung in eine dementsprechende Beteiligung umzuwandeln.[1129] Insoweit die ESMA der Ansicht ist, dass eine Mitteilungspflicht in diesem Zusammenhang nur dann besteht, wenn die in Rede stehenden Finanzinstrumente einen Fälligkeitszeitpunkt aufweisen und es ihnen an Bedingungen mangelt[1130], muss vor dem Hintergrund der hier vertretenen Auffassung des Art. 13 Abs. 1 UAbs. 1 lit. a insoweit eine Korrektur vorgenommen werden, als es auf das Fehlen einer Bedingung im Rahmen der Vorschrift schon deshalb nicht ankommen kann, weil die dort normierte Mitteilungspflicht jedenfalls in Art. 13 Abs. 1 UAbs. 1 lit. a Alt. 2 keine Bedingungslosigkeit erfordert.[1131]

Gleichermaßen von Art. 13 Abs. 1 UAbs. 1 lit. a Alt. 1 oder 2, Abs. 1b UAbs. 1 lit. a erfasst sind andere unionsrechtlich nicht weiter spezifizierte Anleihen wie Aktienanleihen[1132], Nullkuponanleihen[1133], zerlegbare Anleihen[1134] und Umtauschanleihen[1135], stets vorausgesetzt, dass Basiswert des jeweiligen

Rn. 91 ff. sowie *Perridon/Steiner/Rathgeber*, Finanzwirtschaft, 16. Auflage 2012, S. 431 ff.

1129 *Rau* DStR 2014, 2201, 2203; *Sagasser* in Assmann/Schütze, Handbuch Kapitalanlagerecht, 4. Auflage 2015, § 27 Rn. 653; Spindler/Stilz/*Rieckers*, AktG, 3. Auflage 2015, § 192 Rn. 29a.

1130 ESMA/2014/300, S. 42 (Nr. 184 S. 2).

1131 Die Einräumung eines Ermessens nach Art. 13 Abs. 1 UAbs. 1 lit. a Alt. 2 wird hier als Bedingung im Rechtssinne aufgefasst, siehe dazu ab S. 261.

1132 Zu Aktienanleihen ab S. 130.

1133 Zu Nullkuponanleihen ab S. 128.

1134 Zu zerlegbaren Anleihen ab S. 132.

1135 Zu Umtauschanleihen ab S. 130.

Instruments Aktien gemäß Art. 13 Abs. 1 UAbs. 1 lit. a darstellen und ein (bedingter) physischer Ausgleich vereinbart ist. Ist hingegen Barausgleich vorgesehen, so ergibt sich eine Mitteilungspflicht möglicherweise aus Art. 13 Abs. 1 UAbs. 1 lit. b, Abs. 1b UAbs. 1 lit. a.[1136] Sind die beschriebenen Anleihen verbrieft, so sind sie den Schuldverschreibungen zuzuordnen, im umgekehrten Fall handelt es sich schlicht um Schuldtitel, wobei die Differenzierung hinsichtlich der Mitteilungspflicht keine Auswirkungen zeitigt.

(v) Sonstige Wertpapiere

Art. 4 Abs. 1 Nr. 44 lit. c MiFID II zählt zu übertragbaren Wertpapieren alle sonstigen Wertpapiere, die zum Kauf oder Verkauf solcher Wertpapiere berechtigen oder zu einer Barzahlung führen, die anhand von übertragbaren Wertpapieren, Währungen, Zinssätzen oder -erträgen, Waren oder anderen Indizes oder Messgrößen bestimmt wird.

Der Wortlaut lässt zunächst an einen Auffangtatbestand denken, der hier zahlreiche Instrumente umfasst, wie Art. 4 Abs. 1 Nr. 44 lit. c MiFID II zeigt. Abermals steht dort der Begriff des Wertpapiers im Zentrum. Wie dargelegt, kommt es auf eine Verbriefung des Vermögensrechts, anders als auf dessen kapitalmarktmäßige Handelbarkeit, nicht an. Durch die Bezeichnung als „sonstige Wertpapiere" wird der Unterschied zu lit. a und b der Norm verdeutlicht, da Gegenstand des Vermögensrechts weder ein Mitgliedschaftsverhältnis noch eine schuldrechtliche Forderung sein muss.[1137] Die Formulierung bietet indes Interpretationsspielraum. So ist unklar, welche Wertpapiere mit der Berechtigung zum Kauf oder Verkauf „solcher" Wertpapiere gemeint sind – Bezugspunkt können die Wertpapiere im Sinne des Art. 4 Abs. 1 Nr. 44 lit. c MiFID II selbst, solche im Sinne von Art. 4 Abs. 1 Nr. 44 lit. a und b MiFID II oder sämtliche übertragbaren Wertpapiere im Sinne des Art. 4 Abs. 1 Nr. 44 MiFID II sein.

In anderen Sprachfassungen der MiFID II ist von *„transferable securities"* (englische Fassung), *„valeurs mobilières"* (französische Fassung), *„valores negociables"* (spanische Fassung) oder *„valori mobiliari"* (italienische Fassung) die Rede. Diese Formulierungen allein sind wenig erhellend, doch lässt sich bei einem Vergleich mit dem jeweils übergeordneten Begriff der „übertragbaren

---

1136 Zur Einordnung von Schuldtiteln im Rahmen von Art. 13 Abs. 1 UAbs. 1 lit. b ab S. 330.

1137 In Bezug auf die insofern ähnlich lautende MiFID I *Müller*, Finanzinstrumente Rom I-VO, 2011, S. 71.

Wertpapiere" von Art. 4 Abs. 1 Nr. 44 MiFID II in diesen Sprachfassungen - anders als in der deutschen Version - feststellen, dass dort (jeweils) die gleichen Formulierungen verwendet wurden.[1138] Deshalb ist davon auszugehen, dass mit der Berechtigung zum Kauf oder Verkauf „solcher" Wertpapiere alle übertragbaren Wertpapiere im Sinne des Art. 4 Abs. 1 Nr. 44 MiFID II gemeint sind und nicht etwa nur solche im Sinne des Art. 4 Abs. 1 Nr. 44 lit. c MiFID II bzw. lediglich solche im Sinne des Art. 4 Abs. 1 Nr. 44 lit. a und b MiFID II.

Die Norm unterscheidet bei sonstigen Wertpapieren danach, ob sich aus diesen die Berechtigung zum Kauf oder Verkauf übertragbarer Wertpapiere ergibt oder es sich um solche handelt, die zu einer Barzahlung führen, welche anhand von Indizes oder Messgrößen bestimmt wird. Die erste Alternative zielt grundsätzlich auf sämtliche *call options* und *put options* mit physischem Ausgleich ab, womit die Abgrenzung zu den Derivaten[1139] verblasst.[1140] Vor dem Hintergrund des Art. 13 Abs. 1 UAbs. 1 lit. a sind hier jedoch nur *call options* erfasst, deren Basiswert mit Stimmrechten verbundene Aktien im Sinne des Art. 13 Abs. 1 UAbs. 1 lit. a darstellen und bei welchen physischer Ausgleich vereinbart ist. Eine Mitteilungspflicht ergibt sich in diesem Fall aus Art. 13 Abs. 1 UAbs. 1 lit. a Alt. 2, Abs. 1b UAbs. 1 lit. a, da dem Inhaber des Instruments ein entsprechendes Ermessen eingeräumt ist. *Put options* hingegen können trotz möglicher physischer Ausgleichspflicht nicht Gegenstand einer Mitteilungspflicht nach Art. 13 Abs. 1 UAbs. 1 lit. a sein: Zwar steht dem Inhaber - parallel zu einer *call option* - ein Ermessen zu, allerdings ist ihm dieses nicht in Bezug auf ein Recht auf Erwerb von Aktien verliehen, vielmehr ist der Stillhalter bei entsprechender Ermessensausübung des Inhabers verpflichtet, ihm dessen Aktien abzukaufen. Damit ist weder Art. 13 Abs. 1 UAbs. 1 lit. a Alt. 1 noch Alt. 2 erfüllt. Derartige

---

1138 Ähnlich in Bezug auf die MiFID I *Müller*, Finanzinstrumente Rom I-VO, 2011, S. 71.

1139 Zu den Optionsgeschäften ausführlich ab S. 139. Zu Derivaten im Rahmen von Art. 13 Abs. 1 UAbs. 1 lit. a ab S. 296.

1140 Vorgegriffen sei hier bereits insofern, als von den sonstigen Wertpapieren im Sinne des Art. 13 Abs. 1b UAbs. 1 lit. a TrRL 2013 in Verbindung mit Art. 4 Abs. 1 Nr. 44 lit. c MiFID II lediglich bereits begründete Rechte erfasst sein sollen, deren Handel sich folglich auf dem sogenannten Sekundärmarkt vollzieht, womit der der Markt gemeint ist, auf dem entstandene Rechte gehandelt werden, das heißt solche, die bereits emittiert wurden (zum Begriff des Primär- sowie Sekundärmarkts bereits ab S. 77). Umgekehrt sind von dieser Regelung daher keine neu emittierten Optionen erfasst, das meint solche, die erstmalig begeben werden. Zur Abgrenzung der gehandelten Optionen auf Primär- und Sekundärmarkten gleich ab S. 298.

Optionen sind allerdings unter Umständen von Art. 13 Abs. 1 UAbs. 1 lit. b erfasst.[1141]

Auch ergibt sich aus dem *Telos*, dass mit „solchen Wertpapieren" alle übertragbaren Wertpapiere im Sinne des Art. 4 Abs. 1 Nr. 44 MiFID II erfasst sind, da kombinierte oder „verschachtelte" Finanzinstrumente wie beispielsweise „*swaptions*" (eine Verbindung aus *swap* und *option*[1142]) oder Optionen in Bezug auf Optionen andernfalls womöglich keiner Mitteilungspflicht unterlägen. Mangels Anhaltspunkten ist nicht davon auszugehen, dass solche Finanzinstrumente von der Norm ausgegrenzt sein sollten, sie lüden andernfalls gar zur Umgehung ein.

Für eine Mitteilungspflicht nach dieser Norm hat es darüber hinaus keine Bedeutung, ob die Option verbrieft ist oder nicht, sodass die von Nr. 3 lit. c ESMA-Liste erwähnten *warrants* ebenfalls von dieser Norm erfasst sind, so sie die hier genannten Bedingungen erfüllen, das heißt insbesondere nicht auf Primär-, sondern Sekundärmärkten gehandelt werden. Weiterhin spielt insofern keine Rolle, wann eine solche Option ausgeübt werden kann, ob es sich also um sogenannte „europäische" oder „amerikanische" Optionen handelt.[1143] Ferner ist ohne Belang, ob der Vertragspartner in solchen Fällen über den Basiswert verfügt (*covered warrant*) oder nicht (*naked warrant*).[1144]

Unter die sonstigen Wertpapiere gemäß Art. 13 Abs. 1 UAbs. 1 lit. a Alt. 1, Abs. 1b UAbs. 1 lit. a dürften auch Finanzinstrumente mit physischer Ausgleichspflicht fallen, die einen Aktienkorb oder einen Index im Sinne des Art. 4 Abs. 1 Delegierte VO 2015/761/EU als Basiswert haben (Nr. 3 lit. b ESMA-Liste). Vertretbar scheint allerdings auch, letztere alternativ unter dem Auffangtatbestand des Art. 13 Abs. 1 UAbs. 1 lit. a Alt. 1, Abs. 1b UAbs. 1 lit. g zu erfassen. Unabhängig von ihrer Einordnung in die Regelbeispiele des Art. 13 Abs. 1b UAbs. 1 kommt eine Mitteilungspflicht jedoch nur dann infrage, wenn dem Inhaber ein Recht auf Erwerb oder ein Ermessen in Bezug auf sein Recht auf Erwerb entsprechender Aktien eingeräumt wird, was bei einem Aktienkorb noch praktisch denkbar, bei einem Index allerdings wohl unüblich sein wird.

1141 Zur Mitteilungspflicht von *put options* ab S. 321 sowie S. 331.

1142 Beschrieben in *Böhm/Bergfo* in Assies/Beule/Heise/Strube, Kapitalmarktrecht, 4. Auflage 2015, Kapitel 7, Rn. 554; *Jahn/Reiner* in Schimansky/Bunte/Lwowski, Bankrechts-Handbuch, 5. Auflage 2017, § 114 Rn. 26; *Kolb/Overdahl*, Futures, Options, Swaps, 5. Auflage 2007, S. 692 ff.; *Kumpan* in Schwark/Zimmer, Kapitalmarktrechts-Kommentar, 4. Auflage 2010, § 2 WpHG Rn. 44; *Rudolf* in Kümpel/Wittig, Bank- und Kapitalmarktrecht, 4. Auflage 2011, Rn. 19.129.

1143 Zur Art der Ausübung von Optionen ab S. 143.

1144 Zu *covered warrants* und *naked warrants* ab S. 143.

Zwischenscheine sind grundsätzlich ebenso als sonstige Wertpapiere zu qualifizieren.[1145] Im Vergleich zur Aktie bzw. zur Aktienurkunde stellt der Zwischenschein ein „vorläufiges Wertpapier" dar - sobald der Anleger seine Einlage in voller Höhe geleistet hat und etwaige übrige Voraussetzungen erfüllt sind, wird die Mitgliedschaft in der Aktie endgültig verbrieft und gegen den Zwischenschein ausgetauscht.[1146] Das Schicksal der mit „Zwischenschein" betitelten Urkunde ist unabhängig vom Bestand des Mitgliedschaftsrechts, welches durch die Urkunde verkörpert werden soll, sodass sein Anspruch auf einen etwaigen Eintausch gegen eine Aktie ebenso wenig das Mitgliedschaftsrecht *per se* tangiert.[1147] Auch wenn der Inhaber die mit der Mitgliedschaft einhergehenden Verwaltungsrechte eines Zwischenscheins grundsätzlich erst ausüben kann, sobald er seine Einlage vollständig geleistet hat, ist er bereits mit Erwerb des Zwischenscheins Inhaber eines entsprechenden Mitgliedschaftsrechts, sodass er bereits in diesem Moment über das Stimmrecht verfügt und nur an dessen Ausübung gehindert ist, solange die Einlage nicht vollständig geleistet ist.[1148] Eine Mitteilungspflicht rührt daher nicht aus Art. 13, sondern Art. 9, sodass Zwischenscheine zwar sonstige Wertpapiere, jedoch keine Finanzinstrumente im Sinne des Art. 13 Abs. 1 UAbs. 1 lit. a darstellen.

Die zweite Alternative der Norm erfasst sonstige Wertpapiere, die zu einer Barzahlung führen, die anhand von übertragbaren Wertpapieren, Währungen, Zinssätzen oder -erträgen, Waren oder anderen Indizes oder Messgrößen bestimmt wird. Statt physischem Ausgleich findet bei derartigen Finanzinstrumenten ein solcher in bar statt, sodass lediglich Art. 13 Abs. 1 UAbs. 1 lit. b einschlägig sein kann. Hinsichtlich Zinssätzen oder -erträgen sowie Indizes oder Messgrößen ist ein physischer Ausgleich faktisch bereits unmöglich. In Bezug auf Devisen und Waren gilt dies zwar nicht, doch solchen Papieren fehlt es bereits an der kapitalmarktmäßigen Handelbarkeit.[1149]

1145 Zu Zwischenscheinen bereits ab S. 121.

1146 MüKoAktG/*Heider*, 4. Auflage 2016, AktG § 8 Rn. 99 f.; Spindler/Stilz/*Vatter*, AktG, 3. Auflage 2015, § 8 Rn. 63, sowie § 10 Rn. 85.

1147 MüKoAktG/*Heider*, 4. Auflage 2016, AktG § 8 Rn. 47; Spindler/Stilz/*Vatter*, AktG, 3. Auflage 2015, § 8 Rn. 63, sowie § 10 Rn. 88.

1148 Hüffer/Koch/*Koch*, AktG, 12. Auflage 2016, § 134 Rn. 1; MüKoAktG/*Heider*, 4. Auflage 2016, AktG § 10 Rn. 44; Spindler/Stilz/*Vatter*, AkG, 3. Auflage 2015, § 8 Rn. 63, sowie § 10 Rn. 90.

1149 Devisen werden auf Devisenmärkten, Waren auf Gütermärkten gehandelt, *Müller*, Finanzinstrumente Rom I-VO, 2011, S. 73.

(dd) Ausnahme von Geldmarkt- und Zahlungsinstrumenten

Geldmarktinstrumente gemäß Art. 4 Abs. 1 Nr. 17 MiFID II sind nach Art. 2 Abs. 1 lit. a TrRL 2013 von der Definition des Wertpapiers ausgenommen. Art. 2 Abs. 1 lit. a verweist, wie soeben dargestellt, hinsichtlich der Definition von Wertpapieren im Übrigen in Art. 4 Abs. 1 Nr. 44 MiFID II, der „übertragbare Wertpapiere" definiert. Wie beschrieben definiert Art. 4 Abs. 1 Nr. 44 MiFID II übertragbare Wertpapiere als „die Kategorien von Wertpapieren, die auf dem Kapitalmarkt gehandelt werden können, mit Ausnahme von Zahlungsinstrumenten (…)". Zahlungsinstrumente sind mithin ebenfalls vom Begriff der übertragbaren Wertpapiere ausgeschlossen.

Bei Geldmarktinstrumenten handelt es sich gemäß Art. 4 Abs. 1 Nr. 17 MiFID II die üblicherweise auf dem Geldmarkt gehandelten Gattungen von Instrumenten, wie Schatzanweisungen[1150], Einlagenzertifikate[1151] und *commercial papers*[1152]. Wiederum ausgenommen ist hier der Begriff der Zahlungsinstrumente. Der Begriff des „Geldmarktinstruments" setzt einerseits ein Instrument, das heißt ein privates Vermögensrecht voraus.[1153] Weiter ist eine „Gattung" solcher Instrumente gefordert, wobei dieses Kriterium ähnliche Verständnisschwierigkeiten mit sich bringt, wie bereits die „Kategorien" von Wertpapieren.[1154] Auch hier ist damit ein gewisses Maß an Standardisierung der Instrumente gemeint, sie müssen daher einerseits denselben Emittenten und andererseits dieselben Vertragsbedingungen aufweisen.[1155] Dass jene Instrumente „üblicherweise auf dem Geldmarkt" gehandelt werden müssen, setzt - ähnlich der kapitalmarktmäßigen Handelbarkeit - eine Übertragbarkeit voraus, also ihr Potenzial, sie ohne große Hürden auf einen anderen Inhaber übertragen zu können.[1156]

Ferner wird auf „üblicherweise" auf dem Geldmarkt „gehandelte" Produkte abgestellt, was einen bereits bestehenden Markt, auf dem gehandelt wird, erfordert.[1157] Nicht genügend ist daher, anders als in Bezug auf Wertpapiere, die bloße Handelbarkeit des Instruments.[1158] Hinsichtlich der in Art. 4 Abs. 1 Nr. 17

1150 Zu Schatzanweisungen ab S. 164.

1151 Zu Einlagenzertifikaten ab S. 164.

1152 Zu *commercial papers* S. 164.

1153 Insoweit zum „*instrumentum*" bereits ab S. 97.

1154 Zum Begriff der „Kategorie" in diesem Zusammenhang ab S. 276.

1155 Vgl. Begr. RegE. FRUG, BT-Drucks. 16/4028, S. 54; vgl. in Bezug auf die MiFID I *Müller*, Finanzinstrumente Rom I-VO, 2011, S. 77.

1156 Zur Übertragbarkeit bzw. Umlauffähigkeit oder Zirkulationsfähigkeit ab S. 109.

1157 Vgl. in Bezug auf die MiFID I *Müller*, Finanzinstrumente Rom I-VO, 2011, S. 77 f.

1158 *Kumpan* in Schwark/Zimmer, Kapitalmarktrechts-Kommentar, 4. Auflage 2010, § 2 WpHG Rn. 32; *Lehmann*, Finanzinstrumente, 2009, S. 337; *Oulds* in Kümpel/Wittig,

MiFID II beispielhaft aufgeführten Geldmarktinstrumente sollen angesichts mangelnder weiterer unionsrechtlicher Ausführungen[1159] ebenfalls die bereits erfolgten Darstellungen herhalten: Schatzanweisungen (*treasury bills*) sind danach Schuldverschreibungen des Bundes, die dieser emittiert, um den Haushalt zu finanzieren.[1160] Bei Einlagenzertifikaten (*certificates of deposits*) handelt es sich um von Banken emittierte Inhaberpapiere, deren Laufzeiten (im Gegensatz zu denen der *commercial papers*) standardisiert sind.[1161] Unter *commercial papers* versteht man verbriefte, regelmäßig nicht besicherte Forderungen, also Schuldverschreibungen, mit meist unter einem Jahr Laufzeit, welche zumeist von größeren Wirtschaftsunternehmen in Eigenregie oder unter Vermittlung von Kreditinstituten begeben werden und gewöhnlich bei institutionellen Anlegern wie Versicherungen oder Investmentfonds platziert werden.[1162]

Wie sich dem Wortlaut weiter entnehmen lässt, müssen derartige Instrumente „auf dem Geldmarkt" gehandelt werden. Was darunter zu verstehen ist, hat der Unionsgesetzgeber nicht vorgegeben, sodass den Mitgliedstaaten eine nähere Ausgestaltung obliegt. Herangezogen werden hier daher die bereits getätigten Ausführungen[1163]: Danach stellt der Geldmarkt ein Segment des Finanzmarkts dar, auf dem Angebot und Nachfrage nach regelmäßig kurzfristigen, das meint schnell verfügbaren bzw. umsetzbaren Geldmarktinstrumenten aufeinandertreffen. Gegenstand des Handels ist Kapital, welches dort aufgenommen, angelegt und gehandelt wird. Die Laufzeiten der dort gehandelten Instrumente sind kurz, das heißt in der Regel bis zu einem Jahr. Geldmarktinstrumente sind damit alle grundsätzlich übertragbaren (und damit vertretbaren), massenhaft ausgestellten, tatsächlich gehandelten Kapitalansprüche, deren Differenzierungsmerkmale im

---

Bank- und Kapitalmarktrecht, 4. Auflage 2011, 14.55; *Ritz* in Just/Voß/Ritz/Becker, WpHG, 2015, § 2 Rn. 49; so auch noch *Seiler/Kniehase* in Schimansky/Bunte/Lwowski, Bankrechts-Handbuch, 5. Auflage 2017, vor § 104 Rn. 11.

1159 Zwar werden „Schatzanweisungen, Einlagenzertifikate, Commercial Papers" nicht weiter definiert, doch regelt Art. 11 Delegierte VO 2017/565/EU, dass vom Begriff der Geldmarktinstrumente im Sinne der MiFID II (und damit auch im Sinne der TrRL 2013) ebenfalls sonstige Instrumente mit „im Wesentlichen den gleichen Merkmalen" erfasst sind, soweit ihr Wert jederzeit bestimmt werden kann, es sich nicht um Derivate handelt und ihre Fälligkeit bei der Emission maximal 397 Tage beträgt.

1160 Zu Schatzanweisungen ab S. 164.

1161 Zu Einlagenzertifikaten ab S. 164.

1162 Zu *commercial papers* S. 164.

1163 Zu Geldmarktinstrumenten ab S. 164.

Vergleich zu übertragbaren Wertpapieren einerseits die Fristigkeit und andererseits den tatsächlichen Handel ausmachen.[1164]

(ee) Zwischenergebnis

Art. 13 Abs. 1b UAbs. 1 lit. a bis f enthält eine Enumeration von Finanzinstrumenten, die solche gemäß Art. 13 Abs. 1 UAbs. 1 lit. a darstellen können. Die Auflistung beginnt insofern mit dem „Paradebeispiel" der übertragbaren Wertpapiere. Der Begriff des Wertpapiers ist hier nach wie vor mittels eines Verweises definiert.[1165] Es handelt sich danach um Kategorien von Wertpapieren, die auf dem Kapitalmarkt gehandelt werden können, wobei Zahlungsinstrumente ausgenommen sind. Exemplarisch werden unter anderem Aktien bzw. Aktien oder Anteilen an Gesellschaften gleichzustellende Wertpapiere, verbriefte Schuldtitel (Schuldverschreibungen) und einige sonstige Wertpapiere aufgeführt. Die Definition ist damit einerseits wenig konkret und andererseits rein typologisch. Daher sollte der Begriff des (übertragbaren) „Wertpapiers" sowie jener der „Kategorien" und zum anderen die Möglichkeit des Handels auf dem Kapitalmarkt, mit anderen Worten die kapitalmarktmäßige Handelbarkeit im Lichte des Unionsrechts ergründet werden.

Gegenstand eines Wertpapiers ist grundsätzlich ein privates Recht, dem eigener Vermögenswert zukommt. Die kapitalmarktmäßige Handelbarkeit übertragbarer Wertpapiere gemäß Art. 4 Abs. 1 Nr. 44 MiFID II ist im Unionsrecht nicht weiter spezifiziert. Hier soll deshalb das eingangs dargestellte Verständnis der kapitalmarktmäßigen Handelbarkeit herhalten.[1166]

Art. 4 Abs. 1 Nr. 44 MiFID II erwähnt gleich mehrerer solcher Kategorien übertragbarer Wertpapiere. Neben der Aktie werden Aktienzertifikate erwähnt, die durch Art. 4 Abs. 1 Nr. 45 MiFID II definiert werden. Es handelt sich danach um Wertpapiere, die auf dem Kapitalmarkt handelbar sind und ein Eigentumsrecht an Wertpapieren gebietsfremder Emittenten darstellen, wobei sie gleichzeitig zum Handel auf einem geregelten Markt zugelassen und unabhängig von den Wertpapieren gebietsfremder Emittenten gehandelt werden können.

Basiswert hier erfasster Zertifikate sind Aktien im Sinne des Art. 13 Abs. 1 UAbs. 1 lit. a. Über das Zertifikat wird eine wirtschaftliche Teilhabe an der Wertentwicklung bestimmter Aktien ermöglicht, ohne diese selbst direkt zu

---

1164 Vgl. in Bezug auf die MiFID I *Müller*, Finanzinstrumente Rom I-VO, 2011, S. 78.

1165 Der Begriff des Wertpapiers ist nach wie vor in Art. 2 Abs. 1 lit. a mittels eines Verweises in die MiFID I definiert. Seit dem 3. Januar 2018 bezieht sich der Verweis auf die entsprechende Regelung in Art. 4 Abs. 1 Nr. 44 MiFID II.

1166 Zur kapitalmarktmäßigen Handelbarkeit bereits ab S. 101.

erwerben.[1167] Wenn dabei physischer Ausgleich vereinbart wird, entsteht ein Informationsbedürfnis des Marktes. Je nach Ausgestaltung des Aktienzertifikats steht dem Inhaber in einem solchen Fall ein Anspruch auf Erwerb der Aktien oder aber ein Ermessen in Bezug auf das Recht zum Erwerb jener Aktien zu, sodass sich eine Mitteilungspflicht aus Art. 13 Abs. 1 UAbs. 1 lit. a Alt. 1 oder Alt. 2, Abs. 1b UAbs. 1 lit. a ergibt.

Weiter sind Aktien gleichzustellende Anteile solche Anteile, die eine den Aktien ähnliche mitgliedschaftsrechtliche Struktur aufweisen. Als Finanzinstrumente gemäß Art. 13 kommen nur solche Aktien gleichzustellende Anteile infrage, die ein Aktienerwerbsrecht im Sinne der Norm vermitteln oder dem Inhaber jedenfalls ein entsprechendes Ermessen in Bezug auf sein Recht auf Erwerb derartiger Aktien einräumen.

Art. 4 Abs. 1 Nr. 44 lit. b MiFID II erfasst Schuldverschreibungen oder andere verbriefte Schuldtitel, einschließlich Zertifikaten (Hinterlegungsscheinen) für solche Wertpapiere. Die Verbriefung ist keine Voraussetzung dafür, dass ein Finanzinstrument übertragbares Wertpapier im Sinne dieser Norm ist. Um zwischen Schuldverschreibungen und verbrieften Schuldtiteln unterscheiden zu können, ist für Schuldverschreibungen jedoch eine Verbriefung zu verlangen. Eine transparenzrechtliche Bedeutung gemäß Art. 13 Abs. 1 UAbs. 1 lit. a erlangen Schuldverschreibungen, wenn anstelle der Rückzahlung in bar ein physischer Ausgleich vereinbart ist und der dem Inhaber des Finanzinstruments eingeräumte Gegenanspruch für seine Kapitalüberlassung das unbedingte Recht auf Erwerb mit Stimmrechten verbundener und bereits ausgegebener Aktien eines Emittenten, dessen Aktien zum Handel an einem geregelten Markt zugelassen sind, einräumt oder aber ihm dadurch ein Ermessenrecht in Bezug auf Erwerb solcher Aktien verliehen ist.

Beispielhaft erwähnt sei dafür die Anleihe mit Optionsrechten, wie beispielsweise eine Wandelschuldverschreibung. Eine Mitteilungspflicht ergibt sich dabei aus Art. 13 Abs. 1 UAbs. 1 lit. a Alt. 2, Abs. 1b UAbs. 1 lit. a, da dem Inhaber dieses Finanzinstruments in solchen Fällen ein Ermessen in Bezug auf sein Recht auf Erwerb von Aktien im Sinne des Art. 13 Abs. 1 UAbs. 1 lit. a zusteht, indem ihm die Möglichkeit eröffnet ist, entsprechende Aktien letztlich durch Optionsausübung zu erwerben.

Bei sonstigen Wertpapieren unterscheidet die Norm des Art. 4 Abs. 1 Nr. 44 lit. c MiFID II danach, ob sich aus ihnen die Berechtigung zum Kauf oder Verkauf übertragbarer Wertpapiere ergibt oder es sich um solche handelt, die zu einer

1167 Zu Aktienzertifikaten schon ab S. 126.

Barzahlung führen, welche anhand von Indizes oder Messgrößen bestimmt wird. Die erste Alternative umfasst sämtliche bereits emittierte *call-* und *put-options* mit physischem Ausgleich. Eine Mitteilungspflicht nach Art. 13 Abs. 1 UAbs. 1 lit. a ist hier für *put options* jedoch grundsätzlich ausgeschlossen, da dem Inhaber kein Recht oder Ermessen im Sinne des Art. 13 Abs. 1 UAbs. 1 lit. a verliehen ist. Auch sind kombinierte oder „verschachtelte" Finanzinstrumente wie beispielsweise „*swaptions* " (eine Verbindung aus *swap* und *option*[1168]) oder Optionen in Bezug auf Optionen erfasst, die andernfalls womöglich keiner Mitteilungspflicht unterlägen.

Finanzinstrumente mit physischer Ausgleichspflicht, die einen Aktienkorb oder einen Index als Basiswert haben, sind nach Art. 13 Abs. 1 UAbs. 1 lit. a mitteilungspflichtig, wenn dem Inhaber ein Recht auf Erwerb oder ein Ermessen in Bezug auf sein Recht auf Erwerb entsprechender Aktien eingeräumt wird.

Die grundsätzlich auch als sonstige Wertpapiere zu qualifizierenden Zwischenscheine sind nicht nach Art. 13, sondern Art. 9 mitteilungspflichtig, da der Inhaber mit Erwerb des Zwischenscheins bereits über ein Mitgliedschaftsrecht verfügt, sodass ihm bereits in diesem Moment das Stimmrecht zusteht und er nur an dessen Ausübung gehindert ist, solange die Einlage nicht vollständig geleistet ist.

Sämtliche Instrumente mit Barausgleich fallen grundsätzlich nicht in den Anwendungsbereich von Art. 13 Abs. 1 UAbs. 1 lit. a, da dem Inhaber durch sie weder ein unbedingtes noch ein bedingtes Aktienerwerbsrecht im Sinne der Norm, sondern lediglich ein Zahlungsanspruch eingeräumt wird.

Schließlich sei noch bemerkt, dass Geldmarktinstrumente gemäß Art. 4 Abs. 1 Nr. 17 MiFID II nach Art. 2 Abs. 1 lit. a TrRL 2013 von der Definition des Wertpapiers ausgenommen sind.

(2) Derivate

Neben übertragbaren Wertpapieren bietet die Enumeration in Art. 13 Abs. 1b noch eine Reihe weiterer Finanzinstrumente, die als solche im Sinne des Art. 13 Abs. 1 UAbs. 1 lit. a infrage kommen und hinsichtlich dessen Voraussetzungen untersucht werden sollen. Dabei eint die in Art. 13 Abs. 1b UAbs. 1 lit. b bis f genannten Finanzinstrumente, dass es sich um derivative

---

1168 U. a. beschrieben in *Böhm/Bergfo* in Assies/Beule/Heise/Strube, Kapitalmarktrecht, 4. Auflage 2015, Kapitel 7, Rn. 554; *Kolb/Overdahl,* Futures, Options, Swaps, 5. Auflage 2007, S. 692 ff.; *Rudolf* in Kümpel/Wittig, Bank- und Kapitalmarktrecht, 4. Auflage 2011, Rn. 19.129.

Vermögenswerte handelt.[1169] Der Derivatebegriff ist unionsrechtlich nicht definiert, zeichnet sich jedoch durch eine Reihe zwingender sowie substituierbarer Elemente aus: Die Abhängigkeit von einer (nahezu frei wählbaren) Variablen, das meint eines bestimmten Basiswerts (*underlying*), dem Zeitpunkt der Erfüllung (Finanztermingeschäfte in Abgrenzung zu Kassageschäften), der Erfüllung (physisch oder bar), dem Handelsplatz (*MTF*, *OTF*, *OTC*), der Ausgestaltung als Fest- oder Optionsgeschäft oder mitunter der Art des Optionsrechts (*call* oder *put option*).[1170]

Jedes Derivat zeichnet sich jedoch durch die Abhängigkeit von einem Referenzwert (Basiswert, *underlying*[1171]) aus, wonach sich auch der Wert eines Derivats bemisst.[1172] Der Unterschied zu Kassageschäften[1173] besteht bei den zu (Finanz-) Termingeschäften zählenden Derivaten[1174] zum einen darin, dass die Basiswerte - jedenfalls zunächst - nicht auf den Vertragspartner übertragen werden, es sich folglich um kein echtes Umsatzgeschäft handelt. Zum anderen darin, dass, um in deutscher Terminologie zu sprechen, Verpflichtungs- und Erfüllungsgeschäft zeitlich auseinanderfallen, da diese Geschäfte erst zu einem bestimmten Zeitpunkt oder Zeitraum in der Zukunft erfüllt werden können oder müssen.[1175] Bedeutsam sind für den Geschäftszweck von Derivaten zumindest dann, wenn sie nicht als Absicherungsgeschäfte dienen[1176], der aktuelle Preis des Basiswerts

---

1169 Ausführlich zu Derivaten ab S. 134.

1170 Zu den folgend genannten Derivaten und deren Eigenschaften ab S. 134.

1171 *Büschgen*, Börsenlexikon, 23. Auflage 2012, S. 1036; *Chance/Brooks*, Derivatives, 10. Auflage 2016, S. 5 f.; *Grunewald/Schlitt*, Kapitalmarktrecht, 3. Auflage 2014, S. 135. Die MiFID I unterschied nach dem Underlying zwischen Wertpapierderivaten und Warenderivaten, siehe Anhang I Abschnitt C Nr. 4 bzw. Nr. 5 und 6 MiFID I und Anhang I Abschnitt C Nr. 4 bzw. Nr. 5, 6 und 7 MiFID II.

1172 *Haisch* in Haisch/Helios, Rechtshandbuch Finanzinstrumente, 2011, § 1 Rn. 3; *Rechtschaffen/Philips*, Capital Markets, Derivates and the law, 2009, S. 19; *Oulds* in Kümpel/Wittig, Bank- und Kapitalmarktrecht, 4. Auflage 2011, Rn. 19.10 ff.

1173 Kassageschäfte sind regelmäßig innerhalb von zwei Handelstagen zu erfüllen, siehe hierzu Fn. 380.

1174 Siehe zu Finanztermingeschäften ab S. 137.

1175 *Haisch* in Haisch/Helios, Rechtshandbuch Finanzinstrumente, 2011, § 1 Rn. 3; *Veil* in Veil, Europäisches Kapitalmarktrecht, 2. Auflage 2014, § 8 Rn. 15; *Veil* in Veil, European Capital Markets Law, 2. Auflage 2017, § 8 Rn. 14. Zwar nur auf deutsches Recht bezogen, aber inhaltlich übereinstimmend *Braun/Lang/Loy* in Ellenberger/Schäfer/Clouth/Lang, Wertpapier- und Derivatgeschäft, 4. Auflage 2011, S. 171 ff.

1176 Zum *hedging* sowie weiteren wirtschaftlichen Beweggründen zur Vornahme solcher Geschäfte entsprechend ab S. 143.

und seine erwartete Entwicklung, wobei die Vertragspartner mit unterschiedlichem Verlauf rechnen und gerade deshalb das Geschäft eingehen.[1177] Zu den von Art. 13 Abs. 1b UAbs. 1 genannten derivativen Finanzinstrumenten zählen „Optionen" (lit. b), „Terminkontrakte" (lit. c), „Swaps" (lit. d), „Zinsausgleichsvereinbarungen" (lit. e) sowie „Differenzgeschäfte" (lit. f).

(aa) Optionen

Optionen sind in mehreren Unionsrechtsakten erwähnt, doch ebenso wie auch die folgenden Derivate dort nicht legaldefiniert. Daher ist auch insoweit der nationale Gesetzgeber gefordert.[1178] Der ökonomische Hintergrund von Optionen wurde bereits erläutert[1179]: Beim Grundtyp des Optionsgeschäfts wird einer der beteiligten Parteien, dem Inhaber, gegenüber dem Vertragspartner, dem Stillhalter, das Recht gewährt, den Kauf (*call* oder *call option*) oder die Abnahme (*put* oder *put option*) eines bestimmten Basiswerts in der Zukunft von seinem Vertragspartner zu einem zuvor vereinbarten Preis (*strike price*) zu fordern. Einerseits besteht die Möglichkeit, sich auf eine physische Geschäftsabwicklung (*physical settlement*) zu einigen, sodass sich der Anspruch des Optionsinhabers bei Ausübung der Option auf Lieferung des dem Geschäft zugrunde liegenden Basiswerts bezieht.[1180] Andererseits können die Parteien übereinkommen, einen Barausgleich (*cash settlement*) zu vereinbaren – dann wird dem Optionsinhaber bei Optionsausübung der Differenzbetrag zwischen aktuellem Börsenkurs und Referenzkurs (Kurs zum Zeitpunkt der Vereinbarung) geschuldet.[1181]

Evident ist insofern bereits, dass hinsichtlich der Mitteilungspflichten lediglich Art. 13 Abs. 1 UAbs. 1 lit. a Alt. 2, Abs. 1b UAbs. 1 lit. b der Norm potenziell

---

1177 Unterschieden wird weiter zwischen Options- und Festgeschäften, dazu später. Zum deutschen Derivaterecht siehe *Roberts*, Rechtliche Behandlung Derivate, 2012, S. 27 ff.

1178 Siehe entsprechend S. 281 f

1179 Zu Optionen bereits ab S. 139.

1180 *Chance/Brooks*, Derivatives, 10. Auflage 2016, S. 13 f.; *Grunewald/Schlitt*, Kapitalmarktrecht, 3. Auflage 2014, S. 152; *Kolb/Overdahl*, Futures, Options, Swaps, 5. Auflage 2007, S. 2.

1181 *Chance/Brooks*, Derivatives, 10. Auflage 2016, S. 13 f.; *Grunewald/Schlitt*, Kapitalmarktrecht, 3. Auflage 2014, S. 152.; typischerweise werden Optionen in standardisierte Optionen, d. h. strukturierte Produkte, die auf die gängigsten Basiswerte an einer Terminbörse mit fixen Laufzeiten gehandelt werden, und nicht standardisierte *OTC*-Optionen (*„over the counter"*), das meint frei verhandelbare Optionen, bei welchen Basiswert, Laufzeit sowie alle anderen Optionsbedingungen nicht standardisiert sind, unterteilt, siehe *Wiedemann*, Financial Engineering, 6. Auflage 2013, S. 153.

einschlägig ist, da eine Option lediglich ein entsprechendes Ermessen einräumen kann. Weiterhin muss dazu physischer Ausgleich vereinbart worden sein. Basiswert des Optionsgeschäfts können vor dem Hintergrund des Art. 13 Abs. 1 UAbs. 1 lit. a Alt. 2, Abs. 1b UAbs. 1 lit. b nur mit Stimmrechten verbundene Aktien darstellen, deren Erwerb im Ermessen des Inhabers steht.[1182]

Doch wie soeben dargelegt, sind Optionen offenbar bereits durch den Begriff der sonstigen Wertpapiere in Art. 13 Abs. 1b UAbs. 1 lit. a TrRL 2013 in Verbindung mit Art. 4 Abs. 1 Nr. 44 lit. c MiFID II erfasst. Die gesonderte Aufführung in Art. 13 Abs. 1b UAbs. 1 lit. b TrRL 2013 scheint damit auf den ersten Blick obsolet. Bei dem Versuch, eine Abgrenzung zwischen den Begriffen zu schaffen, wird mitunter zwischen verbrieften und unverbrieften Optionen differenziert[1183] – wie allerdings gezeigt, kann eine Verbriefung der Finanzinstrumente aufgrund der (für sämtliche Instrumente) geforderten (kapitalmarktmäßigen) Handelbarkeit keine notwendige Voraussetzung sein, weshalb anhand dessen hier nicht unterschieden werden kann. Teilweise wird die Abgrenzung daher schlicht für unmöglich gehalten und das Finanzinstrument der Option deshalb auch wegen der expliziten Erwähnung in Art. 13 Abs. 1b UAbs. 1 lit. b TrRL 2013 unter eben jene Norm gefasst.[1184] Partiell wird argumentiert, dass Optionen im Sinne von Art. 4 Abs. 1 Nr. 44 lit. c MiFID II am Kassamarkt, Optionen im Sinne von Art. 13 Abs. 1b UAbs. 1 lit. b TrRL 2013 dagegen am Terminmarkt gehandelt würden.[1185]

Die Lösung der Problematik wird dadurch erschwert, dass es sich bei Optionen wirtschaftlich betrachtet um Termingeschäfte handelt, weil sie zeitlich verzögert zu erfüllen sind und deshalb rechtlich den Derivaten, hier demnach Art. 13 Abs. 1b UAbs. 1 lit. b TrRL 2013 zugeordnet werden sollten.[1186] Formell jedoch werden Optionen am Kassamarkt gehandelt.[1187] Eine Abgrenzung lässt sich daher nur dadurch vollziehen, dass nicht zwischen Kassa- und Termingeschäften, sondern zwischen Primär- und Sekundärmarkt unterschieden wird[1188].

1182 Zu Optionen mit Barausgleich im Rahmen von Art. 13 Abs. 1 UAbs. 1 lit. b ab S. 321.

1183 *Lehmann*, Finanzinstrumente, 2009, S. 99.

1184 *Lehmann*, Finanzinstrumente, 2009, S. 99 f.

1185 *Fuchs* in Fuchs, WpHG, 2. Auflage 2016, § 2 Rn. 29; ähnlich offenbar *Roth* in Kölner Kommentar WpHG, 2. Auflage 2014, § 2 Rn. 67, 77.

1186 Zu Optionen aus ökonomischer Perspektive ab S. 139.

1187 *Mankowski* AG 1998, 11 ff.; *Müller*, Finanzinstrumente Rom I-VO, 2011, S. 73 m. w. N.

1188 So auch im Rahmen der Differenzierung der entsprechenden Enumeration innerhalb der MiFID I *Müller*, Finanzinstrumente Rom I-VO, 2011, S. 73 ff.

Mit Optionen im Sinne der sonstigen Wertpapiere in Art. 13 Abs. 1b UAbs. 1 lit. a TrRL 2013 in Verbindung mit Art. 4 Abs. 1 Nr. 44 lit. c MiFID II sollen danach lediglich bereits begründete Rechte erfasst sein, die Gegenstand des Handels sind. Damit vollzieht sich der Handel jener Optionen auf dem sogenannten Sekundärmarkt, womit der Markt gemeint ist, auf dem bestehende, das meint bereits emittierte Instrumente gehandelt werden.[1189] Umgekehrt sind von jener Regelung daher keine neu emittierten Optionen erfasst, das meint solche, die erstmalig begeben werden. Diese auf dem Primärmarkt abgeschlossenen Optionen bzw. Optionsgeschäfte fallen unter gewissen Umständen daher unter die Regelung des Art. 13 Abs. 1b UAbs. 1 lit. b.[1190] Bei der Begründung einer entsprechenden Option ist mithin Art. 13 Abs. 1b UAbs. 1 lit. b TrRL 2013 einschlägig, nicht hingegen Art. 13 Abs. 1b UAbs. 1 lit. a TrRL 2013 in Verbindung mit Art. 4 Abs. 1 Nr. 44 lit. c MiFID II. Diese begebenen Optionen wiederum können dann Handelsgegenstand auf dem Sekundärmarkt sein, sodass sie ab diesem Zeitpunkt den sonstigen Wertpapieren nach Art. 13 Abs. 1 UAbs. 1 lit. a Alt. 2, Abs. 1b UAbs. 1 lit. a zu subsumieren sind.[1191]

Eine Option ist nach Art. 13 Abs. 1 UAbs. 1 lit. a Alt. 2, Abs. 1b UAbs. 1 lit. b demnach dann mitteilungspflichtig, wenn erstens Aktien im Sinne des Art. 13 Abs. 1 UAbs. 1 lit. a den Basiswert darstellen und zweitens dem Inhaber ein Ermessen nach Art. 13 Abs. 1 UAbs. 1 lit. a Alt. 2 eingeräumt ist. Wie bereits im Rahmen der sonstigen Wertpapiere im Sinne des Art. 13 Abs. 1b UAbs. 1 lit. a gilt dies grundsätzlich für *call options*, nicht jedoch für *put options*: Zwar steht dem Inhaber - parallel zu einer *call option* - bei der *put option* ein Ermessen zu, allerdings ist ihm dieses nicht in Bezug auf ein Recht auf Erwerb von Aktien verliehen, vielmehr ist der Stillhalter bei entsprechender Ermessensausübung des Inhabers verpflichtet, ihm dessen Aktien abzukaufen. Damit ist weder Art. 13 Abs. 1 UAbs. 1 lit. a Alt. 1 noch Alt. 2 erfüllt. Derartige Optionen sind allerdings unter Umständen von Art. 13 Abs. 1 UAbs. 1 lit. b erfasst.[1192]

Drittens muss die Option im Rahmen dieses Geschäfts erstmalig begeben werden. Für eine Mitteilungspflicht nach dieser Norm hat es darüber hinaus keine Bedeutung, ob die Option verbrieft ist oder nicht, sodass die von Nr. 3 lit. c ESMA-Liste erwähnten *warrants* ebenfalls von dieser Norm erfasst sind, so sie die hier genannten Bedingungen erfüllen.

1189 Zum Begriff des Primär- sowie Sekundärmarkts bereits ab S. 77.

1190 Zum Begriff des Primär- sowie Sekundärmarkts bereits ab S. 77.

1191 Zu Optionen nach Art. 13 Abs. 1 UAbs. 1 lit. a Alt. 2, Abs. 1b UAbs. 1 lit. a ab S. 288.

1192 Zur Mitteilungspflicht von *put options* ab S. 321 sowie S. 331.

Bemerkenswert ist in diesem Zusammenhang, dass (erstmalig begebene) *call options* mit physischer Ausgleichspflicht im Rahmen heimlicher Übernahmen[1193] bedeutsam werden können. So ließen sich entsprechende Verträge mit mehreren Vertragspartnern zunächst lediglich vorbereiten und dann allesamt gleichzeitig - im Rahmen einer förmlichen Vereinbarung - abschließen.[1194] Zwar ist jede einzelne Abrede in diesem Fall nach Art. 13 Abs. 1 UAbs. 1 lit. a Alt. 2, Abs. 1b UAbs. 1 lit. b mitteilungspflichtig. Da die Geschäfte allerdings alle gleichzeitig abgeschlossen würden, hielten sich die Auswirkungen auf den Kurs des Basiswerts für das in Rede stehende Investment stark in Grenzen, sodass ein solches Vorgehen (nach wie vor) lohnt.[1195] Dies gilt allerdings nicht nur für entsprechende Optionen, sondern sämtliche Finanzinstrumente mit einem Basiswert im Sinne des Art. 13 Abs. 1 UAbs. 1 lit. a sowie physischer Ausgleichspflicht (insbesondere auch *swaps*[1196]). Stets können derartige Geschäfte vorbereitet werden, um sie anschließend gesammelt parallel zu vereinbaren und damit einen (verlustreichen) Kursanstieg des Basiswertes zu vermeiden. Eine Mitteilungspflicht gemäß Art. 13 Abs. 1 UAbs. 1 lit. a Alt. 1 oder 2 (gegebenenfalls in Verbindung mit Abs. 1b UAbs. 1) entsteht dennoch erst in dem Moment, in dem die rechtlich bindende Vereinbarung getroffen wurde. Vorbeugend kann an dieser Stelle allein das jeweilige nationale Recht wirken, indem die rechtlichen Bedingungen für eine (rechtlich) bindende, das heißt förmliche Vereinbarung derart ausgestaltet sind oder werden, dass die Voraussetzungen für eine Mitteilungspflicht zumindest insoweit möglichst „früh" erfüllt sind, damit der Markt von vorbereitenden Absprachen Kenntnis erlangen kann.[1197] Hingewiesen sei jedoch bereits hier auf die Möglichkeit einer Mitteilungspflicht entsprechender Finanzinstrumente nach Art. 13 Abs. 1 UAbs. 1 lit. b.[1198]

1193 Zu heimlichen Übernahmen bereits einleitend ab S. 59.

1194 *Emmenegger* FS Hopt, 2010, S. 1765.

1195 Eine Mitteilungspflicht könnte sich jedoch bereits vorab nach Art. 13 Abs. 1 UAbs. 1 lit. b, Abs. 1b UAbs. 1 lit. b ergeben, dazu ab S. 321.

1196 Mit Beispielen *Emmenegger* FS Hopt, 2010, S. 1767 f.

1197 Zur nach Art. 13 Abs. 1 UAbs. 1 lit. a vorausgesetzten förmlichen Vereinbarung ab S. 265. Die Gefahr der Umgehung von Offenlegungspflichten in solchen Fällen wird allerdings durch Art. 13 Abs. 1 UAbs. 1 lit. b entschärft, weil es danach weder auf einen Anspruch gemäß Art. 13 Abs. 1 UAbs. 1 lit. a Alt. 1 oder 2, noch auf eine förmliche Vereinbarung ankommt, dazu ab S. 314.

1198 Zu Art. 13 Abs. 1 UAbs. 1 lit. b ab S. 314. Zu dieser Problematik ab S. 326.

(bb) Terminkontrakte (futures)

Bei dem ebenfalls unionsrechtlich nicht weiter bestimmten[1199] Terminkontrakt (*futures* oder *futures contract*) handelt es sich um eine Vereinbarung über den Kauf oder Verkauf eines Finanztitels in der Zukunft, wobei der Preis bereits bei Vertragsschluss vereinbart wird.[1200] Bei den stets innerhalb von multilateralen Systemen gehandelten *futures*[1201] vereinbaren die Parteien fix, zu einem bestimmten Zeitpunkt in der Zukunft das Finanzinstrument für einen bereits zuvor festgelegten Preis zu kaufen bzw. zu verkaufen. Es handelt sich daher, anders als bei der Option, um ein unbedingtes Termingeschäft.[1202] Auch hier wetten die Vertragsparteien gegensätzlich auf den Kursverlauf des Referenzwertes.[1203] Eine Mitteilungspflicht ergibt sich hier aus Art. 13 Abs. 1 UAbs. 1 lit. a Alt. 1, Abs. 1b UAbs. 1 lit. c dann, wenn einerseits ein *futures* vereinbart wurde, bei welchem mit Stimmrechten verbundene Aktien im Sinne des Art. 13 Abs. 1 UAbs. 1 lit. a den Basiswert darstellen und andererseits ein physischer Ausgleich erfolgen soll.[1204]

1199 Siehe daher entsprechend S. 281 f, was den Ausgestaltungsspielraum der Mitgliedstaaten betrifft.

1200 Ausführlich zu *futures* ab S. 145. *Chance/Brooks*, Derivatives, 10. Auflage 2016, S. 274 ff.; *Grunewald/Schlitt,* Kapitalmarktrecht, 3. Auflage 2014, S. 139; *Haisch* in Haisch/Helios, Rechtshandbuch Finanzinstrumente, 2011, § 1 Rn. 43.

1201 *Grunewald/Schlitt,* Kapitalmarktrecht, 3. Auflage 2014, S. 139; *Kolb/Overdahl,* Futures, Options, Swaps, 5. Auflage 2007, S. 14. *Forwards* bilden das außerbörsliche Gegenstück zu *futures*, siehe zum Beispiel *Hull,* Derivate, 8. Auflage 2012, S. 28 ff.

1202 Als Positionen stehen sich dabei „*long*" für den Kauf und „*short*" für den Verkauf gegenüber: Der Käufer eines Terminkontrakts verpflichtet sich, zu einem bereits festgelegten Zeitpunkt in der Zukunft (sog. Verfallstag) den Basiswert zu einem bereits festgelegten Preis zu kaufen (*long-future* genannt). Der Verkäufer eines Terminkontrakts hingegen geht die Verpflichtung ein, den Basiswert zu vereinbarten Bedingungen zu einem bereits festgelegten Zeitpunkt in der Zukunft zu verkaufen (*short-future* genannt) – das gilt für Futures mit physischer Abwicklung, wobei ebenso die Möglichkeit besteht, stattdessen Barausgleich zu vereinbaren, siehe *Chance/Brooks*, Derivatives, 10. Auflage 2016, S. 13 f.; insoweit siehe entsprechend ab S. 332.

1203 Abhängig vom Basiswert wird zwischen *financial futures* (Wertpapiere als Basiswert) und *commodity futures* (Rohstoffe oder Waren als Basiswert) differenziert, siehe *Chance/Brooks*, Derivatives, 10. Auflage 2016, S. 32; *Grunewald/Schlitt,* Kapitalmarktrecht, 3. Auflage 2014, S. 139; *Haisch* in Haisch/Helios, Rechtshandbuch Finanzinstrumente, 2011, § 1 Rn. 43 m. w. N.

1204 Zu Aktien-*futures* auch *Danz/Kieninger/Patzner* in Zerey, Finanzderivate, 4. Auflage 2016, § 12 Rn. 16 ff.

(cc) Swaps

Als typisches Festgeschäft[1205] ist auch der *swap* unionsrechtlich nicht näher beschrieben, sondern lediglich in diversen Richtlinien erwähnt.[1206] Ausführlich wurde die wirtschaftliche Funktionsweise des *swaps* bereits eingangs beschrieben, sodass hier auf jene Erläuterungen verwiesen wird.[1207] Gegenstand des stets *OTC* gehandelten *swap*-Geschäfts ist eine Vereinbarung, in der sich die Vertragsparteien dazu verpflichten, einmalig oder periodisch Zahlungsströme (*cashflows*) auf Basis jeweils zugrundeliegender Nominalbeträge auszutauschen, beispielsweise bei Rohwarenswaps einer zugrunde liegenden Bezugsmenge eines Rohstoffs.[1208] Auch *swaps* sind daher Wetten auf die zukünftige Marktentwicklung.

Hinsichtlich einer Mitteilungspflicht sind *swaps* im Rahmen von Art. 13 Abs. 1 UAbs. 1 lit. a Alt. 1, Abs. 1b UAbs. 1 lit. d nicht von Bedeutung, wenn bar ausgeglichen wird. Anders stellt sich die Situation dar, wenn im Rahmen eines *swaps* vereinbart wurde, dass mit Stimmrechten verbundene Aktien im Sinne des Art. 13 Abs. 1 UAbs. 1 lit. a den Basiswert darstellen und andererseits physischer Ausgleich vorgesehen ist. Ein solches Geschäft ist einerseits unproblematisch denkbar, insbesondere, da die Konditionen außerhalb geregelter Märkte individuell vereinbart werden können.[1209] Andererseits ist ein derartiger *swap* auch nicht untypisch, macht er doch als Wertpapier-*swap* (*equity-linked swap* oder *equity swap*) eine der beschriebenen *swap*-Kategorien aus.[1210]

1205 Zu Festgeschäften ab S. 137.

1206 Unter anderem in Art. 13 Abs. 1b, UAbs. 1 lit. d; MiFID I, Anhang I Abschnitt C Nr. 3-6 und 10 MiFID I bzw. Anhang I Abschnitt C Nr. 4-7 und 10 MiFID II; inzwischen aufgehobener Art. 11 Abs. 1, UAbs. 1 DurchführungsRL 2007 a. F.; zur rechtlichen Behandlung siehe entsprechend ab S. 281.

1207 Zu *swaps* bereits ab S. 147.

1208 *Büschgen*, Börsenlexikon, 23. Auflage 2012, S. 975; *Chance/Brooks*, Derivatives, 10. Auflage 2016, S. 395; *Grunewald/Schlitt*, Kapitalmarktrecht, 3. Auflage 2014, S. 141; *Rudolf* in Kümpel/Wittig, Bank- und Kapitalmarktrecht, 4. Auflage 2011, Rn. 19.123. Diverse Unterformen sind beschrieben bei *Haisch* in Haisch/Helios, Rechtshandbuch Finanzinstrumente, 2011, § 1 Rn. 47.

1209 Um vermeintliche Widersprüche zu vermeiden, sei nochmals darauf hingewiesen, dass nicht das Finanzinstrument selbst an einem geregelten Markt gehandelt werden muss, sondern diese Voraussetzung lediglich für die Aktien gilt, auf welche sich das unbedingte oder bedingte Erwerbsrecht des Investors Art. 13 Abs. 1 UAbs. 1 lit. a bezieht. Zu Aktien-*swaps* auch *Danz/Kieninger/Patzner* in Zerey, Finanzderivate, 4. Auflage 2016, § 12 Rn. 12.

1210 Wenn derartige *swaps* in der Literatur auch als *contracts for differences* bezeichnet werden, wird dabei regelmäßig die zeitliche Komponente der Geschäfte nicht

Ein solcher *equity swap* bezieht sich auf den Preis eines Wertpapiers (beispielsweise einer Aktie), einen Korb von Wertpapieren (beispielsweise einen Aktienkorb), auf veröffentlichte Wertpapierindizes, auf spezifische Indizes für eine Gruppe von Wertpapieren oder einen Korb von Wertpapier-Indizes.[1211] Eine Mitteilungspflicht kommt nach Art. 13 Abs. 1 UAbs. 1 lit. a, Abs. 1b UAbs. 1 lit. d in Betracht, wenn physische Ausgleichspflicht vereinbart ist: Der Käufer des *equity swap* erhält dabei einen Anspruch auf die Übertragung einer bestimmten Anzahl an Wertpapieren in der Zukunft zu dem dann geltenden (kursabhängigen) Preis im Gegenzug für eine einmalige Prämie und/oder laufende Zahlungen in vorab vereinbarter Höhe. Der Lieferanspruch ist damit nicht bedingt, sondern nur betagt. Bei dem Basiswert muss es sich um Aktien im Sinne des Art. 13 Abs. 1 UAbs. 1 lit. a handeln, sodass schon bei Abschluss des Geschäfts für den Inhaber des Finanzinstruments ein Recht auf Erwerb jener Aktien entsteht. Dies gilt ebenso, wenn es sich dabei um einen vorab vereinbarten, sogenannten Termin-*swap* handelt: Dessen Laufzeit beginnt zwar zu einem späteren Zeitpunkt, die Konditionen werden jedoch bei Vertragsschluss festgelegt.[1212] Gleichfalls erfasst sind hier sogenannte, häufig zur Sanierung wirtschaftlich bedürftiger Unternehmen gedachte *debt-equity-swaps*, die auf die „Umwandlung" der Forderungen von Gläubigern in Anteils- oder Mitgliedschaftsrechte am Schuldner gerichtet sind.[1213] Dabei erhält der Gläubiger „an Erfüllungs statt" Anteile am Unternehmen. Handelt es sich dabei um Aktien im Sinne des Art. 13 Abs. 1 UAbs. 1 lit. a, so ist ein *debt-equity-swap* nach Art. 13 Abs. 1 UAbs. 1 lit. a Alt. 1, Abs. 1b UAbs. 1 lit. d mitteilungspflichtig.

Anders sind solche Wertpapier-*swaps* zu beurteilen, bei welchen ein Anspruch auf die Lieferung entsprechender Aktien erst bei Erreichen eines bestimmten Kurses entsteht. Bei Abschluss des Geschäfts besteht für den Inhaber des Finanzinstruments weder ein Recht auf Erwerb entsprechender Aktien (Alt. 1), noch ist ihm ein Ermessen in Bezug auf das Recht auf Erwerb derartiger Aktien eingeräumt (Alt. 2). Ein solches Recht entsteht vielmehr potenziell erst dann, wenn der Kursverlauf des Basiswerts sich im Sinne des Inhabers entwickelt. Davon

---

berücksichtigt, dazu schon ab S. 151 sowie gleich ab S. 336. Zu verschiedenen Kategorien der *swaps* ab S. 147.

1211 *Jahn/Reiner* in Schimansky/Bunte/Lwowski, Bankrechts-Handbuch, 5. Auflage 2017, § 114 Rn. 9.

1212 *Jahn/Reiner* in Schimansky/Bunte/Lwowski, Bankrechts-Handbuch, 5. Auflage 2017, § 114 Rn. 13.

1213 *Jahn/Reiner* in Schimansky/Bunte/Lwowski, Bankrechts-Handbuch, 5. Auflage 2017, § 114 Rn. 6.

hängt unter Umständen auch der Leistungsumfang, mithin die Anzahl der an den Inhaber zu übertragenen Aktien ab. Eine Mitteilungspflicht für solche Wertpapier-*swaps* besteht jedoch möglicherweise nach Art. 13 Abs. 1 UAbs. 1 lit. b, Abs. 1b UAbs. 1 lit. d.

(dd) Zinsausgleichsvereinbarungen (forward rate agreements)

Art. 13 Abs. 1b UAbs. 1 lit. e führt weiter Zinsausgleichsvereinbarungen (*forward rate agreements*, kurz *FRAs*) als potenzielle Finanzinstrumente im Sinne des Art. 13 Abs. 1 UAbs. 1 an. Ebenso wie Optionen, *futures* und *swaps* sind Zinsausgleichsvereinbarungen im Rahmen der TrRL 2013 nicht definiert. Gleichermaßen wenig dienlich ist insoweit auch die MiFID II. Hinsichtlich des ökonomischen Hintergrunds sei auf die Ausführungen in Teil I verwiesen.[1214] Im Rahmen einer Zinsausgleichsvereinbarung zahlt eine Partei der anderen zu einem künftigen Zeitpunkt einen bestimmten Geldbetrag, der sich aus der Differenz eines vertraglich vereinbarten (*FRA-)*Zinssatzes und eines zukünftigen Marktzinssatzes (Referenzzinssatz) ergibt.

Fraglich scheint allerdings, ob *forward rate agreements* (vgl. englische Fassung der TrRL 2013) mit „Zinsausgleichsvereinbarungen" (TrRL 2013) bzw. „außerbörslichen Zinstermingeschäften" (MiFID II) korrekt in die deutsche Fassung der TrRL 2013 bzw. MiFID II übertragen wurden, da „Zinsausgleichsvereinbarungen" in Bezug auf die Beteiligungstransparenz zwischen den übrigen Beispielen wie ein Fremdkörper erscheint.[1215] Würde ein solches Geschäft auf einem geregelten Markt abgeschlossen, so wäre die Zinsausgleichsvereinbarung materiell deckungsgleich mit einem Zinstermingeschäft (Zins-*futures*). Allerdings sind *futures* im Rahmen der TrRL 2013 bereits durch Art. 13 Abs. 1b UAbs. 1 lit. e erfasst. Die französische („*les accords de taux futurs*", frei übersetzt „Vereinbarungen über zukünftige Raten"), spanische („*los contratos a plazo sobre tipos de interés*", frei übersetzt „Terminkontrakte in Bezug auf Zinsen") und italienische Fassung („gli accordi per scambi futuri sui tassi di interesse", ", frei übersetzt „Vereinbarungen über den zukünftigen Austausch von Zinsen") der ÄnderungsRL 2013 helfen insoweit nicht weiter. Der englischen Fassung lässt sich entnehmen, dass es sich nicht um schlichte „*rate agreements*", sondern „*forward rate agreements*" handeln muss.

1214 Zu Zinsausgleichsvereinbarungen bereits ab S. 150.

1215 So ebenfalls, allerdings ohne Lösungsansatz *Epe*, Kapitalmarktrechtliche Beteiligungstransparenz, 2017, S. 220. In Bezug auf die entsprechende Umsetzung im WpHG ähnlich *Brellochs* AG 2016, 157, 165; *Burgard/Heimann* WM 2015, 1445, 1450; *DAV-Handelsrechtsausschuss* NZG 2012, 770, 772; *Schilha* DB 2015, 1821, 1821.

„Forwards“ sind das außerbörsliche Pendant zu *futures*, sie werden also nicht an geregelten Märkten gehandelt.[1216] Eine Abgrenzung scheint daher (lediglich) über den Handelsplatz möglich.[1217] Im Rahmen der unionsrechtlichen Auslegung lassen sich dafür auch die jeweiligen Übersetzungen von Anhang I Abschnitt C der MiFID II anführen: Nr. 4 und 10 des Anhangs nennen *„forward rate agreements“* als Finanzinstrumente im Sinne der MiFID II. In der deutschen Fassung werden diese jeweils als „außerbörsliche Zinstermingeschäfte“ übersetzt. Gestützt wird dies weiter durch Nr. 6 Anhang I Abschnitt C der MiFID II, der – anders als Nr. 4 und 10 Anhang I Abschnitt C der MiFID II – „Optionen, Terminkontrakte (Futures), Swaps und alle anderen Derivatkontrakte“ erwähnt, „Zinsausgleichsvereinbarungen“ allerdings auslässt.[1218] Die dort aufgeführten Finanzinstrumente werden nämlich alle in multilateralen Systemen gehandelt, sodass ein außerbörslich, das heißt ein *OTC* gehandeltes *forward (rate agreement)* dort nicht Handelsgegenstand sein kann.

Ein derartiges Verständnis führt allerdings zu der Frage, weshalb im Rahmen von Anhang I Abschnitt C Nr. 4 MiFID II lediglich *forward rate agreements* und nicht sämtliche *forwards* erfasst sein sollen. Dazu lässt sich nicht anführen, dass *forwards* außerbörslich gehandelt würden und es ihnen damit einer notwendigen kapitalmarktmäßigen Handelbarkeit mangele, denn einerseits ist dies, wie dargelegt, nicht der Fall[1219] und andererseits würde dies bei gegenteiligem Verständnis gleichermaßen für solche Zinsausgleichsvereinbarungen gelten, die außerhalb eines multilateralen Systems gehandelt werden, sodass diese ebenfalls keine Finanzinstrumente im Sinne des Art. 13 Abs. 1 UAbs. 1 darstellen könnten und deren Erwähnung in Art. 13 Abs. 1b UAbs. 1 lit. e damit teilweise sinnentleert würde.[1220] Außerdem wäre dann anzunehmen, dass die in Anhang I Abschnitt C Nr. 4 MiFID II erwähnten Optionen und *swaps* zwingend börslich gehandelt werden müssten. Evident ist jedoch, dass die MiFID II (in der englischen Fassung) zwischen *forwards* und *forward rate agreements* – jedenfalls sprachlich – differenziert: Anhang I Abschnitt C Nr. 5 und 7 MiFID II erwähnen lediglich erstere, während in Nr. 4 und 10 lediglich letztere aufgeführt sind. Im

---

1216 Zu *forwards* ab S. 147.

1217 Ähnlich, wenn auch nicht ausdrücklich wohl auch *Rudolf* in Kümpel/Wittig, Bank- und Kapitalmarktrecht, 4. Auflage 2011, Rn. 19.160.

1218 In Bezug auf die insoweit ähnliche MiFID I *Müller*, Finanzinstrumente Rom I-VO, 2011, S. 97 f.

1219 Siehe zur kapitalmarktmäßigen Handelbarkeit an S. 101 bzw. zu *forwards* ab S. 147.

1220 In Bezug auf die insoweit ähnliche MiFID I *Müller*, Finanzinstrumente Rom I-VO, 2011, S. 98.

Rahmen der MiFID I ließ sich noch - die (sprachliche) Differenzierung verteidigend - argumentieren, dass die in Anhang I Abschnitt C Nr. 5 und 10 erwähnten *forward rate agreements* zwingend oder zumindest nach Wahl des Berechtigten einen Barausgleich vorsahen, indem auf dessen Perspektive abgestellt wurde; die in Anhang I Abschnitt C Nr. 7 erwähnten *forwards* setzten einen Barausgleich nach Wahl des Verpflichteten voraus, indem dessen Perspektive zugrunde gelegt wurde.[1221]

Auf die überarbeiteten Formulierungen in der MiFID II lassen sich diese Erwägungen nicht übertragen, insbesondere ist eine Unterscheidung anhand unterschiedlicher Ausgleichspflichten nicht mehr möglich: Anhang I Abschnitt C Nr. 5 („*forwards*") und Nr. 10 („*forward rate agreements*") MiFID II setzen den Barausgleich zwingend voraus, alternativ muss jedenfalls auf Wunsch einer Vertragspartei bar abgerechnet werden können, Nr. 4 („*forward rate agreements*") verlangt effektive Lieferung oder Barausgleich und Nr. 7 („*forwards*") erfordert die Möglichkeit eines physischen Ausgleichs. Der Gesetzgeber hat allerdings im Zuge der Überarbeitung der MiFID I nicht etwa für die Beseitigung dieser Missverständnisse gesorgt: Nr. 5 verwendet nun, anders als zuvor, den Begriff der „*forwards*". Dies spricht dafür, dass die Unterscheidung zwischen beiden Begrifflichkeiten keinen Zufall darstellt. Eine Auffassung, welche *forward rate agreements* den *forwards* unterordnet, ist indes nicht zwingend systemwidrig, da der Unionsgesetzgeber gewisse Regelungen womöglich nicht in Bezug auf sämtliche *forwards*, sondern nur hinsichtlich *forward rate agreements* getroffen wissen wollte.

Dafür spricht auch Anhang I Abschnitt C Nr. 10 MiFID II, in der „*forward rate agreements*" mit „außerbörslichen Zinstermingeschäften" übersetzt sind: Obwohl in jener Norm mit „Klimavariablen, Frachtsätze, Inflationsraten oder andere offizielle Wirtschaftsstatistiken (...) sowie alle anderen Derivatkontrakte in Bezug auf Vermögenswerte, Rechte, Obligationen, Indizes und Messwerte, die sonst nicht im vorliegenden Abschnitt C genannt sind und die die Merkmale anderer derivativer Finanzinstrumente aufweisen (...)" die unterschiedlichsten Basiswerte für die aufgeführten *options, futures, swaps, forward rate agreements and any other derivative contracts* infrage kommen, finden in der Enumeration Zinssätze keinerlei Erwähnung. Damit ist die Übersetzung als „außerbörsliches Zinstermingeschäft" zumindest hier offenkundig nicht systemkohärent.[1222] Dass mit dem *forward rate agreement* zwingend *forward interest*

1221 *Müller*, Finanzinstrumente Rom I-VO, 2011, S. 98.

1222 Ebenfalls in Bezug auf die insoweit ähnliche MiFID I *Müller*, Finanzinstrumente Rom I-VO, 2011, S. 98.

rate gemeint ist, lässt sich deshalb schwerlich behaupten: Übersetzt man *forward rate* ins Deutsche, kann dies schlicht „Terminpreis“ oder „Terminkurs“ bedeuten. Wenn gleichzeitig unter *agreement* eine darauf bezogene „Vereinbarung“ bzw. „Übereinkunft“ verstanden wird, widerspräche ein solch offenes bzw. weites Verständnis nicht der Begriffskomposition „*forward rate agreement*“. [1223]

Im Ergebnis ist es daher (in Hinblick auf Systemwidrigkeit) nicht von Belang, ob man *forward rate agreements* als außerbörsliche Zinstermingeschäfte versteht oder annimmt, dass dem Gesetzgeber und seinen Übersetzungsdiensten angesichts der Komplexität der Thematik insoweit wiederholt unbewusste Redaktionsfehler unterlaufen sind und mit *forward rate agreements* sowie *forwards* im Rahmen der TrRL 2013 und MiFID II eigentlich *forwards* in hier verstandener Bedeutung[1224] gemeint sind[1225], da beide Auffassungen zu einem Widerspruch führen. Die Intention des Gesetzgebers bleibt nebulös. Zielführend ist, das *Telos* des Art. 13 TrRL 2013 heranzuziehen. Demzufolge können mit *forward rate agreements* keine Zinsausgleichsvereinbarungen gemeint sein[1226], vielmehr sind damit *forwards* erfasst. Damit ist zwar ebenso ausgedrückt, dass *forward rate agreements* im Rahmen von Art. 13 Abs. 1b UAbs. 1 lit. e TrRL 2013 als *pars pro toto* der *forwards* gelten, doch Mitteilungspflichten bei Finanzinstrumenten, die sich auf mit Stimmrechten verbundene, bereits ausgegebene Aktien eines Emittenten, dessen Aktien zum Handel an einem geregelten Markt zugelassen sind, beziehen, kommen im Zusammenhang mit Zinsausgleichsvereinbarungen in keiner denkbaren Konstellation zum Tragen, will man den Begriff des Finanzinstruments nicht so weit ausdehnen, dass er jedwede Kontur verliert.

Auf diese Weise löst sich der Widerspruch zur differenzierten Behandlung der beiden Begriffe in der MiFID II nicht auf, doch würde eine gegenteilige Auffassung über die bereits angeführten Argumente hinaus den Begriff der

---

1223 In Bezug auf die insoweit ähnliche MiFID I *Müller*, Finanzinstrumente Rom I-VO, 2011, S. 98.

1224 Zu *forwards* ab S. 147.

1225 In Bezug auf die insoweit ähnliche MiFID I *Müller*, Finanzinstrumente Rom I-VO, 2011, S. 98 f.

1226 In der deutschen Literatur wird dieses Problem offenbar kaum behandelt; der Deutsche Anwaltverein äußerte sich bisher dazu: „Wie ein Fremdkörper erscheint nur die Zinsausgleichsvereinbarung, da bei ihr die Nähe zum Aktienerwerb unklar ist“, siehe *DAV-Handelsrechtsausschuss* NZG 2012, 770, 772. *Burgard/Heimann* machen immerhin auf das Problem aufmerksam: „Geradezu unverständlich ist dabei, wie Zinsausgleichsvereinbarungen diese Voraussetzungen erfüllen können“, siehe *Burgard/Heimann* FS Dauses, 2014, S. 47, 64.

Zinsausgleichsvereinbarung in Art. 13 Abs. 1b UAbs. 1 lit. e vor dem Hintergrund des Zwecks der Mitteilungspflicht jedes Regelungsgehalts berauben, ja materiell aushöhlen.

Dem Verständnis der deutschen Fassung des Art. 13 Abs. 1b UAbs. 1 lit. e TrRL 2013 wäre es daher zuträglich, die Norm im Rahmen der nächsten Revision entsprechend zu überarbeiten und dies ebenfalls für die MiFID II zu erwägen, um Rechtsklarheit zu schaffen. Ein anderes Verständnis der Begriffe in der MiFID II wäre nicht zwingend systemwidrig und ein Gleichlauf zur TrRL 2013 insofern zwar möglich, aber nicht notwendig.

Die Folgefrage der angestellten Überlegungen ist, welche Vertragsgestaltungen konkret von Art. 13 Abs. 1, UAbs. 1 lit. a, Abs. 1b UAbs. 1 lit. e TrRL 2013 erfasst sind. Da es an einer unionsrechtlichen Definition des *forward* mangelt und der Begriff lediglich in der deutschen Fassung der MiFID II als „Termingeschäft" übersetzt ist, wird hier das allgemeine Verständnis herangezogen[1227]: Danach handelt es sich bei einem *forward* um einen Vertrag zwischen zwei Parteien, zu einem bestimmten Zeitpunkt in der Zukunft (Fälligkeit) zu einem bestimmten Preis (*forward*-Preis oder Terminpreis) einen frei wählbaren Basiswert vom Vertragspartner zu kaufen bzw. dem Vertragspartner zu verkaufen. Die nicht auf geregelten Märkten gehandelten *forwards* sind am Laufzeitende regelmäßig durch Lieferung des Basiswerts und nur ausnahmsweise durch Differenzausgleich (in bar) zu erfüllen.[1228] Diesen Umstand zugrunde gelegt, sind *forwards* nach Art. 13 Abs. 1, UAbs. 1 lit. a Alt. 1, Abs. 1b UAbs. 1 lit. e mitteilungspflichtig, wenn ihr Basiswert Aktien im Sinne des Art. 13 Abs. 1, UAbs. 1 lit. a sind und physischer Ausgleich vereinbart ist.[1229]

(ee) Differenzgeschäfte (contracts for differences)

Mit Art. 13 Abs. 1b UAbs. 1 lit. f werden schließlich explizit Differenzgeschäfte genannt. Abermals fehlt es an einer unionsrechtlichen Definition, sodass auch hier die schon in Teil I dargelegten Gedanken zugrunde gelegt werden sollen.[1230]

Schwierigkeiten bereitet hier folglich auch im unionsrechtlichen Kontext das unklare Verhältnis der Regelung zu Art. 13 Abs. 1b UAbs. 1 lit. d, wenn mit *contracts for differences* (im anglo-amerikanischen Raum) gemeinhin (*cash-settled total return) equity swaps* bezeichnet werden. Zieht man die Vorgängerregelung

1227 Zu *forwards* ab S. 147.

1228 *Haisch* in Haisch/Helios, Rechtshandbuch Finanzinstrumente, 2011, § 1 Rn. 41.

1229 Zu Aktien-*forwards* auch *Danz/Kieninger/Patzner* in Zerey, Finanzderivate, 4. Auflage 2016, § 12 Rn. 16 ff.

1230 Zu Differenzgeschäften bereits ab S. 151.

der TrRL 2004 heran, so erschließt sich, dass Differenzgeschäfte im Rahmen von Art. 11 Abs. 1 UAbs. 1 S. 1 DurchführungsRL 2007 a. F. zwar nicht ausdrücklich erwähnt waren. Doch durch den Verweis der Norm in Anhang I Abschnitt C MiFID I kamen „finanzielle Differenzgeschäfte“ (dort Nr. 9) bereits als mitteilungspflichtige Finanzinstrumente im Sinne des Art. 13 Abs. 1 TrRL 2004 in Betracht. In anderen Sprachfassungen der ÄnderungsRL 2013 wurden *contracts for differences* als „*contrats financiers pour différences*“ (französische Fassung), „*contratos liquidables por diferencias*“ (spanische Fassung) oder „*contratti per differenza*“ (italienische Fassung) übersetzt. Der französischen und spanischen Fassung ließe sich daher entnehmen, dass bei derartigen Geschäften zwingend Barausgleich vereinbart sein muss („*financiers*“, zu Deutsch etwa „finanzielle“ bzw. „*liquidables*“, zu Deutsch etwa „zahlbare“).

Allerdings ist dies einerseits nur in diesen beiden Sprachfassungen, ausdrücklich sogar nur in der französischen Fassung angelegt, obwohl dem Unionsgesetzgeber augenscheinlich ein Unterschied zwischen „*contracts for differences*“ und „*financial contracts for differences*“ vorschwebt, wenn in Art. 13 Abs. 1b UAbs. 1 lit. e von ersteren sowie in Anhang I Abschnitt C Nr. 9 MiFID I und MiFID II von letzteren die Rede ist und er insofern auf eine einheitliche Formulierung in allen Sprachfassungen hätte Wert legen können. Andererseits hilft dieses Kriterium hier nicht darüber hinweg, dass es zu inhaltlichen Überschneidungen mit den in Art. 13 Abs. 1b UAbs. 1 lit. d genannten *swaps* kommt: Selbst, wenn man „finanzielle Differenzgeschäfte“ so auslegt, dass damit nur Differenzgeschäfte mit Barausgleichspflicht erfasst sind, so decken sich diese bei entsprechender Ausgestaltung materiell mit *cash settled total return equity swaps*. Als rechtliches Differenzierungsmerkmal ist die Ergänzung „finanzielle“ (Differenzgeschäfte) daher ungeeignet.

Die gesonderte Erwähnung beider Kategorien ist vermutlich auch Ausdruck des Bestrebens des Unionsgesetzgebers, den Derivatebegriff vor dem Hintergrund der Mitteilungspflichten möglichst weit zu fassen und damit nicht notwendig so zu deuten, dass mit der Enumeration von Art. 13 Abs. 1b UAbs. 1 klar voneinander abgrenzbare Kategorien von Finanzinstrumenten geschaffen werden sollten.[1231] *Inter alia* wird nicht zuletzt auch die – offenbar nach wie vor existente – sprachlich ungenaue Behandlung aus ökonomischer Perspektive dazu geführt haben, dass mit Art. 13 Abs. 1b UAbs. 1 lit. d und f TrRL 2013 sowohl „Swaps“ als auch „Differenzgeschäfte“ (in der englischen Fassung „*contracts for differences*“)

1231 Ähnlich schon CESR/09-1215b S. 3 (Nr. 1 ff.); ähnlich äußerte sich auch die ESMA hinsichtlich der nicht abschließenden ESMA-Liste, vgl. Nr. 4 ESMA-Liste.

als potenzielle Finanzinstrumente im Sinne des Art. 13 Abs. 1 UAbs. 1 TrRL 2013 aufgeführt werden, auch wenn sich deren materiell-rechtlicher Gehalt – je nach Verständnis – zumindest teilweise deckt.[1232] Im Ergebnis wird man sicherer darauf bauen, die Klassifikation der Enumeration in Art. 13 Abs. 1b UAbs. 1 als Regelbeispielsliste argumentativ anzuführen, aufgrund dessen die Einordnung eines Finanzinstruments in eine der aufgeführten Kategorien keine Voraussetzung für eine Mitteilungspflicht ist. Vielmehr kommt es hier darauf an, ob das in Rede stehende Finanzinstrument die Voraussetzungen von Art. 13 Abs. 1, UAbs. 1 lit. a erfüllt.

Liegen einem Differenzgeschäft mit Stimmrechten verbundene Aktien zugrunde und ist Barausgleich vereinbart, kommt lediglich eine Mitteilungspflicht nach Art. 13 Abs. 1 UAbs. 1 lit. b, Abs. 1b UAbs. 1 lit. f in Betracht.

Die Überschneidung mit ähnlich ausgestalteten *swap*-Geschäften kann hier nicht vermieden werden, sodass für Differenzgeschäfte mit physischer Ausgleichspflicht unter bestimmten Umständen eine Mitteilungspflicht besteht: Bei einem Differenzgeschäft, dem mit Stimmrechten verbundene Aktien zugrunde liegen, werden aus wirtschaftlicher Perspektive Zinsen gegen die Entwicklung eines Aktienkurses getauscht. Der Käufer erhält dabei – im Gegenzug für eine einmalige Prämie und/oder laufende Zahlungen in vorab vereinbarter Höhe – einen Anspruch auf die Übertragung einer bestimmten Anzahl an Aktien in der Zukunft für den dann geltenden (kursabhängigen) Preis. Der Lieferanspruch ist damit nicht bedingt, sondern nur betagt. Eine Mitteilungspflicht ergibt sich damit aus Art. 13 Abs. 1 UAbs. 1 lit. a Alt. 1, Abs. 1b UAbs. 1 lit. f, da schon bei Abschluss des Geschäfts für den Inhaber des Finanzinstruments ein Recht auf Erwerb entsprechender Aktien entsteht.

Anders ist dies allerdings für solche Differenzgeschäfte zu beurteilen, bei welchen ein Anspruch auf die Lieferung entsprechender Aktien erst bei Erreichen eines bestimmten Kurses entsteht. Bei Abschluss des Geschäfts besteht für den Inhaber des Finanzinstruments weder ein Recht auf Erwerb entsprechender Aktien (Alt. 1), noch ist ihm ein Ermessen in Bezug auf das Recht auf Erwerb derartiger Aktien eingeräumt (Alt. 2). Ein solches Recht entsteht vielmehr potenziell erst dann, wenn der Kursverlauf des Basiswerts sich im Sinne des Inhabers entwickelt. Davon hängt unter Umständen auch der Leistungsumfang, mithin die Anzahl der an den Inhaber zu übertragenden Aktien ab. Eine Mitteilungspflicht für solche Differenzgeschäfte besteht jedoch möglicherweise nach Art. 13 Abs. 1 UAbs. 1 lit. b, Abs. 1b UAbs. 1 lit. f. Dementsprechend ergibt sich auch

1232 Dazu bereits ab S. 151.

unabhängig davon, ob man *total return equity swaps* („CFDs“) als *swaps* im Sinne des Art. 13 Abs. 1b UAbs. 1 lit. d oder als Differenzgeschäfte im Sinne des Art. 13 Abs. 1b UAbs. 1 lit. f qualifiziert, unter bestimmten Voraussetzungen eine Mitteilungspflicht nach Art. 13 Abs. 1 UAbs. 1 lit. a.

(ff) Alle anderen Kontrakte oder Vereinbarungen mit vergleichbarer wirtschaftlicher Wirkung, die physisch oder bar abgewickelt werden können

Die „Regelbeispielliste“ schließt in Art. 13 Abs. 1b UAbs. 1 lit. g mit einem Auffangtatbestand ab, der alle anderen Kontrakte oder Vereinbarungen mit vergleichbarer wirtschaftlicher Wirkung, die physisch oder bar abgewickelt werden können, erfasst. Angesichts der Tatsache, dass Art. 13 Abs. 1 UAbs. 1 lit. b seinerseits ebenfalls eine „vergleichbare wirtschaftliche Wirkung“ als Tatbestandsmerkmal aufführt und unnötig doppelte Ausführungen vermieden werden sollen, wird die Betrachtung dieses Regelbeispiels nach der Erörterung von Art. 13 Abs. 1 UAbs. 1 lit. b gesondert erfolgen und die Einordnung der erfassten Finanzinstrumente in Art. 13 Abs. 1 UAbs. 1 lit. a oder b dabei vorgenommen.

cc) Zwischenergebnis

Art. 13 Abs. 1b UAbs. 1 lit. b bis f nennt mit Optionen, Terminkontrakten, *swaps*, Zinsausgleichsvereinbarungen und Differenzgeschäften diverse Derivate, die als Finanzinstrumente im Sinne des Art. 13 Abs. 1 UAbs. 1 lit. a infrage kommen. Schon bei mehreren Übernahmefällen hat sich gezeigt, dass gerade Derivate eine nicht zu unterschätzende praktische Bedeutung zeigen, sodass diese aus transparenzrechtlicher Sicht eine wesentliche Rolle einnehmen.

Der Derivatebegriff *per se* ist unionsrechtlich nicht definiert, zeichnet sich in der Praxis jedoch immerhin durch eine Reihe zwingender sowie substituierbarer Elemente aus: Jedes Derivat weist eine Abhängigkeit von einem Referenzwert (Basiswert, *underlying*) auf, wonach sich auch der Wert eines Derivats selbst bemisst. Der Unterschied zu Kassageschäften besteht bei den zu (Finanz-)Termingeschäften zählenden Derivaten zum einen darin, dass die Basiswerte – jedenfalls zunächst – nicht auf den Vertragspartner übertragen werden. Zum anderen fallen Verpflichtungs- und Erfüllungsgeschäft zeitlich auseinander, die mögliche Erfüllung findet erst zu einem bestimmten Zeitpunkt oder Zeitraum in der Zukunft statt.

An erster Stelle der Aufzählung derivativer Finanzinstrumente ist die Option aufgeführt. Eine solche ist mitteilungspflichtig, wenn zum einen bestimmte Aktien den Basiswert darstellen und dem Inhaber zum anderen ein gewisses

Ermessen eingeräumt ist. Wie bereits im Rahmen der sonstigen Wertpapiere im Sinne des Art. 13 Abs. 1b UAbs. 1 lit. a gilt, dass dies grundsätzlich für *call options*, nicht jedoch für *put options* gelten kann: Zwar steht dem Inhaber - parallel zu einer *call option* - bei der *put option* ein Ermessen zu, allerdings ist ihm dieses nicht in Bezug auf ein Recht auf Erwerb von Aktien verliehen, vielmehr ist der Stillhalter bei entsprechender Ermessensausübung des Inhabers verpflichtet, dem Inhaber dessen Aktien abzukaufen. Damit sind weder die Voraussetzungen des Art. 13 Abs. 1 UAbs. 1 lit. a Alt. 1 noch die der Alt. 2 erfüllt.

Derartige Verträge können zunächst lediglich vorbereitet und dann allesamt gleichzeitig - im Rahmen einer förmlichen Vereinbarung - abgeschlossen werden. Dabei entsteht zwar für jede einzelne Vereinbarung eine Mitteilungspflicht. Da die Geschäfte allerdings alle gleichzeitig (förmlich) abgeschlossen würden, blieben die Auswirkungen auf den Kurs des Basiswerts für den Erwerber marginal, sodass ein solches Vorgehen (nach wie vor) lohnt und im Rahmen heimlicher Übernahmen von Bedeutung ist. Dies gilt jedoch nicht nur für Optionen, sondern sämtliche Finanzinstrumente mit physischer Ausgleichspflicht. Vorbeugend kann dabei lediglich das jeweilige nationale Recht wirken, indem die rechtlichen Bedingungen für eine förmliche Vereinbarung im Sinne des Art. 13 Abs. 1 UAbs. 1 lit. a entsprechend ausgestaltet sind oder werden.[1233]

Bei dem ebenfalls unionsrechtlich nicht weiter bestimmten Terminkontrakt (*futures* oder *futures contract*) handelt es sich um eine Vereinbarung über den Kauf oder Verkauf eines Finanztitels in der Zukunft, wobei der Preis bereits bei Vertragsschluss vereinbart wird. Eine Mitteilungspflicht ergibt sich hier lediglich dann, wenn einerseits ein *futures* vereinbart wurde, bei welchem mit Stimmrechten verbundene Aktien im Sinne des Art. 13 Abs. 1 UAbs. 1 lit. a den Basiswert darstellen und andererseits ein physischer Ausgleich vereinbart wurde.

Auch der *swap* ist unionrechtlich nicht näher beschrieben. Gegenstand des stets *OTC* gehandelten *swap*-Geschäfts ist eine Vereinbarung, in der sich die Vertragsparteien dazu verpflichten, einmalig oder periodisch Zahlungen (*cashflows*) auf Basis jeweils zugrunde liegender Nominalbeträge auszutauschen. Eine Mitteilungspflicht scheint daher auf den ersten Blick abwegig. Die Voraussetzungen dafür sind jedoch bei bestimmten Wertpapier-*swaps* (*equity-linked swap* oder *equity swap,* auch bei *debt-equity-swaps*) gegeben, deren Basiswerte mit Stimmrechten verbundene Aktien darstellen: Bei Abschluss des Geschäfts besteht für den Inhaber des Finanzinstruments ein Recht auf Erwerb entsprechender

1233 Hingewiesen sei hier bereits jedoch auf die Möglichkeit einer Mitteilungspflicht entsprechender Finanzinstrumente nach Art. 13 Abs. 1 UAbs. 1 lit. b, dazu ab S. 314.

Aktien, da der Anspruch auf Lieferung jener Aktien nicht bedingt, sondern nur betagt ist. Ist der Anspruch hingegen abhängig vom Erreichen eines bestimmten Kurses, ist eine Mitteilungspflicht lediglich nach Art. 13 Abs. 1 UAbs. 1 lit. b denkbar.

Zinsausgleichsvereinbarungen (*forward rate agreements*) sind im Rahmen der TrRL 2013 ebenso nicht definiert. Im Rahmen einer Zinsausgleichsvereinbarung zahlt eine Partei der anderen zu einem künftigen Zeitpunkt einen bestimmten Geldbetrag, der sich aus der Differenz eines vertraglich vereinbarten (*FRA-)*Zinssatzes und eines zukünftigen Marktzinssatzes (Referenzzinssatz) ergibt. Da bei einer Zinsausgleichsvereinbarung mit Stimmrechten verbundene Aktien nicht von Bedeutung sind und auch der Unionsgesetzgeber den Begriff der *forward rate agreements* bzw. *forwards* uneinheitlich verwendet, können erstere nur als *pars pro toto* für letztere verstanden werden. Demzufolge können mit *forward rate agreements* nicht lediglich Zinsausgleichsvereinbarungen gemeint sein, vielmehr sind damit grundsätzlich *forwards* erfasst. Bei einem *forward* handelt es sich um das außerbörsliche Pendant zu *futures*.

Schließlich findet sich auch für Differenzgeschäfte keine Definition in der TrRL 2013. Sie ähneln einer bestimmten Art des *swap*, wobei ihre Abgrenzung dazu aus ökonomischer und folglich auch rechtlicher Sicht teilweise unklar ist, sodass ihre Einordnung mitunter schwerfällt. Haben derartige Finanzinstrumente mit Stimmrechten verbundene Aktien als Basiswert, ist ihre Laufzeit nicht begrenzt und ist physischer Ausgleich vereinbart, besteht - ebenso wie bei ähnlich ausgestalteten *swaps* - eine Mitteilungspflicht, sofern der Anspruch auf Erwerb der Aktien befristet ist und nicht vom Erreichen eines bestimmten Kurses abhängt. In letzterem Fall kommt lediglich eine Mitteilungspflicht gemäß Art. 13 Abs. 1 UAbs. 1 lit. b infrage. Hinsichtlich des Auffangtatbestands in Art. 13 Abs. 1b UAbs. 1 lit. g sei nach unten verwiesen, um doppelte Ausführungen zu vermeiden.[1234]

e) *Finanzinstrumente im Rahmen von Art. 13 Abs. 1 UAbs. 1 lit. b TrRL 2013*

Wie sich bisher gezeigt hat, deckt Art. 13 Abs. 1 UAbs. 1 lit. a zwar einige, jedoch nicht alle Finanzinstrumente ab, hinsichtlich derer ein Informationsbedürfnis des Marktes besteht. Ein womöglich noch größeres Spektrum an Finanzinstrumenten ist von Art. 13 Abs. 1 UAbs. 1 lit. b erfasst. Auch hierzu hat die ESMA

1234 Zu Art. 13 Abs. 1b UAbs. 1 lit. g ab S. 341.

bereits Erwägungen veröffentlicht[1235], die jedoch nicht davon abhalten sollen, auch diese Norm gesondert, insbesondere in der Zusammenschau mit Art. 13 Abs. 1b UAbs. 1 zu betrachten, um die Bandbreite der dieser Regelung zu subsumierenden Finanzinstrumente auszuloten. Bei Art. 13 Abs. 1 UAbs. 1 lit. a fällt auf, dass insbesondere sämtliche Finanzinstrumente mit Barausgleich nicht von der Mitteilungspflicht erfasst werden. Der banale Grund: Selbst wenn mit Stimmrechten verbundene Aktien im Sinne des Art. 13 Abs. 1 UAbs. 1 lit. a den Basiswert der Finanzinstrumente darstellen, wird in diesen Fällen weder ein unbedingtes noch bedingtes Recht auf den Erwerb bzw. Bezug von Aktien im Sinne des Art. 13 Abs. 1 UAbs. 1 lit. a eingeräumt.

Die ESMA hat bereits klargestellt, dass die Mitteilungspflichten nach Art. 13 Abs. 1 UAbs. 1 in einer gewissen Rang- bzw. Reihenfolge zueinanderstehen. So ist ein fragliches Finanzinstrument zunächst stets daraufhin zu prüfen, ob es der Mitteilungspflicht nach Art. 13 Abs. 1 UAbs. 1 lit. a unterliegt. Wenn positiv festgestellt wurde, dass dem nicht so ist, ist es unter die Voraussetzungen des Art. 13 Abs. 1 UAbs. 1 lit. b zu fassen.[1236]

Die TrRL 2013 beabsichtigt ihren Erwägungsgründen nach insbesondere zu gewährleisten, dass Emittenten und Anleger vollständig über die Unternehmensbeteiligungsstruktur unterrichtet sind, indem mit der Definition des Begriffs „Finanzinstrumente" in der Richtlinie alle Finanzinstrumente erfasst werden, „die eine dem Halten von Aktien oder Aktienbezugsrechten vergleichbare wirtschaftliche Wirkung haben".[1237] Hier ist zu bemerken, dass andere Sprachfassungen der ÄnderungsRL 2013 zumindest Zweifel an der Richtigkeit der deutschen Übersetzung dieses Erwägungsgrunds in Hinblick auf den Begriff „Aktienbezugsrecht" aufkommen lassen: Nach der englischen (*„entitlements to acquire shares"*), französischen (*„droits d'acquérir des actions"*), spanischen (*„derechos de suscripción"*) sowie der italienischen Fassung (*„al diritto di acquisirne"*) der ÄnderungsRL 2013 geht es allgemein um Rechte zum Erwerb von Aktien, wie auch der Wortlaut des Art. 13 Abs. 1 UAbs. 1 lit. a TrRL 2013 vermuten lässt. Legt man den Begriff des Aktienbezugsrechts danach unionsautonom aus, so müssen damit Rechte zum Erwerb von Aktien gemeint sein.

1235 Siehe zu den Erwägungen der ESMA in Bezug auf Art. 13 Abs. 1 UAbs. 1 lit. b ab S. 234.

1236 Siehe zu den Erwägungen der ESMA in Bezug auf Art. 13 Abs. 1 UAbs. 1 lit. b ab S. 234.

1237 Erwägungsgrund 9 ÄnderungsRL 2013.

Der neu geschaffene Art. 13 Abs. 1 UAbs. 1 lit. b belegt solche Finanzinstrumente mit einer Mitteilungspflicht, die nicht von lit. a desselben Unterabsatzes erfasst sind, sich allerdings auf die dort erfassten Aktien beziehen und - unabhängig von der Einräumung eines Anspruchs auf physische Abwicklung - eine vergleichbare wirtschaftliche Wirkung wie die von Art. 13 Abs. 1 UAbs. 1 lit. a erfassten Finanzinstrumente aufweisen. Im Vergleich zu lit. a der Norm ist in lit. b insoweit zwar keine negative Voraussetzung aufgestellt, doch bedarf es dem Wortlaut nach weder der Einräumung eines unbedingten Rechts auf Erwerb von mit Stimmrechten verbundenen Aktien, die zum Handel an einem geregelten Markt zugelassen sind, noch der Einräumung eines entsprechenden Ermessens in Bezug auf ein Recht auf Erwerb derartiger Aktien. Dies ergibt sich schon daraus, dass ausweislich des Wortlauts neben Finanzinstrumenten mit physischer Ausgleichspflicht, die nicht unter Art. 13 Abs. 1 UAbs. 1 lit. a fallen[1238], grundsätzlich auch Finanzinstrumente mit Barausgleichspflicht erfasst sind.

Der Grund für diese Ausweitung der Mitteilungspflichten bestand darin, dass die TrRL 2004 keine Mitteilung solcher Finanzinstrumente verlangte, die nicht mit dem Recht auf den Erwerb von Stimmrechten verbunden sind, aber dazu genutzt werden können, ohne Offenlegung gegenüber dem Markt verdeckte Beteiligungen an Gesellschaften aufzubauen.[1239] Die Fälligkeit eines Erwerbsrechts, nicht des Finanzinstruments selbst[1240], ist in Art. 13 Abs. 1 UAbs. 1 lit. b als Bezugspunkt insofern gleichermaßen irrelevant wie auch eine förmliche Vereinbarung.[1241] Damit sind folglich insbesondere - anders als in Art. 13 Abs. 1 UAbs. 1 lit. a - auch Vereinbarungen erfasst, welche (nach nationalem Recht) nicht verbindlich sind.[1242]

Wie schon umrissen, ist jedoch eine den in lit. a genannten Finanzinstrumenten vergleichbare wirtschaftliche Wirkung vorausgesetzt. In Bezug auf das von der ÄnderungsRL 2013 intendierte Ziel möglichst umfassender Transparenz[1243]

1238 Dazu zählen beispielsweise entsprechend ausgestaltete *put options*, dazu ab S. 288 sowie ab S. 298.

1239 Erwägungsgrund 9 S. 1 ÄnderungsRL 2013; auch schon ÄnderungsRL-E 2013, S. 8. Zu entsprechenden Regelungslücken ab S. 192.

1240 Zur Fälligkeit im Rahmen von Art. 13 Abs. 1 UAbs. 1 lit. a ab S. 265.

1241 Bezüglich der nicht erforderlichen Förmlichkeit ebenso *Parmentier* AG 2014, 15, 20 f. Eine andere Beurteilung in Bezug auf die Fälligkeit wäre hier im Übrigen widersinnig: Da in Art. 13 Abs. 1 UAbs. 1 lit. b schon kein Erwerbsrecht vorausgesetzt ist, kann es *a fortiori* nicht auf dessen Fälligkeit ankommen.

1242 *Parmentier* AG 2014, 15, 20 f.

1243 Zu den Zielen der ÄnderungsRL 2013 S. 208.

wirkt die Erweiterung der Mitteilungspflichten auf den ersten Blick erfreulich. Eine Antwort auf die Frage, wann eine die Mitteilungspflicht auslösende „vergleichbare wirtschaftliche Wirkung“[1244] nach Unionsrecht vorliegt (und wann gerade nicht), bleibt in der TrRL 2013 indes leider unbeantwortet.[1245] Erkennbar ist anhand dieser Formulierung der Paradigmenwechsel hin zu einer weiten Auslegung des „Finanzinstruments“ mit dem Zweck umfassender Beteiligungstransparenz.[1246] Festhalten lässt sich infolgedessen, dass für eine Mitteilungspflicht gerade keine bestimmten Tatbestandsmerkmale eines „Zugriffsrechts“ auf entsprechende Aktien mehr vorliegen müssen.[1247]

Die ESMA wurde zwar nicht explizit zur näheren Ausgestaltung eines Tatbestandsmerkmals des Art. 13 befugt, jedoch gemäß Art. 13 Abs. 1b UAbs. 2 dazu, eine (nicht erschöpfende) Liste mit Finanzinstrumenten im Sinne des Art. 13 Abs. 1 UAbs. 1 lit. a und b zu veröffentlichen.[1248] In den Erwägungen zur ESMA-Liste wird deutlich, dass eine vergleichbare wirtschaftliche Wirkung im Sinne der Norm dann gegeben sein soll, wenn sie der wirtschaftlichen Wirkung von Erwerbsrechten in Bezug auf Aktien entspricht, das heißt ein Finanzinstrument den Inhaber von Kursaufwärtsbewegungen profitieren lässt bzw. Kursabwärtsbewegungen ihm schaden, mithin also der Wert des Finanzinstruments mit dem Basiswert korreliert.[1249] Infolge dieses Umstands hat der Inhaber potenziell einen wirtschaftlichen Vorteil beim Erwerb bzw. Zugriff auf diese Aktien.[1250] Dieser Ansatz der ESMA soll im Folgenden näher erläutert werden.

1244 In der englischen Fassung der ÄnderungsRL 2013 „*similar economic effect*“.

1245 *Muhr,* Transparenz-RL, 2014, S. 210; *Parmentier* AG 2014, 5, 25: „Ihr Ziel, das Transparenzregime weiter zu vereinheitlichen, erreicht sie [die TrRL 2013] jedoch nur (…) unter Inkaufnahme interpretationsbedürftiger Regelungen“; *Seibt/Wollenschläger* ZIP 2014, 545, 550; *Veil* WM 2012, 53, 58. Zum Kommissionsentwurf *Seibt/Wollenschläger* AG 2012, 305, 311. Darüber hinaus fehlen im Übrigen Regelungen zu der Frage, ob und ggf. unter welchen Voraussetzungen vertragliche Bedingungen für den Aktienerwerb (wie beispielsweise der Vorbehalt der kartellbehördlichen Genehmigung) die Mitteilungspflicht ausschließen, siehe *Seibt/Wollenschläger* ZIP 2014, 545, 550.

1246 Erwägungsgrund 9 S. 3 ÄnderungsRL 2013; *Parmentier* AG 2014, 15, 19.

1247 *Parmentier* AG 2014, 15, 19.

1248 Zur ESMA-Liste bereits ab S. 230.

1249 ESMA/2014/300, S. 41 (Nr. 178 S. 1).

1250 Zum Verständnis der „vergleichbaren wirtschaftlichen Wirkung“ nach der ESMA ab S. 234.

aa) Finanzinstrumente mit vergleichbarer wirtschaftlicher Wirkung

Losgelöst von den Erwägungen der ESMA lässt sich der vergleichbaren wirtschaftlichen Wirkung durch Auslegung Inhalt verleihen, die mangels der Existenz einer entsprechenden Definition im Rahmen der TrRL 2013 dienlich sein kann. Ein Anknüpfungspunkt dazu findet sich in den Erwägungsgründen der Richtlinie: Um zu gewährleisten, dass Emittenten und Anleger vollständig über die Unternehmensbeteiligungsstruktur unterrichtet sind, soll die Definition des Begriffs „Finanzinstrumente" der TrRL 2013 alle Finanzinstrumente erfassen, die eine dem Halten von Aktien oder Aktienbezugsrechten vergleichbare wirtschaftliche Wirkung haben.[1251] Diese Erläuterung birgt jedoch nicht mehr Informationsgehalt, als Art. 13 Abs. 1 UAbs. 1 lit. b selbst, der auf die zwei Tatbestandsalternativen von Art. 13 Abs. 1 UAbs. 1 lit. a Bezug nimmt und eine vergleichbare wirtschaftliche Wirkung der dort umfassten Finanzinstrumente fordert. So verbleibt, den Bezugspunkt der Norm selbst, dies meint die wirtschaftliche Wirkung der in Art. 13 Abs. 1 UAbs. 1 lit. a umfassten Finanzinstrumente zu untersuchen und dabei zu ergründen, welches Mindestmaß an Vergleichbarkeit vorausgesetzt wird bzw. dafür mensurable Kriterien zu identifizieren, welche in Verbindung mit den Erwägungen der ESMA zu einer möglichst rechtssicheren Bestimmung der Begriffskomposition führen soll.

bb) „Vergleichbare wirtschaftliche Wirkung"

Dass der sachliche Anwendungsbereich von Art. 13 Abs. 1 UAbs. 1 lit. a der Vorgängerregelung materiell zumindest teilweise entspricht, wurde bereits dargelegt.[1252] An eben jenes Verständnis muss und sollte allerdings nicht angeknüpft werden, wenn Art. 13 Abs. 1 UAbs. 1 lit. b Bezug auf lit. a desselben Unterabsatzes nimmt, um die „vergleichbare wirtschaftliche Wirkung" zu determinieren. Naheliegender ist, allein die von Art. 13 Abs. 1 UAbs. 1 lit. a tatsächlich erfassten Finanzinstrumente für diese Definition heranzuziehen.[1253] Zu bestimmen ist, was die wirtschaftliche Wirkung insbesondere der „übertragbare[n]

1251 Erwägungsgrund 9 S. 3 ÄnderungsRL 2013.

1252 Dazu ab S. 261.

1253 Verfehlt ist daher eine Herangehensweise, die insofern Art. 11 Abs. 1 DurchführungsRL 2007 (a. F.) bemüht, da diese Regelung mit der ÄnderungsRL 2013 vom Unionsgesetzgeber aufgehoben wurde (siehe dazu ab S. 84), so jedoch *Epe*, Kapitalmarktrechtliche Beteiligungstransparenz, 2017, S. 209.

Wertpapiere, Optionen, Terminkontrakte, Swaps, Zinsausgleichvereinbarungen und Differenzgeschäfte" im Sinne des Art. 13 Abs. 1 UAbs. 1 lit. a ausmacht.[1254]

Damit soll im Übrigen nicht ausgedrückt werden, dass zur Bestimmung der vergleichbaren wirtschaftlichen Wirkung nicht auch die Instrumente des Art. 13 Abs. 1b UAbs. 1 lit. g sowie die in der ESMA-Liste genannten Instrumente einbezogen werden können, sofern sie die Bedingungen von Art. 13 Abs. 1 UAbs. 1 lit. a erfüllen und damit einer entsprechenden Mitteilungspflicht unterliegen. Jedoch soll sich die Untersuchung hier auf die Finanzinstrumente im Sinne des Art. 13 Abs. 1 UAbs. 1 lit. a, Abs. 1b UAbs. 1 lit. a bis f beschränken, da die TrRL 2013 damit explizit (unter bestimmten Umständen) erfasste Instrumente benennt und deshalb davon auszugehen ist, dass der Unionsgesetzgeber insbesondere deren wirtschaftliche Wirkung bei Verabschiedung der ÄnderungsRL 2013 im Rahmen von Art. 13 Abs. 1 UAbs. 1 lit. b berücksichtigt wissen wollte. Gleichzeitig ist mangels weiterer Beispiele davon auszugehen, dass die Aufnahme anderer spezifischer Instrumente zu jener Zeit nicht konsensfähig war und dem gefundenen Kompromiss mit dieser Herangehensweise ausreichend Rechnung getragen werden kann.

Dass mit Art. 13 Abs. 1b UAbs. 1 lit. g eine Art Auffangtatbestand geschaffen wurde[1255], der dem ständigen Wandel des Finanzmarkts im Zusammenhang mit Mitteilungspflichten bei Finanzinstrumenten gerecht werden sollte, steht dem nicht entgegen. Aus demselben Grund wurde zusätzlich die ESMA mit der Aufgabe betraut, mittels der ESMA-Liste späteren Entwicklungen Rechnung tragen zu können.[1256]

Für die folgende Betrachtung wird ferner angenommen, dass die wirtschaftliche Wirkung der von Art. 13 Abs. 1 UAbs. 1 lit. a, Abs. 1b UAbs. 1 lit. a bis f erfassten Instrumente untereinander vergleichbar ist, um die „vergleichbare wirtschaftliche Wirkung" im Sinne des Art. 13 Abs. 1 UAbs. 1 lit. b definieren zu können. Dafür spricht auch der Wortlaut der Norm, welcher den Singular und nicht den Plural verwendet, wenn er von der „Wirkung" spricht. Weitestgehend eint diese unterschiedlichen Finanzinstrumente immerhin, dass sie dem jeweiligen Inhaber zunächst keine mit Stimmrechten verbundene Beteiligung durch Aktien vermitteln, deren Offenlegung durch übrige Regelungen der TrRL 2013 vorgesehen ist.

1254 Zur Methodik so ebenfalls *Epe*, Kapitalmarktrechtliche Beteiligungstransparenz, 2017, S. 217.

1255 Zum Tatbestand des Art. 13 Abs. 1b UAbs. 1 lit. g noch ausführlich ab S. 338.

1256 Zur ESMA-Liste ab S. 230.

Art. 13 Abs. 1 UAbs. 1 lit. b erfasst Fälle einer Ermöglichung des Erwerbs solcher Aktien, das meint Fallgestaltungen, in denen der Inhaber des Finanzinstruments aufgrund der Vereinbarung zwar kein Erwerbsrecht hat, das Finanzinstrument bzw. die Vereinbarung aber gewisse Anreize dafür bietet, dass der andere Teil dem Inhaber ein solches Recht offeriert, bei denen also die Möglichkeit des Aktienerwerbs der dem Finanzinstrument innewohnenden wirtschaftlichen Logik entspricht, das Halten des Finanzinstruments dem Inhaber den Aktienerwerb mithin erleichtert.[1257]

Damit eint Finanzinstrumente gemäß Art. 13 Abs. 1 UAbs. 1 lit. b mit solchen im Sinne des Art. 13 Abs. 1 UAbs. 1 lit. a im Effekt eine potenzielle Einflussnahme auf den Emittenten (dessen Wertpapiere dem Geschäft zugrunde liegen) bzw. dessen Unternehmen.[1258] Diese Annahme mag zum Beispiel bei Derivaten mit Barausgleich fernliegen, da regelmäßig nur ein Aktionär sein Stimmrecht (in der Hauptversammlung[1259]) ausüben kann und bei derartigen Geschäften kein Inhaberwechsel bezüglich der Aktien zu erwarten steht. Vor dem Hauptversammlungstag hat selbst der Aktionär nur künftige bzw., da eine

---

1257 Diese Umstände wurden bereits von der ESMA erwähnt, siehe ab S. 234; *Burgard/Heimann* FS Dauses, 2014, S. 47, 61 f.

1258 Diesen Definitionsansatz verfolgt auch die FCA seit 2009, in deren DTR, 5.3.3 FCA Handbook (dazu Fn. 788) es heißt: „*(…) (a) a financial Finanzinstrument has a similar economic effect to a qualifying financial Finanzinstrument (…) if its terms are referenced, in whole or in part, to an issuer's shares and, generally, the holder of the financial Finanzinstrument has, in effect, a long position on the economic performance of the shares, whether the Finanzinstrument is settled physically in shares or in cash. This is because such an Finanzinstrument may give the holder the potential to gain an economic advantage in acquiring, or gaining access to, the underlying shares (…)*",vgl. auch *Fleischer/Schmolke* NZG 2010, 846, 850 f. Gleichermaßen hielt dieser Gedanke im Jahr 2009 Einzug in das französische Recht, in welchem ein Publizitätsregime für bestimmte Drivate mit einem "*effet economique similaire*" eingeführt wurde, vgl. Kap. II, Art. 2 Ordonnance No. 2009-105 (relative aux rachats d'actions, aux declarations de franchissements de seuils et aux declarations d'intentions) vom 30. Januar 2009, mit Verweis auf Art. L451-2 sowie Art. L233-7, vgl. auch *Fleischer/Schmolke* NZG 2010, 846, 851. Mit dem AnsFuG wurden in Deutschland Mitteilungspflichten beim Halten von weiteren Finanzinstrumenten und sonstigen Instrumenten eingeführt, die es ihrem Inhaber oder einem Dritten nach der dem Finanzinstrument zugrunde liegenden Logik ermöglichen, mit Stimmrechten verbundene und bereits ausgegebene Aktien eines Emittenten zu erwerben (vgl. § 25a WpHG a. F.). Für den unionsrechtlich auszulegenden Begriff hat all dies freilich nur die Bedeutung einer potenziellen Orientierungsmarke.

1259 Dies gilt jedenfalls im deutschen Recht nach § 118 Abs. 1 S. 1 AktG.

zwischenzeitliche Veräußerung nicht ausgeschlossen ist, potenzielle Stimmmacht.[1260] Betrachtet man allerdings die wirtschaftliche Praxis, insbesondere die Folgen solcher Geschäfte, stellt sich ein anderes Bild dar, welches im Folgenden illustriert werden soll.[1261] Vorausgeschickt sei, dass diese an die faktische bzw. wirtschaftlich naheliegende Möglichkeit des Inhabers eines Finanzinstruments anknüpft, mit Stimmrechten verbundene Aktien zu erwerben.[1262]

(1) „Vergleichbare wirtschaftliche Wirkung" am Beispiel der Option

Auf welche Weise diese Finanzinstrumente Einflussnahme- oder Erwerbsmöglichkeiten in Bezug auf Aktien verschaffen und damit Mitteilungspflichten nach Art. 13 Abs. 1 UAbs. 1 lit. b auslösen, soll hier am Beispiel einer erstmalig begebenen *call option* verdeutlicht werden, deren Basiswert mit Stimmrechten verbundene, bereits ausgegebene Aktien eines Emittenten sind, dessen Aktien zum Handel an einem geregelten Markt zugelassen sind, die ein Anleger mit einem Kreditinstitut (Bank) vereinbart.[1263] Bei einer solchen *call option* liegt die Mitteilungspflicht auf der Hand, wenn die entsprechende Vereinbarung eine physische Ausgleichspflicht vorsieht. Andererseits bereitet die Subsumtion im Rahmen von Art. 13 Probleme, wenn es sich um eine solche mit vereinbartem Barausgleich handelt.[1264]

1260 *Renn/Weber/Gotchev* AG 2012, 440, 446.

1261 Vgl. zum Fall Continental/Schaeffler: Spiegel Online vom 14. Juli 2008: „Eine Gruppe internationaler Banken hat Continental-Aktien gekauft und Schaeffler mit Call-Optionen ausgestattet", abrufbar unter <http://www.spiegel.de/wirtschaft/feindlicher-uebernahmetrick-schaeffler-hat-heimlich-zugriff-auf-riesiges-conti-anteilspaket-a-565854.html>; vgl. zum Fall Porsche/VW: Manager Magazin vom 19. Mai 2009: „Derzeit befinden sich die VW-Stücke, die den Gegenwert zu den von Porsche gesicherten Call-Optionen darstellen, den Experten zufolge im Besitz von Banken, mit denen Porsche die Geschäfte abgeschlossen hat", abrufbar unter <http://www.manager-magazin.de/finanzen/geldanlage/a-625538.html>; dazu auch *Weber/Meckbach* BB 2008, 2022, 2022.

1262 *Veil* ZHR 2013, 427, 430 (in Bezug auf das TUG 2015, dazu *en détail* ab S. 385).

1263 Der Idee nach *Cascante/Bingel* NZG 2011, 1086, 1089. Nach hier dargelegtem Verständnis muss es sich um eine Option handeln, die nicht auf dem Sekundärmarkt gehandelt wird, das heißt hier überhaupt erst durch die Vereinbarung zwischen Investor und Kreditinstitut neu entsteht, siehe zur Abgrenzung ab S. 298.

1264 Welche Art von Ausgleich geschuldet ist, hängt vom jeweiligen Geschäft bzw. der Vereinbarung ab – dazu sowie zu verschiedenen Arten von Optionen siehe ab S. 298 und *Chance/Brooks*, Derivatives, 10. Auflage 2016, S. 69 ff. sowie *Wiedemann*, Financial Engineering, 6. Auflage 2013, S. 153 f.

(aa) Physischer Ausgleich

Bei physischer Ausgleichspflicht erhält der Inhaber der *call option* bei entsprechender Ausübung das Recht auf den Erwerb des zugrunde liegenden Wertpapiers, beispielsweise also Aktien in der vereinbarten Stückzahl bzw. im vereinbarten Wert. Handelt es sich dabei um mit Stimmrechten verbundene Aktien im Sinne des Art. 13 Abs. 1 UAbs. 1 lit. a, so tritt das Interesse anderer Marktteilnehmer an einer möglichst frühzeitigen Offenlegung dieses Geschäfts offen zutage – ansonsten würden diese womöglich mit der Bündelung von Stimmrechten in der Hand eines Investors überrascht. Eine derartige, erstmalig begebene Option ist gemäß Art. 13 Abs. 1 UAbs. 1 lit. a Alt. 2, Abs. 1b UAbs. 1 lit. b mitteilungspflichtig, da dem Inhaber des Finanzinstruments durch die Handlungsalternativen (die Ausübung der Option steht gerade zur Wahl) ein Ermessen in Bezug auf sein Recht auf Erwerb dieser Aktien verliehen wird, sodass es auf eine vergleichbare wirtschaftliche Wirkung im Sinne des lit. b dieser Norm nicht ankommt.[1265]

(bb) Barausgleich

(i) Wirtschaftliche Situation

Wurde hingegen Barausgleich vereinbart, besteht für den Inhaber des Instruments bei Ausübung der *call option* kein Recht auf Erwerb der dem Geschäft zugrunde liegenden Aktien, sondern nur auf Zahlung der Differenz zwischen dem Ausübungspreis und dem dann aktuellen Kurs der Aktie. Die *call option* kann für den Erwerber des Instruments nur dann wirtschaftlich sinnvoll genutzt werden, wenn der Kurs steigt; in diesem Fall lässt sich der Optionsinhaber die Differenz zwischen diesem und dem Ausübungspreis auszahlen.[1266] Sinkt der Kurs dagegen unter den Ausübungspreis, wird der Inhaber die *call option* nicht ausüben, so er rein wirtschaftlich handelt und jede andere Motivation außer Acht bleibt.[1267] Insoweit erscheint es (noch) nicht notwendig, die Öffentlichkeit im Sinne der Beteiligungstransparenz zu informieren, da sich solch ein Geschäft dem Anschein nach nicht auf die Beteiligungsverhältnisse des dem Basiswert verbundenen Unternehmens auswirkt und keine Verlagerung der Stimmrechte oder eine Einflussnahme darauf damit einhergeht.

1265 Zur Unterscheidung von Optionen auf dem Primär- und Sekundärmarkt und zur Mitteilungspflicht einer solchen *call option* ab S. 298.

1266 *Cascante/Topf* AG 2009, 53, 60.

1267 *Cascante/Topf* AG 2009, 53, 60. Die Optionsprämie hat er in diesem Fall für eine erhoffte Chance bezahlt, die sich nicht ergeben hat.

Dass allerdings auch Geschäfte mit Barausgleich von einer Mitteilungspflicht erfasst sein können, lässt sich neben Art. 13 Abs. 1 UAbs. 1 lit. b auch Art. 13 Abs. 1 UAbs. 2, Abs. 1a entnehmen. Für den Vertragspartner des Inhabers einer *call option*, beispielsweise ein Kreditinstitut, besteht bei solchen Geschäften ein wirtschaftliches Risiko: Steigt der Kurs, muss dieses dem Anleger bei Ausübung der *call option* den Ausgleich zum Referenzkurs zahlen. Um das eigene Risiko möglichst zu begrenzen, wird das Kreditinstitut deshalb in aller Regel *hedging*[1268] betreiben und somit entweder selbst unmittelbar Aktien des betreffenden Unternehmens erwerben oder aber selbst wiederum Derivate mit anderen Marktteilnehmern (Drittbanken) vereinbaren, welche sich wiederum zur eigenen Absicherung des Finanzierungsrisikos ihrerseits Aktien des betreffenden Unternehmens verschaffen.[1269]

Wenn mit Ausübung der *call option* eine Zahlungspflicht des Kreditinstituts gegenüber dem Optionsinhaber entsteht, kann das Kreditinstitut seinen zur Absicherung erworbenen Basiswert, beispielsweise mit Stimmrechten verbundene Aktien im Sinne des Art. 13 Abs. 1 UAbs. 1 lit. a zum dann aktuellen Börsenkurs verkaufen bzw. die eigens zur Absicherung eingegangenen Derivate gegenüber anderen Marktteilnehmern fruchtbar machen, wobei letztere ihrerseits die zur eigenen Absicherung erworbenen Basiswerte veräußern bzw. entsprechende Derivatgeschäfte nutzen, und dadurch den Verlust aus dem Optionsgeschäft vollständig kompensieren.

In der Praxis wird das Kreditinstitut dem Optionsinhaber häufig in dem Moment, in welchem der Anleger seine Option ausübt und sich die Differenz auszahlen lassen will, anbieten, statt der Differenzauszahlung die zur Absicherung erworbenen Aktien an Erfüllungs statt anzunehmen, welche das Kreditinstitut in dem Fall zur Verlustkompensation ohnehin am Markt abstoßen wird,

1268 Zum *hedging* sowie weiteren wirtschaftlichen Beweggründen zur Vornahme solcher Geschäfte ab S. 143.

1269 *Haisch* in Haisch/Helios, Rechtshandbuch Finanzinstrumente, 2011, § 1 Rn. 26; *Kohn*, Financial Institutions And Markets, 2. Auflage 2004, S. 476 ff.; *Labudda* in Just/Voß/Ritz/Becker, WpHG, 2015, § 25a Rn. 24 m. w. N.; *Weber/Meckbach* BB 2008, 2022, 2023. Zum sogenannten *hedging* sowie weiteren wirtschaftlichen Beweggründen zur Vornahme solcher Geschäfte entsprechend ab S. 143. In einer Umfrage im Auftrag der FSA gaben alle Banken an, ihre Positionen abzusichern; 85 Prozent durch Aktienkauf, siehe FSAKonsultationspapier 07/20, Annex 4, S. 16, abrufbar unter <http://www.fsa.gov.uk/pubs/cp/cp07_20.pdf>.

da sie dem Optionsinhaber ausgleichspflichtig ist und Verluste möglichst vermeiden will.[1270]

Der Optionsinhaber kann sich außerdem durch geschickte Gestaltung des entsprechenden Rahmenvertrags die faktische Möglichkeit sichern, jederzeit auf die Referenzaktien zugreifen zu können, welche das Kreditinstitut zur Absicherung des Risikos aus dem Derivatgeschäft hält.[1271] Auch wenn damit kein *physical settlement* vereinbart ist, entspricht es der wirtschaftlichen Vernunft, wenn das Kreditinstitut dem Optionsinhaber diese Aktien offeriert: Mit diesem hat es zum einen direkt einen Kaufinteressenten und zum anderen die Möglichkeit, alle zur Absicherung erworbenen Aktien zeitgleich zu verkaufen, sodass keine weiteren Transaktionskosten entstehen und sich zur Kompensation ansonsten erforderliche Barmittel schonen lassen.[1272] Insbesondere bietet es sich an, die dem Geschäft zugrunde liegenden Wertpapiere nicht zum „freien Verkauf" (einzeln) am Markt, sondern dem Derivatpartner als Paket anzubieten. Je größer nämlich die zugrunde liegende Position ist, desto mehr Wertpapiere hat das Kreditinstitut regelmäßig zur Absicherung erworben. Platziert sie ein entsprechendes Angebot am Markt, sinkt der Kurs des Wertpapiers aufgrund des plötzlich vergrößerten Angebots, sodass die zu erzielende Summe aus dem Verkauf dieser Wertpapiere den Verlust aus dem Optionsgeschäft nicht decken würde.[1273] Dem Optionsinhaber bleibt es - darum wissend - überlassen, entsprechend zu verhandeln und damit sogar neben dem ihm angebotenen „Wertpapierpaket" einen zusätzlichen Ausgleich (bar) zu verlangen. In der Summe wird das Kreditinstitut indes wenig bis keinen Verlust generieren, wenn es die Absicherungsfunktion der Wertpapiere auf diese Weise fruchtbar macht.

Wenn der Anleger einer solchen Abänderung des Geschäfts zustimmt, findet letztlich nicht der ursprünglich vereinbarte Barausgleich, sondern eine Übertragung der Aktien und damit eine Veränderung der Beteiligungsverhältnisse statt, womit sich auch die Stimmrechte verlagern. Aus diesem Grund erlangen Derivate wie *call options* mit Barausgleich im Zusammenhang mit dem Beteiligungsaufbau vor Übernahmen überhaupt an Bedeutung und sind so von Interesse für alle Marktakteure, deren Schutz die Art. 9 und 13 TrRL 2013 dienen: Dem sich

---

1270 *Baums/Sauter* ZHR 2009, 454, 461; *Cascante/Topf* AG 2009, 53, 60; *Meyer/Kiesewetter* WM 2009, 340, 345; *Schiessl* Der Konzern 2009, 291, 292 ff.

1271 *Weidemann* NZG 2016, 605, 606.

1272 Transaktionskosten meint in diesem Fall solche Kosten, die durch längerfristiges Halten der Wertpapiere, deren Verwaltung und einzelnen Weiterverkauf entstehen; zur wirtschaftlichen Praxis *Cascante/Bingel* NZG 2011, 1086, 1090.

1273 Im Ergebnis ebenso *Cascante/Topf* AG 2009, 53, 60; *Weidemann* NZG 2016, 605, 606.

mit dem Basiswert absichernden Kreditinstitut selbst obliegt in einem solchen Fall eine Mitteilungspflicht, die sich bereits aus Art. 9 Abs. 1 UAbs. 1 TrRL 2013 ergibt – es handelt sich um einen schlichten Erwerb von Aktien. Beim Abschluss einer *call option* mit Barausgleich ist nach dem Beschriebenen zu erwarten, dass dieses lediglich zu Absicherungszwecken erworbene Aktienpaket des Kreditinstituts bei Fälligkeit der *call option* erneut den Inhaber wechselt. Dies gilt gewöhnlich für den Fall, in dem sich der Kursverlauf des Basiswerts zugunsten des Käufers der *call option* entwickelt.

Doch selbst im umgekehrten Fall besteht bei den Marktakteuren womöglich ein Interesse an der Mitteilung: Wenn der Berechtigte bei Fälligkeit keinen Gebrauch von der *call option* macht, hat das Kreditinstitut ihr Absicherungsgeschäft längst getätigt und hält eine gewisse Anzahl entsprechender Aktien vor. Verlieren diese Aktien ihren ursprünglichen Zweck der Absicherung, weil die *call option* verfällt, so wird das Kreditinstitut sein Aktienpaket, so es nicht anderweitig eingesetzt werden kann, ebenfalls veräußern. Möglich ist dabei, dass alle Aktien einem Investor oder verschiedenen Investoren zufallen und damit auch, dass die Übertragung entweder zeitgleich oder *peu à peu* stattfindet. Dies gilt entsprechend, wenn sich das Kreditinstitut selbst nicht unmittelbar durch Erwerb der dem Geschäft zugrunde liegenden Aktien, sondern durch Derivatgeschäfte mit Dritten abgesichert hat.[1274] Am Ende der „Absicherungskette" hält eine Partei den Basiswert regelmäßig physisch vor. Diese wird jenen infolge des Verfalls der ursprünglichen *call option* am Markt offerieren, sodass ein Anleger auch die von den Derivatpartnern des Kreditinstituts gehaltenen Aktien direkt, indirekt über die Börse oder im Rahmen eines Übernahmeangebots erwerben kann. Auf diese Weise wird das Marktangebot durch ein Aktienbündel erweitert, sodass sich die damit verbundenen Stimmrechte potenziell in Gänze auf einen einzigen neuen Inhaber verlagern. Gerade weil andere Marktakteure nicht vorhersehen können, was mit den Aktien *en détail* geschehen wird, haben sie an allen Eventualitäten ein Informationsinteresse, sodass aus deren Perspektive auch *call options* mit Barausgleich einer Mitteilungspflicht unterliegen sollten. Auf diesen Wegen entstehen Beteiligungen bei *call options* mit Barausgleich, die bisher nach europäischem Recht nicht (nach Art. 13 Abs. 1 TrRL 2004) mitteilungspflichtig waren.[1275]

1274 Vgl. dazu auch schon die dargestellten Ausführungen der ESMA ab S. 234.

1275 Im Vereinigten Königreich waren zu einer parallelen nationalen Regelung „*similar economic effects*" von Bedeutung – *Veil/Wundenberg*, Englisches Kapitalmarktrecht, 2010, S. 127: Die FCA (zur FCA und dem FCA Handbook siehe Fn. 788) hat in rechtlich unverbindlichen *Guidelines* erläutert, was „*similar economic effects*" sind,

(ii) Mitteilungspflicht

Eine solche *call option* mit Barausgleich hat demnach bereits bei Geschäftsabschluss eine wirtschaftliche Wirkung, die der von Optionen mit physischem Ausgleich sehr ähnelt, da letztlich auch hier unter den beschriebenen Umständen die Möglichkeit für den Inhaber besteht, die dem Geschäft als Basiswert zugrunde liegenden Aktien und die damit verbundenen Stimmrechte zu erwerben, das heißt die Möglichkeit der Einflussnahme auf den jeweiligen Emittenten zu erhalten.

So bezieht sich das Geschäft auf Aktien, die von Art. 13 Abs. 1 UAbs. 1 lit. a umfasst sind, denn dem Optionsinhaber steht unter Umständen ein Ermessen in Bezug auf sein Recht auf Erwerb solcher Aktien zu, was eine Mitteilungspflicht gemäß Art. 13 Abs. 1 UAbs. 1 lit. b, Abs. 1b UAbs. 1 lit. b auslöst – ganz unabhängig davon, ob es tatsächlich zu einer physischen Abwicklung kommt bzw. ob letztlich ein entsprechender Erwerbsanspruch besteht.[1276]

Wie bereits dargelegt wurde, besteht für *put options* keine Mitteilungspflicht gemäß Art. 13 Abs. 1 UAbs. 1 lit. a, auch wenn Aktien im Sinne der Norm den Basiswert darstellen und physischer Ausgleich vereinbart ist.[1277] Zwar steht dem Inhaber - parallel zu einer *call option* - ein Ermessen zu, allerdings ist ihm dieses nicht in Bezug auf ein Recht auf Erwerb von Aktien verliehen, vielmehr ist der Stillhalter bei entsprechender Ermessensausübung des Inhabers verpflichtet, ihm dessen Aktien abzukaufen. Damit ist weder Art. 13 Abs. 1 UAbs. 1 lit. a Alt. 1 noch Alt. 2 erfüllt. Allerdings ist nach Art. 13 Abs. 1 UAbs. 1 lit. b gerade nicht vorausgesetzt, dass ein Finanzinstrument dem Inhaber einen Anspruch

---

siehe DTR) 5.3.3, FCA Handbook (dazu Fn. 788). In Deutschland existierte mit § 25a WpHG a. F. eine entsprechend vergleichbare Norm, wobei es an einer abstrakten Definition ebenso mangelte (dazu noch ab S. 375). Die Aufsichtsbehörde BaFin hatte damals aber eine Liste potenziell mitteilungspflichtiger Finanzinstrumente veröffentlicht, siehe Emittentenleitfaden BaFin, 4. Auflage 2013. Zur seit 2012 schließlich nach britischem Vorbild geänderten Rechtslage in Frankreich siehe *Veil* in Veil, Europäisches Kapitalmarktrecht, 2. Auflage 2014, § 20 Rn. 113 ff. m. w. N.; *Veil* in Veil, European Capital Markets Law, 2. Auflage 2017, § 20 Rn. 101 ff. m. w. N.

1276 Wortlautargument gemäß Art. 13 Abs. 1 UAbs. 1 lit. b: „(…) unabhängig davon, ob sie einen Anspruch auf physische Abwicklung einräumen oder nicht“. *Dambre/Dell'Erba* RTDF 2012, S. 64: „(…) such products can also eventually give investors direct share ownership and voting rights, if they acquire the underlying shares upon the termination or unwinding of the contract“.

1277 Zur Mitteilungspflicht von *put options* im Rahmen von Art. 13 Abs. 1 UAbs. 1 lit. a, Abs. 1b UAbs. 1 lit. a ab S. 288 sowie gemäß Art. 13 Abs. 1 UAbs. 1 lit. a, Abs. 1b UAbs. 1 lit. b ab S. 298.

auf Erwerb oder ein Ermessen in Bezug auf den Erwerb von Aktien im Sinne des Art. 13 Abs. 1 UAbs. 1 lit. a einräumt.

Auch bei (erstmalig begebenen) *put options* mit physischer Ausgleichspflicht besteht aber eine vergleichbare wirtschaftliche Wirkung: Auch hier wird sich der Stillhalter im Zweifel durch *hedging*[1278] absichern, um im Falle der Ausübung der Option durch den Inhaber keinem Verlustgeschäft ausgesetzt zu sein. Eine Mitteilungspflicht ergibt sich daher ebenso bei (erstmalig begebenen) *put options*, unabhängig davon, ob der Ausgleich physisch oder bar erfolgen soll aus Art. 13 Abs. 1 UAbs. 1 lit. b, Abs. 1b UAbs. 1 lit. b.

Gleiches gilt für solche (erstmalig begebenen) Optionen, die von Bedingungen abhängig sind, welche außerhalb des Einflussbereichs des Inhabers liegen. Ein solches Instrument ist jedenfalls nicht nach Art. 13 Abs. 1 UAbs. 1 lit. a, unter den beschriebenen Umständen jedoch nach Art. 13 Abs. 1 UAbs. 1 lit. b, Abs. 1b UAbs. 1 lit. b erfasst.

In Bezug auf die lange Zeit übliche Praxis, Optionen mit Barausgleich im Rahmen heimlicher Übernahmen zu verwenden[1279], kommt eine Mitteilungspflicht im Vergleich zu einer solchen aus Art. 13 Abs. 1 UAbs. 1 lit. a Alt. 2, Abs. 1b UAbs. 1 lit. b[1280] nicht erst dann in Betracht, wenn eine förmliche Vereinbarung[1281] über ein entsprechendes Geschäft getroffen wurde, da eine solche für Art. 13 Abs. 1 UAbs. 1 lit. b explizit nicht vorausgesetzt ist.[1282] Auf diese Weise wird der Markt vor einer möglicherweise bevorstehenden heimlichen Übernahme ausreichend früh gewarnt und ist in der Lage, entsprechend zu reagieren.[1283]

Eine Mitteilungspflicht entsteht ebenso bei Kreditausfall-Optionen (*credit default options*)[1284]. Dies soll anhand eines Beispiels verdeutlicht

---

1278 Zum *hedging* sowie weiteren wirtschaftlichen Beweggründen zur Vornahme solcher Geschäfte entsprechend ab S. 143.

1279 Zu heimlichen Übernahmen bereits einleitend ab S. 59, diverse praktische Fallbeispiele ab S. 192; Optionen mit *cash settlement* wurden beispielsweise im Fall Porsche/VW verwendet, vgl. *Emmenegger* FS Hopt, 2010, S. 1766 f., zu weiteren Beispielen aus der Praxis mit *swaps* dort S. 1767 f.

1280 Zur Mitteilungspflicht nach Art. 13 Abs. 1 UAbs. 1 lit. a Alt. 2, Abs. 1b UAbs. 1 lit. b ab S. 298.

1281 Zur förmlichen Vereinbarung ab S. 265.

1282 Zu den abstrakten Voraussetzungen von Art. 13 Abs. 1 UAbs. 1 lit. b ab S. 314.

1283 Anders als zuvor noch im Rahmen von Art. 13 Abs. 1 UAbs. 1 lit. a dargestellt (ab S. 298), ist der Markt dank Art. 13 Abs. 1 UAbs. 1 lit. b ausreichend früh über bevorstehende Stimmrechtskonzentrationen informiert.

1284 Zu *credit default options* bereits ab S. 157.

werden: Sicherungsnehmer ist dabei ein Unternehmen zur Kapitalanlage (U1). Ein anderes Unternehmen (U2), welches unter anderem Emittent von Anleihen sowie von mit Stimmrechten verbundenen und bereits ausgegebenen Aktien, die zum Handel an einem geregelten Markt zugelassen sind, ist, befindet auf der Suche nach Kapital und findet U1 als Investor, welches eine Anleihe von U2 erwirbt. U1 ist sich allerdings unsicher, ob U2 seinen laufenden und einmaligen Verpflichtungen nachkommen kann, sodass es eine *credit default option* mit jener Anleihe als Referenz-Aktivum mit einem weiteren Unternehmen (U3) als Sicherungsgeber vereinbart. Wenn nun ein Kreditereignis eintritt, beispielsweise U2 nicht über ausreichend Barmittel verfügt und die Anleihe bei Fälligkeit nicht - wie vereinbart in bar - bedienen kann, wird U3 als Sicherungsgeber dann zahlungspflichtig, sobald U1 seine *credit default option* ausübt. Alternativ könnte U2 allerdings U1 anbieten, statt der Rückzahlung an Erfüllungs statt selbst emittierte Aktien (von U2) zu übertragen, sodass letztlich eine Stimmrechtsübertragung stattfindet und sich somit eine Mitteilungspflicht aus Art. 13 Abs. 1 UAbs. 1 lit. b, Abs. 1b UAbs. 1 lit. b ergibt.

(cc) Vergleichbarkeit

Das beschriebene Vorgehen ist für ein Kreditinstitut als Vertragspartner wirtschaftlich durchaus empfehlenswert: Verläuft die Kursentwicklung des Basiswerts zu ihren Gunsten, kassiert sie neben der Optionsprämie auch den Differenzwert zwischen Referenzkurs und Börsenkurs vom Inhaber. Hat sich der Börsenkurs hingegen nicht im Sinne der Bank entwickelt, so steht ihr nach wie vor die Optionsprämie zu – der an den Optionsinhaber auszuzahlenden Differenzwert wird ihr dank der eigenen Absicherungsgeschäfte (*hedging*[1285]) durch den Verkauf der zuvor erworbenen Aktien ausgeglichen. In beiden Fällen profitiert bei derartigen Geschäften jedenfalls regelmäßig auch das Kreditinstitut.

Die angestellten Erwägungen gelten im Übrigen entsprechend für andere derartige Finanzinstrumente, weil der Handelspartner (das Kreditinstitut) immer ein Interesse daran haben wird, möglichst risikoarm zu handeln und somit zumindest die jeweilige Prämie zu kassieren, um unabhängig von der Entwicklung des zugrunde liegenden Basiswerts einen positiven Saldo nach Geschäftsabschluss vorweisen zu können. Die Vergleichbarkeit ergibt sich aus der eingangs erwähnten potenziellen Einflussnahme auf den Emittenten (dessen Wertpapiere dem Geschäft zugrunde liegen) durch den möglichen (mittelbaren) Erwerb von Aktien im Sinne des Art. 13 Abs. 1 UAbs. 1 lit. a im Rahmen eines Instruments, welches aus erläuterten Gründen nicht der Mitteilungspflicht

1285 Zum *hedging* ab S. 143.

nach Art. 13 Abs. 1 UAbs. 1 lit. a unterliegt. So es sich bei dem Basiswert der Finanzinstrumente um Aktien im Sinne des Art. 13 Abs. 1 UAbs. 1 lit. a handelt, besteht eine Mitteilungspflicht nach Art. 13 Abs. 1 UAbs. 1 lit. b.

Die hier ausgeführte wirtschaftliche Praxis stand auch im Fokus der ESMA, als sie ihre Erwägungen im Konsultationspapier zur ESMA-Liste formulierte[1286]: Von Art. 13 Abs. 1 UAbs. 1 lit. b erfasste Finanzinstrumente müssen nach den Erwägungen der ESMA insbesondere eine vergleichbare wirtschaftliche Wirkung wie Ansprüche auf Erwerb von Aktien aufweisen.[1287] Eine solche vergleichbare wirtschaftliche Wirkung im Sinne der Norm ist der ESMA zufolge dann gegeben, wenn sie der wirtschaftlichen Wirkung von Erwerbsrechten in Bezug auf Aktien entspricht, womit gemeint ist, dass der Inhaber eines Finanzinstruments von Kursaufwärtsbewegungen profitiert bzw. sich Kursabwärtsbewegungen für ihn negativ auswirken, der Wert des Finanzinstruments demnach mit dem jeweiligen Basiswert korreliert.[1288] Infolge dieses Umstands hat der Inhaber potenziell einen wirtschaftlichen Vorteil beim Erwerb bzw. Zugriff auf entsprechende Aktien.[1289] Solch ein wirtschaftlicher Vorteil kann in einer Konstellation auftreten, in der ein Finanzinstitut, welches ein solches Finanzinstrument anbietet, das Risiko einer Kursänderung zu seinem Nachteil durch ein entsprechendes Gegengeschäft absichert (*hedging*), das heißt die dem Geschäft zugrunde liegenden Aktien tatsächlich erwirbt, um diese im Falle einer negativen Kursentwicklung fruchtbar machen zu können.[1290] Denkbar ist auch, dass das Finanzinstitut sich seinerseits durch ein Finanzinstrument jedenfalls ein Erwerbsrecht in Bezug auf die zugrunde liegenden Aktien - beispielswiese in Form einer *call option* - sichert.[1291]

(2) Vergleichbare wirtschaftliche Wirkung bei weiteren Finanzinstrumenten

Neben der *call option* bzw. *put option* mit *cash settlement*, welche Aktien im Sinne des Art. 13 Abs. 1 UAbs. 1 lit. a als Basiswert haben, sind unter gewissen Umständen eine Reihe weiterer Finanzinstrumente von Art. 13 Abs. 1 UAbs. 1

1286 Dazu schon ausführlich ab S. 234.

1287 ESMA/2014/300, S. 39 (Nr. 167).

1288 ESMA/2014/300, S. 41 (Nr. 178 S. 1).

1289 ESMA/2014/300, S. 41 (Nr. 178 S. 2).

1290 ESMA/2014/300, S. 41 (Nr. 179 S. 1, 2); so auch schon CESR/09-1215b S. 5 (Nr. 14) sowie dort S. 6 (Nr. 17 bis 21). Zum *hedging* sowie weiteren wirtschaftlichen Beweggründen zur Vornahme solcher Geschäfte entsprechend ab S. 143.

1291 ESMA/2014/300, S. 41 (Nr. 179 S. 2).

lit. b erfasst, die sich auf solche Aktien beziehen. Berücksichtigt werden insoweit im Folgenden insbesondere die von Art. 13 Abs. 1b UAbs. 1 lit. a bis f aufgeführten Finanzinstrumente und – in Hinblick auf ihre wirtschaftliche Wirkung und einer Vergleichbarkeit dessen – die im Übrigen von Art. 13 Abs. 1 UAbs. 1 lit. a erfassten Instrumente.

(aa) Übertragbare Wertpapiere

(i) Aktien und Aktien gleichzustellende Wertpapiere sowie Aktienzertifikate

Wie schon im Rahmen des Art. 13 Abs. 1 UAbs. 1 lit. a ist eine Mitteilungspflicht bei Aktien und Aktien gleichzustellenden Wertpapieren, nach hiesigem Verständnis, auch im Rahmen von Art. 13 Abs. 1 UAbs. 1 lit. b, Abs. 1b UAbs. 1 lit. a eher abwegig. Der schlichte Erwerb oder die Veräußerung entsprechender Anteile ist bereits nach Art. 9 Abs. 1 mitteilungspflichtig.

Aktienzertifikate mit Barausgleich lösen eine Mitteilungspflicht nach Art. 13 Abs. 1 UAbs. 1 lit. b, Abs. 1b UAbs. 1 lit. a aus, wenn dem Zertifikat Aktien im Sinne des Art. 13 Abs. 1 UAbs. 1 lit. a zugrunde liegen, da auch hier eine vergleichbare wirtschaftliche Wirkung besteht: Der Verkäufer des Aktienzertifikats wird sich regelmäßig in beschriebener Weise durch *hedging*-Geschäfte abgesichert haben und damit über den Basiswert verfügen. Alternativ hat er sich im Zweifelsfall durch eigene Derivatgeschäfte abgesichert. Damit ist naheliegend, dass der Vertragspartner des Inhabers diesem die entsprechenden Aktien jedenfalls dann anzudienen bereit ist, wenn sich der Aktienkurs und damit das Geschäft nicht in seinem Sinne entwickelt hat. Für derartige Aktienzertifikate besteht somit eine Mitteilungspflicht nach Art. 13 Abs. 1 UAbs. 1 lit. b, Abs. 1b UAbs. 1 lit. a.

(ii) Schuldverschreibungen und Schuldtitel

Von der Mitteilungspflicht nach Art. 13 Abs. 1 UAbs. 1 lit. b, Abs. 1b UAbs. 1 lit. a erfasst sind weiter alle Schuldverschreibungen bzw. Schuldtitel, deren Basiswert Aktien im Sinne des Art. 13 Abs. 1 UAbs. 1 lit. a darstellen und die keiner Mitteilungspflicht nach Art. 13 Abs. 1 UAbs. 1 lit. b, Abs. 1b UAbs. 1 lit. a unterliegen.[1292] Eine vergleichbare wirtschaftliche Wirkung liegt bei solchen Schuldverschreibungen bzw. Schuldtiteln vor, die einen Barausgleich vorsehen, da der Vertragspartner des Inhabers sich auch hier auf beschriebene Weise absichern wird.

1292 Zur Differenzierung zwischen Schuldverschreibungen und Schuldtiteln in Art. 13 ab S. 284.

Davon umfasst sind demnach sowohl Wandelanleihen als auch andere unionsrechtlich nicht weiter spezifizierte Anleihen wie Aktienanleihen[1293], Nullkuponanleihen[1294], zerlegbare Anleihen[1295] und Umtauschanleihen[1296], stets vorausgesetzt, dass sie sich auf Aktien gemäß Art. 13 Abs. 1 UAbs. 1 lit. a beziehen. Unter diesen Umständen ergibt sich eine Mitteilungspflicht aus Art. 13 Abs. 1 UAbs. 1 lit. b, Abs. 1b UAbs. 1 lit. a.

(iii) Sonstige Wertpapiere

Im Rahmen von Art. 13 Abs. 1 UAbs. 1 lit. b sind sonstige Wertpapiere ebenfalls von Belang. Art. 4 Abs. 1 Nr. 44 lit. c MiFID II zählt zu übertragbaren Wertpapieren alle sonstigen Wertpapiere, die zum Kauf oder Verkauf solcher Wertpapiere berechtigen oder zu einer Barzahlung führen, die anhand von übertragbaren Wertpapieren, Währungen, Zinssätzen oder -erträgen, Waren oder anderen Indizes oder Messgrößen bestimmt wird. Im Übrigen sei auf die obigen Ausführungen verwiesen.[1297] Mit Wertpapieren, die zu einer Barzahlung führen, müssen vor dem Hintergrund des Art. 13 Abs. 1 UAbs. 1 lit. b Aktien gemäß Art. 13 Abs. 1 UAbs. 1 lit. a gemeint sein. *Call options* sowie *put options* mit *cash settlement*, die auf dem Sekundärmarkt gehandelt werden und sich auf Aktien im Sinne des Art. 13 Abs. 1 UAbs. 1 lit. a beziehen, unterliegen damit nach Art. 13 Abs. 1 UAbs. 1 lit. b, Abs. 1b UAbs. 1 lit. a einer Mitteilungspflicht.

Art. 13 Abs. 1 UAbs. 1 lit. b setzt allerdings nicht voraus, dass *cash settlement* vereinbart wurde. Ferner ist nicht verlangt, dass ein Finanzinstrument dem Inhaber einen Anspruch auf Erwerb oder ein Ermessen in Bezug auf den Erwerb von Aktien im Sinne des Art. 13 Abs. 1 UAbs. 1 lit. a einräumt. *Put options* mit *physical settlement*, welchen Aktien gemäß Art. 13 Abs. 1 UAbs. 1 lit. a zugrunde liegen, räumen dem Vertragspartner des Inhabers unter Umständen - je nach Ausübung der Option - einen Anspruch auf Erwerb der Aktien ein. Zwar scheidet daher eine Mitteilungspflicht gemäß Art. 13 Abs. 1 UAbs. 1 lit. a aus, allerdings lässt sich bei diesen (auf dem Sekundärmarkt gehandelten) *put options* eine vergleichbare wirtschaftliche Wirkung feststellen mit der Folge einer Mitteilungspflicht aus Art. 13 Abs. 1 UAbs. 1 lit. b, Abs. 1b UAbs. 1 lit. a.[1298]

1293 Zu Aktienanleihen ab S. 130.

1294 Zu Nullkuponanleihen ab S. 128.

1295 Zu zerlegbaren Anleihen ab S. 132.

1296 Zu Umtauschanleihen ab S. 130.

1297 Zu sonstigen Wertpapieren im Rahmen von Art. 13 Abs. 1 UAbs. 1 lit. a ab S. 288.

1298 Zu *put options* mit physischer Ausgleichspflicht und der vergleichbaren wirtschaftlichen Wirkung im Rahmen von Art. 13 Abs. 1 UAbs. 1 lit. b, Abs. 1b UAbs. 1 lit. b ab S. 326.

Gleiches gilt für solche (auf dem Sekundärmarkt gehandelte) Optionen, die von Bedingungen abhängig sind, welche außerhalb des Einflussbereichs des Inhabers liegen. Ein solches Instrument ist jedenfalls nicht nach Art. 13 Abs. 1 UAbs. 1 lit. a, unter den beschriebenen Umständen jedoch nach Art. 13 Abs. 1 UAbs. 1 lit. b, Abs. 1b UAbs. 1 lit. a erfasst. Ebenfalls sind kombinierte oder „verschachtelte“ Finanzinstrumente wie beispielsweise „*swaptions* “ (eine Verbindung aus *swap* und *option*[1299]) oder Optionen in Bezug auf Optionen danach mitteilungspflichtig. Außerdem gilt dies für Finanzinstrumente, die einen Aktienkorb oder einen Index im Sinne des Art. 4 Abs. 1 Delegierte VO 2015/761/EU als Basiswert haben (Nr. 3 lit. b ESMA-Liste).

Stets vorausgesetzt ist jedoch, dass keine Mitteilungspflicht nach Art. 13 Abs. 1 UAbs. 1 lit. a vorliegt und Basiswert des jeweiligen Instruments Aktien im Sinne des Art. 13 Abs. 1 UAbs. 1 lit. a darstellen. Der Grund dafür liegt auch hier in einer vergleichbaren wirtschaftlichen Wirkung, da sich der Stillhalter - wie dargelegt - mit dem Geschäft zugrunde liegenden Aktien eindecken wird, um im Falle eines für ihn negativen Kursverlaufs abgesichert zu sein.

(bb) Terminkontrakte (futures)

Nach Art. 13 Abs. 1 UAbs. 1 lit. b, Abs. 1b UAbs. 1 lit. c sind auch *futures* unter gewissen Umständen mitteilungspflichtig. Relevant sind hier solche *futures*[1300], deren Basiswert Aktien im Sinne des Art. 13 Abs. 1 UAbs. 1 lit. a darstellen.[1301] Wenn aufgrund vereinbarten Barausgleichs der Verfallstag bei einer der Vertragsparteien eine Zahlungspflicht fällig werden lässt, so besteht auch hier wirtschaftlich die gleiche Situation, wie bei den Optionen beschrieben dahingehend, dass der Vertragspartner des Inhabers (beispielsweise ein Kreditinstitut) sich mit den dem Vertrag zugrunde liegenden Wertpapieren eingedeckt und damit abgesichert hat (*hedging*[1302]) oder selbst weitere Derivatgeschäfte mit

---

1299 Beschrieben in *Böhm/Bergfo* in Assies/Beule/Heise/Strube, Kapitalmarktrecht, 4. Auflage 2015, Kapitel 7, Rn. 554; *Jahn/Reiner* in Schimansky/Bunte/Lwowski, Bankrechts-Handbuch, 5. Auflage 2017, § 114 Rn. 26; *Kolb/Overdahl,* Futures, Options, Swaps, 5. Auflage 2007, S. 692 ff.; *Kumpan* in Schwark/Zimmer, Kapitalmarktrechts-Kommentar, 4. Auflage 2010, § 2 WpHG Rn. 44; *Rudolf* in Kümpel/Wittig, Bank- und Kapitalmarktrecht, 4. Auflage 2011, Rn. 19.129.

1300 Zur Definition bereits ab S. 302 bzw. ab S. 145.

1301 Außen vor bleiben bei der Betrachtung dieses Finanzinstruments in Hinblick auf Art. 13 die Rohwaren-Terminkontrakte (*commodity futures*), siehe S. 302 f

1302 Zum *hedging* sowie weiteren wirtschaftlichen Beweggründen zur Vornahme solcher Geschäfte entsprechend ab S. 143.

Dritten abgeschlossen hat, um das Geschäftsrisiko zu minimieren.[1303] Damit besteht für den Inhaber zumindest theoretisch eine Zugriffsmöglichkeit auf den Basiswert, was eine Mitteilungspflicht gemäß Art. 13 Abs. 1 UAbs. 1 lit. b, Abs. 1b UAbs. 1 lit. c auslöst, da sich das Finanzinstrument auf Aktien bezieht, die von Art. 13 Abs. 1 UAbs. 1 lit. a umfasst sind.

(cc) Swaps

Art. 13 Abs. 1 UAbs. 1 lit. b, Abs. 1b UAbs. 1 lit. d erfasst weiterhin bestimmte *swaps*. Um die wirtschaftlich vergleichbare Wirkung zu veranschaulichen, soll ein klassischer sog. *cash-settled (total return) equity swap* zwischen einem Investor und einem Kreditinstitut dienen (folgend *swap*), dessen Basiswert Aktien im Sinne des Art. 13 Abs. 1 UAbs. 1 lit. a darstellen:

Ein Kreditinstitut vereinbart mit einem Anleger, künftig Zahlungen in Abhängigkeit der Kursentwicklung einer Aktie auszutauschen.[1304] Sinkt der Börsenkurs des Wertpapiers, so schuldet der Anleger dem Kreditinstitut die Differenz zum Referenzkurs – steigt der Kurs hingegen, zahlt die Bank die Differenz zwischen Aktienkurs und Referenzkurs an den Anleger. Um sich gegen das entstehende Risiko abzusichern, verfährt die Bank bei solchen Geschäften in aller Regel ähnlich wie bereits im Rahmen von Optionen beschrieben und erwirbt die zugrundeliegenden Basiswerte (hier Aktien) in entsprechender Werthöhe zu *hedging*-Zwecken[1305] oder sichert sich ihrerseits durch Derivatgeschäfte mit Drittbanken gegen das Risiko ab, im Falle eines ungünstigen Kursverlaufs einem Verlustgeschäft ausgesetzt zu sein.[1306] Insoweit kann auf die obigen Ausführungen verwiesen werden.[1307]

Derartige *swaps* unterfallen Art. 13 Abs. 1 UAbs. 1 lit. b, Abs. 1b UAbs. 1 lit. d und sind damit mitteilungspflichtig, da sie von Art. 13 Abs. 1 UAbs. 1 lit. a umfasste Aktien als Basiswert haben, mithilfe derer sich der Geschäftspartner des Finanzinstrumenteinhabers absichert, wenn dies nicht durch Derivatverträge

---

1303 *Hedging* mit Aktien-*futures*, beschrieben in *Bösch,* Derivate, 3. Auflage 2014, S. 178 f. und ebenfalls in *Kohn*, Financial Institutions And Markets, 2. Auflage 2004, S. 464 ff. Zum *hedging* sowie weiteren wirtschaftlichen Beweggründen zur Vornahme solcher Geschäfte entsprechend ab S. 143. Siehe entsprechend die Ausführungen zu den Optionen ab S. 322.

1304 Zur wirtschaftlichen Praxis *Bösch,* Derivate, 3. Auflage 2014, S. 277 sowie *Merkner/Sustmann* NZG 2010, 681, 681 ff.; siehe auch ab S. 303.

1305 Zum *hedging* sowie weiteren wirtschaftlichen Beweggründen zur Vornahme solcher Geschäfte entsprechend ab S. 142.

1306 Zur insoweit gängigen Praxis *Kettunen/Ringe*, Paper No. 36/2011, S. 7 ff.

1307 Siehe ab S. 322; vgl. auch *Merkner/Sustmann* NZG 2010, 681, 681 ff.

mit Dritten geschieht, die ihrerseits derartige Aktien als Basiswert haben und damit ebenso einer entsprechenden Mitteilungspflicht unterliegen. Eine vergleichbare wirtschaftliche Wirkung im Sinne des Art. 13 Abs. 1 UAbs. 1 lit. b ergibt sich somit in dargestellter Art und Weise in bestimmten Fällen ebenso bei *swaps*. Anwendungsfälle gab es in der Praxis bereits häufiger[1308] und waren nicht nur Anlass für nationale Gesetzesänderungen[1309], sondern maßgeblicher Kritikpunkt im Rahmen der Überprüfung der TrRL 2004, der insoweit unzureichende Transparenz attestiert wurde.[1310] Maßgebliche Bedeutung kam dabei den nunmehr mitteilungspflichtigen *cash-settled (total return) equity swaps* zu, die häufig für heimliche Übernahmen bzw. Übernahmeversuche eingesetzt wurden.[1311] Eine Mitteilungspflicht kann sich unter Umständen gleichermaßen für die beschriebenen Kategorien der Kreditausfall-*swaps* (*credit default swaps*)[1312] sowie Gesamtrisiko-*swaps* (*total return swaps*)[1313] mit Barausgleichspflicht ergeben, was sich anhand des bereits angeführten Beispiels zur Kreditausfall-Option entsprechend nachvollziehen lässt.[1314] Letztlich kann dabei also auch eine Stimmrechtsübertragung stattfinden und sich somit eine Mitteilungspflicht aus Art. 13 Abs. 1 UAbs. 1 lit. b, Abs. 1b UAbs. 1 lit. d ergeben. Darauf, ob ein *credit default swap* oder *total return swap* vereinbart ist, kommt es dabei nicht an,

---

1308 Durch die Presse wurden die Fälle Porsche/Volkswagen (*cash-settled equity swaps*, <http://www.sueddeutsche.de/wirtschaft/gescheiterte-vw-uebernahme-ein-uebermuetiger-plan-1.1884104>), Schaeffler/Continental (*cash-settled equity swaps*, <http://www.faz.net/aktuell/wirtschaft/unternehmen/chronologie-ringen-zwischen-conti-und-schaeffler-1830524.html>), SKion/SGL Carbon (<http://www.sueddeutsche.de/geld/sgl-carbon-kursfeuerwerk-nach-klatten-einstieg-1.397517>) oder auch MLP/ AWD (<http://www.wallstreet-online.de/nachricht/2615382-verbot-fuer-anschleicher>) bekannt. M. w. N. auch *Labudda* in Just/Voß/Ritz/Becker, WpHG, 2015, § 25a Rn. 1; zu den Fällen auch ab S. 192.

1309 Siehe unter anderem zum Beispiel zum deutschen AnsFuG ab S. 377; Überblick zur Rechtslage in anderen Mitgliedstaaten *Schneider* in Assmann/Schneider, WpHG, 6. Auflage 2012, § 25a Rn. 6 ff.

1310 Zur unzureichenden Beteiligungstransparenz nach den Regelungen der TrRL 2004 ab S. 192.

1311 Zu heimlichen Übernahmen bereits ab S. 59.

1312 Zu Kreditausfall-*swaps* (*credit default swaps*) bereits ab S. 157.

1313 Zu Gesamtrisiko-*swaps* (*total return swaps*) bereits ab S. 158. Zur Problematik des verdeckten Beteiligungsaufbaus an börsennotierten Unternehmen aus Sicht des Vorstands eines ebenfalls börsennotierten Bieters an Beispiel Lafonta/AFM *Zetsche* AG 2015, 381, 382 ff.

1314 Siehe in diesem Zusammenhang zum Beispiel des *credit default swaps* ab S. 326.

da sich die beschriebene Situation in beiden Fällen zutragen kann. Entsprechend gilt dies für die *credit linked note*[1315] mit Barausgleichspflicht, auch weil sie wirtschaftlich einem *credit default swap* entspricht.[1316]

Da der Sicherungsgeber bei einem *total return swap* allerdings nicht nur das Kreditrisiko, sondern auch das Marktrisiko des Referenz-Aktivums übernimmt[1317], kommt eine Mitteilungspflicht gemäß Art. 13 Abs. 1 UAbs. 1 lit. b, Abs. 1b UAbs. 1 lit. d insbesondere dann in Betracht, wenn es sich bei dem Referenz-Aktivum um eine Aktien-, Wandel- oder Umtauschanleihe handelt und sich deren Marktwert von Aktien im Sinne des Art. 13 Abs. 1 UAbs. 1 lit. a ableitet, da der Sicherungsgeber sich seinerseits durch *hedging*-Geschäfte[1318] absichern wird, um im Falle einer negativen Kursentwicklung des Referenz-Aktivums keinem Verlustgeschäft ausgesetzt zu sein. Auf die zur Absicherung erworbenen Aktien hat der Sicherungsnehmer als Vertragspartei des *total return swap* eine erleichterte Zugriffsmöglichkeit, wie sie bereits beschrieben wurde.[1319]

Statt einer Ausgleichspflicht in bar kommt allerdings auch infrage, physischen Ausgleich zu vereinbaren. Wie bereits veranschaulicht, sind *swaps* dann nicht nach Art. 13 Abs. 1 UAbs. 1 lit. a, Abs. 1b UAbs. 1 lit. d mitteilungspflichtig, wenn ein Anspruch auf Lieferung von Aktien erst bei Erreichen eines bestimmten Kurses entsteht.[1320] Allerdings liegt eine vergleichbare wirtschaftliche Wirkung auch hier nahe, denn der Vertragspartner erwirbt die zugrundeliegenden Basiswerte (hier Aktien) in entsprechender Werthöhe zu *hedging*-Zwecken[1321] oder sichert sich durch Derivatgeschäfte mit Drittbanken gegen das Risiko ab, um im Falle eines ungünstigen Kursverlaufs keinem Verlustgeschäft ausgesetzt zu sein.[1322] Insoweit kann auf die obigen Ausführungen verwiesen werden.[1323]

1315 Zur Funktionsweise von *credit linked notes* ab S. 158.

1316 Mit der Besonderheit, dass der Sicherungsgeber bei diesem „*credit default swap*" seine bedingte Zahlungsverpflichtung aus dem Geschäft bar unterlegt, indem er den Nominalbetrag des Referenz-Aktivums an den Sicherungsnehmer zahlt, vgl. *Beck* in Langenbucher/Bliesener/Spindler, Bankrechts-Kommentar, 2. Auflage 2016, Kap. 23 Rn. 7; *Zahn/Lemke* WM 2002, 1535, 1537.

1317 Zu Gesamtrisiko-*swaps* (*total return swaps*) bereits ab S. 158.

1318 Zum *hedging* sowie weiteren wirtschaftlichen Beweggründen zur Vornahme solcher Geschäfte entsprechend ab S. 143.

1319 Dazu bereits ab S. 234 sowie S. 321 (am Beispiel der Option).

1320 Zu *swaps* im Lichte von Art. 13 Abs. 1 UAbs. 1 lit. a, Abs. 1b UAbs. 1 lit. d ab S. 303.

1321 Zum *hedging* sowie weiteren wirtschaftlichen Beweggründen zur Vornahme solcher Geschäfte entsprechend ab S. 143.

1322 Zur insoweit gängigen Praxis *Kettunen/Ringe*, Paper No. 36/2011, S. 7 ff.

1323 Siehe ab S. 322; vgl. auch *Merkner/Sustmann* NZG 2010, 681, 681 ff.

Auch wenn folglich das Recht auf Erwerb von mit Stimmrechten verbundenen Aktien erst dann entsteht, wenn der Kursverlauf des Basiswerts sich im Sinne des Inhabers entwickelt, besteht eine Mitteilungspflicht für Wertpapier-*swaps* (*equity-linked swap* oder *equity swap*) nach Art. 13 Abs. 1 UAbs. 1 lit. b, Abs. 1b UAbs. 1 lit. d. Unabhängig davon, ob sich der Leistungsumfang, mithin die Anzahl der an den Inhaber zu übertragenen Aktien unter Umständen vom Kursverlauf abhängt und gegebenenfalls nicht zu antizipieren ist, richtet sich die Mitteilungspflicht nach der Anzahl der zugrunde gelegten Aktien, also dem konkreten Basiswert des *swap*. Parallel zu Art. 13 Abs. 1 UAbs. 1 lit. a, Abs. 1b UAbs. 1 lit. d besteht eine Mitteilungspflicht ferner bei Termin-*swaps* und *debt-equity-swaps*, so es sich beim Basiswert um Aktien im Sinne des Art. 13 Abs. 1 UAbs. 1 lit. a handelt und Barausgleich vereinbart ist, nach Art. 13 Abs. 1 UAbs. 1 lit. b, Abs. 1b UAbs. 1 lit. d.[1324]

(dd) Zinsausgleichsvereinbarungen (forward rate agreements)

Art. 13 Abs. 1 UAbs. 1 lit. b, Abs. 1b UAbs. 1 lit. e statuiert eine Mitteilungspflicht für bestimmte *FRAs*. In Hinblick auf Beteiligungstransparenz sind diese, wie bereits dargelegt, nicht leicht zu handhaben. Mit *forward rate agreements* sind nach den hier angestellten Erwägungen tatsächlich sämtliche *forwards* gemeint, die ähnlich wie ihr „börslich" gehandeltes Pendant (*futures*) auch mit Barausgleich vereinbart werden können.[1325]

Wird demnach ein Vertrag zwischen zwei Parteien geschlossen, der den Inhaber verpflichtet, zu einem bestimmten Zeitpunkt in der Zukunft zu einem bestimmten Preis Aktien im Sinne des Art. 13 Abs. 1, UAbs. 1 lit. a vom Vertragspartner zu kaufen bzw. dem Vertragspartner zu verkaufen, und ist durch Differenzausgleich in bar zu erfüllen, handelt es sich um ein Finanzinstrument gemäß Art. 13 Abs. 1, UAbs. 1 lit. b, Abs. 1b UAbs. 1 lit. e, womit dem Inhaber eine entsprechende Pflicht zur Mitteilung obliegt. Gleiches gilt für Fälle des physischen Ausgleichs, falls der Anspruch des Erwerbers über Art. 13 Abs. 1, UAbs. 1 lit. a Alt. 2 hinaus bedingt ist, er also beispielsweise vom Ermessen eines Dritten, einer Erlaubnis oder einem sonstigen Ereignis abhängt.

(ee) Differenzgeschäfte (contracts for differences)

Eine Mitteilungspflicht für Differenzgeschäfte kann nach Art. 13 Abs. 1 UAbs. 1 lit. b, Abs. 1b UAbs. 1 lit. f vorliegen. Schwierigkeiten bereitet hier – wie im

1324 Vgl. insoweit entsprechend zu *swaps* im Rahmen von Art. 13 Abs. 1 UAbs. 1 lit. a ab S. 303.

1325 Ausführlich zu Zinsausgleichsvereinbarungen im Sinne des Art. 13 ab S. 305.

Rahmen von Art. 13 Abs. 1 UAbs. 1 lit. a – das unklare Verhältnis der Regelung zu Art. 13 Abs. 1b UAbs. 1 lit. d, wenn mit *contracts for differences* (im angloamerikanischen Raum) gemeinhin regelmäßig *cash-settled (total return) equity swaps* bezeichnet werden. Insofern kann auf die obigen Erläuterungen verwiesen werden, wonach eine eindeutige Unterscheidung zwischen *swaps* und Differenzgeschäften aus ökonomischer und rechtlicher Perspektive zumindest teilweise kaum möglich scheint.[1326]

Da es auf eine Einordnung in die Kategorien des Art. 13 Abs. 1b UAbs. 1 hinsichtlich einer Mitteilungspflicht nicht ankommt, sind Differenzgeschäfte dann von Art. 13 Abs. 1 UAbs. 1 lit. b, Abs. 1b UAbs. 1 lit. f erfasst, wenn mit Stimmrechten verbundene Aktien im Sinne des Art. 13 Abs. 1 UAbs. 1 lit. a den Basiswert darstellen. Ist Barausgleich vereinbart, liegt für den Vertragspartner nichts näher, als mit dem Basiswert oder entsprechenden Derivatgeschäften abzusichern, um im Falle eines für ihn ungünstigen Kursverlaufs Verluste zu vermeiden.[1327] Gleichermaßen gilt dies für Fälle, in denen eine physische Ausgleichspflicht vereinbart ist und ein Anspruch auf die Lieferung von Aktien erst bei Erreichen eines bestimmten Kurses entsteht.[1328] Ein solches Recht entsteht potenziell erst dann, wenn der Kursverlauf des Basiswerts sich im Sinne des Inhabers entwickelt. Davon hängt unter Umständen auch der Leistungsumfang, mithin die Anzahl der an den Inhaber zu übertragenen Aktien ab. Eine Mitteilungspflicht für solche Differenzgeschäfte ergibt sich ebenfalls aus Art. 13 Abs. 1 UAbs. 1 lit. b, Abs. 1b UAbs. 1 lit. f, da auch hier eine vergleichbare wirtschaftliche Wirkung vorliegt.

(ff) Alle anderen Kontrakte oder Vereinbarungen mit vergleichbarer wirtschaftlicher Wirkung, die physisch oder bar abgewickelt werden können

Die „Regelbeispielliste" schließt in Art. 13 Abs. 1b UAbs. 1 lit. g mit einem Auffangtatbestand ab, der alle anderen Kontrakte oder Vereinbarungen mit vergleichbarer wirtschaftlicher Wirkung, die physisch oder bar abgewickelt werden können, erfasst. Diese soll ob der Tatsache, dass Art. 13 Abs. 1 UAbs. 1 lit. b seinerseits ebenfalls eine „vergleichbare wirtschaftliche Wirkung" als Tatbestandsmerkmal aufführt, sogleich gesondert erfolgen und die Einordnung der

---

1326 Zur Abgrenzung ab S. 309.

1327 Zur insoweit gängigen Praxis *Kettunen/Ringe*, Paper No 36/2011, S. 7 ff.; *hedging*-Geschäft wie auch bei anderen Derivaten, siehe ausführlich ab S. 322.

1328 Solche Differenzgeschäfte unterfallen keiner Mitteilungspflicht nach Art. 13 Abs. 1 UAbs. 1 lit. a, dazu ab S. 309.

erfassten Finanzinstrumente in Art. 13 Abs. 1 UAbs. 1 lit. a oder b dabei kenntlich gemacht werden.

cc) Abgrenzung von Art. 13 Abs. 1 UAbs. 1 lit. a und b

Es ließe sich argumentieren, dass eine Mitteilungspflicht nach Art. 13 Abs. 1 UAbs. 1 lit. b in manchen der beschriebenen Fälle obsolet sei: Falls dem Inhaber eines Instruments mit vereinbartem Barausgleich durch den „Abänderungsvertrag" zumindest ein Wahlrecht dahingehend eingeräumt wird, ob er den Ausgleich bar oder physisch beansprucht, könnte sich in der „juristischen Sekunde" eine Mitteilungspflicht aus Art. 13 Abs. 1 UAbs. 1 lit. a Alt. 2 ergeben. Sollten die beteiligten Parteien hingegen im Rahmen des Abänderungsvertrags übereinkommen, anstelle eines Ausgleichs in bar den Anspruch des Inhabers eines solchen Instruments physisch zu erfüllen, könnte sich eine Mitteilungspflicht aus Art. 13 Abs. 1 UAbs. 1 lit. a Alt. 1 ergeben. Möglich ist ebenfalls, dass stattdessen eine Mitteilungspflicht nach Art. 9 Abs. 1 UAbs. 1 entsteht.[1329]

Je nach Einzelfall wird demnach auch der Änderungsvertrag einer Mitteilungspflicht unterliegen. Doch ganz unabhängig von deren Rechtsgrundlage kann dies vor dem Hintergrund der Zielsetzung der TrRL 2013 nicht dazu führen, dass ein Finanzinstrument mit Barausgleichspflicht nicht bereits bei seiner ursprünglichen Vereinbarung mitteilungspflichtig ist: Würde die Mitteilungspflicht erst in dem Moment zur Entstehung gelangen, in welchem der Abänderungsvertrag geschlossen wird, so wären andere Marktakteure mitunter sehr spät informiert - der findige Rechtsanwender könnte geneigt sein, den Abänderungsvertrag erst kurz vor Fälligkeit zu schließen, um die Auswirkungen auf den Aktienkurs durch eine dann erforderliche Mitteilung gering zu halten. In Hinblick auf das Ziel der gegenständlichen Richtlinie, die Transparenz insbesondere bei Finanzinstrumenten zu erhöhen, ist eine solche Regelungsabsicht des Unionsgesetzgebers - losgelöst vom ohnehin nicht dafür sprechenden Wortlaut des Art. 13 Abs. 1 UAbs. 1 lit. b - nicht zu erkennen.

dd) Zwischenergebnis

Eine Mitteilungspflicht gemäß Art. 13 Abs. 1 UAbs. 1 lit. b besteht für Finanzinstrumente, die nicht von lit. a desselben Unterabsatzes erfasst sind, sich jedoch auf die dort erwähnten Aktien beziehen und eine vergleichbare wirtschaftliche Wirkung wie die von Art. 13 Abs. 1 UAbs. 1 lit. a erfassten Finanzinstrumente

---

1329 Zur Mitteilungspflicht bei tatsächlichem Erwerb der Aktien infolge eines Finanzinstruments noch ab S. 366.

aufweisen. Ein Recht auf Erwerb bzw. Ermessen in Bezug auf ein Recht zum Erwerb solcher Aktien ist nicht zwingende Voraussetzung, da die Pflicht schon dem Wortlaut nach auch für Finanzinstrumente mit Barausgleich gilt. Ferner verzichtet Art. 13 Abs. 1 UAbs. 1 lit. b auch auf das Kriterium der Fälligkeit sowie das der förmlichen Vereinbarung, sodass auch rechtlich nicht bindende Vereinbarungen grundsätzlich erfasst sind.

Subsumtionsschwierigkeiten bereitet jedoch die Voraussetzung der – den in Art. 13 Abs. 1 UAbs. 1 lit. a genannten Finanzinstrumenten – vergleichbaren wirtschaftlichen Wirkung. Eine Definition dieser Wirkung sucht man in der TrRL 2013 sowie im übrigen Unionsrecht vergeblich. Daher ist es geboten, die wirtschaftliche Wirkung der in Art. 13 Abs. 1 UAbs. 1 lit. a umfassten Finanzinstrumente zu untersuchen und dabei zu ergründen, welches Mindestmaß an Vergleichbarkeit vorausgesetzt wird bzw. dafür Kriterien zu ermitteln, die in Verbindung mit den Erwägungen der ESMA zu einer möglichst rechtssicheren Bestimmung dieser Wirkung führen – denn nur auf diese Weise lässt sich feststellen, ob eine entsprechende Mitteilungspflicht besteht.

Summa summarum ist als mensurables Kriterium für die vergleichbare wirtschaftliche Wirkung gemäß Art. 13 Abs. 1 UAbs. 1 lit. b festzustellen, dass ein nicht von Art. 13 Abs. 1 UAbs. 1 lit. a erfasstes Finanzinstrument diese dann aufweist, wenn der Erwerb entsprechender Aktien wirtschaftlich naheliegend erscheint. Der ESMA zufolge ist eine vergleichbare wirtschaftliche Wirkung im Sinne der Norm dann gegeben, wenn sie der wirtschaftlichen Wirkung von Erwerbsrechten in Bezug auf Aktien entspricht, das heißt ein Finanzinstrument den Inhaber von Kursaufwärtsbewegungen profitieren lässt bzw. Kursabwärtsbewegungen ihm schaden, mithin also der Wert des Finanzinstruments mit dem jeweiligen Basiswert korreliert.

Dies eröffnet dem Inhaber potenziell einen wirtschaftlichen Vorteil beim Erwerb bzw. Zugriff auf entsprechende Aktien, sodass bei derartigen Geschäften letztlich nicht der ursprünglich vereinbarte Barausgleich, sondern eine Übertragung der Aktien und damit eine Veränderung der Beteiligungsverhältnisse stattfindet, womit sich auch die Stimmrechte verlagern. Deshalb sind Derivate wie *call options* mit Barausgleich im Zusammenhang mit dem Beteiligungsaufbau vor Übernahmen von Interesse für alle Marktakteure. Aufgrund der wirtschaftlich naheliegenden Handlungsweise des Stillhalters ist eine den von Art. 13 Abs. 1 UAbs. 1 lit. a erfassten Finanzinstrumenten „vergleichbare wirtschaftliche Wirkung“ festzustellen.

Somit ergibt sich für derartige *call options* eine Mitteilungspflicht. Eine Mitteilungspflicht besteht ebenso bei (erstmalig begebenen) *put options*, unabhängig davon, ob der Ausgleich physisch oder bar erfolgen soll. Gleiches gilt für solche (erstmalig begebene) Optionen, die von Bedingungen abhängig sind, welche außerhalb des Einflussbereichs des Inhabers liegen. Solche Instrumente sind jedoch unter Umständen nach Art. 13 Abs. 1 UAbs. 1 lit. b, Abs. 1b UAbs. 1 lit. b erfasst.

Daneben sind allerdings eine Reihe weiterer Finanzinstrumente erfasst, stets vorausgesetzt, ihnen liegen (jedenfalls mittelbar) Aktien im Sinne des Art. 13 Abs. 1 UAbs. 1 lit. a zugrunde. Erforderlich ist der ESMA zufolge außerdem, dass für jene keine Mitteilungspflicht gemäß Art. 13 Abs. 1 UAbs. 1 lit. a besteht. Oftmals ist bei derartigen Finanzinstrumenten Barausgleich vereinbart, Art. 13 Abs. 1 UAbs. 1 lit. b verlangt dies jedoch nicht.[1330]

So gilt die Pflicht zur Mitteilung für Aktienzertifikate sowie Schuldverschreibungen und Schuldtitel, unabhängig von ihrer Einordnung beispielsweise als Wandelanleihen, Aktienanleihen, Nullkuponanleihen, zerlegbare Anleihen und Umtauschanleihen. *Call options* und *put options* mit *cash settlement* sowie *put options* mit *physical settlement*, die auf dem Sekundärmarkt gehandelt werden, unterliegen nach ebenso einer Mitteilungspflicht wie kombinierte oder „verschachtelte“ Finanzinstrumente wie beispielsweise „*swaptions*“ oder Optionen in Bezug auf Optionen. Außerdem gilt dies für Finanzinstrumente, die einen Aktienkorb oder einen Index im Sinne des Art. 4 Abs. 1 Delegierte VO 2015/761/EU als Basiswert haben.

Des Weiteren sind nunmehr entsprechende Terminkontrakte (*futures*) und *swaps* erfasst. Insbesondere gilt dies für die im Rahmen heimlicher Übernahmen berüchtigten *cash-settled (total return) equity swaps*; auch sind entsprechend ausgestaltete Kreditausfall-*swaps* (*credit default swaps*), Gesamtrisiko-*swaps* und *credit linked notes* hier einbezogen. Da mit den in Art. 13 Abs. 1b UAbs. 1 lit. e genannten Zinsausgleichsvereinbarungen tatsächlich *forwards* gemeint sind, ergibt sich für jene unter beschriebenen Umständen gleichermaßen eine Mitteilungspflicht. Ebenso gilt dies für Differenzgeschäfte, deren Abgrenzung zu bestimmten *swaps* indes nicht in jedem Fall evident ist.

Zum Verhältnis von Art. 13 Abs. 1 UAbs. 1 lit. a und Art. 13 Abs. 1 UAbs. 1 lit. b verbleibt festzuhalten, dass Art. 13 Abs. 1 UAbs. 1 lit. b für die Zweckerfüllung der TrRL 2013 notwendig ist, auch wenn manche Finanzinstrumente in dem Moment, in welchem die Parteien übereinkommen, statt des zunächst vereinbarten Barausgleichs physische Erfüllung an dessen Stelle treten zu lassen, nach Art. 13 Abs. 1 UAbs. 1 lit. a mitteilungspflichtig wären.

1330 Hinsichtlich der Details der folgend angeführten Finanzinstrumente sei in die jeweilige Kategorie nach oben verwiesen.

f) Auffangtatbestand Art. 13 Abs. 1 UAbs. 1, Abs. 1b UAbs. 1 lit. g

Die „Regelbeispielliste" des Art. 13 Abs. 1b UAbs. 1 schließt in lit. g mit einem Auffangtatbestand, der alle anderen Kontrakte oder Vereinbarungen mit vergleichbarer wirtschaftlicher Wirkung, die physisch oder bar abgewickelt werden können, erfasst. Auch dieser soll abschließend vor dem Hintergrund von Art. 13 Abs. 1 UAbs. 1 betrachtet werden. Art. 13 Abs. 1b UAbs. 1 lit. g dient – typisch für das Ende einer Regelbeispielsliste[1331] – als Auffangklausel für Finanzinstrumente, die nicht schon von Art. 13 Abs. 1b UAbs. 1 lit. a bis f erfasst werden. Damit soll auch die letzte Möglichkeit für einen verdeckten Beteiligungsaufbau versperrt werden und auch künftig innovativen Vertragsgestaltungen Rechnung getragen werden, die dazu dienen könnten, die Mitteilungspflicht aus Art. 13 mittels neuer Finanzinstrumente zu umgehen.[1332] Da sich Art. 13 Abs. 1b UAbs. 1 lit. g ein buntes Portfolio an Finanzinstrumenten subsumieren lässt, ist die Regelung hier der Betrachtung von Art. 13 Abs. 1 UAbs. 1 lit. a und b nachgeordnet.

aa) Mögliche Anknüpfungspunkte der vergleichbaren wirtschaftlichen Wirkung

Augenfällig ist, dass Art. 13 Abs. 1b UAbs. 1 lit. g im Vergleich zu Art. 13 Abs. 1 UAbs. 1 lit. b seinerseits das Merkmal einer vergleichbaren wirtschaftlichen Wirkung erfordert. Angesichts dieser Formulierung drängt sich zunächst die Frage auf, woran der Unionsgesetzgeber mit der hier genannten „vergleichbaren wirtschaftlichen Wirkung" anknüpft. Dies gilt insbesondere, wenn ein Finanzinstrument keinen Anspruch auf Erwerb von Aktien im Sinne des Art. 13 Abs. 1 UAbs. 1 lit. a oder ein Ermessen in Bezug auf den Erwerb derartiger Aktien einräumt, sich aber auf solche Aktien bezieht. In diesem Fall besteht jedenfalls keine Mitteilungspflicht nach Art. 13 Abs. 1 UAbs. 1 lit. a, jedoch kommt eine solche

1331 Generell zu Regelbeispielslisten auf nationaler und supranationaler Ebene *Schünemann* JZ 2005, 271, 271 ff.

1332 Aufgrund des nicht abschließenden Charakters der Regelbeispiele in Art. 13 Abs. 1b UAbs. 1 lit. a bis g wäre ein derartiger Auffangtatbestand allerdings nicht notwendig, um Umgehungen der Mitteilungspflichten zu verhindern. Da es stets (lediglich) darauf ankommt, ob ein Finanzinstrument die Voraussetzungen des Art. 13 Abs. 1 UAbs. 1 lit. a oder b erfüllt, lässt sich aus den Regelbeispielen zwar keine Prüfungspflicht des jeweiligen Inhabers ableiten, nahegelegt sei in jenen Fällen jedoch eine erhöhte Aufmerksamkeit, um etwaige Sanktionen wegen Missachtung einer Mitteilungspflicht zu meiden; zur Regelbeispielsliste auch ab S. 228.

gemäß Art. 13 Abs. 1 UAbs. 1 lit. b infrage, womit die „vergleichbare wirtschaftliche Wirkung" doppelt zu prüfen wäre.

Zur Lösung dieser Problematik bestehen vier Ansätze. Erstens könnte die Lesart des Absatzes „Für die Zwecke von Absatz 1 werden Differenzgeschäfte und alle anderen Kontrakte oder Vereinbarungen mit vergleichbarer wirtschaftlicher Wirkung, die physisch oder bar abgewickelt werden können, als Finanzinstrumente betrachtet, sofern sie eine der in Absatz 1 Unterabsatz 1 Buchstabe a oder b genannten Bedingungen erfüllen" darauf schließen lassen, dass die wirtschaftliche Wirkung mit der von Differenzgeschäften vergleichbar sein muss. Dem Bindewort „und" würde hier damit eine Bedeutung zugesprochen, welche außer Acht lässt, dass dieses hier nur deswegen anstelle eines Semikolons (wie ansonsten zuvor in der Aufzählung) verwendet wird, um die zuletzt erwähnte Variante gefälliger zu formulieren. Außerdem scheint die Reihenfolge der Enumeration in Art. 13 Abs. 1b UAbs. 1 beliebig: Als systematisches Argument gegen eine solche Interpretationsweise spricht, dass lit. g nicht nur Annex zu lit. f der Norm ist. Entsprechend sind auch die englische, französische, spanische und italienische Fassung der ÄnderungsRL 2013 formuliert.

Zweitens ist denkbar, dass Bezugspunkt der vergleichbaren wirtschaftlichen Wirkung pauschal „alle" Finanzinstrumente im Sinne des Art. 13 Abs. 1 UAbs. 1 lit. a und b darstellen. Art. 13 Abs. 1b UAbs. 1 Hs. 1 stellt klar, dass für die Zwecke von Abs. 1 der Norm solche Instrumente als Finanzinstrumente betrachtet werden, welche die Voraussetzungen von Art. 13 Abs. 1 UAbs. 1 lit. a oder b erfüllen. Art. 13 Abs. 1b UAbs. 1 lit. a bis g definiert allerdings nur beispielhaft, welche Finanzinstrumente von Art. 13 Abs. 1 UAbs. 1 lit. a oder b erfasst sein können. Wenn Art. 13 Abs. 1b UAbs. 1 lit. g an sämtliche Finanzinstrumente im Sinne des Art. 13 Abs. 1 UAbs. 1 lit. a und b anknüpft, sind einerseits die in Art. 13 Abs. 1b UAbs. 1 lit. a bis g genannten Instrumente erfasst, andererseits darüber hinaus auch dort nicht aufgeführte Instrumente. Diese Auffassung beinhaltet insoweit einen Zirkelschluss, als Art. 13 Abs. 1b UAbs. 1 lit. g damit auf sich selbst verweist und eine Definition der vergleichbaren wirtschaftlichen Wirkung (im Sinne des Art. 13 Abs. 1b UAbs. 1 lit. g) insofern nicht ermöglicht.

Drittens kommt infrage, die an zweiter Stelle aufgeführte Variante um den Verweis auf Art. 13 Abs. 1b UAbs. 1 lit. g selbst zu reduzieren und als Bezugspunkt Art. 13 Abs. 1b UAbs. 1 lit. a bis f zu wählen, ohne dass die Voraussetzungen von Art. 13 Abs. 1 UAbs. 1 lit. a oder b dafür vorliegen müssten. Ein solches Verständnis würde indes die hier für eine Mitteilungspflicht gerade konstitutiven Voraussetzungen von Art. 13 Abs. 1 UAbs. 1 lit. a oder b gänzlich außer Acht lassen und darüber hinaus auch solche Finanzinstrumente zur Definition der vergleichbaren wirtschaftlichen Wirkung einbeziehen, bei denen der Stimmrechtserwerb überhaupt keine (transparenzrechtliche) Relevanz hat. Beispielsweise wäre daher die wirtschaftliche Wirkung von Zinsswaps oder Rohstoffoptionen zu berücksichtigen, die für Beteiligungsverhältnisse an Unternehmen keine Bedeutung haben.

Viertens verbleibt daher nur eine abgewandelte Interpretationsweise: Zu reduzieren ist die an zweiter Stelle aufgeführte Variante um den Verweis auf Art. 13 Abs. 1b UAbs. 1 lit. g selbst. Eine Reduktion der Bezugsmenge, das heißt der für die Definition der vergleichbaren wirtschaftlichen Wirkung erfassten Finanzinstrumente, steht dabei nicht zu befürchten, da es für die Qualifikation eines Instruments als Finanzinstrument gemäß Art. 13 Abs. 1 UAbs. 1 lit. a oder b nach hier vertretener Auffassung nicht auf die Einordnung in Art. 13 Abs. 1b UAbs. 1 lit. a bis g ankommt. Die vergleichbare wirtschaftliche Wirkung des Art. 13 Abs. 1b UAbs. 1 lit. g bezieht sich daher auf die wirtschaftliche Wirkung der unter Art. 13 Abs. 1 UAbs. 1 lit. a oder b, insbesondere auch auf die unter Art. 13 Abs. 1b UAbs. 1 lit. a bis f zu fassenden Finanzinstrumente.[1333]

Zur Veranschaulichung dieser Ansicht dienen die folgenden Abbildungen 1 und 2:

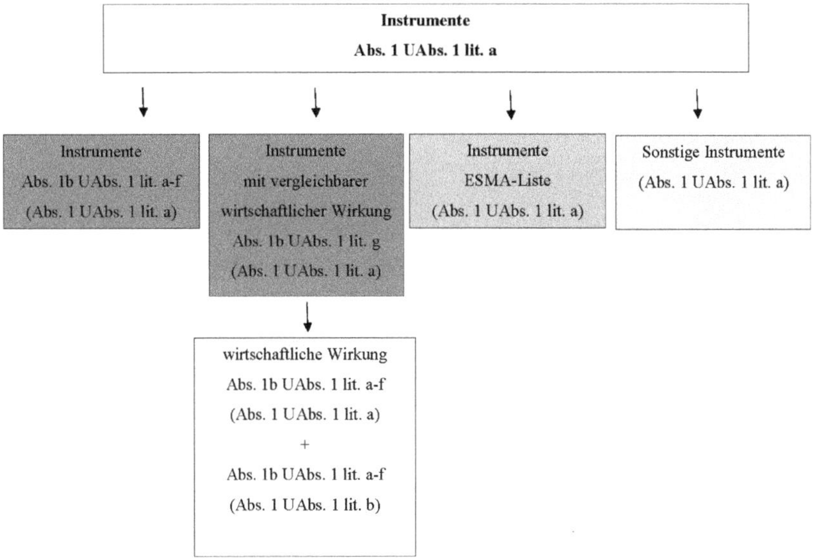

Abb. 1: *Quelle: Eigene Darstellung*

1333 Dass der Unionsgesetzgeber vor dem Hintergrund von Art. 13 Abs. 1 UAbs. 1 lit. a und b auf die in der Enumeration des Art. 13 Abs. 1b UAbs. 1 lit. a bis f besonderen Wert legt, wurde bereits erläutert, siehe dazu ab S. 271.

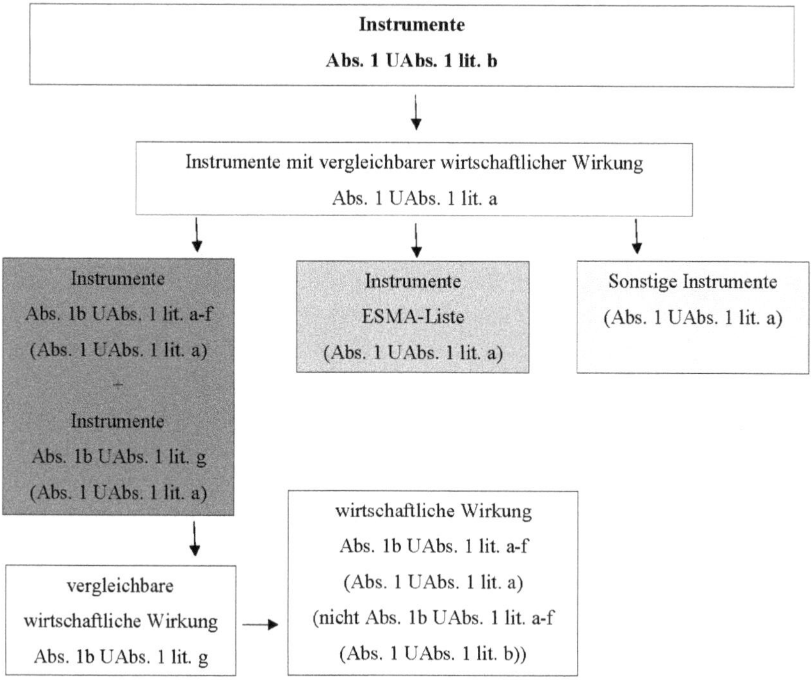

Abb. 2: *Quelle: Eigene Darstellung*

bb) Vergleichbare wirtschaftliche Wirkung im Unterschied zu Art. 13 Abs. 1 UAbs. 1 lit. b

Wie schon erwähnt, ist die „vergleichbare wirtschaftliche Wirkung" bereits aus Art. 13 Abs. 1 UAbs. 1 lit. b bekannt. Anknüpfungspunkt der Vergleichbarkeit dort ist - ausweislich des Wortlauts - die wirtschaftliche Wirkung der von Art. 13 Abs. 1 UAbs. 1 lit. a erfassten Finanzinstrumente. Bei Finanzinstrumenten gemäß Art. 13 Abs. 1 UAbs. 1 lit. a handelt es sich insbesondere um solche des Art. 13 Abs. 1b UAbs. 1 lit. a bis g.[1334]

Für Art. 13 Abs. 1b UAbs. 1 lit. g gilt, ebenso wie für alle anderen Beispiele im Rahmen des Art. 13 Abs. 1b UAbs. 1, dass ein Instrument die Voraussetzungen von Art. 13 Abs. 1 UAbs. 1 lit. a oder b erfüllen muss, um als Finanzinstrument

1334 Zu Finanzinstrumenten im Sinne des Art. 13 Abs. 1 UAbs. 1 lit. a *en détail* ab S. 261. Zur nicht abschließend geregelten Enumeration des Art. 13 Abs. 1b UAbs. 1 ab S. 228.

nach jenem Unterabsatz qualifiziert zu werden. Wenn sich die vergleichbare wirtschaftliche Wirkung des Art. 13 Abs. 1b UAbs. 1 lit. g auf die wirtschaftliche Wirkung der unter Art. 13 Abs. 1 UAbs. 1 lit. a oder b, insbesondere auch auf die unter Art. 13 Abs. 1b UAbs. 1 lit. a bis f aufgeführten Finanzinstrumente bezieht, lässt sich als Konsequenz zunächst festhalten, dass der Umfang der zur Definition der vergleichbaren wirtschaftlichen Wirkung in Art. 13 Abs. 1b UAbs. 1 lit. g einbezogenen Instrumente ein anderer ist als jener, der zur entsprechenden Definition herangezogenen Instrumente in Art. 13 Abs. 1 UAbs. 1 lit. b.

Einem derartigen Verständnis kann nicht entgegnet werden, dass Art. 13 Abs. 1 UAbs. 1 lit. b damit eine Diallele innewohnt, doch offenbart sich einige - zugegeben denkwürdige - Subsumtionsarbeit, wenn ein Instrument einer Prüfung der Voraussetzungen des Art. 13 Abs. 1 UAbs. 1 lit. b, Abs. 1b UAbs. 1 lit. g unterzogen wird, was insbesondere für Instrumente mit Barausgleich, die nicht in die Kategorien des Art. 13 Abs. 1 UAbs. 1 lit. a bis f fallen, gelten dürfte[1335]: Finanzinstrumente im Sinne des Art. 13 Abs. 1 UAbs. 1 lit. b sind nämlich solche, die (unter anderem) eine vergleichbare wirtschaftliche Wirkung wie Finanzinstrumente im Sinne des Art. 13 Abs. 1 UAbs. 1 lit. a aufweisen. Zur Definition der wirtschaftlichen Wirkung von Finanzinstrumenten gemäß Art. 13 Abs. 1 UAbs. 1 lit. a wird damit auch die wirtschaftliche Wirkung von in Art. 13 Abs. 1b UAbs. 1 lit. (a bis) g aufgeführten Instrumenten herangezogen, soweit jene die Voraussetzungen von Art. 13 Abs. 1 UAbs. 1 lit. a erfüllen. Art. 13 Abs. 1b UAbs. 1 lit. g setzt allerdings seinerseits eine vergleichbare wirtschaftliche Wirkung voraus und nimmt zur Definition nach hier vertretenem Verständnis Bezug auf die von Art. 13 Abs. 1 UAbs. 1 lit. a und b, insbesondere Abs. 1b UAbs. 1 lit. a bis f erfassten Instrumente. Gesetzt den Fall, ein fragliches Instrument erfüllt nicht die Bedingungen des Art. 13 Abs. 1 UAbs. 1 lit. a, sondern möglicherweise lediglich die des Art. 13 Abs. 1 UAbs. 1 lit. b, so ist im Rahmen von Art. 13 Abs. 1 UAbs. 1 lit. b zu prüfen, ob eine vergleichbare wirtschaftliche Wirkung vorliegt. Anknüpfungspunkt der Vergleichbarkeit dort ist bekanntermaßen die wirtschaftliche Wirkung der von Art. 13 Abs. 1 UAbs. 1 lit. a erfassten Finanzinstrumente.

Für die Einordnung eines Instruments unter Art. 13 Abs. 1 UAbs. 1 lit. b, Abs. 1b UAbs. 1 lit. g ist die vergleichbare wirtschaftliche Wirkung im Rahmen von Art. 13 Abs. 1b UAbs. 1 lit. g somit festzustellen, indem über Art. 13 Abs. 1 UAbs. 1 lit. b die vergleichbare wirtschaftliche Wirkung von Art. 13 Abs. 1 UAbs.

1335 Dass neben jenen Instrument-Kategorien auch die Regelbeispiele der ESMA-Liste sowie weitere, nicht genannte Instrumente solche im Sinne des Art. 13 Abs. 1 UAbs. 1 lit. b (und lit. a) darstellen können, wurde bereits dargelegt, siehe ab S. 230.

1 lit. a, Abs. 1b UAbs. 1 lit. a bis f eruiert wird – lit. g desselben Absatzes ist hier nach oben vorgezogener Auffassung zur Vermeidung eines Zirkelschlusses außer Acht zu lassen.[1336]

Ob der Unionsgesetzgeber solch ein System tatsächlich vorgeschrieben und damit reguliert wissen wollte, kann nur gemutmaßt werden. Weder ergibt sich daraus allerdings ein Zirkelschluss, noch weist es Inkonsistenzen auf. Insofern ist an dem an vierter Stelle ausgeführten Verständnis des Art. 13 Abs. 1b UAbs. 1 lit. g, insbesondere dessen Anknüpfung der vergleichbaren wirtschaftlichen Wirkung festzuhalten. Obwohl auf die normierte Art und Weise ein begrüßenswert weiter Anwendungsbereich der Mitteilungspflichten nach Art. 13 garantiert scheint – der Rechtsanwender dürfte mit der Subsumtion in manchen Fällen überfordert sein. Willkommen wäre deshalb im Rahmen der nächsten Reform, mögliche Zirkelschlüsse[1337] auszuräumen, und auch wenn die Einordnung eines Finanzinstruments in Art. 13 Abs. 1b UAbs. 1 lit. a bis g hinsichtlich des Bestehens einer Mitteilungspflicht ohne Bedeutung ist, die doppelt „vorausgesetzte" Prüfung einer vergleichbaren wirtschaftlichen Wirkung zu vermeiden. Gleichwohl ist anzumerken, dass diese Prüfungen höchstens in Ausnahmefällen zu unterschiedlichen Ergebnissen führen, da die Anknüpfungspunkte sich bis auf eine Nuance gleichen, sodass sie praktisch regelmäßig nicht erforderlich ist.

cc) Erfasste Finanzinstrumente

Der Anwendungsbereich des Auffangtatbestands ist – abgesehen von den zwingenden Voraussetzungen des Art. 13 Abs. 1 UAbs. 1 lit. a oder b und einer vergleichbaren wirtschaftlichen Wirkung im Sinne des Art. 13 Abs. 1b UAbs. 1 lit. g selbst – nicht sonderlich konturenreich. Wird ein Finanzinstrument folgend als ein solches im Sinne des Art. 13 Abs. 1 UAbs. 1 lit. b, Abs. 1b UAbs. 1 lit. g qualifiziert, ist nach dem Gesagten zu beachten, dass die vergleichbare wirtschaftliche Wirkung streng genommen doppelt zu prüfen ist.[1338]

1336 Zum Anknüpfungspunkt der „vergleichbaren wirtschaftlichen Wirkung" im Rahmen von Art. 13 Abs. 1b UAbs. 1 lit. g ab S. 341.

1337 Zu den denkbaren Anknüpfungspunkten der vergleichbaren wirtschaftlichen Wirkung ab S. 341.

1338 Zur zweifach zu prüfenden „vergleichbaren wirtschaftlichen Wirkung" im Konstellationen, in denen es um eine etwaige Mitteilungspflicht nach Art. 13 Abs. 1 UAbs. 1 lit. b, Abs. 1b UAbs. 1 lit. g geht, ab S. 344.

Des Weiteren sei erwähnt, dass diverse Finanzinstrumente in mehrere der bereits oder sogleich dargestellten Kategorien eingeordnet werden können. Die ESMA hat erkannt, dass es zum einen zu Überschneidungen ihrer eigens erwähnten Finanzinstrumente (Nr. 3 lit. a bis j ESMA-Liste) kommen kann und zum anderen, dass es in solchen Fällen lediglich einer Mitteilung im Rahmen einer der Kategorien bedarf.[1339] Allerdings soll jede Kombination verschiedener in der ESMA-Liste erwähnter Finanzinstrumente als zusätzlich mitteilungspflichtiges Finanzinstrument behandelt werden, so es ein solches im Sinne des Art. 13 Abs. 1 UAbs. 1 lit. a oder b darstellt.[1340] Die hier getroffene Kategorisierung in Bezug auf die einzelnen Finanzinstrumente beansprucht auch deshalb keine Verbindlichkeit. Mitunter ist unschwer zu begründen, bestimmte Finanzinstrumente in jeweils andere Kategorien des Art. 13 Abs. 1b UAbs. 1 lit. a bis g oder Nr. 3 lit. a bis j ESMA-Liste einzuordnen. Da es hinsichtlich einer Mitteilungspflicht primär jedoch auf die Erfüllung der Voraussetzungen des Art. 13 Abs. 1 UAbs. 1 lit. a oder b ankommt, ist die Klassifizierung der Finanzinstrumente zweitrangig - sie hat keinerlei Auswirkungen auf eine etwaige Mitteilungspflicht.

(1) Repo-Geschäfte

Von Art. 13 Abs. 1b UAbs. 1 lit. g erfasst sind die auch von Nr. 3 lit. d ESMA-Liste aufgeführten „Repo-Geschäfte" bzw. Rückkaufvereinbarungen, mittels derer die zeitlich befristete Übertragung von Wertpapieren auf eine andere Partei gegen Zahlung eines bestimmten Betrages vereinbart wird.[1341] Die ESMA hat *repurchase agreement* als Vertrag beschrieben, der eine Vereinbarung hinsichtlich des Rückkaufs der zugrunde liegenden Aktien seitens des Verkäufers des Instruments beinhaltet.[1342] Damit hat der Verkäufer das

1339 Vgl. ESMA-Liste, S. 2 (Nr. 4).

1340 ESMA/2014/300, S. 44 (Nr. 205).

1341 Von den „Repo-Geschäften" abgesehen, wurde bereits dargelegt, dass eine Einordnung der Nr. 3 lit. a bis j ESMA-Liste in die Kategorien des Art. 13 Abs. 1b UAbs. 1 lit. a bis g nicht zwingend erforderlich, aber möglich ist und hier, soweit dies der Übersicht dient, erfolgen soll, vgl. dazu ab S. 239. Zu *repurchase agreements* schon ab S. 160.

1342 ESMA/2014/300, S. 42 (Nr. 188 S. 1).

Recht auf Erwerb der Wertpapiere, welche er zuvor veräußert hatte.[1343] Steht ihm ein Recht auf Erwerb von Aktien gemäß Art. 13 Abs. 1 UAbs. 1 lit. a zu bzw. ist ihm ein Ermessen in Bezug auf den Erwerb darauf eingeräumt, richtet sich die Mitteilungspflicht nach Art. 13 Abs. 1 UAbs. 1 lit. a Alt. 1 oder 2, Abs. 1b UAbs. 1 lit. g in Verbindung mit Nr. 3 lit. d ESMA-Liste, da er insoweit Inhaber des Finanzinstruments ist. Bei einer Barausgleichspflicht ist von einer Mitteilungspflicht nach Art. 13 Abs. 1 UAbs. 1 lit. b, Abs. 1b UAbs. 1 lit. g in Verbindung mit Nr. 3 lit. d ESMA-Liste auszugehen, selbst wenn die entsprechenden Vereinbarungen nicht rechtsverbindlich und/oder nicht mit dem aktuellen Stimmrechteinhaber getroffen worden sind.[1344] Gleichermaßen gilt dies, wenn physischer Ausgleich vereinbart ist, der Rückerwerb entsprechender Aktien aber vom Ermessen des ehemaligen Verkäufers oder einer sonstigen Bedingung abhängt.

(2) Wertpapierpensionsgeschäfte

Gleichwohl die ESMA mit Repo-Geschäften lediglich eine Unterform des echten Wertpapierpensionsgeschäfts[1345] als potenziell mitteilungspflichtig erachtet (Nr. 3 lit. d ESMA-Liste), werden auch andere entsprechend ausgestaltete Wertpapierpensionsgeschäfte einer Mitteilungspflicht unterliegen.[1346] Gemeint sind hier echte Pensionsgeschäfte in Form bestimmter Wertpapierpensionsgeschäfte. Dabei obliegt dem Pensionsnehmer eine Verpflichtung zur Rückübereignung der entsprechenden Wertpapiere. Handelt es sich bei diesen Wertpapieren um Aktien im Sinne des Art. 13 Abs. 1 UAbs. 1 lit. a, ist dabei der Pensionsgeber - je nachdem, wie die konkreten Vereinbarungen lauten - gemäß Art. 13 Abs. 1 UAbs. 1 lit. a Alt. 1 oder Alt. 2, Abs. 1b UAbs. 1 lit. g (bei physischer Ausgleichspflicht) mitteilungspflichtig. Wurde hingegen Barausgleich vereinbart und/oder

---

1343 ESMA/2014/300, S. 42 (Nr. 188 S. 2). Wer behauptet, dass derartige Geschäfte (und im Übrigen auch Wertpapierpensionsgeschäfte und die „Wertpapierleihe") generell keiner Mitteilungspflicht unterliegen sollen, verkennt, dass eine vergleichbare wirtschaftliche Wirkung bei solchen Geschäften regelmäßig vorliegt, a. A. wohl *Epe*, Kapitalmarktrechtliche Beteiligungstransparenz, 2017, S. 235.

1344 Siehe zur nicht erforderlichen Förmlichkeit im Rahmen von Art. 13 Abs. 1 UAbs. 1 lit. b ab S. 314, was ebenfalls für alle (voranstehenden und) folgenden Finanzinstrumente gemäß Art. 13 Abs. 1 UAbs. 1 lit. b gilt. Im Ergebnis ebenfalls *Parmentier* AG 2014, 15, 20, wobei dort nicht klar wird, weshalb Repo-Geschäfte oder die Wertpapierleihe nicht auch von Art. 13 Abs. 1 UAbs. 1 lit. a erfasst sein sollten.

1345 Zu Pensionsgeschäften bereits ab S. 160.

1346 In Bezug auf die grundsätzliche Erfassung von Pensionsgeschäften *Burgard/Heimann* FS Dauses, 2014, S. 47, 60 f.; *Seibt/Wollenschläger* ZIP 2014, 545, 550.

ist bei physischer Ausgleichspflicht nicht dem Inhaber, sondern der anderen Vertragspartei ein Ermessen eingeräumt[1347], ergibt sich eine Mitteilungspflicht aus Art. 13 Abs. 1 UAbs. 1 lit. b, Abs. 1b UAbs. 1 lit. g.

Ganz ähnlich wie *repurchase agreements* sind sogenannte „*sell-and-buy-back*-Geschäfte" ebenfalls echte Pensionsgeschäfte.[1348] Liegen einem solchen Geschäft Aktien im Sinne des Art. 13 Abs. 1 UAbs. 1 lit. a zugrunde und ist es auf eben beschriebene Weise ausgestaltet, entsteht je nach Vereinbarung eine Mitteilungspflicht nach den erwähnten Normen.

Ebenso betrifft dies unechte Pensionsgeschäfte in Form bestimmter Wertpapierpensionsgeschäfte, wonach dem Pensionsnehmer keine Verpflichtung obliegt, die Wertpapiere zurück zu übereignen, ihm jedoch die Möglichkeit dazu, dies meint ein entsprechendes Optionsrecht eingeräumt wird.[1349] Handelt es sich bei diesen Wertpapieren um Aktien im Sinne des Art. 13 Abs. 1 UAbs. 1 lit. a, ist dabei der Pensionsgeber gemäß Art. 13 Abs. 1 UAbs. 1 lit. b, Abs. 1b UAbs. 1 lit. g mitteilungspflichtig, der die Aktien nur unter Umständen zurückerhält.

Die Sorge, dass durch die vollharmonisiert ausgestaltete TrRL 2013 nationale Regelungen, welche die Offenlegung von Wertpapierpensionsgeschäften erforderlich machten, wieder abgeschafft werden müssten, hat sich somit nicht bewahrheitet.[1350]

(3) Wertpapierleihe (Wertpapierdarlehen)

Gleichermaßen werden die auch von Nr. 3 lit. e ESMA-Liste aufgeführten „*rights to recall lent shares*" von Art. 13 Abs. 1b UAbs. 1 lit. g erfasst sein, womit in erster Linie die Wertpapierleihe (das „Wertpapierdarlehen") gemeint ist.[1351] Wird im Rahmen des Kaufvertrages, Tausches oder Darlehens physischer Ausgleich

---

1347 Insoweit vergleichbar zu *put options*, siehe dazu ab S. 326.

1348 Zu *sell-and-buy-back*-Geschäften im Rahmen der Wertpapierpensionsgeschäfte ab S. 160.

1349 Zu Pensionsgeschäften bereits ab S. 160. Wegen der ökonomischen Ähnlichkeit zu Wandelanleihen wäre auch denkbar, unechte Pensionsgeschäfte in die Kategorie der Schuldtitel (oder Schuldverschreibungen) gemäß Art. 13 Abs. 1b UAbs. 1 lit. a bzw. – je nach dem Handelsplatz – in die der Optionen gemäß Art. 13 Abs. 1b UAbs. 1 lit. b einzuordnen, wobei dies hinsichtlich einer Mitteilungspflicht keine Relevanz hat.

1350 So beispielsweise noch *DAV-Handelsrechtsausschuss* NZG 2012, 770, 771 f.

1351 In Bezug auf die grundsätzliche Erfassung der Wertpapierleihe *Burgard/Heimann* FS Dauses, 2014, S. 47, 60 f.; *Seibt/Wollenschläger* ZIP 2014, 545, 550. Streng genommen sind hier dem Wortlaut nach alle Rechte erfasst, die einen Anspruch auf die Rückforderung verliehener Aktien vermitteln.

vereinbart und steht dem Inhaber nach dem zugrunde liegenden Vertrag auf „Rückerwerb“ des Basiswerts zu, wobei es sich um Aktien gemäß Art. 13 Abs. 1 UAbs. 1 lit. a handeln muss, so ergibt sich – je nach Ausgestaltung – eine Mitteilungspflicht nach Art. 13 Abs. 1 UAbs. 1 lit. a Alt. 1 oder 2, Abs. 1b UAbs. 1 lit. g in Verbindung mit Nr. 3 lit. e ESMA-Liste. Dies gilt zumindest, wenn eben dieses Recht unbedingt im Sinne des Art. 13 Abs. 1 UAbs. 1 lit. a Alt. 1 ist oder dem Inhaber des Instruments ein Ermessen in Bezug auf sein Recht auf Rückerwerb der dem Geschäft zugrunde liegenden Aktien gemäß Art. 13 Abs. 1 UAbs. 1 lit. a Alt. 2 zusteht. Ist das Recht des Inhabers allerdings derart bedingt, dass es von anderen Umständen wie einer Zustimmung eines Dritten oder eines bestimmten Mindestpreises abhängig ist, so kann Art. 13 Abs. 1 UAbs. 1 lit. a Alt. 2 trotz physischer Ausgleichspflicht nicht einschlägig sein. Ebenso wie bei vereinbartem Barausgleich ist dann aufgrund einer vergleichbaren wirtschaftlichen Wirkung von einer Mitteilungspflicht nach Art. 13 Abs. 1 UAbs. 1 lit. b, Abs. 1b UAbs. 1 lit. g in Verbindung mit Nr. 3 lit. e ESMA-Liste auszugehen.

(4) Vorkaufsrechte

Ferner sind von Art. 13 Abs. 1b UAbs. 1 lit. g wohl auch die von Nr. 3 lit. f ESMA-Liste aufgeführten „*contractual buying pre-emption rights*“ erfasst. Wird einem Investor durch dieses Instrument ein Vorkaufsrecht eingeräumt, welches ihm ein vorrangiges Recht vermittelt, ein bestimmtes Wertpapier zu erwerben, so sich dessen Inhaber zum Verkauf entscheidet, so liegt ein Finanzinstrument im Sinne des Art. 13 Abs. 1 UAbs. 1 lit. b, Abs. 1b UAbs. 1 lit. g vor, wenn es sich bei den entsprechenden Wertpapieren um Aktien im Sinne des Art. 13 Abs. 1 UAbs. 1 lit. a handelt. Dabei ist es gleichgültig, ob der Ausgleich physisch oder bar vereinbart wurde. Eine Mitteilungspflicht aus Art. 13 Abs. 1 UAbs. 1 lit. a, Abs. 1b UAbs. 1 lit. g scheidet schon deshalb aus, weil einerseits kein unbedingtes Recht gemäß Art. 13 Abs. 1 UAbs. 1 lit. a Alt. 1 und andererseits auch kein bedingtes Recht im Sinne von Art. 13 Abs. 1 UAbs. 1 lit. a Alt. 2 vorliegt, da dem Inhaber des Instruments hier kein Ermessen in Bezug auf sein Recht auf Erwerb von Aktien eingeräumt ist, sondern es insoweit auf den Willen des Vertragspartners ankommt. Eine Mitteilungspflicht ergibt sich demnach unter den beschriebenen Umständen aus Art. 13 Abs. 1 UAbs. 1 lit. b, Abs. 1b UAbs. 1 lit. g in Verbindung mit Nr. 3 lit. f ESMA-Liste.

(5) Bedingte Verträge und Vereinbarungen (außer Optionen und futures)

Nach Nr. 3 lit. g ESMA-Liste sind auch bedingte Verträge und Vereinbarungen (außer Optionen und *futures*[1352]) potenziell mitteilungspflichtig. Die ESMA sieht solche Verträge oder Vereinbarungen als bedingt an, deren Voraussetzung für die Aus- oder Durchführung entweder eine Erklärung einer Vertragspartei oder das Erreichen eines bestimmten Datums ist.[1353] Unter Art. 13 Abs. 1b UAbs. 1 lit. g dürften damit (unter Umständen) vor allem die in dieser Hinsicht fast grenzenlos möglichen Variationen der beschriebenen Finanzinstrumente (sowie verschiedenste Kombinationen[1354]) fallen.[1355] Je nachdem, ob der Erwerb von Aktien im Sinne des Art. 13 Abs. 1 UAbs. 1 lit. a von (einer Ermessensausübung) der Gegenpartei, einem Dritten oder einem Ereignis abhängt bzw. der Inhaber des Instruments darauf Einfluss hat und ob der Ausgleich physisch oder in bar vereinbart ist, handelt es sich um ein mitteilungspflichtiges Finanzinstrument im Sinne des Art. 13 Abs. 1 UAbs. 1 lit. a (Alt. 1 oder Alt. 2) oder b, Abs. 1b UAbs. 1 lit. g in Verbindung mit Nr. 3 lit. g ESMA-Liste.[1356] Ist man hinsichtlich der Definition der sonstigen Wertpapiere im Sinne des Art. 13 Abs. 1 UAbs. 1 in Verbindung mit Art. 4 Abs. 1 Nr. 44 lit. c MiFID II einer anderen Auffassung, so könnten die hier darunter gefassten kombinierten oder „verschachtelten" Finanzinstrumente wie beispielsweise „*swaptions* " (eine Verbindung aus *swap* und *option*[1357]) oder Optionen in Bezug auf Optionen ebenso unter Art. 13 Abs. 1b UAbs. 1 lit. g in Verbindung mit Nr. 3 lit. g ESMA-Liste fallen und unter den beschriebenen Umständen eine Mitteilungspflicht nach Art. 13 Abs. 1 UAbs.

1352 Optionen sind bereits von Art. 13 Abs. 1b, UAbs. 1 lit. a bzw. lit. b erfasst (dazu ab S. 288 sowie S. 331 bzw. ab S. 298 und S. 321), während *futures* unter Art. 13 Abs. 1b, UAbs. 1 lit. c fallen (dazu ab S. 302 und S. 332).

1353 ESMA/2014/300, S. 43 (Nr. 194).

1354 Kombinierte Finanzinstrumente sind explizit von Nr. 3 lit. i ESMA-Liste aufgeführt, dazu sogleich ab S. 353.

1355 Zu einigen Möglichkeiten *Bösch*, Derivate, 3. Auflage 2014, S. 275 ff.; *Chance/Brooks*, Derivatives, 10. Auflage 2016, S. 475 ff.; *Hull*, Derivate, 8. Auflage 2012, S. 230 f.; zu der problematischen Situation bei CfDs (*contracts for difference*) *Kettunen/Ringe*, Paper No. 36/2011, S. 7 ff.

1356 ESMA/2014/300, S. 43 (Nr. 195 S. 2).

1357 Beschrieben in *Böhm/Bergfo* in Assies/Beule/Heise/Strube, Kapitalmarktrecht, 4. Auflage 2015, Kapitel 7, Rn. 554; *Jahn/Reiner* in Schimansky/Bunte/Lwowski, Bankrechts-Handbuch, 5. Auflage 2017, § 114 Rn. 26; *Kolb/Overdahl*, Futures, Options, Swaps, 5. Auflage 2007, S. 692 ff.; *Kumpan* in Schwark/Zimmer, Kapitalmarktrechts-Kommentar, 4. Auflage 2010, § 2 WpHG Rn. 44; *Rudolf* in Kümpel/Wittig, Bank- und Kapitalmarktrecht, 4. Auflage 2011, Rn. 19.129.

1 lit. a (Alt. 1 oder Alt. 2) oder b, Abs. 1b UAbs. 1 lit. g in Verbindung mit Nr. 3 lit. g ESMA-Liste auslösen.

(6) Hybride Instrumente

Inter alia gilt dies für die von Nr. 3 lit. h ESMA-Liste angeführten „*hybrid financial instruments*", welche sich durch die Kombination verschiedener Charakteristika von Eigenkapital- und Fremdkapitalinstrumenten auszeichnen, deren Phänotyp die schon erwähnte Wandelschuldverschreibung ist, welche ihrerseits – je nach Ausgestaltung – von Art. 13 Abs. 1 UAbs. 1 lit. a oder b, Abs. 1b UAbs. 1 lit. a erfasst ist.[1358]

Zwar fallen Anleihen wie Aktienanleihen[1359], Nullkuponanleihen[1360] und Umtauschanleihen[1361] gegebenenfalls unter Art. 13 Abs. 1 UAbs. 1 lit. a oder b, Abs. 1b UAbs. 1 lit. a (unter Umständen in Verbindung mit Nr. 3 lit. h ESMA-Liste), so es sich bei dem jeweiligen Basiswert um Aktien gemäß Art. 13 Abs. 1 UAbs. 1 lit. a handelt und (bedingter) physischer Ausgleich oder Barausgleich vereinbart ist.[1362] Sollten derartige hybride Instrumente allerdings nicht Art. Abs. 1b UAbs. 1 lit. a zu subsumieren sein, so fielen sie – vorbehaltlich der Voraussetzungen von Art. 13 Abs. 1 UAbs. 1 lit. a oder b – in den Anwendungsbereich von Art. 13 Abs. 1b UAbs. 1 lit. a in Verbindung mit Nr. 3 lit. h ESMA-Liste.

Von Art. 13 Abs. 1 UAbs. 1 lit. a oder b, Abs. 1b UAbs. 1 lit. g in Verbindung mit Nr. 3 lit. h ESMA-Liste erfasst sind auch bestimmte Formen von Genussrechten.[1363] Zwar wird Inhabern von Genussrechten gerade keine Stellung als Gesellschafter eingeräumt, insbesondere sind solche nicht mit Verwaltungsrechten wie Stimmrechten ausgestattet und berechtigen nicht zur Teilnahme an Haupt- oder Gesellschafterversammlungen.[1364] Allerdings ist denkbar, dass dem Inhaber ein Anspruch auf den Bezug junger Aktien zusteht[1365], die ihrerseits mit Stimmrechten verbunden sein können. Je nach konkreter Ausgestaltung ist ein derartiger Vertrag von Art. 13 Abs. 1 UAbs. 1 lit. a oder b, Abs. 1b UAbs. 1 lit. g in

---

1358 Siehe dazu ab S. 284 und S. 233.

1359 Zu Aktienanleihen ab S. 130.

1360 Zu Nullkuponanleihen ab S. 128.

1361 Zu Umtauschanleihen ab S. 130.

1362 Zur Einordnung dieser Anleihen ab S. 284 und S. 330.

1363 Zu Genussrechten bereits ab S. 133.

1364 *Steiner/Bruns/Stöckel*, Wertpapiermanagement, 10. Auflage 2012, S. 433.

1365 *Haisch* in Haisch/Helios, Rechtshandbuch Finanzinstrumente, 2011, § 1 Rn. 111; *Hennrichs/Wilbrink* NZG 2014, 1168.

Verbindung mit Nr. 3 lit. h ESMA-Liste erfasst und somit mitteilungspflichtiges Finanzinstrument.

(7) Kombinierte Instrumente

Zu den in Nr. 3 lit. i ESMA-Liste genannten „*combinations of financial instruments*“ zählen verschiedenste Kombinationen von Finanzinstrumenten. Gemein ist den Instrumenten im Falle des Art. 13 Abs. 1 UAbs. 1 lit. a oder b, Abs. 1b UAbs. 1 lit. g, dass dem Inhaber letztlich ein Erwerbsrecht bzw. Ermessen gemäß Art. 13 Abs. 1 UAbs. 1 lit. a zusteht oder das Instrument trotz seiner „Verschachtelung“ oder Kombination eine vergleichbare wirtschaftliche Wirkung im Sinne des Art. 13 Abs. 1 UAbs. 1 lit. b aufweist.

Ist man hinsichtlich der Definition der sonstigen Wertpapiere im Sinne des Art. 13 Abs. 1 UAbs. 1 in Verbindung mit Art. 4 Abs. 1 Nr. 44 lit. c MiFID II einer anderen Auffassung, so könnten die subsumierten kombinierten oder „verschachtelten“ Finanzinstrumente wie beispielsweise „*swaptions* “ (eine Verbindung aus *swap* und *option*[1366]) oder Optionen in Bezug auf Optionen ebenso unter Art. 13 Abs. 1b UAbs. 1 lit. g in Verbindung mit Nr. 3 lit. i ESMA-Liste fallen und unter den beschriebenen Umständen eine Mitteilungspflicht nach Art. 13 Abs. 1 UAbs. 1 lit. a (Alt. 1 oder Alt. 2) oder b auslösen. Bei einer *swap option* handelt es sich um ein Derivat, welches dem Käufer die Option und damit unter Umständen das Recht einräumt, zu einem bestimmten Zeitpunkt in einen *swap*-Vertrag einzusteigen.[1367]

Sind dem *swap*-Geschäft Aktien im Sinne des Art. 13 Abs. 1 UAbs. 1 lit. a zugrunde gelegt und ist physische Ausgleichspflicht vereinbart, so unterliegt die *swaption* einer Mitteilungspflicht nach Art. 13 Abs. 1 UAbs. 1 lit. a Alt. 2, Abs. 1b UAbs. lit. g in Verbindung mit Nr. 3 lit. i ESMA-Liste. Art. 13 Abs. 1 UAbs. 1 lit. a Alt. 1 kommt dabei nicht infrage, weil das Recht des Inhabers erst durch Optionsausübung entstehen kann, sodass stets von einem Ermessen im Sinne des Art. 13 Abs. 1 UAbs. 1 lit. a Alt. 2 auszugehen ist. Bei einer Barausgleichspflicht ergibt sich die Mitteilungspflicht aus Art. 13 Abs. 1 UAbs. 1 lit. b,

---

1366 Beschrieben in *Böhm/Bergfo* in Assies/Beule/Heise/Strube, Kapitalmarktrecht, 4. Auflage 2015, Kapitel 7, Rn. 554; *Jahn/Reiner* in Schimansky/Bunte/Lwowski, Bankrechts-Handbuch, 5. Auflage 2017, § 114 Rn. 26; *Kolb/Overdahl*, Futures, Options, Swaps, 5. Auflage 2007, S. 692 ff.; *Kumpan* in Schwark/Zimmer, Kapitalmarktrechts-Kommentar, 4. Auflage 2010, § 2 WpHG Rn. 44; *Rudolf* in Kümpel/Wittig, Bank- und Kapitalmarktrecht, 4. Auflage 2011, Rn. 19.129.

1367 *Haisch* in Haisch/Helios, Rechtshandbuch Finanzinstrumente, 2011, § 12 Rn. 249 ff.; *Wiedemann*, Financial Engineering, 6. Auflage 2013, S. 316 f.

Abs. 1b UAbs. 1 lit. g in Verbindung mit Nr. 3 lit. i ESMA-Liste, die – unabhängig von der *swaption* – auch dann gegeben ist, wenn dem Inhaber trotz physischer Ausgleichspflicht kein unbedingtes Erwerbsrecht oder Ermessen im Sinne des Art. 13 Abs. 1 UAbs. 1 lit. a eingeräumt ist, sondern sein Erwerb von mindestens einer weiteren Bedingung abhängig ist.[1368] Ebenfalls kommen hier beispielsweise *forward swaps* in Betracht, die einen *forward* mit einem *swap* verknüpfen, soweit die Voraussetzungen von Art. 13 Abs. 1 UAbs. 1 lit. a oder b erfüllt sind.

(8) Aktionärsvereinbarungen

Die seitens der ESMA angeführten „*shareholders‘ agreements*" in Nr. 3 lit. j ESMA-Liste, welche ein Finanzinstrument gemäß Art. 13 Abs. 1 UAbs. 1 lit. a oder b als Basiswert haben, stellen ihrerseits ein Finanzinstrument im Sinne der Norm dar und sind, soweit ersichtlich, ebenso von Art. 13 Abs. 1b UAbs. 1 lit. g erfasst, wobei es auf die konkrete Ausgestaltung ankommt. Da es auf eine Aufführung in Art. 13 Abs. 1b UAbs. 1 lit. a bis g oder Nr. 3 lit. a bis j ESMA-Liste nicht ankommt, wären auch entsprechend ausgestaltete Aktionärsvereinbarungen über andere Aktionärsvereinbarungen erfasst. Eine Mitteilungspflicht entsteht dann nach Art. 13 Abs. 1 UAbs. 1 lit. a oder b, Abs. 1b UAbs. 1 lit. g (gegebenenfalls in Verbindung mit Nr. 3 lit. j ESMA-Liste).

(9) Sonstige Instrumente

Eine abschließende Aufzählung aller infrage kommenden Instrumente kann hier angesichts der überwältigend großen Produktpalette nicht geleistet werden. Die ESMA hat im Rahmen der ESMA-Liste nach eigener Einschätzung alle Finanzinstrumente erwähnt, die (wohl über Art. 13 Abs. 1b UAbs. 1 lit. a bis g hinaus) Gegenstand einer Mitteilungspflicht nach Art. 13 sein können.[1369] Allerdings gesteht auch sie die Möglichkeit der Existenz weiterer mitteilungspflichtiger, darin nicht genannter Finanzinstrumente ein.[1370] Ob solche Finanzinstrumente existieren, kann nur unter Berücksichtigung der besonderen Merkmale und Eigenheiten des (jeweiligen) nationalen Zivil- und Gesellschaftsrechts bewertet werden.[1371] Als mögliches Beispiel führt die ESMA dazu die Verpfändung

---

1368 Insoweit vergleichbar mit entsprechenden *put options*, siehe dazu ab S. 326.

1369 ESMA/2014/1187, S. 61 (Nr. 33 S. 1).

1370 ESMA/2014/1187, S. 61 (Nr. 33 S. 2).

1371 ESMA/2014/1187, S. 61 (Nr. 33 S. 3). Tritt der (wohl eher seltene) Fall ein, dass ein fragliches Instrument nicht in eine Kategorie von Art. 13 Abs. 1b UAbs. 1 lit. a bis g oder Nr. 3 lit. a bis j ESMA-Liste eingeordnet werden kann, ist eine Mitteilungspflicht ob der lediglich exemplifzierenden Wirkung jener Enumerationen keinesfalls

entsprechender Anteile an.[1372] Die Voraussetzungen von Art. 13 Abs. 1 UAbs. 1 lit. a oder b müssen dabei vor dem Hintergrund des jeweiligen nationalen Rechts geprüft werden. Die Belastung eines solchen Mitgliedschaftsrechts - dies meint mit Stimmrechten verbundene Aktien - durch Verpfändung muss dabei zunächst überhaupt von der Rechtsordnung gestattet sein, wobei die (national-) rechtlichen Besonderheiten zu beachten sind.[1373]

Anlass einer Verpfändung ist die Sicherung einer Forderung des Pfandgläubigers, der unter Umständen Befriedigung aus dem verpfändeten Gegenstand wegen seiner Forderung suchen kann.[1374] Im Rahmen von Art. 13 Abs. 1 UAbs. 1 lit. a muss dem Gläubiger durch das Finanzinstrument ein Recht auf Erwerb der betroffenen Aktien oder ein Ermessen in Bezug auf den Erwerb darauf zustehen. Dies ist zumindest in der hiesigen nationalen Rechtsordnung bei der Verpfändung derartiger Aktien nicht der Fall: Dem Pfandgläubiger stehen keine Verwaltungsrechte aus dem belasteten Mitgliedschaftsrecht zu, insbesondere kein Stimmrecht.[1375] Ein etwaiges Erwerbsrecht der zugrunde liegenden Aktien (samt Mitgliedschaftsrechten) ist von weiteren Bedingungen abhängig, beispielsweise davon, dass die Forderung des Pfandgläubigers nicht wie vereinbart bedient wird und er sich aus dem verpfändeten Recht befriedigen kann. Ein unbedingtes

---

ausgeschlossen, sodass als Anknüpfungsnorm auch schlicht Art. 13 Abs. 1 UAbs. 1 lit. a oder b infrage kommt.

1372 ESMA/2014/1187, S. 61 (Nr. 33 S. 4).

1373 Nach deutschem Recht ist dies grundsätzlich möglich, vgl. *Cahn/Ostler* AG 2008, 221, 223; *Merkel* in Schimansky/Bunte/Lwowski, Bankrechts-Handbuch, 5. Auflage 2017, § 93 Rn. 80 ff.; MüKoBGB/*Damrau*, 7. Auflage 2017, BGB § 1273 Rn. 3; Münch. Hdb. GesR/*Sailer-Coceani*, 4. Auflage 2015, § 14 Rn. 75; Spindler/Stilz/*Vatter*, AktG, 3. Auflage 2015, § 10 Rn. 67 f. In Deutschland ist bei Wertpapieren die Übertragungsform der jeweiligen Wertpapier-Art zu beachten: Für Inhaberpapiere gelten die Bestimmungen über die Verpfändung beweglicher Sachen gemäß § 1293 BGB, §§ 1204 ff. BGB, bei Orderpapieren gilt § 1292 BGB, Rektapapiere werden nach den §§ 1273 ff. BGB verpfändet. Die Verpfändung von Aktien kann hierzulande außerdem nach § 68 Abs. 2 Satz 1 AktG von der Zustimmung der Aktiengesellschaft abhängig gemacht werden, vgl. Münch. Hdb. GesR/*Sailer-Coceani*, 4. Auflage 2015, § 14 Rn. 75. Zu Rechtsfragen bei der Aktienverpfändung auch *Berger* WM 2009, S. 577, 577 ff.; *Nodoushani* WM 2007, S. 289, 289 ff.

1374 In Bezug auf nach § 1273 BGB verpfändete Rechte beispielsweise MüKoBGB/*Damrau*, 7. Auflage 2017, BGB § 1273 Rn. 1; Staudinger/*Wiegand* (2009) BGB § 1273 Rn. 2.

1375 *Brellochs* AG 2016, 157, 163; Münch. Hdb. GesR/*Sailer-Coceani*, 4. Auflage 2015, § 14 Rn. 75; Spindler/Stilz/*Vatter*, AktG, 3. Auflage 2015, § 10 Rn. 67 f.; *Wiedemann*, Mitgliedschaftsrechte bei Handelsgesellschaften, 1965, S. 428 f.; *Ziemons* in Schmidt/Lutter, AktG, 3. Auflage 2015, § 12 Rn. 6.

Erwerbsrecht ergibt sich für den Inhaber (Pfandgläubiger) daraus ebenso wenig wie ein Ermessen in Bezug auf das Recht zum Erwerb.

Denkbar ist jedoch, dass Art. 13 Abs. 1 UAbs. 1 lit. b solche Verpfändungen erfasst. Fraglich ist dabei vor allem, ob eine vergleichbare wirtschaftliche Wirkung im Sinne der Norm gegeben ist.[1376] Zuzugeben ist, dass der Wert des Instruments, dies meint den Marktwert des verpfändeten Rechts, mit dem Basiswert korreliert. Sinkt der Aktienkurs, ist das Sicherungsmittel ebenfalls weniger Wert, steigt er hingegen, gewinnt das Pfandrecht an Wert. Kommt es zur Verwertung, ist denkbar, dass die verpfändeten Aktien dem Pfandgläubiger samt Verwaltungsrechten, insbesondere dem Stimmrecht, zufallen.[1377] Im Verhältnis zu Dritten hat der Pfandgläubiger damit eine verbesserte Zugriffsposition auf die Aktien, sodass eine vergleichbare wirtschaftliche Wirkung gemäß Art. 13 Abs. 1 UAbs. 1 lit. b in solchen Fällen anzunehmen ist und die Verpfändung damit einer Mitteilungspflicht unterliegt. Denkbar ist dies auch für den Fall der Weiterverpfändung.

Eine Mitteilungspflicht kommt außerdem für sogenannte *tender commitments*, auch *irrevocable undertakings* genannt, infrage, welche sich auf Aktien im Sinne des Art. 13 Abs. 1 UAbs. 1 lit. a beziehen. Bei dem im Rahmen von Übernahme- oder Pflichtangeboten bedeutsamen *irrevocable undertaking* verpflichtet sich der Bieter, ein Angebot zu bestimmten Konditionen zu unterbreiten, während die Aktionäre sich im Gegenzug dazu verpflichten, dieses Angebot anzunehmen und ihre Aktien in einem durchzuführenden Übernahme- oder Pflichtangebot anzudienen.[1378] Bei derartigen Vereinbarungen verpflichtet sich demnach der Aktionär letztlich zum Abschluss eines Kaufvertrags zu den abgesprochenen Bedingungen des späteren Übernahmeangebots.[1379] Ein Anspruch des Investors auf Erwerb der entsprechenden Aktien kommt indes erst mit Annahme des Übernahmeangebots *per se* durch den Aktionär zustande.[1380] Da

---

1376 Zur Definition der „vergleichbaren wirtschaftlichen Wirkung" im Sinne des Art. 13 Abs. 1 UAbs. 1 lit. b ab S. 314.

1377 In Deutschland kommt dies insbesondere bei Verfallsklauseln im Sinne des § 1259 S. 1 a.E. BGB infrage, vgl. *Epe/Teichmann* WM 2012, 1213, 1218. Bei Inhaberpapieren kann dies beispielsweise durch Einziehung gemäß §§ 1293, 1294, 1282 ff. AktG geschehen.

1378 *Oppenhoff* in Beck'sches Handbuch AG, 2. Auflage 2009, § 27 Rn. 106; *Süßmann* in Angerer/Geibel/Süßmann, WpÜG, 3. Auflage 2017, § 39a Rn. 11.

1379 *Deilmann* NZG 2007, 721, 722; *Johannsen-Roth/Illert* ZIP 2006, 2157, 2158; *Meyer/Kiesewetter* WM 2009, 340, 345; *v. Riegen* ZHR 2003, 702, 711.

1380 *Meyer/Kiesewetter* WM 2009, 340, 345.

auch ein Ermessen in Bezug auf jenes Recht damit beim *irrevocable undertaking* nicht infrage kommt, besteht keine Mitteilungspflicht gemäß Art. 13 Abs. 1 UAbs. 1 lit. a. Allerdings lässt sich auch hier eine vergleichbare wirtschaftliche Wirkung gemäß Art. 13 Abs. 1 UAbs. 1 lit. b feststellen: Durch ein *irrevocable undertaking* hat sich der Investor durch eine vorherige Absprache[1381] mit zumindest einem Aktionär eine verbesserte Zugriffsposition auf dessen Anteile gesichert. Unter diesen Umständen ergibt sich deshalb eine Mitteilungspflicht für *irrevocable undertakings* nach Art. 13 Abs. 1 UAbs. 1 lit. b.

Mit der Wertpapierverpfändung und *irrevocable undertaking* sind allerdings nur zwei einzelne Erscheinungsformen genannt – die Anzahl der tatsächlich erfassten Finanzinstrumente dürfte weitaus höher liegen, ist jedoch vor allem von nationalrechtlichen Eigenheiten abhängig.

dd) Zwischenergebnis

Die „Regelbeispielliste" des Art. 13 Abs. 1b UAbs. 1 schließt in lit. g mit einem Auffangtatbestand, der alle anderen Kontrakte oder Vereinbarungen mit vergleichbarer wirtschaftlicher Wirkung, die physisch oder bar abgewickelt werden können, erfasst.

Für Art. 13 Abs. 1b UAbs. 1 lit. g gilt, ebenso wie für alle anderen Beispiele im Rahmen des Art. 13 Abs. 1b UAbs. 1, dass ein Instrument die Voraussetzungen von Art. 13 Abs. 1 UAbs. 1 lit. a oder b erfüllen muss, um als Finanzinstrument nach diesem Unterabsatz qualifiziert zu werden.

Viele Finanzinstrumente lassen sich in die schon zuvor und die hier im Rahmen von Art. 13 Abs. 1b UAbs. 1 lit. g erwähnten Kategorien einordnen. Seitens der ESMA ist bereits zugestanden worden, dass es zu Überschneidungen ihrer eigens erwähnten Finanzinstrumente (Nr. 3 lit. a bis j ESMA-Liste) kommen kann und es in solchen Fällen lediglich einer Mitteilung im Rahmen einer der Kategorien bedarf. Vorgesehen ist indes, dass jede Kombination verschiedener in der ESMA-Liste erwähnter Finanzinstrumente als zusätzlich mitteilungspflichtiges Finanzinstrument behandelt werden soll, wenn es selbst die Voraussetzungen des Art. 13 Abs. 1 UAbs. 1 lit. a oder b erfüllt.

Die ESMA gesteht schließlich die Möglichkeit der Existenz weiterer mitteilungspflichtiger, in der ESMA-Liste nicht genannter Finanzinstrumente ein. Ob und inwieweit entsprechende Finanzinstrumente existieren, kann nur unter

1381 Dabei handelt es sich aus deutscher Sicht um Vorverträge, vgl. *Deilmann* NZG 2007, 721, 722; *Johannsen-Roth/Illert* ZIP 2006, 2157, 2158; *Meyer/Kiesewetter* WM 2009, 340, 345; *v. Riegen* ZHR 2003, 702, 711.

Berücksichtigung der besonderen Merkmale und Eigenheiten des (jeweiligen) nationalen Zivil- und Gesellschaftsrechts bewertet werden. Als mögliches Beispiel führt die ESMA dazu die Verpfändung von Anteilen an, die, je nach Ausgestaltung, von Art. 13 Abs. 1 UAbs. 1 lit. a oder b erfasst sind. Unter Umständen gilt dies auch für sogenannte *tender commitments*, auch *irrevocable undertakings* genannt. Doch auch darüber hinaus dürfte noch eine Reihe weiterer Finanzinstrumente erfasst sein, wobei es auf die nationalrechtlichen Eigenheiten ankommt.

Infrage kommen hier jedenfalls „Repo-Geschäfte". Da die ESMA mit Repo-Geschäften lediglich eine Unterform des echten Wertpapierpensionsgeschäfts als potenziell mitteilungspflichtig erachtet, werden auch andere, vergleichbar ausgestaltete Wertpapierpensionsgeschäfte einer Mitteilungspflicht unterliegen. Dies betrifft echte Wertpapierpensionsgeschäfte (wie *sell-and-buy-back*-Geschäfte) sowie entsprechend ausgestaltete unechte Wertpapierpensionsgeschäfte.

Des Weiteren ist hier die Wertpapierleihe bzw. das Wertpapierdarlehen zu nennen, streng genommen sogar alle Rechte, verliehene Aktien zurückzufordern. Ferner sind wohl auch *„contractual buying pre-emption rights"*, bedingte Verträge und Vereinbarungen (außer Optionen und *futures*) potenziell mitteilungspflichtig. *Inter alia* gilt dies ebenfalls *„hybrid financial instruments"*, welche sich durch die Kombination verschiedener Charakteristika von Eigenkapital- und Fremdkapitalinstrumenten auszeichnen.

Gleichermaßen kommen *„combinations of financial instruments"* in Betracht; dazu zählen verschiedenste Kombinationen von Finanzinstrumenten. Gemein ist den Instrumenten im Falle des Art. 13 Abs. 1 UAbs. 1 lit. a oder b, Abs. 1b UAbs. 1 lit. g, dass dem Inhaber letztlich ein Erwerbsrecht bzw. Ermessen gemäß Art. 13 Abs. 1 UAbs. 1 lit. a zusteht oder das Instrument trotz seiner „Verschachtelung" oder Kombination eine vergleichbare wirtschaftliche Wirkung im Sinne des Art. 13 Abs. 1 UAbs. 1 lit. b aufweist.

Die seitens der ESMA angeführten *„shareholders' agreements"*, welche ein Finanzinstrument gemäß Art. 13 Abs. 1 UAbs. 1 lit. a oder b als Basiswert haben, stellen ihrerseits ein Finanzinstrument im Sinne jener Norm dar und sind ebenso von Art. 13 Abs. 1b UAbs. 1 lit. g erfasst, wobei es auf die konkrete Ausgestaltung ankommt.

II. Berechnung, Frist, Ausnahmen und Sanktionen

Nachdem in Kapitel 2, I. ergründet wurde, welche Finanzinstrumente grundsätzlich einer Mitteilungspflicht gemäß Art. 13 unterfallen, sollen auch die „formellen" Aspekte der Stimmberechnungsmethoden gemäß Art. 13 Abs. 1a, der Aggregation von Stimmrechten entsprechend Art. 13a, der Mitteilungsfrist nach Art. 12, der Ausnahmen von der Mitteilungspflicht im Sinne des Art. 13 Abs. 4 UAbs. 1 sowie der drohenden Sanktionen bei Verstößen (Kapitel VIa „Sanktionen und Maßnahmen") nicht außer Acht bleiben.

1. Berechnungsmethoden

Erwirbt ein Investor eine gewisse Anzahl mit Stimmrechten verbundener Aktien, so ist regelmäßig unstreitig, welche Stimmgewalt ihm damit zusteht. Bei Finanzinstrumenten hingegen ist dies unter bestimmten Umständen ungleich schwieriger einzuschätzen, sodass es standardisierter Methoden bedarf, nach der die Anzahl der Stimmrechte ermittelt wird. Von Bedeutung ist die möglichst genaue Berechnung der Stimmrechte einerseits für die Stimmgewalt eines Investors, andererseits aber auch für Verpflichtungen wie die zur Unterbreitung eines Pflichtangebots an übrige Aktionäre.[1382] Dies erkannte auch der Unionsgesetzgeber und berücksichtigte diese Problematik bei Revision der TrRL 2004.

Zur Berechnung der Stimmrechte bei Finanzinstrumenten ist einerseits zu beachten, auf welche Art und Weise diese zu erfolgen hat, und andererseits, ob und inwiefern eine Aggregation mit Mitteilungspflichten nach Art. 9 und 10 stattfindet. Art. 13 Abs. 1a regelt, wie die Anzahl der Stimmrechte bei Finanzinstrumenten berechnet wird. In Hinblick auf die festgelegten Mitteilungsschwellen ist die Art und Weise der Berechnung von nicht zu unterschätzender Bedeutung: Bei physischer Ausgleichspflicht wird die Anzahl der Stimmrechte nach Art. 13 Abs. 1a UAbs. 1 unter Bezugnahme auf die volle nominale Anzahl der dem Finanzinstrument zugrundeliegenden Aktien berechnet. Ist hingegen ein Barausgleich vorgesehen, wird der Norm zufolge die Anzahl der Stimmrechte auf einer „delta-angepassten" Basis berechnet, wobei die nominale Anzahl der zugrunde liegenden Aktien mit dem Delta-Faktor des Instruments multipliziert wird. Dazu muss der Inhaber alle Finanzinstrumente, die sich auf ein und denselben Emittenten beziehen, zusammenrechnen und mitteilen.

Die ESMA war gemäß Art. 13 Abs. 1a UAbs. 2, 3 gehalten, bis zum 27. November 2014 Entwürfe für technische Regulierungsstandards zur Festlegung der Berechnungsmethode für die in Art. 13 Abs. 1a UAbs. 1 genannte Anzahl der Stimmrechte bei Finanzinstrumenten zu erstellen, die sich auf einen Aktienkorb oder einen Index beziehen (Art. 13 Abs. 1a UAbs. 2 lit. a). Eine entsprechende Pflicht traf sie auch in Bezug auf die Festlegung der Methoden zur Ermittlung des Deltas für die Zwecke der nach Art. 13 Abs. 1a UAbs. 1 vorzunehmenden

---

1382 Noch zur nationalen Praxis vor Umsetzung der ÄnderungsRL 2013 *Krause* AG 2015, 553, 555 ff.

Berechnung der Stimmrechte in Bezug auf Finanzinstrumente, die ausschließlich einen Barausgleich vorsehen (Art. 13 Abs. 1a UAbs. 2 lit. b).[1383] Dieser Aufgabe kam die ESMA nach und veröffentlichte am 20. März 2014 ihre Entwürfe zur Konsultation[1384], bevor diese im Abschlussbericht zum Entwurf von RTS zu großen Beteiligungen am 29. September 2014 publiziert wurden.[1385] Die Kommission wurde ferner nach Art. 13 Abs. 1a UAbs. 4 befugt, technische Regulierungsstandards in Bezug auf Art. 13 Abs. 1a UAbs. 2 zu erlassen, welche diese am 17. Dezember 2014 mittels einer Delegierten Verordnung festlegte.[1386]

a) *Finanzinstrumente in Bezug auf einen Aktienkorb oder einen Index*

In Bezug auf Art. 13 Abs. 1a UAbs. 1 lit. a war die ESMA der Auffassung, dass bereits Art. 13 Abs. 1a die Methode zur Berechnung der Stimmrechte bei solchen Finanzinstrumenten teilweise regelt, da die Anzahl der Stimmrechte unter Bezugnahme auf die volle nominale Anzahl der dem Finanzinstrument zugrunde liegenden Aktien berechnet wird, es sei denn, das Finanzinstrument sieht ausschließlich einen Barausgleich vor – in diesem Fall wird die Anzahl der Stimmrechte auf einer „delta-angepassten" Basis berechnet.[1387]

Anhand des für jedes Finanzinstrument individuell festzulegenden sogenannten Delta-Faktors lässt sich erkennen, wie stark sich der theoretische Wert eines Finanzinstruments bei einer Kursschwankung des Basiswerts ändert.[1388] Damit lässt sich das Risiko des Inhabers in Bezug auf den Basiswert ermitteln: Das Produkt aus der Anzahl der als Basiswert dienenden Aktien und dem Delta-Faktor beschreibt, wie viele Aktien eine Gegenpartei zur Absicherung ihrer etwaigen Leistungspflicht vernünftigerweise vorhalten würde.[1389] Für Mitteilungspflichten ist dies deshalb relevant, weil damit gleichzeitig deutlich wird, wie viele mit Stimmrechten verbundene Aktien dem Finanzinstrumentinhaber

---

1383 Vgl. ESMA/2014/300, S. 25 (Nr. 85).

1384 ESMA/2014/300, S. 23-25 bzgl. Art. 13 Abs. 1a UAbs. 2 lit. a und S. 25-29 bzgl. Art. 13 Abs. 1a UAbs. 2 lit. b.

1385 ESMA/2014/1187.

1386 Delegierte VO 2015/761/EU.

1387 ESMA/2014/300, S. 23 (Nr. 75).

1388 Erwägungsgrund 10 S. 2 ÄnderungsRL 2013; *Parmentier* AG 2014, 15, 21 f.; *Renn/Weber/Gotchev* AG 2012, 440 ff.

1389 ESMA/2014/300, S. 25 (Nr. 86); *Parmentier* AG 2014, 15, 21 f.

(möglicherweise[1390]) zufallen. Da der Delta-Faktor regelmäßig zwischen null und eins liegt[1391], sind zur (im jeweils eigenen Ermessen stehenden) Eigenabsicherung zumeist weniger als die volle Anzahl der zugrunde liegenden Aktien vorzuhalten.[1392]

Weiterhin schlug die ESMA vor, das Gewicht des Finanzinstruments innerhalb des Aktienkorbs bzw. Index zu berücksichtigen.[1393] Dabei sollte ein Finanzinstrument in Bezug auf einen Aktienkorb oder Index dann mitteilungspflichtig sein, wenn es ein Prozent oder mehr der mit Stimmrechten verbundenen Aktien des jeweiligen Emittenten darstellt bzw. 20 Prozent oder mehr des Wertes der Wertpapiere im Aktienkorb bzw. Index repräsentiert.[1394]

Dem folgte auch die Kommission, die insoweit auf der Grundlage ihrer Ermächtigung aus Art. 13 Abs. 1a UAbs. 2, 3 in Bezug auf Art. 13 Abs. 1a UAbs. 1 festlegte, dass Stimmrechte bei einem Finanzinstrument, das sich auf einen Aktienkorb oder einen Index bezieht, auf der Grundlage des Gewichts der Aktie in dem Aktienkorb oder Index berechnet werden, wenn entweder die Stimmrechte an einem bestimmten Emittenten, die über Finanzinstrumente gehalten werden, die sich auf den Korb oder Index beziehen, mindestens einem Prozent der mit Aktien dieses Emittenten verbundenen Stimmrechte entsprechen oder aber die Aktien in dem Korb oder Index mindestens 20 Prozent des Werts der Wertpapiere in dem Korb oder Index entsprechen.[1395] Wenn sich ein Finanzinstrument auf eine Reihe von Aktienkörben oder Indizes bezieht, werden die Stimmrechte, die über die einzelnen Aktienkörbe oder Indizes gehalten werden, für die Zwecke der genannten Schwellen im Übrigen nicht kumuliert.[1396]

b) Finanzinstrumente mit Barausgleich

Die ESMA erwog hinsichtlich Art. 13 Abs. 1a UAbs. 1 lit. b zwei Möglichkeiten zur Festlegung des Delta-Faktors. Die erste Idee war ein normativer Ansatz

---

1390 Bei Instrumenten mit ausschließlich vereinbartem Barausgleich ist zunächst kein physischer Ausgleich zu erwarten, in der Praxis ist dieser jedoch nicht selten, vgl. dazu ab S. 234 und S. 314.

1391 *Parmentier* AG 2014, 15, 21 f.; *Renn/Weber/Gotchev* AG 2012, 440 ff.

1392 *Krause* AG 2011, 469, 480; *Parmentier* AG 2014, 15, 21 f.; *Renn/Weber/Gotchev* AG 2012, 440 ff.

1393 ESMA/2014/300, S. 23 (Nr. Nr. 76 S. 1).

1394 Dazu und ausführlich zur Erläuterung dieser Grenzen ESMA/2014/300, S. 23 (Nr. 77–79).

1395 Art. 4 Abs. 1 lit. a und b Delegierte VO 2015/761/EU.

1396 Art. 4 Abs. 2 Delegierte VO 2015/761/EU.

– allerdings erkannte die ESMA im Zusammenhang damit mehrere Schwierigkeiten: Aufgrund der Existenz nicht standardisierter Finanzinstrumente sowie der schnellen Entwicklung der Finanzprodukte wurde es als schwierige Aufgabe angesehen, eine oder mehrere Formeln zur Abdeckung aller auf Aktien bezogenen Finanzinstrumente zu kreieren.[1397] Selbst wenn dies möglich wäre, müsste jene Formel fortlaufend aktualisiert werden.[1398] Außerdem würde eine solche aufgrund der unterschiedlichen Marktberechnungsmethoden in den Mitgliedstaaten und den daraus folgenden ungleichen Annahmen keine der Vollharmonisierung gerecht werdenden Auswirkungen zeitigen.[1399] Daher hat die ESMA sich gegen eine solche Formel entschieden[1400] und vielmehr einer zweiten Idee den Vorzug gewährt: Diese beinhaltet einen Prinzip-basierten Ansatz, der Anlegern gestattet, zur Berechnung der Stimmrechte bei Finanzinstrumenten mit ausschließlich vorgesehenem Barausgleich allgemein anerkannte, branchenübliche Preismodelle zu verwenden.[1401] Unterstützend war dabei, dass dies bei Anlegern auf große Zustimmung stieß, dieser Ansatz auch in der CRD IV und CRR angewandt wird und die Marktteilnehmer daher wegen eines Synergieeffekts kaum mit Mehraufwand belastet würden.[1402]

Auch wenn Art. 13 Abs. 1a UAbs. 1 eine Berechnungsmethode für sämtliche Finanzinstrumente enthält, für die ausschließlich ein Ausgleich in bar vorgesehen ist, hielt die ESMA diese nur dann für sinnvoll, wenn das fragliche Finanzinstrument keine lineare, symmetrische Auszahlung im Vergleich zum Kursverlauf der zugrunde liegenden Aktien hat – mithin der Delta-Faktor nicht gleich eins ist.[1403] Dies ist insofern naheliegend, als solche Finanzinstrumente dem Nominalbetrag der zugrunde liegenden Aktien entsprechen und es deshalb keiner besonderen Berechnung bedarf.[1404]

Dem folgte auch die Kommission, die insoweit – auf der Grundlage ihrer Ermächtigung aus Art. 13 Abs. 1a UAbs. 2, 3 in Bezug auf Art. 13 Abs. 1a UAbs. 1 – festlegte, dass bei Finanzinstrumenten, die ausschließlich einen Barausgleich

---

1397 ESMA/2014/300, S. 25 f. (Nr. 87–89).

1398 ESMA/2014/300, S. 25 f. (Nr. 89 S. 2).

1399 ESMA/2014/300, S. 26 (Nr. 89 S. 3).

1400 ESMA/2014/300, S. 26 (Nr. 90).

1401 Ausführlich dazu ESMA/2014/300, S. 26 ff. (Nr. 91 ff.). Zum Für und Wider einer Delta-adjustierten Mitteilungspflicht in diesem Zusammenhang *Renn/Weber/Gotschev* AG 2012, 440, 446 ff.

1402 ESMA/2014/300, S. 26 (Nr. 92 S. 3).

1403 ESMA/2014/300, S. 26 (Nr. 96 S. 2); ESMA/2014/1187 S. 21 Nr. 89 S. 3, 4.

1404 ESMA/2014/300, S. 26 (Nr. 96 S. 2), S. 27 Nr. 97 S. 1)

vorsehen, zu unterscheiden ist: Finanzinstrumente mit einem den zugrunde liegenden Aktien entsprechenden linearen symmetrischen Auszahlungsprofil, die ausschließlich einen Barausgleich vorsehen, werden auf einer Delta-angepassten Basis berechnet, wobei die Barposition gleich 1 ist.[1405] Bei Finanzinstrumenten, die ausschließlich einen Barausgleich vorsehen und deren zugrunde liegenden Aktien kein lineares symmetrisches Auszahlungsprofil aufweisen, wird die Anzahl der Stimmrechte auf einer Delta-angepassten Basis berechnet, wobei ein allgemein anerkanntes Standard-Bepreisungsmodell angewendet wird.[1406] Dabei handelt es sich um ein Modell, welches für das betreffende Finanzinstrument in der Finanzwirtschaft allgemein angewendet wird und ausreichend robust ist, um die für die Bewertung des Instruments relevanten Elemente – dies umfasst jedenfalls Zinssatz, Dividendenzahlungen, Laufzeit, Volatilität sowie Preis der zugrunde liegenden Aktie – zu berücksichtigen.[1407] Erwähnt sei, dass diese Aufzählung von Elementen aufgrund der Diversifizierung existierender Finanzinstrumente nicht abschließend ist, sondern diese Enumeration lediglich die gemeinsame Schnittmenge der bei allen anerkannten Bepreisungsmodellen in Ansatz gebrachten Merkmale bildet.[1408]

Der Inhaber eines Finanzinstruments hat außerdem sicherzustellen, dass das verwendete Modell zur Berechnung des Delta-Faktors die Komplexität und das Risiko jedes einzelnen Finanzinstruments erfasst und dass bei einem bestimmten Finanzinstrument konsequent dasselbe Modell angewendet wird.[1409] Ferner muss gewährleistet sein, dass die zur Berechnung verwendeten IT-Systeme Stimmrechte genau und zeitnah mitteilen.[1410]

Darüber hinaus ist vorgeschrieben, dass die Anzahl der Stimmrechte täglich unter Berücksichtigung des letzten Schlusskurses der zugrunde liegenden Aktie berechnet werden muss und der Inhaber des Finanzinstruments den Emittenten bei Erreichung, Über- oder Unterschreitung der in Art. 9 Abs. 1 genannten Schwellen unterrichtet.[1411] Dies offenbart, dass der Delta-Faktor im Zweifel

---

1405 Art. 5 Abs. 1 Delegierte VO 2015/761/EU.

1406 Art. 5 Abs. 2 Delegierte VO 2015/761/EU, so auch schon ESMA/2014/300, S. 27 (Nr. 98).

1407 Art. 5 Abs. 3 Delegierte VO 2015/761/EU; so auch ESMA/2014/300, S. 27 (Nr. 103). Mit einem derartigen System geht allerdings Rechtsunsicherheit einher, vgl. *Brandt* BKR 2010, 270, 274 f.

1408 ESMA/2014/300, S. 27 (Nr. 102).

1409 Art. 5 Abs. 4 lit. a und b Delegierte VO 2015/761/EU.

1410 Art. 5 Abs. 5 Delegierte VO 2015/761/EU; ESMA/2014/300, S. 27 (Nr. 107 f.); ESMA/2014/1187 S. 22 Nr. 93).

1411 Art. 5 Abs. 6 Delegierte VO 2015/761/EU; ESMA/2014/300, S. 27 (Nr. 101 S. 1).

täglich angepasst wird und demzufolge womöglich ebenso oft „Nachmitteilungen" notwendig sind.[1412] Ein Vorschlag in Hinblick auf das Konsultationspapier war deshalb, dass Delta-Berechnungen und Mitteilungen nicht täglich, sondern monatlich ergehen sollten.[1413] Dies stieß indes auf Ablehnung, da Positionsänderungen stets dann mitgeteilt werden sollen, wenn ein Schwellenwert überschritten wird – ohne die tägliche Delta-basierte Berechnung kann der Investor (und auch jeder andere Marktakteur) nicht wissen, ob relevante Schwellen berührt werden.[1414]

Zu beachten ist nach Art. 13 Abs. 1a UAbs. 1 S. 4 weiterhin, dass in die Berechnung der Stimmrechte nur Erwerbspositionen einfließen und diese nicht mit Veräußerungspositionen, die sich auf ein und denselben Emittenten beziehen, verrechnet werden, um jeden möglichen bevorstehenden Bezug von mit Stimmrechten verbundenen Aktien transparent zu machen. Um dieses Ziel zu erreichen, wäre womöglich eine Mitteilungspflicht zielführender, die stets auf die volle nominale Anzahl der dem Finanzinstrument zugrunde liegenden Aktien rekurriert – damit würden andere Marktteilnehmer gerade in Fällen von geplanten heimlichen Übernahmen deutlicher gewarnt und wüssten gleichwohl, dass die mitgeteilte Stimmrechtssituation nicht die Realität, sondern nur eine künftige hypothetische Stimmrechtssituation abbildet.[1415] Auch wenn daher der Ansatz des Gesetzgebers, durch die nunmehr normierte Art der Berechnung dafür zu sorgen, dass die Informationen über die gesamten dem Anleger zustehenden Stimmrechte so genau wie möglich sind[1416], für die meisten Fälle ausreichend informativ erscheint, so vermag diese eben nicht immer abzubilden, in welcher Größenordnung ein Bezug von mit Stimmrechten verbundenen Aktien tatsächlich stattfindet oder stattfinden könnte.

Dieses Berechnungssystem ist im Unionsrecht ein Novum, wenngleich eine Delta-Faktor basierte Berechnung beispielsweise im Rahmen der

---

1412 *Parmentier* AG 2014, 15, 21; gegen die Delta-Faktor abhängige Berechnung hatten sich bereits vor der ÄnderungsRL 2013 diverse Stimmen ausgesprochen, siehe *Brandt* BKR 2010, 270, 274 f.; *Christ*, Barausgleichsderivate, 2011, S. 226 ff.; *Fleischer/Schmolke* NZG 2010, 846, 854; *Schneider* AG 2011, 645, 651; *Seibt* ZGR 2010, 795, 832 f.; *Wackerbarth* ZIP 2010, 1527, 1529 f.

1413 ESMA/2014/1187 S. 22 (Nr. 95 S. 1).

1414 ESMA/2014/1187 S. 22 (Nr. 95 S. 2, 3).

1415 Im Ergebnis ebenfalls *Parmentier* AG 2014, 15, 21 f.; allerdings sprechen auch gute Gründe für die Delta-basierte Berechnung, vgl. ESMA/2014/1187 S. 21 f. (Nr. 89 ff.)

1416 Erwägungsgrund 10 S. 3 ÄnderungsRL 2013 sowie ESMA/2014/300, S. 27 (Nr. 101 S. 2).

EU-LeerverkaufsVO[1417] in Bezug auf das Ausfallrisiko des Inhabers eines Finanzinstruments vorgesehen ist, dabei jedoch gerade Nettopositionen zugrunde gelegt werden, eine Verrechnung von Erwerbs- und Veräußerungspositionen im Gegensatz zur TrRL 2013 also stattfindet.[1418]

Zusammengefasst ist die Art und Weise der Berechnung vor dem Hintergrund des Ziels der Beteiligungstransparenz zu begrüßen. Mit der „*long*"-Position des einen Vertragspartners geht bei Finanzinstrumenten eine entsprechende „*short*"-Position der Gegenseite einher, welche regelmäßig insbesondere bei Banken als Geschäftspartnern durch Beschaffung der zugrunde liegenden Aktien abgesichert wird und damit eine Mitteilungspflicht (je nach Situation gemäß Art. 9, 10 oder 13) auch seitens des Vertragspartners auslöst.[1419] Während eine solche *hedging*-Position in Aktien bei manchen Finanzinstrumenten während ihrer gesamten Laufzeit unverändert bleiben kann, erfordern andere eine oder gar fortlaufende Anpassung („dynamisches" *hedging*").[1420] Der Grund dafür liegt darin, dass nicht alle Finanzinstrumente gleichermaßen schnell und/oder intensiv auf Kursveränderungen des Basiswerts (der zugrunde liegenden Aktien) reagieren - ihre Sensitivität (der Delta-Faktor) hängt vielmehr von diversen Einflussfaktoren ab.[1421]

Der Inhaber einer „*short*"-Position hat stets die Möglichkeit zu berechnen, wie viele Aktien er zur vollständigen Absicherung seines Risikos durch *hedging* benötigt, indem er die nominal von dem Finanzinstrument in Bezug genommene Aktienzahl mit dem Delta-Faktor des Finanzinstruments multipliziert.[1422] Das Produkt, auch Delta-Äquivalent genannt, dient einerseits als Maß für die Größe der zu erwartenden *hedging*-Position und spiegelt damit andererseits zugleich die Relevanz des Finanzinstruments hinsichtlich der Beteiligungstransparenz wider[1423]: Ein höheres Delta-Äquivalent hat damit regelmäßig eine größere *hedging*-Position zufolge, welche für die Beteiligungstransparenz von

---

1417 Art. 3 Abs. 4 EU-LeerverkaufsVO.

1418 *Parmentier* AG 2014, 15, 21; *Renn/Weber/Gotschev* AG 2012, 440, 440 ff.

1419 Zum gewöhnlichen wirtschaftlichen Ablauf siehe bereits ab S. 321. Zum *hedging* sowie weiteren wirtschaftlichen Beweggründen zur Vornahme solcher Geschäfte entsprechend ab S. 143.

1420 *Renn/Weber/Gotschev* AG 2012, 440, 451.

1421 Siehe bereits oben (Zinssatz, Dividendenzahlungen, Laufzeit, Volatilität sowie Preis der zugrunde liegenden Aktie); *Renn/Weber/Gotschev* AG 2012, 440, 451.

1422 *Renn/Weber/Gotschev* AG 2012, 440, 451.

1423 *Renn/Weber/Gotschev* AG 2012, 440, 451.

höherem Interesse ist, weil die damit vorgehaltenen Aktien potenziell auch dem Finanzinstrumentinhaber zufallen.[1424]

2. Aggregation

Art. 13a befasst sich mit der Zusammenrechnung der mitteilungspflichtigen Stimmrechte aus den Art. 9, 10 und 13.[1425] Nach Art. 13a Abs. 1 UAbs. 1 und Art. 13 Abs. 1 UAbs. 2 lit. b (am Ende) sind grundsätzlich zwei verschiedene „Mitteilungssäulen" zu beachten[1426]: Einerseits zählen dazu die eigenen und zugerechneten Stimmrechte nach Art. 9 und 10, andererseits die Finanzinstrumente gemäß Art. 13 Abs. 1 UAbs. 1 lit. a und jene gem. Art. 13 Abs. 1 UAbs. 1 lit. b, welche in einer einzigen Meldesäule zusammengefasst sind.[1427]

Bisher wurden eigene oder zugerechnete Stimmrechte aus Aktien nicht mit Stimmrechten aus mitteilungspflichtigen Finanzinstrumenten zusammengerechnet, wodurch sich Investoren die Möglichkeit eröffnete, im Verborgenen einen maßgeblichen Einfluss auf Emittenten aufzubauen.[1428] Allerdings findet nunmehr eine Aggregation der Stimmrechte im Sinne der Art. 9, 10 und 13 statt[1429], da Art. 13a diese Lücke schließt: Eine Mitteilungspflicht (gegebenenfalls zur Aktualisierung einer Bestandsmitteilung) entsteht nach Art. 13a Abs. 1

1424 Bei Instrumenten mit ausschließlich vereinbartem Barausgleich ist zunächst kein physischer Ausgleich zu erwarten, in der Praxis ist dieser jedoch nicht selten, vgl. dazu ab S. 234 und S. 314.

1425 Damit folgt der Unionsgesetzgeber inhaltlich der Lösung des deutschen Rechts: Hielte also eine natürliche oder juristische Person 2 Prozent mit Stimmrechten verbundener Aktien und wäre gleichzeitig Inhaber von Finanzinstrumenten, die ihr die Möglichkeit zum Erwerb weiterer 4 Prozent entsprechender Aktien einräumten, wäre sie verpflichtet, das Überschreitender Schwelle von 5 Prozent mitzuteilen, vgl. *Veil* WM 2012, 53, 59.
Zu beachten sind allerdings Ausnahmen von der Aggregation in bestimmten Konstellationen, dazu ab S. 368.

1426 *Bayer/J. Schmidt* BB 2014, 1219, 1226; zur unterschiedlichen Funktion der einzelnen Meldesäulen *Schneider* in Assmann/Schneider, WpHG, 6. Auflage 2012, § 21 Rn. 76.

1427 *Parmentier* AG 2014, 15, 21 f. Schon die Europäische Zentralbank befand die drei Kategorien von Beständen der „Meldepflicht" für sinnvoll, vgl. EZB Stellungnahme S. 2.

1428 So schon zur ÄnderungsRL-E 2013 *Brinckmann* BB 2012, 1370, 1372.

1429 Vgl. zur horizontalen Aggregation auch ESMA 2015/1595, Stand Oktober 2015 („*Questions and answers - Transparency Directive (2004/109/EC)*"), S. 12 (Frage 20) mit einer tabellarischen Übersicht. Dazu auch *Veil* in Veil, European Capital Markets Law, 2. Auflage 2017, § 20 Rn. 96.

UAbs. 1, sobald eine Mitteilungsschwelle durch Erreichen, Über- oder Unterschreiten berührt wird (*share basket approach*[1430]), die sich nicht lediglich aus der Aggregation gehaltener Finanzinstrumente ergeben muss, sondern zu deren Berechnung auch die eigenen und zugerechneten Stimmrechte nach Art. 9 und 10 berücksichtigt werden.[1431] Danach verbleibt es bei der zusätzlichen Mitteilung des aggregierten Bestands aus aktuellen und über Finanzinstrumente vermittelten Stimmrechten.[1432]

Eine erneute Mitteilungspflicht ergibt sich nach Art. 13a Abs. 2 weiterhin dann, wenn der Inhaber eines Finanzinstruments die zugrunde liegenden Aktien tatsächlich erworben hat und dieser Erwerb dazu führt, dass die Gesamtzahl der Stimmrechte aus Aktien ein und desselben Emittenten die Mitteilungsschwellen erreicht oder überschreitet – ganz unabhängig davon, ob das entsprechende Finanzinstrument vorab bereits seinerseits eine Mitteilungspflicht ausgelöst hat, eine Mitteilungsschwelle dabei also insofern zuvor erreicht, über- oder unterschritten wurde.[1433] Ziel der Kommission war dabei die angemessene Transparenz auch hinsichtlich der Zusammensetzung der Beteiligung.[1434] In diesem Zusammenhang ist eine etwaige parallel erforderliche Mitteilungspflicht nach Art. 9, 10 oder 13 Abs. 1 UAbs. 1 lit. a oder b allein nicht obsolet, wobei neben dem Erreichen und Überschreiten der Mitteilungsschwellen dabei stets auch das Unterschreiten mitteilungspflichtig ist.[1435] Eine Umschichtung innerhalb der Finanzinstrumente unterliegt selbst nur dann einer Mitteilungspflicht, wenn ihr Gesamtbestand bezüglich der Aktien eines Emittenten eine Schwelle berührt.[1436] Zu berücksichtigen ist davon abgesehen, dass für die Zwecke der Berechnung der in Art. 9 Abs. 5 und 6 genannten Schwelle von 5 Prozent Beteiligungen im Sinne der Art. 9, 10 und 13 zusammengerechnet werden.[1437] Zu beachten gilt ferner, dass die Eingangsschwelle in Bezug auf Finanzinstrumente bei 5 Prozent der Stimmrechte liegt, da die 3 Prozent-Schwelle nicht für

1430 *Moloney*, EU securities and financial markets regulation, 3. Auflage 2014, II.5.7.1.

1431 *Bayer/J. Schmidt* BB 2014, 1219, 1226; *Parmentier* AG 2014, 15, 22.

1432 *Parmentier* AG 2014, 15, 22. Dass dadurch mehr Transparenz gewonnen wird, wurde bereits hinsichtlich des Kommissionsentwurfs der ÄnderungsRL 2013 (ÄnderungsRL-E 2013) bezweifelt, siehe *DAV-Handelsrechtsausschuss* NZG 2012, 770.

1433 *Burgard/Heimann* FS Dauses, 2014, S. 47, 63; *Parmentier* AG 2014, 15, 22; *Seibt/Wollenschläger* ZIP 2014, 545, 551.

1434 Erwägungsgrund 9 ÄnderungsRL-E 2013.

1435 *Parmentier* AG 2014, 15, 22.

1436 *Parmentier* AG 2014, 15, 22; *Seibt/Wollenschläger* ZIP 2014, 545, 551.

1437 Vgl. Erwägungsgrund 2 und 3 sowie Art. 1–3 Delegierte VO 2015/761/EU.

Positionen aus Finanzinstrumenten bzw. aggregierten Positionen nach Art. 13a TrRL 2013 gilt.[1438]

3. Mitteilungsfrist

Die Mitteilung hat nach Art. 12 Abs. 2 UAbs. 1 „unverzüglich, spätestens jedoch nach vier Handelstagen“ zu ergehen. Nach Art. 12 Abs. 2 UAbs. 1 TrRL 2004 sollte die Mitteilung „so rasch wie möglich, spätestens aber nach vier Handelstagen“ ergehen, sodass für die Praxis keine Änderung zu erwarten steht.[1439] Bis auf eine Abänderung des Wortlauts in Art. 12 Abs. 2 UAbs. 1 wurde die Norm nicht angetastet.[1440] Gemäß Art. 3 Abs. 1a UAbs. 4 lit. ii ist es den Mitgliedstaaten gestattet, über die Vorgaben des Art. 12 für das Verfahren zur Mitteilung und Veröffentlichung bedeutender Beteiligungen weiterhin hinauszugehen.

4. Ausnahmen bei mitteilungspflichtigen Finanzinstrumenten

Art. 13 Abs. 4 UAbs. 1 bestimmt, dass die in Art. 9 Abs. 4 bis 6 sowie Art. 12 Abs. 3 bis 5 regulierten Ausnahmen entsprechend für die Mitteilungspflichten nach Art. 13 gelten. Art. 9 sieht – nach wie vor, nunmehr allerdings verpflichtend – Ausnahmen von der Mitteilungspflicht für Abrechnungs- und Abwicklungszwecke (*clearing and settlement*, Abs. 4), für *Market Maker*[1441] (Abs. 5) und für Aktien im Handelsbestand vor (Abs. 6).

Nach Art. 13 Abs. 4 UAbs. 2, 3 war auch hier die ESMA gehalten, bis zum 27. November 2014 Entwürfe technischer Regulierungsstandards zur Festlegung der Fälle zu erstellen, in denen diese Ausnahmen für Finanzinstrumente gelten, die von einer natürlichen oder juristischen Person gehalten werden, welche im Auftrag oder auf Ersuchen von Kunden andere als Eigenhandelsgeschäfte tätigen oder aus diesen Geschäften resultierende Positionen absichern.

1438 Vgl. ESMA 31-67-535 S. 30 (dort Fn. 14) bzw. S. 80 f.

1439 *Parmentier* AG 2014, 15, 18. Zu Auswirkungen auf das deutsche Recht ab S. 385.

1440 Erwägungsgrund 12 S. 3 ÄnderungsRL 2013 sieht beispielsweise die Möglichkeit vor, eine kürzere Meldefrist zu reglementieren.

1441 Darunter versteht man eine Person, die an den Finanzmärkten dauerhaft ihre Bereitschaft anzeigt, durch den An- und Verkauf von Finanzinstrumenten unter Einsatz des eigenen Kapitals zu von ihr festgestellten Kursen Handel für eigene Rechnung zu betreiben, vgl. Art. 2 Abs. 1 lit. n TrRL 2013. Diese haben regelmäßig kein Interesse daran, Stimmrechte auszuüben und sind daher unter Umständen privilegiert, *Veil* in Veil, Europäisches Kapitalmarktrecht, 2. Auflage 2014, § 20 Rn. 30; *Veil* in Veil, European Capital Markets Law, 2. Auflage 2017, § 20 Rn. 30.

Entsprechende Entwürfe veröffentlichte sie ebenfalls im Konsultationspapier am 20. März 2014[1442], bevor diese schließlich auch im Abschlussbericht zum Entwurf von RTS zu großen Beteiligungen publiziert wurden.[1443]

Darin wurde unter anderem die horizontale Aggregation, dies meint eine Zusammenrechnung verschiedener Kategorien von Beteiligungen nach Art. 9, 10 und 13, für sinnvoll erachtet, da eine solche dem primären Ziel der TrRL 2013 – der Transparenzsteigerung – am dienlichsten ist.[1444] Hinsichtlich der vertikalen Aggregation, dies meint eine solche von Beständen gehaltener Finanzinstrumente innerhalb einer Unternehmensgruppe in Bezug auf das Handelsbuch und Ausnahmen für Market Maker, wurde hinsichtlich der Berechnung der in Art. 9 Abs. 5 und 6 vorgesehenen Schwelle von 5 Prozent schließlich vorgeschlagen, die Zusammenrechnung nach dem Prinzip von Art. 10 lit. e vorzunehmen.[1445] Danach sollte die Mitteilungspflicht nach Art. 9 Abs. 1 und 2 auch für eine natürliche oder juristische Person gelten, sofern sie zum Erwerb, zur Veräußerung oder zur Ausübung von Stimmrechten berechtigt, die von einem von dieser natürlichen oder juristischen Person kontrollierten Unternehmen gehalten oder gemäß Art. 10 lit. a bis d ausgeübt werden können.[1446]

Ferner war die ESMA nach Art. 13 Abs. 4 UAbs. 2, 4 befugt, eine Ausnahme für *client serving transactions* zu entwickeln, dies meint solche Finanzinstrumente, die in Ausführung eines Kundenauftrags nur vorübergehend gehalten werden. Insoweit schlug die ESMA letztlich[1447] vor, die Ausnahme nach Art. 9 Abs. 6 auf Finanzinstrumente anzuwenden, die von einer natürlichen oder juristischen Person gehalten werden, welche im Auftrag oder auf Ersuchen von Kunden andere als Eigenhandelsgeschäfte tätigt oder aus diesen Geschäften resultierende Positionen absichert.[1448]

Weiterhin wurde die Kommission nach Art. 13 Abs. 4 UAbs. 4 befugt, technische Regulierungsstandards in Bezug auf Art. 13 Abs. 4 UAbs. 2 zu erlassen, welche sie am 17. Dezember 2014 im Rahmen einer Delegierten Verordnung

---

1442 ESMA/2014/300, S. 9 ff.

1443 ESMA/2014/1187 S. 8 ff.

1444 Ausführlich ESMA/2014/300, S. 9–12 bzw. ESMA/2014/1187 S. 9–11.

1445 Vgl. dazu auch Erwägungsgrund 20 TrRL 2013.

1446 ESMA/2014/1187 S. 13 (Nr. 47). Anders war dies noch im ursprünglichen Entwurf, der keinen Bezug zu Art. 10 lit. e herstellte, vgl. ESMA/2014/300, S. 14 (Nr. 42). Zu den Gründen ESMA/2014/1187 S. 11–13.

1447 So nahezu Option 1 nach ESMA/2014/300, S. 29–34; zur schließlich nicht gewählten Option 2 dort S. 34–37.

1448 ESMA/2014/1187 S. 24 Nr. 106).

festlegte.[1449] Die Kommission legte – der ESMA folgend – unter anderem fest, dass für die Zwecke der Berechnung der in Art. 9 Abs. 5 und 6 genannten Schwelle von 5 Prozent die Beteiligungen im Sinne der Art. 9, 10 und 13 zusammengerechnet werden.[1450] Auch hinsichtlich der Zusammenrechnung von Beteiligungen bei Konzernen schloss sich die Kommission der ESMA an und normierte, dass für die Zwecke der Berechnung der in Art. 9 Abs. 5 und 6 genannten Schwelle von 5 Prozent bei Konzernen die Beteiligungen nach dem Grundsatz des Art. 10 lit. e auf Konzernebene zusammengerechnet werden.[1451] Außerdem wurde im Rahmen jener Delegierten Verordnung die Ausnahme des Art. 9 Abs. 6 auch hinsichtlich solcher Finanzinstrumente für anwendbar erklärt, die von einer natürlichen oder juristischen Person gehalten werden, welche im Auftrag oder auf Ersuchen von Kunden andere als Eigenhandelsgeschäfte tätigt oder aus diesen Geschäften resultierende Positionen absichert, sodass die Kommission auch insoweit nach den Entwürfen der ESMA entschied.[1452]

Ausnahmen von der Mitteilungspflicht nach Art. 13 Abs. 4 UAbs. 1 gelten zur Vermeidung von Doppelmeldungen gemäß Art. 12 Abs. 3 bis 5 in Verbindung mit Art. 10 DurchführungsRL 2007 in bestimmten Konzernsituationen.[1453] Art. 13 Abs. 4 UAbs. 1 sieht in Verbindung mit Art. 12 Abs. 3 eine Ausnahme für Unternehmen vor, wenn die Mitteilung von seinem Mutterunternehmen oder — wenn diese selbst ein kontrolliertes Unternehmen ist — von dessen Mutterunternehmen übermittelt wird. Art. 12 Abs. 4 UAbs. 1 normiert, dass ein Mutterunternehmen einer Verwaltungsgesellschaft ihre Beteiligungen nicht mit den Beteiligungen zusammenrechnen muss, die von der Verwaltungsgesellschaft nach Maßgabe der OGAW I verwaltet werden, sofern die Verwaltungsgesellschaft ihre Stimmrechte unabhängig vom Mutterunternehmen ausübt. Nach Art. 13 Abs. 4 UAbs. 1, 12 Abs. 4 UAbs. 2 besteht allerdings dann eine Mitteilungspflicht, wenn das Mutterunternehmen oder ein anderes vom Mutterunternehmen kontrolliertes Unternehmen seinerseits Anteile an der von der betreffenden Verwaltungsgesellschaft verwalteten Beteiligung hält und die Verwaltungsgesellschaft die Stimmrechte, die mit diesen Beteiligungen verbunden sind, nicht nach freiem Ermessen, sondern nur aufgrund direkter oder indirekter

1449 Delegierte VO 2015/761/EU.

1450 Art. 2 Delegierte VO 2015/761/EU.

1451 Art. 3 Delegierte VO 2015/761/EU.

1452 Art. 6 Delegierte VO 2015/761/EU.

1453 *Lutter/Bayer/J. Schmidt*, EuropUR, 6. Auflage 2017, 36.25.

Weisungen ausüben kann, die ihr vom Mutterunternehmen oder einem anderen kontrollierten Unternehmen des Mutterunternehmens erteilt werden.

Art. 13 Abs. 4 UAbs. 1 regelt in Verbindung mit Art. 12 Abs. 5 UAbs. 1, dass ein Mutterunternehmen einer nach der MiFID II[1454] zugelassenen Wertpapierfirma ihre Beteiligungen nicht gemäß Art. 9 und Art. 10 mit den Beteiligungen zusammenrechnen muss, welche die betreffende Wertpapierfirma auf dort bestimmte Weise und unter dort bestimmten Umständen verwaltet. Art. 12 Abs. 5 UAbs. 2 sieht jedoch vor, dass die Art. 9 und 10 dann Anwendung finden, wenn das Mutterunternehmen (oder ein anderes kontrolliertes Unternehmen des Mutterunternehmens) seinerseits Anteile an der von dieser Wertpapierfirma verwalteten Beteiligung hält und die Wertpapierfirma die Stimmrechte, welche mit diesen Beteiligungen verbunden sind, nicht nach freiem Ermessen, sondern nur aufgrund direkter oder indirekter Weisungen ausüben kann, die ihr vom Mutterunternehmen oder einem anderen kontrollierten Unternehmen des Mutterunternehmens erteilt werden.

5. Sanktionen

Schließlich sei noch erwähnt, dass es für die Inhaber von Finanzinstrumenten von nicht zu unterschätzender Bedeutung ist, ob diese mit Mitteilungspflichten belegt sind, sodass die Art und Weise der Berechnung der Stimmrechte gleichermaßen von Interesse ist. Dies ergibt sich insbesondere aus dem erheblich erweiterten und präzisierten (sowie mindestharmonisierten) Sanktionsregime[1455]: Bereits die BeteiligungstransparenzRL sah in ihrem Art. 15 – ohne weitere Konkretisierung – „angemessene" Sanktionen für den Fall eines Verstoßes vor. Nach der TrRL 2004 wurden gemäß Art. 28 Abs. 1 S. 2 nur Sanktionen verlangt, die „wirksam, verhältnismäßig und abschreckend" sind.[1456] Die

1454 Vgl. Fn. 141.

1455 *Bayer/J. Schmidt* BB 2014, 1219, 1226; ausführlich zu den neuen Vorschriften *Canzler/Hammermier* AG 2014, 57, 71 ff. sowie *Natowska/Walla* AG 2014, 891, 891 ff. Im Übrigen *Burgard/Heimann* FS Dauses, 2014, S. 47, 64 ff. (noch in Bezug auf den ÄnderungsRL-E 2013); *Epe*, Kapitalmarktrechtliche Beteiligungstransparenz, 2017, S. 224 ff.; *Moloney*, EU securities and financial markets regulation, 3. Auflage 2014, II.5.9.2; *Seibt/Wollenschläger* ZIP 2014, 545, 551 ff.; *Veil* WM 2012, 53, 59 ff. Detailliert auch zum Stimmrechtsverlust (bezogen auf den ÄnderungsRL-E 2013) *Seibt* ZIP 2012, 797, 797 ff.; *Veil* ZHR 2013, 427, 443 ff.; *Veil* BB 2012, 1374 ff.; *von Buttlar* BB 2014, 451, 451 ff. Zum Stimmrechtsverlust als geeignetes Instrument zur Eindämmung der Missachtung von Transparenzvorgaben auf nationalrechtlicher Ebene vgl. auch *Jocham*, Verdeckter Beteiligungsaufbau, 2014, S. 29 ff.

1456 Dazu auch Erwägungsgründe Nr. 16 und 17 ÄnderungsRL 2013.

TrRL 2013 widmet den Sanktionen für Verstöße gegen ihre Bestimmungen das durch die ÄnderungsRL 2013 neu eingefügte „Kapitel VIA Sanktionen und Maßnahmen" und erfordert nach Art. 28 Abs. 1 S. 1, dass die Mitgliedstaaten für Verstöße gegen die zur Umsetzung dieser Richtlinie erlassenen nationalen Vorschriften Verwaltungsmaßnahmen und verwaltungsrechtliche Sanktionen festlegen und die zu ihrer Anwendung erforderlichen Maßnahmen treffen. Gemäß Art. 28 Abs. 1 S. 2 müssen diese Verwaltungsmaßnahmen und verwaltungsrechtlichen Sanktionen wirksam, verhältnismäßig und abschreckend sein. Kapitel VIA basiert, anders als die Mitteilungspflichten bei Finanzinstrumenten nach Art. 13 – auf dem Prinzip der Mindestharmonisierung.[1457] Die Vorgaben der TrRL 2013 dürften in den meisten Mitgliedstaaten mehr oder weniger erhebliche Verschärfungen erfordern.[1458] So ist es im Interesse der Inhaber, den ihnen durch das nationale Recht auferlegten Mitteilungspflichten nachzukommen.

6. Sonstiges

Nach Art. 13 Abs. 3 UAbs. 1 ist der ESMA die Möglichkeit eröffnet, technische Durchführungsstandards zu entwickeln, um Standardformulare, Dokumentvorlagen und Verfahren festzulegen, die bei der Mitteilung der vorgeschriebenen Informationen an den Emittenten gemäß Art. 13 Abs. 1 zu verwenden sind.[1459] Gemäß Art. 13 Abs. 3 UAbs. 2 ist der Kommission die Befugnis übertragen, die in Art. 13 Abs. 3 UAbs. 1 genannten technischen Durchführungsstandards zu erlassen.[1460] Bisher haben weder die ESMA noch die Kommission entsprechende Arbeitsergebnisse veröffentlicht.[1461]

1457 Dies ergibt sich aus Art. 28b Abs. 3 TrRL 2013, der den Mitgliedstaaten erlaubt, zusätzliche Sanktionen und Maßnahmen sowie höhere Beträge bei von der Verwaltung zu verhängenden finanziellen Sanktionen als in der TrRL 2013 normierte vorzusehen.

1458 *Natowska/Walla* AG 2014, 891, 895. In Deutschland hat die BaFin nach Umsetzung des TUG 2015 (dazu in Bezug auf Finanzinstrumente ab S. 375) Leitlinien zur Festsetzung von Geldbußen im Bereich des WpHG veröffentlicht („WpHG-Bußgeldleitlinien II"), welche die bisherigen WpHG-Bußgeldleitlinien von 2013 ergänzen, siehe <https://www.bafin.de/SharedDocs/Downloads/DE/Leitfaden/WA/dl_bussgeldleitlinien_2016.html>.

1459 Diese Möglichkeit existierte bereits vor der ÄnderungsRL 2013, da Art. 13 durch Art. 7 Nr. 5 Omnibus I-RL entsprechend modifiziert wurde.

1460 Diese müssen gemäß Art. 15 der ESMA-VO erlassen werden.

1461 Die Delegierte VO 2016/1437/EU basiert auf Art. 21a, 22 TrRL 2013 und enthält keine Regelungen im Sinne des Art. 13 Abs. 3.

7. Zwischenergebnis

Hinsichtlich der Berechnung von Stimmrechten gemäß Art. 13 Abs. 1 a ist dabei die Eigenart des jeweiligen Finanzinstruments zu berücksichtigen. Der Grund dafür ist, dass die Stimmmacht eines Anlegers bei dem Erwerb einer gewissen Anzahl von mit Stimmrechten verbundenen Aktien meist unschwer zu bestimmen ist. Weniger leicht gelingt diese Bestimmung bei Finanzinstrumenten, sodass standardisierte Methoden angewendet werden, um die Anzahl der gehaltenen Stimmrechte zu ermitteln.

Nach der Delegierten Verordnung (Delegierte VO 2015/761/EU) sind Stimmrechte bei einem Finanzinstrument, das sich auf einen Aktienkorb oder einen Index bezieht, auf der Grundlage des Gewichts der Aktie in dem Aktienkorb oder Index zu berechnen, wenn entweder die Stimmrechte an einem bestimmten Emittenten, die über Finanzinstrumente gehalten werden, die sich auf den Korb oder Index beziehen, mindestens einem Prozent der mit Aktien dieses Emittenten verbundenen Stimmrechte entsprechen oder aber die Aktien in dem Korb oder Index mindestens 20 Prozent des Werts der Wertpapiere in dem Korb oder Index entsprechen. Wenn sich ein Finanzinstrument auf eine Reihe von Aktienkörben oder Indizes bezieht, werden die Stimmrechte, die über die einzelnen Aktienkörbe oder Indizes gehalten werden, für die Zwecke der genannten Schwellen nicht zusammengerechnet.

Finanzinstrumente mit einem dem Wert der zugrunde liegenden Aktien entsprechenden linearen symmetrischen Auszahlungsprofil, die ausschließlich einen Barausgleich vorsehen, werden hingegen auf einer Delta-angepassten Basis berechnet, wobei die Barposition gleich 1 ist. Bei Finanzinstrumenten, die ausschließlich einen Barausgleich vorsehen und deren zugrunde liegenden Aktien kein lineares symmetrisches Auszahlungsprofil aufweisen, wird die Anzahl der Stimmrechte auf einer Delta-angepassten Basis berechnet, wobei ein allgemein anerkanntes Standard-Bepreisungsmodell angewendet wird.

Damit ist ein Modell gemeint, welches für das betreffende Finanzinstrument in der Finanzwirtschaft allgemein angewendet wird und ausreichend robust ist, um die für die Bewertung des Instruments relevanten Elemente – dies umfasst jedenfalls Zinssatz, Dividendenzahlungen, Laufzeit, Volatilität sowie Preis der zugrunde liegenden Aktie – zu berücksichtigen. Zu beachten ist nach Art. 13 Abs. 1a UAbs. 1 S. 4 weiterhin, dass in die Berechnung der Stimmrechte nur Erwerbspositionen einfließen und diese nicht mit Veräußerungspositionen, die sich auf ein und denselben Emittenten beziehen, verrechnet werden.

Ob und inwiefern eine Aggregation mit Mitteilungspflichten nach Art. 9 und 10 stattfindet, ist Inhalt des Art. 13a. Bis zur ÄnderungsRL 2013 war eine

Zusammenrechnung eigener oder zugerechneter Stimmrechte aus Aktien mit Stimmrechten aus mitteilungspflichtigen Finanzinstrumenten nicht gefordert. Dieser Umstand ebnete den Weg für Anleger, unerkannt hohen Einfluss auf Emittenten aufzubauen und auszuüben. Art. 13a ändert diese Situation und sieht eine Aggregation der Mitteilungspflichten im Sinne der Art. 9, 10 und 13 vor.

Art. 12 regelt die Frist, innerhalb derer Stimmrechtsmitteilungen zu machen sind. Da der Wortlaut nur marginal überarbeitet wurde, stehen keine praktischen Änderungen zu erwarten.

Art. 13 Abs. 4 regelt Ausnahmen von Mitteilungspflichten bei Finanzinstrumenten. Kapitel VIA der TrRL 2013 beinhaltet „Sanktionen und Maßnahmen", wonach durch die Mitgliedstaaten Verwaltungsmaßnahmen und verwaltungsrechtliche Sanktionen festzulegen und die zu ihrer Anwendung erforderlichen Maßnahmen zu treffen sind.

Kapitel 3 Mitteilungspflichten bei Finanzinstrumenten nach dem WpHG

I. Einführung

Nicht verkennend, dass Mitteilungspflichten bei Finanzinstrumenten nach der novellierten Transparenzrichtlinie und nicht nach dem nationalen Recht eines Mitgliedstaats im Zentrum der Betrachtung stehen, sollen die Regelungen zur Beteiligungstransparenz bei Finanzinstrumenten im deutschen Recht nach dem WpHG sowie die mit dem TUG 2015 erfolgten Änderungen mit Bezug zu Finanzinstrumenten in gebotener Kürze dargestellt werden, um die Auswirkungen der ÄnderungsRL 2013 auf die Kernvorschriften der Mitteilungspflichten bei Finanzinstrumenten nach deutschem Recht zu veranschaulichen.

Die dargelegten unionsrechtlichen Vorgaben zur Beteiligungstransparenz bei Finanzinstrumenten haben ihre Auswirkungen auf das Recht der Mitgliedstaaten bereits gezeitigt, da der Gesetzgeber hierzulande im Laufe der Umsetzungsfrist der am 27. November 2013 in Kraft getretenen ÄnderungsRL 2013 tätig wurde, die am 5. November 2015 endete.[1462] Da mit der TrRL 2013 das Konzept der Mindestharmonisierung zugunsten der (weitgehenden) Vollharmonisierung im Bereich der Beteiligungstransparenz aufgegeben wurde[1463], ist nunmehr auch das korrespondierende deutsche Recht mehr denn je unionsrechtlich determiniert - mit dem Ende der Umsetzungsfrist wurde die TrRL 2013 in das nationale Recht durch das TUG 2015 umgesetzt.[1464]

Nicht nur im Rahmen des TUG 2015 ist zu berücksichtigen, dass die Pflicht zur richtlinienkonformen Auslegung (im weiteren Sinne) unabhängig davon besteht, ob eine umgesetzte Richtlinie den Mitgliedstaaten nur bestimmte Mindeststandards vorgibt oder dem Konzept der Vollharmonisierung folgt.[1465]

1462 Die Umsetzungsfrist ist in Art. 4 Abs. 1 UAbs. 1 der ÄnderungsRL 2013 auf 24 Monate festgelegt.

1463 Siehe zum neuen unionsrechtlichen System ab S. 207.

1464 *Brellochs* AG 2016, 157, 157; noch zum Regierungsentwurf des TUG 2015 ebenso *Schilha* DB 2015, 1821, 1821. Zur (damals noch angedachten) Umsetzung in Österreich *Winner* GesRZ 2014, 141, 141 ff.

1465 *Fuchs* in Fuchs, WpHG, 2. Auflage 2016, Vor §§ 21-30 Rn. 24; *Schneider* in Assmann/Schneider, WpHG, 6. Auflage 2012, Vor § 21 Rn. 39; *Segna* ZGR 2015, 84, 110.

Anders als bei der Mindestharmonisierung ist dem nationalen Gesetzgeber indes bei einer vollharmonisierten Richtlinie (wie zumindest partiell der TrRL 2013) die Möglichkeit abgeschnitten, durch Erlass strengerer Regelungen „nach oben" abzuweichen und damit jedenfalls richtlinienkonformes Recht zu schaffen.[1466] Soweit die entsprechenden Normen des nationalen Rechts über das Maß der neuen TrRL 2013 hinausgehen, ist der nationale Gesetzgeber gezwungen, diese etwaigen vollharmonisiert ausgestalteten Vorgaben des Unionsrechts anzupassen.[1467] Da die TrRL 2013 im Bereich der Beteiligungstransparenz bei Finanzinstrumenten hinsichtlich der Reichweite ihres vollharmonisierenden Konzepts, ihres sachlichen Anwendungsbereichs und des Inhalts der einzelnen Vorschriften zahlreiche Auslegungsprobleme aufwirft[1468], ist der nationale Gesetzgeber vor beachtliche Herausforderungen gestellt.[1469]

Die vielfältigen Detailregelungen des TUG 2015, welche vor allem Änderungen des WpHG sowie hierauf gestützter Verordnungen vorsehen und auch unter anderem Folgeänderungen des WpPG, KAGB, WpÜG und HGB erforderlich machen, sollen hier nur ausschnittsweise beleuchtet werden, geht es doch vorrangig um Beteiligungstransparenz bei Finanzinstrumenten. Damit stehen die §§ 33 ff. WpHG im Fokus – die Zurechnungsregeln[1470] des § 34[1471] (neu sind

---

1466 Diesen Weg wählte jedenfalls der deutsche Gesetzgeber, dazu noch ab S. 385. Zur Abgrenzung zwischen Mindest- und Vollharmonisierung im Kapitalmarktrecht *Walla* in Veil, Europäisches Kapitalmarktrecht, 2. Auflage 2014, § 4 Rn. 29; *Walla* in Veil, European Capital Markets Law, 2. Auflage 2017, § 4 Rn. 34; allgemein zur Abgrenzung im Privatrecht *Möllers* in Gsell/Herresthal, Vollharmonisierung im Privatrecht, 2009, S. 247, 249 f.; *Roth* in Gsell/Herresthal, Vollharmonisierung im Privatrecht, 2009, S. 13, 18 f.; *Segna* ZGR 2015, 84, 111.

1467 *Roth* GWR 2016, 67, 70; *Segna* ZGR 2015, 84, 111.

1468 Zu Finanzinstrumenten im Rahmen der TrRL 2013 ab S. 207.

1469 Probleme hinsichtlich der Auslegungsfragen können (abgesehen von der Hilfe durch weitere Rechtsquellen, dazu ab S. 385), wenn überhaupt, erst im Nachhinein durch den EuGH mit verbindlicher Wirkung geklärt werden. Der nationale Gesetzgeber steht damit vor der schwierigen Aufgabe, die zukünftige Auslegung der Richtlinie durch den EuGH so genau wie möglich zu antizipieren, was die Gefahr von Fehleinschätzungen mit sich bringt, vgl. *Segna* ZGR 2015, 84, 111. Diese Gefahr besteht zwar auch bei der Mindestharmonisierung, ist im Fall der Vollharmonisierung aber tendenziell größer, vgl. *Riehm*, Grenzen der Vollharmonisierung, Jb. J. ZWiss. 2010, 159, 168.

1470 Vgl. dazu den Emittentenleitfaden BaFin, Entwurf 7/2018, S. 18 f. (I.2.5).

1471 Zu den neuen Zurechnungsregeln und der Diskrepanz zum WpÜG, insbesondere zum *acting in concert* und Einlieferungen von Aktien auf ein Erwerbs- und Übernahmeangebot *Kraak* AG 2017, 677, 677 ff.

hier Abs. 1 Satz 1 Nr. 7 und 8), die Nichtberücksichtigung von Stimmrechten nach § 36, die Neuregelung bezüglich der Erfüllung der Mitteilungspflichten im Konzernverbund nach § 37, die Neugestaltung des § 41 und das erheblich verschärfte Sanktionsregime der §§ 44, 120 Abs. 17, 124 bleiben dabei außer Betracht, um die Untersuchung der Auswirkungen hier im überschaubaren Rahmen zu halten.[1472] Bevor allerdings die neuen Vorschriften der §§ 33, 38 und 39 vor dem Hintergrund der Mitteilungspflichten bei Finanzinstrumenten erörtert werden, wird einleitend die Entstehung und Genese der Beteiligungstransparenz bei Finanzinstrumenten im WpHG, insbesondere seit dem TUG 2007 zusammengefasst, um die Vorreiterstellung (unter anderem) des deutschen Rechts im Verhältnis zum Unionsrecht auf dem Gebiet der Beteiligungstransparenz bei Finanzinstrumenten zu veranschaulichen.

II. Finanzinstrumente im WpHG vor dem TUG 2015

Die (aktienrechtliche) Beteiligungstransparenz hielt - als Bestandteil des Aktienkonzernrechts - bereits bei der Aktiengesetznovelle im Jahr 1965 Einzug in das nationale Recht.[1473] Kritisiert wurde damals, dass eine Mitteilungspflicht mit der Anonymität der Aktie nicht zu vereinbaren sei: Sie wiege den Aktionär in einer falschen Sicherheit und erschwere eine Sanierung notleidender Gesellschaften.[1474] Entgegnet wurde schon damals, dass jedenfalls ein Großaktionär seine Position offenlegen müsse[1475], denn die gesellschaftsrechtliche Regelung sollte ebenso der Information von Aktionären, Gläubigern und der Öffentlichkeit über geplante und bestehende Konzernverbindungen dienen, wie sie dem Unternehmen selbst bei der Erkennung der tatsächlichen Aktionärsstruktur hilfreich sein sollte.[1476]

1472 Dazu *Bosse* BB 2015, 746, 748 ff.; *Brellochs* AG 2016, 157, 157 ff.; *Burgard/Heimann* WM 2015, 1445, 1445 ff.; *Roth* GWR 2015, 485, 485 ff.; *Schilha* DB 2015, 1821; *Söhner* ZIP 2015, 2451, 2451 ff. Zu Änderungen im Zusammenhang mit Investmentvermögen *Dreibus/Schäfer* NZG 2009, 1289, 1289 ff. und anschließend daran *Dietrich* ZIP 2016, 1612, 1612 ff.

1473 §§ 20-22 AktG a. F. Die aktienrechtliche Offenlegungspflicht bedeutender Beteiligungen gegenüber der Gesellschaft, §§ 20 f. AktG, gilt heute gemäß §§ 20 Abs. 8, 21 Abs. 5 AktG nur noch für den kapitalmarktrechtlichen Transparenzvorschriften nicht unterfallende Aktiengesellschaften.

1474 Ausschussbericht, abgedruckt in *Kropff*, AktG, 1965, S. 40.

1475 Ausschussbericht, abgedruckt in *Kropff*, AktG, 1965, S. 41.

1476 Begr. RegE. AktG, BT-Drucks. IV/171, S. 103 f.

An einer Normierung der kapitalmarktrechtlichen Transparenz fehlte es nach wie vor, bis es in den späten achtziger Jahren den unionsrechtlichen Anstoß gab.[1477] Der deutsche Gesetzgeber wandte sich dem Thema der kapitalmarktrechtlichen Transparenz mit dem WpHG a. F. zu, welches in Umsetzung der BeteiligungstransparenzRL im Jahr 1995 durch das 2. FFG in Teilen neu gefasst wurde.[1478]

Die mit den §§ 21 ff. WpHG a. F. neu geschaffenen Mitteilungspflichten sollten durch Offenlegung von Beteiligungen dazu dienen, „den Anlegern ein genaueres Bild von den Beteiligungsverhältnissen an börsennotierten Aktiengesellschaften zu vermitteln und ihnen dadurch die Entscheidungsfindung zu erleichtern."[1479] Dass der Markt über die Kontrollstrukturen börsennotierter Gesellschaften informiert werden soll, weil das (potenzielle) Interesse eines Anteilserwerbs oder -verkaufs von Investoren durch die so beeinflusste Kursentwicklung sowie die Zu- bzw. Abnahme wesentlicher Beteiligungen tangiert wird, war damals erklärtes Ziel des Gesetzgebers.[1480] Diese Erwägungen belegen, dass Mitteilungs- und Veröffentlichungspflichten auch im deutschen Rechtsrahmen in erster Linie den Zweck hatten, Anleger über den Aufbau von größeren Anteilen (*stakes*) und drohende Unternehmensübernahmen zu informieren.[1481] Außerdem konnte mittels der dadurch gesteigerten Publizität die Kontrollfähigkeit der Emittenten hinsichtlich der ihrerseits ausgegebenen Aktien gesteigert und die Markttransparenz von Kapitalbewegungen erhöht werden.[1482]

1477 Zur Genese des Unionsrecht insoweit ab S. 173.

1478 Grund für die verspätete Umsetzung war, dass nicht nur die BeteiligungstransparenzRL, sondern auch die Insider-RL sowie in Teilen auch die ISD durch das WpHG umgesetzt werden sollten, so noch *Dehlinger/Zimmermann* in Fuchs, WpHG, 2009, § vor §§ 21 bis 30 Rn. 2. Zur Historie der §§ 21 ff. WpHG a. F. ab 1995 auch MüKoAktG/*Bayer*, 4. Auflage 2016, WpHG Überblick über die §§ 21 ff. WpHG Rn. 1 bis 17. Zur Historie der Gesetzgebung in Bezug auf die Beteiligungstransparenz in Deutschland vgl. auch Emittentenleitfaden BaFin, Entwurf 7/2018, S. 6 ff (I.1.2).

1479 Begr. RegE. 2. Finanzmarktförderungsgesetz, BT-Drucks. 12/6679, S. 52.

1480 Siehe Begr. RegE. 2. FFG, BT-Drucks. 12/6679, S. 52; statt vieler zum Beispiel *Witt* NZG 2000, 809, 810.

1481 *Veil* in Veil, Europäisches Kapitalmarktrecht, 2. Auflage 2014, § 20 Rn. 3; *Veil* in Veil, European Capital Markets Law, 2. Auflage 2017, § 20 Rn. 2.

1482 Begr. RegE. TUG 2007, BT-Drucks. 16/2498, S. 34.

Nach zwischenzeitlichen Anpassungen der §§ 21 ff. WpHG a. F. durch das das 3. FFG[1483], WpÜG[1484], FinDAG und 4. FFG wurde die TrRL 2004 im Jahr 2007 durch das TUG 2007 in nationales Recht umgesetzt.[1485] Der deutsche Gesetzgeber war damals der Ansicht, dass die Mindestvorgaben des Unionsrechts längst nicht mehr ausreichten, um die verfolgten Ziele zu verwirklichen.[1486] So erfolgte im Rahmen der Umsetzung des Art. 9 Abs. 1 TrRL 2004 durch das TUG 2007 die Einführung der zusätzlichen Schwellen von 3, 15, 20 und 30 Prozent in § 21 WpHG a. F. Die Eingangsschwelle von 3 Prozent war zwar im europäischen Rechtsakt nicht vorgesehen, doch Art. 3 Abs. 1 der Transparenzrichtlinie 2004 gestattete strengere nationalrechtliche Regelungen - eine Mitteilungspflicht bei 3 Prozent der Stimmrechte wurde infolge der TrRL 2004 auch in Spanien[1487] und im Vereinigten Königreich[1488] eingeführt.[1489] Darüber hinaus gab es ab 5 Prozent zwar Mitteilungsschwellen in 5 Prozent-Schritten, jedoch klaffte nach wie vor eine große Lücke zwischen 30 Prozent und 50 Prozent der Stimmrechte.[1490]

1483 Im Rahmen dieses Gesetzes beachtete der deutsche Gesetzgeber auch die neue Terminologie: In § 21 Abs. 2 wurde „Europäische Gemeinschaften“ durch „Europäische Union“ ersetzt, die so seit dem 7.2.1992 nach Unterzeichnung des Vertrags von Maastricht als übergeordneter Verbund für die Europäischen Gemeinschaften, die gemeinsame Außen- und Sicherheitspolitik sowie die Zusammenarbeit in den Bereichen Justiz und Inneres benannt war. Zur Trennung der Vorschriften siehe auch *Zimmermann* in Fuchs, WpHG, 2. Auflage 2016, Vor §§ 21 bis 30 Rn. 9 ff.

1484 Vgl. zu den erfolgten Änderungen insbesondere BT-Drucks. 14/7034, S. 70.

1485 Die TrRL 2004 war gemäß ihres Art. 31 Abs. 1 bis zum 20. Januar 2007 in nationales Recht umzusetzen. Nach Art. 32 Nr. 5 TrRL 2004 traten ab diesem Zeitpunkt die bis dahin geltenden unionsrechtlichen Beteiligungstransparenzvorschriften außer Kraft.

1486 Zu den Zielen der TrRL 2004 bereits ab S. 180.

1487 Art. 23 Abs. 1 RD 1362/2007.

1488 DTR 5.1.2. FCA Handbook (dazu Fn. 788).

1489 Begr. RegE. TUG 2007, BT-Drucks. 16/2498, S. 34. *Seibt/Wollenschläger* AG 2012, 305 (311); *Krause* AG 2011, 469, 471 ff.; *Parmentier* AG 2014, 15, 17 f. In Italien liegt die Mitteilungsschwelle für bestimmte Gesellschaften bei 2 Prozent, in Österreich bei 4 Prozent, vgl. *Veil* in Veil, Europäisches Kapitalmarktrecht, 2. Auflage 2014, § 20 Rn. 24 f.; *Veil* in Veil, European Capital Markets Law, 2. Auflage 2017, § 20 Rn. 25.

1490 In der Begründung zum Regierungsentwurf des TUG 2007 wird klargestellt, dass von „der Möglichkeit nach Art. 9 Abs. 3 der Transparenzrichtlinie, statt 30 Prozent eine Schwelle von 1/3 und statt 75 Prozent eine Schwelle von 2/3 einzuziehen, (…) kein Gebrauch gemacht [wird], um die bisherige klare Schrittfolge von 5 Prozent oder ein Vielfaches davon beizubehalten und insbesondere den für die Einführung der Schwelle von 75 Prozent bereits in der Regierungsbegründung zum Zweiten

Der deutsche Gesetzgeber erachtete die niedrigere Eingangsschwelle sowie ein engmaschiges Netz an Mitteilungspflichten als notwendig, um die Beteiligungstransparenz weiter zu verbessern und ein heimliches „Anschleichen“ an Emittenten zumindest zu erschweren.[1491] Dazu geführt hatten „Erfahrungen in jüngster Vergangenheit“, die aufdeckten, dass Aktionäre ebenso mit geringen Beteiligungen (unter 5 Prozent) für den Markt relevanten Einfluss auf den jeweiligen Emittenten nehmen können.[1492]

Dienlich waren im Rahmen eines Beteiligungsaufbaus durch „Anschleichen“ vor allem Finanzinstrumente. Dies blieb, wie beschrieben[1493], vom Gesetzgeber nicht unentdeckt, sodass seit dem TUG 2007 eine Mitteilungspflicht für das Halten bestimmter Finanzinstrumente, die zum Aktienerwerb berechtigten, in § 25 WpHG a. F. normiert war.[1494] Die Vorschrift war in Umsetzung des Art. 13 TrRL 2004 erfolgt, nach welchem die Pflicht zur Mitteilung des Erwerbs oder der Veräußerung bedeutender Beteiligungen nach Art. 9 (unionsrechtliches Vorbild des § 21 WpHG a. F.) derselben Richtlinie auch für natürliche oder juristische Personen galt, die direkt oder indirekt Finanzinstrumente hielten, die ihrem Inhaber das Recht verliehen, von sich aus im Rahmen einer förmlichen Vereinbarung mit Stimmrechten verbundene und bereits ausgegebene Aktien eines Emittenten, dessen Aktien zum Handel an einem geregelten Markt zugelassen waren, zu erwerben.[1495]

§ 25 WpHG a. F. war damals mit „Mitteilungspflichten beim Halten von sonstigen Finanzinstrumenten“ überschrieben. Dessen Abs. 1 S. 1 statuierte eine Mitteilungspflicht für die Person, welche unmittelbar oder mittelbar Finanzinstrumente hielt, die ihrem Inhaber das Recht verliehen, einseitig im Rahmen einer rechtlich bindenden Vereinbarung mit Stimmrechten verbundene und bereits ausgegebene Aktien eines Emittenten, für den die Bundesrepublik Deutschland der Herkunftsstaat war, zu erwerben. Bei Erreichen, Überschreiten oder Unterschreiten der in § 21 Abs. 1 Satz 1 genannten Schwellen mit Ausnahme der Schwelle von 3 Prozent war dies unverzüglich dem Emittenten und gleichzeitig der BaFin mitzuteilen.

Finanzmarktförderungsgesetz (…) angeführten Gleichklang mit dem Aktienrecht (siehe zum Beispiel § 52 Abs. 1, § 103 Abs. 1, § 111 Abs. 4, § 129 Abs. 1 AktG) nicht aufzugeben“, siehe Begr. RegE. TUG 2007, BT-Drucks. 16/2498, S. 34.

1491 Begr. RegE. TUG 2007, BT-Drucks. 16/2498, S. 28, 34; *Nießen* NZG 2007, 41, 42; befürwortend beispielsweise auch *Schwark* in Schwark/Zimmer, Kapitalmarktrechts-Kommentar, 4. Auflage 2010, WpHG Abschnitt 5., Vorbemerkung, Rn. 2.

1492 Begr. RegE. TUG 2007, BT-Drucks. 16/2498, S. 28, 34.

1493 Zu Finanzinstrumenten im Rahmen der TrRL 2004 ab S. 174.

1494 Dazu auch *Bosse* DB 2007, 39, 41. Zuvor regelte § 25 WpHG (a. F.) die Veröffentlichungspflichten der börsennotierten Gesellschaft.

1495 Begr. RegE. TUG 2007, BT-Drucks. 16/2498, S. 36 f.

Diese Mitteilungspflicht sollte jene nach § 21 WpHG a. F. ergänzen, sodass Emittent, Anleger und potenzielle Investoren darüber informiert wurden, dass dem Inhaber der erfassten Finanzinstrumente künftig jedenfalls die Möglichkeit offenstand, Aktien und damit verbundene Stimmrechte zu erhalten.[1496] Der Zweck von § 25 WpHG a. F. bestand darin, durch die zu veröffentlichenden Informationen zu verhindern, dass der „listige Investor" sich mittels geschickter Vertragsgestaltung um die übrigen statuierten Mitteilungspflichten winden konnte und sich infolge dessen heimlich an den Emittenten „anschleichen" konnte, indem er sich (schuldrechtlich) Ansprüche verschaffte, deren Erfüllung - das bedeutete in der Regel die Übertragung der solchen Geschäften zugrunde liegenden Aktien inklusive der damit verbundenen Stimmrechte - er verzögern konnte.[1497] Die Eingangsmeldeschwelle bei Finanzinstrumenten lag im Rahmen des § 25 WpHG a. F. nicht bei 3 Prozent, sondern bei 5 Prozent. Die niedrigere Schwelle von 3 Prozent war nur bei bestehenden Beteiligungen nach § 21 WpHG a. F. und den Zurechnungstatbeständen nach § 22 WpHG a. F. erforderlich.[1498] So konnte die Belastung der Beteiligten durch Mitteilungspflichten auf das für die Transparenz „notwendige Maß" reduziert werden.[1499]

Ein Problem offenbarte sich jedoch in dem Moment, in welchem man zur Subsumtion des Begriffs des Finanzinstruments gelangte – denn die Norm selbst definierte nicht, was mit Finanzinstrumenten gemeint war, sondern formulierte lediglich einige Kriterien für den Begriff im Sinne der Norm. Hilfreich war an dieser Stelle ein Blick auf die Begriffsdefinitionen des WpHG a. F., welches in § 2 Abs. 2b WpHG a. F. mit einer Begriffsdefinition des Finanzinstruments aufwartete. Bereits an dieser Stelle sei jedoch erwähnt: § 2 Abs. 2b WpHG a. F. verlor durch das TUG 2015 im Rahmen der §§ 21 ff. WpHG a. F. immens an Bedeutung. Nach Umsetzung der TrRL 2013 ist die - nach wie vor existente - Definition des Finanzinstruments des § 2 Abs. 2b WpHG a. F. für Finanzinstrumente nach Art. 13 TrRL 2013, nun als „Instrumente" im Rahmen des WpHG a. F. betitelt, nicht mehr von großer Relevanz, da die Begriffe, durch die Entscheidung des Gesetzgebers intendiert, voneinander entkoppelt wurden.[1500] § 2 Abs. 2b WpHG a. F. soll daher hier nicht weiter beleuchtet werden.

1496 Begr. RegE. TUG 2007, BT-Drucks. 16/2498, S. 37; *Hutter/Kaulamo* NJW 2007, 471, 475.

1497 *Schneider* in Assmann/Schneider, WpHG, 5. Auflage 2009, § 25 Rn. 3.

1498 Obwohl damit insbesondere das „Anschleichen" verhindert werden sollte, vgl. *Fleischer/Schmolke* NZG 2009, 401, 403.

1499 Begr. RegE. TUG 2007, BT-Drucks. 16/2498, S. 37; *Schnabel/Korff* ZBB 2007, 179, 182.

1500 Dazu sogleich ab S. 385.

Nach den grundlegenden Änderungen der §§ 21 ff. WpHG a. F. durch das TUG 2007 waren die Mitteilungspflichten des WpHG a. F. durch das RisikobegrenzungsG überarbeitet worden. Durch dieses Gesetz wurde im Rahmen von § 21 WpHG a. F. eine Zusammenrechnung mit den Beteiligungen nach § 25 WpHG a. F. vorgesehen.[1501] Inhaltliche Änderung erfuhr der 5. Abschnitt des WpHG a. F. danach durch das AnsFuG. Die wertpapierhandelsrechtlichen Vorschriften zur Beteiligungstransparenz erfassten bis zum AnsFuG neben den Inhabern von mit Stimmrechten verbundenen Aktien lediglich solche Finanzinstrumente, die dazu berechtigten, mit Stimmrechten verbundene Aktien zu erwerben.[1502] Problematisch daran war, dass die Nutzung nicht mitteilungspflichtiger Finanzinstrumente (in konkreten Fällen) ein unbemerktes „Anschleichen" an Unternehmen, beispielsweise bei Übernahmetransaktionen ermöglichte, was zu einer Verringerung der Liquidität an den Börsen führte und Marktverwerfungen hervorrief.[1503] So wurde durch das AnsFuG im Jahre 2012 die Regelung des § 25a WpHG a. F. neu eingeführt.[1504] § 25a WpHG a. F. begründete Mitteilungspflichten beim Halten von weiteren Finanzinstrumenten und sonstigen Finanzinstrumenten und war insoweit Auffangnorm zu § 25 WpHG a. F.[1505] Die Neuregelung erweiterte die Mitteilungspflichten des WpHG a. F. so auf alle Finanzinstrumente und sonstigen Finanzinstrumente, die nicht bereits von § 25 WpHG a. F. erfasst waren und es ihrem Inhaber faktisch oder wirtschaftlich ermöglichten, mit Stimmrechten verbundene und bereits ausgegebene Aktien eines Emittenten zu erwerben.[1506] § 25a WpHG a. F. ging dabei nicht auf

---

1501 Siehe Art. 1 Nr. 3 lit. b RisikobegrenzungsG; *Brandt* BKR 2008, 441, 441 ff. Bis zur Änderung stand die Mitteilungspflicht für gehaltene und zugerechnete Stimmrechte aus Aktien selbständig neben der durch das TUG 2007 eingeführten Mitteilungspflicht für sonstige Finanzinstrumente, siehe Begr. RegE. RisikobegrenzungsG, BT-Drucks. 16/7438, S. 12.

1502 Begr. RegE. AnsFuG, BT-Drucks. 17/3628, S. 1.

1503 Begr. RegE. AnsFuG, BT-Drucks. 17/3628, S. 1. Der typische Fall des „ Anschleichens" war bislang auch aus anderen Gründen schwer zu fassen, weil es beispielsweise an der nötigen rechtlich bindenden Vereinbarung fehlte. Stattdessen folgte die Erwerbsmöglichkeit aus einer speziellen Transaktionsstruktur, die für den Inhaber der Aktien einen rein ökonomischen Anreiz schaffte, sie genau demjenigen zum Erwerb anzubieten, mit dem das Geschäft abgeschlossen wurde, vgl. *Epe/Teichmann* WM 2012, 1213, 1214.

1504 Zur Diskussion um § 25a WpHG a. F. *Epe/Teichmann* WM 2012, 1213, 1217 ff.; *Wackerbart* ZIP 2010, 1527, 1527 f.

1505 *Labudda* in Just/Voß/Ritz/Becker, WpHG, 2015, § 25a Rn. 9.

1506 Begr. RegE. AnsFuG, BT-Drucks. 17/3628, S. 19.

europäische Vorgaben zurück, da eine korrespondierende Mitteilungspflicht auf unionsrechtlicher Ebene erst seit der ÄnderungsRL 2013 existiert – der nationale Gesetzgeber hatte diese Vorschrift in Eigenregie in das WpHG a. F. eingeführt, um den beschriebenen Praktiken des Anschleichens Einhalt zu gebieten.[1507] So sollten sich die wertpapierrechtlichen Mitteilungspflichten auf bislang nicht erfasste Finanzinstrumente erstrecken, erneut mit dem Ziel, den Aufbau größerer Stimmrechtspositionen ohne entsprechende Information der BaFin, Marktöffentlichkeit oder Emittenten zu verhindern.[1508]

Sonstige Finanzinstrumente im Sinne des § 25a WpHG a. F. waren solche, die den Erwerb von mit Stimmrechten verbundenen Aktien ermöglichten, ohne unter den Finanzinstrumentebegriff des § 2 Absatz 2b WpHG a. F. zu fallen und damit bereits von § 25 WpHG a. F. erfasst zu sein.[1509] § 25a WpHG a. F. knüpfte, anders als § 25 WpHG a. F., nicht an das Halten eines (Finanz-)Instruments an, sondern ließ eine Mitteilungspflicht bereits dann entstehen, wenn nur die (naheliegende) Möglichkeit bestand, dass der Inhaber eines solchen (Finanz-)Instruments bzw. ein Dritter aufgrund der vertraglichen Ausgestaltung mit Stimmrechten verbundene und bereits ausgegebene Aktien zu beziehen vermochte und die Höhe dieses Anteils dabei die Schwellenwerte von 5, 10, 15, 20, 25, 30, 50 oder 75 Prozent überschritt, unterschritt oder erreichte.

Die Erweiterung des § 25 WpHG a. F. um eine Mitteilungspflicht für „sonstige Instrumente" durch das AnsFuG ist heute in Bezug auf Finanzinstrumente allerdings insofern ebenfalls von geringem Interesse, als damit alle Vereinbarungen gemeint waren, die ein Recht auf den Erwerb von mit Stimmrechten verbundenen Aktien gewährten, ohne unter den Finanzinstrumentebegriff des § 2 Absatz 2b WpHG zu fallen.[1510] Mit dem neuen Begriff des „Instruments" im Rahmen von § 25 WpHG hat diese Differenzierung ebenfalls an Bedeutung eingebüßt.[1511]

Resümierend lässt sich festhalten: Das System der Mitteilungspflichten ließ sich ab Inkrafttreten des TUG 2007 und vor Inkrafttreten des AnsFuG in zwei, anschließend in drei Säulen einteilen.[1512] Die erste Säule sah mit den §§ 21, 22

1507 *Labudda* in Just/Voß/Ritz/Becker, WpHG, 2015, § 25a Rn. 1.

1508 Begr. RegE. AnsFuG, BT-Drucks. 17/3628, S. 2; *Labudda* in Just/Voß/Ritz/Becker, WpHG, 2015, § 25a Rn. 1.

1509 Begr. RegE. AnsFuG, BT-Drucks. 17/3628, S. 19.

1510 Begr. RegE. AnsFuG, BT-Drucks. 17/3628, S. 19.

1511 Dazu sogleich ab S. 385.

1512 *Brellochs* AG 2016, 157, 158 f.; *Epe/Teichmann* WM 2012, 1213, 1213 f.; *Schneider* FS Köndgen, 2016, S. 549, 550 ff.; *Schneider* AG 2011, 645, 646.

WpHG a. F. eine Mitteilungspflicht bei dinglicher Rechtsänderung in Bezug auf Stimmrechte vor.[1513] Die zweite Säule betraf mit § 25 WpHG a. F. eine Mitteilungspflicht für Finanzinstrumente und sonstige Finanzinstrumente, die ein Recht zum Aktienerwerb einräumten.[1514] Die dritte Säule, „errichtet" durch das AnsFuG, konstituierte eine Mitteilungspflicht für weitere Finanzinstrumente sowie sonstige Finanzinstrumente, mit denen eine faktische oder wirtschaftliche Möglichkeit zum Aktienerwerb einherging, § 25a WpHG a. F.[1515]

Reformation erfuhren daher nicht nur die unionsrechtlichen Vorschriften, auch die nationalen Gesetzgeber waren seit der TrRL 2004 nicht untätig – dies galt insbesondere für den deutschen Gesetzgeber. Die Vorschriften zur Beteiligungstransparenz der §§ 21 ff. WpHG a. F. sind daher insbesondere seit der TrRL 2004 vielfach geändert bzw. ergänzt worden.[1516] So ambitioniert und fortschrittlich die nationalen Gesetzgeber auch waren, hatte dies in der Gesamtschau einen großen Nachteil: Die einzelstaatliche Rechtssetzung auf dem Gebiet der Kapitalmarktpublizität hatte eine weitgehende Rechtszersplitterung innerhalb der Union zur Folge. Diese wurde auf europäischer Ebene als unerwünscht und verbesserungswürdig erachtet, auch grenzüberschreitend tätige Anleger sahen sich durch unterschiedliche Standards gehemmt.[1517]

Einige Mitgliedstaaten, darunter auch Deutschland, haben von der Möglichkeit des sog. *gold-plating* in zum Teil beträchtlichem Umfang Gebrauch gemacht, denn neben Deutschland waren insbesondere Frankreich, Großbritannien und Italien[1518] weit über das Informationsniveau der unionsrechtlichen Vorgabe hinausgegangen. Diese Staaten erließen neben strengeren Regeln bezüglich der Stimmrechtszurechnung auch ergänzende Mitteilungs- und Veröffentlichungspflichten hinsichtlich der mit dem Beteiligungserwerb verfolgten Absichten.[1519]

1513 *Weidemann* NZG 2016, 605, 606 f.

1514 *Weidemann* NZG 2016, 605, 606 f.

1515 *Schneider* FS Köndgen, 2016, S. 549, 551 ff.; *Weidemann* NZG 2016, 605, 606 f.

1516 Zu den §§ 21, 25, 25a, 27a WpHG noch vor Umsetzung des TUG 2015 *Brandt* WM 2014, 543, 543 ff.

1517 Zu Beweggründen für die Modernisierung der TrRL 2004 ab S. 198.

1518 In Italien existieren bereits seit dem Jahr 1974 Regelungen über die Beteiligungstransparenz, siehe Art. 120 Testo Unico della Finanza (TUF): Obblighi di comunicazione delle partecipazioni rilevanti); bzw. *Regolamento Emittenti* (RE).

1519 *Segna* ZGR 2015, 84, 112; *Seibt/Wollenschläger* AG 2012, 305, 311; *Veil* in Veil, Europäisches Kapitalmarktrecht, 2. Auflage 2014, § 20 Rn. 20; *Veil* in Veil, European Capital Markets Law, 2. Auflage 2017, § 20 Rn. 18. Einen Überblick über die Regelungen in diversen Mitgliedstaaten geben *Fleischer/Schmolke* NZG 2009, 401, 404 f.; *Fleischer/Schmolke* NZG 2010, 1241, 1242 f.

Infolge der Vollharmonisierung auf dem Gebiet der Beteiligungstransparenz stand auch dem deutschen Gesetzgeber die Aufgabe bevor, insbesondere die §§ 21 WpHG a. F. zu überarbeiten. Dabei waren jene Regelungen, wie gezeigt, bereits fortschrittlich ausgestaltet[1520] und hatten den Inhabern solcher Instrumente, derer sich zum „Anschleichen" bedient wurde, weitestgehend Mitteilungspflichten auferlegt.

III. Finanzinstrumente im WpHG nach dem TUG 2015 und 2. FiMaNoG

Die TrRL 2004 strebte bislang nur ein Mindestmaß an Harmonisierung im Bereich der Beteiligungspublizität an, sodass die Mitgliedstaaten auch strengere Vorschriften erlassen konnten. Mit der ÄnderungsRL 2013 ist es den Mitgliedstaaten infolge der damit einhergehenden (teilweisen) Vollharmonisierung grundsätzlich nicht mehr erlaubt, strengere Regelungen zu erlassen. Zur Umsetzung dieser Richtlinie musste vor allem das WpHG angepasst werden. Wesentlicher Inhalt der Änderungen durch das TUG 2015 war dabei unter anderem die Anpassung der Mitteilungspflichten bei Erwerb bzw. Veräußerung bedeutender Beteiligungen, insbesondere unter Einsatz von Finanzinstrumenten.[1521]

Neben der Vollharmonisierung ist außerdem zu beachten, dass die Rechtsquellen vielschichtiger geworden sind: Bei rechtlicher Erörterung der Beteiligungstransparenz ist neben dem WpHG, der WpAIV und der (weitestgehend noch gültigen[1522]) Durchführungs-VO 2007 auch die Delegierte VO 2015/761/EU105 zu beachten.[1523] Ferner ist zum 3. Janauar 2018 in Umsetzung der MiFID II das 2. FiMaNoG in Kraft getreten und hat diverse Änderungen des WpHG mit sich gebracht, die neben wenigen redaktionellen Anpassungen der Regelungen auch eine der Übersichtlichkeit dienende numerische Neuordnung aller

---

1520 Obwohl die §§ 25, 25a WpHG a. F. inhaltlich bereits weitgehend den Vorgaben des Art. 13 TrRL 2013 entsprachen, hat sich der Gesetzgeber aufgrund der Vollharmonisierung im Bereich der Beteiligungstransparenz zu einer Neuregelung des Meldetatbestandes bei Finanzinstrumenten und sonstigen Instrumenten und einer wortlautgetreuen Übernahme der europäischen Vorgaben entschieden, siehe Begr. RegE. TUG 2015, Drucks. 18/5010, S. 67; vgl. auch *Burgard/Heimann* WM 2015, 1445, 1450.

1521 Begr. RegE. TUG 2015, Drucks. 18/5010, S. 2.

1522 Zur Durchführungs-VO 2007 in Bezug auf Finanzinstrumente ab S. 187.

1523 *Brellochs* AG 2016, 157, 158, der jene Vorschriften als „*hard law*" betitelt. Zu „harten" und „weichen" Normen auch *Röhl*, Rechtslehre, 3. Auflage 2008, S. 240 ff.

Vorschriften des WpHG herbeiführten: Nunmehr ist unter anderem § 21 WpHG a. F. als § 33 WpHG, § 22 WpHG a. F. als 34 WpHG, § 25 WpHG a. F. als § 38 WpHG und § 25a WpHG a. F. als § 39 WpHG bezeichnet.[1524]

Daneben sind mit der ESMA-Liste[1525], „*Questions & Answers*"-Dokumenten der ESMA[1526] sowie den BaFin FAQ und dem Emittentenleitfaden[1527] der BaFin zwar keine weiteren Richtlinien, Verordnungen oder Gesetze zu berücksichtigen, doch auch diese haben mitunter beachtliche Auswirkungen auf die Praxis.[1528] Zur Auslegung bestimmter Vorschriften des WpHG kann jedoch (momentan) nicht der Emittentenleitfaden der BaFin herangezogen werden, da dieser bisher nicht an die neue Rechtslage angepasst wurde, sondern hinsichtlich der §§ 33 ff. WpHG noch auf dem Stand vom 22. Juli 2013 ist.[1529] Am 12. Juli 2018 gab die BaFin allerdings bekannt, dass sie Teile ihres Emittentenleitfadens überarbeitet hatte und stellte diese bis zum 17. August 2018 zur Konsultation – dies betraf unter anderem den Abschnitt zu Informationen über bedeutende Stimmrechtsanteile (bisher Kapitel VIII des Emittentenleitfadens).[1530] Zwar ist insofern noch keine endgültige Fassung (etwa eine 5. Auflage des Emittentenleitfadens) verabschiedet worden, doch kann sich der im neuen Entwurf formulierten

---

1524 Soweit daher insbesondere im Folgenden die Begr. RegE. TUG 2015, BT-Drucks. 18/5010 bzw. das TUG 2015 angeführt wird, sind die jeweiligen Nachweise entsprechend zu verstehen, da diese noch auf der numerischen Ordnung des WpHG a. F. (nach Umsetzung des TUG 2015) basieren.

1525 Zur ESMA-Liste ab S. 230.

1526 ESMA 2015/1595, Stand Oktober 2015 („*Questions and answers - Transparency Directive (2004/109/EC)*"). Sämtliche ESMA-Dokumente zur Transparenzrichtlinie sind abrufbar unter <https://www.esma.europa.eu/regulation/corporate-disclosure/transparency-directive>.

1527 Emittentenleitfaden BaFin, 4. Auflage 2013.

1528 *Brellochs* AG 2016, 157, 158, der jene Quellen als „*soft law*" betitelt. Zu „harten" und „weichen" Normen auch *Röhl*, Rechtslehre, 3. Auflage 2008, S. 240 ff.

1529 Emittentenleitfaden BaFin, 4. Auflage 2013, S. 3. Bei der Fassung des Emittentenleitfadens dürfte die BaFin zukünftig auch die Finanzinstrumente der ESMA-Liste zu berücksichtigen haben. Dies bedingt zwangsläufig eine Machtverschiebung von der deutschen zur europäischen Wertpapier- und Marktaufsicht in Fragen der inhaltlichen Normeninterpretation, vgl. *Seibt/Wollenschläger* ZIP 2014, 545, 551.

1530 Die Ankündigung ist abrufbar unter <https://www.bafin.de/SharedDocs/Veroeffentlichungen/DE/Konsultation/2018/kon_1218_ueberarbeitung_emittentenleitfaden.html>, die entsprechenden Änderungen sind hier abrufbar <https://www.bafin.de/SharedDocs/Downloads/DE/Konsultation/2018/dl_kon_1218_ueberarbeitung_emittentenleitfaden.html>.

Erwägungen der BaFin hier mitunter bereits bedient werden.[1531] Davon abgesehen stellt die BaFin bezüglich der Stimmrechtsmitteilungspflichten nach Abschnitt 6 des WpHG auf ihrer Internetseite fortlaufend aktualisierte FAQs zur Verfügung, welche im Folgenden, soweit dienlich, fruchtbar gemacht werden.[1532]

Damit sind die Rechtsquellen im Zuge der Umsetzung der TrRL 2013 komplexer geworden.[1533] Dass die Rechtsanwendung im Kapitalmarktrecht aufgrund der Vielfalt der Rechtsquellen und Regelungsebenen unübersichtlicher und diffiziler wird, ist allerdings kein Phänomen allein der kapitalmarktrechtlichen Beteiligungspublizität, sondern ein allgemeines Charakteristikum des inzwischen vielfach reformierten europäischen Kapitalmarktrechts.[1534]

Vor Umsetzung der TrRL 2013 wurden die Tatbestände des WpHG in den §§ 21 ff. WpHG a. F. in drei Säulen eingeteilt.[1535] Nach Umsetzung des TUG 2015 ist dieses „Dreisäulensystem" modifiziert worden[1536], indem die ehemals zweite und dritte Säule nun zusammengelegt und geschlossen in § 38 WpHG geregelt sind.[1537] § 33 WpHG regelt nunmehr die Mitteilungspflicht bei Stimmrechten aus Aktien, § 38 WpHG die Mitteilungspflicht für sämtliche mitteilungspflichtigen Instrumente und § 39 WpHG enthält eine Mitteilungspflicht für die Summe der nach § 33 WpHG und § 38 WpHG gehaltenen Anteile.[1538]

Dieses Vorgehen bildet einen Teil der unionsrechtlich intendierten Vollharmonisierung ab: § 38 WpHG normiert eine Mitteilungspflicht - grundsätzlich nach den in § 33 Abs. 1 WpHG normierten Schwellen - für Inhaber von Finanzinstrumenten, die ein unbedingtes Recht (Abs. 1 Nr. 1a) oder ein Ermessen (Abs. 1 Nr. 1b) in Bezug auf den Erwerb von Aktien gewähren bzw. die eine vergleichbare wirtschaftliche Wirkung haben, unabhängig davon, ob damit ein Anspruch auf physische Lieferung der Aktien einhergeht (Abs. 1 Nr. 2). Dabei

---

1531 Emittentenleitfaden BaFin, Entwurf 7/2018, S. 1 ff.

1532 BaFin FAQ, S. 2 bis 31.

1533 *Brellochs* AG 2016, 157, 158. Zum Verhältnis der §§ 21 (inzwischen §§ 33) ff. WpHG zu Regelungen der Aktionärsrechte-RL *Eggers/de Raet* AG 2017, 470 ff.

1534 *Brellochs* AG 2016, 157, 158.

1535 *Assmann* in Assmann/Schneider, WpHG, 6. Auflage 2012, § 21 Rn. 5 ff.; *Weidemann* NZG 2016, 605, 606 f.

1536 In der Begründung des Regierungsentwurfs zum TUG 2015 wird es als neues „System der Meldetatbestände" bezeichnet, siehe Begr. RegE. TUG 2015, Drucks. 18/5010, S. 46.

1537 *Rück/Heusel* NZG 2016, 897, 899.

1538 Begr. RegE. TUG 2015, Drucks. 18/5010, S. 36; BaFin FAQ, S. 2 (2. Frage); *Bayer/ J. Schmidt* BB 2016, 1923, 1928.

wird nicht mehr zwischen „Finanzinstrumenten" und „sonstigen Instrumenten" differenziert, wie es noch bis zur Umsetzung des TUG 2015 der Fall war.

Die neue dritte Säule nach § 39 WpHG begründet eine eigenständige Mitteilungspflicht für den Fall, dass die Summe der nach der ersten und der zweiten Säule zu meldenden Stimmrechtsanteile die in § 33 Abs. 1 S. 1 WpHG normierten Schwellen erreicht, überschreitet oder unterschreitet, wobei die 3 Prozent-Schwelle insofern unbeachtlich ist, wie sich § 39 Abs. 1 Hs. 1 WpHG entnehmen lässt.[1539]

Die neue Einteilung und Zuordnung der Vorschriften zu einzelnen Mitteilungssäulen sind indes nicht nur von rechtssystematischem Interesse, sondern zeitigen ebenfalls Auswirkungen auf die Rechtsanwendung: Bisher standen die einzelnen Säulen als selbständige Tatbestände nebeneinander, während sie nun einen „einheitlichen Mitteilungs(-tat-)bestand" ausmachen.[1540] Um die Transparenz zu erhöhen, sind in einer Mitteilung daher auch die Bestände aus den anderen Säulen offenzulegen, wenn es zu einer Schwellenberührung in einer Säule kommt.[1541] Folgend sollen die für Mitteilungspflichten bei Finanzinstrumenten

---

1539 Dies entspricht der unionsrechtlichen Vorgabe des Art. 13a TrRL 2013, nach der die Eingangsschwelle in Bezug auf Finanzinstrumente bei 5 Prozent der Stimmrechte liegt, da die 3 Prozent-Schwelle nicht für Positionen aus Finanzinstrumenten bzw. aggregierten Positionen nach Art. 13a TrRL 2013 gilt, vgl. auch ESMA 31-67-535 S. 30 (dort Fn. 14) bzw. S. 80 f. Vgl. zum neuen System auch Emittentenleitfaden BaFin, Entwurf 7/2018, S. 8 (I.2.1).

1540 BaFin, „Präsentation zur Informationsveranstaltung zur Umsetzung der geänderten Transparenzrichtlinie (TRL-ÄndRL)" vom 3. und 5. November 2015, S. 6 ff., abrufbar unter <https://www.bafin.de/SharedDocs/Downloads/DE/Rede_Vortrag/dl_151102_trl-aendrl-ums_folien.pdf>; BaFin FAQ, S. 2 f. (2. und 4. Frage); vgl. zur horizontalen Aggregation auch ESMA 2015/1595, Stand Oktober 2015 („*Questions and answers - Transparency Directive (2004/109/EC)*"), S. 12 (Frage 20) mit einer tabellarischen Übersicht; *Brellochs* AG 2016, 157, 159.

1541 Das nun zwingend zu verwendende Formular der BaFin (§ 17 Abs. 1 WpAIV) ist also stets im Hinblick auf jede Meldesäule auszufüllen. Wenn z.B. 7 % Aktien, aber keine Instrumente nach § 38 WpHG erworben werden, wird gleichwohl eine Meldepflicht nach § 39 WpHG ausgelöst (anzugeben sind bei § 39 WpHG 7 %), siehe *Brellochs* AG 2016, 157, 159. Die BaFin plant im Übrigen in Abstimmung mit dem Bundesfinanzministerium, eine Verordnung („Stimmrechtsmitteilungsverordnung") einzuführen, welche die Möglichkeit eröffnet, Stimmrechtsmitteilungen elektronisch abgeben zu können, vgl. die Konsultation, abrufbar unter <https://www.bafin.de/SharedDocs/Veroeffentlichungen/DE/Meldung/2018/meldung_180518_kon_0818_stimmrmv_gpruefbv.html>.
Auf der Basis der veröffentlichten Stimmrechtsanteile stellt die BaFin bereits eine konsolidierte Übersicht über die Stimmrechtsanteile an Inlandsemittenten und

relevanten Änderungen der §§ 33, 38 und 39 WpHG im Vergleich zur Rechtslage vor dem TUG 2015 dargestellt werden.

1. Mitteilungsschwellen und Anknüpfungspunkt gemäß § 33 WpHG

Die Norm des § 33 WpHG wurde nicht elementar geändert. Insbesondere gilt dies für die Mitteilungsschwellen nach § 33 Abs. 1 S. 1 WpHG.[1542] Die TrRL 2013 gestattet den Mitgliedstaaten über die in Art. 9 Abs. 1 konstatierten Mitteilungsschwellen hinaus weitere Schwellen vorzuschreiben. Bei der nun erfolgten Umsetzung bestand daher für den Gesetzgeber die Möglichkeit, § 33 WpHG entsprechend zu erweitern, zumal dies nicht erst seit Kurzem gefordert wird[1543] und in anderen EU-Staaten erheblich strengere Vorschriften gelten.[1544] Davon hat der deutsche Gesetzgeber allerdings keinen Gebrauch gemacht und es bei den bisher geltenden Schwellen von 3, 5, 10, 15, 20, 25, 30, 50 und 75 Prozent belassen.[1545]

Die in § 33 Abs. 1 S. 1 WpHG geregelte Frist für die Mitteilung bei Erreichen, Überschreiten oder Unterschreiten der genannten Schwellen wird nach wie vor durch § 33 Abs. 1 S. 3 bis 5 WpHG konkretisiert.[1546] Da aktive

---

Emittenten zur Verfügung, für die die Bundesrepublik Deutschland der Herkunftsstaat ist und deren Aktien zum Handel an einem organisierten Markt zugelassen sind, vgl. < https://portal.mvp.bafin.de/database/AnteileInfo/>.

1542 Die Schwellenwerte beziehen sich auf Stimmrechte (und nicht auf Aktien) an Emittenten, für die die Bundesrepublik Deutschland der Herkunftsstaat ist; außerdem ist insoweit stets die Summe maßgeblich, die sich aus den §§ 33, 34 WpHG ergibt, vgl. Emittentenleitfaden BaFin, Entwurf 7/2018, S. 12 (I.2.3.1).

1543 *Burgard/Heimann* FS Dauses, 2014, S. 47, 49; *Fleischer/Schmolke* NZG 2009, 401, 409; *Hitzer/Düchting* ZIP 2011, 1084, 1090. Die erste Idee geht zurück auf *Burgard*, Die Offenlegung von Beteiligungen, Abhängigkeits- und Konzernlagen bei der AG, 1990, S. 186.

1544 Das gilt zum Beispiel für Großbritannien: Ab 3 Prozent Beteiligung besteht bei jedem weiteren Prozentpunkt eine Mitteilungspflicht, kodifiziert in Art. 5.1.2 FCA Handbook DTR, siehe Fn. 788.

1545 Damit ist der deutsche Gesetzgeber nicht diversen Stimmen aus der Literatur gefolgt, die weitere Schwellen für sinnvoll erachteten, vgl. *Brinckmann* BB 2012, 1370, 1373; *Burgard/Heimann* FS Dauses, 2014, S. 47, 56; *Veil* WM 2012, 53, 57.

1546 Zu Detailfragen und -problemen hinsichtlich der Mitteilungsfristen vgl. BaFin FAQ, S. 11 f. (23. und 24. Frage); dazu auch *Söhner* ZIP 2015, 2451, 2452 f. Die Frist beginnt nach § 33 Abs. 1 S. 3 WpHG mit dem Zeitpunkt, zu dem der Meldepflichtige Kenntnis davon hat oder nach den Umständen haben musste, dass sein Stimmrechtsanteil die relevanten Schwellen erreicht, überschreitet oder unterschreitet, vgl. Emittentenleitfaden BaFin, Entwurf 7/2018, S. 11 (I.2.2.7.1).

Schwellenberührungen auf Handelsaktivitäten des Mitteilungspflichtigen[1547], passive Schwellenberührungen hingegen auf einer Veränderung der Gesamtzahl der Stimmrechte, beispielsweise durch Ausgabe neuer Aktien aus genehmigtem oder bedingtem Kapital, beruhen, ist insoweit beim Fristbeginn zu differenzieren.[1548] § 33 Abs. 1 S. 4 WpHG wurde an Art. 9 TrRL 2013 angepasst und vermutet nun die Kenntnis des Mitteilungspflichtigen über seine Schwellenberührung nach zwei Handelstagen unwiderleglich.[1549] Durch diese Vermutungsregelung verlängert sich die Mitteilungsfrist aber nicht auf sechs Handelstage: Vielmehr handelt es sich bei den Fristen um Maximalfristen, so dass die BaFin bei einem regulären Erwerbs- bzw. Veräußerungsvorgang davon ausgeht, dass eine Mitteilung innerhalb von vier Handelstagen ab Schwellenberührung zumutbar und möglich ist.[1550]

Neu ist auch eine Regelung hinsichtlich des Zeitpunkts, zu dem die Mitteilungspflicht gemäß § 33 Abs. 1 WpHG ausgelöst wird, verankert in § 33 Abs. 3

1547 „Meldepflichtiger" im Sinne des § 33 Abs. 1 WpHG ist jedermann, der eine nach §§ 33, 38 oder 39 WpHG relevante Schwelle berührt. Das „umfasst alle natürlichen Personen und juristischen Personen unabhängig von ihrem Alter und ihrer Rechtsform. Die Staatsangehörigkeit und der Wohnsitz bei natürlichen Personen sind ebenso wenig von Belang wie der Sitz von juristischen Personen. Normadressat können demnach etwa auch der ausländische Privataktionär mit Wohnsitz im Ausland, die offene Handelsgesellschaft (oHG), Kommanditgesellschaft (KG), Partnerschaftsgesellschaft und als rechtsfähig anerkannte BGBAußengesellschaft sowie juristische Personen nach ausländischem Recht sein. Gleiches gilt für Körperschaften des öffentlichen Rechts, wie zum Beispiel Bund, Länder und andere Staaten. Bei nichtrechtsfähigen Gebilden ist genau zu prüfen, ob eine eigene Meldepflicht des Gebildes besteht. Maßgeblich ist dafür, inwieweit das Gebilde selbst Träger von Rechten und Pflichten sein oder im eigenen Namen klagen oder verklagt werden kann, wie das z.B. bei nichtrechtsfähigen Vereinen anerkannt ist", vgl. Emittentenleitfaden BaFin, Entwurf 7/2018, S. 9 (I.2.2.2).

1548 Begr. RegE. TUG 2015, BT-Drucks. 18/5010, S. 44; ausführlich *Brellochs* AG 2016, 157, 159 f.

1549 Eine Ausnahme davon wird durch § 21 Abs. 1 S. 5 WpHG normiert: Kommt es infolge von Ereignissen, die die Gesamtzahl der Stimmrechte verändern, zu einer Schwellenberührung, so beginnt die Frist abweichend von Satz 3, sobald der Meldepflichtige von der Schwellenberührung Kenntnis erlangt, spätestens jedoch mit der Veröffentlichung des Emittenten nach § 41 Abs. 1 WpHG, im Fall der Ausgabe von Bezugsaktien erfolgt die Veröffentlichung in der Regel am Ende des Monats, in dem Bezugsaktien ausgegeben wurden, vgl. dazu auch Begr. RegE. TUG 2015, Drucks. 18/5010, S. 44 sowie Emittentenleitfaden BaFin, Entwurf 7/2018, S. 11 (I.2.2.7.3).

1550 Emittentenleitfaden BaFin, Entwurf 7/2018, S. 11 (I.2.2.2).

WpHG. Rechtstechnischer Anknüpfungspunkt ist das „Gehören" im Sinne von Abs. 1 S. 1, § 34 Abs. 1 S. 1 Nr. 1 und 2 WpHG und § 44 WpHG.[1551] Bisher wurde auf die sachenrechtliche Übereignung abgestellt, weil der Inhaber der Aktien nach deutschem Recht regelmäßig erst zu diesem Zeitpunkt die Stimmrechte (als Eigentümer der Aktien) ausüben kann.[1552] Für die Zwecke der Auslösung einer Mitteilungspflicht wird der Begriff „gehören" nunmehr an das Bestehen eines auf Übertragung von Aktien gerichteten unbedingten und ohne zeitliche Verzögerung zu erfüllenden Anspruchs geknüpft.[1553] Eine Mitteilungspflicht nach § 33 WpHG wird daher insbesondere auch dann ausgelöst, wenn bei einem zunächst bedingten Anspruch die Bedingung eintritt.[1554] Gleichermaßen gilt dies für das Bestehen einer korrespondierenden Verpflichtung, da sich der Anwendungsbereich der Vorschrift auf alle Geschäfte, die auf den Erwerb oder die Veräußerung von Aktien gerichtet sind, erstreckt.[1555]

Zukünftig liegt eine Schwellenberührung für den Erwerber von mit Stimmrechten verbundenen, bereits ausgegebenen Aktien dann vor, wenn dieser einen unbedingten und sofort zu erfüllenden Anspruch auf Übertragung dieser Aktien hat, während eine Schwellenberührung beim Verkäufer von Aktien vorliegt, wenn er eine korrespondierende Verpflichtung zur Übertragung hat.[1556] Als Auslöser für die Mitteilungspflicht nach § 33 WpHG dient somit der bei regelmäßigem Lauf der Dinge anstehende Erwerb bzw. Verlust entsprechender Aktien.[1557] Der Anspruch muss einerseits unbedingt[1558] und andererseits ohne

---

1551 Begr. RegE. TUG 2015, Drucks. 18/5010, S. 44; *Roth* GWR 2016, 67, 70; *Weidemann* NZG 2016, 605, 607.

1552 Begr. RegE. TUG 2015, Drucks. 18/5010, S. 44; Emittentenleitfaden BaFin, Entwurf 7/2018, S. 13 (I.2.3.3.1).

1553 Begr. RegE. TUG 2015, Drucks. 18/5010, S. 44; *Bosse* BB 2015, 746, 748 f.; *Söhner* ZIP 2015, 2451, 2453 f.; Emittentenleitfaden BaFin, Entwurf 7/2018, S. 13 (I.2.3.3.2). Wer nur zur Ausübung von Stimmrechten befugt oder ermächtigt ist, kann nur auf Grund einer Stimmrechtszurechnung nach § 34 WpHG meldepflichtig sein, nicht aber unmittelbar nach § 33 WpHG, da ihm die Stimmrechte nicht „gehören", vgl. Emittentenleitfaden BaFin, Entwurf 7/2018, S. 9 (I.2.2.2).

1554 Begr. RegE. TUG 2015, Drucks. 18/5010, S. 44. Zu Einzelfällen auch Emittentenleitfaden BaFin, Entwurf 7/2018, S. 13 ff. (I.2.3.3.2).

1555 Der neue Anknüpfungspunkt gilt ausweislich des insoweit neutralen Wortlauts nicht nur für Erwerber, sondern auch für Veräußerer, siehe Begr. RegE. TUG 2015, Drucks. 18/5010, S. 44; *Roth* GWR 2015, 485, 487; *Weidemann* NZG 2016, 605, 607.

1556 BaFin FAQ, S. 8 f. (18. Frage).

1557 Begr. RegE. TUG 2015, Drucks. 18/5010, S. 44.

1558 Nach Ansicht der BaFin liegt eine Bedingung beispielsweise vor, wenn der Vollzug unter Kartellvorbehalt steht, weshalb in diesem Fall eine Meldung nach § 38 Abs. 1

zeitliche Verzögerung zu erfüllen sein, wodurch eine Abgrenzung zu den mitteilungspflichtigen (Finanz-)Termingeschäften ermöglicht wird.[1559] Ausweislich der Gesetzesbegründung ist ein Geschäft ohne zeitliche Verzögerung zu erfüllen, wenn es (entweder sofort oder) innerhalb von zwei Handelstagen zu erfüllen ist.[1560] Damit ist eine gegenüber der bisherigen Regelung deutlichere Abgrenzung der nach § 33 WpHG mitzuteilenden Geschäfte gegenüber der Mitteilungsflicht bezüglich Instrumenten mit Erwerbsmöglichkeit möglich, die bisher in § 25 WpHG a. F. normiert und nunmehr in § 38 Abs. 1 Nr. 1 WpHG geregelt ist.[1561] Erfolgt die Übertragung also bedingt oder zeitlich verzögert, ist der Abschluss dieses Geschäfts nach § 38 WpHG mitteilungspflichtig, der Vollzug *per se* unter Umständen dann nach § 33 WpHG.[1562] Je nachdem, wie ein Rechtsgeschäft ausgestaltet wird, ist es künftig entweder von § 33 WpHG oder § 38 WpHG erfasst, sodass doppelte Mitteilungspflichten für ein und dasselbe Geschäft aufgrund von Abgrenzungsproblemen der Vergangenheit angehören.[1563]

Grund für die Aufgabe der bisherigen Anknüpfung an die sachenrechtliche Übereignung und für die Vorverlagerung des Zeitpunktes, in dem die Meldepflicht einsetzt, ist einerseits die Vereinfachung der Abgrenzung von § 33 WpHG und § 38 WpHG[1564], andererseits eine frühere Information des Kapitalmarkts, womit einem Grundanliegen der TrRL 2013 - einer möglichst

S. 1 Nr. 1 WpHG erforderlich ist, vgl. BaFin FAQ, S. 10 (22. Frage). Dazu auch *Brellochs* AG 2016, 157, 160 f.

1559 Begr. RegE. TUG 2015, Drucks. 18/5010, S. 44. Zu (Finanz-)Termingeschäften bereits ab S. 137.

1560 Begr. RegE. TUG 2015, Drucks. 18/5010, S. 44; *Brellochs* AG 2016, 157, 161 f.; *Weidemann* NZG 2016, 605, 607. Dagegen gelten nach der Verwaltungspraxis der BaFin Geschäfte bisher auch bei einer Abwicklung innerhalb von drei Handelstagen noch als „sofort erfüllbare Kausalgeschäfte", Emittentenleitfaden BaFin, 4. Auflage 2013, S. 135 (im Zusammenhang mit § 25 WpHG a. F.). Maßgeblich soll für die zeitliche Abgrenzung (insbesondere zu § 38 WpHG) sein, wovon die Vertragsparteien bei Vertragsschluss ausgingen, vgl. Emittentenleitfaden BaFin, Entwurf 7/2018, S. 13 ff. (I.2.3.3.2).

1561 Begr. RegE. TUG 2015, Drucks. 18/5010, S. 44.

1562 Vgl. dazu Emittentenleitfaden BaFin, Entwurf 7/2018, S. 13 ff. (I.2.3.3.2).

1563 Begr. RegE. TUG 2015, Drucks. 18/5010, S. 44; BaFin FAQ, S. 8 (18. Frage).

1564 BaFin FAQ, S. 8 f. (18. Frage). Diese mag bei auftretenden Problemen indes auch künftig nicht leicht fallen, vgl. zu Detailfragen BaFin FAQ, S. 10 f. (21., 22., 22a., 22b. Frage).

frühzeitigen Information der Märkte - Rechnung getragen wird.[1565] Im Übrigen ist die Anknüpfung an einen schuldrechtlichen Anspruch mit der Praxis in anderen Mitgliedstaaten vergleichbar, deren Rechtsordnungen ein Auseinanderfallen von Verpflichtungs- und Verfügungsgeschäft unbekannt ist.[1566] Diese Änderung sieht sich jedoch - mit Recht - zahlreichen kritischen Stimmen ausgesetzt, da der Verweis auf die Mitteilungspraxis von Mitgliedstaaten, denen das Abstraktionsprinzip unbekannt ist und in denen insofern auf das Verpflichtungsgeschäft abgestellt wird, wenig überzeugend scheint, weil dabei verkannt wird, dass die Stimmrechte in diesen Mitgliedstaaten bereits mit dem (Verpflichtungs-) Geschäft *per se* übergehen.[1567] Zu befürchten steht, dass eine Anknüpfung an das Verpflichtungsgeschäft in Deutschland dazu führen würde, dass dem Kapitalmarkt eine Schwellenberührung mitgeteilt wird, die - insbesondere für ausländische Adressaten nicht erkennbar - der zivilrechtlichen Eigentumslage (noch) nicht entspricht.[1568]

2. (Finanz-)Instrumente im Rahmen der §§ 38, 39 WpHG

Die Neuregelungen der §§ 38, 39 WpHG setzen die Art. 13 und 13a der TrRL 2013 um. Wie bereits beschrieben, umfasst § 33 WpHG nunmehr die Mitteilungspflicht bei Stimmrechten aus Aktien, § 38 WpHG die Mitteilungspflicht für

---

1565 Vgl. dazu auch Art. 12 Abs. 2 TrRL 2013; zu den Zielen jener Richtlinie ab S. 208; Begr. RegE. TUG 2015, Drucks. 18/5010, S. 44. Kritisch zu dieser Vorverlagerung *DAV-Handelsrechtsausschuss* NZG 2015, 1069, 1069; *Söhner* ZIP 2015, 2451, 2454.

1566 Begr. RegE. TUG 2015, Drucks. 18/5010, S. 45; *Roth* GWR 2016, 67, 70; *Weidemann* NZG 2016, 605, 607.

1567 So beispielsweise Deutsches Aktieninstitut, Stellungnahme zum Entwurf eines Gesetzes zur Umsetzung der Transparenzrichtlinie-Änderungsrichtlinie, 13. März 2015, abrufbar unter <https://www.dai.de/files/dai_usercontent/dokumente/positionspapiere/2015-03-13%20DAI%20Stellungnahme%20TRL%20III-Umsetzung%20 FINAL.pdf>, S. 4 f.; Deutsche Kreditwirtschaft (DK), Stellungnahme zum Regierungsentwurf eines Gesetzes zur Umsetzung der Transparenzrichtlinie-Änderungsrichtlinie, 17. Juni 2015, abrufbar unter < https://bankenverband.de/media/files/2015-06-17-DK-Stn-UmsG-RegE_final.pdf>, S. 2 ff.; *DAV-Handelsrechtsausschuss* NZG 2015, 1069, 1069; *Schilha* DB 2015 1821, 1825.

1568 Deutsche Kreditwirtschaft (DK), Stellungnahme zum Regierungsentwurf eines Gesetzes zur Umsetzung der Transparenzrichtlinie-Änderungsrichtlinie, 17. Juni 2015, abrufbar unter < https://bankenverband.de/media/files/2015-06-17-DK-Stn-UmsG-RegE_final.pdf>, S. 2 ff.; *Roth* GWR 2015, 485, 487; *Schilha* DB 2015 1821, 1825.

sämtliche mitteilungspflichtige Instrumente und § 39 WpHG eine Mitteilungspflicht für die Summe der nach § 33 und § 38 WpHG gehaltenen Anteile.[1569]

§ 38 Abs. 1 WpHG gleicht in seiner neuen Fassung Art. 13 TrRL 2013: Die unionsrechtliche Vorgabe differenziert zwischen Finanzinstrumenten mit einer physischen Abwicklung, deren Erwerb nur noch vom Zeitablauf abhängt oder im Ermessen des Erwerbers steht (Art. 13 Abs. 1 UAbs. 1 lit. a), und Instrumenten, die - unabhängig von einer physischen Ausgleichspflicht - eine vergleichbare wirtschaftliche Wirkung haben (Art. 13 Abs. 1 UAbs. 1 lit. b). Der neue § 38 WpHG ordnet an, dass die Mitteilungspflicht nach § 33 Abs. 1 und 2 WpHG ebenso für unmittelbare oder mittelbare Inhaber von Instrumenten gilt, die den drei divergenten Tatbeständen in § 38 Abs. 1 WpHG unterfallen.[1570] Diese Pflicht entsteht bei Erreichen, Überschreiten oder Unterschreiten der in § 33 Abs. 1 S. 1 WpHG genannten Schwellen mit Ausnahme der Schwelle von 3 Prozent.[1571] Die drei Tatbestände des § 38 Abs. 1 WpHG werden jeweils in § 38 Abs. 2 WpHG durch Regelbeispiele konkretisiert, die Art. 13 Abs. 1b UAbs. 1 TrRL 2013 im Wortlaut gleichen.

a) Finanzinstrumente gemäß § 38 Abs. 1 S. 1 Nr. 1, 2 WpHG

Die Mitteilungspflicht nach § 38 Abs. 1 S. 1 Nr. 1 WpHG ist an Art. 13 Abs. 1b UAbs. 1 lit. a TrRL 2013 angelehnt und gilt für unmittelbar oder mittelbar gehaltene Instrumente, die dem Inhaber entweder bei Fälligkeit ein unbedingtes Recht auf Erwerb mit Stimmrechten verbundener und bereits ausgegebener Aktien eines Emittenten für den die Bundesrepublik Deutschland der Herkunftsstaat ist (§ 38 Abs. 1 S. 1 Nr. 1 lit. a WpHG), oder ein Ermessen in Bezug auf sein Recht auf Erwerb dieser Aktien verleihen (§ 38 Abs. 1 S. 1 Nr. 1 lit. b WpHG). Die unionsrechtliche Vorgabe des Art. 13 Abs. 1 UAbs. 1 formuliert insoweit anders, als die Mitteilungspflicht danach für Personen gilt, „die direkt

---

1569 Dazu schon einleitend ab S. 385; Begr. RegE. TUG 2015, Drucks. 18/5010, S. 46.

1570 Zum Begriff des „Instruments" im Rahmen des WpHG sogleich.

1571 Wenn daher beispielsweise zwei Schwellenberührungen innerhalb kurzer Zeit geschehen, muss für jede Schwellenberührung eine eigene Stimmrechtsmitteilung abgegeben werden, vgl. BaFin FAQ, S. 5 (12. Frage). Grund für die höhere Eingangsschwelle ist nach der Gesetzesbegründung zum TUG 2007, dass die niedrigere Schwelle von 3 Prozent nur bei bereits bestehenden Beteiligungen nach § 21 WpHG a. F. und den Zurechnungstatbeständen nach § 22 WpHG a. F. notwendig sei, um so die Belastung der Beteiligten auf das für die Transparenz notwendige Maß zu reduzieren, vgl. Begr. RegE. TUG 2007, BT-Drucks. 16/2498, S. 37; *Schnabel/Korff* ZBB 2007, 179, 182.

oder indirekt“ Finanzinstrumente halten. Trotz der sprachlich abgewandelten Form sowohl im Verhältnis zur unionsrechtlichen Vorgabe, als auch in Bezug auf § 25 WpHG a. F. sowie § 25a WpHG a. F. ist jedoch nicht von einem abweichenden Bedeutungsgehalt auszugehen.[1572]

Der Begriff des „Instruments“ ersetzt nunmehr die Begriffe des „Finanzinstruments“ und des „sonstigen Instruments“, die vor Umsetzung des TUG 2015 in den §§ 25, 25a WpHG a. F. verwendet wurden.[1573] Augenfällig ist, dass insoweit auf eine wortgetreue Übernahme aus Art. 13 TrRL 2013, in dem das „Finanzinstrument“ zentraler Begriff ist, verzichtet wurde.

Grund dafür ist eine Eigenheit des WpHG, welches in § 2 Abs. 2b WpHG eine Definition des Begriffs für das gesamte WpHG aufstellt. Um eine Verwechslung der inhaltlich nicht deckungsgleichen Begrifflichkeiten auszuschließen, wird der Begriff in § 38 WpHG vermieden[1574] und stattdessen der Bezeichnung „Instrument“ als Oberbegriff der Vorzug gegeben.[1575] Dies begründet der Gesetzgeber grundsätzlich überzeugend damit, dass es für die Mitteilungspflicht nach Art. 13 Abs. 1 TrRL 2013 nicht auf die Begrifflichkeit, sondern auf das Vorliegen der Voraussetzungen der Norm ankommt. Im hiesigen Recht sind diese in § 38 Abs. 1 WpHG kodifiziert.[1576]

Weniger einleuchtend ist die Gesetzesbegründung an dieser Stelle allerdings im Detail. Dort heißt es, dass unter anderem der Begriff „Finanzinstrument“ deshalb nicht verwendet wird, weil es „für die Mitteilungspflicht eines Instruments

---

1572 So auch Emittentenleitfaden BaFin, Entwurf 7/2018, S. 44 und 49 (I.2.8.1 und I.2.8.2). § 25 Abs. 1 S. 1 WpHG a. F. leitete ähnlich § 25a Abs. 1 S. 1 WpHG a. F. ein und normierte unter bestimmten Umständen jeweils eine Mitteilungspflicht für denjenigen, der „unmittelbar oder mittelbar Finanzinstrumente oder sonstige Instrumente hält“. Sprachlich mag die unionsrechtliche Vorgabe des Art. 13 besser gelungen sein als der neue § 38 WpHG, in dessen Rahmen wohl nicht der Inhaber selbst „unmittelbar“ oder „mittelbar“ ist, sondern jener vielmehr ein Instrument „unmittelbar“ oder „mittelbar“ hält. Der deutschen Gesetzesterminologie ist diese Art und Weise der Formulierung allerdings nicht fremd, beispielsweise ist dem BGB auch der unmittelbare und mittelbare Besitzer bekannt, während es um den unmittelbaren oder mittelbaren Besitz *per se* geht.

1573 Begr. RegE. TUG 2015, Drucks. 18/5010, S. 46.

1574 Eine inhaltliche Kongruenz würde in der Praxis - wenn überhaupt - nur temporär aufkommen, da die ESMA-Liste und die BaFin FAQ im Gegensatz zu § 2 Abs. 2 WpHG ungleich flexibler geändert werden können.

1575 Begr. RegE. TUG 2015, Drucks. 18/5010, S. 46.

1576 Begr. RegE. TUG 2015, Drucks. 18/5010, S. 46; dazu auch *Rück/Heusel* NZG 2016, 897, 899.

nach Art. 13 Abs. 1b Satz 1 Buchstabe g) der Transparenzrichtlinie nicht [auf] die Begrifflichkeit, sondern das Vorliegen der Voraussetzungen der Nummern 1 und 2 [ankommt].“[1577]

Mit den „Voraussetzungen der Nummern 1 und 2“ sind § 38 Abs. 1 Nr. 1 lit. a und b, Nr. 2 WpHG gemeint. Allerdings müssen diese gerade nicht, wie es die zitierte Formulierung vermuten lässt, kumulativ, sondern lediglich alternativ vorliegen – dies ergibt sich einerseits aus den unionsrechtlichen Vorgaben, da Art. 13 Abs. 1 UAbs. 1 lit. a bzw. b es dem Wortlaut nach (lit. a: „oder“) als ausreichend erachtet, wenn eine der drei Alternativen erfüllt ist (lit. b steht offenkundig als Alternative zu lit. a Alt. 1 und 2 der Norm).[1578] Andererseits ist dies letztlich ebenso im nationalen Recht vorgesehen, da § 38 Abs. 1 Nr. 1 lit. a und b, Nr. 2 WpHG es genügen lässt, wenn eine der drei Tatbestandsalternativen erfüllt ist (Wortlaut: „oder“) – daher wird es sich um ein Redaktionsversehen handeln.

Dennoch lässt sich die Gesetzesbegründung in dieser Hinsicht nur begrenzt fruchtbar machen, wenn sie zur Auslegung herangezogen wird, denn im Rahmen der soeben teilweise zitierten Gesetzesbegründung ist eine weitere Auffälligkeit wenig nachvollziehbar: Dass der Begriff „Finanzinstrument“ keine Verwendung findet, wird damit begründet, dass es für die Frage danach, ob eine Mitteilungspflicht nach jener Vorschrift begründet ist, nur darauf ankommt, ob die Voraussetzungen des § 38 Abs. 1 Nummer 1 und[1579] 2 WpHG vorliegen. Herangezogen wird für diese Einschätzung Art. 13 Abs. 1b S. 1 lit. g (in dieser Arbeit als Art. 13 Abs. 1b UAbs. 1 lit. g bezeichnet).

Fragwürdig ist dies einerseits, da § 38 Abs. 1 Nr. 1 und 2 WpHG die Umsetzung von Art. 13 Abs. 1 UAbs. 1 lit a und b darstellt, auf dessen Voraussetzungen nicht „Art. 13 Abs. 1b S. 1 lit. g“ (Art. 13 Abs. 1b UAbs. 1 lit. g), sondern Art. 13 Abs. 1b UAbs. 1 Hs. 1 verweist. Andererseits müssen die Voraussetzungen des Art. 13 Abs. 1 UAbs. 1 lit. a oder b bei allen (Finanz-)Instrumenten des Art. 13 Abs. 1b UAbs. 1 vorliegen und nicht lediglich bei Art. 13 Abs. 1b UAbs. 1 lit. g - das Pendant zur Auflistung des Art. 13 Abs. 1b UAbs. 1 ist im nationalen Recht § 38 Abs. 2 WpHG (dazu sogleich). Weshalb der deutsche Gesetzgeber hier insoweit speziell auf „Art. 13 Abs. 1b S. 1 lit. g“ (Art. 13 Abs. 1b UAbs. 1 lit. g) verweist, bleibt sein Geheimnis – auch hier liegt ein redaktioneller Fehler nahe.

1577 Begr. RegE. TUG 2015, Drucks. 18/5010, S. 46.

1578 Zu Art. 13 Abs. 1 UAbs. 1 lit. a ab S. 261, zu Art. 13 Abs. 1 UAbs. 1 lit. b ab S. 314.

1579 Nach eben erfolgter Darstellung müsste es hier treffend in etwa heißen: „(…) die Nummer 1 lit. a oder b oder Nummer 2“, da die Voraussetzungen gerade nur alternativ, nicht kumulativ erfüllt sein müssen.

Jedenfalls kann der Gesetzesbegründung entnommen werden, dass die bisher von § 25 Abs. 1 WpHG a. F. erfassten Finanzinstrumente nach § 38 Abs. 1 S. 1 Nr. 1 WpHG weiterhin mitteilungspflichtig sind, sodass damit keine inhaltliche Änderung einhergeht.[1580] § 25 Abs. 1 WpHG a. F. war ursprünglich in Umsetzung der TrRL 2004 vorrangig für Rückforderungsansprüche des Darlehensgebers beim Wertpapierdarlehen[1581] sowie Rückkaufvereinbarungen (*repurchase agreements*[1582]) eingeführt worden.[1583] Der BaFin nach fallen alle bislang von § 25 Abs. 1 WpHG a. F. erfassten Finanzinstrumente und sonstigen Instrumente unter § 38 Abs. 1 S. 1 Nr. 1 WpHG.[1584]

Der neue § 38 Abs. 1 S. 1 Nr. 2 WpHG statuiert eine Mitteilungspflicht für Finanzinstrumente, die sich auf Aktien im Sinne des § 38 Abs. 1 S. 1 Nr. 1 WpHG beziehen und - kumulativ dazu - eine vergleichbare wirtschaftliche Wirkung haben wie die in § 38 Abs. 1 S. 1 Nr. 1 WpHG genannten Finanzinstrumente, unabhängig davon, ob sie einen Anspruch auf physische Lieferung einräumen oder nicht. Erfasst sind davon die bisher ausschließlich unter § 25a Abs. 1 WpHG a. F. fallenden Instrumente.[1585] Der - weitestgehend als Auffangtatbestand verstandene - § 25a Abs. 1 WpHG a. F. stellte auf ein „Ermöglichen" eines Aktienerwerbs ab[1586], während die TrRL 2013 eine „vergleichbare wirtschaftliche Wirkung" verlangt, welche auch in § 38 Abs. 1 S. 1 Nr. 2 WpHG Niederschlag gefunden hat und die vorangegangene Formulierung insoweit verdrängt.[1587]

1580 Begr. RegE. TUG 2015, BT-Drucks. 18/5010, S. 46; ebenso *Bosse* BB 2015, 747, 748.

1581 Siehe zur Definition ab S. 160.

1582 Siehe zur Definition ab S. 160.

1583 Begr. RegE. AnsFuG, BT-Drucks. 17/3628, S. 19; *Cascante/Bingel* NZG 2011, 1086 und 1092 f.; *Merkner/Sustmann* NZG 2010, 1170, 1172; *Parmentier* AG 2014, 15, 21.

1584 BaFin FAQ, S. 23 (39. Frage).

1585 Begr. RegE. TUG 2015, BT-Drucks. 18/5010, S. 46; BaFin FAQ, S. 23 (39. Frage); *Bosse* BB 2015, 746, 747; *Weidemann* NZG 2016, 605, 607. Zu Wandelschuldverschreibungen im Sinne des § 38 Abs. 1 S. 1 Nr. 2 WpHG *Korkmatz* WM 2017, 222, 225.

1586 Nach § 25a Abs. 1 S. 2 WpHG a. F. war ein Ermöglichen im Sinne des Satzes 1 der Norm insbesondere dann gegeben, wenn entweder „die Gegenseite des Inhabers ihre Risiken aus diesen Instrumenten durch das Halten von Aktien im Sinne des Satzes 1 ausschließen oder vermindern könnte", oder „die Finanzinstrumente oder sonstigen Instrumente ein Recht zum Erwerb von Aktien im Sinne des Satzes 1 einräumen oder eine Erwerbspflicht in Bezug auf solche Aktien begründen".

1587 In der Begründung zum Entwurf des AnsFuG, welches die TrRL 2004 umsetzte, heißt es: „Die Erweiterung ist erforderlich, um Transparenzlücken zu schließen und eine Umgehung der Mitteilungspflichten zu vermeiden", siehe Begr. RegE. AnsFuG, BT-Drucks. 17/3628, S. 19. Weil das Konzept der TrRL 2013 auf Vollharmonisierung beruht, konnte der deutsche Gesetzgeber die Norm insoweit nicht unangetastet

Inhaltliche Änderungen hinsichtlich der erfassten Instrumente stehen im Vergleich zu § 25a Abs. 1 WpHG a. F. indes nicht zu erwarten.[1588] Der Gesetzesbegründung zufolge sind deshalb insbesondere „Optionen, Terminkontrakte und Differenzgeschäfte (*contracts for difference*)" mitteilungspflichtig, wobei jedes fragliche Instrument (nach wie vor) einen (un-)mittelbaren Bezug zur betreffenden Aktie haben muss.[1589] Aufgrund der offenen Formulierung wird sich bei der Subsumtion das gleiche Problem offenbaren, wie es sich schon im Rahmen von Art. 13 Abs. 1 UAbs. 1 lit. b gezeigt hat[1590]: Die Reichweite der neuen Regelung im Detail zu bestimmen, wird der Praxis obliegen und muss sich vor allem an den Vorgaben auf Unionsebene orientieren, womit nicht nur Art. 13 TrRL 2013, sondern insbesondere auch die darauf gestützte ESMA-Liste[1591] sowie Delegierte Rechtsakte der Kommission gemeint sein dürften.[1592]

So übernahm der Gesetzgeber die unionsrechtliche Enumeration von Instrumenten des Art. 13 Abs. 1b UAbs. 1 lit. a bis g in § 38 Abs. 2 WpHG. Danach sind Instrumente im Sinne des § 38 Abs. 1 WpHG insbesondere übertragbare Wertpapiere (Nr. 1), Optionen (Nr. 2), Terminkontrakte (Nr. 3), Swaps (Nr. 4), Zinsausgleichsvereinbarungen (Nr. 5) und Differenzgeschäfte (Nr. 6).[1593] Dabei

---

lassen und musste sie aufgrund der Vorgaben des Art. 13 Abs. 1 UAbs. 1 lit. b, Abs. 1b UAbs. 1 überholen. Ausführlich zur Regelung des § 38 Abs. 1 S. 1 Nr. 2 WpHG abstrakt und mit Beispielen *Brellochs* AG 2016, 157, 165 ff.; ausgewählte Fallgruppen sind auch dargestellt bei *Weidemann* NZG 2016, 605, 608 ff. Dazu außerdem *Schilha* DB 2015, 1821, 1821.

1588 Begr. RegE. TUG 2015, BT-Drucks. 18/5010, S. 46; BaFin FAQ, S. 23 f. (40. Frage); *Rück/Heusel* NZG 2016, 897, 899; *Weidemann* NZG 2016, 605, 608. Vgl. auch *Burgard/Heimann* WM 2015, 1445, 1450; *Roth* GWR 2015, 485, 486; *Söhner* ZIP 2015, 2451, 2455; kritisch *Roth* GWR 2015, 485, 486; *Schilha* DB 2015, 1821, 1823; *Seibt/Wollenschläger* ZIP 2014, 545, 550; *Tautges* WM 2017, 512, 513 (in Bezug auf inhaltliche Änderungen bei Börsengängen). Vgl. auch Emittentenleitfaden BaFin, Entwurf 7/2018, S. 44 (I.2.8.1).

1589 Begr. RegE. TUG 2015, BT-Drucks. 18/5010, S. 46; BaFin FAQ, S. 23 f. (40. Frage). Bestimmte Vereinbarungen fallen indes nicht in den Anwendungsbereich der Norm, wobei eine erschöpfende Aufzählung der Fälle, die nicht unter die Mitteilungspflicht nach § 38 WpHG fallen, nicht möglich ist, vgl. BaFin FAQ, S. 24 f. (42. Frage) sowie dort S. 25 f. (42a. Frage). Vgl. auch Emittentenleitfaden BaFin, Entwurf 7/2018, S. 44 (I.2.8.1).

1590 Dazu ab S. 220 bzw. insbesondere ab S. 314.

1591 Zur ESMA-Liste ab S. 230.

1592 Begr. RegE. TUG 2015, BT-Drucks. 18/5010, S. 46.

1593 Nach der BaFin sind vor allem Optionen, Terminkontrakte und Differenzgeschäfte (*contracts for difference*) erfasst, vgl. BaFin FAQ, S. 23 f. (40. Frage). Zur

inkorporiert § 38 Abs. 2 WpHG, wie die europäische Vorlage, die Charakteristika einer offenen und dynamischen Regelung insofern, als sie (schon dem Wortlaut nach („insbesondere") nicht abschließend aufzählt, welche Instrumente für § 38 Abs. 1 WpHG infrage kommen.[1594] Nach dem Wortlaut und vor allem dem unionsrechtlichen Vorbild des Art. 13 Abs. 1 UAbs. 1, Abs. 1b UAbs. 2 kann es lediglich darauf ankommen, ob ein Instrument die Voraussetzungen des § 38 Abs. 1 WpHG erfüllt und gerade nicht auf eine wie auch immer geartete explizite Erwähnung durch das Gesetz in § 38 Abs. 2 WpHG oder durch die BaFin.[1595]

So kann es - entgegen der Gesetzesbegründung[1596] - auf nationaler Ebene bei unionskonformer Auslegung der Norm nicht allein der zuständigen Bundesanstalt (in Deutschland die BaFin) obliegen, zu bestimmen, welche weiteren Instrumente nach nationalem Recht mitteilungspflichtig sind. Dies entspricht auch dem Selbstverständnis der BaFin, die sich nach eigenen Angaben außerstande sieht, eine abschließende Aufzählung der nach § 38 Abs. 1 WpHG mitteilungspflichtigen Instrumente zu veröffentlichen.[1597]

Vielmehr kann die BaFin lediglich unter Berücksichtigung der europäischen Vorgaben, insbesondere solcher der ESMA, Konkretisierungen formulieren. Die BaFin sollte den Tatbestand daher mittels Gesetzesexegese durch Fallgruppen präzisieren[1598], sodass im Umgang mit der kapitalmarktrechtlichen

---

Ungewissheit einer Mitteilungspflicht in Bezug auf Aktienerwerbsmöglichkeiten im Rahmen von Gesellschaftervereinbarungen (insbesondere Andienungs- und Vorkaufsfälle) ausführlich *Dietrich* WM 2016, 1577, 1577 ff.; *Rück/Heusel* NZG 2016, 897, 900 ff.; dazu auch das VG Frankfurt a. M., Urt. vom 4.11.2015 - 7 K 4703/15 = NZG 2016, 913, 918.

1594 Begr. RegE. TUG 2015, BT-Drucks. 18/5010, S. 46 f.; *Rück/Heusel* NZG 2016, 897, 899. Zur offen gestalteten Regelung im Rahmen der TrRL 2013 ab S. 228.

1595 Vgl. *Rück/Heusel* NZG 2016, 897, 899; zur entsprechenden Regelungssystematik des Art. 13 TrRL 2013 ab S. S. 228.

1596 So jedoch Begr. RegE. TUG 2015, BT-Drucks. 18/5010, S. 47.

1597 BaFin FAQ, S. 24 (41. Frage). Im Emittentenleitfaden BaFin, Entwurf 7/2018, S. 44 (I.2.8.1) formuliert die BaFin: „Eine abschließende Aufzählung der von § 38 WpHG erfassten Finanzinstrumente ist nicht möglich. Die
Aufzählung des Art. 13 Abs. 1b der TRL-ÄndRL, die im § 38 Abs. 2 WpHG aufgenommen wurde, hat keinen Anspruch auf Vollständigkeit. Ebenso ist die seitens ESMA geführte und veröffentlichte indikative Liste von meldepflichtigen Finanzinstrumenten („Indicative list of financial instruments that are subject to notification requirements according to Article 13(1b) of the revised Transparency Directive") nicht abschließend."

1598 BaFin FAQ, S. 24 (41. Frage). So schon zu § 25a WpHG a. F. *Heinrich* in Kölner Kommentar WpHG, 2. Auflage 2014, § 25a Rn. 37. Die BaFin geht im Emittentenleitfaden

Beteiligungstransparenz Rechtssicherheit hergestellt wird und den Betroffenen bestenfalls zweifelsfrei klar ist, welche Norm welches Instrument erfasst.[1599]

Besondere Beachtung sollte dabei der ESMA-Liste zuteilwerden, welche voraussichtlich fortlaufend aktualisiert wird und somit teilweise Anpassungen der Rechtsordnungen in den Mitgliedstaaten erforderlich machen dürfte.[1600] Zu befürchten ist indes zumindest vorläufig, dass der (unionsrechtlich vorgegebene) konturenlose Tatbestand vor allem angesichts der drohenden Sanktionen bei missachteten Mitteilungspflichten zu einer erheblichen Erhöhung der Anzahl der Mitteilungen führen wird.[1601]

§ 38 Abs. 1 S. 2 WpHG regelt nunmehr, dass der auf Art. 11 TrRL 2004 zurückgehende § 36 WpHG künftig nicht mehr nur auf Instrumente gemäß § 38 Abs. 1 S. 1 Nr. 1 WpHG (bisher von § 25 Abs. 1 WpHG a. F. erfasste Finanzinstrumente), sondern auch auf solche mit Barausgleich Anwendung findet.[1602]

b) *Berechnung und Formalia bei Finanzinstrumenten gemäß § 38 WpHG*

In Umsetzung des Art. 13 Abs. 1a UAbs. 1 S. 1 bis 4 TrRL 2013 wurde § 38 Abs. 3 WpHG gänzlich neu gefasst. Im Vergleich zur bisherigen Rechtslage wird deutlich, dass von nun an eine Delta-adjustierte Berechnung von Stimmrechten bei Instrumenten mit Barausgleich erfolgt und nicht mehr wie bisher ein fixer Delta-Wert von 1 zugrunde gelegt wird.[1603] Die Einzelheiten zur Berechnung sind den RTS[1604] zu entnehmen, die hier durch den Verweis in § 38 Abs. 3 S. 3 und 4 WpHG unmittelbar gelten.[1605]

---

auf typische Fallkonstellationen und Instrumente ein, siehe Emittentenleitfaden BaFin, Entwurf 7/2018, S. 44 bis 49 (I.2.8.1 bis I.2.8.3).

1599 *Weidemann* NZG 2016, 605, 608.

1600 BaFin FAQ, S. 24 (41. Frage); ähnlich *Weidemann* NZG 2016, 605, 608. Eine faktische Bindungswirkung jener Liste erkennt *Brellochs* AG 2016, 157, 165 sowie *Schilha* DB 2015, 1821, 1823; zur ESMA-Liste ab S. 230.

1601 Mit einer Untersuchung dazu *Veil* ZHR 2013, 427, 432. Zur vergleichbaren Problematik im Rahmen des AnsFuG schon *Teichmann/Epe* WM 2010, 1477, 1481 f.

1602 Begr. RegE. TUG 2015, BT-Drucks. 18/5010, S. 47 (zu beachten ist, dass § 25 (inzwischen § 38) Abs. 1 S. 2 WpHG in der Gesetzesbegründung wohl irrtümlich als § 25 (inzwischen § 38) Abs. 1 S. 3 WpHG bezeichnet wurde).

1603 Begr. RegE. TUG 2015, BT-Drucks. 18/5010, S. 47; BaFin FAQ, S. 28 (44. Frage); zur europäischen Vorgabe ab S. 359.

1604 Zu den von der ESMA vorgeschlagenen und inzwischen von der Kommission verabschiedeten RTS (*regulatory technical standards*) (siehe Delegierte VO 2015/761/EU) ab S. 338.

1605 Begr. RegE. TUG 2015, BT-Drucks. 18/5010, S. 47 (zu beachten ist, dass § 25 (inzwischen § 38) Abs. 3 S. 3 und 4 WpHG in der Gesetzesbegründung wohl irrtümlich als § 25 Abs. 4 WpHG bezeichnet wurden).

§ 38 Abs. 4 S. 1 WpHG ist in Umsetzung von Art. 13 Abs. 1a UAbs. 1 S. 3 TrRL 2013 neu eingeführt worden und bestimmt, dass sämtliche Instrumente, die sich auf ein und denselben Emittenten beziehen, zusammenzurechnen sind.[1606] Während das unionsrechtliche Vorbild bestimmt, dass derartige Instrumente „zusammenzurechnen und mitzuteilen" sind, verzichtet der deutsche Gesetzgeber auf den erneuten Hinweis zur Mitteilungspflicht vermutlich deshalb, weil sich die diese ohnehin aus § 38 Abs. 1 WpHG (unter Umständen in Verbindung mit Abs. 2 der Norm) ergibt. § 38 Abs. 4 S. 2 WpHG stellt die Umsetzung von Art. 13 Abs. 1a UAbs. 1 S. 4 TrRL 2013 dar und stellt klar, dass Erwerbspositionen nicht mit Veräußerungspositionen verrechnet werden dürfen.[1607] Die Norm auf europäischer Ebene regelt konkretisierend, dass dies lediglich Positionen betrifft, die sich auf ein und denselben Emittenten beziehen. Zur Klarstellung hätte der deutsche Gesetzgeber die Formulierung des Art. 13 Abs. 1a UAbs. 1 S. 4 TrRL 2013 schlicht übernehmen können, offenbar war er jedoch der Ansicht, dass sich eine andere Verrechnung schon logisch ausgeschlossen ist und insofern kein Regelungsbedarf besteht.

Schließlich enthält § 38 Abs. 5 S. 1 WpHG die Verordnungsermächtigung, die bisher in § 38 Abs. 3 S. 1 WpHG enthalten war und erlaubt dem dort ermächtigten Bundesministerium der Finanzen, jene Verordnungsermächtigung auf die BaFin zu übertragen, soweit die Art und die Form der Mitteilung nach § 38 Abs. 1 WpHG betroffen sind.

c) Zusammenrechnung gemäß § 39 WpHG

§ 39 WpHG wurde gänzlich neu gefasst und beinhaltet nicht mehr wie bisher Regelungen zu Mitteilungspflichten beim Halten von weiteren Finanzinstrumenten und sonstigen Instrumenten, sondern in Abs. 1 WpHG Mitteilungspflichten bei Zusammenrechnung von Instrumenten im Sinne der §§ 33, 34, 38 WpHG sowie eine Verordnungsermächtigung in Abs. 2.

1606 Die Gesetzesbegründung bezieht zu § 25 (inzwischen § 38) Abs. 4 WpHG zwar Stellung, meint in jenem Fall allerdings § 25 (inzwischen § 38) Abs. 3 S. 3 und 4 WpHG, sodass eine inhaltliche Bezugnahme auf § 25 (inzwischen § 38 WpHG) Abs. 4 WpHG gänzlich fehlt, siehe Begr. RegE. TUG 2015, BT-Drucks. 18/5010, S. 47.

1607 So auch Emittentenleitfaden BaFin, Entwurf 7/2018, S. 17 (I.2.3.5). Ausnahmen werden jedoch unter anderem bei taggleichem Überschreiten und Unterschreiten einer bestimmten Schwelle gemacht, vgl. dort S. 17 (I.2.3.5) sowie S. 18 (I.2.4); nicht zulässig bleibt die Saldierung von Long- und Short-Positionen, etwa Call- und Put-Optionen (§ 38 Abs. 4 Satz 2 WpHG), vgl. dort S. 49 (I.2.8.2).

Auf Grund der Erfassung sämtlicher mitteilungspflichtiger Instrumente in § 38 Abs. 1 S. 1 WpHG beschränkt sich die Mitteilungspflicht nach § 39 Abs. 1 WpHG auf die Summe der nach §§ 33, 34 und 38 WpHG mitzuteilenden Stimmrechtsanteile, sofern eine entsprechende Schwellenberührung von 5 Prozent oder mehr vorliegt.[1608] So kommt nach wie vor eine gleichzeitige Mitteilungspflicht aus §§ 33, 34 oder § 38 WpHG einerseits und § 39 WpHG andererseits in Betracht.[1609] Um zu vermeiden, dass ein unzutreffendes Bild der tatsächlichen Beteiligungen entsteht, werden ein und dieselben Stimmrechte, die gleichzeitig unter mehrere Zurechnungs- oder Mitteilungstatbestände fallen, nicht kumuliert.[1610] Die Mitteilungspflicht nach § 39 WpHG greift somit zukünftig als ein reiner Aggregationstatbestand ein.[1611] Eine Zusammenrechnung nach § 39 WpHG findet im Übrigen auch dann statt, wenn nur Instrumente im Sinne der §§ 33, 34 WpHG oder solche nach § 38 WpHG vorliegen.[1612]

§ 39 Abs. 2 S. 1 WpHG enthält, parallel zu § 38 Abs. 5 S. 1 WpHG, die Verordnungsermächtigung des bisherigen § 25a Absatz 4 WpHG a. F., soweit die TrRL 2013 einen Spielraum für die nationalen Gesetzgeber belässt. § 39 Abs. 2 S. 2 WpHG räumt, spiegelbildlich zu § 38 Abs. 5 S. 2 WpHG, dem Bundesministerium der Finanzen die Übertragung der eingeräumten Ermächtigung auf die BaFin ein, soweit die Art und die Form der Mitteilung nach § 39 Abs. 1 WpHG betroffen ist.

IV. Zwischenergebnis

Nach Umsetzung der TrRL 2013 ist die Definition des Finanzinstruments des § 2 Abs. 2b WpHG a. F. für Finanzinstrumente nach Art. 13 TrRL 2013, nun als „Instrumente" im Rahmen des WpHG betitelt, nicht mehr von großer Relevanz, da die Begriffe, durch die Entscheidung des Gesetzgebers intendiert, voneinander entkoppelt wurden.

Nach dem TUG 2007 ließen sich zwei Säulen von Mitteilungspflichten erkennen. Die erste Säule betraf dingliche Rechtsänderungen in Bezug auf Stimmrechte gemäß §§ 21, 22 WpHG a. F. Die zweite Säule statuierte eine Mitteilungspflicht

---

1608 Begr. RegE. TUG 2015, BT-Drucks. 18/5010, S. 47; BaFin FAQ, S. 29 (46. Frage).

1609 Begr. RegE. TUG 2015, BT-Drucks. 18/5010, S. 47.

1610 Begr. RegE. TUG 2015, BT-Drucks. 18/5010, S. 47; BaFin FAQ, S. 29 (46. Frage). Zulässig hingegen soll die untertägige Kumulierung bzw. Saldierung von Schwellenberührungen sein, vgl. Emittentenleitfaden BaFin, Entwurf 7/2018, S. 50 (I.2.9.1).

1611 So auch Emittentenleitfaden BaFin, Entwurf 7/2018, S. 50 (I.2.9.1).

1612 BaFin FAQ, S. 29 (46. Frage); *Tautges* WM 2017, 512, 512.

für Finanzinstrumente und sonstige Finanzinstrumente, die ein Recht zum Aktienerwerb einräumten. Mit dem AnsFuG kam eine dritte Säule hinzu: Nunmehr waren auch Finanzinstrumente sowie sonstige Finanzinstrumente mitteilungspflichtig, mit denen eine faktische oder wirtschaftliche Möglichkeit zum Aktienerwerb verknüpft war, § 25a WpHG a. F.

Mit dem TUG 2015 ist dieses „Dreisäulensystem" modifiziert worden, indem die ehemals zweite und dritte Säule nun zusammengelegt und – nach numerischer Neuordnung durch das 2. FiMaNoG – geschlossen in § 38 WpHG geregelt sind. Von nun an ist die Mitteilungspflicht bei Stimmrechten aus Aktien in § 33 WpHG, die Mitteilungspflicht für sämtliche mitteilungspflichtigen Instrumente in § 38 WpHG und die Mitteilungspflicht für die Summe der nach § 33 und § 38 WpHG gehaltenen Anteile in § 39 WpHG geregelt.

§ 33 WpHG ist dabei nicht grundlegend reformiert worden. Neu ist jedoch eine Regelung hinsichtlich des Zeitpunkts, zu dem die Mitteilungspflicht gemäß § 33 Abs. 1 WpHG ausgelöst wird, geregelt in § 33 Abs. 3 WpHG. Rechtstechnischer Anknüpfungspunkt ist das „Gehören" im Sinne von Abs. 1 S. 1, § 34 Abs. 1 S. 1 Nr. 1 und 2 und § 44 WpHG. Für die Zwecke der Auslösung einer Mitteilungspflicht wird der Begriff „gehören" nicht - wie bisher - an die sachenrechtliche Übereignung geknüpft, sondern an das Bestehen eines auf Übertragung von Aktien gerichteten unbedingten und ohne zeitliche Verzögerung zu erfüllenden Anspruchs.

Die Neuregelung der §§ 38 WpHG und 39 WpHG setzen die Art. 13 und 13a der TrRL 2013 um. § 38 WpHG regelt die Mitteilungspflicht für sämtliche mitteilungspflichtigen Instrumente und § 39 WpHG eine Mitteilungspflicht für die Summe der nach § 33 und § 38 WpHG gehaltenen Anteile. Die Mitteilungspflicht nach § 38 Abs. 1 S. 1 Nr. 1 WpHG ist an Art. 13 Abs. 1b UAbs. 1 lit. a TrRL 2013 angelehnt und gilt für unmittelbare oder mittelbare Inhaber von Instrumenten, die dem Inhaber entweder bei Fälligkeit ein unbedingtes Recht auf Erwerb mit Stimmrechten verbundener und bereits ausgegebener Aktien eines Emittenten, für den die Bundesrepublik Deutschland der Herkunftsstaat ist (§ 38 Abs. 1 S. 1 Nr. 1 lit. a WpHG), oder ein Ermessen in Bezug auf sein Recht auf Erwerb dieser Aktien verleihen (§ 38 Abs. 1 S. 1 Nr. 1 lit. b WpHG).

Für die bisher von § 25 Abs. 1 WpHG a. F. erfassten Finanzinstrumente besteht der Gesetzesbegründung zufolge nach wie vor eine Mitteilungspflicht nach § 38 Abs. 1 S. 1 Nr. 1 WpHG, sodass die Neufassung keine inhaltlichen Änderungen mit sich bringt.

Die neue Regelung des § 38 Abs. 1 S. 1 Nr. 2 WpHG orientiert sich an Art. 13 Abs. 1 UAbs. 1 lit. b und sieht eine Mitteilungspflicht für Finanzinstrumente vor, die sich auf Aktien im Sinne des § 38 Abs. 1 S. 1 Nr. 1 WpHG beziehen und darüber hinaus eine vergleichbare wirtschaftliche Wirkung haben wie die in § 38 Abs. 1 S. 1 Nr. 1 WpHG genannten Finanzinstrumente, unabhängig davon, ob sie einen Anspruch auf physische Lieferung einräumen oder nicht. § 38 Abs. 1 S. 1 Nr. 2 WpHG zielt damit jedenfalls auf die bisher ausschließlich § 25a Abs. 1 WpHG a. F. subsumierten Instrumente ab. Im Übrigen wird sich angesichts der offenen Formulierung das gleiche Problem offenbaren, wie es sich schon im Rahmen von Art. 13 Abs. 1 UAbs. 1 lit. b gezeigt hat.[1613]

Auch § 39 WpHG ist neu gefasst worden und thematisiert nunmehr in § 39 Abs. 1 WpHG Mitteilungspflichten bei Zusammenrechnung von Instrumenten im Sinne der §§ 33, 34 und § 38 WpHG sowie eine Verordnungsermächtigung in § 39 Abs. 2 WpHG.

Zu resümieren bleibt im Übrigen, dass das neue Publizitätsregime der §§ 33 ff. WpHG aus rechtsstaatlichem Blickwinkel nicht makellos ist.[1614] Das Sanktionsregime wurde enorm verschärft; es entspricht den unionsrechtlichen Vorgaben, die auch aus der MAR und der MiFID II stammen.[1615] Dass die Mitteilungspflichten nach den §§ 33 ff. WpHG bewusst weit formuliert wurden, ist grundsätzlich deshalb zu begrüßen, weil die Finanzmarktalchemie stetig neue Wege, vorbei an den Mitteilungspflichten, zu ergründen versucht. Allerdings entsteht dadurch auch Rechtsunsicherheit, während parallel dazu die Verletzung dieser dynamisch und insofern offen gefassten Meldetatbestände mit verschärften Sanktionen geahndet werden.[1616] Wünschenswert, wenn nicht unerlässlich ist daher eine rechtssichere Formulierung der Vorschriften bzw. Handhabe auf unionsrechtlicher Ebene durch die ESMA und nationalrechtlicher Ebene durch die BaFin.[1617]

1613 Als „wünschenswert, gar unerlässlich" bezeichnet wird daher eine rechtssichere Formulierung der Vorschriften bzw. Handhabe auf unionsrechtlicher Ebene durch die ESMA und nationalrechtlicher Ebene durch die BaFin, vgl. *Weidemann* NZG 2016, 605, 607.

1614 Kritisch hierzu auch *Brellochs* AG 2016, 157, 165 f.; *Schilha* DB 2015, 1821, 1822; *Weidemann* NZG 2016, 605, 607.

1615 *Weidemann* NZG 2016, 605, 607.

1616 Kritisch hierzu auch *Brellochs* AG 2016, 157, 165 f.; *Weidemann* NZG 2016, 605, 607. Es wurden sogar starke Zweifel an der Einhaltung des Bestimmtheitsgebots nach Art. 103 Abs. 2 GG mit Blick auf die verschärften strafrechtlichen Sanktionen geäußert, was die Formulierung des § 38 Abs. 1 Nr. 2 WpHG betrifft („vergleichbare wirtschaftliche Wirkung") und insofern als „ungenügend" bezeichnet, vgl. *Schilha* DB 2015, 1821, 1822.

1617 Ähnlich auch *Weidemann* NZG 2016, 605, 607.

Teil III Ergebnis und de lege ferenda

Kapitel 1 Zusammenfassung

Durch bestimmte wirtschaftliche und rechtliche Gestaltungen trat in den vergangenen Jahren das Phänomen des *hidden ownership* auf dem Kapitalmarkt zutage. Insbesondere bestimmte Finanzinstrumente, die keiner Publizitätspflicht unterlagen, begünstigten die Entwicklung der Problematik des *hidden ownership*. Die im Rahmen dessen genutzten Finanzinstrumente ermöglichten einen heimlichen Beteiligungsaufbau an Unternehmen („Anschleichen"), der insbesondere im Lichte der unionsrechtlichen Beteiligungspublizität Gegenstand dieser Arbeit ist.[1618] Im Zentrum der Untersuchung steht wegen Novellierung der TrRL 2004 durch die ÄnderungsRL 2013 die Frage danach, welche Finanzinstrumente nunmehr mitteilungspflichtig sind und damit, welche Änderungen die neue Richtlinie bewirkt hat.

Der rechtlichen Betrachtung vorangestellt ist in Teil I, Kapitel 3 eine Auseinandersetzung mit den (ökonomischen) Begriffen des Kapitalmarkts[1619] sowie des Finanzinstruments[1620]. Insbesondere wurde letzterer aus Perspektive des Unionsrechts und des deutschen Rechts beleuchtet, bevor eine Wortexegese vorgenommen wurde, um sich dem Begriffsinhalt anzunähern. Angesichts der unbefriedigenden Definitionen wurde anschließend spezifizierend dargelegt, dass Finanzinstrumente sich zumindest grundlegend durch gewisse Eigenschaften auszeichnen.[1621] Im Anschluss daran wurde der Versuch einer typologischen Einordnung diverser Finanzinstrumente unternommen, um diese an späterer Stelle fruchtbar machen zu können.[1622] Diese Kategorisierung eröffnete an späterer Stelle die Möglichkeit, Aussagen darüber treffen zu können, ob Finanzinstrumente bestimmter Kategorien Mitteilungspflichten nach der TrRL 2013 unterfallen bzw. diesen nur unter gewissen Umständen oder definitiv nicht unterfallen.

Nach Teil II Kapitel 1 war festzustellen, dass schon vor Erlass der neuen ÄnderungsRL 2013 Ziel der Regelungen zur Beteiligungstransparenz war, die Aktionärsstruktur, Beherrschungsverhältnisse und Veränderungen maßgeblicher Beteiligungen bei Emittenten, deren Aktien an einem geregelten Markt gehandelt

1618 Zu *hidden ownership* bzw. dem „Anschleichen" ab S. 59.
1619 Zum Begriff des Kapitalmarkts aus ökonomischer Perspektive ab S. 77.
1620 Zum Begriff des Finanzinstruments aus ökonomischer Perspektive ab S. 81.
1621 Zu Eigenschaften von Finanzinstrumenten ab S. 99.
1622 Zur typologischen Einordnung von Finanzinstrumenten ab S. 117.

werden, offenzulegen.[1623] Dies galt seit der TrRL 2004 auch für Finanzinstrumente. Diese Richtlinie verlangte jedoch gerade nicht die Mitteilung bestimmter Arten von Finanzinstrumenten. Dazu zählten solche, die erst noch zu einem Recht auf Erwerb von Stimmrechten führen und so dazu genutzt werden konnten, Beteiligungen an börsennotierten Gesellschaften aufzubauen. Finanzinstrumente, die ihrem Inhaber direkt oder indirekt zwar den Erwerb entsprechender Aktien ermöglichten, ihm aber keinen Anspruch darauf einräumten, unterlagen somit nach der TrRL 2004 gerade keiner Mitteilungspflicht.[1624] Dies betraf gleichermaßen Finanzinstrumente, die lediglich einen Barausgleich vorsahen. In Ermangelung einer entsprechenden Offenlegungspflicht war deshalb der Weg für den Aufbau verdeckter Positionen bereitet. Umgehungspraktiken konnten deshalb legitim genutzt werden, um unbemerkt bedeutende Aktienpakete zusammenzutragen und so die Übernahme eines Unternehmens zu erleichtern. Ein unbemerktes „Anschleichen" – insbesondere im Rahmen von Übernahmetransaktionen – war damit vorprogrammiert und in der Praxis, wie dargelegt, keine Seltenheit.[1625]

Als neues Regulierungsinstrument sollte eine überholte Richtlinie dienen, welche schließlich am 22.10.2013 als ÄnderungsRL 2013 verabschiedet wurde.[1626] Grundlegende Reform erfuhren dabei hinsichtlich der Beteiligungstransparenz drei Themenkomplexe: Zum einen betraf dies infolge der Rechtszersplitterung innerhalb der Union die Vorgaben zur (teilweisen) Harmonisierung, wodurch die Rechtssicherheit verbessert, die Transparenz gesteigert und der Verwaltungsaufwand für grenzüberschreitend agierende Investoren verringert werden sollte. Zum anderen wurden die Regelungen für Mitteilungspflichten hinsichtlich innovativer Finanzinstrumente und der damit verbundene mangelhafte Umgehungsschutz verschärft, außerdem wurde das bis dahin nicht allzu strenge Sanktionsregime überarbeitet.[1627]

Nach Teil II Kapitel 2 ließ sich resümieren, dass das Publizitätsregime in Bezug auf Finanzinstrumente durch die ÄnderungsRL 2013 sehr einschneidende Änderungen erfahren hat. Grund dafür war die bereits erwähnte Regelungslücke bei

1623 Zu den Zielen der Regelungen zur Beteiligungstransparenz unter der TrRL 2004 ab S. 180.

1624 Zur unzureichenden Beteiligungstransparenz unter der TrRL 2004 ab S. 192.

1625 Zur unzureichenden Beteiligungstransparenz unter der TrRL 2004 ab S. 192.

1626 Zur Genese der unionsrechtlichen Beteiligungstransparenz ab dem Jahr 2004 ab S. 198.

1627 Zu den überarbeiteten Vorschriften der Mitteilungspflichten bei Finanzinstrumenten unter der TrRL 2013 ab S. 207.

den Mitteilungspflichten von Finanzinstrumenten. Deshalb sollte der Begriffsgehalt des Finanzinstruments im Sinne des Art. 13 erweitert werden, sodass von dieser Regelung insbesondere alle Finanzinstrumente erfasst sein sollten, die eine dem Halten von Aktien oder Aktienbezugsrechten vergleichbare wirtschaftliche Wirkung haben.[1628]

Art. 13 Abs. 1 untergliedert sich nunmehr jedoch in UAbs. 1 und 2, wobei UAbs. 1 der Norm sich seinerseits in lit. a und b unterteilt, worin jeweils eine Definition solcher Finanzinstrumente enthalten ist, die von der Mitteilungspflicht erfasst sind.

Nach Art. 13 Abs. 1 UAbs. 1 lit. a Alt. 1 besteht danach - wie bisher in Art. 13 Abs. 1 TrRL 2004 - eine Mitteilungspflicht für Personen, die direkt oder indirekt Finanzinstrumente halten, die dem Inhaber (nunmehr) „bei Fälligkeit" im Rahmen einer förmlichen Vereinbarung das (nunmehr) „unbedingte" Recht auf Erwerb mit Stimmrechten verbundener und bereits ausgegebener Aktien eines Emittenten, die an einem geregelten Markt zugelassen sind, verleihen.

Art. 13 Abs. 1 UAbs. 1 lit. a Alt. 2 erweitert diese Mitteilungspflicht für die gleichen Adressaten auf all jene Finanzinstrumente, welche ein Ermessen in Bezug auf das Recht auf Erwerb derartiger Aktien verleihen.[1629]

Art. 13 Abs. 1 UAbs. 1 lit. b TrRL 2013 statuiert eine Mitteilungspflicht für Inhaber von Finanzinstrumenten, welche nicht von Art. 13 Abs. 1 UAbs. 1 lit. a erfasst sind, sich aber auf dort genannte Aktien - dies meint mit Stimmrechten verbundene und bereits ausgegebene Aktien eines Emittenten, die an einem geregelten Markt zugelassen sind - beziehen. Als ergänzende Voraussetzung wird eine den in lit. a aufgeführten Finanzinstrumenten „vergleichbare wirtschaftliche Wirkung" gefordert. Im Übrigen ist die Qualifizierung als Finanzinstrument im Rahmen von lit. b unabhängig von einem Anspruch auf physischen Ausgleich.[1630]

Es drängte sich folglich insbesondere die Frage danach auf, was nunmehr unter dem Begriff „Finanzinstrument" zu verstehen ist. Mit Art. 13 TrRL 2013 ist ein neuer, von anderen Unionsrechtsakten unabhängiger und damit eigener Finanzinstrumentebegriff geschaffen worden.[1631] Dazu enthält Art. 13 Abs. 1b UAbs. 1 lit. a bis g eine Enumeration infrage kommender Erscheinungsformen solcher Instrumente. Insbesondere, da Art. 13 Abs. 1b UAbs. 1 lit. g „alle anderen

---

1628 Zu Art. 13 TrRL 2013 ab S. 220.

1629 Zu Art. 13 TrRL 2013 ab S. 220. Zu Art. 13 Abs. 1 UAbs. 1 lit. a ausführlich ab S. 261.

1630 Zu Art. 13 TrRL 2013 ab S. 220. Zu Art. 13 Abs. 1 UAbs. 1 lit. b ausführlich ab S. 314.

1631 Zum neuen Begriff des Finanzinstruments ab S. 220.

Kontrakte oder Vereinbarungen mit vergleichbarer wirtschaftlicher Wirkung, die physisch oder bar abgewickelt werden können", erfasst, scheint der Anwendungsbereich sehr weit. Eine Mitteilungsplicht besteht jedoch für ein Finanzinstrument stets nur dann, wenn die in Art. 13 Abs. 1 UAbs. 1 lit. a oder b genannten Bedingungen erfüllt sind.[1632] Überdies ist der ESMA durch Art. 13 Abs. 1b UAbs. 2 die Befugnis und Aufgabe übertragen, im Rahmen einer Liste weitere Instrumente zu bezeichnen, die (unter den Umständen des Art. 13 Abs. 1 UAbs. 1 lit. a oder b) als solche gemäß Art. 13 Abs. 1 UAbs. 1 betrachtet werden können. Weder der Aufzählung in Art. 13 Abs. 1b UAbs. 1 lit. a bis g noch derjenigen der inzwischen veröffentlichten ESMA-Liste kann oder soll dabei abschließende Wirkung zukommen.[1633]

Angesichts der hohen Relevanz von Art. 13 Abs. 1 UAbs. 1 lit. a und b wurden diese Regelungen anschließend einer detaillierten Betrachtung unterzogen.[1634] Art. 13 Abs. 1 UAbs. 1 lit. a TrRL 2013 statuiert eine Mitteilungspflicht für jede natürliche oder juristische Person, die direkt oder indirekt ein Finanzinstrument hält, welches dem Inhaber das unbedingte Recht auf Erwerb von Aktien (Art. 13 Abs. 1 UAbs. 1 lit. a Alt. 1) oder eine Ermessensbefugnis in Bezug auf sein Recht auf Erwerb derartiger Aktien verleiht (Art. 13 Abs. 1 UAbs. 1 lit. a Alt. 2).

Nach der ESMA müssen von Art. 13 Abs. 1 UAbs. 1 lit. a erfasste Finanzinstrumente erstens dem Inhaber das unbedingte Recht auf Erwerb mit Stimmrechten verbundener und bereits ausgegebener Aktien eines Emittenten, dessen Aktien zum Handel an einem geregelten Markt zugelassen sind, oder aber ein Ermessen in Bezug auf sein Recht auf Erwerb dieser Aktien verleihen, zweitens muss ein solches Recht bei Fälligkeit (des Erwerbsrechts) eingeräumt sein und dieses drittens auf einer förmlichen, das heißt rechtlichen bindenden Vereinbarung basieren.

Zentraler Anknüpfungspunkt einer jeden Vereinbarung im Rahmen des Art. 13 Abs. 1 UAbs. 1 lit. a ist damit die mit einem Stimmrecht verbundene (unionsrechtlich nicht weiter spezifizierte) Aktie.[1635]

Derartige Aktien können Gegenstand verschiedenster Finanzinstrumente sein, welche damit potenziell Art. 13 Abs. 1 UAbs. 1 lit. a unterfallen. Art. 13

1632 Zu Art. 13 Abs. 1b UAbs. 1 TrRL 2013 ab S. 228.

1633 Zur ESMA-Liste ab S. 230.

1634 Zu Art. 13 Abs. 1 UAbs. 1 lit. a ausführlich ab S. 261, zu Art. 13 Abs. 1 UAbs. 1 lit. b ausführlich ab S. 314.

1635 Zur Aktie im Sinne des Art. 13 Abs. 1 UAbs. 1 lit. a ab S. 265.

führt dazu beispielhaft mehrere Finanzinstrumente an. Gemäß Art. 13 Abs. 1b UAbs. 1 lit. a bis f waren insbesondere „übertragbare Wertpapiere“, „Optionen“, „Terminkontrakte“, „Swaps“, „Zinsausgleichvereinbarungen“ und „Differenzgeschäfte“ in Hinblick auf die Mitteilungspflicht nach Art. 13 Abs. 1 UAbs. 1 lit. a zu beleuchten, während sich dem Auffangtatbestand des Art. 13 Abs. 1b UAbs. 1 lit. g später gewidmet wurde.[1636] Dabei trat zutage, dass unterschiedlichste Variationen von Finanzinstrumenten, die zum Großteil in Teil I der Arbeit beschrieben wurden, einer Mitteilungspflicht unterliegen. Insbesondere gilt dies für die von Art. 13 Abs. 1b UAbs. 1 lit. a bis g und Nr. 3 lit. a bis j ESMA-Liste aufgeführten Finanzinstrumente – stets vorausgesetzt, dass die Bedingungen des Art. 13 Abs. 1 UAbs. 1 lit. a Alt. 1 oder 2 erfüllt sind.

Die neu geschaffene Erweiterung der Norm in Art. 13 Abs. 1 UAbs. 1 lit. b belegt solche Finanzinstrumente mit einer Mitteilungspflicht, die nicht von lit. a desselben Unterabsatzes erfasst sind, sich allerdings auf dort genannte Aktien beziehen und – unabhängig von der Einräumung eines Anspruchs auf physische Abwicklung – eine vergleichbare wirtschaftliche Wirkung wie die von Art. 13 Abs. 1 UAbs. 1 lit. a erfassten Finanzinstrumente aufweisen.[1637] Da ausweislich des Wortlauts auch Finanzinstrumente mit Barausgleich erfasst sind, bedarf es keiner Einräumung eines Rechts auf Erwerb bzw. Ermessens in Bezug auf ein Recht zum Erwerb von Aktien.

Wie jedoch die vergleichbare wirtschaftliche Wirkung zu definieren ist, beantwortet das sekundäre Unionsrecht leider nicht.[1638] Nach den Erwägungen der ESMA müssen die hier erfassten Finanzinstrumente diverse Anforderungen erfüllen[1639]: Erstens dürfen sie nicht bereits von Art. 13 Abs. 1 UAbs. 1 lit. a erfasst sein, zweitens müssen sie einen Bezug zu mit Stimmrechten verbundenen und bereits ausgegebenen Aktien eines Emittenten, dessen Aktien zum Handel an einem geregelten Markt zugelassen sind, haben und drittens eine vergleichbare wirtschaftliche Wirkung wie Ansprüche auf Erwerb von Aktien aufweisen.

Eine derartige vergleichbare wirtschaftliche Wirkung ist nach der ESMA gegeben, wenn sie der wirtschaftlichen Wirkung von Erwerbsrechten in Bezug auf Aktien entspricht, womit gemeint ist, dass der Inhaber eines Finanzinstruments von Kursaufwärtsbewegungen profitiert bzw. sich Kursabwärtsbewegungen

1636 Zu Art. 13 Abs. 1b UAbs. 1 lit. g ab S. 341.

1637 Zu Art. 13 Abs. 1 UAbs. 1 lit. b ausführlich ab S. 314.

1638 Zur vergleichbaren wirtschaftlichen Wirkung im Sinne des Art. 13 Abs. 1 UAbs. 1 lit. b ab S. 318.

1639 Zu den Erwägungen der ESMA in Bezug auf Art. 13 Abs. 1 UAbs. 1 lit. b ab S. 234.

für ihn negativ auswirken, der Wert des Finanzinstruments demnach mit dem jeweiligen Basiswert korreliert. Infolge dieses Umstands hat der Inhaber potenziell einen wirtschaftlichen Vorteil beim Erwerb bzw. Zugriff auf entsprechende Aktien. Dieser Vorteil für den Inhaber eines Finanzinstruments beim „Zugriff auf die zugrunde liegenden Aktien" erklärt sich aus einer wirtschaftlich sinnvollen Handlungsalternative des jeweiligen Vertragspartners, wenn sich der Basiswert zu seinem Nachteil entwickelt: Ist bei einem Finanzinstrument beispielsweise Barausgleich vereinbart, wird sich der Vertragspartner des Inhabers zu Absicherungszwecken (*hedging*) mit dem jeweiligen Basiswert physisch absichern. Verläuft das Geschäft zugunsten des Inhabers, wird sein Vertragspartner ihm regelmäßig antragen, die zur Absicherung erworbenen Werte an Erfüllungs statt oder über die Schuld hinaus anzunehmen, um seinen Verlust auszugleichen. Aus diesem Grund erlangen Derivate wie beispielsweise *call options* mit Barausgleich im Zusammenhang mit dem Beteiligungsaufbau vor Übernahmen überhaupt an Bedeutung und sind so von Interesse für alle Marktakteure, denen nunmehr durch entsprechende Mitteilungspflichten gedient ist.[1640]

Nach Betrachtung von Art. 13 Abs. 1 UAbs. 1 lit. a und b stellte sich vor dem Hintergrund von Teil I, Kapitel III der Arbeit zumindest teilweise Ernüchterung ein: Die dort erfolgte Betrachtung allgemeiner Merkmale sowie die typologische Auflistung und Einordnung diverse Finanzinstrumente sollte dazu dienen, im Rahmen der Auseinandersetzung mit der abstrakten Regelung des Art. 13 Abs. 1 UAbs. 1 lit. a und b möglicherweise feststellen zu können, welche Instrumente in den Anwendungsbereich der Norm fallen bzw., ob sich aus der Zugehörigkeit eines Finanzinstruments zu einer bestimmten der aufgezeigten Kategorien auf eine Mitteilungspflicht oder zumindest eine entsprechende Indizwirkung schließen lässt. Diese Hoffnung wurde nur in Teilen erfüllt: Die getroffene Kategorisierung von Finanzinstrumenten kann nach dem Ergebnis der Untersuchung von Art. 13 TrRL 2013 nicht dazu dienen, rechtssichere Aussagen hinsichtlich des Bestehens von Mitteilungspflichten zu treffen. Dies ist dem Umstand geschuldet, dass in jedem Einzelfall zu prüfen ist, ob die Voraussetzungen von Art. 13 Abs. 1 UAbs. 1 lit. a oder b vorliegen.[1641]

1640 Zum Beispiel der *call option* insoweit ab S. 321.

1641 Allerdings besteht bei diversen Kategorien von Finanzinstrumenten - wie beispielsweise Derivaten mit Aktien im Sinne des Art. 13 Abs. 1 UAbs. 1 lit. a als Basiswert - eine gewisse Wahrscheinlichkeit und damit Indizwirkung dahingehend, dass eine Mitteilungspflicht besteht. Wird demnach ein Finanzinstrument regelmäßig in eine Kategorie eingeordnet, deren Instrumente oftmals einer Mitteilungspflicht unterliegen, so sei dem Inhaber eines solchen Instruments insbesondere angesichts der scharfen Sanktionen

Die unionsrechtliche Thematik abschließend befasst sich Teil II, Kapitel II mit der Berechnung (Art. 13 Abs. 1a, Art. 13a)[1642] und Mitteilungsfrist (Art. 12)[1643] von Finanzinstrumenten, Ausnahmen von der Mitteilungspflicht (Art. 13 Abs. 4)[1644] und den Sanktionen bei Verstößen (Kapitel VIA der TrRL 2013)[1645] gegen diese Pflicht.

Angesichts dieser Neuerungen war der nationale Gesetzgeber unter Zugzwang, womit sich Teil II, Kapitel 3 der Arbeit befasst. § 33 WpHG regelt nunmehr die Mitteilungspflicht bei Stimmrechten aus Aktien, § 38 WpHG die Mitteilungspflicht für sämtliche mitteilungspflichtigen Instrumente und § 39 WpHG enthält eine Mitteilungspflicht für die Summe der nach § 33 und § 38 WpHG gehaltenen Anteile.[1646] Die Norm des § 33 WpHG wurde dabei nicht elementar geändert. Die Neuregelungen der §§ 38 und 39 WpHG setzen die Art. 13 und 13a der TrRL 2013 um. § 38 WpHG regelt die Mitteilungspflicht für sämtliche mitteilungspflichtige Instrumente. Die Mitteilungspflicht nach § 38 Abs. 1 S. 1 Nr. 1 WpHG ist an Art. 13 Abs. 1b UAbs. 1 lit. a TrRL 2013 angelehnt und gilt für unmittelbare oder mittelbare Inhaber von Instrumenten, die dem Inhaber entweder bei Fälligkeit ein unbedingtes Recht auf Erwerb mit Stimmrechten verbundener und bereits ausgegebener Aktien eines Emittenten, für den die Bundesrepublik Deutschland der Herkunftsstaat ist (§ 38 Abs. 1 S. 1 Nr. 1 lit. a WpHG), oder ein Ermessen in Bezug auf sein Recht auf Erwerb dieser Aktien verleihen (§ 38 Abs. 1 S. 1 Nr. 1 lit. b WpHG). Die bisher von § 25 Abs. 1 WpHG a. F. erfassten Finanzinstrumente sind ausweislich der Gesetzesbegründung nach § 38 Abs. 1 S. 1 Nr. 1 WpHG weiterhin mitteilungspflichtig, sodass damit keine inhaltliche Änderung einhergeht.

Der neue § 38 Abs. 1 S. 1 Nr. 2 WpHG statuiert eine Mitteilungspflicht für Finanzinstrumente, die sich auf Aktien im Sinne des § 38 Abs. 1 S. 1 Nr. 1 WpHG beziehen und - kumulativ dazu - eine vergleichbare wirtschaftliche Wirkung haben wie die dort genannten Finanzinstrumente, unabhängig davon, ob sie einen Anspruch auf physische Lieferung einräumen oder nicht. Erfasst sind davon die bisher ausschließlich unter § 25a Abs. 1 WpHG a. F. fallenden

angeraten, dieses aufmerksam hinsichtlich der Voraussetzungen von Art. 13 Abs. 1 UAbs. 1 lit. a oder b zu überprüfen.

1642 Zur Berechnung der Stimmrechte bei Finanzinstrumenten ab S. 359.

1643 Zur Mitteilungsfrist bei Finanzinstrumenten ab S. 368.

1644 Zur Ausnahmen von der Mitteilungspflicht ab S. 368.

1645 Zu Sanktionen bei Verstößen gegen Mitteilungspflichten bei Finanzinstrumenten ab S. 371.

1646 Zu § 33 WpHG ab S. 389, zu den §§ 25, 39 WpHG ab S. 393.

Instrumente. Aufgrund der offenen Formulierung wird sich bei der Subsumtion das gleiche Problem offenbaren, wie es sich schon im Rahmen von Art. 13 Abs. 1 UAbs. 1 lit. b gezeigt hat.

Schließlich wurde § 39 WpHG gänzlich neu gefasst und beinhaltet nicht mehr wie bisher Regelungen zu Mitteilungspflichten beim Halten von weiteren Finanzinstrumenten und sonstigen Instrumenten, sondern in § 39 Abs. 1 WpHG Mitteilungspflichten bei Zusammenrechnung von Instrumenten im Sinne der §§ 21, 22 und § 38 WpHG sowie eine Verordnungsermächtigung in § 39 Abs. 2 WpHG.

Kapitel 2 Fazit und Ausblick

Wie sich gezeigt hat, ist der Unionsgesetzgeber mit den Regelungen zur Beteiligungspublizität den Innovationen des Finanzmarkts hinterhergeeilt. Dies äußerte sich hier in Bezug auf die Beteiligungspublizität bei Finanzinstrumenten, deren Regelungslücken sich seit der TrRL 2004 durch mehrere spektakuläre Übernahmefälle offenbarten, sodass diverse Mitgliedstaaten über das vorgegebene Mindestniveau der TrRL 2004 hinausgingen und weitere bzw. strengere Mitteilungspflichten für Finanzinstrumente normierten.[1647]

Der Unionsgesetzgeber zog nach und leitete mit der ÄnderungsRL 2013 einen Konzeptwechsel von der Mindestharmonisierung hin zu einer weitgehenden Vollharmonisierung ein, sodass die neuen Regelungen teilweise zwingend umzusetzen und Abweichungen nicht gestattet waren. Allerdings sind die Vorgaben der Richtlinie unterhalb des gegenwärtigen Schutzniveaus solcher Mitgliedstaaten, die bereits infolge jahrelanger Erfahrung ausdifferenzierte Regelungssysteme geschaffen haben.[1648]

Problematisch bleibt damit, dass im Zuge der Vollharmonisierung nur zum Teil überholte Regelungen der TrRL 2004 reformiert wurden und modernisierte Normen in den Mitgliedstaaten dadurch wider besseres Wissen durch antiquierte Vorschriften ersetzt werden müssen.[1649] Vor dem Hintergrund der Vollharmonisierung hätte es indes nicht nur in einzelnen, sondern grundsätzlich allen Bereichen der TrRL 2004 einer Anhebung des Schutzniveaus bedurft, welches nur noch wenig Raum und Bedürfnis für die Berücksichtigung nationaler Besonderheiten gelassen hätte.[1650] Als (aus nationalrechtlicher Perspektive) notwendig erachtete weiterreichende Zurechnungstatbestände wurden auf diese Weise „wegharmonisiert".

Die neuen Mitteilungspflichten zielen einerseits zwar darauf ab, den Zeitpunkt für die Offenlegung des Einflusszuwachses vorzuverlagern, allerdings gilt eine Offenlegungspflicht gerade nicht für den Einflussverlust, dies meint Verkaufspflichten respektive Erwerbsrechte Dritter auf Beteiligungen des derzeitigen Stimmrechteinhabers.[1651] Wo bisher wegen nationaler Vorschriften auch

---

1647 Zu den Regelungslücken der TrRL 2004 bereits ab S. 192.

1648 Dazu im Rahmen der Umsetzung im nationalen Recht ab S. 385.

1649 *Burgard/Heimann* FS Dauses, 2014, S. 47, 50.

1650 *Burgard/Heimann* FS Dauses, 2014, S. 47, 58; *DAV-Handelsrechtsausschuss* NZG 2012, 770, 770 (bzgl. der ÄnderungsRL-E 2013).

1651 *Parmentier* AG 2014, 5, 6; *Seibt/Wollenschläger* ZIP 2014, 545, 550.

solche Finanzinstrumente mitgeteilt werden mussten[1652], war und ist es notwendig, diese gewonnene Transparenz wegen der Vollharmonisierung wieder aufzugeben.[1653] Dadurch sind jedoch insofern keine Einbußen zu verzeichnen, als die Mitteilungspflichten für den (bevorstehenden) Erwerb von Aktien nunmehr derart umfangreich sind und ein Dritter im soeben genannten Fall seinerseits offenlegungspflichtig ist, dass eine Mitteilungspflicht für die korrespondierenden Veräußerungen jener Aktien nicht nur keinen Mehrwert hätte, sondern im Gegenteil durch eine auf diese Weise entstehende „Flut von Informationen" nur für Überforderung und Verwirrung sorgen würde (*information overload*[1654]).

Andererseits ist der Grundsatz der Vollharmonisierung in der TrRL 2013 nicht sehr weitreichend. Ob insofern im Zusammenhang mit der TrRL 2013 überhaupt von „Vollharmonisierung" gesprochen werden sollte, sei dahingestellt.[1655] Vor dem Hintergrund des sehr dynamischen Kapitalmarkts hätte in einigen Regelungsbereichen ein vereinfachtes Änderungsverfahren der geltenden Vorschriften einer „Zementierung" der Rechtslage abgeholfen, die so stellenweise als vorgezeichnet betrachtet wurde.[1656] Ein Regulierungs-Wettbewerb wurde durch die (teilweise) Vollharmonisierung faktisch unterbunden, gleichzeitig wurden Reformen durch den im Vergleich zu nationalen Rechtssetzungsverfahren länger andauernden Prozess auf Unionsebene erschwert.[1657] Da eine

1652 Zum Beispiel sorgte in Deutschland das AnsFuG für eine solche Offenlegungspflicht, siehe *Labudda* in Just/Voß/Ritz/Becker WpHG Kommentar, 2015, § 25a Rn. 3, 33; *Schneider* in Assmann/Schneider, WpHG, 6. Auflage 2012, § 25a Rn. 11. Zu ausländischen vergleichbaren Regelungen Rn. 6 ff.; im Übrigen *Krause* AG 2011, 469, 471 f.

1653 Zur Vollharmonisierung ab S. 208.

1654 *Fleischer/Schmolke* NZG 2010, 846, 854; *Renn/Weber/Gotchev* AG 2012, 440, 446; *Seibt* ZGR 2010, 795, 832 f.; *Wackerbarth* ZIP 2010, 1527, 1527. Allgemein zum *„information overload" Möllers/Kernchen* ZGR 2011, 1, 10 ff.

1655 Zur Vollharmonisierung ab S. 208.

1656 *Burgard/Heimann* FS Dauses, 2014, S. 47, 58; *Veil* WM 2012, 53, 57 f. (dort Fn. 69), schlägt vor, der ESMA hinsichtlich der Zurechnungsvorschriften die Aufgabe zu übertragen, gemeinsam mit der Kommission technische Regulierungsstandards zu entwerfen. Im Ergebnis ebenfalls *Fleischer/Schmolke* NZG 2010, 1241, 1246 f. (zum Komitologieverfahren), die außerdem eine Experimentierklausel zugunsten der Mitgliedstaaten erwägen.

1657 Entsprechend besorgt schon zur ÄnderungsRL-E 2013 *Brinckmann* BB 2012, 1370, 1372; *Burgard/Heimann* FS Dauses, 2014, S. 47, 57; *DAV-Handelsrechtsausschuss* NZG 2012, 770, 770 (bzgl. der ÄnderungsRL-E 2013); *Heinrich* in Kölner Kommentar WpHG, 2. Auflage 2014, § 25a Rn. 19. Weniger kritisch *Fleischer/Schmolke* NZG 2009, 401, 408 f.

anderweitig ausgestaltete Vollharmonisierung offenbar nicht möglich war, wäre das Prinzip der Mindestharmonisierung angesichts dieser Nachteile vorzugswürdig gewesen.

Hinsichtlich der Beteiligungstransparenz bei Finanzinstrumenten ist mit der gänzlich überarbeiteten Vorschrift des Art. 13 eine Regelung zur Beteiligungstransparenz geschaffen worden, die künftig heimliche Übernahmen verhindern soll. Mitteilungspflichtig sind nunmehr natürliche oder juristische Personen, die direkt oder indirekt Finanzinstrumente halten, die ihrem Inhaber bei Fälligkeit im Rahmen einer förmlichen Vereinbarung entweder das unbedingte Recht auf Erwerb mit Stimmrechten verbundener und bereits ausgegebener Aktien eines Emittenten, dessen Aktien zum Handel an einem geregelten Markt zugelassen sind, oder aber ein Ermessen in Bezug auf sein Recht auf Erwerb dieser Aktien verleihen (Art. 13 Abs. 1 UAbs. 1 lit. a). Darüber hinaus gilt eine Mitteilungspflicht auch für Adressaten, die direkt oder indirekt Finanzinstrumente halten, die nicht unter Buchstabe a fallen, die aber auf Aktien bezogen sind, die unter jenen Buchstaben fallen, und die eine vergleichbare wirtschaftliche Wirkung haben wie die unter jenem Buchstaben genannten Finanzinstrumente, unabhängig davon, ob sie einen Anspruch auf physische Abwicklung einräumen oder nicht (Art. 13 Abs. 1 UAbs. 1 lit. b).

Für diese teilweise auslegungsbedürftige Regelung hat der Unionsgesetzgeber zum einen in Art. 13 Abs. 1b UAbs. 1 lit. a bis g selbst eine Regelbeispielsliste normiert, die potenzielle Finanzinstrumente in diesem Sinne benennt, und zum anderen die ESMA in Art. 13 Abs. 1b UAbs. 2 legitimiert, eine nicht abschließende Liste mit entsprechenden Finanzinstrumenten zu erstellen, welche inzwischen veröffentlicht ist (ESMA-Liste). Durch die offen gestalteten Regelungen des Art. 13 Abs. 1b UAbs. 1 sowie Nr. 3 lit. a bis j ESMA-Liste scheint eine zuvor befürchtete „Zementierung" der Rechtslage auf dem Gebiet der Beteiligungstransparenz bei Finanzinstrumenten nicht bevorzustehen. Denn selbst dann, wenn Art. 13 Abs. 1b UAbs. 1 Hs. 1 den Eindruck vermitteln mag, dass die dort in lit. a bis g enumerierten Finanzinstrumente abschließend regeln, welche Instrumente als solche gemäß Art. 13 Abs. 1 UAbs. 1 lit. a oder b infrage kommen, so wird spätestens durch die „nicht erschöpfend"[1658] ausgestaltete ESMA-Liste deutlich, dass auch noch weitere, in keiner der Aufzählungen aufgeführte Instrumente als Finanzinstrumente nach Art. 13 Abs. 1 UAbs. 1 lit. a oder b infrage kommen.

1658 Wortlaut des Art. 13 Abs. 1b UAbs. 2.

Damit ist die Rechtsunsicherheit in Bezug auf die Frage, welche Finanzinstrumente einer Mitteilungspflicht unterliegen, zwar reduziert, jedoch nicht vollends beseitigt. Sowohl Art. 13 Abs. 1 UAbs. 1 lit. a als auch lit. b bergen diverse Probleme für den Rechtsanwender. Art. 13 Abs. 1 UAbs. 1 lit. a formuliert beispielsweise, dass ein dort bezeichnetes Recht oder Ermessen dem Inhaber „bei Fälligkeit" verliehen sein muss. Zur Klarstellung des Bezugspunktes[1659] dieser Fälligkeit wurde in der Literatur infolge der ÄnderungsRL-E 2013 vorgeschlagen, statt „bei Fälligkeit" eine entsprechende Ergänzung am Ende des Wortlauts einzufügen (beispielsweise: „auch wenn das Erwerbsrecht noch nicht ausgeübt werden kann"[1660]), was etwaigen Fehlinterpretationen vorgebeugt hätte. Leider wurde eine entsprechende Änderung nicht berücksichtigt und sollte bei einer Revision der Richtlinie bedacht werden.

Art. 13 Abs. 1 UAbs. 1 lit. b bereitet vor allem Schwierigkeiten, da wegen einer fehlenden unionsrechtlichen Definition zur „vergleichbaren wirtschaftlichen Wirkung" nicht zweifelsfrei geklärt ist, unter welchen Umständen ein Finanzinstrumentinhaber mitteilungspflichtig ist. Versucht wurde hier deshalb, eine Definition dieser Wirkung vor dem Hintergrund der heimlichen Übernahmen[1661] und im Lichte der von Art. 13 Abs. 1 UAbs. 1 lit. a umfassten Finanzinstrumente zu erarbeiten.

Erfreulich ist dabei, dass sich eine Mitteilungspflicht demzufolge nunmehr, anders als noch im Rahmen von Art. 13 TrRL 2004, beispielsweise bei (erstmalig begebenen[1662] und bereits emittierten[1663]) *put options* aus Art. 13 Abs. 1 UAbs. 1 lit. b, gegebenenfalls in Verbindung mit Abs. 1b UAbs. 1 lit. a oder b ergibt, unabhängig davon, ob der Ausgleich physisch oder bar erfolgen soll. Des Weiteren sind nunmehr entsprechende Terminkontrakte (*futures*) nach Art. 13 Abs. 1 UAbs. 1 lit. b, Abs. 1b UAbs. 1 lit. c und *swaps* gemäß Art. 13 Abs. 1 UAbs. 1 lit. b, Abs. 1b UAbs. 1 lit. d erfasst. Insbesondere gilt dies für die im Rahmen heimlicher Übernahmen berüchtigten *cash-settled (total return) equity swaps*; auch sind entsprechend ausgestaltete Kreditausfall-*swaps* (*credit default swaps*) hier einbezogen.

Der Rechtsanwender dürfte im Rahmen der Prüfung von Art. 13 Abs. 1 UAbs. 1 lit. a und b auch der „Regelbeispielliste" des Art. 13 Abs. 1b UAbs. 1 Beachtung

---

1659 Zur Problematik dieses Kriteriums ab S. 265.

1660 *DAV-Handelsrechtsausschuss* NZG 2012, 770, 771.

1661 Siehe dazu schon einleitend ab S. 59 sowie ab S. 192.

1662 Zur Mitteilungspflicht erstmalig begebener *put options* ab S. 321 sowie S. 331.

1663 Zur Mitteilungspflicht bereits existenter *put options* ab S. 331.

schenken, die indes stellenweise ebenfalls Schwierigkeiten in der Anwendung bereitet. Nicht nur, dass sie „Zinsausgleichsvereinbarungen" als potenzielle Finanzinstrumente enumeriert, welche nach hier vertretener Auffassung nur als *forwards* verstanden werden können. Auch enthält sie mit lit. g einen Auffangtatbestand, der eine vergleichbare wirtschaftliche Wirkung fordert, die bereits in Art. 13 Abs. 1 UAbs. 1 lit. b vorausgesetzt ist und beinhaltet damit insoweit einen Zirkelschluss, da Art. 13 Abs. 1b UAbs. 1 lit. g nur ein Beispiel eines Finanzinstruments gemäß Art. 13 Abs. 1 UAbs. 1 lit. b darstellt. Willkommen wäre deshalb im Rahmen der nächsten Reform, den Wortlaut in Bezug auf Zinsausgleichsvereinbarungen anzupassen, Zirkelschlüsse auszuräumen, und, auch wenn die Einordnung eines Finanzinstruments in Art. 13 Abs. 1b UAbs. 1 lit. a bis g hinsichtlich des Bestehens einer Mitteilungspflicht keine Notwendigkeit darstellt, die doppelt „vorausgesetzte" Prüfung einer vergleichbaren wirtschaftlichen Wirkung zu vermeiden.

Hinsichtlich der bereits erwähnten ESMA-Liste wäre im Übrigen wünschenswert, dass die Behörde Ihre Erwägungen in Bezug auf bestimmte rechtliche Gestaltungen weiterhin und noch ausführlicher veröffentlicht, damit Marktakteuren und nationalen Aufsichtsbehörden die Rechtsanwendung erleichtert wird.

Nachdem der TrRL 2004 unzureichende Beteiligungstransparenz in Bezug auf Finanzinstrumente attestiert wurde, drängt sich nach Darlegung der entsprechenden Reformen die Frage danach auf, ob sich insoweit Besserung eingestellt hat. Dies lässt sich grundsätzlich bejahen: Die aufgezeigten Schutzlücken[1664] sind weitestgehend geschlossen.[1665] Das Phänomen *hidden ownership* wird zumindest im Zusammenhang mit der Vorbereitung öffentlicher Unternehmensübernahmen in Zukunft nicht mehr aufgrund von mangelnder Transparenz zur Beeinträchtigung der Kapitalmarkteffizienz führen.[1666] Auch steht zu erwarten, dass

1664 Zur ungenügenden Beteiligungstransparenz bei Finanzinstrumenten im Rahmen der TrRL 2004 ab S. 192.

1665 Der Kommission ist gemäß Art. 5 ÄnderungsRL 2013 aufgetragen, dem Europäischen Parlament und dem Rat Bericht über die Anwendung der Richtlinie zu erstatten, einschließlich über ihre Auswirkungen auf kleine und mittlere Emittenten und die Anwendung von Sanktionen — insbesondere, ob diese wirksam, verhältnismäßig und abschreckend sind. Außerdem soll sie das Funktionieren der Methode, die zur Berechnung der Anzahl der Stimmrechte in Bezug auf die in Artikel 13 Absatz 1a Unterabsatz 1 der Richtlinie 2004/109/EG genannten Finanzinstrumente gewählt wurde, überprüfen sowie deren Wirksamkeit beurteilen. Bis heute hat sich die Kommission jedoch insoweit in Zurückhaltung geübt.

1666 *Weidemann* NZG 2016, 605, 610.

das verschärfte Sanktionsregime die Marktakteure dazu anhalten wird, Auslegungsspielräume im Zweifelsfall zugunsten einer Mitteilungspflicht auszulegen.[1667]

Eine Aussage in Bezug auf die vollständige Beseitigung aller „Schlupflöcher" vermag zum jetzigen Zeitpunkt wohl niemand zu treffen, da Art. 13 insoweit zu unspezifisch formuliert ist, was angesichts des schnelllebigen und kreativen Kapitalmarkts jedoch die beste Kompromisslösung zu sein scheint. In Verbindung mit dem Regelungsinstrument der fortlaufend zu aktualisierenden ESMA-Liste kann die Rechtslage praktischen Problemen viel schneller als bisher begegnen und neue Umgehungsversuche nahezu im Keim ersticken – die ÄnderungsRL 2013 hat in Hinblick auf die Beteiligungspublizität bei Finanzinstrumenten damit nicht nur eine Verbesserung, sondern ein grundsätzlich gelungenes Regelungskompendium geschaffen. Ob die neuen Regelungen indes zur gewünschten Mehrinformation aller Marktakteure führen oder durch Doppelmitteilungen oder – angesichts des scharfen Sanktionsregimes – auch durch „Vorsichtsmitteilungen" zur Verwirrung beitragen, wird die Zukunft zeigen. Insbesondere bleibt abzuwarten, wie schnell und treffend die ESMA neuen Entwicklungen auf den Märkten Rechnung tragen wird.

Im Rahmen der voraussichtlich im Jahr 2020 zu erwartenden Revision[1668] der TrRL 2013 könnte dabei das – im EU-Kapitalmarktrecht inzwischen zunehmend populäre[1669] – Rechtsinstrument der Verordnung gewählt werden, wenn die Vollharmonisierung weiter ausgestaltet wird, um nationale Sonderwege und vor allem Zeitverzögerungen durch notwendige Umsetzungsverfahren einer Richtlinie zu vermeiden. Diese könnte auf der 2. Stufe des Lamfalussy-Verfahrens[1670] durch delegierte Rechtsakte und Durchführungsrechtsakte sowie RTS und ITS konkretisiert werden, um einen unionsweiten, rechtlich einheitlich ausgestalteten Kapitalmarkt zu gewährleisten.

1667 *Weidemann* NZG 2016, 605, 610.
1668 *Veil* ZHR 2013, 427, 445 f.
1669 Vgl. Fn. 707.
1670 Zum Lamfalussy II-Verfahren siehe Fn. 1004.

Schriftenreihe zum deutschen und europäischen Gesellschafts- und Wirtschaftsrecht

Herausgegeben von Christoph Teichmann und Florian Bien
Begründet von Günter Christian Schwarz †

Band 1 Matthias Scheifele: Die Gründung der Europäischen Aktiengesellschaft (SE). 2004.

Band 2 Julia Zwiener: Die Auswirkungen der Verordnung Nr. 1/2003 auf das europäische und deutsche Kartellverfahren. 2005.

Band 3 Cornelius Koke: Die Finanzverfassung der Europäischen Aktiengesellschaft (SE) mit Sitz in Deutschland. 2005.

Band 4 Martin Weger: Haftungsgrundlagen bei kompetenzwidriger Geschäftsführung im Personen- und Kapitalgesellschaftsrecht. Ein Beitrag zur Transformation des bürgerlich-rechtlichen Rechtsinstituts der Geschäftsführung ohne Auftrag in das Gesellschaftsrecht. 2005.

Band 5 Axel Zang: Sitz und Verlegung des Sitzes einer Europäischen Aktiengesellschaft mit Sitz in Deutschland. 2005.

Band 6 Björn Holland: Das amerikanische „board of directors" und die Führungsorganisation einer monistischen SE in Deutschland. Amerikanische Erfahrungen in Fragen der Corporate Governance als Beitrag zur Ausgestaltung der Unternehmensführung und Unternehmenskontrolle in einer Deutschen SE. 2006.

Band 7 Nils K. Roitsch: Auflösung, Liquidation und Insolvenz der Europäischen Aktiengesellschaft (SE) mit Sitz in Deutschland. Art. 63–65 SE-VO. 2006.

Band 8 Timo Wanner: Die GmbH in der Krise. Geschäftsführerverantwortlichkeit im Vorfeld der Insolvenz. 2015.

Band 9 Wolf-Amelung Böhm: Die Sicherung der Abfindung beim Ausscheiden aus der GmbH. Haftung der Mitgesellschafter beim Eingreifen der Kapitalerhaltungsschranke. 2016.

Band 10 Christina Eschenfelder: Rechtsnachfolge in die Kommanditistenhaftung. Zur Rechtsnachfolge in die unbeschränkte Kommanditistenhaftung aufgrund rechtsgeschäftlicher Übertragung von Kommanditanteilen. 2016.

Band 11 Christoph Teichmann / Martin Kraushaar (Hrsg.): Mitbestimmungsvielfalt in Deutschland und Europa. 2018.

Band 12 Julian Wacker: Persönliche Schadensersatzhaftung von Vorstandsmitgliedern einer Aktiengesellschaft für Kartellverstöße. Ein Beitrag zur kartellzivilrechtlichen Organhaftung. 2017.

Band 13 Tobias Alexander Begemann: Die SE & Co. KGaA als Rechtsform für Familienunternehmen. 2018.

Band 14 Adams, Matthias: Mittelbare Beteiligung an einer Publikumspersonengesellschaft über einen Treuhänder. 2018.

Band 15 Manuel Bernhard Schütt: Die deutsche Unternehmensmitbestimmung – Reformdruck aus Europa? Reichweite und Grenzen der Grundfreiheiten. 2018.

Band 16 Olga Gurman: Die Vorstandsvergütung nach der Finanzkrise. Eine rechtsvergleichende Analyse der deutschen, britischen und US-amerikanischen Lösungsansätze. 2018.

Band 17 Anna-Katharina Friese: Europäisches Kartellrecht und Schiedsverfahrensrecht nach der Reform durch die VO 1/2003. 2018.

Band 18 Andrea Götz: Die Einpersonengesellschaft als Vehikel grenzüberschreitender unternehmerischer Tätigkeit. 2019.

Band 19 Frederik Wilhelm von Essen: Mitteilungspflichten bei Finanzinstrumenten nach der novellierten Transparenz-Richtlinie. 2019.

www.peterlang.com

www.ingramcontent.com/pod-product-compliance
Ingram Content Group UK Ltd.
Pitfield, Milton Keynes, MK11 3LW, UK
UKHW021829290926
8980IPUK00004B/340

9 783631 779712